Sophie Freud

Im Schatten der Familie Freud

Sophie Freud

Im Schatten der Familie Freud
Meine Mutter erlebt das 20. Jahrhundert

Die englischsprachigen Texte wurden übersetzt von
Erica Fischer und Sophie Freud

claassen

claassen ist ein Unternehmen der Ullstein Buchverlage GmbH

ISBN-13: 978-3-546-00398-8
ISBN-10: 3-546-00398-5

© Ullstein Buchverlage GmbH, Berlin 2006
Alle Rechte vorbehalten.
Gesetzt aus der Aldus bei LVD GmbH, Berlin
Druck und Bindung: Bercker Graphische Betriebe GmbH, Kevelaer
Printed in Germany

Inhalt

Eine lange Reise 11

Apologia 20

Österreich

Erster Teil. Kindheit

1. Kapitel. Kindheitserinnerungen 25

2. Kapitel. Die (Groß)Eltern nebenan 37

3. Kapitel. Frühe Schuljahre 42

4. Kapitel. Heranwachsen 47

Zweiter Teil. Junge Frau

1. Kapitel. Auf Berge steigen 50

2. Kapitel. Österreichs Krieg verwandelte sich bald in eine Niederlage 53

3. Kapitel. Der andere berühmte Großvater 58

Dritter Teil. Martin Freud

1. Kapitel. Begegnungen mit Martin Freud 62

2. Kapitel. Briefe an einen Kriegsgefangenen 76

Vierter Teil. Ehejahre

1. Kapitel. Glück und Leid 97

2. Kapitel. Junge Mutter 104

Fünfter Teil. Meine Ausbildung als Logopädin

1. Kapitel. Der Anfang eines selbständigen Lebens 112

2. Kapitel. Mutters Gedichte 123

Sechster Teil. Die dreißiger Jahre

1. Kapitel. Großvater Freud 129

2. Kapitel. Franz-Josefs-Kai 65 136

3. Kapitel. Zimmer voller Erinnerungen 139

4. Kapitel. Auf die Apokalypse warten 154

5. Kapitel. Helden ihres eigenen Lebens 163

Frankreich

Siebenter Teil. Die Jahre in Paris und Exodus

1. Kapitel. Paris. Eine neue Heimat? 177

2. Kapitel. Tante Janne 181

3. Kapitel. Geliebtes Herzenspuckerl 186

4. Kapitel. Die wunderbare Aufnahme in das Lycée Jean de La Fontaine 194

5. Kapitel. Zwölf Jahre würden vergehen, bevor ich mein Kind wiedersah 198

6. Kapitel. Gepäck aus Wien 202

7. Kapitel. Aber wir schrieben uns eine Weile 207

8. Kapitel. Sigmund Freud als Eheberater 212

9. Kapitel. Der Sommer vor der Finsternis 216

10. Kapitel. (Groß)Eltern Drucker, nochmals 220

11. Kapitel. Une Drôle de Guerre 222

12. Kapitel. Ich musste etwas tun, um Hitlers Krallen zu entkommen 228

13. Kapitel. Balzac in Castillionès 237

14. Kapitel. Kriegszeit in Nizza 240

15. Kapitel. Irrsinn 266

16. Kapitel. Mademoiselle Kronheim 276

17. Kapitel. Von Marseille nach Casablanca 284

18. Kapitel. Die Verspätung der Serpapinto 290

19. Kapitel. Wartezeit in Casablanca 299

20. Kapitel. Von Casablanca nach Lissabon 310

21. Kapitel. Lissabon 313

22. Kapitel. Auf der Carvalho Arujo nach Amerika 318

23. Kapitel. Ankunft in Amerika 328

Amerika

Achter Teil. U. S. A.

1. Kapitel. Das neue Land 335

2. Kapitel. Weder die Familie noch Vater haben die geringste Absicht, uns Geld zu schicken 338

3. Kapitel. Radcliffe. Sommer 1943 354

4. Kapitel. Am Anfang war es sehr schwer 360

5. Kapitel. Vorträge für den *United Jewish Appeal*

6. Kapitel. New York City – eine neue Heimat 368

7. Kapitel. Mein Doktorat dauerte sieben Jahre 371

8. Kapitel. Keines meiner Kinder lud mich zur Hochzeit ein   374

9. Kapitel. Im New York Hospital   383

10. Kapitel. Fälle von Erinnerungstäuschung   385

11. Kapitel. Mrs. Sigmund Freud   397

12. Kapitel. Großmutter Freuds Briefe an Sophie und Paul   407

13. Kapitel. Das Unglück in Vallø   410

14. Kapitel. Die sauberen Schwäger   416

15. Kapitel. Lass mich klagen   420

Neunter Teil. In letzter Zeit

1. Kapitel: Das Fräulein. Gerne denke ich an die guten Tage im Hause Freud zurück   426

2. Kapitel. Nach meinem Ph. D. wurde das Leben leichter   439

3. Kapitel. Freunde auf dem Friedhof   441

4. Kapitel. Tante Jannes Tragödie   444

5. Kapitel. Martins Geist   450

6. Kapitel. Arbeit bis zum letzten Atemzug   455

7. Kapitel. Mutters Tod ohne Tochter und ohne Sohn   462

Quellennachweis   475

Eine lange Reise

Jetzt, mit meinen 81 Jahren, bin ich nun zwei Jahre älter, als meine Mutter es war, als sie, ermuntert durch mich, ihre Autobiographie zu schreiben begann, eine Arbeit, die sie schließlich doch aufregend und fesselnd fand. Sie schickte ihr Manuskript [*Vignettes of my life*] ihren zwei Kindern und sechs Enkeln. Die meisten von uns waren enttäuscht, oder noch schlimmer, abweisend oder missbilligend. Mein Sohn nannte es in seiner charakteristischen Art ein deprimierendes Dokument eines Lebens fast ohne Liebe. »Die wichtigsten Gefühle«, so sagte er, »sind Neid, Rache, Verbitterung, Selbstgerechtigkeit.« Die Meinung meines Bruders war sogar noch vernichtender. Wir sind eben eine kritische Familie.

Ich selber war vor allem überwältigt und bedrückt, wie sehr die in der Kindheit erworbene und von ihrer Heirat bestätigte Überzeugung, sie wäre nicht liebenswert, den Charakter meiner Mutter geprägt hat. Natürlich wusste ich das schon lange, aber gibt es nicht immer neue Wege, dieselben Tatsachen anders und tiefer zu begreifen?

Das Manuskript meiner Mutter wurde in den Bücherschrank gestellt, neben tausend andere Bücher, aber doch nicht ganz vergessen.

1997, also 17 Jahre nach Mutters Tod, bekam ich eine ehrenvolle Einladung von Prof. Stein Bråten, ein paar Monate als Gast am *Institute of Higher Studies* in Oslo, Norwegen, mit einem Projekt meiner Wahl zu verbringen. Ich beschloss, oder besser gesagt, etwas in mir beschloss, die »Brautbriefe« meiner Mutter in einen Computer einzugeben. Die Brautbriefe waren ein Paket von ungefähr 40 Briefen, die meine Mutter über ein Jahr an ihren künftigen Mann, erst als Kriegsfeldpost und dann in seine Kriegsgefangenschaft in Italien, geschrieben hatte. Ich hatte sie schon einmal als Jugendliche in Nizza gelesen und nun in ihrem Nachlass gefunden. Meine Mutter hatte also ihre eigenen Briefe von Wien nach Paris, dann nach Nizza bis nach New York City gerettet. Die Antworten meines Vaters waren nicht dabei. Nachdem diese Briefe so eine weite Reise überstanden hatten, wollte ich sie im letzten Moment sozusagen für die Zukunft bewahren. Diese Arbeit dauerte länger als die zwei Monate in Oslo, obwohl ich oft bis spät in die Nacht saß, denn die Briefe waren in Sütterlin-Schrift geschrieben und nur schwer entzifferbar.

Um diese Zeit zeigte ich das Manuskript meiner Mutter und auch die Brautbriefe meiner lieben Freundin und Lektorin Krista Maria Schädlich. »Meinst du, ich könnte das Manuskript mit den Brautbriefen um meine Erinnerungen erweitern und publizieren?« fragte ich sie. Ihr gefiel der »nüchterne« Ton des Manuskripts und der emotionale Ton der Briefe, und sie war von dieser Möglichkeit sehr eingenommen. Ohne ihre Ermutigung hätte ich das Projekt vielleicht aufgegeben.

Ich nahm mir vor, eine Art Chronik zu erarbeiten, die das Leben meiner Mutter, das sich über das 20. Jahrhundert erstreckte und das zu einem gewissen Grad von seinen dramatischen und grausamen Ereignissen geprägt wurde, erfasste.

Diese Arbeit begleitet mich nun schon acht Jahre, manchmal etwas mehr im Hintergrund, aber eigentlich doch immer. In dieser Zeit verabschiedete ich mich nach 30 Jahren vom Universitätsunterricht und wurde eine Pensionistin. Das Buchprojekt half mir bei diesem schwierigen Übergang, denn es gab meinem plötzlich sinnlos gewordenen Leben neue Bedeutung. Es wurde mein engster Freund in etwas einsamen Jahren. Da sich das Unternehmen über so viele Jahre erstreckte, bekam ich plötzlich richtig Angst, mein Alter könnte mich überrumpeln, bevor ich das Buch zu Ende gebracht hätte – ein Wettrennen also zwischen Arbeit und meinem alten Gehirn, doch meine lang trainierte Arbeitslust gewann schließlich.

Je mehr ich mich in die Arbeit hineinkniete, desto mehr neue Felder taten sich auf. In Wiener Archiven fand ich Dokumente über die Großeltern meiner Mutter, vor allem über ihren reichen Großvater, einen Kohlenhändler, der mit seinem eigenen Geld eine große Synagoge baute. Adolf Schramek war zweimal verheiratet gewesen. Das erste Mal mit Ernestine (Ehrenzweig), die zwei Kinder hatte, Ida, meine Großmutter, und den Sohn Bernhardt, bei dessen Geburt sie gestorben ist. Der 30jährige Witwer heiratete ein paar Monate nach ihrem Tod die 17 Jahre alte Regine (Morgenstern), die in den nächsten fünf Jahren drei Söhne und eine Tochter gebar. Wir Kinder hatten jedoch in Wien, wo ich bis zu meinem 14., und mein Bruder bis zu seinem 18. Lebensjahr, aufwuchs, nie Gelegenheit, diese Verwandten kennenzulernen.

Die Schwestern meiner Mutter kannten wir allerdings gut. Tante Lily, die ältere Schwester, war mit dem Kohlenhändler Onkel Rudi Boyko verheiratet und Tante »Janne« (Marianne) mit dem reichen Bankdirektor Heinrich Zittau. Tante Lilys Tochter Bea(trice) war zwei Jahre älter als ich, und Tante Jannes Sohn Herbert wurde nur einen Monat vor mir geboren, er im Juli und ich im August 1924. Sie lebten allerdings nicht in Wien, aber sie besuchten oft ihre Eltern und dadurch eben auch uns nebenan. Tante Lily lebte in Prag und Tante Jannes Familie in Berlin. Diese Tanten, meine Kusine und mein Vetter spielten später eine wichtige Rolle in unseren Leben, als sich die drei Schwestern erst in Paris und dann in New York City wiederfanden.

Die Beziehung zu den Verwandten meines Vaters war etwas anders als die zu der kaum gekannten Drucker/Schramek-Familie. Ich habe noch die alte Mutter meines Großvaters, Amalia Freud, gekannt. Sie wohnte ebenfalls in der Leopoldstadt, wo mein Großvater Freud aufgewachsen war. Wir besuchten unsere Urgroßmutter einmal im Jahr, vielleicht zu ihrem Geburtstag. Hier erinnere ich mich vor allem, dass wir angewiesen wurden, sie Großmutter zu nennen, da sie die Bezeichnung Urgroßmutter mit Altsein verband. Sie starb im Alter von 95 Jahren, als ich sechs war.

Vier von Großvaters fünf Schwestern, meine Großtanten, und seinen Bruder Alexander, das letztgeborene Kind der Familie, traf ich regelmäßig bei den Familienbesuchen in der Berggasse, Sonntag morgens. Meine Erinnerungen an die »alten Tanten« sind allerdings verschwommen, vielleicht, weil ich sie nie als individuelle Personen kennenlernte. In meiner Seele sind sie vor allem durch ihre elenden alten Jahre nach Großvaters Ausreise und ihrem grausamen Tod in verschiedenen Konzentrationslagern verankert. Die Freud-Wohnung in der Berggasse 19 wurde merkwürdigerweise von den Nazis als eine Art Übergangslager benützt – man nannte das damals Sammelwohnung –, von dem aus die Menschen dann in verschiedene Konzentrationslager geschickt wurden. Die »alten Tanten« waren in der Sammelwohnung in der Biberstraße, wo eine von ihnen wohnte. Sie wurden alle vier, mit noch anderen Menschen, in ein Zimmer gepfercht, wo sie fast verhungerten, weil das Geld, das ihnen ihr Bruder, mein Großvater, zurückgelassen hatte, beschlagnahmt, also geraubt worden war. Viele Menschen waren extra nach Wien gekommen, um meinem Großvater ins sichere Ausland zu verhelfen, aber die alten Tanten waren eben nicht so wichtig wie ihr berühmter Bruder, nur uninteressante alltägliche Frauen.

Nur an Tante Rosa kann ich mich besser erinnern, weil sie schwerhörig war und man mit ihr sehr laut sprechen musste. Die arme Tante Rosa Graf hatte nicht nur ihren Sohn im Ersten Weltkrieg verloren, ihr anderes Kind, ihre Tochter Caecilie, brachte sich um, als sie unverheiratet schwanger geworden war. Es gab also niemanden, der sich um die alte Mutter hätten kümmern können.

Tante Dolphi, so erklärte man mir, durfte nicht heiraten, weil sie ihre alte Mutter versorgen musste. Tante Mitzi und Tante Paula hingegen hatten Gatten, denen ich aber nie begegnet bin. Waren diese Tanten vielleicht schon Witwen, als wir uns wöchentlich sahen? Onkel Alexander, seine Frau Sophie und deren Sohn Harry, der sich später um alle Familienmitglieder kümmern würde, auch um meine Mutter und mich, sind viel klarer in meiner Erinnerung.

Nur eine von Sigmund Freuds Schwestern entkam den Mördern im KZ. Das war Anna, seine älteste Schwester, die nicht Klavier üben durfte, weil es ihrem Bruder Sigmund auf die Nerven ging. Anna heiratete Eli Bernays, Martha Freuds Bruder, der mit seiner jungen Frau, weil er in der Familie das schwarze Schaf war, nach Amerika expediert wurde. Von dort unterstützte er als reicher Mann die Freud-Familie ironischerweise während des Ersten Weltkrieges und in Zeiten der Not mit Esspaketen. Anna Bernays wurde 97 Jahre alt und starb in Ehre und Wohlstand. Das dritte ihrer fünf Kinder und ihr einziger Sohn, Edward Bernays, ist als *Father of Public Relations* bekannt geworden. Als ich in Amerika finanzielle Unterstützung für mein Universitätsstudium benötigte, hat er sie mir großzügig gewährt.

Großmutters Schwester, Tante Minna, die zu der Freud-Familie zog, nachdem ihr Bräutigam im Ersten Weltkrieg gefallen war, ist auch lebhaft in meiner Erinnerung. Sie gehörte nicht zu den »alten Tanten«, sondern saß immer an irgendeinem Tisch und spielte Patience. Aber tatsächlich wurde sie als zweite Mutter im Haushalt angesehen.

Zu der Freud-Familie gehörten für mich natürlich auch die Schwestern und Brüder meines Vaters, doch enge Beziehungen zu ihnen gab es nicht. Außer meinem Vater waren nur zwei der sechs Geschwister in Wien geblieben. Tante Mathilde, 1887 geboren, musste einmal im Jahr zu ihrem Geburtstag besucht werden. Man schärfte mir ein, wohl ganz unnötig, brav und höflich zu sein, und ich musste viel knicksen. Sie, die mit Robert Hollitscher verheiratet war, einem zwölf Jahre älteren Geschäftsmann, dessen düstere Voraussagen sich immer bewahrheiteten, konnte aus gesundheitlichen Gründen keine Kinder bekommen. Auf Tante Mathilde folgte mein Vater, Martin, der älteste Sohn, der 1889 geboren wurde.

Die Kontakte zu zwei jüngeren Brüdern meines Vaters, zu Onkel Oli(ver) und Onkel Ernst, beschränkten sich auf ihre Besuche in Wien. Sie lebten in Berlin und hatten deutsche Frauen geheiratet. Nach Hitlers Machtübernahme emigrierte Onkel Ernst mit seiner Familie nach London, wo er 1938 seine Eltern, meine Großeltern, mit aller zur Verfügung stehenden Hilfe empfangen konnte. Einer seiner drei Söhne, Lucian Freud, ist heute einer der berühmten Maler unserer Zeit, aber ich habe ihn persönlich nie getroffen, obgleich ich einmal ein ganzes Jahr in London gelebt habe.

Onkel Oli zog mit seiner Familie von Berlin nach Nizza, wo er ein Fotogeschäft eröffnete. Seine mit mir gleichaltrige Tochter, meine Kusine Eva, lernte ich erst kennen, als wir während des Krieges nach Nizza flüchteten, aber meine Mutter mochte Tante Hennie natürlich nicht.

Tante Sophie, die die schönste der Töchter gewesen sein soll, heiratete 1913 mit 20 Jahren den Hamburger Fotografen Max Halberstadt und brachte ein Jahr später Freuds erstes Enkelkind, Ernest, zur Welt. Da sie 1920 der verheerenden Spanischen-Grippe-Epidemie zum Opfer fiel, die Millionen Tote forderte, wurde ich nach ihr benannt. Drei Jahre später, 1923, starb ihr zweiter Sohn Heinele, Großvaters Lieblingsenkel, im Alter von vier Jahren an Tuberkulose. Später kam Ernest nach Wien und lebte bei seinen Großeltern, aber auch diesen Wiener Vetter lernte ich erst kennen, als ich als Professorin ein Jahr in London verbrachte.

Die einzige Schwester meines Vaters, die weiter mit der Familie lebte, war meine Tante Anna, das jüngste Kind der Familie. Sie wurde 1895 geboren. Als Kind in Wien hatte ich kaum Kontakt zu meiner Tante Anna, aber als ich sie 1979 in London aufsuchte, nur ein paar Jahre vor ihrem Tod 1982, empfand ich eine so leidenschaftliche Liebe für sie, dass ich sie *meine dritte Mutter* nannte. Als wir uns begegneten, war ihre Partnerin Dorothy Burlingham, mit der sie über 40 Jahre verbunden war, gerade gestorben. Vielleicht war sie deshalb für meine Liebe offen.

Es fällt mir auf, dass ich eigentlich in meinen 14 Jahren in Wien zu niemandem in dieser weitverzweigten Verwandtschaft eine enge Beziehung hatte, nur die verehrende Liebe zu meinem berühmten Großvater ist davon ausgenommen.

Nach der Archivarbeit machte ich mich daran, die Briefe meiner Mutter, die Zeitungsartikel und andere Dokumente, die meisten natürlich in deutscher Sprache, die ich nach ihrem Tod sorgfältig beiseite gelegt hatte, zu sichten. Zu meiner freudigen Überraschung tauchten dann drei der Tagebücher auf, die ich als junges Mädchen in deutscher Sprache geschrieben hatte. Obwohl meine

Mutter der Mittelpunkt meiner Geschichte sein sollte, musste ich erkennen, dass diese Tagebücher aus den frühen Kriegsjahren nicht nur Teil meines Lebens waren, sondern Auskunft über eine Zeit gaben, in der ich mit meiner Mutter alleine war.

Meine Mutter hatte sogar die Briefe, die ich ihr vom Radcliffe/Harvard College und den ersten schwierigen Semestern geschrieben hatte, aufgehoben. Sie könnten fast als eine Art Verlängerung meiner Tagebücher angesehen werden.

Nach langem Suchen fand ich noch die vier (französischen) mir sehr wichtigen Briefe, die mir Charlotte Kronheim aus Nizza nach Casablanca geschrieben hatte und die in erschreckend nüchterner Weise die Vernichtung der Juden in Südfrankreich andeuten. Sie hoffte, dass wir in Sicherheit nach Amerika kommen würden, so dass ich eines Tages der Welt von diesen verheerenden Zeiten erzählen könnte. Mit diesem Buch kann ich fast im letzten Moment dieses Versprechen halten.

Zwei meiner Kinder, Georg Loewenstein und Andrea Freud Loewenstein, waren bereit, Beiträge für dieses Buch zu schreiben. Sie sind beide Universitätsprofessoren und haben selber Bücher geschrieben. Mein drittes Kind, Dania Jekel, die Blondine in unserer Geschichte, verabscheut es, private Sachen der Öffentlichkeit anzuvertrauen.

Besonders dankbar bin ich meinem Bruder, von dem ich durch unsere Leben immer wieder jahrelang entfremdet gewesen war, weil er mir als eine Art Versöhnung im letzten Moment seine Erinnerungen an unsere Mutter schickte. Sein ganzer Beitrag »Ernestine« ist in das Buch eingereiht, obwohl nicht in chronologischer Folge. Das erstaunlichste Ergebnis dieser Buchreise hat mit ihm zu tun.

Die Ehe meines Bruders Anton Walter Freud mit Annette Krarup, einer dänischen, nichtjüdischen Frau, der er am Ende des Krieges begegnete, war ausgesprochen glücklich. Jedes ihrer drei Kinder, David Freud, Ida Fairbairn und Caroline Penney, haben ihren Eltern zeit ihres Lebens mehr Freude als Sorgen bereitet, auch ein ungewöhnlich großes Glück.

Mein Bruder, der im April 1921 geboren wurde und im Februar

2004 mit 83 Jahren gestorben ist – er war bei seinem Tod ein Jahr jünger, als unsere Mutter es geworden ist –, hatte alle seine Briefe aufgehoben, und seine Kinder fanden in seinem Nachlass die vielen Briefe, die ihm unsere Mutter geschickt hatte. Sie stellten mir diese 200 Briefe für dieses Buch großzügig zur Verfügung. Außerdem konnte sich Caroline noch an den fatalen Besuch meiner Mutter bei den aristokratischen Schwiegereltern ihres Sohnes in Dänemark erinnern und schenkte mir ihre Erinnerungen, von denen ich bis dahin nichts wusste. Die Korrespondenz zwischen Mutter und Walter war fast ein Geheimnis. Ich hatte geglaubt, dass ich mein ganzes Leben lang, zu meinem Kummer, die wichtigste menschliche Beziehung meiner Mutter gewesen war, vielleicht sogar die einzig bedeutende. Die Entdeckung dieser Briefe hat dieses Bild geändert. Mutter war schließlich mit beiden ihrer Kinder in ihrer eigenen Art (fast) lebenslang verbunden, ich durch das Telefon, mein Bruder durch Briefe.

Das Buch war, als ich die Briefe bekam, schon zu fast dreiviertel fertig, und ich musste es daraufhin umändern. Jetzt kann ich mir dieses Buch ohne diesen späten Beitrag gar nicht mehr vorstellen.

Das Gerüst bleibt die Autobiographie meiner Mutter, aber diese Briefe von 1938 bis zu ihrem Tod, mit einer Unterbechung von über zehn Jahren, in denen ihr Sohn sie mit seinem Schweigen strafte, sind fast eine zweite Darstellung ihres späteren Lebens, eine ehrlichere, weniger polierte Aussage. Diese verschiedenen Selbstdarstellungen, zusammen mit der Stimme meines Bruders, manchmal meines Vaters und auch meinen Tagebüchern, sollen, so hoffe ich, das Phänomen unseres Erinnerungsvermögens zeigen – wie nämlich dieselben Ereignisse auf verschiedene Weise aufgeschrieben, gedeutet und weitergegeben werden.

Bei der notwendigen Auswahl der Dokumente habe ich versucht, die Vermeidung von Langeweile und von Wiederholungen als Kriterium zugrunde zu legen, aber niemals unangenehme Wahrheiten auszulassen. Das betrifft auch Gedanken in meinen Tagebüchern und Briefen, die ich jetzt als dumm und peinlich empfinde, aber in meinen Augen würden Verschönerungen und Unehrlichkeit dieses ganze Unternehmen sinnlos machen.

Zwar habe ich verschiedene Stimmen zwischen die Geschichte meiner Mutter geschoben, aber ich habe mich bemüht, die Abfolge ihres Schreibens nicht zu stören. Sie teilte ihr Manuskript in neun Kapitel, die ich nun *Teile* nenne, während ich selber ihre »Teile« in neue Kapitel gegliedert habe.

Ich habe vermieden, ihren Stil oder den Stil in anderen Dokumenten zu ändern. Nur die Orthographie in den deutschen Briefen meiner Mutter war mehr als nachlässig. Vor allem gebrauchte sie große und kleine Buchstaben und Interpunktion vollkommen willkürlich. Diese Fehler habe ich vorsichtig ausgebessert.

Unsere Leben wurden in drei verschiedenen Sprachen geführt. Und oft gebrauchten wir eine Mischung von Sprachen und keine richtig. Eine Übersetzung kann dieses Gemisch, das Emigranten eigen ist, nicht wiedergeben. Einige Textstellen habe ich selber ins Deutsche übersetzt, auch meines Bruders *Ernestine*, oder ich schrieb Gedanken erst mal auf deutsch, wie zum Beispiel diese Einleitung, aber die ganze Autobiographie meiner Mutter und viele meiner eigenen Erinnerungen wurden von Erica Fischer übertragen, und ich danke ihr sehr für ihre Sorgfalt und ihre Mühe.

Apologia

Während meines Aufenthalts am *Institute of Higher Studies* in Oslo las ich einmal meinen Kollegen von verschiedenen Disziplinen und Ländern einen Brautbrief meiner Mutter vor, nämlich den Brief, in dem sie Martins Heiratsantrag feierlich annimmt. Einer meiner Kollegen, ein wortkarger Norweger, sagte anschließend, er würde nun nach Hause gehen und alle seine aufgehobenen Briefe verbrennen. Eine andere Kollegin, die ihrer Mutter sehr nahgestanden hatte, meinte, ich hätte nicht das Recht, vom Leben einer Frau zu schreiben, die ich während ihres Lebens gefürchtet und auf Distanz gehalten hätte. Über beide Reaktionen habe ich viel nachgedacht.

Dieses Buch ist schon das zweite Buch, das ich über Mütter schreibe. Ich schrieb mein erstes Buch bald nach dem Tod meiner Mutter, aber damals sprach ich über meine drei Mütter, und meine erste eigene Mutter war nicht unbedingt die meistgeliebte. Das war damals meine Tante Anna, meine »dritte Mutter«. Ein Kapitel in diesem ersten Buch war auch eine indirekte Anklage gegen meinen Vater, der sich, so dachte ich, wenig bemüht hatte, mich in meinem Studium zu unterstützen.

Dieses zweite Buch gibt mir nun Gelegenheit, Abschied zu nehmen, Abschied von Menschen, die ich mit meinem harten Herzen nicht genügend geliebt habe, nicht meine Mutter, meinen Vater, meinen Bruder und meine Tante Janne. Ich sehe alle diese Menschen nun in einem neuen Licht, vor allem meine armen, oft verzweifelten Eltern, aber nicht nur meine Mutter und meinen Vater, sondern auch meine Tante Janne, deren tiefes Unglück ich erst beim Schreiben dieses Buches ganz erfasste. Die letztere war meine geliebte »zweite Mutter«, die ich in ihrer größten Not im Stich ließ.

Meine sterbenskranke Mutter klagte einmal, dass es niemanden in ihrem Leben gäbe, der ihr eine Tasse Tee machte. »Du hättest Freundschaften schließen sollen, als du noch jünger warst«, sagte ich. »Ich hatte keine Zeit für Freundschaften«, antwortete sie. »Du wolltest immer in Ruhe gelassen werden«, warf ich ihr vor, »und nun zahlst du den Preis für diese Entscheidung.« Fast erinnerte das an die Antwort der Ameise in La Fontaines Fabel, die der verhungernden Heuschrecke vorwirft, sie habe schließlich den ganzen Sommer mit ihrem Singen verschwendet, statt zu arbeiten, und deshalb könnte sie jetzt auch tanzen gehen. »Du hast recht, ich wollte in Ruh gelassen werden, und ich bin noch immer froh, dass es sich so gefügt hat. Das einzige, was ich wirklich will, ist, dass mir jemand eine Tasse Tee zubereitet«, antwortete sie, anscheinend unbeeindruckt von meiner harschen Lebensansicht, die ja mit ihrer eigenen übereinstimmte.

In den 20 Jahren, die seit meinem ersten Buch vergangen sind, in diesen alleinstehenden alten Jahren, ist mir meine Mutter nähergerückt. Auch ich will in Ruhe gelassen werden. Ich ließ mich von einem höflichen, verlässlichen Mann nach 40 Jahren Ehe scheiden, teilweise, weil ich mir nicht vorstellen konnte, mit einem Mann an meiner Seite alt zu werden. Keine meiner drei Mütter wurde mit einem Mann an ihrer Seite alt, und warum sollte mein eigenes Schicksal anders sein? Es gab natürlich auch andere Gründe für die Scheidung, aber dieser gehörte dazu. »Wenn du mich verlässt«, hatte mein Mann gesagt, »wirst du genauso ein einsames Alter wie deine Mutter erleben.« Er hatte recht. Ich lebe allein und fühle mich manchmal einsam. Viele sehen mich als exzentrische alte Dame an. Leichen von verfehlten Beziehungen liegen in meinem Leben herum. Vielleicht wird mir auch niemand eine Tasse Tee aufbrühen, wenn ich krank bin. Nun, man kann sich immer auf elektrische Teekessel verlassen.

Meine Mutter vererbte mir ihre Energie und Disziplin und ein paar andere weniger großartige Qualitäten. Ich bin natürlich nicht genau so wie meine unglückliche Mutter, weil das Schicksal mich mit erstaunlicher Güte behandelt hat und mir die bitteren Kämpfe ersparte, die meine Mutter dazu verleiteten, ihre eigenen negativen Schlüsse über die Welt zu ziehen. Aber in meiner neuen Verbundenheit zum Alter und dem Rückblick auf das Leben scheinen mir ihre Schwächen nicht mehr ganz so abstoßend und unangebracht zu sein. Ihre Entschlossenheit zu überleben, oft gegen große Hindernisse, und oft auch mit Erfolg, ist bewundernswert. Seit ich in gewissem Maße in ihre Schuhe geschlüpft bin, fühle ich mich berechtigt, ihre Autobiographie in meiner eigenen Weise darzustellen. Sie hätte es mir erlaubt. Dieses von meiner Mutter mir vererbte Buch ist nun die magische Bastion gegen die Zwecklosigkeit in meinen alten Jahren.

Lincoln, Massachusetts, Februar 2006

ÖSTERREICH

ERSTER TEIL · KINDHEIT

1
Kindheitserinnerungen

Die Erinnerungen an meine früheste Kindheit bestehen aus einzelnen unverbundenen Bildern von Episoden, die mir aus unbekannten Gründen im Gedächtnis geblieben sind. Ich werde versuchen, diese Erinnerungen zeitlich und räumlich einzuordnen.

Ich muss gerade drei gewesen sein, meine Schwester Lily wurde noch gestillt, es war Sommer, und mein Vater hatte ein Häuschen in Neuwaldegg gemietet, einem Dorf am Stadtrand von Wien. So konnte mein Vater, der Anwalt war, jeden Abend nach Arbeitsschluss zur Familie hinausfahren. Ich glaube, dass die Endstation der noch von Pferden gezogenen Tram nicht weit von unserem Haus war, so dass mein Vater von dort zu Fuß gehen konnte. An das Häuschen und den Garten erinnere ich mich nur ungenau, doch ich sehe das Gartentor vor mir, auf das ich mich stellte und hin und her schaukelte. Dabei kam ich mir mutig und unternehmungslustig vor.

Ich weiß, dass wir damals schon unser Iglauer Kinderfräulein hatten, das zwölf Jahre bei uns blieb. Sie kam, glaube ich, in unser Haus, als ich gerade zwei war. Mit ihr und meiner Baby-Schwester gingen wir in dem schönen, der Öffentlichkeit zugänglichen Schwarzenbergpark spazieren und suchten im Gras nach Tausendguldenkraut, das einen bitteren Trank ergab, der dem Fräulein zufolge Bauchschmerzen heilen konnte. Ich musste die ganze Wiese nach diesen winzigen rosa Blüten absuchen, die ich später im Leben nie wieder gesehen habe. Ich legte die Pflanzen in den Kinderwagen, und das Fräulein nahm sie mit zum Trocknen. Eines Tages, ich weiß nicht, warum, nahm ich, als das Fräulein gerade nicht hinsah, alle bereits gesammelten Pflanzen aus dem Kinderwagen und trug sie auf meiner Suche nach weiteren Blüten mit mir herum. Das Fräulein dachte, ich hätte alle selbst gesammelt, und lobte mich. Als sie merkte, dass diese Pflanzen schon vorher da waren, wurde sie ziemlich ärgerlich und warf mir vor, einige davon unterwegs verloren zu haben.

Eine andere Episode aus diesem Sommer, an die ich mich lebhaft erinnere, ist die, wie ich von einem Esel gebissen wurde. Mit diesem Esel wurde die Milch zu unserem Haus gebracht, und mein Großvater, der Vater meines Vaters, muss gerade zu Besuch gewesen sein, denn er zeigte mir, wie man einem Esel Zucker reicht, ohne gebissen zu werden. Man musste die Hand ganz flach ausstrecken und den Würfelzucker auf die Handfläche legen. Das tat ich, aber meine Hand war zu klein, und meine Finger gerieten zwischen die Zähne des Tiers.

Das ist die einzige Erinnerung an meinen Großvater Drucker. Er hatte einen schönen weißen Bart, aber ich sehe kein Bild vor mir, auch nicht von meiner Großmutter, obwohl ich mich an sie sehr gut erinnern kann. Ich weiß nicht, wann mein Großvater starb, meine Großmutter jedenfalls starb, als ich zehn oder elf war. Großvater und Großmutter waren unglücklich verheiratet. So wie ich es mir zusammenreime, gab es dafür mehrere Gründe. Mein Großvater war ein Schürzenjäger und schrieb Gedichte im Stil von Heinrich Heine. Mein Vater zeigte mir gern ein kleines Bändchen mit seinen Gedichten, und ich habe sie, glaube ich, auch gelesen – aber sie waren nicht so gut wie die von Heine. Der andere Grund für den Ehezwist meiner Großeltern scheint finanzieller Natur gewesen zu sein. Mein Großvater, der in Brünn lebte – damals (im Habsburgerreich) noch die deutschsprachige Hauptstadt von Mähren –, besaß Zuckerrübenfabriken. Er weigerte sich, dem Zuckerkartell beizutreten, und das brachte ihm den wirtschaftlichen Ruin ein. Auch meine Großmutter hat, glaube ich, ihren Besitz verloren – wahrscheinlich hatten sie bei der Eheschließung keine Gütertrennung vereinbart. Ihr ältester Sohn, mein Onkel Julius, wurde ruiniert, und die Familie erholte sich nie von diesem finanziellen Desaster.

Ich persönlich sehe in meiner Erinnerung meine Großeltern väterlicherseits nicht in Brünn, sondern in Trencin, einer ländlichen Kleinstadt in der Ostslowakei, damals noch Teil von Ungarn. Dort lebten sie, soweit ich mich entsinne, zumindest meine Großmutter, in einem großen alten Haus ohne fließendes Wasser in – in meiner Erinnerung – großen dunklen Räumen mit altmodischen Möbeln, umgeben von unzähligen Onkeln und Tanten. Als wir etwas älter waren, verbrachten wir jeden Herbst einige Wochen im Haus meiner Großmutter. Trencin spielt in meinen Kindheitserinnerungen eine wichtige Rolle.

In den Sommer 1900 fällt die nächste Kindheitsepisode, die mir im Gedächtnis geblieben ist. Es war das Jahr der Pariser Weltausstellung, meine Eltern fuhren nach Paris, und wir zwei Kinder blieben bei den Großeltern mütterlicherseits in Vöslau, einem kleinen Sommerfrischeort in der Nähe von Wien. Ich hatte einen Großvater mütterlicherseits, aber eine Stiefgroßmutter, denn meine richtige Großmutter war bei der Geburt ihres zweiten Kindes gestorben, als meine Mutter drei war. [*In Wirklichkeit war sie fünf.*]

Die Szene, die sich mir eingeprägt hat: Die kleine Schwester lag im Kinderwagen, und ich hielt mich an den Röcken des Fräuleins fest, um nicht verlorenzugehen. Eine Zeitlang war nicht genügend Platz für uns drei auf dem Trottoir, und so lief ich neben der Bordsteinkante. Wir kamen an eine Stelle, wo in der Mulde ein Abfluss war, mit Metallspitzen, die wie Drachenzähne vorstanden. Ich stieß mit dem Bein an einen dieser Stachel, der mir ins Knie schnitt. Obwohl es weh tat, sagte ich dem Fräulein nichts, denn immer wenn ich über etwas klagte, sagte sie »Mach keine G'schichten«. Tapfer marschierte ich also weiter, bis mich Passanten erstaunt anschauten. »Das Kind blutet ja überall«, sagte einer zu dem Fräulein. Ich weiß nicht mehr, was dann geschah. Da die Stachel Teile des Kanalisationssystems waren, hätte ich an Tetanus sterben können. Eine Zeitlang konnte ich nicht richtig gehen und hinkte, obwohl man mich anhielt, ordentlich zu gehen, als meine Eltern aus Paris zurückkehrten. Diese Rückkehr war für mich eine weitere Enttäuschung: Meine Mutter brachte meiner einjährigen Schwester eine wunderschöne Haube mit bestickten Rüschen mit, mir aber einen Gummiball. »Du bist zu groß für eine Haube«, erklärte sie.

Ich erinnere mich, dass ich in jenem Sommer schwimmen lernte. Vöslau ist berühmt für seine warmen Quellen, und eine Reihe von Schwimmbädern mit temperiertem Quellwasser erfreute Sommergäste und Einheimische gleicherweise. Damals war gemischtes Baden noch verboten, doch für die Kinder und ihre Damenbegleitung war ein kleines Bassin reserviert, in dem sie zu jeder Tageszeit baden konnten. An dieses Becken erinnere ich mich. Man hatte rundherum hohe Holzzäune gezogen, um besonders während der Damenstunden Neugierigen den Blick zu verstellen.

Einmal hing ich am Seil des Schwimmlehrers, als eine der Damen ihr Knäuel Strickwolle ins Wasser rollen ließ. Unverzüglich tauchte ich unter und schien nicht mehr hochzukommen. Der Schwimmlehrer plauderte gerade mit einer attraktiven jungen Frau, als mehrere Personen auf ihn zustürmten, um ihm mein Verschwinden zu melden. Schließlich zogen sie mich an Land. Es war meine erste Taucherfahrung.

Meine dritte Erinnerung ist weniger lebensbedrohlich. Mein Vater war bergsteigen auf dem Mittagskogel, einem Berg am Ufer des Wörthersees. Für mich aufregend war sein Versprechen, ein großes Feuer zu machen, sobald er den Gipfel erreichte, damit wir es unten sehen konnten. Und siehe da, am Abend leuchtete ein glänzender kleiner Stern auf der Spitze des Mittagskogels. Als mein Vater wiederkam, wurde er von mir wie ein Held empfangen. Seltsam, dass meine lebhaftesten Erinnerungen aus jenen frühen Jahren Urlaubserinnerungen sind.

Mutter erinnert sich, wie sie von einem Esel gebissen, von ihrem wenig einfühlsamen Kinderfräulein ausgeschimpft und vernachlässigt wurde, und wie ein weiterer unaufmerksamer Erwachsener sie fast ertrinken hätte lassen. Verschwinden glückliche Erinnerungen in einem diffusen rosigen Licht, während unglückliche viel schärfer im Gedächtnis bleiben? Lassen Sie mich meine eigene früheste – schlechte – Erinnerung aus einer Zeit einfügen, als auch ich ungefähr drei war:

Meine Mutter hatte begonnen, täglich zur Arbeit zu gehen, als ich zwei war, und ich saß oft auf dem Fensterbrett ihres Schlaf-

zimmers – das einzige Fenster, von dem aus man die Haustür sehen konnte –, um zu beobachten, wie sie das Haus verließ. In meiner Erinnerung hatte ich an jenem besonderen Morgen jedoch Mühe, sie durch meine Tränen hindurch zu sehen. Ich hatte in der Nacht ins Bett gemacht, und fast ist es mir, als erinnerte ich mich, wie ich aufwachte und zu faul war, um auf den Topf zu gehen. Am Morgen freute ich mich darauf, ein nagelneues Kleid anzuziehen. Doch als meine Mutter vom Fräulein hörte, dass ich in der Nacht ins Bett gemacht hatte, ließ sie mich das neue Kleid aus- und ein altes anziehen, das ich nicht mehr mochte. Bettnässerinnen tragen keine neuen Kleider.

Es ist seltsam, wie die Dinge wiederkehren, wenn man daran denkt. An etwas, an das ich mich nicht erinnern muss, weil es nach all den Jahren in meinem Gedächtnis vollkommen unbeschädigt geblieben ist, ist die herrliche Stimme meiner Mutter. Sie hat meine gesamte Kindheit und Jugend bestimmt, solange ich zu Hause lebte, also bis ich heiratete. Neben dem Kinderzimmer war das Klavierzimmer, wo meine Mutter sang. Sie hatte eine dramatische Sopranstimme von ungewöhnlicher Brillanz. Am Vormittag übte sie Skalen und Tonleitern, am Nachmittag kam jemand, um sie zu Liedern und Opernarien zu begleiten.

Was immer ich über Gesang und Musik im allgemeinen weiß, habe ich von meiner Mutter gelernt. Ihr Schicksal war tragisch. Sie wurde von den Nazis in Südwestfrankreich gefasst und starb in einem von Deutschlands Konzentrationslagern, ein Schicksal, dem meine Tochter und ich um Haaresbreite entkommen sind.

Meine Mutter sang so viel, dass ihre Stimme die ganze Zeit auf eine professionelle Karriere vorbereitet sein musste. Warum diese nicht stattfand, ist ein trauriges Kapitel, das ich jetzt so wiedergeben werde, wie es mir erzählt wurde. Schon als Kind beschwerten sich die anderen Kinder, mit denen meine Mutter zur Schule ging, dass sie »nicht singen konnten, weil die Schramek so laut schreit«. Der Stiefmutter meiner Mutter sagte die Lehrerin, das Kind habe eine außerordentlich schöne Stimme. Meine Mutter sang als junges Mädchen und Teenager immer weiter, bis ihre Stiefmutter schließlich von meinem Großvater die Erlaubnis erwirkte, ihr bei Frau Nichlas-Kemptner, der besten Gesangslehrerin Wiens, Gesangsunterricht geben zu lassen.

Nur ein einziges Mal erwähnt Mutter ihre Stiefgroßmutter Regine Schramek, die sich gegen den sicherlich despotischen Gatten durchsetzte, damit die Talente der Stieftochter gefördert werden.

Diese Frau war eine bekannte Opernsängerin, die, als das Alter ihr nicht mehr erlaubte, auf der Bühne zu stehen, eine Laufbahn als Gesangslehrerin begann. Nicht immer waren die Sänger und Sängerinnen, die in Wien singen lernten, auch begabt, doch singen zu können und etwas von Musik zu verstehen gehörte zur Grundausbildung der Bevölkerung, besonders einer wohlerzogenen Tochter aus gutem Haus. Madame Kemptner unterrichtete die Wiener Oberschicht. Meine Mutter nahm wohl bald unter ihren Schülern eine Sonderstellung ein und schien ihren Unterricht sehr genossen zu haben, zumal sie dabei eine Reihe interessanter Männer kennenlernte, die ihr den Hof machten. Meine Mutter war nicht nur eine gute Sängerin mit einer großartigen Stimme, sondern auch eine sehr schöne Frau und eine ausgezeichnete Musikerin, Eigenschaften, die nicht oft in einer Person zusammenkommen. Ich fürchte, dass diese Jahre die einzige gute Zeit in ihrem Leben waren. Dann wurde Madame Kemptner eine Professur an der Berliner Musik- und Kunstakademie angeboten, und sie zog von Wien weg. Vor ihrer Abreise veranstaltete sie ein Abschiedskonzert, an dem meine Mutter als ihre beste und herausragendste Schülerin teilnahm. Wie meine Mutter oft betonte, war sie damals ein sensationeller Erfolg. Die Kritiker schwärmten von ihr, und ihre Lehrerin verhalf ihr zu einem Engagement an der Berliner Staatsoper. Das wurde von meinem Großvater hintertrieben, der den ihr zugeschickten Vertrag abfing und versteckte. Um das Vorgehen meines Großvaters zu verstehen, muss man wissen, dass er ein religiöser Jude aus einer kleinen Ghettostadt in Mähren war. Er war zu jener Zeit schon ein sehr reicher Mann, und wenn er seiner Tochter gestattet hätte, auf einer Bühne aufzutreten, hätte das gewiss Schande über ihn und die Familie gebracht. Mutter hat sich von dieser Enttäuschung nie erholt und machte die ganze Welt dafür verantwortlich, dass sie keine weltberühmte Operndiva wurde. Selbst in den 1880er Jahren hätte ein 24jähriges Mädchen ihre Familie verlassen und ihr Glück in der Ferne versuchen können, doch mein Großvater war offensichtlich ein konservativer, ehrfurchtgebietender Paterfamilias. Und er war es auch, der sie kurz darauf mit dem Mann bekannt machte, der mein Vater werden sollte.

Mein Vater ließ einmal ein paar Bemerkungen über die Umstände fallen, unter denen er meine Mutter kennenlernte. Er war ein junger Anwalt und verteidigte vor Gericht einen Gegner meines Großvaters. Nach dem Prozess, den mein Vater gewann, lud ihn mein Großvater zu sich nach Hause ein. Mein Vater dachte: Warum nicht? und nahm die Einladung an.

Ich wundere mich nicht, dass mein Vater sich in meine Mutter verliebte. Warum aber meine Mutter ihn nahm, ist mir ein Rätsel. Mein Vater war eher klein und stämmig, und hatte schon im Alter von 35 Jahren ein Bäuchlein. Er war ein um Anerkennung ringender Anwalt ohne Vermögen, ein Außenseiter, der nicht zum Kreis der wohlhabenden, etablierten Juden Wiens gehörte. Er war intelligent, aber keineswegs brillant, und in einer bestimmten Lebensphase überdies noch ein Spieler. Es ist nicht leicht für eine Tochter, die ihren Vater über alles liebte, ihn objektiv zu beurteilen, so wie ihn andere Leute sahen, und ich bin auch nicht in der Lage, etwas über ihn herauszufinden. Alle, die ihn kannten, sind tot, und ich lebe heute auf einem anderen Kontinent. Er scheint sehr charmant gewesen zu sein, umgänglich und äußerst korrekt und ehrlich in seinem Beruf. Vielleicht bezwang er meine Mutter mit seinem Charme. Während er ihr den Hof machte, ritt er jeden Tag hoch zu Ross am Fenster seiner Braut vorbei, die auf den Balkon hinaustreten musste. Das hat meine Mutter einmal beiläufig erwähnt.

Meine Mutter hat ihr ganzes Leben mit einem professionellen Begleiter ihre Gesangsstimme geschult und hätte auch nach ihrer Heirat mit einer Karriere beginnen können, aber mein Vater wollte nicht, dass meine Mutter das Singen zu ihrem Beruf machte. Sie durfte nur bei Wohlfahrtskonzerten singen und wurde oft gebeten, auf großen Diners im Haus vor Freunden oder Klienten meines Vaters aufzutreten. Niemals nahm sie ein Honorar an, denn sie war eine Dame der Gesellschaft, für die so etwas nicht schicklich gewesen wäre. Trotzdem war sie bei diesen Anlässen sehr nervös und benahm sich wie eine Diva, von deren Erfolg an genau jenem Abend ihre gesamte künftige Karriere abhing. Alle zitterten mit ihr, und man musste sich auf Zehenspitzen durchs Haus bewegen.

Es gab Szenen, weil ich nicht Klavier üben wollte. Ich war nicht sehr begabt, sonst hätte ich in all den Jahren, in denen ich Klavierstunden nahm, auch ohne ständiges Üben mehr gelernt. Dass das ewige Gezetere und die Szenen meiner Mutter nicht dazu beitrugen, mir die Klavierstunden schmackhaft zu machen, liegt auf der Hand.

Wir hatten einen großen Haushalt. Neben meinem Vater, meiner Mutter und den Kindern gehörten eine Köchin, zwei Dienstmädchen und unser Kinderfräulein dazu. Vaters Anwaltskanzlei grenzte an unsere private Wohnung, und das zweite Dienstmädchen war ausschließlich für die Kanzlei zuständig. Ich wurde im dritten Wiener Gemeindebezirk geboren. Damals gingen wohlhabendere Frauen zur Niederkunft nicht ins Krankenhaus, sondern brachten ihre Kinder zu Hause zur Welt. Ich erinnere mich nicht an unsere erste Wohnung, aber sehr gut an die zweite. Wir mussten dorthin gezogen sein, als ich zwei oder drei war. Die Adresse war Wollzeile 1, eine ziemlich gute Adresse. Auf der anderen Straßenseite stand das Erzbischöfliche Palais und nur eine Straße weiter auf dem Stephansplatz der berühmte gotische Stephansdom, noch immer das absolute Zentrum Wiens. Wir wohnten im ersten Stock, der nach New Yorker Verhältnissen der zweite wäre. Es war ein großes, altes Haus mit zwei Haupttreppen.

Der andere Teil des Gebäudes war von einem bekannten Gynäkologen bewohnt. Dieser hatte eine sehr schöne Frau, die ein Hauch geheimnisvoller Klatsch umwehte. Als Kind bekam ich nur mit, dass sie sehr nervös war. Aber irgendwie hörte ich, wie man über ihre Drogenabhängigkeit tuschelte. Später, als ich erwachsen war, vertraute mir mein Vater an, es ginge in Wien das Gerücht um, sie sei die Geliebte von Professor Schauta, dem berühmten Ordinarius für Gynäkologie und Frauenheilkunde an der Universität Wien, und ihr Mann verdanke seine Karriere weniger seiner Kompetenz als der Intervention seiner Frau. Ob wahr oder unwahr, auf jeden Fall dürfte das Leben der Dame nicht den Vorstellungen des sittenstrengen Wiener Gettos entsprochen haben, und so blieb ihr keine Bosheit erspart. Ich traf sie viele Jahre später in Gastein, und sie kam mir vor wie eine Dame von Welt, immer noch sehr attraktiv und ohne eine Spur von Drogen. Damals ärgerte ich mich sehr über sie, weil sie meinen Eltern riet, mich nicht so viel in die Berge steigen zu lassen, weil dies meine Beckenmuskeln verhärten und spätere Geburten erschweren würde. Meine Eltern, die vermeinten, dieses Ammenmärchen käme aus berufenem Munde, versuchten danach meine Aktivitäten in diesem meinem Lieblingssport einzuschränken.

Unsere Tage in der Wohnung Wollzeile 1 gingen 1906 zu Ende. Meine beiden Schwestern wurden noch dort geboren. Ich erinnere mich vage an die Geburt meiner dritten Schwester *[1901]*. Ich wurde ins Schlafzimmer meiner Eltern gerufen, um sie anzuschauen. Fünf Jahre war ich alt und weiß, dass ich mich, als sie ein Baby war, um sie gekümmert habe. Unser Fräulein hatte jetzt drei kleine Mädchen zu beaufsichtigen, eines davon, meine zweite Schwester, war sehr schwach und das andere ein Neugeborenes. Plötzlich war ich die Älteste, die wissen musste, wie man sich benimmt, und die »keine G'schichten« macht, wie mich das Fräulein des öfteren ermahnte, weil sie darauf erpicht war, meine kleineren Wehwehchen so lange wie möglich von meiner Mutter fernzuhalten. Sogar als ich mich mit Mumps ansteckte, ging ich krank zur Schule, obwohl ich mich elend fühlte. Dass ich Mumps gehabt hatte, wurde erst viel später entdeckt, nachdem ich schon gesund war, denn ich hatte die ganze Familie angesteckt. Dieses »keine G'schichten machen«, wenn mir gesundheitlich etwas fehlte, wurde Bestandteil meines Charakters, und so habe ich, abgesehen vom Alter, das mich jetzt ziemlich rasant überfällt, nicht an den tausend »Wehwehchen« gelitten, die das Fleisch üblicherweise heimsuchen, oder sie zumindest nicht zur Kenntnis genommen.

Meine Mutter wurde nicht mal ein Jahr nach der Hochzeit ihrer Eltern im Jahre 1895 am 21. Mai 1896 als Ernestine Drucker ge-

boren. Während ich über die wichtigen Ereignisse in ihrem Leben schreibe, muss ich ihre Geburtsurkunde immer wieder zu Rate ziehen, denn Mutter hatte die Angewohnheit, ihr Alter je nach Bedarf zu ändern. Ich hatte gedacht, dass sie im Oktober 1980 im Alter von 86 Jahren gestorben war, doch später, als ich ihre Dokumente durchforstete, wurde mir bewusst, dass sie in Wirklichkeit erst 84 war. Und jetzt, da ich selbst bald so alt bin, kann ich besser verstehen, warum sie absolut nicht bereit war zu sterben. Ihre Schwester Lily wurde 1899 geboren, ihre jüngste Schwester Marianne, die wir Tante Janne nannten, 1901. Beide Schwestern standen meiner Mutter und mir immer wieder bei – Tante Janne nahm uns in Paris auf, Tante Lily setzte sich unermüdlich und erfolgreich für unsere amerikanischen Visa ein –, und trotzdem empfand meine Mutter immer wieder bitteren Groll oder Neid. Die Schwestern wuchsen zusammen in Wien auf, wohnten in Paris unweit voneinander und starben in einem kurzen, aber oft unüberbrückbaren Abstand voneinander in New York City.

Auch aus dem darauffolgenden Sommer habe ich klare Bilder vor Augen. Nun gab es in der Familie drei Mädchen. Wir hatten für die Sommermonate ein Häuschen in Velden am Wörthersee gemietet, eine fast eintägige Zugreise von Wien. Mutter, die gerade eine Geburt hinter sich hatte und noch stillte, hatte es sich zur Gewohnheit gemacht, am Nachmittag ein Nickerchen zu machen. Das sollte ich auch tun, schien ihr aber diese Anordnung übelgenommen zu haben. Als ich eines Tages mit ihrem Portemonnaie spielte, nahm ich die Eisenbahnkarten heraus und fragte, ob ich sie haben könne. »In Ordnung«, sagte meine Mutter im Halbschlaf. Ich wusste genau, wie schlimm ich war. Ich nahm alle Rückfahrkarten, einschließlich die des Fräuleins, der Köchin und des Dienstmädchens, zerriss sie in winzige Stücke und war mir sicher, dass man mich für diese Tat nicht bestrafen würde. Mein Vater versuchte die Eisenbahngesellschaft dazu zu bringen, die Fahrkarten zu ersetzen. Vergeblich.

Eine weitere Episode, die ich mir sehr zu Herzen nahm, muss sich um diese Zeit ereignet haben. Die Schwester meiner Mutter heiratete, und ich sollte bei der Hochzeit »Kranzljungfer« sein. Mutter kaufte mir ein hübsches rosa Kleid, bei Braun, einem exklusiven Geschäft in der Wiener Innenstadt, und einen rosa Rosenkranz fürs Haar. Ich ging am Vortag zum Friseur, und mein Haar wurde auf Lockenwickler gedreht, die erst am Tag der Hochzeit geöffnet werden sollten. In der Nacht konnte ich nicht schlafen, weil die Wickler mich drückten, und dann erfuhren meine Eltern, dass die Kinder der Schwester des Bräutigams an Masern erkrankt waren, und ich durfte nicht zu der Hochzeit. Das scheint die erste große Enttäuschung in meinem Leben gewesen zu sein, so dass ich sie 60 Jahre lang nicht vergessen konnte.

Ich erinnere mich an viele Ohrfeigen und an Szenen, die mir meine Mutter machte, vermutlich weil ich frech und ungezogen war. Wenn ich frech und ungezogen war, dann bestimmt nicht willentlich, und ich nahm mir diese Strafen, ob verdient oder unverdient, sehr zu Herzen. Eine meiner ersten Ohrfeigen, an die ich mich erinnere, hatte folgenden Hintergrund: Meine Mutter zog sich für eine Party oder für ein Konzert um und puderte sich ihr Gesicht. Ich muss acht oder neun gewesen sein und sagte: »Mama, deine Nase ist zu weiß.« Sie drehte sich um und schlug zu.

Ich hatte überhaupt keine glückliche Kindheit. Die meiste Zeit hatte ich panische Angst vor einer Mutter, die wahrscheinlich nicht wusste, was sie tat. Ich war davon überzeugt, dass mich meine Mutter hasste. Jedenfalls litt ich sehr unter den ungerechten Strafen. Ich war ein problemloses, freundliches kleines Mädchen, wurde aber durch die in meinen Augen lieblose Behandlung zu einem schwierigen, mürrischen Teenager, den das andauernde Gezeter meiner Mutter und ihre an hysterische Ausbrüche grenzenden Szenen wegen irgendeiner Belanglosigkeit noch unglücklicher machten.

Es gibt zwei Fassungen der ersten zehn Seiten der Autobiographie meiner Mutter. Die erste Version ist ihrer Enkelin Andrea gewidmet: »Dedicated to my granddaughter Andrea Löwenstein for her eighteenth birthday«. Die Versionen unterscheiden sich aber nur dadurch, dass Mutter ihre Mutter in der offiziellen Version, die hier nicht benutzt wird, mehr schont, weil man keine Frau anklagt, »die in einem deutschen Konzentrationslager getötet wurde«.

ANDREAS STIMME

Durch das Weglassen der unangenehmen Details löscht die spätere Fassung aber auch die starke, äußerst persönliche Sicht, die diesen Text auszeichnet und ihn, zumindest für mich, lesenswert macht. Als Lehrerin ermuntere ich meine Studenten, genau das zu tun, der echten »Stimme« Raum zu geben, samt allem Negativen, das dazugehört. Das ist natürlich gerade für Studentinnen schwierig, denn die meisten haben den Großteil ihres Lebens damit zugebracht, ihre zornigen, »unvernünftigen« Stimmen zu zähmen, um weiterzukommen, geliebt und angenommen zu werden.

Natürlich ist es diese Garstigkeit (was als Wort zu schwach ist, denn in Wirklichkeit meine ich die Wut und die Verletzung, die unterschwellig mitschwingen), die meine Großmutter zu der »unmöglichen« Frau gemacht hat, an die ich mich erinnere – eine Frau, die in ihren menschlichen Beziehungen nicht »umgänglich« war. Dieses Verhalten hat sie zu einer so einsamen Person werden lassen, denn niemand hatte Lust, sich mit dieser verzehrenden Bitterkeit, mit diesem Egoismus abzugeben. Auch wenn es nicht ihre bewusste Entscheidung war, so ist es doch irgendwie bewundernswert.

Sie war nicht wie meine andere Großmutter eine Frau, die bereit war, ihre Wut mit einer Aura von Nettigkeit, falschem Lächeln und weiblicher Taktik zu tilgen oder zu übertünchen. Statt dessen drückte ihre gesamte Haltung, sogar ihre Körpersprache, Wut aus. Und so verlief auch ihr Leben – ihre Weigerung, sich irgendwem verpflichtet zu fühlen, der Stolz auf ihre Arbeit und ihr Beharren, bis zum Ende damit weiterzumachen. Das ist der Grund, warum mich eine zensierte Fassung so beunruhigt. Alles, was diese Frau hatte, war ihr vorwurfsvoller Zorn, und er bricht aus jedem Absatz dieser »unzensierten« Seiten hervor, die immer und immer wieder schreien: Ihr habt mich betrogen!

Eines der Dinge, die wir bei diesem Buch bedenken müssen, ist die Weitergabe der Muster, auch wenn man sich vornimmt, es anders zu machen. Meine eigene Mutter machte keine Szenen, aber sie war zweifellos der Mittelpunkt unseres Haushalts, eine »Diva«, von deren Liebe und Zustimmung ihre Kinder und mein Vater abhängig waren, wonach wir alle dürsteten und so unfähig wurden, miteinander in Beziehung zu treten. Und auch sie verbreitete auf ihre Art »panische Angst«, denn ich lebte in Angst, sie zu enttäuschen, während ich gleichzeitig wusste, dass ich andauernd genau das tat.

2

Die (Groß)Eltern nebenan

In dem Handbuch der Führenden in Kultur und Wirtschaft »Die geistige Elite« Österreichs, Red. Marcell Klang, Wien, 1936, hat Großvater Drucker einen ehrenhaften Platz gefunden. Ich danke Dr. Johannes Reichmeyr, der diesen Artikel für mich gefunden hat.

Dr. Leopold Drucker Rechtsanwalt, wohnt Wien I, Franz Josefs-Kai 65. Telephon A-12–9–85. Wurde am 31. Juli 1860 als Sohn des Industriellen Max Drucker, der einer alten Patrizierfamilie der mährischen Landeshauptstadt entstammte, und dessen Gattin Sidonie, geb. Neubrunn, in Brünn geboren und besuchte dort das Realgymnasium. Im Jahre 1878 kam er nach Wien, erlangte an der juridischen Fakultät der Wiener Universität das Doktorat und absolvierte gleichzeitig die Hochschule für Bodenkultur. Dr. L. D. widmete sich sodann der rechtsanwaltigen Tätigkeit, trat nach dem Gerichtsjahre als Konzipient in die Kanzlei des berühmten Verteidigers Regierungsrat Dr. Heinrich Steger ein, woselbst er bis zum Jahre 1890 verblieb. Zu diesem Zeitpunkt ließ er sich als Hof- und Gerichtsadvokat in Wien nieder und entfaltete eine erfolgreiche Tätigkeit sowohl in Zivilsachen als auch als Verteidiger in Strafsachen. Dr. L. D. war auch wissenschaftlich-publizistisch tätig und veröffentlichte unter anderem folgende größere Arbeiten: »Der Hypnotismus und das Zivil- und Strafrecht«, »Die Suggestion und ihre forensische Bedeutung« und »Verbrecher und Verteidiger«. Dr. L. D. hat als einer der ersten auf die Bedeutung von Suggestion und Hypnose für das Rechtsleben hingewiesen und deren Beziehungen zum Zivil- und Strafrecht mehrfach beleuchtet. In letzter Zeit publiziert er eine Arbeit, in welcher er auf die Rechtsfolgen der künstlichen Befruchtung beim Menschen verwies.

Während des Weltkrieges hat er das Komitee für die Flüchtlinge aus dem Süden gegründet und als Sekretär und unentgeltlicher Anwalt des Vereines für Kriegsblinden-Heimstätten Hunderten von Blinden zu Heimstätten verholfen. Für diese seine Tätigkeit wurde er von Kaiser Karl mit dem Kriegskreuz für Zivilverdienste II. Klasse ausgezeichnet. Auch in den Nachkriegsjahren wirkte er in unermüdlicher Weise für verschiedene humanitäre Zwecke und genießt sowohl wegen seines großen Wissens und seiner beruflichen Tüchtigkeit als auch wegen seiner edlen Menschlichkeit in den weitesten Kreisen die größte Wertschätzung. Dr. Leopold Drucker gehört zu den angesehensten Mitgliedern des Wiener Barreaus. Der Rechtsanwalt war in jüngeren Jahren ein begeisterter Bergsteiger und hat auch Vorträge über touristische Themen gehalten. Er ist Gründer des Wiener Schachklubs und gehörte durch 40 Jahre dem Wiener Residenzklub als Mitglied an. Der kunstsinnige Mann hat sein trautes Heim durch eine wertvolle Gemäldesammlung verschönt.

Seit 25. Juni 1895 ist Dr. L. D. mit Frau Ida, geb. Schramek, vermählt, einer Tochter des als großzügigem Philantropen bekannten Kohlengroßhändlers Adolf Schramek, die, mit einer prachtvollen Stimme begabt, als Konzertsängerin sehr bekannt geworden ist. Dieser Ehe entstammen drei Töchter, von denen Ernestine mit Dr. Martin Freud, einem Sohn des Begründers der Psychoanalyse, Professor Sigmund Freud, verheiratet ist und die als Lektorin an der Wiener Universität und als Vortragskünstlerin sehr bekannt ist; weiter Lily, verehelichte Boyko, lebt als Gattin des Kohlengroßhändlers Rudolf Boyko in Prag, und Marianne, die mit dem ehemaligen Direktor der Depositenbank Heinrich Zittau vermählt ist und in Paris lebt.

Die Hauptmahlzeit in Wien war mittags, ungefähr um ein Uhr. Mein Vater, der an der Börse arbeitete, konnte zu Fuß bequem in einer Viertelstunde zu Hause sein, verspätete sich aber zum Mittagessen immer um eine halbe Stunde. Er kam deshalb zu spät, weil er vom Büro stets einen Umweg machte, um auf dem Heimweg bei seinen Eltern in der Berggasse vorbeizuschauen. Während dieser halben Stunde saß meine Mutter da und ärgerte sich, und zwar in der Wohnung ihrer Eltern. Und da ich mit ihr dort saß und mich mit ihr ärgerte, sah ich meine Großeltern jahrelang manchmal täglich. Ich erinnere mich an sie nur als behäbige und schwerfällige Leute, doch Gemälde von ihnen aus jüngeren Jahren zeigen einen passabel aussehenden Großvater und eine Großmutter, die mir wie eine Grande Dame vorkommt.

Ich erinnere mich an keine angenehmen Gespräche, weder mit dem Großvater noch mit der Großmutter mütterlicherseits. Die Probleme mit meinen anderen Großeltern waren ganz anderer Natur, und manchmal denke ich, dass es mir deshalb nicht gelungen ist, eine gute Großmutter zu sein, weil ich mit meinen eigenen Großeltern keine warmherzige Beziehung hatte. Natürlich ist das eine meiner beliebten lahmen Ausreden. Mein Sohn wird später auf diesen Seiten sagen, dass ich mit meiner etwas förmlichen Bezeichnung »Großmutter«, die ich sowohl für meine Mutter als auch für mich selbst habe, bewusst distanziere. Für mich ist es aber die einzige Bezeichnung, die ich für Großeltern habe. Und doch gibt es auch angenehme Erinnerungen, zumindest eine: die wahrhaft köstliche Gänseleberpastete, die meine Großmutter (oder ihre Köchin) zubereitete. Glücklicherweise wusste ich damals nicht, wie grausam Gänse gestopft werden, damit sich ihre Leber vergrößert. Ich erinnere mich an diverse Pessachmahlzeiten mit diesen Großeltern, doch sogar diese Festtage haben sich in mein Gedächtnis als trüb und freudlos eingegraben. Ich habe jedoch den Verdacht, dass mich meine Erinnerung trügt, denn ich war ein fröhliches Kind, das durchaus in der Lage war, aus allem, was um mich herum geschah, möglichst viel Freude zu schöpfen. Ich kann mir nicht vorstellen, dass ich diese jüdischen Feste nicht genossen habe, zumal in meiner eigenen Familie nur Geburtstage, nie aber die Feiertage begangen wurden.

Der Grund für die Kälte nebenan mag darauf zurückzuführen gewesen sein, dass meine Großmutter inmitten dieses vermeintlich achtbaren und wohlhabenden Haushalts zutiefst mit ihrem Leben unzufrieden war. »Es war abscheulich, in unserem Haushalt aufzuwachsen«, *sagte auch die jüngste Tochter, meine Tante Janne, zu mir,* »und ich habe möglichst wenig Zeit zu Hause verbracht.« *Vielleicht waren die Gründe für Großmutter Druckers Verbitterung auf den frühen Verlust ihrer Mutter und auf ihre verhinderte Karriere als Sängerin zurückzuführen. Und drittens erfuhr ich später von Tante Janne und nun jetzt erst in diesen Erinnerungen meiner Mutter, dass Idas Gatte, dieser ehrenwerte, aufrechte Mann, von Spielleidenschaft besessen war und damit wiederholt die Familie an den Rand des Ruins brachte.*

Meine Großmutter mütterlicherseits wurde 1870 als Ida Schramek in Leipnik in Mähren geboren. Als sie zehn war, zog ihr Vater mit seiner zweiten Frau und weiteren vier Kindern, die in den folgenden fünf Jahren geboren wurden, 1880 nach Wien. Natürlich ließen sie sich in der Leopoldstadt nieder. Großmutter Drukker hatte also nicht nur ihre Mutter im Alter von fünf Jahren verloren, sondern jetzt auch noch ihre Heimat.

Wie schon erwähnt, habe ich diese Details einem kursorischen Blick in das Archiv des Wiener Rathauses zu verdanken, wobei ich ursprünglich nicht angenommen hatte, dass eine solche Ahnenforschung mehr als eine konventionelle Einführung in das Leben meiner Mutter ergeben würde. Um so erstaunter war ich festzustellen, dass meine Mutter, die man Esti nannte, deren richtiger Name aber Ernestine war, den Namen ihrer eigenen verstorbenen Großmutter trug, obwohl man in der Familie nie über sie sprach. Noch erstaunlicher, ja unglaublich ist der Umstand, dass Großmutter Idas Stiefmutter auf der anderen Seite der Augartenbrücke in der Novaragasse 21 wohnte, im selben Haus, in dem Ida aufgewachsen war. Ich hatte also eine Stiefur-

großmutter in unmittelbarer Nähe unseres Hauses, die nie erwähnt wurde. Weder gingen wir sie besuchen, noch trafen wir uns jemals mit Großmutter Druckers Bruder oder einem ihrer Halbgeschwister. Der Umstand, dass sie eine Stiefmutter, eine Stiefgroßmutter und eine Stiefurgroßmutter war, sprach ihr offensichtlich den Status einer Verwandten ab. In den Worten meiner Mutter: »Ich hatte einen Großvater, <u>aber</u> eine Stiefgroßmutter« [meine Hervorhebung]. Weder mein Bruder noch Bea, meine Cousine mütterlicherseits, die Tochter von Tante Lily, wussten von der Existenz Regine Schrameks in unserer Nachbarschaft. Sie starb im November 1939 im Alter von 81 Jahren. Ich bin dankbar, dass diese unbekannte Stiefurgroßmutter noch in ihrem eigenen Bett sterben konnte, ebenso wie ich froh bin, dass mein Großvater Drucker wenige Monate nach unserer Emigration 1938 an Prostatakrebs starb, ohne die Qualen der Deportation erleiden zu müssen.

Walters »Ernestine«

Ich fürchte, die ganz Drucker Familie war für uns nicht standesgemäß. Ich kann mich an kein einziges bedeutungsvolles Gespräch mit diesen Großeltern erinnern, obwohl sie nebenan wohnten. Einmal borgte ich mir 10 Schillinge vom Großvater für ein elektrisches Experiment, nachdem ich mein Taschengeld ausgegeben hatte. Er machte einen unglaublichen Wirbel, weil er das Geld zurückhaben wollte. »Wann kriegst du dein Taschengeld? Wieviel ist es? Vergiss nicht, usw. usw.«, bekam ich unentwegt zu hören.
Du kannst es Dir gar nicht vorstellen.
Wann immer unsere Großmutter mit ihren Gatten stritt, was sehr oft passierte, schrie sie ihn an: »Wenn ich dich nicht geheiratet hätte, wäre ich jetzt eine berühmte Operndiva.« Ihr Mann stand sehr unter dem Einfluss seiner viel stärkeren Gattin.

Dessen ungeachtet gab mein Bruder seiner ersten Tochter den Namen seiner Großmutter mütterlicherseits, zweifellos aus Respekt vor ihrem schlimmen Ende. Mein Bruder weiß nicht, dass meine Mutter von ihm als ein Drucker sprach, mit einem gewissen Aufblitzen von Verachtung in den Augen, was angesichts ihrer Liebe zum Vater eigenartig erschien. Ich dagegen sollte eine Freud sein, eine Auszeichnung, die ihre eigenen Problemen brachte. Trotz all dieser Schwierigkeiten wurden bittere Tränen vergossen, als wir im Mai 1938 Wien verließen. Mein Bruder bekam als Abschiedsgeschenk eine Uhr, die, sensationell für die damalige Zeit, nicht nur die Wochentage und das Datum, sondern auch die Bewegungen von Sonne und Mond anzeigte, eine Uhr in der Art, wie sie die Männer an einer goldenen Kette in ihrer Westentasche trugen. Sie hat Emigration und Kriegsjahre überstanden, funktioniert aber schon jahrelang nicht mehr. Ich bekam mein erstes Schmuckstück geschenkt, eine dreireihige Korallenkette. Die Halskette hat meine Reisen überlebt, und ich habe sie meiner ältesten Tochter Andrea geschenkt, die selten Schmuck trägt. Diese Gegenstände sind die einzigen, die von den schönen Habseligkeiten meiner Großeltern übriggeblieben sind.

3
Frühe Schuljahre

Als ich die erste Klasse besuchte, wurde entschieden, dass ich eine Hauslehrerin haben sollte, um meine Schwestern nicht mit einer Kinderkrankheit anzustecken, die ich aus der öffentlichen Schule mit nach Hause bringen könnte. Man darf nicht vergessen, dass Krankheiten wie Diphterie oder Scharlach zu Beginn des Jahrhunderts tödlich sein konnten. Ich bekam einen Schreibtisch, und eine Lehrerin brachte mir ein- oder zweimal die Woche die schulischen Grundlagen bei. Ich weiß nicht, wo meine Eltern Frau Nagel gefunden haben, jedenfalls schien sie nicht viel von moderner Pädagogik zu wissen. Ich hatte ein Lesebuch und eine Schiefertafel mit Kreide und Schwamm. Das erste Wort im Lesebuch war »Apfel«, weil es mit dem ersten Buchstaben des Alphabets beginnt.

Weder meine Eltern noch ich wussten, dass das Schreiben auf einer Schiefertafel und das Lesenlernen mit einem ganzen Wort schon seit einem Vierteljahrhundert veraltet waren. Zwei Jahre lang genoss ich diese Art Unterricht. Ich lernte Lesen und las alles, was mir in die Hände kam, beherrschte aber bis ins reife Erwachsenenalter nicht die deutsche Rechtschreibung.

Am Ende jedes Schuljahres musste ich eine vom Stadtschulrat ausgerichtete Prüfung ablegen. Große Änderungen begannen sich in meinem Leben im Herbst 1904 abzuzeichnen, als ich in die dritte Klasse kam. Und wieder gibt es da eine Sommergeschichte ...

Meine Eltern mieteten ein Landhaus in Klamm am Semmering, acht- oder neunhundert Meter über dem Meeresspiegel, umgeben von Feldern und Wäldern. In den oberen Stockwerken dieses Hauses wohnte eine andere Familie mit vier Kindern, einem großen dreizehn- oder vierzehnjährigen Mädchen, einem zwölfjährigen Buben, einem Mädchen in meinem Alter und einem Buben im Alter meiner Schwester Lily. Zum ersten Mal in meinem Leben hatte ich täglich engen Kontakt mit anderen Kindern. Unser Kinderfräulein hatte uns ziemlich abgeschirmt, und zu meiner Überraschung machten sich die Beyer-Kinder über mich lustig.

Sich so früh wie möglich um Spielkameraden für die Kinder zu kümmern war ganz selbstverständlich, als ich meine eigenen Kinder großzog. Meine Enkelkinder hatten dann bereits im Alter von einem Jahr »Spieltermine«. Es stimmt zwar, dass ich im Gegensatz zu meiner Mutter mit einem älteren Bruder aufwuchs, trotzdem wurde auch ich ohne altersgleiche Gefährten aufgezogen, mit Ausnahme von gelegentlichen Begegnungen, wenn sich mein Fräulein mit anderen Fräuleins, die mit »ihren« Kindern gekommen waren, auf einer Parkbank unterhielt. Ich wurde nicht einmal in einen Kindergarten geschickt, eine unnötige Ausgabe, da ich ja ein Fräulein hatte. Kein Wunder, dass ich die Schule mit ihrem intensiven sozialen Leben kaum erwarten konnte.

Ich hatte einfach nicht die Erfahrungen, die ich in meinem Alter hätte machen sollen: Ich konnte nicht von der Lehne einer Bank springen, ich konnte nicht einen Waldweg voller Wurzeln, Geröll und Tannennadeln hinunterstürmen, ohne mir den Fuß zu verstauchen oder hinzufallen, ich kannte die besten Fundstellen für Erdbeeren nicht. Ich konnte nicht zwischen essbaren und giftigen Pilzen unterscheiden, und meine Schuhsohlen waren nicht genagelt, um mich vor dem Ausrutschen zu bewahren. Meine Schwestern waren noch zu klein, um diese Fähigkeiten erlernt zu haben. Doch von einem Jungen, der ein Jahr älter war, lernte Lily bald alles Nötige. Im Vergleich zu dem Mädchen, das nur wenige Monate älter war als ich, wurde ich als zurückgeblieben und ungeschickt verachtet. Ich übte von der Bank Springen, stürzte auf meinen rechten Arm und tat mir ernstlich weh. Ich versuchte, glitschige Waldwege hinunterzulaufen, erreichte aber nie wirkliche Geschicklichkeit. Das Mädchen, das all dies beherrschte, Anny Beyer, wurde später österreichische Schimeisterin! Und gegen die musste ich in jenem Sommer antreten.

Frau Beyer war es, die das Lyzeum empfahl, in das ich im Herbst eintrat: die Schwarzwaldschule, die beste und progressivste Mädchenschule Wiens. Neben dem Schulbesuch hatte ich wenig Kontakt zur realen Welt, abgesehen von Gesprächen während des Abendessens über den russisch-japanischen Krieg, den Fall von Port Arthur und die Niederlage der russischen Flotte.

Ich hatte das Glück, Fräulein Elsa Reisz, eine der hervorragendsten Gymnasialprofessorinnen aller Zeiten, zur Lehrerin zu haben. Sie muss meinen Mangel an Schulbildung erkannt haben, obwohl ich gewiss gut lesen konnte. Hier muss ich ein Ereignis in der dritten Klasse erwähnen, das ich mir sehr zu Herzen nahm. Vater versprach, mich, wenn ich ein gutes Zeugnis mit nach Hause brachte, zu meiner Großmutter mitzunehmen, die in einem Teil von Ungarn lebte, der heute zur Tschechoslowakei gehört.

Wir hatten eben in Deutsch die Adjektive durchgenommen, die mit Kleinbuchstaben beginnen, während die Hauptwörter großgeschrieben werden, und mussten ein Diktat schreiben. Das Thema war der Name der Babenberger, der königlichen Familie, die Österreich vor den Habsburgern regierte. Sie trugen Namen wie Friedrich der Streitbare oder Leopold der Starke. Ich, die eben gelernt hatte, dass Adjektive kleingeschrieben werden, übersah den Artikel davor und schrieb die Wörter klein. Das Ergebnis waren die Note 3 und ein Tränenschwall, weil mein Vater mich nun sicher nicht mit zur Großmutter nehmen würde. Auf mein Flehen hatte Fräulein Reisz Mitleid mit mir und gab mir eine 2. Wie ich die Lage heute sehe, hätte mich mein Vater auch so mitgenommen, da er mich seiner Mutter zeigen wollte.

Einer meiner Alpträume als Sechsjährige, die nicht Hebräisch konnte, war meine Verpflichtung, zu Pessach im Haus meiner Großeltern das *Manisch-tane* [sic] aufzusagen. Für eine Sechsjährige ohne Hebräischkenntnisse war es eine schwere Aufgabe, sich die Fragen zu merken. Ich glaube aber, dass ich es eigentlich ganz gut schaffte.

Ich wurde an meinem Lyzeum, derselben Schwarzwaldschule, die auch meine Mutter besuchte, dank des in Österreich obligatorischen Religionsunterrichts in die jüdische Religion eingeführt. Wir lernten sogar Hebräischgrundkenntnisse. Unser Lehrer war Bernard Taglicht, den wir alle heiß liebten und der jedem von uns einen Kosenamen gab, den wir jahrelang beibehielten. Meiner war Zapferl. Welche immense Erleichterung, als ich erfuhr, dass Taglicht nicht von den Nazis ermordet wurde. Ich hatte Gelegenheit, ihn in New York City zu besuchen, ein alter, gebückter Mann, der in sichtlicher Armut lebte, aber er war am Leben. Er war der Lehrer, den ich, nachdem Hitler in Wien einmarschiert war, fragte, warum Gott Hitler zulasse. »Wenn dein Großvater eine Entscheidung trifft, fragst du ihn nicht nach seinen Gründen – so ist es auch mit Gott«, erklärte er.

An die Note 3 gewöhnte ich mich in meinen ersten drei Jahren am Lyzeum, wo ich eine durchschnittliche Schülerin war. Ich hatte nicht gelernt, wie man studiert, und während die meisten anderen Mädchen französische Gouvernanten hatten, von denen sie Französisch lernten, hatten wir bis zu meinem zwölften Lebensjahr unser Kinderfräulein.

Ein Vorfall im Zusammenhang mit dem Kinderfräulein ist berichtenswert. Sie war eine sehr gläubige Frau und ging jeden Tag mit uns Kindern zur Messe in den Stephansdom. Sie wollte, dass wir zum Katholizismus übertreten, insbesondere ich als Älteste. Eines ihrer Argumente war, dass wir nur dann in den Himmel kommen würden. Ich erinnere mich, dass ich ihr sagte, wenn mein Vater nicht in den Himmel käme, würde ich es auch nicht wollen. Ich entsinne mich, meine Eltern gefragt zu haben, ob es zwei Arten von »lieber Gott« gebe, einen für die Reichen und einen für die Armen, weil unser Kinderfräulein, alle Dienstboten in unserem Haushalt und alle anderen Kinderfräuleins, die ich kannte, zum Beten in den Dom gingen, während meine Mutter, die meiner Meinung nach zur Oberschicht gehörte, zu den Festtagen den Tempel besuchte.

Während weiße Oberschichtkinder im rassistischen Süden der Vereinigten Staaten von schwarzen Mammies großgezogen wurden, hatten jüdische Kinder selbst aus bescheidenen Mittelschichtverhältnissen in Österreich katholische Fräuleins. In unserer Familie begannen die Fräuleins mit meinem Großvater väterlicherseits, der bis zum Alter von zweieinhalb Jahren in Freiberg (Pribor) ein katholisches Kindermädchen hatte. Alle Historiker, von Ernest Jones (1953) angefangen, berichten, dass sie den Jungen zur katholischen Messe mitnahm und in ihm die Vorstellung von Himmel und Hölle einpflanzte. Das Kindermädchen wurde später von einem Familienmitglied beim Stehlen erwischt, bei der Polizei angezeigt und zu einer Gefängnisstrafe verurteilt. Manche Historiker, z. B. Krüll und Breger, haben dem traumatischen Verschwinden von Freuds geliebtem katholischen Kindermädchen viel Bedeutung beigemessen. Krüll erwähnt 1979, dass der kleine Sigmund seinem Fräulein Groschen geschenkt habe, die ihm selbst gehörten, dass also möglicherweise dem Fräulein ein Unrecht widerfahren war. Mein Herz zieht sich jedes Mal zusammen, wenn ich in noch einer Freud-Biographie auf die Haft des armen Kinderfräuleins stoße. Nirgends finde ich ein Wort darüber, ob sich mein Großvater später im Leben, vielleicht in seiner Selbstanalyse, um eine gerechte Behandlung dieses einstmals geliebten Kindermädchens gekümmert hat.

Es erscheint mir überhaupt nicht abwegig, dass mein Großvater seinem Fräulein Groschen geschenkt hat. Jahrelang habe ich, als ich noch ein Zimmer mit meinem Fräulein teilte, ihr Klappbett ausgezogen und zum Schlafen vorbereitet, ehe ich selbst zu Bett ging. Es war mein privater Liebesbeweis, von dem niemand in unserem Haushalt, außer natürlich mein Fräulein, etwas wissen musste. Mein Fräulein nahm mich nicht in die Kirche mit, doch als ich vielleicht elf Jahre alt war, fanden unsere Köchin Rosa und mein Fräulein es unerträglich, dass ich keinen Weihnachtsbaum hatte. Heimlich schmückten sie einen in Rosas Zimmer, und der reizende kleine Baum mit den bunten Glaskugeln und Lamettaketten ließ die düstere, luftlose Kammer erstrahlen. Das Fräulein und die Köchin erwarteten wohl große Freude meinerseits, als sie mir am Morgen des Christtags voller Begeisterung den Baum präsentierten. Zerrissen zwischen der Anerkennung ihrer guten Absicht und einem Gefühl von Verrat, muss meine Reaktion sie zutiefst enttäuscht haben.

4
Heranwachsen

Als ich 13 war und mich auf mannigfache Weise entwickelte, wurde ich plötzlich zu einer ausgezeichneten Schülerin, eine der besten in meiner Klasse. Das war der Zeitpunkt, an dem man sich entscheiden musste, ob man im Lyzeum bleiben wollte. Die Alternative war das Gymnasium, wo man Latein lernte und sich auf ein Universitätsstudium und eine akademische Laufbahn vorbereitete. Da ich eine so gute Schülerin war, entschied ich mich für letzteres. Doch meine Mutter war strikt dagegen. Sie wurde hysterisch, als ich ihr meinen Entschluss mitteilte, ich würde erblinden und einen Buckel bekommen, sagte sie auf meine Kurzsichtigkeit und schlechte Haltung anspielend. Zweifellos lag der unbewusste Grund ihrer Weigerung darin, dass sie mir wegen ihrer eigenen verpassten Chancen eine Karriere missgönnte.

In dieser Lage entdeckte ich in mir ein Talent. Ich liebte es, Gedichte aufzusagen, und lernte ganze Passagen berühmter Stücke der deutschen Klassiker auswendig. Immer, wenn wir in der Schule eines dieser Stücke lasen, rief die ganze Klasse: »Die Drucker soll lesen!« Obwohl ich nie auf der Bühne gestanden hatte, entwickelte sich die Vortragskunst zu einer meiner besten Fähigkeiten. Es fiel mir leicht, und wenn ich vortrug, war ich absolut glücklich. Diese Begabung blieb mir mein ganzes Leben erhalten und sicherte mir indirekt meinen Lebensunterhalt. Ich überredete meine Eltern, mir zu erlauben, Schauspielerin zu werden, wenn sie mich schon nicht aufs Gymnasium schicken wollten.

Mit meiner Mutter vertrug ich mich nicht gut. Ich begann ihr die hysterischen Anfälle und ständigen dramatischen Szenen übelzunehmen. Ihr Verhalten trug nicht dazu bei, unsere Beziehung zu verbessern.

1911, als ich 15 war, begleitete ich meine Mutter in das berühmte Kurbad Marienbad, wo man das Quellwasser trank, um abzunehmen. Meine Mutter war dick, ebenso mein Vater. Ich hatte einen breitkrempigen Florentiner-Strohhut, den ich während des Nachmittagsschlafs meiner Mutter von innen mit Stoff ausschlagen sollte. Sie zeigte mir, wie man das Futter befestigen musste, damit die richtige Seite zu sehen war. Diese Methode war mir zu mühsam, und ich entschied mich für den unprofessionelleren Weg. Die ganze Angelegenheit war für mich eher nebensächlich, doch als meine Mutter aufwachte und sah, was ich getan hatte, ließ sie sich zu einem so gewaltigen hysterischen Anfall hinreißen, dass ich es heute, bald 70 Jahre danach, immer noch nicht richtig begreifen kann.

Als mein Vater dort ankam, wurde es für mich leichter. Wir trafen uns mit einer entfernten Verwandten meiner Mutter, die fünf oder sechs Jahre älter war als ich, und ich durfte mit ihr bergsteigen und spazierengehen.

Während meiner letzten Schuljahre befiel mich eine seltsame Krankheit. Mir wurde während des Unterrichts schlecht, und manchmal war es so schlimm, dass ich das Klassenzimmer verlassen musste. Bisweilen wurde ich auf dem Gang ohnmächtig. Nachdem das mehrere Male passiert war, verständigte man meine Familie, und der Arzt, zu dem ich gebracht wurde, diagnostizierte eine Allergie gegen Frühstückskaffee. Von da an gaben sie mir ein anderes Getränk, und ich achtete darauf, dass ich mich, bevor ich ohnmächtig wurde, stets in der Nähe der Toilette befand. Ich erinnere mich, wie ich mich einmal auf den Boden legte, weil mir so übel war. Im nachhinein sehe ich diese Störung als Folge von emotionalem Stress.

Nicht nur meine Mutter machte Szenen, wir hatten auch eine widerwärtige französische Gouvernante, die mir, als ich zum Beispiel die Tanzschule besuchte, sagte, ich hätte Elefantenfüße. Diese beiden Frauen waren eine empfindliche Belastung für mein psychisches Gleichgewicht.

Am Ende des Schuljahres hatte ich Matura, die ich mit Auszeichnung bestand. Im selben Jahr besuchten wir ein sehr schikkes Hotel in einem Schweizer Kurort, wo ich entdeckte, dass die Leute mich für ein äußerst hübsches Mädchen hielten.

ZWEITER TEIL · JUNGE FRAU

1

Auf Berge steigen

Im Kurort wurde ich bei den Tanzveranstaltungen nach dem Abendessen andauernd aufgefordert. Manche jungen Männer stellten sich meinem Vater vor und baten um die Erlaubnis, in meiner Gesellschaft sein zu dürfen. All das erstaunte mich, denn ich hatte mich dank Gouvernante et al. nie für attraktiv gehalten.

Am schönsten war es für mich im Sommer, wenn wir zur Sommerfrische in die österreichischen Alpen fuhren und mein Vater mich zum Bergsteigen auf Alpenhütten mitnahm. Die Touren waren zu anstrengend für meine Mutter, und so gab es niemanden, der an mir herumkrittelte. Vater war Mitglied des Alpenvereins und genoss gewisse Privilegien, auf die er sehr stolz war. Diese Hütten befanden sich unterhalb der 3000-Meter-Grenze und dienten als eine Art Basislager für Leute, die in den folgenden Tagen die umgebenden Gipfel erklimmen wollten. Vater war immer sehr vorsichtig und sich der Gefahren in den Bergen bewusst, plötzlicher Wetterumschwung, herabstürzende Felsbrokken und Blumenpflücken an steilen Bergwiesen. Eben weil sie so harmlos aussehen, kommt es auf solchen Wiesen häufig zu Unfällen. Bestand bei einer Tour die geringste Möglichkeit einer Gefahr, nahm mein Vater stets die Dienste eines Bergführers in Anspruch.

Trotz der Bedachtsamkeit meines Vaters hätte ich beinah einen ernsten Unfall gehabt. Wir überquerten den Pass von Madonna di Campiglio nach Molveno, wo wir den Sommer verbrachten, und mein Vater hatte für diese Tour einen Bergführer angeheuert. Wir wanderten über eine Schneefläche. Es sah ganz unproblematisch aus, doch plötzlich rutschte ich auf dem Schnee aus und begann abwärts zu schlittern. Glücklicherweise konnte ich rechtzeitig zum Stillstand kommen, ehe es immer schneller wurde. Das totenbleiche Gesicht meines Vaters verriet mir die Gefahr, in der ich ahnungslos geschwebt hatte. Als mein Vater Mitte 50 war, bekam er Arthritis im Knie und konnte nicht mehr bergsteigen, ich jedoch durfte in Begleitung eines Bergführers weitermachen.

Es ist traurig, dass meine Eltern, die beide leidenschaftliche Bergsteiger waren, außer in ihren ersten Ehejahren, nicht einmal dieses eine gemeinsame Vergnügen miteinander teilen konnten. Ich war es, nicht mein Vater, die meine Mutter, sobald ich kräftig genug war, in den immer gemeinsam verbrachten Sommerferien in die Berge begleitete. Wir unternahmen steile Anstiege, und meine Mutter musste mir gut zureden – »nur noch ein bisschen, du kannst dich etwas ausruhen, aber nicht zu lang« –, und immer höher stiegen wir – ich war ein folgsames Kind –, bis wir schließlich nach vielen Stunden irgendeinen Gipfel erreichten, mit einem unglaublichen Gefühl von Triumph und Erleichterung, und natürlich einer fabelhaften Aussicht auf das unter uns liegende Tal.

Obwohl ich kräftig und geschickt genug war, konnte ich bei wirklich großen Bergtouren nicht mitmachen, weil ich zur Wahrung meiner Reputation nicht in der Hütte übernachten durfte. Aus Angst vor der Minderung meiner Heiratschancen war es meinen Eltern wichtig, mir den Ruf eines sexuell unerfahrenen Mädchens zu bewahren. Für eine Familie der oberen Mittelschicht im jüdischen Getto Wiens war das eine außerordentlich wichtige Angelegenheit.

Im Sommer 1916, als ich 20 war, hielten wir uns in Ischl auf, wo Kaiser Franz Josef seine Sommerresidenz hatte. Ich schmiedete Pläne für eine lange Bergtour mit meinem zwölfjährigen Cousin Egon, einer Freundin und einem verheirateten Mann. Am Morgen der Tour fühlte sich die Freundin unwohl und kam nicht mit. Die Tour begann mit sehr steilen Serpentinenwegen, das Herz des Mannes machte nicht mit, und er kehrte um. Die Begrüßung bei meiner Rückkehr kam völlig überraschend. »Du hast eine

Bergtour mit einem verheirateten Mann gemacht!« riefen meine Eltern aus. »Was werden die Leute von dir denken?« Als ich ihnen versicherte, dass der »verheiratete Mann« nicht mitgekommen war, regten sie sich weiter auf, dass ich allein mit meinem Cousin geblieben war, einem Kind, dem etwas hätte zustoßen können, und so weiter. Ich hatte den Eindruck, dass meine Eltern einfach beschlossen hatten, eine Szene zu machen.

Meine Mutter bezieht sich mehrmals auf das »Getto der jüdischen oberen Mittelschicht« und dessen ständige Sorge um die Wahrung des guten Rufs der Töchter wegen einer optimalen Heirat. Sie drückt dabei jedesmal Empörung und Verachtung aus, obwohl wir andererseits feststellen, dass sie, 60 Jahre später, viel Spaß an ebendiesen Tratschgeschichten der damaligen Zeit hat.

Darüber hinaus war sie bereit, mich denselben Zwängen zu unterwerfen. Zweifellos wäre sie in ihren Augen keine verantwortungsvolle Mutter gewesen, hätte sie es nicht getan. Als ich, kurz vor dem »Anschluss«, 13 war, lud mich der beste Freund meines Bruders, den ich schon jahrelang heimlich geliebt hatte, zu einem Theaterbesuch ein. Es war das erste Quasi-Rendezvous meines Lebens, und ich war restlos glücklich. Aber nicht lange, denn meine Mutter bestand darauf, dass mein Fräulein uns zum Theater begleitete und uns nach der Vorstellung wieder abholte, da in meinem Alter eine Anstandsdame vonnöten war. Es bedarf keiner Erwähnung, dass damit alles kaputt war. Ich spüre noch heute den Zorn über diese besondere Demütigung. Mein energischer Protest bewirkte absolut gar nichts. Unfolgsamkeit oder Auflehnung gegen die Eltern scheint damals in Wien weder im Repertoire meiner Mutter gewesen zu sein noch später in meinem.

Im Zusammenhang damit stand offensichtlich das Bestreben, mich zu einer DAME heranwachsen zu lassen. Ich war ein athletisches Mädchen, das danach strebte, Hochsprung, Völkerball und Handstand zu beherrschen, doch meine Mutter ließ mich mit dem ausdrücklichen Ziel, aus mir eine graziöse junge Frau zu machen, Ballett lernen und schickte mich in die verhasste Tanzschule. Wie sie wurde ich von meiner Tanzlehrerin als kleiner

Elefant verlacht. Wien muss damals voller Elefanten gewesen sein.
Wenige Monate später lebten meine Mutter und ich zusammen in Paris. Ich genoss die Freiheit, alleine durch die Straßen zu schlendern, keine Anstandsdamen mehr, kein Tanzunterricht, keine lästige Zahnregulierung, kein Getto der jüdischen oberen Mittelschicht.

2
Österreichs Krieg verwandelte sich bald in eine Niederlage

Es war das zweite Jahr des Krieges, der im August 1914 begonnen hatte, jenes grauenhafte Ereignis, das nicht nur Europa zerstörte, sondern sich auch auf unser persönliches Leben katastrophal auswirkte. Am 28. Juni waren wir auf dem Weg zu unserer Sommerfrische in Marienbad, als die Zeitungsjungen die »Extraausgabe« ausriefen. »Erzherzog Ferdinand und seine Frau in Bosnien ermordet« lautete die Schlagzeile. Als mein Vater die Nachricht vernahm, sagte er: »Das bedeutet Krieg.« Obwohl seine Vorhersage eintraf, ahnte er die Folgen nicht und zog deshalb auch nicht die erforderlich gewesenen Schlüsse.

Erzherzog Ferdinand war nach dem Selbstmord von Kronprinz Rudolf, dem Sohn Kaiser Franz Josefs, Thronfolger der Habsburger. Ferdinand war in Wien unbeliebt, weil er angeblich überheblich und arrogant war. Abgesehen davon hatte er unter seinem Rang geheiratet. Anstatt königliches Blut zu ehelichen, zog er eine tschechische Gräfin vor. Er musste versprechen, dass seine Kinder keinen Anspruch auf den Habsburgerthron erheben würden. In Wien munkelte man, er bevorzuge die Tschechen und würde sich als Kaiser auch zum König von Böhmen krönen lassen.

Erzherzog Ferdinand wurde zur Inspektion der Armee nach Sarajewo geschickt, obwohl der kommandierende General dieser

(1908 annektierten) südlichen Frontprovinz nach Wien gemeldet hatte, dass er nicht in der Lage sein würde, die Sicherheit des Erzherzogs zu garantieren. Ferdinand wurde weggeschickt. Seine Ermordung und die seiner Frau ist eine oft erzählte Geschichte, die ich hier nicht nacherzählen muss. Die Umstände deuten darauf hin, dass das österreichische Establishment an der Ermordung des Erzherzogs interessiert war. Der Jugendliche, der ihn erschoss, war Serbe, und Österreich verlangte von Serbien dessen Auslieferung, um ihn vor ein österreichisches Gericht zu stellen. Der Rest ist Geschichte.

Im August 1914 war Europa im Krieg. Dieser Krieg tötete fünf Millionen europäische Männer. Der Vertrag von St. Germain zerlegte das österreichische Kaiserreich, der deutsche Hohenzollernkaiser Wilhelm verlor sein Deutsches Reich und musste in die Niederlande fliehen, wo er Holz hackte. Der russische Zar und seine Familie wurden ermordet, und Russland wurde kommunistisch. Hitler wartete in den Kulissen, um 14 Jahre später praktisch ganz Europa einzunehmen, indem er einen neuen Krieg entfachte und die jüdische Bevölkerung unter den grauenhaftesten Bedingungen dezimierte.

Als der österreichische Kaiser von Ferdinands Ermordung in Kenntnis gesetzt wurde, soll er gesagt haben: »Man muss an eine höhere Gerechtigkeit glauben.« Franz Josef starb 1915, und sein Großneffe Erzherzog Karl wurde der letzte Kaiser des Habsburgerreichs. Er heiratete eine Prinzessin königlichen Geblüts, und keine »höhere Gerechtigkeit« musste sich einschalten.

Was bedeutete der Erste Weltkrieg für mich persönlich? Mein Vater hatte keinen Sohn, den er auf dem Altar des Vaterlandes hätte opfern können. Aber er war ein guter österreichischer Patriot und drängte mich deshalb, mich als Krankenschwester zur Verfügung zu stellen. Ich musste mein Schauspielstudium bei Burgtheater-Direktor Gregory aufgeben. Jedenfalls genoss die Tätigkeit einer Krankenschwester im Getto der jüdischen oberen Mittelschicht größeres Ansehen als der Beruf einer Schauspielerin. Ich erhielt eine Ausbildung als Rote-Kreuz-Schwester und arbeitete auf einer Abteilung des Allgemeinen Krankenhauses.

Die Schwestern auf der Chirurgie waren Nonnen, und die

Ausbildung war ziemlich streng: 40 Betten am Tag machen, jede dritte Nacht Nachtdienst, Entleeren und Spülen von Bettpfannen und dergleichen. Ich ging voller Begeisterung ans Werk und arbeitete gewissenhaft, was die Nonnen schätzten. Bald war ich auf der Abteilung sehr beliebt. Eines Tages kam der »große« Professor Büdinger zu uns und ordnete an, mich dort zur Hilfsoperationsschwester auszubilden, wo er als Chirurg tätig war. Meine Kolleginnen waren eifersüchtig und fragten: »Warum sie und nicht ich?«

Eine Operationsschwester zu sein war aber kein Glücksfall. Zu Beginn des Krieges kamen die Kranken und Verwundeten direkt von der russischen Front nach Wien. Die Freiwilligen mussten gesäubert und für die Operation vorbereitet werden. Das war keine leichte Arbeit, denn die Männer waren verlaust. Eines Tages entdeckte ich einen, der mit roten Flecken übersät war. Danach wurden die Verwundeten nicht mehr direkt nach Wien geschickt, sondern in Krankenhäuser, die in kleineren Städten eingerichtet wurden. Dort blieben sie, bis die Ansteckungsgefahr, die in der Hauptstadt eine Epidemie auslösen hätte können, gebannt war.

Ich muss die Geschichte des Mannes mit den roten Flecken meinem Hausarzt erzählt haben, denn bald ließ mein Vater seine Beziehungen spielen, und ich wurde in ein Rekonvaleszenzspital im österreichischen Parlamentsgebäude verlegt, eines der grandiosesten, im neogriechischen Stil erbauten Häuser entlang der Wiener Ringstraße. Ministerpräsident Graf Karl von Stürgkh hatte für die Dauer des Krieges das Parlament aufgelöst. Er wurde eines Tages auf dem Weg zum Lunch im Hotel Meissl und Schaden von Friedrich Adler erschossen, dem Sohn des Gründers der Sozialdemokratischen Partei Österreichs Victor Adler. Auch in diesem Spital hatte ich jede dritte Nacht Dienst, aber das machte mir nicht allzuviel aus. So konnte ich tagsüber meine üblichen Aktivitäten fortsetzen – Eislaufen und Flirten mit den Offizieren auf Fronturlaub.

Österreichs Krieg verwandelte sich bald in eine Niederlage. Eines Tages lautete die Schlagzeile in der Zeitung: »Lemberg noch in unserem Besitz«, was bedeutete, dass die Straße nach Wien von der russischen Armee freigekämpft worden war. Meine Eltern begannen ihr Gepäck für die Flucht zu packen. Die Niederlage der russischen Armee im Kampf gegen Deutschland rettete die österreichische Hauptstadt vor einem Desaster. Doch Tausende von Flüchtlingen aus den nördlichen Provinzen ergossen sich nach Wien, wo man sie nicht gerade freundlich aufnahm.

Die Lebensmittellage in Wien wurde immer prekärer. Für die Grundnahrungsmittel erhielt man Marken, und hatte man genug Geld, versorgte man sich auf dem Schwarzmarkt. Auf dem Land gab es genügend Nahrungsmittel, besonders in Ungarn, der Kornkammer des alten Habsburgerreichs, doch die Bauern horteten ihre Waren und wollten sie nicht zu den von der Regierung festgelegten Preisen verkaufen. Abgesehen davon, dass die Nahrungsmittelverteilung, soweit ich es überblicken konnte, schlecht organisiert war.

Es gab Inspektionen in den Zügen an der Grenze zwischen Österreich und Ungarn, obwohl es immer noch dasselbe Land war. Einmal kam ich von einem Besuch bei einer Schwester meines Vaters, die in Ungarn lebte, zurück und schmuggelte in einer großen Kameratasche und unter meinem knöchellangen Rock Mehl. Die Säcke hatte ich an meine Beine gebunden. Auch das Heizmaterial wurde immer knapper, doch wir waren privilegiert, da der Cousin meiner Mutter im Kohlengeschäft war.

Nachdem ich fast ein Jahr als freiwillige Krankenschwester gearbeitet hatte, begann sich die anstrengende Arbeit auf meine Gesundheit auszuwirken, und ich fühlte mich gezwungen, meinen Dienst im Parlamentsspital des Roten Kreuzes zu quittieren. Zu meiner Überraschung wurde mir ein Zeugnis ausgestellt.

Hospital-Zeugnis
Militärhospital im Parlament

Esti Drucker war vom 26. September 1914 bis 15. Jänner 1915 als freiwillige Hilfskrankenschwester tätig. Sie ging ihrer Arbeit unermüdlich, gewissenhaft und kompetent nach, so dass sie nur wärmstens weiterempfohlen werden kann.
Wien, 4. Februar 1915, Prof. XX
Überprüft, Hofrat XX

Ich wollte mich an der Universität einschreiben, um Französisch zu studieren, aber das ließ mein Vater nicht zu. Er hatte wohl Angst, dass ich zu vielen jungen Männern begegnen würde. Immerhin erlaubte er mir, bei der pensionierten Burgtheaterschauspielerin Olga Lewinsky Sprechtechnik und mündlichen Lyrikvortrag zu lernen. Mit ihrer Hilfe stellte ich ein Repertoire für öffentliche Auftritte zusammen. Eines Tages wurde meinen Eltern gesagt, dass ich meine Chancen auf eine gute Heirat verwirken würde, wenn ich öffentlich Gedichte aufsagte! Mehr hatte ich nicht gebraucht. Mutter ergriff die Gelegenheit für eine große Szene, und Vater betätigte sich als Zensor meines Repertoires.

Abgesehen von Sprechtechnik lernte ich von meiner Mutter singen. Ich hatte eine ganz angenehme Stimme und war musikalisch begabt, doch wegen des Charakters meiner Mutter endeten meine Gesangsstunden stets in Tränen. Trotzdem verdanke ich dem Umstand, dass ich heute so viel über die Stimme weiß und so erfolgreich über pathologische Stimmproduktion jeder Art arbeiten kann, zum Teil diesen Gesangsstunden.

Obwohl man zu Kriegsbeginn voraussagte, die Kampfhandlungen würden zu Weihnachten 1914 vorüber sein, ging der Krieg weiter und weiter. Die deutschen Truppen standen vor den Toren von Paris, wurden aber von dem sogenannten »Wunder an der Marne« zurückgeworfen. Immer öfter hörte man vom Tod junger Männer, die man kannte. Ich hatte einmal vor dem Krieg eine Tanzparty gegeben, zu der 30 junge Männer eingeladen waren. Zehn von ihnen sollten »nie mehr zurückkehren«. Zwei weitere starben kurz danach an kriegsbedingten Erkrankungen. Einer von ihnen war Bruno Drucker, ein Cousin zweiten Grades, ein begabter und reizender junger Mann, der für uns drei Schwestern wie ein angenommener Bruder war. Er erkrankte an der serbischen Front tödlich an Tuberkulose und Malaria. Andere steckten sich mit der damals Lungenpest genannten Krankheit an, die kurz nach dem Krieg epidemische Ausmaße annahm und viele – unabhängig vom Geschlecht – tötete. Ein Bruder meiner Mutter erlitt eine schwere Kriegsverletzung, ein anderer starb an seinen Wunden. All diese jungen Männer waren Juden, was die Leute, die später in Österreich Nazis wurden, nicht davon abhielt, Juden als Drükkeberger oder Kriegsprofiteure zu bezeichnen. Eine Schwester meines künftigen Schwiegervaters verlor ihren einzigen Sohn. Zur Belohnung wurde sie von den Nazis in einem Konzentrationslager vergast. *[Mutter bezieht sich hier auf die arme Rosa Graf.]*

3
Der andere berühmte Großvater

Während des ersten Kriegsjahres starb mein Großvater Schramek plötzlich an einem Herzinfarkt. Er war ein sehr reicher Selfmademan gewesen, der in Wien mit nichts angefangen hatte, um vier Uhr früh aufstand, um eine Fuhre Kohlen zu kaufen, die er um sechs mit Gewinn verkaufte. Von diesen Anfängen arbeitete er sich zum größten Kohlenhändler Wiens hoch. Er war ein sehr gläubiger Jude und ließ mit seinem Geld die schönste Synagoge Wiens bauen, den Pazmanitentempel. Sein Tod löste nicht unerhebliche Enttäuschung aus. In seinem Testament hinterließ er sein gesamtes Geld den Enkelkindern und der Wiener Kultusgemeinde. Mit seinen Kindern hatte es Streit gegeben. Meine Mutter hat mir nie erzählt, worüber sie stritten und warum er seine Kinder enterbte. Plötzlich war ich ein wohlhabendes Mädchen, das 100 000 Kronen geerbt hatte.

Obwohl meine Mutter ihre Stiefgroßmutter, die versucht hatte, ihrer Mutter zu einem Gesangsunterricht zu verhelfen, nie erwähnte, sprach sie von Großvater Adolph Schramek, der die potentielle Karriere und das Glück ihrer Mutter zerstört hatte, häufig und voller Stolz. Allerdings äußerte sie sich nie über ihre Beziehung zu ihm. Sein Reichtum überschattete wohl in ihren Augen seine anderen Eigenschaften. Aber er war der Beweis, dass nicht nur die andere Seite der Familie berühmt war. »Ich hatte auch einen berühmten Großvater«, sagte sie häufig zu mir. »Er gab mir zur Hochzeit ein Besteck aus reinem Gold. Stell dir vor: reines Gold! Und er ließ mit seinem eigenen Geld eine Synagoge erbauen.« Sie fügte dann immer hinzu, dass mein Vater das Gold des Bestecks an der Börse verloren hatte. Sie wusste damals nicht, dass ein ähnlich düsteres Schicksal den Tempel erwartete, der von den Nazis niedergebrannt werden sollte. Heute erinnert eine Tafel an seinen ehemaligen Standort in der Pazmanitengasse 6.

Mein Bruder war der Ansicht, Adolph Schrameks wahrscheinlich übler Charakter liege wie ein Fluch auf den nächsten Generationen. Er muss wohl an die emotionalen Probleme unserer Großmutter, Mutter und vielleicht sogar an die ihrer Schwestern gedacht haben.

WALTERS »ERNESTINE«

Ich glaube, Estis seelische Störung kam von der Seite ihrer Mutter, den Schrameks. Von jeder Perspektive aus betrachtet, war Adolph Schramek, Estis reicher Großvater, kein angenehmer Mann. Seine Villa in Baden war voller (leichter und nicht so leichter) pornographischer Bücher. Er starb in den Armen einer Frau, die nicht seine Gattin war. Um so einen großen Reichtum anzuhäufen, muss er ein richtig rücksichtsloser Geschäftsmann gewesen sein.

Vielleicht hätten wir die Familie Schramek auf der anderen Seite des Donaukanals besucht, wenn Adolph, der 1845 im mährischen Leipnik geboren wurde, noch am Leben gewesen wäre, aber er starb während des Ersten Weltkriegs 1915 in Wien. Die Unterlagen im Wiener Rathaus führen ihn als Hausbesitzer, Holz- und Kohlenhändler und Kaiserlichen Rat, eine hohe Auszeichnung in Österreich-Ungarn. Ich konnte auch Mutters Prahlerei bezüglich des Tempels nachprüfen. Der Pazmanitentempel wurde nach einem Plan von Ignaz Reiser erbaut, allerdings nicht im Auftrag der Kultusgemeinde, sondern eines Tempelvereins, der sich Am-Volkert-Verein nannte. Adolph Schramek war der Obmann des Vereins, und sein Name und seine Unterschrift stehen unter dem Bauvertrag von 1910.

Schon allein mit den Zinsen hätte ich meinen Lebensunterhalt bestreiten können. Da ich erst 18 war, durfte ich bei der Anlage des Geldes nicht mitreden, und mein Vater kaufte eine Vielzahl von Kriegsanleihen, die wertlos wurden, als die österreichische Monarchie aufgelöst wurde. Es gab aber auch Aktien, die ihren Wert behielten. Ich erbte auch ein goldenes zwölfteiliges Besteck und etwas Schmuck. Meine Mutter fing an, mir im elegantesten Wiener Modesalon Kleider zu kaufen, bei den Schwestern Flöge, von denen eine mit dem berühmten Maler Gustav Klimt verheiratet war. (Man erzählte sich in Wien, dass er die Kleider für ihren Salon entwarf.) So verfeinerte sich mein Geschmack, und ich blieb für den Rest meines Lebens verwöhnt.

Obwohl meine Mutter hier für eine scheinbar geringfügige Charakterschwäche Verantwortung übernimmt, geht sie doch ziemlich darüber hinweg. Aber ihr aufwendiger Lebensstil stand in krassem Widerspruch zur Sparsamkeit der Familie Freud und trug zweifellos zu der Ablehnung bei, die sie zu spüren bekam. Ihre Extravaganz wirkte sich auch auf ihre Ehe fatal aus und schürte die ständige Angst meines Vaters vor Verarmung oder beförderte seinen krankhaften Geiz oder beides.

Ich muss eine kleine Anekdote erzählen, die in diese Periode fällt. Eine der Kundinnen der Schwestern Flöge war Frau Piccaver (geborene Johannie), die Tochter des lutheranischen Pastors von Wien. Vor ihrer Ehe war sie Schauspielerin gewesen. Da Frau Piccaver zur offiziellen Schönheit Wiens gekürt wurde, posierte sie in der Art der berühmten Porträts von Mrs. Hamilton, der berüchtigten Geliebten von Admiral Nelson. Ihr Mann, der erste lyrische Tenor der Wiener Oper, ein Amerikaner, verdiente angeblich mit seinem Gesang traumhafte Summen. Eines Tages waren wir beide gleichzeitig im Flöge-Salon, um die neue Kollektion zu bewundern, die von einem Modell vorgeführt wurde. Da hörte ich, wie Frau Piccaver sagte: »Schicken Sie mir die ganze Kollektion. Das wird mir alles passen, ich weiß es.« Trotz allerhöchster Gagen konnte sich ihr Mann eine solche Extravaganz doch nicht leisten, und es kam zur Scheidung.

Ein paar Jahre später, als ich schon verheiratet war, jubelte die Wiener Gerüchteküche. Die Frau eines ungarischen Grundbesitzers schüttete in der Kärntner Straße Vitriol in Frau Piccavers Gesicht. Während ihr Gesicht verschont blieb, wurden Partien ihres Halses verätzt. Die Geschichte nahm ein trauriges Ende. Man munkelte, sie sei eine Prostituierte geworden, und im Jahre 1936 erschien in den Boulevardzeitungen eine kurze Notiz, der zufolge Frau Piccaver im Alter von 42 Jahren verstorben war, in einem Armenhaus in Czernowitz, einer Grenzstadt der ehemaligen Habsburgermonarchie nahe der russischen Grenze.

DRITTER TEIL · MARTIN FREUD

1
Begegnungen mit Martin Freud

Rückblickend erscheint es seltsam, dass ich in der von mir beschriebenen Zeit nicht unglücklich war, wo doch Hunger und Seuchen mich umgaben. Wir wurden zu vielen Partys eingeladen, wo ich gesellschaftlich immer ein großer Erfolg war. Die jungen Männer auf diesen Partys waren Offiziere auf Fronturlaub von den Schlachtfeldern der österreichischen Armee. Davon gab es drei: die russische, die italienische und die serbische Front.

Eine dieser Partys erwies sich für mich als schicksalhaft. Auf dem von Martha Brünner (jetzt Martha Ornstein und in Boston wohnhaft) veranstalteten Fest begegnete ich meinem künftigen Mann. Martin war erster Leutnant der Artillerie und hatte Fronturlaub. Dass er der Sohn von Sigmund Freud war, wurde mir rasch zugetragen. Trotz meiner geringen Bildung kannte ich doch Freuds Schriften. Ich war schlau genug, die Bedeutung dieser neuen und außergewöhnlichen Ideen zu begreifen, und war fasziniert von allem, was ich von ihm las.

Mein künftiger Vater hatte sich bei Kriegsbeginn fast sofort zum Kriegsdienst gemeldet, geht man vom Datum des Briefes seines Vaters aus. Sigmund Freud schrieb seinem Sohn damals vier Briefe. Drei davon wurden im Buch meines Vaters über seine Beziehung zu seinem berühmten Vater veröffentlicht, der erste aber blieb im Besitz meiner Mutter und wurde nie veröffentlicht.

Prof. Dr. Freud

16. 8. 14
Wien, IX. Berggasse 19

Lieber Martin,
Ich habe Deine Mitteilung, daß Du als Kriegsfreiwilliger angenommen worden bist, erhalten. Du kannst Dir denken daß ich es als eine Vermehrung der Sorgenlast empfinde, welche dieser Krieg jedem auferlegt, aber ich will Dir das Zeugnis nicht versagen daß Du korrekt gehandelt hast. Wenn das Schicksal Dir nicht zu ungünstig ist, wirst Du wahrscheinlich später mit Befriedigung auf Deinem Entschluß zurückschauen. Laß mich bald wissen, was Du von mir bedarfst, und welche Deine nächsten Schicksale sein werden. Schreib überhaupt, soviel Du kannst. Zum Glück gibt es ja wieder eine Postverbindung. Nach England allerdings nicht. Annerl bleibt abgeschnitten.
  Ich wünsche Dir alles was Du in Deiner jetzigen Situation brauchen kannst u. grüße Dich herzlich.

Dein Vater

Vielleicht war mein Unbewusstes am Werk, aber ich setzte meinen ganzen Charme ein, und es gelang mir irgendwie, Martin, der auf dem Weg zu einer zweiten Party war, dazu zu bringen, Lily und mich nach Hause zu begleiten. So wie es das Schicksal vorgesehen hatte, traf ich Martin einige Tage später zur Zeit der Mittagspromenade auf der Kärtnerstraße. Wieder begleitete er mich nach Hause, musste aber dann selbst schnell heim eilen, denn die Freuds nahmen ihr Mittagessen, die Hauptmahlzeit in Wien, um schlag ein Uhr ein, und, Krieg oder nicht, man musste entweder pünktlich eintreffen oder bekam nichts zu essen. So bekam ich eine Ahnung von der Art Disziplin, die im Hause Freud herrschte. Wie ich später herausfinden sollte, stand dieser Zeitplan im Zusammenhang mit den berühmten 50-Minuten-Stunden des »Professors«. Martins Urlaub war zu Ende, und er musste nach Linz in sein Regiment zurückkehren. Er fragte mich, ob er mir schreiben dürfe. Meine Antwort war arrogant: »Schreiben Sie mir nicht, solange Sie in Linz sind. Schreiben Sie mir, wenn Sie wieder an der Front sind.«
  Wenige Wochen später erhielt ich ein entzückendes Gedicht auf einer Feldpostkarte, in dem er mich bat, mich anrufen zu dürfen, sobald er wieder in Wien war. Ich erinnere mich nur an das Ende des Gedichts:

»Ich bleibe Säbel rasselnd, Stiefel knarrend,
mit Sehnsucht Ihrer Antwort harrend.«

Das Gedicht war so süß, dass ich mich nicht zurückhalten konnte, es meinem Vater zu zeigen, wobei ich betonte, dass es von Sigmund Freuds Sohn stammte, was meinen Vater nicht sonderlich beeindruckte. Normalerweise zeigte ich meinem Vater meine Kriegskorrespondenz nicht. Im Gegenteil, ich versteckte sie und hatte mir dafür eigens ein Postfach eingerichtet. In diesem Fall aber schien ich vom Anfang an zu spüren, dass daraus mehr als einer der Kriegsflirts werden würde, die ich mit zahlreichen anderen Männern an der Front hatte, um ihnen zu zeigen, dass die Mädchen zu Hause sie nicht vergessen hatten.

Meine Korrespondenz mit Martin war vom Anfang an offiziell.

FELDPOSTKARTE. Herr Leutenant Dr. Martin Freud, ---44/3 Feldpost N. 646

(1) 6. Febr. 1918

Ich danke schön für Ihr malerisches Schreiben, aber um Himmels willen, bester Herr Dr., sind Sie wirklich auch unter die Dichter gegangen. Diese Specie des homo sapiens soll nach Prof. ... in jeder besseren jüdischer Familie vorkommen und überläuft und überführt mich mit seiner Liebe. Soll ich auch »Ihre« Gedichte vortragen! Bitte sagen Sie es ganz ungeniert, ich bin schon so daran gewöhnt, daß man das von mir haben will. Wenn Ihre Gefühle mir gegenüber aber ganz selbstloser Natur sein sollten (ich zweifle, ob es so etwas gibt), so werde ich Euch segnen »bis ins tausendste Geschlecht.«

Ich bewundere Ihren juristischen Scharfsinn, der bei mir Humor entdeckt hat; oder besitzen Sie am Ende gar graphologisches Kunstwissen, soll ich Ihnen vielleicht, damit jeder Irrtum ausgeschlossen, eine genaue Characterisierung meiner Persönlichkeit einschicken. Nein, ich werde das lieber Ihren persönlichen mündlichen Studien überlassen, von der Form macht sich die Sache viel besser, und außerdem muß ich mich ja durchaus nicht vor Ihnen blamieren; müssen Sie durchaus wissen, daß ich gern lang schlafe und daß ich mit Pralinées zu bestechen bin ... eben. Ich erwarte, daß Sie sich nicht über mich lustig machen, daß ich nur über mich schreibe; aber von Ihnen weiß ich nur, die zwar an und für sich sehr bemerkenswerten Tatsachen, daß Sie Artillerieleutenant sind und schwarzes Haar haben, aber kann man darüber etwas schreiben?

Haben Sie Interesse für neutrale Dinge, so z. B. Wiener Verkehrskalamitäten, Nahrungsmittelsorgen, Friedensaussichten und Seelenwanderung? bitte, ich stehe Ihnen sehr gerne zur Verfügung; aber glauben Sie, daß das sehr ersprießlich und das allgemeine Wohl förderend sein wird, wenn ich da meine so sehr maßgebende Meinung zu Papier bringen werde. Da ist doch das eigene Selbst immer noch aufschlußreicher. Bin bis jetzt von Größenwahn noch nicht zu Grunde gegangen. Esti Drucker.

Ungefähr sechs Monate später, als Martin endlich Fronturlaub hatte, kam der versprochene Telefonanruf. Meine Eltern hatten eine Dinnerparty im Stadtpark organisiert, und ich lud Martin ein, mitzukommen. So wurde er meiner Familie vorgestellt. Martin sagte mir später, dass er noch am selben Abend seinen Eltern mitteilte: »Dieses Mädchen scheint mich heiraten zu wollen.«

Meine Eltern waren von meiner Wahl alles andere als begeistert. Ich glaube, sie waren von mir enttäuscht, weil sie für mich eine in ihren Augen glänzende Verbindung mit einem Mann aus der Industrie oder dem Bankgeschäft vorgesehen hatten. Mein Vater hatte als Anwalt Informationen über die Familie Freud eingeholt und herausgefunden, dass sie keineswegs wohlhabend war. Martin, der ein Doktorat in Jus hatte, würde nach seiner Demobilisierung eine Anstellung finden müssen. Wollte er Anwalt werden, würde er sechs Jahre lang als Konzipient in einer Anwaltskanzlei arbeiten müssen, sozusagen als Lehrling und mit einem Gehalt, das kaum für eine Person ausreichend wäre. Keiner von uns beiden kümmerte sich um diesen Aspekt der Realität.

Martin und ich trafen einander immer öfter, und nach einiger Zeit wurde ich von den Freuds zum Abendessen eingeladen. Ich traf Anna, das jüngste der Freud-Kinder, nur wenige Monate älter als ich und schon Gymnasiallehrerin in einer exklusiven Privatschule. Sie war ganz anders als die Mädchen, die ich bisher kennengelernt hatte. Modische Kleider und Einladungen zu Partys waren ihr nicht wichtig. Sie war sehr hübsch, aber nach der in der Wiener Gesellschaft vorherrschenden Meinung ein Blaustrumpf, eine Frau, der intellektuelle Beschäftigungen wichtiger waren als ihre äußere Erscheinung.

Ich wurde der »Frau Professor« vorgestellt, die mir ziemlich zerbrechlich vorkam, und der respekteinflößenden »Tante Minna«, ihrer Schwester. Wenn mich meine Erinnerung nicht trügt, glaube ich, dass auch Martins ältere Schwester Mathilde anwesend war. Sie prüften mich alle auf Herz und Nieren. Ein paar Minuten vor sieben sagte die Frau Professor: »Papa wird gleich kommen. Gehen wir ins Speisezimmer.« Und siehe da, um Schlag sieben Uhr öffnete sich die am anderen Ende des Speisezimmers gelegene Tür, und herein trat der »Professor«, wie ein antiker Gott in eine Wolke von Rauch gehüllt. Wenn ich mich bloß erinnern könnte, was er zu mir sagte. Ich weiß nur, dass ich aufschnappte, wie er zu Martin flüsterte (ich habe immer ausgezeichnet gehört): »Viel zu hübsch für unsere Familie.«

Möglicherweise erkannte Großvater auf den ersten Blick, dass meine Mutter, aus einer wohlhabenden Familie stammend und wahrscheinlich wunderschön gekleidet, eine Bedrohung für den sparsamen Lebensstil der Freud-Frauen bedeuten könnte.

Das Gespräch bei Tisch drehte sich um den Krieg und die Schwierigkeiten, für eine so große Familie genügend Essen aufzutreiben. Man erwähnte einen gewissen Besucher aus der Schweiz, der Freud einige Zigarren mitgebracht hatte, genau die Marke, die er rauchte und die in Wien nur schwer zu bekommen war. Wie dem auch sei, ich war von der Berggasse 19 beeindruckt, besonders vom Charisma des Professors, und ich erinnere mich, dass ich meinem Vater darüber berichtete. Er war nicht beeindruckt, denn Freud war für ihn nichts anderes als ein weiterer Psychiater, einer zudem, der pornographische Bücher schrieb.

Martins Urlaub wurde plötzlich dramatisch gekürzt. Er wurde in sein Regiment zurückgerufen, da die österreichische Armee ihre letzte große Südoffensive vorbereitete. Die österreichischen Truppen waren fast bis vor die Tore Venedigs vorgestoßen, als ihr Vormarsch durch englische, kanadische und australische Truppen gestoppt wurde. Als wir uns auf dem Südbahnhof verabschiede-

ten, steckte Martin sein Veilchenbouquet an sein Käppi, und ich nahm ein goldenes Kettenarmband von meinem Handgelenk und legte es ihm an. Es war wie eine romantische Szene aus einem Roman.
Es war das letzte, was ich lange Zeit von ihm sehen sollte.

Marienbad, Angler Haus, (2) 5. Juli 1918

Lieber Dr. Freud,
Nach einer ziemlich mühseligen Reise hier angelangt. Es scheint hier sehr schön zu sein, gutes Wetter und trotz allem wäre ich so, so gern in Wien.

Auf der Reise beim Einsteigen, pfui Teufel wie da die Menschen sind. Damen keifern wie Dienstboten, Männer stoßen und drängen, Kinder »Kultur«. Uns ist es ganz gut gegangen, wir hatten alle Sitzplätze, den ich allerdings später an Bedürftigere abtrat. Etwas war mir peinlich, ich wurde von einem einjährig freiwilligen Artilleristen, dessen Annäherungsversuche ich ablehnte, aus Rache angeflegelt. Nun, nichts mehr davon, mir ist das jetzt alles so gleichgültig.

Ich werde Ihnen jetzt etwas erzählen, was Sie, wie ich glaube, sehr interessieren und wahrscheinlich auch in Erstaunen setzen dürfte. Ich glaube, daß es recht von mir war, es zu tun und auch Sie nun gleich davon zu benachrichtigen.

Ich habe meinen Eltern, das was Sie mich gestern gefragt und mir gesagt haben, erzählt. ... Mutter war furchtbar nett, ich glaube sie hat großes Mitleid mit uns, die Eltern haben auch gesagt, um Gottes Willen, wovon wollt ihr leben. Mutter sagte auch und ich glaube sie ist eine sehr kluge Frau, daß wir beide viel zu gut gewöhnt und verwöhnt sind, um auf die Dauer nicht unter den uns freiwillig auferlegten Einschränkungen zu leiden. Sonst, meinte sie, wäre sie in jeder Hinsicht einverstanden.

Ich hoffe, daß Sie mir nicht böse sind, daß ich das getan ohne es Ihnen vorher zu sagen; aber ich wußte so nicht aus und ein und war so verzweifelt, daß ich es allein nicht mehr mit mir halten konnte. Ärger kann es doch nicht werden. Höchstens besser.

Ihr Buch werde ich morgen anfangen, heute bin ich schon zu müde dazu. Habe ich mich überhaupt ordentlich dafür bedankt? Gestern war ich mit Ihnen noch zusammen, warum ist es mir gar noch nicht zum Bewußtsein gekommen, daß heute gar nichts ist. Haben Sie schon Hunger? ich noch immer nicht! Ich gucke nur immer mein gelbes Armband an und streichle mir die Wangen damit und weiß, daß es jemanden gibt, der den 2ten Teil davon hat, und es sehr lieb hat.

Bitte schreiben Sie mir nicht zweierlei Briefe, ich halte es nicht für recht, Sie können mir, glaube ich, schreiben, was Sie wollen, nur dritte Person, Plural. Oder wollen Sie doch anders?

Bitte mich nicht auslachen beim Lesen; ich habe geschrieben, wie's gekommen ist, ohne zu denken; es ist sicher ganz dumm und kindisch.

Ich wünsche mir noch, daß Sie sich jetzt in Wien so gut wie möglich erholen, Sie müssen viel essen und schlafen und manchmal d. h. möglichst oft an mich denken, das ist sehr gesund und wird Ihnen gewiß gut tun.

Ich freu mich jetzt schon auf Ihren langmächtigen Schreibebrief und grüße Sie wieder und immer wieder

Esti Drucker

(3) 4. August 1918

... Bitte mach dir keine Sorgen, was mein Taschengeld betrifft; erstens ist es eine liebliche Gewohnheit von mir, damit nie auszukommen, ich kann mit Geld nicht umgehn, mir zerfließt es in den Händen, zweitens habe ich mir diese Bücher gekauft und da sie mir außerordentlich gut gefallen, wollte ich Dir auch den Genuß verschaffen und habe sie Dir geschickt. ...

Lieber Junge, glaubst Du denn, daß es für mich irgend etwas netteres gibt, als Dich verwöhnen zu können, es geht doch leider so gar nicht, diese paar Zeitungen sind doch gar nicht der Mühe wert, ein Wort darüber zu reden ...

In Wien soll die Stimmung sehr revolutionär sein – man spricht von einem Krieg gegen R. hier. Was angenehm ist: die Bevölkerung, obwohl dieselbe elend verpflegt wird (ich finde das empörend), bleibt äußerst liebenswürdig gegen das Bürgertum, das alles bekommt, was sich nur denken läßt, allerdings gegen das entsprechende Kleingeld (1dkg Schinken 1.50 K/1 Ei 1K70/1 dkg Butter 75 K) u.s.w. das ist unheimlich, nicht?!

Heute ist Sonntag, morgen schicke ich Dir gegen Deine Erlaubnis wieder etwas Lesbares, das Buch ist diesmal ohne litt. Wert, nur sehr amüsant, ich bin neugierig, was Du dazu sagen wirst ...

Deine alte Esti

(4) 12. August 1918

Mein liebster bester Freund

Ich hoffe, daß mein Brief pünktlich gekommen ist, und Deine Speisezimmermöbel infolgedessen noch nicht verheizt wurden; diesesmal war ich aber schlecht und habe Dir beinahe eine Woche keinen Brief geschrieben, warum eigentlich? Keine Minute des Tages, während ich nicht an Dich denke, keine Handlung, bei der ich Dich nicht um Rat frage, alles was ich gern habe, möchte ich mit dir teilen, alles was schön ist, Dir schenken. Das Leben hier ohne Dich ist gar nicht Wirklichkeit für mich, es gleitet alles von mir ab, berührt mich kaum. Ich habe mich mit Deinem vorletzten Brief so unendlich gefreut, ich kann es doch nicht oft genug von Dir hören: daß Du mich lieb hast; ich will es immer und immer wieder hören; wenn mir die Leute hier sagen, daß ich schön bin, so freu ich mich darüber, denn ich bin es für Dich, wenn ich gut bin, so ist es Dir zu lieb.

Du schreibst mir in Deinem letzten Brief »mein Liebstes«, bin ich das wirklich? »Dein Liebstes«??

Mein Liebster, ich weiß tausend schöne weiche süße Worte und ganz zartes Händestreicheln, die ich Dir alle ganz, ganz leise zuflüstern werde, die niederschreiben ich mich schäme. »Wiedersehen« wird das nicht unausdenkbar schön, ich kann gar nicht glauben, daß ein Mensch so etwas herrliches erleben kann; ich freue mich derartig darauf, daß mir immer bange wird, etwas böses kommt dazwischen. ...

Martin, Du!!

... Wir d. h. ich haben hier schon sehr viel Gesellschaft. Einige sogar sehr intensive Verehrer »mit ernsthaften Absichten«, die mich nicht allein lassen; heute oben beim Rübezahl waren ich und meine Freundin allein mit 5 Herren. Wir haben so schrecklich gelacht und behauptet, daß unser so schwer erworbener guter Ruf flöten gegangen ist; wir waren nämlich ohne Garde, da meine Mutter nicht nachgekommen ist. Bist Du sehr schokiert, Bubi? ...

Es umarmt Dich sehr sehr leider nur in Gedanken Deine Esti.

Anfang September hatte Martin eine Woche Urlaub in Wien. In dieser Woche müssen Esti und Martin sich verlobt haben.

Feldpostbrief, 646
                                      (5) Samstag, den 14. Sept. 1918
Mein liebster Freund und Gefährte,
Ich hoffe Dich glücklich am Ziel Deiner Reise angelangt ohne von zu viel Unannehmlichkeiten und Ärger überrascht worden zu sein. Ich denke einen Brief voll von Liebe und Zärtlichkeit für mich unterwegs und freue mich schon unendlich darauf. Heute scheint die Sonne und trotzdem ich jetzt eben in Deinem Buch *Armut* ein wenig geblättert und

gelesen, bin ich in froher ganz zuversichtlicher Stimmung. Dieses Buch ist niederdrückend, grau in grau, es ist so gut, daß man trübsinnig davon werden könnte; ich habe mir aber fest vorgenommen, mich nicht unterkriegen zu lassen, was nützt traurig sein und grämen? Das Leben ist ja doch schön, denn wir haben uns doch lieb und ich lasse mir die Zuversicht nicht nehmen, daß es uns noch unendlichen Reichtum bringen wird.

Die Woche, die ich mit Dir verbrachte, kommt mir jetzt wie ein Traum vor, jetzt beginne ich erst wieder langsam, mich in die Wirklichkeit zurückzufinden, ich habe wirklich sehr viel zu tun, nachholen, weißt Du, aber mitten in irgend einer Beschäftigung passiert es mir, daß ich die Hände in den Schoß lege und vor mich hin träume, weißt Du wovon? Ich träume immer nur von Vergangenheit, Gegenwart ist zu eben und gleichmäßig, wann werde ich von Zukunft träumen können? Gestern haben mich meine Schwestern gefragt, wie »wir« mitdrinnen da stehen. Meine Antwort: Trotz Vaters Ausspruch, jeder hat seine Freiheit bewahrt, betrachten wir uns miteinander verlobt; ich habe Dich zitiert! Sie haben mich geküßt und mir gratuliert und sind mit meiner Wahl einverstanden. Das ganze ist so ganz merkwürdig, findest du nicht? Frei und doch gebunden!! Mein liebster Martin, gestern bin ich auf die Straße gegangen und habe auf jeden Wagen achtgeben müssen und ein abweisendes Gesicht gemacht, wenn mir jemand nachgegangen, das hatte ich alles nicht nötig wie Du da warst. Du, ich habe es so schrecklich gern gehört, wenn Du mir sagtest, daß ich Dein liebes, schönes, großes Mädel bin. Kindisch was? ...

Ich fürchte ich war in diesem Brief nicht sehr nett, nicht so nett als ich sein möchte, ich bin aber sehr müde und abgehetzt, vergib also.
Deiner Esti
die Dich sehr, sehr lieb hat.

(6) Meine Antwort auf Deinen Brief vom 9. Sept. 1918
Mein Martin!
Am 3. Juli 1918 gegen 6 h abends in der Seilergasse gegenüber dem Kärtnerdurchgang habe ich Dir ein kleines goldenes Armkettchen gegeben und dazu gesagt: Was auch immer geschehen mag, wenn Sie das Kettchen ansehen, erinnern Sie sich, daß ich Sie immer sehr lieb haben werde.

Das ist etwas länger als drei Monate her, eine sehr kurze Spanne Zeit. Wir haben aber unendlich viel erlebt in dieser Zeit, ich meine nicht äußerlich, nein Dinge, die nur uns beide betraf. Du hast mich am nächsten Tag gefragt, ob ich Deine Frau werden will, ich habe Dir damals noch keine Antwort gegeben; wir haben uns am Nachmittag des selbigen Tages zum erstenmal eigentlich geküßt; ich bin dann am 5. Juli morgens fortgefahren. In mein Leben war etwas ganz neues getreten, etwas wunderschönes, aber fremdes, ungewohntes, das ich zuerst faßte, gegen das ich mich wehrte, weil es in mir Wünsche wachrief, die ich nicht erfüllen konnte, mich Gedanken fassen ließ, die ich nicht denken mochte. Martin, es war viel stärker als ich und binnen kurzem nahm es alle Gedanken, alle meine Wünsche, mein Sehnen und Trachten, mein ganzes Ich gefangen und meine Tage sind jetzt durchstrahlt von dem blendenden heißen Glanz inniger, starker Liebe. Am 5. September haben wir uns wiedergesehen. Du hast mich in diesen folgenden 8 Tagen, die wir zusammen verbrachten, küssen und auf eine andere, mir neue Art Dich lieb haben gelehrt; Du hast etwas körperliches, was ich früher nur dunkel ahnte, in mir wachgerufen. Seit dieser Zeit gibt es keine Minute mehr für mich, bei Tag und Nacht, die ich allein bin.

Martin, ich weiß nicht mehr genau, was ich Dir in »diesem« Brief geschrieben habe, es ist mehr als eine Woche dazwischen, ich habe Dir seitdem viermal geschrieben. Ich weiß, daß ich mich entschuldigt habe, daß ich Dir immer und immer geschrieben habe, daß ich Dich lieb habe. Sollte Dir das nicht genügen, so kann ich es schwarz auf weiß niederschreiben, was ich bis jetzt vermieden habe (mir kam es nicht sehr geschmackvoll vor) es war mir so selbstverständlich: daß ich mit tausend Freuden jederzeit bereit bin, Dein bester, treuester Kamerad fürs Leben zu werden.

Martin, »dieser« Brief war aber trotzdem nicht ohne Absicht geschrieben, ich will und darf, trotz allem, was ich auch bis jetzt gesagt habe, nicht irgend ein Hindernis für Dich sein, dazu bin ich zu stolz. Wenn Dir das Ziel »Esti« einmal weniger golden und rosig entgegen leuchten sollte, so wähle ruhig und ohne Bedenken ein anderes, Du darfst es jeden Augenblick tun, ohne von mir irgend einen Vorwurf zu hören, nur verlange ich auch nackte Wahrheit, ganz ohne Rücksicht; es wird für Dich nie zu spät sein, merk Dir das Martin.

Meine Antwort ist vielleicht etwas lang worden, ich glaube, sie ist aber deutlich und klar, ich bitte Dich, sie als einzigen meiner Briefe aufzubewahren.

Vielleicht erreicht sie Dich nie, denn ich sende sie nicht früher weg, als bis ich einen Brief von Dir habe und sollte ich ein Leben warten müssen.

In Treue und Liebe
Esti Drucker.

Feldpost No. 646. Herr Oberst Dr. Martin Freud schw. Fit R 44/3.

(7) 10. Okt. 1918

Mein Martin,

... Wir leben jetzt in einem seltsamen Zeitalter, bei Kriegsbeginn nur hatte ich so ein ähnliches Gefühl, mit derselben Spannung den nächsten Tag erwartet und so gar nicht zu wissen, was die nächste Zeit eigentlich bringen wird. Bei uns zu Hause wird folgendermaßen gesprochen »Bitte Vater, schenk uns jeder ein Glas Wein«. – Nein, ich erziehe meine Töchter nicht zu Säuferinnen – »Aber was, Vater, wir werden doch eh' umgebracht.« Viele Leute denken schon daran, wohin sie fahren wollen, (wenn – Du weißt schon), ich bleibe unbedingt in Wien. So lange die Bevölkerung halbwegs genug zu essen hat, ist gar nichts zu befürchten. Was mit dem deutschen Kaiser geschehen wird? Ich fürchte das schlimmste (für ihn nämlich). Liebster Martin, das dauert mir zu lange, Dir über alle Ereignisse meine persönliche Meinung zu geben, Du wirst auch ohne dieselbe fertig werden und damit Du siehst, daß Frauen nicht unterkriegen zu sind, lasse ich mir trotz aller schweren Zeiten ein ganz niedliches Abendkleid nähen.

Ich lese jetzt auch Shaw und zwar »the irrational knot«, englisch natürlich, Candida konnte ich nicht bekommen.

Martin, Liebster, ich bin so glücklich und habe Dich lieb. Ich habe mich, seitdem Du fort bist, sehr verändert, ich bin kein kleines Mädchen mehr, sondern ein fertiges reifes Weib, ich glaube es ist etwas ruhiges, zielsicheres in mein Wesen gekommen und ich bin jetzt so reich an Liebe und Güte; ich freue mich darüber und es ist gut, daß ich so geworden.

Martin, sag, ich hätte das vielleicht nicht schreiben sollen, nicht Dir schreiben sollen, doch Du wirst mich verstehen, weißt, was ich meine ...

... nur viele warme Sonnenküsse muß Dir Deine Esti noch geben. Darf ich?

Die Nachrichten von der Piave-Front, die anfangs so optimistisch klangen, verschlechterten sich. Zudem wurde von Meutereien unter den ungarischen Soldaten berichtet. Man hörte von der Auflösung der deutschen Truppen, die auf frische amerikanische Truppen gestoßen waren. Und die Tschechen erklärten plötzlich ihre Weigerung, weiterhin Teil der Habsburgermonarchie zu sein.

Meine eigene Welt versank in Chaos. Ich hatte keine direkten Nachrichten von Martin. Die Zeitung informierte uns, dass sich die gesamte österreichische Armee im Süden den Italienern ergeben hatte. In Wien verlief das Leben so glatt wie immer. Ich erinnere mich an keine Hungeraufstände. Die Oper spielte jeden Abend, und nachmittags ging man in den Stadtpark, um im Café Hübner einem Konzert zu lauschen und ein Fruchtsorbet zu löffeln.

Meine Eltern hatten nun drei Töchter im heiratsfähigen Alter. An einem Nachmittag begleitete uns unsere Mutter in den Stadtpark und ließ beiläufig die Bemerkung fallen, dass sich ein Freund meines Vaters zu uns setzen würde und wir gefälligst freundlich sein sollten, und das war es. Ein andermal besorgte mein Vater eine Loge in der Oper, was ziemlich ungewöhnlich war (wir Mädchen kauften uns immer billige Sitze in der vierten Galerie), und siehe da – in der Nachbarloge saß die Dame aus Brünn mit ihrem Sohn in Offiziersuniform. Wir waren distanziert höflich zueinander. Ich bemerkte, dass ich in den Augen der Mutter den Test bestanden hatte. Meine Eltern luden diesen jungen Herrn Bruckner ein, uns einen Besuch abzustatten, was er tat. Er tauchte auch an einem Abend in der Urania auf, wo ich Gedichte vortrug. Meine Eltern ließen mich wissen, dass Erich Bruckner ein wohlhabender Mann war, ein Ingenieur und Teilhaber einer Fabrik, die Waggons für den Transport von Kohle und anderem Frachtmaterial herstellte. Ich war ordnungsgemäß beeindruckt.

Eines Tages kam meine jüngste Schwester mit der Nachricht heim, dass eines der Mädchen, mit denen sie zur Schule ging, mit der Verlobung ihrer älteren Schwester mit Erich Bruckner prahlte, der als der interessanteste Junggeselle auf dem Wiener Heiratsmarkt galt. Fräulein Kornfeld schien Herrn Bruckner schon einige Zeit zu kennen. Ich fragte mich, warum Frau Bruckner etwas gegen die Heirat ihres Sohnes mit dem Kornfeld-Mädchen hatte, denn sie war hübsch und aus guter Familie. Ich fand heraus, dass die Kornfelds getauft waren und Erich sich nun auch taufen lassen wollte. Bald fand die Hochzeit statt, und vier Monate später war die junge Braut an der Lungenpest verstorben, einer Epidemie, die damals die ganze Welt überzog. Ich hörte, dass Erich sich mit seinem Partner nicht verstand, der ein gläubiger Jude war. Bruckner verkaufte seine Anteile und blieb ein untätiger Witwer, bis er sich im Alter von 50 Jahren auf eine dumme Ehe mit einer Katholikin einließ, einer »reinen Arierin«, 25 Jahre jünger als er.

In der Zwischenzeit waren Erich und ich gute Freunde geworden. Seine Geschichte ist eigenartig und traurig. Als ich nach dem Zweiten Weltkrieg 1954 erstmals nach Wien zurückkehrte, durchsuchte ich das Telefonbuch nach den Namen von Leuten, die ich gekannt hatte. Ich fand Erich immer noch unter seiner alten Adresse in der Ferstelgasse. Wir trafen uns in einem Kaffeehaus, wie es in Wien üblich ist. Der einstige Müßiggänger war vom Schicksal geschlagen, wirkte älter, als er war, hatte nur einen einzigen goldenen Vorderzahn, und seine Jacke war voller Flecken. Er sah so arm aus, dass ich seinen Kaffee zahlen wollte. Anscheinend hatte sich seine Frau gleich nach dem »Anschluss« einen Liebhaber ins Haus geholt. Obwohl sie gedrängt wurde, sich von Bruckner zu trennen, weil er Jude war, erlaubte sie ihm, bei ihr zu bleiben. Das rettete ihm das Leben, denn sonst wäre er in ein Konzentrationslager deportiert und ermordet worden. Bruckner hatte aus seiner zweiten Ehe eine Tochter, die damals ein Teenager war. Ein paar Jahre nach dieser Begegnung erhielt ich von gemeinsamen Freunden die Nachricht, Bruckner sei sehr krank (ich glaube, er hatte einen Schlaganfall), seine Tochter kümmere sich um ihn und sie seien so arm, dass Freunde für sie Geld sammelten. Ich trug eine erhebliche Summe bei. Wie das Schicksal doch unser Los bestimmt!

1918 jedoch war das eine ganz andere Geschichte. Es hieß, ich hätte im reifen Alter von 22 Jahren meine letzte Chance auf eine gute Partie verwirkt. Familienmitglieder, einschließlich eingeheirateter Tanten und Onkel, machten Bemerkungen über meinen Mangel an Sex-Appeal, meine Arroganz und meine Dummheit, ein gutes Angebot nicht also solches zu erkennen. Diese Bemerkungen müssen mich getroffen haben, denn ich erinnere mich noch heute an sie, nach so vielen Jahren.

Ich hatte eine Cousine in Prag, die mir eine Lyriklesung in einer der dortigen Konzertsäle in Aussicht stellte. Es war eine günstige Gelegenheit, dem unangenehmen Klatsch um meine Person zu entkommen. Prag wurde zu einem großen Erfolg. Die Kritiker der führenden deutschsprachigen Zeitungen schwärmten von meinem Talent, lobten meine Gedichtauswahl und nannten mich die »weibliche Marcel Salzer« (der führende Vortragskünstler der deutschsprachigen Länder). Es war in Prag leichter, Nahrung zu bekommen, und so blieb ich schließlich mehrere Wochen bei meiner Cousine. Ich kehrte mit dem letzten Zug, mit dem man noch ohne Pass reisen konnte, nach Wien zurück. Das alte Königreich Böhmen, 800 Jahre lang unter der Herrschaft der Habsburger, erklärte seine Unabhängigkeit von der Monarchie und wurde zur Tschechoslowakei.

Unter dem Eindruck des Zerfalls der Habsburgermonarchie bat ich meinen Vater, das Geld, das ich vom Großvater geerbt hatte, in Schweizer Franken zu wechseln. 1918 war die österreichische Krone nur noch halb so viel wert wie der Schweizer Franken, während sie vor dem Krieg ungefähr denselben Kurs hatten. Vater war bestürzt über diese meine Forderung und weigerte sich. Er sagte voraus, ich würde die Hälfte meines Vermögens verlieren, und wollte die Realität nicht zur Kenntnis nehmen. So verlor ich fast alles, mit Ausnahme des Geldes, das in guten Aktien angelegt war.

Bald nach meiner Rückkehr aus Prag traf über die Schweiz eine Karte des Roten Kreuzes ein, die mich davon in Kenntnis setzte, dass sich Martin in der Nähe von Genua in Kriegsgefangenschaft befand. Unverzüglich leitete ich diese Nachricht an die Familie Freud weiter.

Es folgt ein warmer Gruß von seiner zweifellos enorm erleichterten Mutter mit genauen Nachrichten über die ganze Familie und seine Freundin Esti. Die erste Begegnung mit den Freud-Eltern, die meine Mutter oben beschrieben hat, muss erst nach Martins Rückkehr aus Italien stattgefunden haben, da Großmutter im folgenden Brief schreibt, sie habe sie noch nicht kennengelernt.

Wien, 18. Febr. 1919

Mein gel. Martin, wir haben alle Deine Karten vom Januar bekommen und sind glücklich, Dich gesund zu wissen. Du hast hoffentl. inzwischen auch erfahren, dass bei uns alles Gott sei Dank in Ordnung ist. Papa verträgt die tägliche Arbeit von 9 Stunden zum Glück ganz gut und wenn die Ernährungsverhältnisse auch weniger als ideal sind, so hat man sich in all den schweren Jahren anpassen gelernt, der heurige Winter hat seine Vorgänger sogar noch übertroffen durch den Mangel an Licht und Wärme. Haustore werden um 8ʰ gesperrt, die Häuser verdunkelt, Strassen ebenfalls, die letzte Elektrische verkehrt um halb neun. Dass unsere Abendvergnügen in folgedessen nicht grade abwechselungsreich sind, kannst Du Dir vorstellen. Oliver, der natürlich momentan keine Arbeit findet, vertreibt sich die Zeit mit photographischen Spielereien, er hofft auf den Sommer. Ernst ist in München sehr fleissig, wird hoffentlich im Sommersemester seine Diplomprüfungen machen. Annerl ist immer gleich eifrig in ihren Beruf, immer sehr beliebt bei Müttern und Kindern. Mathilde und Robert geht es auch gut, sie musizieren viel. Sopherl hat, wie Du schon weisst, wieder einen kleinen Sohn bekommen; ich konnte sie diesmal leider nicht pflegen, da die Reiseverhältnisse ganz unmöglich sind, sie ist noch immer allein mit den Kindern in Schwerin, während Max *[Max Halberstadt, Sophies Gatte]* sein Photo Atelier wieder eröffnet hat. Im März bekommen sie wieder eine Wohnung in Hamburg.

Deine Freundin Esti ist wieder aus Prag zurück und hat Annerl zu sich eingeladen, ich habe sie noch nicht kennen gelernt. Wir sind glücklich den Frühling entgegen zu gehen und hoffen dass uns auch mit Dir ein Wiedersehen beschieden ist. Leb wohl mein geliebter Martin, bleib gesund und lass Dir die Zeit nicht zu lange werden. Mit Gruss und Kuss Deine Mama.

2
Briefe an einen Kriegsgefangenen

Mutter beginnt nun eine lange, zum großen Teil einseitige Korrespondenz mit ihrem kriegsgefangenen Bräutigam. Nur ihr Teil der Korrespondenz ist erhalten, die sie unter ihren Papieren aufgehoben und bis nach Amerika mitgenommen hatte. Briefe wechseln sich mit Rote-Kreuz-Postkarten ab, die vorsichtiger verfasst sind. Meine Mutter wählte auf den Postkarten die förmliche Sie-Anrede, wohl wegen der Zensur, aber die Briefe wurden natürlich auch zensiert. Die Korrespondenz ist handgeschrieben, entweder in lateinischer Schrift oder in Sütterlin, und war mühsam zu entziffern. Es waren genau diese Briefe, die mich erstmals da-

zu brachten, die Autobiographie meiner Mutter zu einem Buch zu erweitern. In dem folgenden Brief muss sie gerade gehört haben, dass er in Kriegsgefangenschaft geraten war.

Brief an prigioniere di guerra. Ospedale di campo 107. Zona di guerra. Nachgeschickt nach Cagoletto

(8) 3. Dez. 1918

Mein liebster Martin,
Heute endlich habe ich zwei Karten von Dir bekommen, ich bin so froh und glücklich darüber. Sei ganz unbesorgt, in Wien ist alles ruhig, es spielen die Theater, Konzerte usw., man kann ruhig zu jeder Tageszeit allein auf die Gasse gehen und wird nicht mehr als üblich belästigt. Du kannst ganz ganz unbesorgt sein.

Ich habe vorige Woche versucht Dir Nachrichten zu senden, glaube aber, Du wirst nichts erhalten haben, vielleicht geht's diesmal. Deinen Leuten geht es gut, ich habe heute mit Deiner Schwester Anny telephoniert, Deine Brüder sind zu Hause.

Mein innig geliebter Martin, mir ist heute eine Centnerlast vom Herzen gefallen seit ich Deine Nachricht habe. Ich beginne wieder zu leben. Ich habe Dich so, so lieb, denke immer an Dich und freue mich auf das Wiedersehen; dann lasse ich Dich nie wieder fort von mir, das weiß ich.

Meine herzlichsten Glückwünsche zum Geburtstag, vom Herzen eine recht baldige Erfüllung aller Deiner Wünsche. Der Geburtstagskuß wird nachgetragen, nur glaube ich kaum, daß wir uns auf einen singular beschränken werden.

Mein Junge, nicht wahr, Du gibst gut Acht auf Dich und machst mir keine Dummheiten; ich will ja weiter gar nichts, als Dich gesund zurück bekommen.

Von mir gibts wenig zu erzählen, ich lebe sehr zurückgezogen, soll gut ausschauen, was mich sehr wundert, schlafe viel und lasse es mir so weit es die Umstände zulassen, möglichst gut gehen; meine Vorlesung für den Januar versuche ich abzusagen, habe natürlich die Lust dazu verloren, ohne Dich; leider wird's kaum mehr gehen; ich denke aber, daß wegen Kohlennot die Säle gesperrt sein werden. Außerdem ist es sehr kalt und viel Schnee, wenn Du da wärest, würde ich Dich bitten, mir in Schilaufen Unterricht zu geben; verschieben wir es auf später. Jetzt habe ich die unbezwingbare Lust, mir eine Laute zu kaufen und spielen zu lernen, bist Du »sehr erfreut« darüber; ich verbringe überhaupt meine Zeit mit derartigen ähnlichen nutzbringenden Beschäftigungen.

Ich denke, Du machst jetzt auf Staatskosten eine Reise durch das schöne Italien, weißt Du, was mir dabei einfällt?

Mein Martin, ich hoffe, daß es Dir möglich sein wird, mir bald wieder zu schreiben, Deine Nachrichten sind mein Leben. Ich bete zu Gott, daß er dich beschützt, küsse Dich und bleibe stets Deine Esti, die Dich herzinnigst liebt.

(11) Prag, 27. Jan. 1919

Liebster Martin,
ich lasse keine Gelegenheit vergehen, um zu versuchen Dir eine Nachricht von mir zukommen zu lassen.

Ich bin schon seit 2 Monaten ohne Zeile von Dir; ich komme mir schon bereits wie eine 2te Auflage der »ibsenschen Solveig« vor, zur Abwechslung in schwarz. Manchesmal überkommt mich eine große Trostlosigkeit, ich weiß ja gar nicht, ob Du mich noch lieb hast. Dir geht es wahrscheinlich ebenso; Du kannst ganz unbesorgt sein, mir ist so, so bang nach Dir: ich bin hier zu Gast bei Verwandten, und mache alles damit mir die Zeit schneller vergeht; den Tag, der mir Dich bringt, will ich segnen.

Meine Gedanken und Wünsche sind stets bei Dir.

Ich küsse Dich Deine Esti.

(16) 10. März 1919

Mein lieber liebster Martin,
Ich muß doch einmal wieder den Versuch machen, Dir einen Brief zu schreiben. Ich möchte doch, daß Du wenigstens ungefähr weißt, was ich treibe. Meine Hauptbeschäftigung ist, Dich lieb haben, Du glaubst gar nicht wie zeitraubend das ist, mitten in irgendeiner Tätigkeit lasse ich die Hände sinken, schaue ins Blaue und träume Dir nach; jetzt ist schon viel, viel besser gegen früher, aber im November, damals wie ich so gar nichts von Dir wußte so schrecklich lange Zeit, da habe ich so manchmal ganz grundlos (für die andern nämlich) zu weinen begonnen, ich möchte diese Zeit nicht noch einmal durchleben müssen. Vom 15. Januar bis 15. Februar war ich bei Verwandten in Prag, damit ich nicht ganz trübsinning werde, es war ganz nett, ich habe dort eine Vorlesung mit sehr gutem Erfolg gegeben, große Bälle besucht u. s. w. und immer grenzenlose Sehnsucht nach Dir gehabt. Jetzt in Wien bin ich sehr viel eingeladen, wir d. heißt Freunde von mir haben einen Jugendklub mit litterarisch, musikalischen Absichten gegründet, ich war 2 mal auf Mutters besonderen Wunsch bei geschlossenen Veranstaltungen tanzen. Wie schön wäre das, wenn Du hier wärest; man macht mir sehr viel den Hof,

schwere, dicke Komplimente, aber weißt Du, gar niemand kann mit solch tiefinnerster Überzeugung sagen, daß ich schön bin wie Du, und niemand kann so ritterlich die Hand küssen wie Du; und jetzt möchte ich Dir auch noch aus innerster Überzeugung ein Kompliment machen: mit je mehr Leuten ich zusammen komme, je mehr ich kennen lerne, umso besser sehe ich, wie lieb und nett Du eigentlich bist. Oder Du, sag bilde ich mir das nur ein, weil Du nicht hier bist?

Vielleicht interessiert es Dich noch, daß ich 2 große Körbe ausgeteilt habe, und wenn Du nicht bald kommst, ein dritter an die Reihe kommt. Es ist wirklich zu dumm, daß die Leute noch nicht wissen, daß wir zusammengehören, d. heißt, ich weiß eigentlich gar nicht, ob Du noch willst? Ich muß mich bei meinen sämtlichen Verwandten, Tanten, Großmüttern, u. s. w. immer persönlich entschuldigen, daß ich nein zu sagen wagte und eine Tante hat gesagt: Wenn ein Mädel halbwegs hübsch ist, so glaubt sie auch gleich, daß mindestens ein Prinz kommen muß; es ist doch gut, daß ich meinen Prinzen schon habe.

Der Frühling hat bei uns schon mächtig eingesetzt, ich fühle es gewaltig in den Gliedern, und es schmerzt mich womöglich, noch mehr allein zu sein, wenn ich so recht traurig bin, nehme ich mir Deine alten Briefe her, ich denke ich kann sie schon alle sehr gut auswendig, aber das macht nichts, sag' hast Du mich noch immer so lieb, wie Du es damals geschrieben; ich wäre so stolz darauf?! ...

So viel Küsse als Du nur immer wünschen magst
von Deiner Esti

Es ist kein Wunder bei einer einseitigen Korrespondenz, dass meine junge Mutter mit ständigen Zweifeln kämpft, ob ihre heftige Leidenschaft ebenso tief beantwortet wird – oder ob sich die Zuneigung des fernen Geliebten inzwischen gewandelt hat. Trotz ihrer strengen Erziehung wagt sie es, ihre heißen Gefühle auszudrücken und ihn vielleicht mit ihrer Liebe festzuhalten und immer neu zu erobern. Sie will diesen Mann, diesen Prinzen, den sie sich ausgesucht hat, für sich gewinnen. Das war ein tapferes, selbständiges Unternehmen für die damalige Zeit, ganz gegen alle bürgerlichen Gepflogenheiten.

(17) 14. März 1919

Mein Martin,
weißt Du, daß ich seit 31. I. keine Nachricht von Dir habe; Du, ganz häß-

lich bin ich noch nicht geworden, aber weiße Haare habe ich die Menge bekommen. Aber jetzt hege ich doch bereits eine ganz leise, kleine Hoffnung, Dich bald da zu haben. Ein Kusin von mir, der auch Mediziner ist, war auf Elba und kam vorige Woche nach hause und erzählte, daß alle Ärzte, Studenten, Apotheker u. s. w. heim geschickt werden und jetzt kam eine Bekannte nach Wien, die ihren in Italien gefangenen Sohn persönlich holen war. Wie gerne möchte ich Dich holen; ich möchte schon so schrecklich gern mit Dir nett und gut und lieb sein, Dich verwöhnen dürfen; ich kann gar, gar nichts für Dich tun als versuchen zu schreiben, und an Dich denken, aber davon mache ich ausgiebigst Gebrauch, vom Denken nämlich. Du ich glaube es gibt keinen Augenblick des Tags oder Nachts, wo Du meinen Gedanken nicht völlig bewußt bist, sag spürst Du es, ich bilde mir ein, manchmal Dein Meingedenken zu fühlen. Vielleicht hast Du mich aber gar nicht mehr lieb und es ist schrecklich zudringlich von mir, Dir solche Briefe zu schreiben. Du dann würde ich mich so sehr schämen, denn dann ginge es Dich doch gar nichts an, daß ich Dich ganz unheimlich lieb habe. Ich weiß nämlich nicht mehr ganz genau, ob ich mich auf unser Wiedersehen freuen oder nicht auch Angst haben soll.

Nicht wahr, Du sagst mir dann, daß ich ein blitzdummes Mädel bin. Um eines bitte ich Dich Martin, mache Dir unserswegens keine Sorgen, es hat Zeit damit bis wir beisammen sind, dann helfe ich Dir, da gehts leichter. Gestern hatte meine Schwester Geburtstag, in 2 Monaten und eine Woche darauf habe ich Geburtstag, ich wünsche mir, daß Du schon da bist, wir machen dann einen gemeinsamen Ausflug. Denk Dir, letzten Sonntag habe ich mit Deiner Schwester Anny, Deinem Bruder und noch einem Herren einen Ausflug gemacht, wir haben Dir eine gemeinsame rote Kreutz Karte geschickt; ich will jetzt aufhören, sonst muß der arme Mensch, der den Brief zensuriert, zu viel lesen.

Martin, behalte mich lieb, denk an mich, träum von mir, bleib gesund, komm baldigst nach hause und sei viel, viel mals gegrüßt, geküßt und umarmt von

Deiner Esti

(20) Wien, um 23. März 1919

Liebster, liebster Martin,

ich bin ja so froh, endlich nach 2 langen Monaten, ein Lebenszeichen von Dir, Deine Karte vom 2. März. Du weißt ja gar nicht, wie ich mich um Dich geängstigt habe, zum graue Haare kriegen und alt und häßlich werden, aber graue Haare habe ich wirklich bekommen. Wenn Deine Eltern oder ich so lange keine Nachricht haben, so schleichen sich die

Tage wie müde graue Schatten ohne Leben und Sonne dahin, in meinem Kopf hämmert fast der eine Gedanke, was ist mit Martin! Dabei muß ich viel in Gesellschaft gehen, vortragen, mir den Hof machen lassen, kurz all den Klimbim, welcher am täglichen Leben hängt, aber immer die Sorge um Dich. Sag, bist Du es wert, daß man um Deinetwillen so viel bange Stunde durchlebt, wirst Du so reich sein, um sie entlohnen zu können?

Genug davon, jetzt bin ich doch glücklich, ich habe Deine Karte, weiß, daß Dir bis auf die Freiheit und mich beinahe nichts fehlt, ja doch richtig, armer Kerl, Geld und Wäsche, daß Du sogar einen Brief von mir hast, wenn wir ein wenig Glück haben, brauch ich auf Deine nächste Karte nicht mehr 2 Monate zu warten, denn dann kommst Du selbst, hoffentlich sogar früher, ich will von Dir höchst persönlich meinen Geburtstagskuß bekommen, ich nehme an, Du weißt noch wann. Von mir ist wenig zu erzählen, ich gehe manchmal tanzen, trage häufig vor, bin viel eingeladen, werde ziemlich gefeiert und hoffiert, die Leute sagen sogar sehr, ich bin an starke Portionen gewöhnt und vertrage viel davon, wie Du wahrscheinlich weißt, habe einige schöne Kleider, die mir gut stehen und denke jeden Augenblick der Zeit an Dich.

Behalte mich weiter sehr, sehr lieb und sei auch innigst umarmt und geküßt, mein Sorgenkind Du
von Deiner Esti

(21) 27. März 1919

Mein liebster Martin,
Heute habe ich Deine Karte vom 9. März bekommen, ich bin so glücklich darüber, daß Du Dich erholst und wohl fühlst, gut aussiehst und Post von mir bekommst. Das mit der Großjährigkeit ist leicht verständlich, da man nach dem neuen Gesetz mit 21 Jahren bereits majoren ist. Du willst wissen, Liebster, wie ich in Wien lebe, genau so wie vorher, vielleicht schlafe ich etwas mehr, esse aber weniger, weil man nichts bekommt. Den Verhältnissen entsprechend glaube ich sehe ich recht gut aus, trage ziemlich viel vor; am 14. April gebe ich im Kammermusiksaal einen eigenen Abend, ich spreche da nur aus den Werken eines ganz jungen unbekannten Dichters Robert Neumann, ich habe Mut, nicht? aber seitdem ich weiß, daß es Dir recht gut geht, daß ich Dich vielleicht, hoffentlich, sogar bestimmt, in nicht allzu langer Zeit da haben werde, Dich werde küssen können, rufe ich mein Jahrhundert in die Schranken. Wenn's gut geht, d. h. wenn ich ausverkauft bin, kann ich mir gegen 300 K (Kronen) verdienen, denn ich bin 50 % am Preisgewinn beteiligt, ist das nicht fein, aber das allerschönste ist, daß ich schon genau

weiß, was ich mit dem Geld tun werde und es fabelhaft gut brauchen kann, mir scheint, das ist aber bei Geld immer der Fall.

Ich gehe häufig in Gesellschaft, bin schrecklich viel zu Kränzchen eingeladen, gehe auch manchmal natürlich nur zu den sehr exclusiven, bin immer sehr umringt und kokettiere mindestens gleichzeitig mit 6en auf einmal, wenn Du nicht bald kommst, werde ich es noch auf 10 bringen. Gestern war ich auch eingeladen, bin erst heute beim Morgendämmern so gegen halb sechs heimgekommen, meine Schwester war nicht zum wegbringen, dafür bin ich jetzt recht verkatert. Ich habe mich u. a. mit einem Herrn unterhalten, im Laufe des Gesprächs kam die Rede auf die Cadima, es fiel Dein Name, und der Herr teilte mir die große Neuigkeit mit, daß Du ein sehr netter gescheiter Bursch bist. Ja, noch was hat er gesagt, er hat gehört, Du bist verlobt; darauf hab ich gesagt, daß ich Deine Schwester kenn und Du in italienischer Gefangenschaft sein sollst. Ich habe Dich wohl verleugnet, so eine Gemeinheit. Deinen Freund Dr. Lampl habe ich auch kennen gelernt, unter einem etwas kratzbürstigen Äußeren scheint sich eine edle Seele zu verbergen, aber er läßt einen absolut nicht ran, d. h. er ist für ein vernünftiges Wort mit mir nicht zu haben gewesen; dann weiß ich auch so gar nicht, was Du ihm von mir erzählt hast. – Gestern hatte Deine Schwester Anna angerufen, sie mir von Deinem langen Brief erzählt, ein wenig neidisch bin ich sogar darauf. Ich bin gern mit ihr zusammen, sie erinnert mich in manchem an Dich, die Art zu sprechen, die Augen, und das hab ich eben gern. Nur hat sie etwas sehr herbes, zurückhaltendes, kühles in ihrer Art, so daß ich bis heute noch nicht weiß, ob sie mich eigentlich mag. Deinen Bruder Olly kenn ich auch, der mag mich bestimmt, bei Männern gelingt mir das aber meistens ganz leicht; ja richtig Deine Lieblingsschwester Tilde und Deinen Vater kenne ich auch aber nur von Guten Tag sagen. Martin, ich könnte Dir ein dickes Buch voll schreiben und wenn Du da bist, habe ich noch für die nächsten 10 Jahre Stoff zum erzählen, wenn ich durchs Wiedersehen keinen Hirnschlag bekomme, bitte nimm jedenfalls für jedes Wort einen langen Kuß, das treffe ich bestimmt auch dann noch.

              Herzlichst, Deine Esti.

                 (25) 7. April 1919

Mein Martin, mein Herzliebster
Wie traurig für uns beide, daß wir so lange getrennt sein müssen; Manchmal glaube ich, daß mir vor Sehnsucht und Bängigkeit nach Dir das Herz zerspringen wird. Ich schreibe Dir diesen Brief überhaupt in einer sehr trüben Stimmung, vielleicht sollte ich gar nicht in solcher Laune

an Dich schreiben, aber an wen soll ich mich denn eigentlich wenden als an Dich, Du mein einziger wirklicher Freund! Ich glaube kaum, daß Du Dir irgend eine Vorstellung machen kannst, wie's eigentlich bei uns aussieht, um wie viel sich für uns beide seit unserem letzten Zusammensein die Situation verschlechtert hat, alle wirtschaftlichen und industriellen Unternehmungen reduzieren ihre Betriebe, die Preise für Lebensmittel und Gebrauchsgegenstände steigen ins unermeßliche und was noch kommt, *dieu le sait*. Ich weiß bestimmt, wenn Du nur erst da wärest, wäre mir das alles so gleichgültig; sag', habe ich Dir erzählt, daß bevor Du in mein Leben gekommen, ich eigentlich damit fertig war, ich aus Müdigkeit oder Langweile oder Zwecklosigkeit keine 2 Kreuzer gegeben hätte, ich weiß, daß ich Stunden hatte, wo es vielleicht nur Bequemlichkeit oder Feigheit war, daß ich nicht valet gesagt habe: Martin Du, ich lebe jetzt so gerne, seitdem Du da bist, ich möchte eine Hymne an das Leben singen, trotz aller Sorgen, weil ich Dich lieb haben kann; ich habe ein Ziel vor Augen, ich will mit Dir glücklich sein, es hat einen Zweck für mich, ich will Dich glücklich machen; Du, Du, ich bin fürstlich an Güte und Liebe und Zärtlichkeit; alles will ich Dir schenken, alles soll Dir gehören. Ich bilde mir ein, daß Du mich auch brauchst, daß ich auch Deine beste Möglichkeit, Deine Sehnsucht bin; vielleicht ist alles nur ein leerer Wahn von mir, und ich bilde mir wieder einmal zu viel ein!? Martin Du, wie's auch ist oder sein wird, solange Du weg bist, mache Dir keine Sorgen Liebster. Du nicht, bitte, wenn Du hier bist, wird's wohl nicht mehr anders zu machen sein, aber da kann ich Dir wenigstens ganz leicht und weich durch die Haare fahren, Dir die Hände streicheln und von der Stirne die Falten wegküssen ...

Du sollst nur viel an mich denken, dann bitte schreibe mir Briefe, die Du für mich aufhebst und beim Wiedersehen zum lesen gibst.

Aus meinem Leben ist wenig zu berichten. Von meiner Vorlesung am 14. habe ich Dir doch schon erzählt, Dichtungen von Robert Neumann; das Stück ist glaube ich sehr wirksam, ich mache es jedenfalls ausgezeichnet, der Dichter ist immer ganz verblüfft ...

Sonntags mache ich manchmal mit Deiner Schwester Annerl und Deinem Bruder Oliver Ausflüge, er ist genau so, wie Du mir ihn beschrieben hast, aber auch ein guter lieber Kerl, aber Du bist Gott sei Dank ganz anders als er, d. h. wenn Du so wärest, hätte ich Dich und Du mich kaum lieb. Ich habe da manchmal ganz eigentümliche Konflikte, meine Schwestern wollen jetzt auch mit jungen Leuten Ausflüge machen, da werde ich natürlich mitgehen, nur wollen Sie mir immer irgend einen Herrn mitnehmen, aber es paßt mir doch ganz bestimmt nicht, mir von irgend jemandem über den ganzen Tag den Hof machen

zu lassen, der sich dann womöglich obersdrein, wenn er es nicht schon ist, noch in mich verliebt, ich glaube auch nicht, daß es Dir recht wäre; jetzt fängt's an, wieder schön und wärmer zu werden, bis vor kurzer Zeit war's bitter kalt, der Frühling zieht mit seinem bunten duftenden Gefolge von Blüten und Sonne und grün ein, wenn er Dich mir bringt, soll er willkommen sein.
So viel Küsse als in Deinem Herzen von mir Platz haben.
Deine Esti

(26) 14. April 1919
Mein liebster Martin,
Heute abend war meine Robert Neumann Vorlesung; ich bin eben nach dem Nachtmahl und meine erste Beschäftigung ist jetzt, natürlich an Dich zu schreiben, um Dir alles genau zu erzählen. Also fangen wir an, hübsch der Reihe nach, ich hatte ein weiß schwarzes ausgeschnittenes Kleid an – im Jänner habe ich es bekommen – helle Strümpfe, schwarze Pumps, die Haare wie gewöhnlich, nur ausnahmsweise nicht zerrauft, ich glaube es paßt mir sehr gut. Das Kleid nämlich. Der Saal faßt 200 Personen, war beinahe ausverkauft, unter den Anwesenden waren Deine 2 Schwestern und Dr. Lampl, seinen Teutonenbart habe ich sofort gesehen und mußte natürlich gleich lachen, ich habe des öftern zu ihm hingeguckt, ob er es bemerkt hat, weiß ich nicht; ich wäre schrecklich neugierig zu wissen, wie's ihm gefallen hat. Ich habe ziemlich viele Blumen bekommen, aber leider nur von sehr uninteressanten Persönlichkeiten, lauter Frauenzimmern, beinahe einen großen Topf mit Blumen von einer Tante, einen riesigen Fliederbaum von einem bejährten Vetter und einen kleineren Rosenstock mit Ostereiern und Bonbons drin von Frau Primarius Moser, einer Freundin meiner Mutter und einen kleinen Azelenstrauch von einer bekannten Dame des Vaters. Von Leuten waren teilweise Bekannte von R. Neumann und von mir Freundinnen, Tänzer, Verwandte u. s. w. Es hat etwas geschadet, daß heute Abend – Seder – ist. Nun über den Vortrag. Die Gedichte, die ich gesprochen habe, liegen mir eigentlich nicht besonders, weißt Du, so ausgesprochene bildhafte Lyrik, kein einziges Liebesgedicht, das mache ich jetzt so gut, einiges war recht nett und zart herausgebracht, gut habe ich die Ballade »der gelbe Tod« weißt Du, nach der Novelle von Edgar Allen Poe »der rote Tod« gesagt, die hat auch gewirkt; dann war Pause, nachher der dritte Akt vom *Tyl Ulenspiegel*, nach meiner Ansicht war ich ausgezeichnet, stellenweise verblüffend so durch und durch. Der Akt hat bei 50 Minuten gedauert, zimlich die größte Anforderung, aber man konnte zeigen, daß man was kann und alle Stückeln spielen lassen. Der

Erfolg war groß, ich bin sehr oft herausgerufen worden. Nachher war ich und bin noch jetzt sehr müde, habe das gratulieren über mich ergehen lassen und bin dann sehr sang und klanglos nach Hause gegangen. So, jetzt weißt Du alles ganz genau als wenn Du dabei gewesen wärest. Ich war den ganzen Tag heute schrecklich vergnügt und hatte immerwährend das Gefühl, als wenn Dir irgend etwas sehr angenehmes passiert wäre. Ich hoffe doch jetzt zuversichtlich, daß ich in nicht allzu ferner Zeit zum Telephon gerufen werde und dann wirst's Du, Du sein, unerwartet kann ich nicht sagen, denn ich erwarte Dich immerfort; ich denke auch schon die ganze Zeit nach, wo ich Dir den ersten Kuß geben soll, in der Maria Theresienstraße oder am Franz-Josefs-Kai wird doch das kaum möglich sein, und daß wir es bis nach Schönbrunn oder in den Prater aushalten können, glaube ich nicht und stelle es mir ganz unmöglich vor. Bitte denke auch nach, Du bist doch viel gescheiter, vielleicht fällt Dir etwas ein. Hoffentlich wird dieses Problem bald aktuell, das wünsche ich Dir und mir, Viele 1000 Küsse von Deiner Esti.

(32) 19. Mai 1919
Mein liebster Martin,
Heute endlich habe ich nach langer Zeit wieder Nachricht von Dir, Deine Karte von Ostersonntag. Hoffentlich hast Du inzwischen von mir öfter Post bekommen, denn daß ich Dir viel schreibe, glaubst Du mir wohl, da das für mich jetzt das größte Vergnügen ist, welches ich kenne. Du mußt mich aber nicht bedauern, ich bin trotzdem nicht arm, das an Dich schreiben können, kann auch schon sehr reich machen. In Wien will es heuer nicht richtig warm werden, ich trage im Wonnemonat Mai noch das Winterkostüm, ich habe mich allerdings endlich entschlossen, mir einen neuen Hut zu kaufen, zur Abwechslung einen ganz kleinen knallroten, der den großen Vorteil besaß, sehr billig zu sein, aber dafür scheint er sehr aufzufallen, da ich alle 5 Minuten auf der Gasse angesprochen werde, wenn ich ihn trage. Mit Deinem Bruder Olly mache ich jetzt ziemlich regelmäßig Sonntags Ausflüge, ihm macht es Spaß, wie die Leute immer versuchen, mit mir anzubandeln, er sagte mir gestern, ich habe direkt etwas aufreizendes, mir ist so wenig aufreizend zu Mute; er macht mir aber gar nicht den Hof, ist sehr nett und anständig und glaube ich, mag mich recht gern. Er ist ganz komisch, wenn ich es nicht an der Kleidung merken würde, ich habe ganz das Gefühl verloren, ob ich es mit einem Mann oder einer Frau zu tun habe, ich merke es nur noch insofern, als Männer leichter herumzukriegen sind.
    Martin, Du, mein lieber Martin, ich sehne mich so nach einem lieben zärtlichen Wort von Dir, Du wann wirst Du zurückkommen, darf ich an

das Schicksal die unbescheidene Bitte richten, Dich bald wieder bei mir, mit mir zu haben!
Sei bis dahin aufs innigste gegrüßt
und geküßt von Deiner Esti

(33) 22. Mai 1919

Mein Martin,
ich muß immer über die Anrede nachdenken, die deutsche Sprache ist mir zu arm; lieber, liebster kommt mir manchmal zu wenig vor, ich möchte mit Dir reden, Dir es sagen können, so ganz weich, innig und zärtlich; mein lieber, lieber Martin! Hörst Du mich, siehst Du mich?!
Es ist abend, mein Geburtstag am Ende und ich will Dir erzählen, was ich bekommen habe; Dein Glückwunsch ist überaus pünktlich vorgestern bereits angekommen, ich danke Dir dafür, ich wäre sehr traurig gewesen, wenn Du vergessen hättest. Von den Eltern habe ich 1000 K zur freien Verfügung bekommen, aber ich werde mir jetzt wirklich nichts kaufen, ein andermal, später bis ich etwas vernünftiges weiß, außerdem von Mutter Handschuhe und Seidenstrümpfe, von Marianne *des deutschen Spielers Wunderhorn* von Meyrink, von Lily ein sehr schönes in Leder gebundenes Heft zum hineinschreiben, aber ich brauch so was gar nicht, da ich mit Tagebüchern, Gedichtheften u. s. w. sehr reichlich versehen bin, von meiner kleinen Freundin Trude Chinesischer, d. h. Japanischer Frühling und last not least von Deinem Bruder unsere gemeinsamen Ausflugsphotographien und zwei sehr schöne Vergrößerungen, ich finde das sehr nett und aufmerksam; er wußte es daher, denn er forderte mich vor einigen Tagen auf, mit ihm, Annerl und meinen Schwestern in eine Loge zu Tristan zu gehen, ich lehnte ab mit der Begründung, ich hätte Geburtstag; aber erstens halten meine Nerven jetzt Tristan bestimmt nicht aus, dann will ich es das nächstemal mit Dir zusammen hören, und zweitens weiß ich ganz genau, daß wenn ich mit Deinem Bruder gemeinsam in eine Loge in die Oper gehe, insbesonders da ich doch öfter mit ihm Ausflüge mache, am nächsten Tag in der Wiener Tratschgesellschaft als mit ihm verlobt gelte. ...

(35) Talkof, Pfingstmontag 1919

Mein Martin,
ich bin seit Freitag abend hier und freue mich des Lebens. Heute bin ich wieder, sauber ordentlich angekleidet mit hübschen leichten Pantöffelchen an den Füßen, die man so selbstverständlich abstreift, bis jetzt 5 h Nachmittags in einer Wiese gelegen, vor mich hingeträumt, meine müden schmerzhaften Glieder gestreckt, mich an der Sonne gefreut, am

Leben, daran, daß ich so gesund und kräftig bin, zur vollendeten Glücklichkeit hat mir nur gefehlt, daß du mir von Zeit zu Zeit einen Kuß gibst. Jetzt muß ich Dir aber erzählen, wovon ich wunde Füße habe und was mir ein Recht gibt, so zu faulenzen. Samstag war ich allein mit einem 14jährigen Jungen am Schneeberg (Vater hat mir Baumgartnerhaus erlaubt) Aufbruch 10 h morgens bei argem Nebel, durch die Eng zum Bannsteig, dann Emmysteig, Damböckhütte, Hotel Hochschneeberg, zurück über den Krummbachgraben, Kaiserbrunn um 8 h waren wir zu hause, ich bin sehr gut gegangen, am nächsten Tag Aufbruch 5 h Morgens, Weichtal, Alpenvereinsteig Otterschutzhaus (Du kennst doch alle diese Wege nicht?) zurück über Seehütte, Holzknechtsteig, Edeloch, 9 h abends zu hause. Es hatte die ganze Nacht gegossen, hat aber bei unserem Aufbruch aufgehört zu regnen, nachher hat sich's beinahe ganz aufgeheitert. Anfangs lag mir der Tag vorher in den Gliedern, beim Leitersteigen und stellenweise klettern habe ich gar nichts mehr gespürt, ich war sehr sicher, ganz schwindelfrei und furchtlos, und ich glaube sogar geschickt, ich hoffe, daß wenn Du mich trainieren wirst, Freude an mir haben wirst, das unangenehmste war nur, wie wir unter einem Wasserfall warten mußten, bis eine Gesellschaft vor uns ein Stück hinaufgeklettert war, die schrecklich lang gebraucht haben, ich bin ganz geduscht worden, die vor uns hatten so Angst, haben geächzt und gestöhnt, wir haben sie dann gebeten, daß sie uns vorlassen, wo's möglich ist. Ich war wieder mit meinem kleinen Vetter und dem Rudy Boyko, wir haben Dir auch eine Karte geschickt; am Heimweg habe ich ein gewaltiges Ziehen oberhalb der Knie gespürt, bin daher ziemlich langsam bergab gegangen, und war auch recht müde dann am Abend, ich glaube da ich doch gänzlich untrainiert war, seit zwei Jahren keinen halbwegs anständigen Berg bestiegen, waren die zwei Tauern hintereinander ein wenig zu viel.

Morgen abend geht's wieder leider nach Wien. Ich hoffe, daß eine graue Karte für mich bereit liegt. Wenn nur schon eine käme, die mir Dein Kommen ankündigt, darf ich Dich von der Bahn abholen. Du, wie wird es sein, wenn wir wieder Aug in Aug sehen werden, uns an den Händen halten können.

Es ist mir manchmal wie ein Traum, der viel zu unwahrscheinlich schön wäre … sich lieb haben lassen, das ist so weich, so warm und Du bist ein Prinz, ein richtiger Märchenprinz.

Deine Esti

(36) 18. Juni 1919

Martin, mein lieber, lieber Junge,
Du wirst jetzt bald nach hause kommen, damit du nicht allzu sehr erstaunt bist, muß ich Dir doch einmal erzählen, wie es eigentlich in unserer P. K. Republik aussieht und dem »Wasserkopf« Wien. Seit Deinem letzten Hiersein sind wirklich grundlegende Veränderungen eingetreten, denk Dir nur, die Postkasteln sind sogar grau angestrichen! Um in der Tramway zu fahren, muß man schon beinahe ein Multimillionär sein, meine bescheidenen Taschengeldverhältnisse erlauben mir dieses »Vergnügen« nur sehr selten, es kostet nämlich jetzt eine Fahrt 60 K. Das allzuhäufige Spazierengehen ist allerdings auch nicht anzuraten, denn infolge unserer Rückständigkeit sind ja die Wiener Straßen noch immer nichts als Schützengräber mit Kugel sichern Unterständen gebaut. Ich würde diese kleineren Unannehmlichkeiten gern ertragen, aber das ärgert mich, daß die Stadtbahn nicht verkehrt wegen unserer beabsichtigten Schönbrunnerreise und das ein Gefrorenes 4 K kostet, ist das nicht ein Jammer 4 K ein gemischtes Eis!
Graben und Kärtnerstraße sind unverändert geblieben, außer daß man in den Auslagen bereits entzückende Schühchen in allen Nuancen in Zusammenstellungen von 200 K aufwärts bewundern kann; doch Dich werden wahrscheinlich die Frauen, die sie tragen, mehr interessieren, das sind auch ungefähr dieselben geblieben, hübsch und elegant wie immer, manche, die reiferen Jahrgänge legen ein wenig mehr Farbe auf, weißt Du – so ähnlich wie die Bäume die Jahresringe – und einige junge Mädchen führen ihre heurigen Bräutigamme triumphierend spazieren, nachdem der befriedigte Papa in der N. F. Pr. (Neuen Freien Presse) unter den Hof und Personalnachrichten, die Welt davon in Kenntnis gesetzt hat, daß sein Frl. Tochter einen Abnehmer gefunden hat.
Die Männer haben sich dagegen sehr verändert, erstens gibt's von dieser specie jetzt sehr viel, wo man hinschaut sind Männer, 2tens tragen sie keine Uniform mehr, nämlich die alte österreichische Uniform, die Wiener gehen in Civil, bei den andern kennt man sich nicht mehr aus, einer trägt Streifen an den Hosen, der andere am Ärmel, der dritte am Kopf, das sind die Unterschiede zwischen den Nationen, die Bestandteile der gewesenen Monarchie. Die paar Leute, die überhaupt noch deutsch reden, das sind mir heute gute Bekannte ... richtig, etwas hätte ich beinahe vergessen. Automobile gibt's auf den Straßen, und wenn man sehr acht gibt, kann man sogar überfahren werden. Tiritiri tuten die italienischen, die andern fremdländischen Militärmissionen sind weniger individuell in ihren Tutensignalen sonst schon, ich betreibe neuestens Rassenstudien – die Engländer Riesenkerle, blond, abgebrannt

mit einem smarten gentlemanlike brutalen Ausdruck im Gesicht sehen über alle Frauen glatt hinweg, die Franzosen hier, klein, zierlich, schmalhüftig, Filigranmänner immer in zweifelhafter, weiblicher Gesellschaft, die Italiener, breite, kräftige, gedrungene Gestalten, bei denen ich sehr viel Glück habe, ich bekomme im Vorbeigehn immer sehr feurige Blicke zugeworfen.Neulich war ich mit den Eltern im Stadtpark nachtmahlen, es war eine richtige schöne, warme Sommernacht, wenn schon nicht zum Küssen, so doch wenigstens zum flirten geschaffen, aber da ich alle meine heurigen schüchternen Verehreransätze im Laufe dieses Winters nach und nach an meine Schwestern abgegeben habe, war ich sehr brav mutterseelenallein mit nicht einmal zum kokettieren jemanden in der Nähe, ein Zustand, der vielleicht sehr wohlerzogen und sittsam aber äußerst unamüsant, auf Deutsch gesagt langweilig ist. Vorher war ich mit einer sehr hübschen, mit mir gleichaltriger junger Frau zusammen, die ich schon als Mädchen gekannt habe, Mutter von sehr herzigen 6 Monate alten Zwillingen: ihr Mann läßt sie nach nicht ganz 2jähriger Ehe allein mit 6 Herren der Lebensmännerwelt dort nachtmahlen ... ...! Martin, soll ich Dir noch Tratsch erzählen?

Ich denk Du wirst über meinen Brief lachen, es ist doch ganz gut mal zur Abwechslung etwas anderes von mir, nicht? Wenn Du wüßtest wie wenig lächerlich mir zu Mute ist, Deine letzte Nachricht ist vom 11. Mai ...!

In herzlicher Zuneigung und innigen Gedanken
Deine Esti.

(39) Juli 1919

Mein viellieber Martin,
Tausend Dank für Deine Karten vom 1., 8., und 15. Juni, ich vermisse darin nur die Bestätigung meines Telegrammes vom 15. Mai; hast Du es nicht erhalten? Ich habe Dir im Juni auch gedrahtet und werde es im Juli hoffentlich zum letzten Mal wieder tun.

Vorgestern Sonntag war ich auf der Rax, denke Dir ganz allein mit meiner kleinen Freundin Trude, die Eltern glaubten es wäre noch ein Bruder mit. Samstag sind wir über die Teufelsbadstube hinauf, und wurden aber von einem derartigen Gewitter mit Hagel überrascht wie ich es noch nie erlebt habe, es war sehr unheimlich, die Versicherungen waren sehr glitschig, das Wasser floß uns entgegen, und auf den Leitern bekamen wir wenn es blitzte elektrische Schläge, die Hagelkörner waren Haselnuß groß und taten tüchtig weh, zeitweise krochen wir unter Felsen, aber dann hatte ich Angst in Nacht und Nebel hineinzukommen und mich auf dem Plateau zu verirren. Es war aber trotzdem sehr schön und romantisch, und wir haben konstatiert, daß wir eigentlich fesche

Mädchen wären. Du, aber wir waren naß wie aus einem Teich gestiegen. Am nächsten Tag war's herrlich, sind um 6 h aufgebrochen, bei leuchtendem Sonnenschein, über die Scheibwaldhöhen zum Habsburghaus, Ludwigshaus, Reißtalersteig, hinunter in die Prein, mit dem 7 h Zug nach hause. Ich war natürlich die Führerin, habe meine Freundin, die noch nie auf einem hohen Berg war, die Hand gereicht beim Leiter steigen, und den Stock getragen, Fahrkarten besorgt u. s. w. kurz und gut, Herr gespielt, Du, mir war dann so einsam; im Zug dann waren alle Paarweise, es haben mir zwar trotzdem alle Herren meiner und der gegenüberliegenden Bankreihe ein wenig den Hof gemacht, so daß ihre Begleiterinnen ganz böse wurden, aber es war gewiß nur aus Mitleid, weil ich so ganz allein war, meine Freundin hat in einem andern Abteil Platz gefunden. Ich könnte mir ja auch junge Leute mitnehmen, aber die Vertraulichkeit, die sich trotz größter Reserviertheit meiner Seite bei einem mehrtägigen so intensiven Zusammensein wie bei einer Tour entwickelt, kann mir nicht Recht sein und würde Dich kränken. Ich will jetzt mit meinem nächsten Raxausflug auf Dich warten, wir schieben dann auch jemanden vor und gehen ganz allein, willst Du?

Ich freue mich, daß Du gute Lektüre hast, ich kenne von Tolstoi nur Anna Karenina, Das Licht scheint in der Finsternis, Der Lebende Leichnam und die Kreuzersonate. Letztgenanntes Buch habe ich einmal sehr gern gehabt, jetzt mag ich es gar nicht mehr. In den letzten Tagen war ich ziemlich fleißig, viel genäht, der Köchin beim Obst einkochen geholfen und was derlei Beschäftigungen des täglichen Lebens mehr sind. Neulich hat mich eine Freundin eingeladen, um mir einen vielleicht zukünftigen Bräutigam anzuschauen, von meinem Urteil hängt es ab, ob sie seine Bewerbung weiter gestatten soll. Ein Ideal Zustand ist es grad nicht, wenn man jemanden erst fragen muß, ich finde ihn aber gar nicht so arg und rede ihr zu.

Martin, ich habe mir den ganzen Hut voll mit Enzian besteckt mitgebracht, weißt Du, den schönen tiefblauen Glocken Enzian, die schönste Blüte schicke ich Dir als Gruß von Deinen geliebten Bergen, sie war wundervoll und wenn es nicht für Dich wäre, hätte ich nie das Herz gehabt, sie in einem Buch zu pressen; vielleicht kommt sie ganz an.

Martin, Liebster ich schreibe Dir genau so fleißig wie bisher, ich habe Dich so lieb wie ein Weib nur einen Mann lieben kann und wünsche mir von allen Herrlichkeiten der Erde nichts als Dich recht bald gesund daheim zu wissen, damit ich Dir meine anderen nicht sehr bescheidenen Wünsche persönlich mitteilen kann. – Du bist nicht böse, wenn ich manchmal schlechte Witze mache, gell nein!

Denke stets an Deine Esti.

(41) 14. Juli 1919

Mein Martin,

Heute habe ich Deine Karte vom 22. Juni bekommen; ich bin sehr froh, daß Du wenigstens ordentlich Nachricht von mir erhältst. Ich möchte nur auch, daß Du damit zufrieden bist und Freude hast, ich würde meine Briefe gerne noch inniger und liebevoller gestalten, aber der Gedanke, daß sie doch einige Unberufene lesen und irgend etwas, was in mir ist, hält mich davon ab mein wahrestes, zärtlichstes Gedenken niederzuschreiben, Liebster: »ich bin kein Dichter« hast Du einmal gesagt, mir geht es gerade so.

Martin, Du ich habe sehr viel Hoffnung und sehr viel Vertrauen und viel Mut; erstens habe ich ein unbändiges Selbstvertrauen, und zweitens oder vielmehr erstens ein noch größeres Vertrauen zu Dir, Du mußt es haben, ich glaube, das ist der halbe Weg zum Erfolg.

Manchmal an ganz traurigen schlechten Tagen bilde ich mir ein, Du hast mich nicht mehr so lieb, dann nehme ich zum Trost Deine alten Briefe und lese sie immer und immer wieder, ich habe sogar meinen Lieblingsbrief vom 23. September: »Mein liebstes, großes wunderschönes Mädchen«! dieser Brief ist der schönste, da bist Du so wie ich Dich haben will; weißt Du es ist der, wo Du mir von Deinem großen Erfolg beim Divisionsgericht erzählst. Ich habe in letzter Zeit nicht sehr viel gelesen und davon hat beinahe nichts tieferen Eindruck auf mich gemacht. Wassermanns neuer Roman: Christian Wahnschaffe, einige französische Romane, Balzac, Maupassant, jetzt Peter Altenberg; magst Du Peter Altenberg? Ich finde er ist ein sehr feiner Beobachter, ein richtig scharf sezierend denkender Mensch, glänzender Stylist aber kein Dichter. – Ich habe mir jetzt einen Dichter entdeckt Cäsar Flaischlein, ich werde Dir in meinem nächsten Brief eine schöne Stelle von ihm abschreiben. Weißt Du, daß er vor nicht langer Zeit gestorben ist. Es sind überhaupt einige berühmte Leute gestorben: Gustav Klimbt (mit b oder p?) Geheimrat Denssen.

Habe ich Dir geschrieben, daß es in Wien einen neuen schönen Park gibt, der ehemalige Kaisergarten bei der Hofburg wurde jetzt allgemein zugänglich, dann gibt's ein neues Theater, das Schönbrunner-Schloßtheater, gespielt wird von Burgtheaterschauspielern; der jetzige Burgdirektor ist Albert Heine.

Nicht wahr, das ist Dir alles ganz gleichgültig, aber gestern hat mir irgend ein junger Dichter ein 5 aktiges Trauer oder Lustspiel zum lesen geschickt, könntest Du mir das nicht abnehmen, Du hast doch jetzt gar nichts zu tun! Bedauerst Du mich sehr, sag Martin?! Ja richtig, heute vormittag war ich beim Knepler und habe mir für einen Abend im Monat Jänner oder Februar den kleinen Konzerthaus oder Musikvereinsaal gemietet. Ich muß das schon einmal tun, ich drücke mich schon das 3tte Jahr herum, weißt Du damit ich den Saal vollkriege, mußt Du Deine sämtlichen Freunde hineinschicken, bist Du sehr entzückt? Ich mache eigentlich gar nichts, wozu auch, nur gerade was unbedingt nötig ist und um nicht den Anschein von allzu großer Faulheit zu erwecken. Mir muß alles was ich tue Freude machen, und das kann es nur, wenn es in irgend einem Zusammenhang mit Dir steht. Weißt Du, was mir momentan Spaß macht, mich von den Menschen lieben zu lassen, Du ich kann das sehr gut, wenn ich will müssen mich alle gern haben, auch Frauen und Mädchen; nur einmal weiß ich ist es mir gar nicht gelungen, und dieses einmal kränkt mich.

In den nächsten Tagen werde ich Dir wieder telegraphieren, hoffentlich das letzte Mal. Wenn Du mich nach Puchenstuben besuchen kommen kannst, so schreibe mir mit welchem Zug Du ankommst, ich gehe Dir dann bis Lannbach-Mühle entgegen.

Liebster, liebster Martin ich habe Dich doch so unwahrscheinlich lieb, küsse mich bis ich »aufhöre« sage

Deine Esti

(42) 17. Juli 1919

Mein liebster, liebster Martin,

Martin, heut bin ich hoffnungslos traurig, die Zeitungen bringen immer immer wieder das Verschieben des Friedens, alles alles gegen uns ... Wozu, wozu das alles, ich kann die Notwendigkeit von all dem nicht einsehen. Muß man leben? Ich bin von meiner Zwecklosigkeit ganz überzeugt. Das einzige was mir in meinen Augen Lebensberechtigung gibt ist Du. Aber vielleicht ist das auch gar nicht wahr; wozu brauchst Du mich; mit Dir gut sein, mich für Dich sorgen, das können vielleicht andere viel besser. Ich habe Zutrauen zu mir, aber wirst Du mich doch nicht als Hindernis, als Ballast empfinden.

Martin verzeihe, daß ich Dir all das schreibe, aber wenn ich Dir schreibe, in diesem ganz engen Seelenkontakt mit Dir bin, kommt wieder Zuversicht und Freude zu mir. Du, Liebster ich glaube meine Briefe werden Dich langweilen, schreib ich nicht immer und immer dasselbe, mich quält diese einseitige Korrespondenz, ich muß mir doch stets denken was würdest Du antworten. Ich kann überhaupt gar nichts tun ohne es in irgend einen Zusammenhang mit Dir zu bringen. Würde es Dir recht sein, wenn ich dorthin gehe, dieses Buch lese, dieses Kleid anziehe – übrigens neulich habe ich auf Wunsch der Mutter ein hellblaues

Sommerkleid angezogen, in welchem ich Dir einmal nicht gefallen habe, der Nachmittag war verdorben, ist das nicht kindisch.
Der Mann hat eine Liebe – die Welt!
Die Frau hat eine Welt – die Liebe!
habe ich eben früher bei P. Altenberg gelesen. Wie richtig ist der zweite Satz in diesem Aphorismus. Seit ich Dich liebe bist Du meine Welt. Ich schäme mich vor Dir – früher – und jetzt. Ich habe noch nie geliebt, ich war vielleicht einmal verliebt aber nie so, daß mein Denken, mein ... mein Handeln irgendwie beeinträchtigt hätte und jetzt könnte man mir diese ganze, bunte, schöne Gotteswelt wegnehmen und mich in ein finsteres Loch stecken, ich würde es kaum merken, denn meine Gedanken sind bei Dir.

Martin, Herzliebster, darf ich Dir alles sagen. Wir haben uns jetzt 10 Monate nicht gesehen, aber die lange Trennung hat wie es eigentlich wahrscheinlich wäre gar keine Entfremdung bei mir hervorgerufen, vielleicht die allererste Zeit ein wenig aber jetzt bist Du mir näher denn je, und mir ist es so bang, so bang und wenn Du kommen wirst werde ich gewiß ein dummes Gesicht machen und mich nicht trauen, Dir ordentlich einen Kuß zu geben.

Hat denn meine Liebe, meine Sehnsucht, mein Wunsch aller Wünsche so gar keine Kraft, Dich endlich wieder zu mir zu rufen.

Ich bleibe stets Deine Esti

In meinem letzten Brief habe ich Klimt sehr sehr unrichtig geschrieben lache mich nur ruhig aus.

(Ende der Briefe in die Gefangenschaft)

Im Sommer 1919, als die Familie in einem Gasthaus in Puchenstuben weilte, erreichte mich ein Telegramm, aus dem ich erfuhr, Martin sei in Wien angekommen und würde zu mir eilen, noch ehe er seine Eltern besucht hatte, die den Sommer in der Tatra verbrachten.

Expressbrief, Dr. Martin Freud, Berggasse 19 (43)
                              Puchenstuben, Hotel Burger 7. Juli 1919
Mein Martin, Du Lieber, Liebster,
vor ungefähr 1 St. um ½ 8 h habe ich Deine Depesche erhalten, Du bist da, endlich da, es ist mir wie ein Traum, ich kann's nicht glauben bin wie betäubt, ich habe solche Angst es hat sich jemand mit mir einen bösen

Scherz gemacht. Morgen früh werde ich Dich gleich anrufen, ich hoffe ich bekomme einen Brief noch von Dir.

Du, Du kommst her mich besuchen, ganz gewiß nicht wahr? Wenn's nicht anders geht so wenigstens über den Sonntag; es geht Samstag gegen 6 h in Wien vom Westbahnhof ein Zug ab, der gegen 10½h nachts hier ist, wir machen dann irgend einen Ausflug oder was Du willst; zu essen mußt Du nichts mitnehmen, Du bekommst hier sehr gut und viel billiger als in Wien. Bitte aber sehr warme Kleidung denn hier ist es sehr rauh und Du kommst aus wärmeren Gegenden. Wirst Du diesen Samstag noch kommen? Sollte ich Dich telephonisch nicht erreichen so bitte drahte mir oder schreibe wann ich Dich erwarten darf.

Martin, Du ich kann nicht mehr schreiben, mein Kopf ist ganz wüßt und meine Hand zittert. Ich begrüße Dich aufs herzlichste zu Hause und wünsche Dir eine schöne, wunderschöne Zeit, Ich liebe Dich und sehne mich nach Dir, bin so sehr froh über Deine Heimkehr, küsse Dich viele, viele male und kann das Wiedersehen und Deinen Besuch nicht erwarten.

Deine Esti.

Es folgt ein Zettel mit Zeichnungen auf der Rückseite, der Martin wohl in seinem Zimmer erwartete.

Liebster Martin,
Bitte entschuldige daß ich Dich nicht begrüße, ich wäre ja so gern mindestens bis L.Bachmühle Dir entgegen gekommen aber angeblich schickt es sich nicht, die Leute könnten reden u. s. w. und so muß ich schlafen gehen. Bitte sei nicht böse daß ich Spuren in Deinem Zimmer zurückgelassen, Kasten u. s. w. stehen Dir natürlich zur Verfügung.

Schlafe Dich nur morgens ohne Rücksicht auf mich gut aus, und sei vielmals umarmt und geküßt von Deiner Esti.

Ich bin so glücklich wieder mit Dir zusammen sein zu können. Pardon den Zettel!

SOPHIES TAGEBUCH

Sylvester 1941

Während Mutter in Marseille war, habe ich heimlich die Briefe, die sie im Jahre 1918–19 als Verlobte und ein bißchen vorher Vater geschrieben hat, gelesen. Vor allem während seiner 9 monatlichen Gefangenschaft in Italien. Sie spricht darüber nie. Es sind die reizendsten Liebesbriefe, die ich jeh gelesen habe. Sie muß sehr sympatisch gewesen sein. Es spricht so viel Liebe, Jugend, aus ihren Briefen, man kann sich so ein gutes Bild von ihrem damaligen Leben machen. Sogar ein großer ernster Jawortbrief ist dabei. Sie muß ihn rasend geliebt haben. Wie hat er sie dann nur so schnöde verlassen können. Das macht die ganze Heirat recht schwarz. Überall hört man immer über den schlechten Ausgang der Ehen und überhaupt und es ist nur ein Wunder, mit wie vielen Illusionen jedes junge Mädchen und ich wahrscheinlich auch, sich verheiratet.

Nach 65 Jahren bewegt mich diese verhängnisvolle Liebe und Hoffnung noch immer, aber inzwischen, als alte Frau, lassen mich die dramatischen Emotionen doch zurückschrecken.

Wir können nur hoffen, dass mein Vater auch Liebe empfand, auf jeden Fall empfand er genügend Liebe, um meine Mutter zu heiraten. Seine Schwester Mathilde (Tilde in Mutters Briefen), so sagte mein Bruder, riet ihm von der Heirat ab, und er soll gesagt haben »Es ist zu spät«. Hatte er schon damals Zweifel? Aber dieselbe Tante Mathilde erzählte mir einmal, als sie schon recht alt war, dass mein Vater niemals irgend jemanden geliebt hätte, weder seine Mutter noch seine Schwestern, noch seine Frau, vielleicht sogar nicht einmal seine Kinder.

Diese zwei Menschen kannten sich kaum – sie waren sich schließlich nur flüchtig begegnet. Dann kamen der Krieg und die Trennung. Manchmal spürt sie, dass sie den Prinzen vielleicht nur erfunden hat und dass sie ihn kaum kennt.

Ihr übergroßes Gefühl macht sie unsicher. Deshalb erinnert sie ihren Bräutigam an Verehrer, von denen sie umgeben ist. Er soll wissen, wie begehrt sie ist – keine schlechte Strategie. Aber daraus spricht auch eine große Unsicherheit, die sie ihr Leben lang nicht verlassen hat. Aus diesem Grund war sie wohl immer darauf aus, bewundert zu werden.

Die Liebe und das Bangen, Sehnen und Sorgen sind sicherlich echt und auch sehr überzeugend ausgedrückt, aber ob ein Leben ohne IHN wirklich sinnlos gewesen wäre, bezweifle ich. Zu viel

Lustiges weiß sie vom Tanzen, von Verehrern, von einem roten Hut oder Vorlesungen und Ausflügen zu berichten. Obwohl ich weiß, dass Mutter an Depressionen gelitten hat, erscheint sie mir in diesen Briefen doch eher lebensfroh.

Aber mit dem Wissen über den unglücklichen Verlauf der Ehe wird die Tragik dieser Beziehung schon in diesen Briefen deutlich, weil Martin, wie sie es noch auf dem Sterbebett sagte, ihre große Liebe war. Sie war es aber nicht für ihn.

VIERTER TEIL · EHEJAHRE

1
Glück und Leid

Im September 1919 feierten Martin und ich offiziell Verlobung. Eine Tasse von Mutters bestem Porzellanservice wurde für »Mazeltow« (Glück) zerbrochen. Mein Vater mobilisierte alle seine Freunde und Verbindungen, um für Martin eine Anstellung zu finden. Einer davon, Herr Markus, der Direktor des Wiener Bankenvereins, empfahl Martin die Emigration in die Vereinigten Staaten. Vater war wütend über diesen Ratschlag, rückblickend jedoch war es keine schlechte Idee. Schließlich fand Martin einen Job als Angestellter in einer neugegründeten Bank.

Wohnungen waren knapp in der Nachkriegszeit. Wir fanden eine Dreizimmerwohnung im zweiten Stock des Gebäudes, in dem meine Eltern wohnten. Mein Vater versprach, die Miete zu übernehmen, und die Hochzeit wurde für den 7. Dezember anberaumt, an Martins 30. Geburtstag.

Wir haben zwei denkwürdige Geburtstage in unserer Familie, den 7. Dezember, den Tag von Pearl Harbor und den Geburtstag meines Vaters, der zugleich der Hochzeitstag meiner Eltern war, sowie meinen eigenen Geburtstag, den 6. August, den Tag von Hiroshima. Wenn wir mit unseren Brutalitäten fortfahren, wird bald über jedem Tag des Jahres und folglich über jedem Geburtstag ein riesiger historischer Schatten hängen.

Aber nicht wegen des Tages von Pearl Harbor werde ich unruhig, wenn sich der 7. Dezember nähert. An dem Tag erwartete Mutter von ihrem Mann, auch noch als er sich von ihr abgewendet hatte, dass er ihr so viele rote Rosen schickte wie sie Ehejahre miteinander verbracht hatten. Würde Vater sich daran erinnern, ihr rechtzeitig die Blumen zu schicken, würde Mutter mit deren Frische und Eleganz einverstanden sein, würde Vater sich an die richtige Zahl Rosen erinnern? Es war eindeutig ein Tag voller Ängste.

Walters »Ernestine«

Mutter wurde im Mai 1896 geboren, aber sie gab sich zwei oder drei Jahre jünger aus. Sie heiratete 1919, als sie also 23 Jahre alt war. Sie hatte Glück, überhaupt einen Gatten zu finden, wenn man bedenkt, daß von 7.8 Millionen österreichischen Soldaten 1.2 Millionen im Krieg umgekommen waren und weitere 3.6 Millionen verwundet oder verkrüppelt wurden. Ihre Schwägerin, meine Tante Anna, Vaters jüngste Schwester, hatte nicht so viel Glück. Hätte Esti sich nicht verheiratet, dann hätten ihre zwei jüngeren Schwestern auch nicht heiraten können, weil in jüdischen Familien eine jüngere Schwester sich nicht vor ihrer älteren Schwester verheiraten darf. Estis Eltern waren ziemlich fromme Juden, im Gegensatz zu uns.

Der Grund, warum Tante Anna nicht geheiratet hat, waren nicht fehlende Anträge, sondern sie wollte bei ihrem geliebten Vater zu Hause bleiben. Und schließlich fand sie eine Frau, Dorothy Burlingham, mit der sie ihr Leben teilte.

Meine mütterlichen Großeltern waren nicht besonders fromm, aber sie feierten die jüdischen Feiertage. Die drei Schwestern hätten sich bestimmt verheiraten können, wann immer sie es gewollt hätten.

Ich erhielt eine Wohnzimmereinrichtung, die meinem an Leukämie gestorbenen Onkel gehört hatte, und nahm die Möbel meines eigenen Zimmers mit, denen ich zwei Messingbetten hinzufügte.

Ich erinnere mich gut an jene Betten mit dem goldglänzenden Messinggestell, da eines davon später mir gehörte. Die Betten haben nie nebeneinandergestanden, zumindest nicht in meiner

Erinnerung, sondern in einiger Entfernung voneinander Rücken an Rücken in diesem sehr großen Zimmer. Doch im Jahre 1920 freut sich Mutter noch darauf, mit ihrem Mann in einem Bett zu schlafen.

Es war sehr schwierig, Sachen zu bekommen, und man musste alles genau planen. In dem, was von Österreich übriggeblieben war – die deutsch sprechenden Provinzen –, herrschte eine schreckliche Inflation, und das Bargeld schmolz dahin wie Butter im warmen Herd.

Wir heirateten im Pazmanitentempel, der mit dem Geld meines Großvaters errichtet worden war. Am Nachmittag gab es zu Hause eine Teestunde, an der ausschließlich Familienmitglieder teilnahmen. Ich denke, dass sich meine Eltern für die Hochzeit ihrer ältesten Tochter mehr anstrengen hätten können, aber das war ihre Art, ihre Missbilligung auszudrücken.

Trotz gewisser Vorbehalte in beiden Familien – Mutter galt als ungenügend auf den Lebensstil der Freud-Familie vorbereitet, und Martin war keine gute Partie – war es insgesamt eine sehr passende Verbindung. Beide Familien waren assimilierte, gebildete Juden von hohem gesellschaftlichen Status, und das traurige Scheitern war nicht vorhersehbar. Ja, es hätte auch eine Verbindung werden können, in der sich die Eheleute arrangierten, ganz abgesehen von der Liebe, die meine Mutter ihrem Ehemann damals entgegenbrachte. Aber die Temperamente und Lebensvorstellungen waren zu verschieden, vor allem wohl auch die Erwartungen, mit denen meine Mutter die Ehe begann. Sie war eine blühende, kluge und selbstbewusste Frau, die nicht in diese Familie passte.

Unsere dreitägige Hochzeitsreise verbrachten wir in Baden bei Wien, einem Kurort etwa eine halbe Bahnstunde von Wien entfernt. Martin wollte die Kuratoriumssitzung der Bank, bei der er arbeitete, nicht verpassen.

Nach diesen drei Tagen begann mich die Realität des Alltags einzuholen. Zwei Betten mussten gemacht, altmodische Öfen angeheizt, der Einkauf erledigt und das Mittagessen bereitet werden. Noch heute ist überall in Österreich das Mittagessen die Hauptmahlzeit des Tages. Im Haushalt meiner Mutter gab es eine Köchin und zwei Dienstmädchen, ich war also überhaupt nicht an Hausarbeit gewöhnt. Ich erinnere mich, wie ich einmal mit einem zu heißen Bügeleisen ein großes Loch in die Hose meines Mannes brannte. Glücklicherweise konnte es unsichtbar repariert werden. Als Martin befördert wurde, stellte ich ein Dienstmädchen ein, um mir das Leben etwas zu erleichtern.

Zum Abendessen waren wir immer bei meinen Eltern eingeladen, doch leider nutzte meine Mutter diesen Anlass, um mir das Leben zu verleiden. Sie sah in mir keine Tochter, die vorübergehend ihrer Hilfe bedurfte, sondern vielmehr eine arme Verwandte, die man herablassend behandeln konnte. Martin berichtete seine Beobachtungen prompt seinen Eltern, was meine Wertschätzung in seiner Familie nicht gerade verbesserte.

Mathilde erzählte mir von der hervorragenden Heirat, die Martin hätte eingehen können, wenn er ihrem Rat gefolgt wäre und die Tochter eines ihrer Freunde gefreit hätte. Wie sich ein oder zwei Jahre später herausstellen sollte, musste der Vater dieses Mädchens Konkurs anmelden, und die Familie verarmte.

Dass man von mir erwartete, jeden Groschen dreimal umzudrehen, ehe ich ihn ausgab, deprimierte mich sehr. Als ich einmal etwas Wesentliches für den Haushalt kaufte und so mein monatliches Budget überzog, führte Martin eine tägliche Haushaltszuweisung ein, was ich als sehr entwürdigend empfand. »Es ist leicht, Geld auszugeben«, sagte er, »aber schwer, es zu verdienen.«

Ungefähr zu dieser Zeit begann Martin mit meinem Geld an der Börse zu spekulieren. Er verkaufte meine solide Investition, die Jud-Süd-Aktien, und kaufte wertlose Devisen. Die polnische Mark schrumpfte vor unseren Augen zu nichts. Ich wagte nicht, gegen Martins glücklose monetäre Vorstöße zu protestieren, bis es zu spät und von meinem Geld kaum mehr als ein Almosen übriggeblieben war.

Obwohl meine Mutter die abschätzige Behandlung von seiten der Familie ihres Mannes nie direkt anspricht, sucht sie noch als alte Frau nach Gründen und fragt sich, was schiefgelaufen war. Sie erinnert sich auch genau an die Worte, die bald ihr Eheglück verdüstern sollten, und an die Groschen, die dreimal umgedreht werden müssen, während ihr eigenes Geld erneut verschleudert wird, dieses Mal nicht von ihrem dummen Vater, sondern von ihrem leichtsinnigen Ehemann. Der Verlust ihres Geldes, der auch den Verlust von materieller Freiheit nach sich zog, verursachte eine unvergessene Bitterkeit. In der Korrespondenz mit ihrem Sohn kommt sie 30 und 40 Jahre später mehrmals darauf zurück.

Wie es eben passiert, wenn man jung und erst kurz verheiratet ist, wurde ich schwanger. Martin trug mir auf, es niemandem zu sagen, er aber sagte es Lampl. Lampl empfahl eine Abtreibung, weil wir uns kein Baby leisten konnten, und kannte auch einen entsprechenden Arzt. Ich, dumm, unerfahren und verliebt, willigte ein und beging das Verbrechen, mein erstes Kind abtreiben zu lassen. Wir sagten allen Eltern, wir wären im Osterurlaub. Bei meiner Rückkehr von diesem »Urlaub« sah ich nicht gut aus. Ich bekam plötzlich Fieber, und Vater schickte mich auf Erholungskur in die Berge.

Mutter hat über diese frühen Abtreibungen nie gesprochen. Ich habe erst durch ihre Autobiographie davon erfahren. Ihre Erholungskur scheint meine Mutter an demselben Ort verbracht zu haben, an dem sie nach ihrer Hochzeit mit Martin war.

5. Mai 1920

Mein liebster, einziger goldiger Mann,
Ich bin so glücklich mit Deinem Brief so glücklich, ich habe mich bereits sehr gekränkt denn 3 Tage habe ich nichts von Dir bekommen; und ich habe Dich doch so lieb, so schrecklich lieb.

Mein Unwohlsein war sehr stark und hat auch sehr lange gedauert, aber war ganz ohne Schmerzen. Gestern war ich in Mariazell und habe mir Eier gekauft und bin doch vielleicht zu viel gegangen denn heute habe ich wieder dieses dumpfe Gefühl auf der linken Seite. Heute ist's auch schrecklich kalt und es gießt und schneit nach Herzenslust. Ich glaube aber daß ich schon viel, viel besser ausschaue, und fühle mich auch viel frischer. Bei halbwegs möglichem Wetter liege ich gut zurecht auf der Terasse. Ich möchte meinen Aufenthalt sehr gern bis Donnerstag den 13. verlängern, denn ich möchte wirklich ganz gesund sein, wenn Du mich wiedersiehst. Nicht eine kranke zarte Frau, ich glaube, durch das viele Liegen wird auch mein Bauch ganz geheilt werden. Liebster, süßer Manni, glaub nicht, daß ich Dich weniger lieb habe und daß mir nicht bange ist, aber Du wirst gewiß eine viel größere Freud haben wenn Du mich schön gesund und blühend wiedersiehst. Ich möchte deshalb Donnerstag den 13. Mittag nach Wien kommen. Du kannst mich dann abholen, weil Feiertag ist. Wenn Du mit Deiner Wäsche nicht auskommst, so gib sie der Bedienerin. Sie kann Dir sehr gut auswaschen, alles, Sacktücher, Unterhosen, Strümpfe und Nachthemden. Die Putzwäsche soll sie Dir in die Putzerei tragen, Du mußt ihr nur sagen wohin. Dann soll sie Deine Matratzen klopfen, daß keine Wanzen hineinkommen (Seife ist in der rechten kleinen Lade, oder soll sie sich von der Mutter ausborgen).

Hier im Hotel habe ich mich mit 2 Mädchen angefreundet, die mich bereits sehr lieben, von der einen bekomme ich Milch. Ich habe Ihnen einmal vorgetragen und muß Ihnen immer erzählen wie es ist wenn man verheiratet ist …… Ich habe Deiner Mutter nach Hamburg einen Brief geschrieben. Heute drahte ich Papa zum Geburtstag. Eigentlich würde ich ganz gerne über Pfingsten hier bleiben, Du könntest dann wieder auf die Rax, aber Du würdest Dich wahrscheinlich kränken. Bitte liebstes Puxi, schicke mir gleich 1 kg 4 dkg Mehl, weil ich das hier abgeben muß, sonst geben sie mir keine Mehlspeise. Was der neue Pensionspreis ausmacht weiß ich noch nicht, über 100 K (?) wahrscheinlich. Wenn Du willst schicke mir auch ein Stückchen Butter, aber nicht viel; ich habe noch sehr viel von der ersten.

Sei vielmals geküßt, Du lieber, lieber Mann Du von Deiner Esti.

8. Mai 1920

Mein innigst geliebter Mann Du,
Ich kränke mich sehr, daß Du keinen Brief von mir bekommst und ich habe doch schon 4 geschrieben, daß Du ÄRGER hast, und schlecht aufgelegt bist. Weswegen hast Du Ärger, Liebster?

Heute habe ich die 500 K bekommen d. h. noch nicht, der Briefträger wollte mir 1000 K geben, ich sagte, ich hätte nicht zurück; warum soll ich einen vielleicht ungültigen 1000 K Schein nehmen! Hoffentlich komme ich mit dem Geld aus, viel dürfte mir nicht fehlen, sonst borge ich mir höchstens vom Hans Rager oder Burger etwas aus. Donnerstag Mittag holst Du mich von der Bahn ab. Liebster wie ich mich auf Dich freue. Ich bin bereits jetzt die blühendst aussehende Person im Hotel und manche Leute sind schon wochenlang da. Lieber Martin, Mariandel *[Tante Janne]* hat am 11. Geburtstag, frag sie, was Sie von mir haben möchte, oder bringe ihr irgend eine Kleinigkeit mit, Blumen z. B., damit sie sich nicht kränkt, das Hauptgeschenk kriegt sie erst bis ich zu Hause bin. Lasse die Bedienerin Donnerstag die Zimmer wieder in Ordnung bringen, die Betten u. s. w. Abends möchte ich gerne in die Berggasse gehen, es ist so wie so unser Tag.

Heute vormittag war's trüb und regnerisch aber jetzt kommt die Sonne heraus. Ich war aber trotzdem auf der Terasse.

Liebes Puxi, ich glaube ich bin beinah wieder so gesund wie Du mich geheiratet hast, gar nicht mehr nervös. Meine Wäsche bleibt ganz sauber, auch beim anspülen kommt gar nichts heraus, nur auf der linken Seite ist noch eine kleine Empfindlichkeit aber das vergeht sicher sehr bald, wenn ich mich noch eine Zeitlang schone.

Ich bin glücklich darüber.

Mein süßer, lieber Mann ich habe Dich so lieb, so lieb ich nur überhaupt kann, und mir fällt es gar nicht ein, Dir untreu zu werden, ich langweile mich auch gar nicht ein bißchen, es ist so schön hier, ich muß immer denken, was wir für schöne Tage hier miteinander verbracht haben. Mein Geliebter Du, ich schreibe Dir noch morgen d. h. Sonntag und Montag, dann komme ich selbst.

Ich freue mich auf das Wiedersehen auf Deine Küsse auf das Schlafen in einem Bett, auf Dich mit ganzer Seele, bis dahin, Deine Esti.

9. Mai 1920

Liebstes Wurschti,

Heute ist Dein Butter-Mehl Paket gekommen, vielen Dank. Schimpfst Du schon sehr auf mich, daß ich dich immer mit meinen Bestellungen belästige; die prompte Erledigung ist sehr lieb von Dir und freut mich sehr ... Warum schreibst Du mir eigentlich nicht ausführlicher, mich interessiert doch jede kleinste Kleinigkeit die Dich betrifft.

... Nachts träume ich immer von Dir.

... Jetzt brauche ich gar nichts mehr und freue mich nur so schrecklich auf das Wiedersehen. Ich sehne mich direct schon nach Volkswirtschafts-Vorträgen, Aktien-Kursen und bin sehr neugierig auf Deine Muskeln und auf die Schulterbreite, aber nicht wahr, Liebster, Du wirst nicht grantig sein, sonst bleibe ich über Pfingsten noch weg. Ich hoffe, daß ich niemanden meiner zahlreichen Familie vergessen habe, mit Ansichtskarten zu beglücken. ...

mit vielen sehr zärtlichen Küssen Deine Esti.

10. Mai 1920

Liebstes, liebstes Wurschty,
Heute habe ich zwei Briefe von Dir bekommen sehr, sehr liebe, ich bin ganz glücklich und strahlend damit; zuerst hatte ich mich ein ganz kleines bißchen gekränkt, weil Du Gestern mich nicht besucht hast, alle Ehemänner waren da, und es hätte Dir doch so gut geschmeckt, es sind so große Fleischportionen. ... ... Liebster, und Du hast mich in unserer Wohnung ganz für Dich allein, so schön, so schön, nicht!
   Sei viele male geküßt und küsse noch öfter wieder
Deine Esti

So viel Liebe, aber vielleicht wäre Mutter gerne noch etwas länger zur Erholung geblieben, da sie auch die Befürchtung äußert, ihr Liebling könnte nach ihrer Heimkehr grantig sein.

2
Junge Mutter

Sechs Monate später war ich wieder schwanger, und mein Sohn wurde am 3. April 1921 geboren. Meine Schwangerschaft war sehr unproblematisch, aber ich machte mir Sorgen wegen der Verunstaltung meines Körpers und ob ich nachher wieder normal aussehen würde. Mir war weder übel, noch hatte ich sonst irgendwelche Zustände, nur einen Heißhunger auf Fleisch, das in jenen frühen Nachkriegsjahren noch schwer zu bekommen war. Ich nahm stark zu, und es fiel mir schwer, mich im Liegen von einer Seite auf die andere zu drehen. Mein Schwangerschaftskleid wurde aus einem alten Kostüm genäht, und jemand aus der Freud-Familie meinte, ich sähe aus wie eine aufgepumpte Gouvernante, eine Bemerkung, die mir sehr naheging.
   Meine erste Niederkunft war hart. Nach 40 Stunden Wehen sagte der (von Lampl empfohlene) Geburtshelfer in meiner Anwesenheit »das Leben der Mutter geht vor«, und ich befürchtete schon eine Totgeburt. Man entschied sich für die Geburtszange.

Ich bekam eine Narkose, und als ich erwachte, präsentierte man mir einen Buben, dessen Kopf durch den Einsatz der Geburtszange eiförmig war und der einen Bärenhunger hatte. Meine Brüste waren prall mit Milch, und ich ließ ihn saugen und saugen und saugen. Damals hielt man es für angezeigt, die junge Mutter zehn Tage im Spital zu behalten. Ich musste das Zimmer mit einer reizenden Frau teilen, mit der ich mich gut verstand, aber der Besuch der Ehemänner störte die jeweils andere, und so durfte ich nach einer Woche nach Hause.

Ich hatte viel Milch und ließ das Baby zuviel trinken, was ihm nicht gut tat. Kurz nach meiner Rückkehr vom Spital verkündete meine Schwiegermutter, sie habe eine Kinderschwester eingestellt, da sie mich nicht für kompetent genug hielt, ein Kleinkind großzuziehen, und dass Papa-der-Professor ihren Lohn übernehmen würde. Die Kinderschwester war ein alter Drachen, die eben von einer reichen Familie entlassen worden war und sich nun murrend mit einem viel einfacheren Haushalt abfinden musste. Vor und nach jedem Stillen wurde das Baby gewogen, und es durfte nur eine bestimmte Menge trinken. Der Bub nahm zu und entwickelte sich normal.

Nach der Geburt des Babys bat ich den Kinderarzt Primarius Dr. Paul Moser, der sich von frühester Kindheit an um mich gekümmert hatte, meinen Sohn ärztlich zu versorgen. Doch »Papa« legte sein Veto ein. Freud mischte sich selten in die Erziehung meiner Kinder ein, doch gab er einmal einen Rat, musste dieser befolgt werden. Es fiel mir nie ein, mich nicht strikt an seine Regeln zu halten. Primarius Moser habe, so sagte man mir, einen Artikel veröffentlicht, in dem er behauptete, ein Serum gegen Scharlach entdeckt zu haben. Tests jedoch hätten ergeben, dass es wirkungslos war. Eines der schlimmsten Verbrechen in Freuds Augen war eine unfundierte wissenschaftliche Aussage. Eine solche unseriöse Person sollte seinen Enkel nicht betreuen dürfen. Empfohlen wurde Doktor Hans Abel, der sich als treuer und verlässlicher Arzt erwies und meine beiden Kinder gut betreute.

Kurz nach der Geburt meines Sohnes wechselte Martin seinen Arbeitsplatz. Auch diese neue Stelle behielt er nicht lange. An den Wochenenden griff er sein altes Hobby wieder auf, Wien für zwei Tage zu verlassen, um zu wandern oder in den Alpen zu klettern. Vor meiner Schwangerschaft hatte ich ihn begleitet, doch mit einem Baby, das alle sechs Stunden gestillt werden musste, war das nunmehr ausgeschlossen. Einmal entschieden er und seine Bergkameraden sich für eine schwierige Klettertour im Gesäuse. Er kehrte nicht wie geplant am Sonntagabend zurück, und ich war außer mir und wähnte ihn schon mit geborstenem Schädel in einer Bergschlucht. Ungeschoren traf er am Montagmorgen ein, als ich schon halb verrückt vor Sorge war. Er hatte den letzten Zug nach Wien verpasst. Mich anzurufen war ihm überhaupt nicht in den Sinn gekommen. Meine Kinderfrau war darüber sehr empört und prophezeite mir, dass meine Milch wegen der durchstandenen Angst verdorben sein und das Baby weinen würde.

Die Ferien in jenem Sommer verbrachte ich mit meinen Eltern und der jüngsten Schwester in den nördlichen Alpen, an einem Ort, den mein Vater entdeckt hatte. Meine Eltern und die Schwester blieben nicht lange, weil ihnen der Platz zu einsam war, ich jedoch wartete mit meinem Baby und der Kinderschwester, bis mein Mann eintraf. Dieses Mal begleitete ich ihn auf seinen Wanderungen, und bis zu meiner Rückkehr musste das Baby mit Kuhmilch vorliebnehmen.

Wien, 23. Juli 1921

Liebes Murri!

Die Milch,
habe ich Frau Kalhammer gegeben
welche sehr krank war,
ich glaube Nierenblutung
und überglücklich damit ist
Ich fahre nicht auf die Rax
weil es sich nicht dafürsteht
wo ich Montag schon wieder fortfahre
die Karten habe ich schon
Dritter Klasse,
Der selbe Zug mit dem Du gefahren bist
ich fahre bis Innsbruck, werde aber zum
Fenster hinausschauen
und wenn der Zug in Hall halten sollte,

Selbstverständlich in Hall aussteigen.
Ich war ungeheuer tätig,
Habe die Kultussteuer bezahlt,
Meinen Steuerbekurs geregelt
Die Vermögungsabgabe einbekannt
In der Treuga alle alten Sünden aufgearbeitet
Mama zum Geburtstag telegraphiert
Zu Hause ist es wunderschön ruhig
und sehr gemütlich
Nur mein Magen ist etwas heißlich
Ich hoffe dich also sehr bald wieder
Zu sehen und schon erholt und
Vergnügt anzutreffen.
Ich bleibe mit Küssen
Dein treuer Murrer
Vergiß nicht die Nagelschuhe einzuschmieren.

Bald hatte ich den Verdacht, dass ich erneut schwanger war. Ich ging zum Frauenarzt, der eine Eileiterschwangerschaft feststellte und mir mitteilte, ich würde vielleicht bald zu Tode bluten. Da ich mich so gut fühlte, glaubte ich Dr. Schiffmann nicht. Die Familie Freud bestand aber auf einem zweiten Gutachten, und ich wurde zu Professor Halban geschickt. Er diagnostizierte keine Eileiterschwangerschaft, empfahl aber trotzdem eine Abtreibung. Als folgsames mittelloses Kind legte ich mich erneut unters Messer.

Ich war 26, und es war Ende 1922. Martin wollte ausgehen und Sylvester feiern. Da ich mich noch schwach fühlte, versprach er, wir würden nur in irgendeinen Nachtklub gehen und uns das Programm ansehen. Am Ende des Abends hatte ich die ganze Ringstraße umrundet (vier Kilometer), weil mein Mann kein Lokal finden konnte, dessen Stimmung ihm zusagte. Am folgenden Morgen hatte ich über 40 Grad Fieber. Dr. Schiffmann war sehr beunruhigt. Gynäkologen schätzen es nicht, wenn ein Mitglied einer prominenten Familie als Folge einer legalen Abtreibung stirbt, da dies ihrem Ruf abträglich ist.

Nach diesem Vorfall beschloss ich, Martins unangemessenen Wünschen nicht mehr blindlings zu folgen und ein unabhängigeres Leben anzugehen. Ich hatte kein Geld, und meine Fähigkeiten waren beschränkt. Ich fühlte mich als finanzielle Belastung. Martin sprach häufig von einem Mädchen, für das er sich einmal interessiert hatte. Sie hatte eine Pulloverproduktion aufgezogen und verdiente gutes Geld mit dem Export von Strickwaren in die Vereinigten Staaten. Zufällig überarbeitete sich das arme Mädchen, erkrankte an Tuberkulose und starb bald darauf.

In jenen Tagen wäre ich nicht gern Mutters Feindin gewesen, wenn ich mir die schrecklichen Schicksale vor Augen führe, die alle ereilte. Erich Bruckner, der sich nicht für sie interessierte, hatte zwei unglückliche Ehen und beendete sein Leben in tiefer Armut. Der Vater des reichen Mädchens, das Tante Mathilde für Martin vorgesehen hatte, ging innerhalb von zwei Jahren bankrott. Ein weiteres reiches Mädchen, auf das Martin ein Auge geworfen hatte, überarbeitete sich und starb an Tuberkulose.

Mein einziges Talent war die Schauspielerei, der Vortrag von Gedichten und vielleicht noch das Erteilen von Sprechunterricht. Eine Tätigkeit als Schauspielerin stand nicht zur Debatte, denn als Anfängerin hätte ich im anspruchsvollen Wien kein Engagement gefunden, sondern hätte mich nach irgendeinem kleinen Stadttheater in Deutschland umsehen und meinen Sohn zurücklassen müssen. Der Vortrag von Gedichten war alles andere als lukrativ. Es blieb also nur der Sprechunterricht, aber ich war nicht bekannt genug, um Schüler zu finden.

Als mein Sohn, den wir Anton Walter nannten (Anton in Erinnerung an Anton von Freund, dessen Spende Freud die Einrichtung des Psychoanalytischen Verlags ermöglicht hatte), zwei Jahre alt war, entließ ich die Kinderschwester. Das Kind hatte den ganzen Winter über an Erkältungen gelitten, und Dr. Abels empfahl einen Urlaub am Meer. Ich entschied mich für Grado, einen Badeort am nördlichen Ende der Adria, den ich seit meiner Kindheit kannte.

Das Baby litt sehr unter der Trennung von seiner Kinderschwester. Es wimmerte ganze Nächte hindurch, rief ihren Namen, wurde sehr schwierig und verleidete mir das Leben. Wenn ich ihn am Strand zurückließ, um im Meer zu schwimmen, stellte Walter sich ans Ufer und brüllte sich so lange die Seele aus dem Leib, bis ich zurückgekehrt war.

Als ich mich einmal eine Weile mit einer Bekannten unterhielt und annahm, Walter sei mit dem Bauen von Sandburgen beschäftigt, war er plötzlich verschwunden. Ich lief den Strand entlang und rief seinen Namen, aber kein Walter antwortete. Ich alarmierte die Strandwächter und stellte mir schon vor, er sei ertrunken und ich die Schuldige. Jeder, der die Konstellation des Strandes von Grado kennt, weiß, dass Ertrinken – mit Ausnahme eines Kleinkindes, das kaum laufen kann – höchst unwahrscheinlich ist. Während ich verzweifelt weitersuchte, zeigte ein Bootsverleiher auf einen kleinen Jungen, der in einem der Bötchen entlang des Ufers saß und aufs Meer hinauspaddelte. Es war mein Sohn, der 27 Monate alte Junge, der das Boot vom Ufer in das seichte Wasser geschoben und zu paddeln begonnen hatte. Ich hätte mir keine Sorgen machen müssen, denn die Boote waren gut bewacht, und der Bootsverleiher hatte noch keinen Obulus für die Bootsbenützung erhalten. Ich musste Walter auch mit auf die Toilette nehmen, denn als ich es einmal nicht tat, kletterte er aufs Fensterbrett unseres Zimmers im dritten Stock.

3. Juni 1951

… Wie Du zwei Jahre alt warst, waren wir das erste Jahr in Grado. Da warst Du ziemlich schlimm, hast oft Bauchweh gehabt, und einmal wie ich am Clo war, bist Du inzwischen aus dem Bett über das abgesperrte Gitter geklettert und ich habe Dich am Fensterbrett stehend vorgefunden; da habe ich Dich fest gehaut. Du bist auch einmal in ein Kanoe eingestiegen, hast es los gemacht und hast zu paddeln angefangen. Da warst Du 27 Monate alt. Immer wenn ich schwimmen gegangen bin, bist Du am Ufer gestanden und hast wie am Spies gebrüllt, so dass die Leute zu mir ins Wasser gekommen sind, und mir gesagt haben, dass ich eine grausame Mutter ohne Herz bin, die das arme Kind schreien lässt.

Wer würde heute einen Zweijährigen allein und ohne Aufsicht, ganz verzweifelt am Rand des Wassers stehen lassen? Sie drückt kein Schuldbewusstsein aus, sondern die Geschichte zeigt ihre Schwierigkeit, die sie mit so einem unfolgsamen kleinen Buben hatte, obwohl auch Stolz über seine Unternehmungslust herauszuhören ist.

Später traf Martin ein, um einige Zeit bei uns zu verbringen und mit uns in die Berge zu fahren. 1922 war das Reisen nicht einfach. Für das Habsburgerreich waren Eisenbahnlinien gebaut worden, doch als wir damals von Norditalien aus in die österreichischen Alpen reisten, fuhren die Züge durch das eben erst gegründete Jugoslawien, so dass man drei Grenzen überqueren musste. Wir fuhren mit dem Schiff nach Triest, wo wir die Nacht verbrachten. Martin hatte einen Zug ausgesucht, der um vier Uhr früh abfuhr. Um ein paar Lire zu sparen, stiegen wir in einem drittklassigen Hotel ab, dessen Zimmer auf einen luftlosen Hof gingen. Ich gab Walter zum Abendessen eine Eierspeise, die er mitten in der Nacht erbrach. Ohne geschlafen zu haben, standen wir um 2 Uhr 30 morgens auf, um rechtzeitig am Bahnhof zu sein. Das Kind erbrach den Tee, den ich ihm zum Frühstück gegeben hatte. An der italienisch-jugoslawischen Grenze blieb der Zug zwei Stunden stehen, und Walter erbrach sich wieder. Einer der Zöllner brachte Tee in den Zug, den das Kind ebenfalls erbrach. Wir durften den Transitwaggon nicht verlassen. Walter wimmerte, wollte etwas zu trinken haben, dehydrierte, erbrach sich aber, sobald er einen Tropfen getrunken hatte. Die Reise wurde zum Alptraum. Als wir endlich in Villach ankamen, der zweitgrößten Stadt Kärntens, verließen wir den Zug, quartierten uns im besten Hotel der Stadt ein und riefen einen Kinderarzt. Die Verschreibung des Villacher Arztes half, aber es dauerte noch Tage, bis Walter festes Essen verdauen konnte (Frischwasserforelle mit Kartoffelpüree). Martin musste nach Wien zurückkehren, und sein kurzer Urlaub war komplett ruiniert.

Ich bin mir nicht sicher, wer der Schuldige in dieser Geschichte ist. Ist es das kranke Baby, das alles ausspeibt, was man ihm verzweifelt offeriert, oder eher der schäbige Gatte, der abenteuerliche Zugverbindungen und Hotels dritter Klasse aussucht, nur um ein paar Lire zu sparen?

Walters »Ernestine«

Um auf unserer Gesundheit zurückzukommen, bei den kleinsten Anzeichen von Verstopfung bekamen wir Lebertran gemischt mit Himbeersaft. Als Resultat konnte ich den Geschmack von Himbeersaft die nächsten 30 Jahre nicht ausstehen. Oder, als Alternative bekamen wir einen Einlauf (nicht mit Himbeersaft), was weniger unangenehm war. Wir hatten ein spezielles Gerät zu Hause, das für diesen Zweck an der Wand über dem Bett hing. Ohne Zweifel war in unserem Haushalt in Wien der Verdauungsapparat der wichtigste Teil des Körpers, seine Seele und sein Geist. Ich weiß nicht, ob diese Auffassung bei österreichischen Juden verbreitet war, aber Esti glaubte fest daran. Ihre Eltern, die nebenan wohnten (unsere Wohnung war das Bureau ihres Vaters vor seinem Ruhestand gewesen), konzentrierten sich mehr auf die Einnahme statt Abgabe des Essens. Zu Mittag aßen sie die Hauptspeise zuerst, damit die Suppe ihren Appetit nicht verderbe. Die Ausrede für ein solches Schwelgen hatte etwas mit dem Messias zu tun. Sollte er während der Mahlzeit kommen, war wenigstens die Hauptspeise schon gegessen.

Weder Mutter noch Vater hatten sich von ihren Eltern getrennt. Beide Familien unterstützten das junge Paar mit Geld, übernahmen aber auch wichtige Entscheidungen. Vater Drucker zahlt die Miete und schickt seine kranke Tochter zur Erholung; Mutter Drucker ist bereit, Mahlzeiten zu offerieren, aber sie lässt die jungen Eheleute ihre Verachtung spüren. Schwiegermutter Freud stellt ein drachenartiges Baby-Kindermädchen an, für das sie allerdings zahlt; Schwiegervater Freud trifft medizinische Entscheidungen, und jemand von der Familie Freud nennt die schwangere Esti »aufgepumpte Gouvernante«, eine Bemerkung, die nach 60 stürmischen Jahren in Erinnerung bleibt. Der Ehemann Martin ist geizig und rücksichtslos. Der heitere Himmel der ehelichen Seligkeit verfinstert sich mit Donnerwolken. Mauern von Unterdrückung beengen meine arme junge Mutter. Sie beschließt, ihr Leben zu ändern. Die Entscheidung, sich für einen Beruf ausbilden zu lassen, wird ihre finanzielle, seelische und soziale Lebensrettung sein.

FÜNFTER TEIL · MEINE AUSBILDUNG ALS LOGOPÄDIN

1
Der Anfang eines selbständigen Lebens

1923 unterzog sich mein Schwiegervater seiner ersten Gaumenoperation. Eine bösartige Geschwulst wurde entfernt. Der chirurgische Eingriff wurde von Prof. Dr. Hajek durchgeführt, einem Ordinarius an der HNO-Abteilung der Wiener Universitätsklinik. Die Operation erfolgte in der Ambulanz, und man ließ Freud nach der Operation blutbefleckt sitzen, bis sich jemand seiner erbarmte und Frau Freud anrief. Danach wurde in der Familie Freud nicht allzugut über Dr. Hajek gesprochen.

Trotz seiner Krankheit und der Schmerzen gönnte sich Freud keine Pause. Er hatte nicht nur eine erkleckliche Zahl von Patienten, sondern setzte auch seine schriftlichen Arbeiten fort. Patienten und Schüler reisten aus allen Teilen der Welt an, und Freud ließ sich von den Patienten das Honorar in der Währung ihres Herkunftslandes auszahlen. Die wirtschaftliche Lage der Familie besserte sich. Ich beobachtete, wie Freud immer berühmter wurde.

1924, im Geburtsjahr meiner Tochter, kam Monsignore Ignatz Seipel an die Regierung und ging daran, die österreichische Währung zu stabilisieren. Die durch die Inflation wertlos gewordene österreichische Krone wurde auf einer solideren monetären Basis aufgewertet, und eine neue Währung, der Schilling, eingeführt.

Im Gefolge dieser wirtschaftlichen Umwälzung musste die Bank, in der Martin beschäftigt war, schließen, und mein Mann war wieder einmal ohne Anstellung. Als er mich im Rudolfinerhaus besuchte, wo ich meine Tochter zur Welt brachte, klagte er mir sein Leid über Arbeitslosigkeit und Arbeitssuche. Doch die Lage war weniger schlecht als zuvor. Vater hatte Martin seit unserer Hochzeit als Konzipient geführt, und Martin hatte eben seine

Rechtsanwaltsprüfung bestanden und konnte sich als Anwalt niederlassen. Mitglieder meiner Familie und Freunde begannen Rechtsstreitigkeiten an ihn zu verweisen. Die Sekretärin meines Vaters übernahm die notwendigen Schreibarbeiten. Außerdem kooperierte Martin mit einem privaten Bankhaus, für das er die Finanzierung von Autokäufen auf Kredit übernahm – der Ratenkauf war damals in Österreich ein neues Geschäftsphänomen.

Wien, 17. Juni 1927

Liebster Schnups!
Hoffentlich war Deine Reise schön und Du hast viel Vergnügen gehabt und bei der Rückkehr alles in Ordnung getroffen. Bitte spendiere Dir ein »*allright*« Telegramm, sowie Du zurück bist.

Papa hat mir $25 für Dich gegeben. Ich habe bereits bezahlt:
Schillinge: 73 Reiser
60 Koppelwagner
Du hast noch bei 42 Schillinge gut. Ich glaube es war noch eine dritte Rechnung zu bezahlen. Hilf meinem Gedächtnis nach! Foldstein? Putzerei?

Neue Erfolge sind nicht zu buchen. Von Magnus keine Nachricht, ob er etwas angebracht hat, ebensowenig von Amerika. Ob die Sache mit Direktor Spielberger Aussichten hat, werde ich erst nächste Woche wissen. Ich bin flau. Wenn die Sache scheitert, werfe ich mich erneut mit Energie auf die Schreiberei.

Die Sonne scheint prinzipiell nur während der Bürostunden, wenn ich Faltboot fahre, bläst eiskalter Wind.

Bis die verschiedenen Entscheidungen gefallen sind, werde ich mir die Urlaubstage einteilen. Mir ist schon mies genug von der Kaserne vis à vis.

Herzliche Küsse von Deinem treuen Murri.

Meine Tochter wurde am 6. August 1924 geboren. Wir nannten sie Miriam Sophie, in Erinnerung an Martins Schwester Sophie, die im Winter 1920 an der Lungenpest [Grippe] gestorben war. Ich war bei einem neuen Gynäkologen, den mir Dr. Abels empfohlen hatte. Sophies Geburt verlief vollkommen beschwerdefrei. Eins, zwei, drei, und schon war sie da. »Braves Mädchen«, sagte die Hebamme, und ein »braves Mädchen« ist sie bis zum heutigen Tag geblieben.

Sophie wurde ohne eine erfahrene Kinderschwester aufgezogen. Die einzige Hilfe, die ich hatte, war ein sehr unerfahrenes Mädchen für alles. Walter war nun schon ein großer Junge von dreieinhalb Jahren. Wenn er mit mir allein war, benahm er sich wie ein perfekter kleiner Gentleman, auf seine kleine Schwester aber war er eifersüchtig. Ich musste aufpassen, dass er ihr nichts antat, denn seine Feindseligkeit ihr gegenüber war erheblich.

Am 10. August 1952 berichtet sie, dass Walter »seine Schwester töten wollte, so eifersüchtig war er.«

Diese offene Feindseligkeit auf seine Schwester hielt an, bis er ein Teenager war, danach wurden sie beste Freunde.

Ich erinnere mich daran, dass mich mein Bruder nicht mochte. Er bedrohte mich mehrmals und schlug mich – wenn auch nicht gefährlich. Niemals bezog er mich in seine Spiele oder Freundschaften ein, dafür beleidigte oder ignorierte er mich abwechselnd. Ich ging gern zu meiner besten Freundin, die einen fürsorglichen, interessierten älteren Bruder hatte, der auch zu ihren Freundinnen nett war. Aber meine Mutter hatte recht: Das alles änderte sich im letzten Jahr, knapp bevor wir getrennt wurden. Da wurde er plötzlich freundlich, und ich zog ihn dafür allen anderen vor. Den ganzen Krieg verbrachte ich in Sorge um sein Wohlergehen und seine Sicherheit. Er hatte wohl meiner Mutter übelgenommen, dass sie mich vorzog. Mit zunehmendem Alter wuchs mein Unbehagen darüber. Ich wäre lieber nicht ihr Lieblingskind gewesen.

Wie bereits erwähnt, hatte ich begonnen Sprechunterricht zu geben, doch Schüler zu finden war nicht einfach. Meine erste Chance erhielt ich durch meine frühere Mittelschule, die »Schwarzwaldischen Schulanstalten«, die mir erlaubten, einen Kurs in Sprechtechnik für Schüler abzuhalten, die »nuschelten«. Dort eignete ich mir meine ersten Erfahrungen im Unterrichten von Gruppen an.

Nach meinen Vortragsabenden wurde ich häufig von jungen

Leuten angesprochen, die mich baten, in mein Programm Gedichte aufzunehmen, die sie selbst geschrieben hatten. Einer von ihnen (er hieß Hammerschlag – seinen Vornamen habe ich vergessen) erzählte mir, dass er an der Universität Germanistik studierte und sein Lehrplan auch eine Lehrveranstaltung über Sprechtechnik umfasste, abgehalten von Dr. Felix Trojan. Jeder Student wurde von Dr. Fröschels, dem Vorstand des Ambulatoriums für Sprach- und Stimmstörungen, auf mögliche Sprachfehler untersucht.

Diese Information ließ mich aufmerken. Ich beschloss, Dr. Fröschels einen Brief zu schreiben und ihn zu bitten, mich als Schülerin anzunehmen. In seiner postwendenden Antwort lud er mich zu einem Gespräch ein, und ich wurde als Praktikantin an seiner Klinik aufgenommen. Die Gebühr für die Lehrveranstaltungen, die ich besuchen musste, war erheblich. Ich erinnere mich nicht mehr an die Summe, weiß aber, dass es alles Geld verschlang, das ich noch besaß. Martin war meine Entscheidung nicht recht. Als Haupteinwand führte er an, ich würde meine Lehre nicht abschließen und so das investierte Geld vergeuden. Sein zweites Argument war: »Was wird aus den Kindern?«

Das unerfahrene Mädchen für alles wurde durch eine Köchin und ein Kinderfräulein ersetzt, ausgesucht von meiner Schwiegermutter, die mir häufig Hilfe und Unterstützung anbot.

Im September 1926 begann ich im Alter von 30 Jahren meine Ausbildung zur Sprach-, Stimm- und Gehörtherapeutin. Das Ambulatorium für Sprach- und Stimmstörungen war Teil der Universitätsklinik für Ohren-, Nasen- und Kehlkopfkrankheiten unter Prof. Dr. Heinrich Neumann. Bislang war mein Leben darauf beschränkt gewesen, den Haushalt zu führen, mit den Kindern im Park spazierenzugehen, auf die Heimkehr meines Mannes zu warten und die Familie Freud zu besuchen. Plötzlich weitete sich mein Horizont. Dass ich während des Krieges Krankenschwester gewesen war, wirkte sich in meiner neuen Tätigkeit sehr günstig aus. Ich wusste mich in einer Krankenhausumgebung zu bewegen und kam mit allen möglichen Leuten gut zurecht. Die Ausbildung war rigoros. Jeden Morgen musste ich um neun in der Klinik sein und bis Mittag arbeiten. Für den Nachmittag wurden uns ausgewählte Texte zugewiesen. Dr. Fröschels hatte einen Vertrag mit dem öffentlichen Schulsystem. Kinder mit Sprech-, Sprach-, Stimm- und Gehörstörungen wurden in eigenen Klassen unterrichtet. Jeden Tag brachte ein Lehrer oder eine Lehrerin, die auf Kommunikationsstörungen spezialisiert war, ihre Klasse zur Klinik, wo die Schüler von Dr. Fröschels untersucht wurden. Sie saßen in einem Halbkreis um den Professor, dessen Unterricht darin bestand, die verschiedenen Fälle zu analysieren.

Zu Beginn meiner Ausbildung diktierte ich die Fallgeschichten. Nach den Schulkindern wurden von verschiedenen Abteilungen des Krankenhauses zugewiesene Fälle gesichtet und mögliche Therapien erklärt. Dreimal wöchentlich gab es formelle Vorlesungen über eine große Bandbreite an Sprachstörungen wie Aphasie, Wolfsrachen, Stottern, Stimmverlust, die Folgen von Schwerhörigkeit usw. Bestimmt fehlte in diesen Vorlesungsreihen keine einzige wichtige Information über kommunikative Störungen.

Fröschels Lieblingsthema war die Philosophie, und er nutzte bei seinen Vorlesungen die Gelegenheit, Freuds Konzept des Unbewussten anzugreifen. Seine Angriffe gegen Freud schmälerten Fröschels' Ruf als Philosophen. Er hätte sich niemals von seinem Fachgebiet entfernen dürfen.

Obwohl mich Fröschels mehrmals vor der gesamten Klinik als »dumme Gans« beschimpfte, wurde ich bald eine seiner Lieblingsschülerinnen, und als ich meine formale Ausbildung abgeschlossen hatte, lud er mich ein, seine – unbezahlte – wissenschaftliche Hilfskraft zu werden. Das blieb ich dann auch bis zur Besetzung Österreichs durch die deutschen Nationalsozialisten, die uns beiden den Job kostete.

UNIVERSITÄTS-KLINIK
Für Ohren-, Nasen-, und Kehlkopfkrankheiten –
Ambulatorium für Sprach- u. Stimmstörungen
(PROF. Dr. H. Neumann)
                                                    10. März 1938
Frau Esti FREUD ist in dem von mir geleiteten Sprach-und Stimmambulatorium obiger Universitätsklinik seit dem Jahre 1927 tätig.

Von der praktischen Vortragskunst herkommend, hat sie sich zunächst zu einem theoretisch-praktischen Kurs über Logopädie und Phoniatrie die notwendigen Kenntnisse unseres Faches erworben, wofür auch ihre sehr gut bestandene Prüfung zeugt. Dann hatte sie mehr als ein Jahrzehnt lang Gelegenheit, die verschiedensten Fälle von Sprachstörungen und Störungen der Sprechstimme aufs erfolgreichste zu behandeln. Das grosse Material des Ambulatoriums und die weiteren Fortbildungsvorträge, an denen sich Frau FREUD gelegentlich auch selbst beteiligte, boten reichlich Gelegenheit, ihre sowohl theoretische als auch praktische Eignung für unser Fach auf deutlichste zu erweisen.

Seit dem Jahre 1932 ist Frau Freud auch Universitätslektor für Atem- und Stimmbildung Sprechtechnik geworden, hatte in dieser Eigenschaft die Lehramtskandidaten der Universität zu unterrichten und hat Gelegenheit genommen, die pathologischen Fälle in Zusammenarbeit mit unserem Ambulatorium zu behandeln. Über diese beispielgebende Tätigkeit wurde des öfteren in der Literatur berichtet.

Frau FREUD erwies sich auch in mehreren wissenschaftlichen Veröffentlichungen, zahlreichen Vorträgen, wie auch in der eigenen fortgesetzten Tätigkeit als Vortragskünstlerin ihre vielseitigen Interessen und Fähigkeiten in unserem Fache, so dass sie als logopädische Therapeutin ersten Ranges aufs wärmste empfohlen werden kann.

Prof. Dr. Emil Fröschels

Ich liebte meine Arbeit. Sie war interessant und forderte mich. Sie bildete ein Ventil für meine Energien. Doch die Aneignung von Wissen war nicht mein einziges Ziel. Um Martin zu beeindrucken, musste ich Geld verdienen, und es ergaben sich auch einige Möglichkeiten. Wie ich sie genau aufspürte, wie ich lernte, wen anzusprechen, und wie mir fast alles gelang, kann ich heute nicht erklären.

Das Gremium der Wiener Kaufmannschaft hatte eine eigene Berufsschule. In dieser Schule fanden pädagogische Kurse für Erwachsene statt. Ich schlug der Schulbehörde vor, einen Kurs über öffentliches Sprechen einzuführen, und erhielt die Zusage für einen solchen Kurs, vorausgesetzt, es schrieben sich mindestens zehn Schüler ein.

Ich suchte die Sekretärin des Wiener Volkshochschulverbands auf, einer einmaligen Bildungseinrichtung für das Wiener Proletariat, und machte mich erbötig, dort zu unterrichten. Zuerst sollte ich korrektes Deutsch und richtige Aussprache an der Volkshochschule Leopoldstadt unterrichten, dem Getto der armen Juden Wiens. Nachdem ich einige Jahre dort gearbeitet hatte, wurde ich gebeten, einen ähnlichen Kurs im Arbeiterbezirk Ottakring durchzuführen, dem Zentrum dieses Erwachsenenbildungsprojekts. Und an der Lehrerbildungsanstalt unterrichtete ich den Vortrag von Gedichten. Das Honorar für beide Kurse war nicht gerade fürstlich, obwohl ich mir große Mühe gab, dennoch war es mein eigenes von mir selbst verdientes Geld, das ich nach eigenen Gutdünken ausgeben konnte.

Meine neuen Aktivitäten entfremdeten mich immer mehr von meinem Mann. Er zeigte keinerlei Interesse für meine Arbeit und machte sich über die bescheidenen Summen lustig, die ich verdiente. Viele meiner Kurse endeten um neun Uhr abends, und niemals wurde ich von ihm abgeholt. Wie erwähnt hatte Martin die Angewohnheit, an den Wochenenden Schi fahren oder bergwandern zu gehen, je nach Jahreszeit.

Walters »Ernestine«

Nach Aussagen meiner Tanten schien die Ehe meiner Eltern bald nach der Geburt meiner Schwester im August 1924 (als ich drei Jahre alt war) gescheitert. Beide Elternteile gingen ihrer eigenen Wege, und ich kann mich an kein einziges Mal erinnern, mit beiden zusammen ausgegangen zu sein.

Durch meinen Beruf hatte ich viele neue Freunde und wurde zu allen möglichen Veranstaltungen eingeladen. Bei einer solchen wurde mir ein älterer Herr vorgestellt, der mir sagte, er müsse demnächst einen Vortrag halten und ob ich ihm dafür nicht etwas Sprechtechnik beibringen könne. Es war Direktor Goldschmidt, einer der Chefs der »Neuen Freien Presse«, der »New York Times« von Österreich. Er wurde zu einem meiner hilfsbereitesten und einflussreichsten Freunde, die ich jemals hatte. Er annoncierte meine Kurse kostenlos und schickte Kritiker zu meinen Lyriklesungen. Sein Einfluss machte es möglich, dass mein Foto in Zeitschriften und Zeitungen erschien, und ich erhielt freie Eintrittskarten zu allen wichtigen Ereignissen. Direktor Goldschmidt starb ungefähr 1935 an der Folge eines chirurgischen Eingriffs. Zumindest blieb ihm Hitlers Einmarsch in Österreich erspart.

Walters »Ernestine«

Wir Kinder wussten natürlich, dass sich unsere Eltern nicht vertrugen. Ab 1930 schliefen sie in getrennten Zimmern an entgegengesetzten Enden unserer Wohnung. Die seltenen Zusammenkünfte endeten meistens in ekligen Streitereien. Aber Kinder gewöhnen sich an ihre Umwelt; noch jung, betrachten sie das, was immer in der Familie passiert, als selbstverständlich. Aber nach meiner Pubertät wurde mir klar, dass mein Vater Gesellschaft außerhalb der Familie haben musste, aber dann ging er sehr diskret vor. Niemals sah ich, geschweige denn traf ich ihn mit irgend welchen Freundinnen. Übrigens brachte Vater auch keine Freunde mit nach Hause; vielleicht schämte er sich wegen seiner Gattin. In Gegensatz dazu hatte Esti keine Bedenken, ihren Freund einzuladen, wenn Vater nicht zu Hause war. Es war ein gewisser Herr Goldschmidt, der eine hohe Stelle in der Neuen Freien Presse inne hatte, Österreichs New York Times. Ich weiß nicht, ob die Freundschaft platonisch oder sexuell war, aber ich habe den Verdacht, es war letzteres, und es ging über lange Zeit. Wie ich schon sagte, meine Eltern lebten separate Leben.

Mir kommt es unwahrscheinlich vor, dass meine Mutter in ihrer Wiener Zeit Affären hatte. Sie hat Martin zu Beginn ihrer Ehe leidenschaftlich, fast gegen jede Konvention, geliebt und war bitter enttäuscht, von der Ehe insgesamt und von ihrem Mann. Sicher hat sie es geschätzt, Bewunderer um sich zu scharen, sie suchte Aufmerksamkeit und einen Ausgleich, aber ihre starke Beziehung zu Martin ist immer geblieben, auch wenn sie nur noch ein Mittel hatten: sich gegenseitig zu quälen. Wie dem auch sei: Herr Goldschmidt muss meine Mutter geliebt haben, und sie hatte ihn gewiss gern, ganz abgesehen von der Nützlichkeit dieser Freundschaft.

Im Sommer 1927 mietete ich mich mit meinen Kindern in einem Häuschen in Bled ein. Bled ist ein jugoslawischer Sommerfrischeort an einem See in den Karawanken unweit der österreichischen Grenze. Ich erwartete Martins Besuch. Der Zug, mit dem er eintreffen sollte, hatte viele Stunden Verspätung, und auf dem Bahnhof kursierten Gerüchte, es sei in Wien etwas passiert. Als der Zug endlich ankam, hieß es, die Wiener Arbeiterklasse mache Revolution. Tausende Leute seien auf der Ringstraße zum Justizpalast marschiert, der bereits in Brand gesteckt worden war. Anscheinend war es eine Reaktion auf den Freispruch einiger Männer, die Anfang des Jahres im burgenländischen Schattendorf gezielt auf demonstrierende Sozialdemokraten geschossen und zwei von ihnen getötet hatten.

Verständlicherweise war Martin beunruhigt. Er hatte gerade noch den letzten Zug erwischt, der Wien verließ. Der Aufruhr wurde bald beigelegt, und innerhalb weniger Tage war es in Wien wieder ruhig. Der Justizpalastbrand war ein Vorbote der schrecklichen Ereignisse, die in nicht allzuferner Zukunft noch kommen sollten.

Als wir im Herbst heimkehrten, nahm ich meine früheren Tätigkeiten wieder auf, und alle schienen die Vorfälle vergessen zu haben. Walter war sechs Jahre alt und musste eingeschult werden. Und da beging ich einen der schlimmsten Fehler meines Lebens. Anna Freud fragte mich, ob ich Walter statt an eine private Volksschule nicht lieber an die Schule schicken wollte, die Mrs. Burlingham (geborene Tiffany) zu errichten plante. Mrs. Burlingham war eine sehr reiche Amerikanerin, deren Kinder Annas Patienten waren. Ich lehnte glatt ab. Erstens würde Walter am Ende des Schuljahres eine Prüfung ablegen müssen, wenn er eine vom Stadtschulrat nicht anerkannte Schule besuchte. Zweitens dachte ich, dass die Gesellschaft von Millionärskindern Walter nicht zuträglich sein könnte. In Österreich hielt man nicht viel von amerikanischen Millionären. Vielleicht wollte ich auch nur gemein sein, obwohl das eigentlich nicht einer meiner Charaktereigenschaften ist. Kurzum, ich lehnte ab, und das brachte mir Annas Feindschaft für den Rest meines Lebens ein, und damit die von Mrs. Burlingham. Meine negative Einstellung zu ihrer Schule hätte mich fast mein eigenes und das Leben meiner Tochter gekostet. Mrs. Burlingham zur Freundin zu haben hätte sich außerdem später sehr günstig auf meine Karriere in den Vereinigten Staaten ausgewirkt. Hinterher ist man immer schlauer.

In den späten 20er Jahren entwickelte sich meine Karriere allerdings nach Plan. Meine Unterrichtstätigkeit lief gut. Ich führte an der Volkshochschule Ottakring mit meinen Schülern Stücke von Goethe, Grillparzer und Gerhart Hauptmann auf. Eine meiner begabtesten Schülerinnen spielte in allen drei Stücken die Hauptrolle. Leider erwies sich ihr unscheinbares Aussehen als Hemmnis für eine erfolgreiche Theaterkarriere.

1932, als ich sechs Jahre lang an Dr. Fröschels' Klinik gewesen war, ergab sich eine neue Chance auf eine Position an der Universität Wien als Lektorin für Sprechtechnik und Stimmbildung. Um diese Stelle zu bekommen, musste ich mich vor dem Berufungsgremium der Universität einer rigorosen Prüfung unterziehen. Ich glaube, dass ich außerordentlich gut abschnitt. So wurde ich Lektorin an der ehrwürdigen 700 Jahre alten Universität von Wien. Diese Stelle war unbezahlt, doch musste jeder Student, der an meinen Lehrveranstaltungen teilnehmen wollte – ein Pflichtfach für eine Anstellung als Mittelschullehrer –, ein Kollegiengeld entrichten. So war ich wieder gezwungen, mir eine Klientel zu erarbeiten. Gab es weniger als drei Studenten, fiel die Lehrveranstaltung aus. Dr. Felix V. Trojan, der zweite Lektor in diesem Fach und wie ich Fröschels' Schüler, erwies sich als äußerst hilfsbereit. Im Wintersemester 1937/38 hatte ich 65 Studentinnen und Studenten.

Dekanat der philosophischen Fakultät der Universität Wien
Bestätigung

Seitens des gefertigten Dekans wird bestätigt, dass Frau Ernestine Freud seit Sommersemester 1932 als Lektorin für Sprechtechnik und Stimmbildung an der philosophischen Fakultät der Universität in Wien tätig ist und sich in dieser Eigenschaft hervorragend bewährte.
Wien, am 19. Dezember 1936

Der Dekan

Es war mein letztes Semester an der Universität. Hitlers Einmarsch in Österreich vertrieb mich von meiner Stelle. Zu Semesterschluss Ende Februar 1938 gaben mir meine Studenten eine zehnminütige Ovation. Ich war überrascht, obwohl ich wusste, dass ich beliebt war. Es war ein Abschiedsgruß, denn zwei Wochen später war Hitler da. Sie waren über die kommenden Ereignisse informiert gewesen, ich nicht.

Dekanat der philosophischen Fakultät der Universität Wien: 659
aus 1937/38 Wien, am 23. April 1938
An Frau Lektor Ernestine FREUD.

Auf Grund des Erlasses des Oesterreichischen Unterrichtsministeriums vom 22. April 1938, Zahl: 12474/I/1b, wird Ihnen hiermit die Befügnis zur Unterrichtserteilung in der Eigenschaft einer Lektorin an der philosophischen Fakultät der Universität in Wien entzogen.

Der kommissarische Dekan

Doch im Jahre 1932 war Hitler nichts als eine dunkle Wolke am fernen Horizont. 1932, dem Jahr, an dem ich Lektorin an der Universität wurde, ergaben sich auch Veränderungen in Martins beruflichem Leben. Dr. Storfer, der Direktor des Psychoanalytischen Verlags, hatte seine Stelle aufgegeben und war in die Südsee emigriert. Martin war an dem Job interessiert. Er fühlte sich sicherer, wenn er für seinen Vater arbeitete. Ich erinnere mich nicht mehr an das Gründungsdatum des Psychoanalytischen Verlags, ich weiß nur, dass Dr. Max Eitington, ein Berliner Psychoanalytiker, dem Verlag eine hohe Summe gestiftet hatte. Dr. Eitingtons Reichtum stammte aus dem Pelzgeschäft in Leipzig. Soweit mir bekannt ist, waren er und Anna *[Freud]* im Vorstand der Firma. Das Büro befand sich in der Berggasse, unweit der Wohnung der Freuds. Um Direktor des Verlags zu werden, benötigte Martin Eitingtons Zustimmung. Ich lud Eitington zum Abendessen ein, und er nahm zu Martins Überraschung die Einladung an. Martin hat mein Geschick im Umgang mit Menschen immer unterschätzt. Ich hatte ein üppiges Mahl vorbereitet, mit Hors- d'œuvres von Lehmann, der berühmten Wiener Konditorei. Ich glaube nicht, dass Martin jemals realisiert hat, wieviel er bei der Erlangung dieses Postens meinem positiven Einfluss zu verdanken hatte.

Vermutlich war der Verlag bis 1933 ein lukratives Unternehmen, bis Deutschland ein Nazistaat wurde, der Freuds Bücher öffentlich verbrannte. Ich weiß nicht, welche Vereinbarungen bezüglich der Übersetzungsrechte getroffen wurden. Aus den Tantiemen erhielt ich plötzlich von Papa Freud 25 Dollar monatlich. Ich nehme an, dass die beiden anderen Schwiegertöchter dieselbe Summe erhielten. Nicht nur konnte ich mich wie eine Königin kleiden, das Geld ermöglichte mir auch drei fabelhafte Mittelmeerkreuzfahrten.

2
Mutters Gedichte

Ich stellte mir auch ein sehr effektives Lyrikvortragsprogramm zusammen. Statt bloß Gedichte aufzusagen, hatte ich die Idee, sie mit musikalischer Begleitung zu spielen. Glücklicherweise fand ich einen Musiker, der hinreichend begabt war, Musiken zu komponieren, die den Stil und die Aussage jedes einzelnen Gedichts unterstrichen. Und je nach Inhalt entwarfen wir Kostüme. Da ich nicht viel Geld dafür ausgeben konnte, nähte ich sie selbst mit Hilfe des Fräuleins meiner Kinder.

Das Klavier stand im Wohnzimmer, wo Mutter zur Begleitung des Pianisten Robert Weiss den Vortrag ihrer Gedichte probte. Mir kam es ziemlich eigenartig vor, dass Mutter, die sich eine ganze Seite lang über irgendeinen saftigen Wiener Klatsch samt genauer Angabe von Namen ausbreitet, dieser fesselnden Tätigkeit nur einen einzigen Satz widmet und dem Mann keinen Namen gibt, der mindestens zweimal wöchentlich mehrere Stun-

den in unserem Haus verbrachte. Doch dann verstand ich das Schweigen über Robert Weiss. Eines Tages, als ich schon längere Zeit mit diesem Buch beschäftigt war, erreichte mich zufällig die folgende E-Mail:

»Mein Großvater, Robert Weiss, war eng mit Ihrer Mutter Esti befreundet. Sie kannten einander in Wien, und angeblich hat mein Großvater seine Abreise aus Wien hinausgezögert, weil er sie nicht verlassen wollte. Mein Großvater kannte damals schon meine Großmutter, Rose Hecht, aber sie war verheiratet. Bevor mein Großvater 1993 starb, sprach ich mit ihm über Esti. Ich sagte: ›Stimmt es also, dass du mit Sigmund Freuds Tochter ausgegangen bist?‹ Er antwortete: ›Nein, mit seiner Schwiegertochter.‹ Ich rührte mich einen Augenblick lang nicht und sagte dann: ›Aber das bedeutet, dass sie verheiratet war.‹ Da antwortete er ziemlich sarkastisch: ›Du bist sehr schlau.‹

Ich habe einen Brief, den sie ihm schrieb, als sie sich bemühte, ihm einen Job bei irgendeinem Symphonie-Orchester zu verschaffen, vielleicht in New York. Ich weiß, dass sie noch jahrelang befreundet blieben, aber ich weiß nicht, wann ihre romantische Beziehung stattfand und wie lange sie andauerte. Mein Großvater flüchtete im April 1938 aus Österreich und kam nach Cleveland. Dann ließ sich meine Großmutter scheiden und heiratete ihn. Mein Großvater war Chemiker mit einem Doktorat der Universität Wien ebenso wie ein sehr tüchtiger Pianist mit einem Diplom der Wiener Akademie für Darstellende Künste. Ich weiß, dass er für Ihre Mutter mehrere Musikstücke geschrieben hat, von denen ich aber leider keine Abschriften habe. Ich erinnere mich, dass ich anlässlich meines Besuchs bei Großvater in Florida 1993 das Musikstück, das er für Ihre Mutter geschrieben hatte, in einem kunstvollen Goldrahmen sah.«

Ob es mehr als eine romantische Beziehung war? Ich hoffe es für meine Mutter, dass sie in dieser Beziehung etwas Glück erlebt hat.

Die Gedichte mussten auswendig gelernt werden, und ich fühlte mich geehrt, von ihr zum Abfragen ausgewählt worden zu sein. Jetzt jedoch erfahre ich aus dem Beitrag meines Bruders, dass er sich für den Chefabfrager hielt. Immer noch glaube ich, dass ich öfter darum gebeten wurde, ich war ja schließlich auch verfügbarer. Ebenso wie für Walter waren diese Stunden meine beste Zeit mit Mutter, erschien sie mir doch einigermaßen glücklich und weder wütend noch gestresst. Walter und ich haben viele wichtige Dinge in unserem Leben vergessen, aber manche dieser Gedichte, die wir immer und immer wieder mit unserer Mutter probten, sind in unserem Gedächtnis geblieben.

WALTERS »ERNESTINE«

Die angenehmsten und entspanntesten Stunden, die ich mit Esti verbrachte, waren die Gelegenheiten, wenn ich mit ihr ihre Gedichte einstudierte. Sie gab Vorstellungen in der Urania, Wiens Planetarium, die sowohl Gedichte wie auch Geschichten einschlossen. Die Gedichte mussten auf genaue Richtigkeit überprüft werden, und sie übte sie, während ich aufpasste. Ich war damals noch ein Teenager und hatte ein gutes Gedächtnis. Ich lernte die Gedichte immer rascher als Esti. An viele davon kann ich mich noch immer erinnern, obwohl ich sie nie wieder gehört habe. In dem Fall, dass der Leser denkt, ich übertreibe oder prahle, hier ist eines von Estis Gedichten. Der Titel und der Name des Autors wurden nicht geübt, also weiß ich ihn nicht.

Ich hab im Traum mit einem Hund gesprochen,
Erst sprach er Spanisch denn dort war er her,
Als ich ihn nicht verstand, das merkte er,
Sprach er dann Deutsch wenn auch etwas gebrochen.
Er sagte: »Wissen Sie warum die Hunde ihre Schnauze halten«?
Ich schwieg und war verlegen wie noch nie.
Da sagte der geträumte Hund
»Wir können sprechen doch wir tun es nicht.
Und wer, außer im Traum mit einem Menschen spricht
Den fressen wir nach seinem ersten Wort.
Der Mensch ist es nicht wert dass man gesellschaftlich mit ihm verkehrt.«
Er hob das Bein, sprang flink durch krumme Gassen,
Und so etwas muß man sich sagen lassen!

Leider waren diese verhältnismäßig wenigen angenehmen Stunden, als ich mit Esti ihre Gedichte einstudierte, selten und von langen Zwischenzeiten unterbrochen. Meistens waren Familienzusammenkünfte voller Spannung und Unannehmlichkeiten und endeten mit einer Ohrfeige, einer Ohrfeige für mich.

Das oben zitierte Gedicht ist auch eines meiner erinnerten Gedichte. Ich fand es in dem Buch »Kästner für Erwachsene« unter dem Titel: Ein Hund hält Reden.
   Ich habe es aus dem Buch kopiert, aber mein Bruder hat das Gedicht auf den Wortlaut genau zitiert. Ich erinnerte mich noch an Gedichte wie »Der andere Mann« von Kurt Tucholsky oder »Das Knie« von Christian von Morgenstern und kann sie noch heute aus dem Gedächtnis aufsagen.

   Kurt Tucholsky »Der andere Mann«

   Du lernst ihn in einer Gesellschaft kennen,
   Er plaudert, Er ist zu dir nett.
   Der kann dir alle Tenniscracks nennen.
   Er sieht gut aus. Ohne Fett.
         Er tanzt ausgezeichnet. Du siehst ihn dir an ...
         Dann tritt zu euch beiden dein Mann.

   Und du vergleichst sie in deinem Gemüte.
   Dein Mann kommt nicht gut dabei weg.
   Wie er schon dasteht – du liebe Güte!
   Und hinten am Hals der Speck!
         Und du denkst bei so: »Eigentlich ...
         Der da wäre ein Mann für mich!«

   Ach, gnädige Frau! Hör auf einen wahren
   und guten alten Papa!
   Hättest du den Neuen: in ein, zwei Jahren
   ständest du ebenso da!
   Dann kennst du seine Nuancen beim Kosen;

dann kennst du ihn in Unterhosen;
dann wird er satt in deinem Besitze;
dann kennst du alle seine Witze,
dann siehst du ihn in Freude und Zorn,
von oben und unten, von hinten und vorn ...

Glaub mir; wenn man uns näher kennt
gibt sich das mit dem happy end.
Wir sind manchmal reizend, auf einer Feier ...
und den Rest des Tages ganz wie Herr Meyer.
Beurteile uns nie nach den besten Stunden.

Und hast du einen Kerl gefunden,
mit dem man einigermaßen auskommen kann:
dann bleib bei dem eigenen Mann!

Manche Gedichte waren vielleicht für ein zwölfjähriges Mädchen nicht geeignet, aber es waren die Worte, nicht der Inhalt, die mir im Gedächtnis geblieben sind. Eigentlich waren die meisten Gedichte sehr hart und handelten von Krieg und immer wieder von Krieg (Erster Weltkrieg), von Armut und von der allgemeinen Verzweiflung über den Zustand der Welt.

Die Auftritte meiner Mutter waren ausgefeilt, originell, künstlerisch, unterhaltsam und äußerst kreativ. Für mich waren sie einfach wunderbar. Wahrscheinlich erhielt sie weniger Zuspruch, als sie verdient hätte. Ich bin voller Achtung vor der Energie, Kompetenz und Beharrlichkeit, mit der meine Mutter ohne Ermutigung oder irgendeine Unterstützung durch ihren Mann ihre Karriereziele in Angriff nahm. Wenige verheiratete Frauen ihrer Generation und von ihrem sozialen Status haben damals eigenen beruflichen Ehrgeiz entwickelt.

Was in diesem stolzen Bericht fehlt, ist unsere – zumindest ihre und meine – ständige Angst, die diese verschiedenen Unternehmungen immer begleitete. Würde sie genügend Schüler für ihre Kurse finden, genügend Publikum für ihre Vortragsabende, genügend Privatpatienten? Würden letztere sie angemessen und prompt bezahlen? In späteren Jahren fragte mich meine Mutter, die in mir offensichtlich sich selbst sah, immer wieder, ob die Leute mir genügend zahlten, ob genügend Schüler an meinen Kursen und Workshops teilnahmen, alles Dinge, über die ich mir überhaupt keine Gedanken machte.

SECHSTER TEIL · DIE DREISSIGER JAHRE

1
Großvater Freud

Ich wurde in meinem Leben ungefähr 678 Mal über meinen Großvater interviewt, doch ich kannte ihn nur oberflächlich und habe mich vorwiegend in den zahlreichen Biographien über sein Leben informiert. In meiner späteren beruflichen Laufbahn habe ich mich ausführlich mit seinem Werk und der von ihm gegründeten psychoanalytischen Schule vertraut gemacht und mir einen zunehmend kritischen Standpunkt zu vielen seiner Theorien erarbeitet.

Seit ich mich erinnern kann, war der Sonntagvormittag der Tag, an dem man in die Berggasse ging. Ebenso regelmäßig wie andere Kinder zur Kirche gehen, machten sich mein Fräulein, mein Bruder und ich vormittags auf den kurzen Weg vom Franz-Josefs-Kai in die Berggasse. Sonntagvormittag war der Tag, an dem meine Großmutter und ihre Schwester, Tante Minna, die ja zum Haushalt gehörte, die vier Schwestern des Großvaters empfingen. Ich selbst hatte zu keiner dieser Großtanten ein persönliches Verhältnis, sie waren einfach die alten Tanten. Weder mein Vater noch meine Tante Anna, noch Tante Mathilde, die drei in Wien lebenden Kinder Freuds und gewiss nicht meine Mutter waren jemals bei diesen Begegnungen anwesend. Ich stellte mir nie die Frage, warum Großvater niemals dabei war, wenn es darum ging, seine Schwestern zu empfangen. War Onkel Alexander, Freuds einziger Bruder, zu Besuch, so gab er sich nicht mit seinen Schwestern ab, sondern blieb mit seinem Bruder Sigmund in dessen Sprechzimmer. Niemals habe ich eine seiner Schwestern an diesem heiligen Ort angetroffen. Zu einer bestimmten Zeit – ich glaube, es war dreiviertel eins – wurden wir drei (obwohl ich mich weniger deutlich an die Anwesenheit meines Bruders als an die meines Fräuleins erinnere) eingeladen, meinen Großvater in seinem Sprechzimmer zu besuchen. Wahrscheinlich war mein Bruder seltener dabei, weil mein Vater ihn auf Wander- und Schiausflüge mitnahm, ein Privileg, das nur ihm zuteil wurde.

Mein Großvater saß da, mit den Händen im Mund, und litt bei jedem der wenigen freundlichen Worte, die er an uns richtete. Vielleicht fragte er mich, ob ich ein braves Mädchen und alles in Ordnung sei. Er musterte mich genau, zwickte mich in die Wange und verteilte an mich und meinen Bruder ein großzügiges wöchentliches Taschengeld – um genau zu sein acht Schillinge, der Preis für eine Karte im Burgtheater; ebenso gab es ein wöchentliches Geldgeschenk für mein Fräulein. Danach war der Besuch zu Ende, und wir kehrten ins Wohnzimmer zurück. Um Schlag ein Uhr erschien dann Großvater im Wohnzimmer, begrüßte seine Schwestern als Gruppe, und das war, glaube ich, das Ende des Besuchs aller, denn nun kam das Mittagessen.

Während des Sommers, wenigstens in den letzten fünf Jahren, als mein Großvater nicht mehr reisen konnte, mieteten meine Großeltern in einem der Vororte Wiens, in Grinzing, Döbling oder Pötzleinsdorf, eine Villa mit einem großen Garten – in meinen Kinderaugen wunderschöne magische Orte. Bevor wir in die Sommerfrische reisten, fuhren mein Fräulein und ich mit der Straßenbahn an diese Orte, die ich sonst selten besuchte, da es für mich kaum Anlass gab, die Innenstadt zu verlassen. (Meine Familie besaß kein Auto, was damals in Wien noch ein Luxus war.) Im Sommer war es anders, da saß mein Großvater statt in seinem inneren Allerheiligsten unter Umständen auf der Terrasse, und es gab etwas mehr Kontakt zu ihm.

Wegen des großzügigen wöchentlichen Taschengelds meines Großvaters wurde ich unversehens zur Schatzmeisterin der Familie. Was Sparsamkeit anbelangt, bin ich nach den Freud-Frauen geraten und bewahrte deshalb mein Geld – vielleicht für schlechte Zeiten – sorgfältig in einem Sparschwein auf. Nicht nur mein Bruder, dem das Geld andauernd ausging, lieh sich Geld von mir – und ich bin froh, dass er mir bestätigt hat, ihm gegenüber stets *großzügig gewesen zu sein –, auch meine eigene Mutter griff regelmäßig auf meine Ersparnisse zurück.*

Meine häufigen Besuche im Burgtheater, eben mit Großvaters Taschengeld, meistens in der 8. Reihe in der Kaiserloge, waren wichtige Ereignisse, die meine kindliche Phantasiewelt über Kaiser, Königinnen und Helden mit ihren Siegen und schmachvollen Niederlagen bevölkerten. Bei diesen Besuchen trug ich ein bodenlanges grünes Samtkleid mit anliegendem Oberteil, weitem Rock, Puffärmeln und einem Bubikragen aus rosa Seide. Mein Fräulein brachte mich zum Theater und holte mich anschließend ab.

Meine Gedanken gehen oft zu den intensiven Jugendeindrücken zurück, das Alpenglühen in den Dolomiten, die alten Renaissance-Bilder in Venedig, der erste Flug zwischen weißen Schafswolken, und bestimmt die klassischen Theaterstücke im Burgtheater mit so bleibenden Eindrücken, die sich in meinen späteren Jahren fast nie wiederholten. Meine Liebe zu Karl Moor, dem Helden von Schillers »Die Räuber« – Karl war ja ein unschuldiger, gutmeinender Räuber –, beschäftigte mich sehr. Ebenso beeindruckt war ich von dem demütigenden Ende König Ottokars (von Grillparzer), einem ungarischen König, der von Rudolf I. von Habsburg, dem ersten Kaiser einer lange dauernden Dynastie, besiegt wurde. Immer wieder inszenierte ich mit meinen Freundinnen die Szene, in der der stolze Ottokar, den meistens ich spielte, sich vor dem eher milden Rudolf niederknien musste. Oh, die Rätsel der Kindheit.

Zum 6. Mai, dem Geburtstag meines Großvaters, hielten sich meine Großeltern bereits in ihrer Sommervilla auf, wo man Freuds Geburtstag im Freien auf der Veranda feiern konnte, was sich zum Hochzeitstag im September wiederholte. Diese Tage waren Anlässe zu Zusammenkünften von Familie und Freunden, und mein Vater und manchmal auch meine Mutter waren sicher dabei. Mein Vater schrieb für alle Familienfestivitäten Gedichte, und mir kam die sehr aufregende und privilegierte Rolle zu, sie aufzusagen.

Am 80. Geburtstag meines Großvaters hatte ich das zufällige Glück, den Erfinder der Freudschen Fehlleistung zu ergötzen, als ich mich bei der letzten Zeile des Gedichts meines Vaters verhaspelte und statt »dass Gott dich lange leben lässt« »dass Gott dich immer leben lässt« sagte. Dieser Irrtum wurde allseits wohlwollend aufgenommen. Mich wundert allerdings, dass mein Vater einen Gott in das Gedicht aufnahm, an den niemand glaubte.

Nach unserer Flucht aus Wien im Mai 1938 schrieb ich meinem Großvater regelmäßig bis zu seinem Tod im September 1939, und er beantwortete manche meiner Briefe, wobei er meine ständig wechselnden Adressen selbst auf das Kuvert schrieb.

Mlle Sophie Freud
I Villa Lambert
Chatou (S. et O.)
France

PROF. D^R. FREUD   39 ELSWORTH ROAD
                                    LONDON, N.W.3
                                            1.7.1938

Mein liebes Sopherl
Ja, Du fehlst mir auch sehr und wirst mir nächsten Sonntag besonders fehlen aber es freut mich sehr zu hören daß Du in so interessanter Umgebung und so gute Fortschritte in der neuen Sprache machen kannst. Du wirst es gewiß leichter haben, Dich in der Fremde zu akklimatisieren als wir alten Leute. Doch geht es uns im Ganzen recht gut nur Tante Minna ist noch schwer krank.

Da unsere Lün *[sein Hund]* für 6 Monate in Quarantaine gehen mußte haben wir ein neues Hündchen angeschafft. Er trägt den Elephantennamen Jumbo ist aber ein ganz winziger Pekinese, noch sehr scheu. Herzliche Grüße von Großvater.

PROF. D^R. FREUD   39 ELSWORTH ROAD
                                    LONDON, N.W.3
                                            26.7.1938

Meine liebe Sophie
Nimm einen guten Rat von Großvater an. Schreib Deine Adresse immer auf den Brief, nie auf's Couvert denn das wird weggeworfen und der Großvater und wer sonst weiß nicht wohin er antworten soll. Zum Glück kam Walter u. trug Deinen Aufenthalt lesbar in meine *Notes* ein, so daß ich Dich heute reich machen kann.

Die Schilderung Deiner Leistungen im Heim klingen sehr erfreulich u. auf Deinen Photos siehst Du sehr erwachsen aus. Laß es Dir weiter gut gehen. Bei uns ereignet sich alles mögliche. Großmama ist heute 77 J. alt geworden u. sehr frisch und gesund. Tante Anna fliegt Ende der Woche nach Paris zum Kongreß. Onkel Ernst glaubt er hat ein neues Haus für uns gefunden, auch mit Garten, der aber nicht so weite Aussicht hat wie der in den ich vom Schreibtisch aus jetzt schaue.

Schreib nur bald wieder wenn du nicht besseres zu tun hast.

Herzlich Großvater

Mlle Sophie Freud
Groupe Hauser »Grand Maison«
Morzine, Haute Savoie, France

5. 8. 1938

PROF. D^R. FREUD

39 ELSWORTH ROAD
LONDON, N.W.3

Meine liebe Sophie

Ich wünsche Dir alles Gute und Schöne zum Geburtstag und da die letzte Sendung Dich erfreut hat wiederhole ich sie heute.

Herzlich Großvater

Mlle Sophie Freud
Paris XVIe
6 rue Eugène Manuel

20 Maresfield Gardens

PROF. D^R. FREUD

~~39 ELSWORTH ROAD~~
LONDON, N
26. 10. 1938

Meine liebe Sophie

Ich antworte Dir nicht so oft als Du mir schreibst, aber schreib mir nur recht oft wenn Du etwas besonderes erlebst oder etwas brauchst. Ich freue mich mit jedem Brief von Dir.

Gut zu hören daß Du gegen Deiner Erwartung das Examen bestanden hast. Auch Freundinnen wirst Du hoffentlich bald finden.

Wir überwinden langsam die Kinderkrankheiten des neuen Hauses. Tante Minna geht es besser obwohl noch lange nicht gut.

Herzlich grüßt Dich Großvater.

PROF. SIGM. FREUD   20 MARESFIELD GARDENS
                                    LONDON N.W.3
                                    TEL: HAMPSTEAD 2002
                                    20. 12. 1938

Großvater schickt Dir und Mutter herzliche Weihnachtswünsche.

PROF. SIGM. FREUD   20 MARESFIELD GARDENS
                                    LONDON N.W.3
                                    TEL: HAMPSTEAD 2002
                                    1. 5. 1939

Meine liebe Sophie
Mit Deinem Brief nach längerer Pause habe ich mich sehr gefreut. Für Deinen Schützling kann ich natürlich nichts tun aber Du hast es auch kaum erwartet. *[Ich hatte meinen Großvater gefragt, ob er einer meiner Freundinnen aus Wien heraushelfen könnte.]*

Grade jetzt wo ich eine anstrengende Behandlung durchmache kann es mir gar nicht gut gehen. Vielleicht zeigt sich später ob sie viel geholfen hat.

Gerne möchte ich Dich und die kleine Eva bei mir sehen aber die Zeiten gestatten keine erfreuliche Unternehmung.

Nein, ich glaube nicht daß es so bald zu einen Krieg kommen wird. Für die fernere Zukunft kann – ich – und niemand verbürgen.

Herzlich grüßt Dich

Großpapa.

Mein Großvater hatte offensichtlich Geld, englische Pfunde, in zwei seiner Briefe mit hineingelegt. Das Geld wird, wie wir hören werden, unausgegeben und auch unkonfisziert, vier Jahre später in den Vereinigten Staaten ankommen.

Mein vielgeliebter Großvater,
Noch immer, sogar jetzt, in meinen sehr alten Jahren, kommen mir Tränen, wenn ich Deine liebevollen Briefe – wenigstens empfinde ich so – lese. Vielleicht war ich Dir doch wichtig, wenn ich auch nicht Dein liebstes Enkelkind war; das starb ein Jahr bevor ich geboren wurde, und Du schriebst einem Freund, daß Du niemals einen Enkel in derselben Art lieben würdest. Ich glaube daß Du meine Cousine Eva auch mehr als mich liebtest. Vielleicht

habe ich diesen Eindruck, weil sie Dich im Sommer 1939 besuchen durfte, kurz bevor Du gestorben bist. Warum hast Du mich nicht eingeladen, Dich zu besuchen, in dem Sommer vor dem Krieg – dem Sommer vor der Finsternis? Oder vielleicht denke ich, Eva war Dein Lieblingsenkel nach Heinele, weil es ein Foto gibt mit Eva auf Deinem Schoß, so wie Heinele auf Deinem Schoß saß. Ich erinnere mich nicht, je auf Deinem Schoß gesessen zu haben, und das hätte ich doch nicht vergessen.

Ich weiß, Du hast mich wöchentlich über viele Jahre gesehen, und Du gabst mir immer großzügiges Taschengeld, das mir die Tür zum Burgtheater öffnete, aber ich wollte eigentlich kein Geld, ich sehnte mich nach Deiner Liebe. Geld war da eher hinderlich.

Ich erinnere mich an Dich als alten und kranken Mann, mit einer Hand im Mund, immer mit Schmerzen, ein Großvater von wenigen Worten. Unsere Besuche in Deinem heiligen Büro waren kurz – das Fräulein war vielleicht dabei oder Onkel Alexander – Du sagtest ein paar Worte, schautest mich aufmerksam an, um Dich zu versichern, dass man gut auf mich aufpasste, zwicktest mich in die Wange – Dein Kosezeichen – gabst mir Geld, gabst Fräulein Geld, und der Besuch war zu Ende.

Nur einmal, liebster Großvater, gingen wir zusammen im Sommer im Garten in Grinzing spazieren und sammelten Nüsse. Ich wusste damals schon, dass dies ein seltener und kostbarer Moment war, ein Moment purer Freude, der sich für immer in meinem Gedächtnis eingeprägt hat. Wenn Du gewusst hättest, wieviel mir dieser kleine Spaziergang mit Dir allein bedeutete, hättest Du das vielleicht öfter arrangiert. Und warum, Großvater, war ich nie zu einem Familienessen eingeladen? Manchmal durfte ich noch ein paar Minuten dabei sein, wenn das Sonntag-Mittagessen schon angefangen hatte, und ich sah neidisch zu, wie Du, während des Essens, Jofi [der Hund] mit Schinken oder anderen Leckerbissen verwöhntest. Ich beneidete Jofi nicht um den Schinken, obwohl es die Sorte Schinken war, die es bei uns nur bei Mutters Jours gab, sondern weil ich bemerkte, wie sehr Du Jofi, die immer bei allen Mahlzeiten dabeisein durfte, in Dein Herz geschlossen hattest. Deswegen beneidete ich sie.

Als Du durch Paris kamst, konnte ich den Abend nicht mit Dir verbringen, war ausgeschlossen von anderen Familienmitgliedern, die Dich damals umringten. Ich weiß, dass man meine schwierige Mutter auch hätte einladen müssen, wenn man mich eingeladen hätte, und vielleicht hatte ihre Gegenwart in Wien im allgemeinen Deine mögliche Freude über Deine Wiener Enkelkinder überschattet.

Aber als wir getrennt wurden, schriebst Du mir liebevolle Briefe, adressiertest das Kuvert sogar selber, danktest mir für meine Briefe, drücktest Deine Zufriedenheit mit meinen Fortschritten aus und gabst mir das Gefühl, dass Du mir näher standest, als ich es vorher gespürt hatte.

Liebster Großvater, dass ich Dein Enkelkind bin, hat mein Leben gestempelt. Du warst eine gütige und schützende, aber auch distanzierte Anwesenheit in meinen jungen Jahren. Meine frühe Identität als Prinzessin hat mir in schwierigen Zeiten geholfen, standfest zu bleiben; sie hat mich vor den zerstörerischen Selbstzweifeln, die meine arme Mutter so quälten, beschützt; mich ermutigt, eigenständig zu denken und meine Stimme zu erheben; und gab mir sogar den Mut, Deine Theorien zu kritisieren, was Du mir niemals verziehen hättest. Es gab Zeiten, da war es mühsam, vor allem als Dein Enkelkind angesehen zu werden, aber im allgemeinen hat Dein mächtiger Schatten mein Leben mehr bereichert als eingeengt. Es war mein großes Glück, mein riesiges Privileg, als Dein Enkel in die Welt zu kommen, und ich danke Dir für alles, was Du für mich getan hast. Dein Sopherl

2
Franz-Josefs-Kai 65

Während meine Mutter schließlich auf drei Kontinenten gelebt hat, verbrachte sie ihre ersten 42 Lebensjahre nicht nur in derselben Stadt Wien, sondern seit ihrem elften Lebensjahr sogar im selben Haus. Sie musste nach ihrer Heirat nicht einmal die Adresse ändern.

Meine Großeltern mütterlicherseits hatten den ganzen zweiten Stock eines ziemlich herrschaftlichen Hauses gemietet. Eigentlich war es der dritte, denn unter dem ersten Stockwerk gab es noch das Mezzanin. In vielen Wiener Häusern heißt der erste Stock Parterre, der zweite Mezzanin, und manchmal gibt es sogar noch ein Hochparterre, wodurch die erste Etage oft zur vierten wird. Diese Sitte entstand, um durch das Einfügen von Zwischengeschossen die behördlich vorgeschriebene Anzahl an Stockwerken zu umgehen oder aber, weil Häuser pro Stockwerk besteuert wurden, Parterre und Mezzanin aber nicht als vollwertige Etagen galten. Unser Haus jedoch hatte nur ein Mezzanin und einen gut funktionierenden Aufzug, den wir die meiste Zeit benützten. Und es war auch nicht jene Art von Aufzug, für die Besucher eine Münze benötigten wie in manchen anderen Gebäuden.

Die Wohnung meiner Großeltern hatte ursprünglich zwei nebeneinanderliegende Eingangstüren, von denen eine in den vorderen Teil und eine in den hinteren Teil der Wohnung führte, wo sich Großvater Druckers Büro befunden hatte. Es war genau dieselbe Anordnung wie in der Wohnung meiner anderen Großeltern in der Berggasse. Als meinen Eltern bald nach meinem Erscheinen auf dieser Welt die Dreizimmerwohnung zu klein wurde, ging mein Großvater Drucker in Pension. Mutters beide jüngeren Schwestern hatten die Familie verlassen und waren mit ihren Ehemännern nach Berlin beziehungsweise Prag gezogen. Die Familie meiner Großeltern bestand also nur noch aus drei Personen, wenn man das im Hause wohnende Dienstmädchen Mitzi – das, wie es üblich war, in einer dunklen Kammer neben der Küche wohnte – dazuzählte. Sie brauchten nicht mehr so viel Platz. Das Büro und vielleicht auch ein paar weitere Zimmer wurden in eine eigene Wohnung umgebaut. Die Zeiten waren hart, es herrschte Wohnungs- wie Geldmangel, und es muss für das junge Paar ein großes Glück gewesen sein, in eine relativ große, dem Mieterschutz unterliegende Wohnung einziehen zu können. So kam es, dass meine Mutter, das älteste der Kinder, die ei-

gentlich ein Sohn hätte werden sollen und, so vermute ich, von den drei Töchtern am wenigsten geliebt wurde – obwohl sie sich für Vaters Lieblingstochter hielt –, während der ersten (und de facto einzigen) 19 Jahre ihrer Ehe neben ihren Eltern wohnte.

Das Haus, in dem wir lebten und wo ich aufwuchs, Franz-Josefs-Kai 65, stand an der Kreuzung zwischen Franz-Josefs-Kai und Maria-Theresien-Straße, beide benannt nach Habsburgern, die sich um die Liebe und Dankbarkeit der Wiener Juden, einschließlich meiner Eltern, verdient gemacht hatten. Die Fenster der Wohnung meiner Großeltern gingen auf den eleganten Kai am Donaukanal. Aber alle unsere Fenster schauten mit Ausnahme des Eckzimmers auf die eher bescheidene Maria-Theresien-Straße und insbesondere auf die Rossauer Kaserne – eine ziemlich imposante Kaserne aus roten Ziegeln, die sich über etliche Quergassen erstreckt und rundherum mit Zinnen bestückt ist. Damals wurde sie noch benützt. »Mir ist schon mies genug von der Kaserne vis-à-vis«, schreibt mein Vater 1927, als er begierig seinen Urlaub plant. Die Rossauer Kaserne war nicht in Hörweite, aber doch nah genug, um freundliche Blicke zwischen einzelnen unserer Haushaltshilfen und den dort lebenden Soldaten auszutauschen, wenn auch mein letztes Fräulein über solche Narreteien erhaben war.

Zweimal in meinem späteren Leben hatte ich Gelegenheit, in diese meine Kindheitswohnung zurückzukehren. Das zweite Mal, erst vor einigen Jahren, stand die Wohnung leer und sollte renoviert werden. Ich lehnte mich aus dem Eckzimmer auf den Kai und genoss die großartige Aussicht, den Donaukanal entlang bis zum Kahlenberg und dem Wienerwald in der Ferne. All dies hatte ich in den beinahe 14 Jahren, die ich dort verbrachte, nie bemerkt, und auch nicht 1960, als ich das Gebäude zum ersten Mal wiedersah und begierig war, meinem Mann all die Plätze zu zeigen, wo ich aufgewachsen war. Jener Besuch war sehr kurz, denn der Bewohner der Wohnung, immer noch derselbe Arzt, der die Wohnung nach unserer Abreise übernommen hatte, schimpfte andauernd über unsere Köchin, »diesen ekelhaften Trampel«, die als letzte die Wohnung verlassen und die Badewanne abgerissen und mitgenommen hatte.

Aus demselben Fenster konnte man, wenn man geradeaus blickte, die Augartenbrücke sehen, die von dem ersten über den Donaukanal in den zweiten Bezirk, in die Leopoldstadt, führt. Wir hatten selten Gelegenheit, diese Brücke zu überqueren. Die meisten osteuropäischen Juden, die nach Wien kamen, siedelten sich in der Leopoldstadt an. Auch die Familien drei meiner Großeltern kamen dorthin, und Urgroßmutter Freud und Stiefurgroßmutter Schramek blieben weiter dort wohnen, für den Rest ihres Lebens. Die meisten Familien zogen aus, sobald sie zu etwas Geld gekommen waren, wobei der nächste Halt der neunte Bezirk war, wo meine väterlichen Großeltern keine zehn Gehminuten von unserem Haus entfernt wohnten. Unser Haus lag in dem sehr angesehenen ersten Bezirk, grenzte aber direkt an die Leopoldstadt wie an den neunten Bezirk, der auf der anderen Seite der Maria-Theresien-Straße begann. Wenn man nicht in Wien geboren ist, mag man eine so lange Abhandlung über die Wiener Bezirke für unangebracht halten. Wenn jedoch zwei in Wien geborene Leute einander irgendwo auf der Welt begegnen, fragen sie sofort, in welchem Bezirk die andere Person einst gelebt hat. Dadurch lässt sich nämlich ihre Religion und ihr sozialer Status mit großer Wahrscheinlichkeit feststellen, was das Wichtigste zu sein scheint, wenn wir einen Fremden treffen.

3
Zimmer voller Erinnerungen

Am Ufer des Donaukanals befand sich ein Park, der Kaipark, der heute der U4-Station Schottenring gewichen ist, unser altes Haus jedoch steht immer noch unbeeinträchtigt dort, mit demselben schmiedeeisernen Eingangstor, das ich heute sehr bewundere, das mir als Kind aber nicht weiter auffiel.
    Als Kind brachte ich viele Stunden damit zu, alleine im Kaipark Diabolo zu spielen. Ich kann nicht verstehen, wieso ameri-

kanische Kinder und vielleicht alle Kinder heute dieses interessante und anspruchsvolle Spiel nicht kennen. Es besteht aus zwei kurzen mit einer Schnur verbundenen Stöcken und einer Spule ungefähr in der Größe einer Birne, die auf der Schnur balanciert, in die Luft geworfen und auf der Schnur wieder aufgefangen werden muss. Es können auch andere Balancierkunststücke vollführt werden. Ich gab vor, eine ganze Gruppe von Kindern zu sein, die miteinander wetteiferten, aber ich bestand nicht darauf, immer zu gewinnen. Oft warfen andere Figuren, die ich darstellte, die Diabolospule höher oder fingen sie fehlerfreier auf als ich. Als ich einmal schon sechs oder sieben war, kam das gleichaltrige Kind der Hausmeisterfamilie dazu und spielte mit mir. Obwohl wir nur ein paar Stockwerke voneinander entfernt wohnten, hatten wir noch nie miteinander gespielt. Ich sollte vielleicht erklären, dass Hausmeister sozial niedriggestellte Menschen waren und man das Wort »Hausmeister« als Schimpfwort für vulgäres Verhalten verwendete.

Da ich nun eine reale und keine imaginäre Gegnerin beim Diabolo hatte, ergab sich daraus heftiger Streit. Später beklagte ich mich bei meiner Mutter darüber. Da kreischte sie hysterisch: »Ich schicke dich nicht auf eine teure Schule, damit du dich mit Hausmeisterkindern streitest!« Mehr als 70 Jahre später erinnere ich mich immer noch an mein Herzklopfen und die unruhige Nacht, die dieser Einführung in unser Klassensystem folgten. So lernte ich bald, mit kindischen Klagen nicht mehr zu meiner Mutter zu laufen. Und ich spielte nie wieder mit diesem kleinen Mädchen.

Meine Mutter sollte später an der Volkshochschule Ottakring unterrichten, einem Wiener Arbeiterbezirk, und ich habe niemals aus ihrem Mund ein abfälliges Wort über ihre Schüler vernommen. Sie wählte vielmehr die Sozialdemokratische Partei Österreichs, die Roten, und nicht die Schwarzen. Sie sympathisierte mit der Sowjetunion, mindestens während des Krieges. Doch ihr Klassenbewusstsein saß tief und mag ihr über die erste Zeit der Armut in den Vereinigten Staaten hinweggeholfen haben. Als amerikanische Matrosen bei unserer Ankunft in den USA in der Nähe von Baltimore unser portugiesisches Schiff betraten, umarmten viele Flüchtlinge diese sanft aussehenden jungen Männer in ihren sauberen weißen Uniformen mit wilder und tränenreicher Zuneigung. Nicht so meine Mutter. Bei ihrer Ankunft in einem neuen fremden Land, ohne einen Groschen Geld und ohne Obdach, flüsterte sie mir verächtlich zu: »Wie lächerlich, das sind doch nur ungebildete Matrosen.«

Unsere Wohnung war T-förmig. Der Querbalken des T bestand aus einer Aneinanderreihung von vier Zimmern auf die Maria-Theresien-Straße und die Rossauer Kaserne. Das an die Wohnung der Großeltern angrenzende Eckzimmer war das große Schlafzimmer meiner Eltern mit den schon erwähnten Messingbetten. Daneben befand sich das Wohnzimmer, das man Herrenzimmer nannte. Von dort ging es in das große Speisezimmer und schließlich ins Kinderzimmer, das letzte des T-Balkens, das ich mir mit meinem Bruder und dem jeweiligen Fräulein teilte und das auf dem Fußboden nur Linoleum hatte. Das einzige Badezimmer, ohne Toilette und mit Blick auf den Hof, grenzte an das Kinderzimmer.

Der Stamm des T war der Flur, der auf halbem Weg ins Speisezimmer führte. In diesem Flur lag genau gegenüber des Eingangs die vom Badezimmer getrennte Toilette, wie es in Österreich immer noch häufig üblich ist. Da man nachts entweder vom Schlafzimmer durch Wohnzimmer, Speisezimmer und Flur gehen musste oder vom Kinderzimmer durch Badezimmer, Küche und Flur, um die Toilette zu erreichen, verwendeten die Leute Nachttöpfe, die tagsüber im Nachtschrank neben dem Bett aufbewahrt wurden. Neben der Toilette gingen das Dienstmädchenzimmer und die Küche auf den Flur. Diese drei Räume hatten Fenster zum Hof, der so freudlos war, dass er einem Schacht glich. Die Wohnung war für Familien gebaut, in denen Köchinnen und weniger die Dame des Hauses sich in der Küche aufhielten, und die Küche galt deshalb als unwürdig, von der Sonne beschienen zu werden. Ich habe bereits erwähnt, dass Mitzi, die meine mütterlichen Großeltern in ihren späteren Jahren versorgte, in einem dunklen Verlies wohnte. Auch unsere Köchinnen bewohnten finstere, spärlich möblierte Gehäuse, die kaum größer waren als die Toilette nebenan. Diese Art Dienstmädchenzimmer gab es in allen Wohnungen, in die ich jemals eingeladen wurde, und sie galten als absolut selbstverständlich. Als die Familie Freud nach London emigrierte, wo sie das Glück hatten, in einem eleganten zweistöckigen Haus mit Garten zu residieren, bewohnte das Dienstmädchen Paula, das mit ihnen gekommen war, ein kleines Zimmer neben der Küche, das ebenso unscheinbar war wie ihr Zimmer in der Berggasse. Ich bin sicher, dass sie die Wahl hatte, es aber für unangemessen hielt, in einem größeren, sonnigeren Raum zu wohnen.

Dies ist eine günstige Gelegenheit, um abzuschweifen und unsere Haushaltshilfen zu beschreiben. In meinen ersten Lebensjahren gab es viele verschiedene Fräuleins und Köchinnen. Einige Wechsel ergaben sich vielleicht aus dem streitsüchtigen Charakter meiner Mutter, aber nicht alle. Ich erinnere mich an ein Fräulein, das von einer angeseheneren Familie zu uns kam, wie sie des öfteren betonte, und die neben anderen geheimnisvollen Regeln darauf bestand, dass Kinder zu einer bestimmten Stunde Stuhlgang zu haben hatten. Es war für uns eine große Erleichterung, als Mutter ihrer Autorität Geltung verschaffte und uns vor ihr beschützte. Kinder bekommen die Verhältnisse schnell mit. Man kann sich an die Mutter wenden, wenn ein Fräulein zu streng ist, nicht aber umgekehrt. Jedenfalls hatte ich nie Grund, mich über mein letztes Fräuli zu beschweren.

Etwas Stabilität hielt Eingang in unseren Haushalt, als Amalia Schober aus Wolfsberg in Kärnten und Rosa Schwarz, auch sie vom Land, zu uns kamen. Vermutlich wurden beide von Großmutter Freud ausgesucht, und für beide war die Anstellung bei uns ihr erster Job in Wien. Fräulein kam zu uns, als ich sieben war, Rosa ein paar Jahre später. Sie hatten ihre jeweils eigenen Aufgabengebiete, wobei Rosa überwiegend das tägliche Putzen, den Einkauf und das Kochen erledigte. Fräulein war anfangs für die Kinder verantwortlich, für das Kinderzimmer und unsere leichten Abendessen, denn unsere Eltern speisten abends selten zu Hause. Amalia und Rosa hatten beide ihre freien Tage, ich glaube anderthalb Tage in der Woche, und wahrscheinlich nicht gleichzeitig. Außer Frage stand immer der höhere soziale Status des Fräuleins gegenüber dem von Rosa, was dadurch zum Ausdruck kam, dass sie mit der Familie aß und im Kinderzimmer schlief, wobei aus meiner heutigen Sicht keines dieser beiden Privilegien von besonderem Vorteil war. Sollte es Konflikte oder Eifersüchteleien zwischen diesen beiden Dienstbotinnen gegeben haben, so achteten sie darauf, sie für sich zu behalten. Wie die meisten Mittelschichtfamilien damals hatten wir auch eine Waschfrau, die einmal wöchentlich die große Wäsche erledigte. Aus einem Grund, den ich gern von meiner Mutter erfahren hätte, mussten alle Leintücher, Servietten und Polsterüberzüge vor dem Waschen abgezählt und dann erneut gezählt werden, nachdem sie fertig waren, herrlich gebügelt und zusammengefaltet. Außerdem kam vielleicht zweimal monatlich eine sehr nette Näherin ins Haus, die alle Näharbeiten erledigte, meistens Reparaturen, denn unsere Kleider ließen wir bei einer Schneiderin anfertigen. Ich glaube, Kleider von der Stange waren damals noch selten und tauchten in Wien erst in den letzten Jahren vor unserer Abreise auf, und ich erinnere mich noch gut an das große Ereignis meines ersten Kleids, das man mir im Alter von zwölf Jahren bei Gerngroß kaufte.

Als wir älter wurden und kein Fräulein mehr benötigten, wurde sie zur – wie soll ich es nennen? – persönlichen Assistentin meiner Mutter, zu ihrem Zimmermädchen, zur stets verfügbaren Vertrauten und finanziellen Vermittlerin zwischen meiner Mutter und ihrem Mann, alles in einer Person. Mutter erwähnt, wie Fräulein ihr beim Nähen ihrer Kostüme für ihre Lyriklesungen behilflich war, was gewiss bedeutete, dass Fräulein unter Mutters Anleitung die ganze Näharbeit verrichtete. Mutter erwähnt Fräulein in ihrer Autobiographie kaum und auch ich ließ Fräulein weniger Wertschätzung zukommen, als sie es verdient hätte. Als ich das Buch über »Meine drei Mütter« schrieb, war Fräulein nicht darunter – sie war ein Fräulein und keine Mutter.

Bald werden wir von beiden Eltern hören, wie Rosas Freund, ein Nazi, sich als potentieller Familienbeschützer aufspielte, meiner Meinung nach eher in Worten als in Taten.

Das Herrenzimmer bildete eindeutig den Mittelpunkt des Familienlebens – nun ja, des Familienlebens ohne meinen Vater, von dem ich in meiner Erinnerung kein Bild im Wohnzimmer habe, was absurd ist, denn er muss sich dort doch viele Male aufgehal-

ten haben. Auf dem Fußboden lag ein Perserteppich, und der Raum war wie alle Zimmer der Wohnung tapeziert. Es war ein gemütlicher dunkler Raum, beheizt von unserem kostbaren Dauerbrandofen, den Rosa jeden Morgen mit Koks fütterte und der den Großteil der Wohnung angemessen warm hielt. Ich sehe mich selbst in einem der beiden prallgefüllten Fauteuils zu beiden Seiten des Ofens sitzen, tagelang in Tränen aufgelöst über das Los des jungen David Copperfield. Ich erinnere mich noch an das Bild der Mona Lisa an der Wand, und daneben hing der Dürer-Druck von Adam und Eva mit der Schlange, die sich um den Apfelbaum windet, ein Bild, das ich so genau beschreiben kann, weil es mit uns nach Paris und schließlich in Mutters Wohnung in New York City gereist ist, und nach ihrem Tod in mein eigenes Wohnzimmer, wo ich es betrachten kann, während ich diese Zeilen schreibe. In einer Ecke stand eine hohe schwarze Kredenz mit einer Öffnung für ein Schreibpult, Mutters aus schwarzem Holz geschnitzter Sekretär, der uns nach Paris nachgeschickt wurde, doch kein Möbelstück schaffte es bis New York City. Auf dem Kamin standen zwischen anderen Nippsachen zwei Menoras aus Messing, bloß zur Dekoration, denn wir feierten kein Chanukka, und so sind sie auch in meinem Wohnzimmer nichts als Schmuckgegenstände.

Ich habe erwähnt, dass es das Zimmer war, in dem Mutter mit uns und ihrem Pianisten für ihre Lyriklesungen übte. Es war auch das Zimmer, in dem Mutter ihre Privatpatienten empfing. Und auch die folgende unvergessliche Szene trug sich im Herrenzimmer zu, vor dem Dauerbrandofen.

Hatte meine Mutter die ganze Zeit über einen Schirm in der Hand, oder lag er zufällig in der Nähe? Warum sollte sich ein Schirm im Wohnzimmer befinden? Aber da stand sie vor dem gemütlichen Ofen und fragte meinen Bruder, wen er für die beste Mutter der Welt halte. Sie fragte das in einem unbedrohlichen, täuschenden Tonfall, als ob sie offen sei für eine ehrliche Stellungnahme. Er zögerte, schluckte und gab dann zu, dass Reserl Schaars Mutter ihm die beste zu sein schien. Darauf schrie Mutter ihn an und schlug ihn. Außer sich vor Wut schlug sie immer und immer wieder auf ihn ein, mit einem Schirm, daran erinnere ich mich genau.

Walters »Ernestine«

Es muss bald nachher passiert sein, dass sie mich mit einer heuchlerischen Stimme fragte: »*Wer ist nach deiner Meinung die beste Mutter der Welt?*« Natürlich erwartete sie die Antwort: »Du, liebe Mutter«. Aber ich hatte die Mütter vieler meiner Freunde getroffen, die im Vergleich zu meiner hysterischen Mutter viel besser abschnitten. So sagte ich wahrheitsgetreu: »*Es ist die Frau Schaar*«, die Mutter meiner Freundin Reserl, die wirklich eine reizende Person war. Für dieses Stück Wahrheit hat Esti mich geschlagen.

Wie seltsam, dass mein Bruder und ich denselben Vorfall in derart ähnlichen Worten im Gedächtnis behalten haben, obwohl ich meine Erinnerung ein Jahr vor Eintreffen seines Beitrags aufschrieb und er nie etwas von meinen Aufzeichnungen gesehen hat. Die Rekonstruktion von Erinnerungen genießt seit einiger Zeit einen schlechten Ruf, nicht ohne Grund, wie wir diesen Seiten entnehmen können. In diesem Fall aber muss sich das traumatische Erlebnis dem kleinen Mädchen und ihrem älteren Bruder genauso eingebrannt haben.

Wie sehr meine Mutter unter mangelnder Aufmerksamkeit litt, zeigt sich auch daran, dass sie viele Jahre später meine Kinder nicht ein Mal, sondern wiederholt verzweifelt fragte, welche Großeltern sie am meisten liebten.

Im Herrenzimmer fanden auch Mutters Empfänge statt, obwohl sie sich natürlich in das Speisezimmer ausdehnten. Wir nannten sie »*Jours*«, *ein französisches Wort, das der Larousse als den Tag definiert, an dem eine Dame Gäste empfängt. Viele Gäste drängten sich auf ziemlich engem Raum. Abgesehen von meiner Mitarbeit bei der Vorbereitung, durfte ich die Hors d'œuvres herumreichen und einen Knicks machen, wenn ich Neuankömmlingen vorgestellt wurde.*

Freuds Patienten waren überwiegend Menschen aus dem Ausland, und Martin kümmerte sich um ihre Finanzangelegen-

heiten. Er benötigte eine Verbindung zu einem bestimmten Bankhaus, um für das Geld dieser Ausländer einen besseren Wechselkurs zu erreichen. Er konnte kein Entrée in dieses Bankhaus finden. Um meine Privatpraxis voranzutreiben, gab ich jeden Monat einen Empfang in meinem Heim, eine Art literarischen Salon. Musiker spielten ihre Kompositionen, Schriftsteller trugen die neuesten Kapitel ihrer Romane vor und Dichter ihre letzten Gedichte. Martin verachtete und sabotierte meine Empfänge und nahm nie daran teil. Auf einer meiner Kreuzfahrten lernte ich ein reizendes junges Paar in ihren Flitterwochen kennen. Ich lud sie zu meinen Partys ein. Und zufällig war der junge Mann der Juniorpartner des Bankhauses, das Martin für seine Valutentransaktionen benötigte. Die Geschäftsanbahnung war ein Kinderspiel, und Martin bekam nicht nur einen günstigeren Wechselkurs für seine ausländischen Kunden, sondern konnte auch für sich selbst einen schönen Profit herausschlagen. Danach war Martin meinen Gesellschaften gegenüber weniger feindselig eingestellt.

Vor den Jours war Mutter ähnlich aufgeregt wie vor ihren Auftritten, wobei es in diesem Fall darum ging, ob die Eingeladenen ihre Einladung annehmen würden. Lehnten sie ab, fasste sie es als persönliche Beleidigung auf, und der Übeltäter wurde für alle Zeiten von ihrer Liste gestrichen. Ich hatte eine Lateinnachhilfelehrerin, ein Mädchen ein paar Jahre älter als ich, das noch unser Gymnasium besuchte, nur ein paar Klassen höher. Sie war nicht nur eine sehr gute Lehrerin, sondern auch eine von mir bewunderte ältere Freundin. Sie kam nicht zu einer von Mutters Jours, obwohl ihre Einladung als absolutes Entgegenkommen der jungen Frau gegenüber verstanden worden war. Dass sie augenblicklich auf die schwarze Liste kam, bedeutete für mich eine ernsthafte Gefährdung dieser wichtigen Beziehung. Für gewöhnlich versuchte ich keine erwachsene Person, die ich bewunderte, Mutter vorzustellen, da die Gefahr eines ähnlichen Streits immer in der Luft hing, aber manchmal klappte diese Strategie eben nicht.

Die Streitereien meiner Mutter, bei denen ich entweder dabei war oder von denen ich hörte, waren die Hintergrundmusik meiner Kindheit und noch Jahre darüber hinaus, weil sie ihr ganzes Leben lang Streits hatte. Sie stritt sich mit meinem Vater, mit meinem Bruder, ihren Schwestern, meinem Fräulein, der Köchin, mit Mitgliedern der Freud-Familie, mit vielen ihrer Kollegen und Freunde. Ich lernte zu unserem jüdischen Gott zu beten. »Schma Israel«, *betete ich,* »bitte lass Mutter morgen mit niemandem streiten, oder lass sie mit mir streiten anstatt mit jemandem anderen.«

Nicht dass Mutters Streitigkeiten meine einzige Sorge waren. Ich fürchtete mich auch vor Einbrechern, vor einem Unfall von Mutter auf der Straße, vor Erdbeben und vor der Erkrankung an Lepra. Ich hatte in irgendeinem Schundheft gelesen, dass Lepra mit einem weißen Punkt auf der Handfläche ihren Anfang nimmt, und untersuchte das Innere meiner Hand recht häufig. Die Angst vor Erdbeben kam daher, dass mein Bruder mir versicherte, Wien liege an einer Erdbebenlinie. Mutter wurde tatsächlich von einem Auto angefahren, an einem Abend nach einem Streit mit Vater, und Einbrecher sollten über kurz oder lang in unserer Wohnung auftauchen, wenn auch als Nazibeamte verkleidet, die eine Hausdurchsuchung durchführten.

Es ist offensichtlich, dass unser Wohnzimmer überbeansprucht war und unsere vierköpfige Familie plus zwei im Haushalt lebende Dienstboten ein nicht zu übersehendes Raumproblem darstellten. Ich habe beschrieben, wie das große Eckschlafzimmer an die Wohnung meiner Großeltern angrenzte, mit einer fest verschlossenen Tür dazwischen, die nie geöffnet wurde. Ich habe keine Ahnung, wie die Wohnung ausgesehen hat, als meine Eltern einzogen, und ob es damals Konflikte gab, später aber erinnere ich mich an zornige Auseinandersetzungen zwischen Mutter und Großmutter Drucker darüber, wo die Teilung hätte stattfinden sollen und wie man das ändern könne. Mutter wollte die Grenze zwischen den beiden Wohnungen um einen neben unserem großen Schlafzimmer gelegenen Raum, den meine Großeltern nie benützten und der nicht beheizt wurde, verschieben. Es war ein kleines Museumszimmer von, in meinen damaligen Augen, außerordentlicher Schönheit. Es hätte in Schön-

brunn sein können, mit Stühlen aus blauem Seidenbrokat, einem Schreibtisch mit Intarsien und einem Glasschränkchen voller Porzellanfiguren. An den Wänden hing die Gemäldesammlung meines Großvaters. Mein Bruder trauerte bis zu seinem Tod dieser Gemäldesammlung nach – wer weiß, vielleicht war auch ein Klimt darunter, aber mir ist das egal. Ich betrat dieses Zimmer vielleicht einmal im Jahr, freilich nur mit der ausdrücklichen Erlaubnis meiner Großeltern und begleitet von Ermahnungen, nur ja nichts anzurühren, und jedes Mal entdeckte ich einen neuen Schatz, der mir bislang entgangen war. Es war also das blaue Zimmer, das meine Mutter wollte, und immer und immer wieder klagte sie, wie beengt wir in unserer Wohnung lebten und dass sie für ihre Jours einen zusätzlichen Raum benötige, und ihre Mutter möge ihr doch dieses Zimmer geben. Meine Großmutter aber blieb unnachgiebig.

Statt dessen kam es schließlich zu einer Veränderung, die auch die Entwicklung unserer Familie markierte. Das Speisezimmer wurde geteilt, die eine Hälfte erhielt mein heranwachsender Bruder, der nun sein eigenes Zimmer hatte.

Walters »Ernestine«

Als ich ein Teenager wurde, bekam ich mein eigenes Zimmer, das aus dem Speisezimmer herausgeschnitten wurde. Ich erinnere mich ganz genau an meine Gespräche mit den Architekten, welche Art Licht ich in meinem Zimmer wollte; es war die erste und letzte Gelegenheit, eine Familienentscheidung mitzubestimmen. Meistens wurden meine Bemerkungen, Vorschläge oder Wünsche vollkommen ignoriert oder von meinen Eltern verspottet. In meinem Zimmer konnte ich verhältnismäßig ungestört spielen.

Mein Fräulein wurde gebeten, sich in der Nähe ein Zimmer zu nehmen, und wahrscheinlich zahlte meine Familie die Miete. In wenigen Jahren sollte über ihrem Bett ein Bild von Hitler das Zimmer »schmücken«, zweifellos, um die Political Correctness meines Fräuleins zu bekunden. Mir hätte es Alpträume verur-

sacht, doch meinem Fräulein machte es nichts aus. Mein Vater zog in das Kinderzimmer, das vollkommen neu gestaltet wurde, mit einem Teppichbelag und Möbeln, die nicht zu all den alten Stücken in der restlichen Wohnung passten. Mir wurde das Bett meines Vaters im Hauptschlafzimmer zugewiesen. Ich war damals vielleicht zehn Jahre alt. Es machte mir wenig Spaß, den Platz meines Vaters einzunehmen, weder in seinem Bett noch im Leben meiner Mutter. Dieser Schritt regelte ein für allemal, was ich schon seit einigen Jahren geahnt hatte, dass nämlich ich und nicht mein Vater offiziell für das Wohlergehen meiner Mutter verantwortlich war.

Das Schlafzimmer
Den Franz-Josefs-Kai entlang fuhr eine Straßenbahn. So schlief ich in meinen letzten vier Wiener Jahren in einem Zimmer mit zwei Fenstern auf den Kai. Ich gewöhnte mich daran, beim beruhigenden Klang der Straßenbahn einzuschlafen, und dachte stets, ich würde mein ganzes Leben mit Stadtgeräuschen verbringen wollen. Doch das Gebimmel der Tram wurde von erschreckendem Gerumpel abgelöst. Endlose Ketten von Fahrzeugen, die mir als Panzer in Erinnerung geblieben sind, aber Lastwagen mit kriegerischen Gesichtern gewesen sein mussten, rollten häufig über den Kai. Ich weiß nicht, woher sie kamen und wohin sie fuhren, aber sie waren mit der Angst vor Krieg verbunden, die meine ganze Kindheit begleitete. Ein Krieg war eben zu Ende gegangen, mein Bruder und ich waren Nachkriegskinder, und ein weiterer Krieg war schon in Sicht. In der Schule, in der zweiten Klasse, als wir eben Schreiben gelernt hatten, forderte unser geliebter Lehrer uns auf, unser Arbeitsbuch – das orangefarbene mit dem festen Einband, das uns das ganze Jahr über begleitete – mit den Worten »Nie wieder Krieg« auf der ersten Seite zu beginnen, fast wie ein Buchtitel. Dann gab es die »Extraausgabe«-Rufe der Zeitungsjungen auf der Straße. Extraausgabe bedeutete, dass etwas Schreckliches passiert war, ein Bürgerkrieg vielleicht in unserer eigenen Stadt oder die Ermordung von Dollfuß.

Die Küche
Ich habe meine Kinder in einem Haus großgezogen, in dem die Küche in den Wohnbereich integriert war, und so lebe ich auch heute. In einem Haushalt ohne Dienstboten gibt es keine praktischere Methode, die Mahlzeiten zuzubereiten und gleichzeitig ein Auge auf kleine Kinder zu haben. Nicht dass es in der Wohnung meiner Kindheit ein Treppauf und Treppab gegeben hätte, aber die Küche war (zusammen mit der Toilette und dem Dienstmädchenzimmer) einer der wenigen abgetrennten Räume in der Wohnung, die ohne Durchgangszimmer betreten werden konnten. Trotz ihrer Dunkelheit war sie eine große und bequeme Küche, zweifellos den Standards der damaligen Zeit entsprechend gut ausgestattet. Einmal wöchentlich lieferte der Eismann riesige Eisblöcke, die in einen hölzernen Eiskasten gelegt wurden, es gab einen Gasherd und einen großen Tisch zum Zubereiten der Mahlzeiten und natürlich zum Essen, da Rosa anders als das Fräulein ihr Essen alleine in der Küche einnahm. Rosa war nett und immer freundlich und erzählte mir oft von ihrem eigenen kleinen Mädchen, das sie bei ihren Eltern auf dem Land gelassen hatte. Doch ich verbrachte nicht viel Zeit in der Küche mit Rosa und war mir nicht im klaren, wieviel ich von ihr hätte lernen können. Deswegen hatte ich nichts als mein Wiener Kochbuch, wenn ich im Laufe der Jahre immer wieder versuchte, einige der köstlichen Speisen nachzukochen, die sie für uns zubereitet hatte. Mutter brachte noch weniger Zeit in der Küche zu, doch einmal und manchmal sogar zweimal monatlich saßen Rosa, Fräulein, Mutter und ich um den großen Küchentisch und bereiteten Kanapees für den nachmittäglichen Jour vor. Nur bei Gerstner und bei Demel, den beiden elegantesten Wiener Konditoreien, habe ich Kanapees gegessen, die so köstlich waren und so appetitlich aussahen wie jene, die wir damals zauberten. So gab es eine Reihe mit Frischkäse und Kaviar und danach eine Reihe mit leicht überlappendem gelben Eiersalat und einem Kreuz roter Schinkenstreifen obenauf, und als nächstes zwei Spargelspitzen aus der Dose mit einer Tomatenscheibe dazwischen. Wir füllten Tablett um Tablett, und ich durfte dann – oder musste – mithelfen, sie den Gästen anzubieten. Rosa saß eigentlich die

meiste Zeit nicht bei uns, da sie damit beschäftigt war, die Kuchen für den Empfang zu backen, mein eigenes Interesse konzentrierte sich aber in ungeduldiger Vorfreude auf die Reste, besonders auf die Kanapees. Trotz meiner späteren Bemühungen ist es mir als Erwachsene nie gelungen, sie so nachzumachen, egal, wieviel rosa Räucherlachs und schwarzer Kaviar mir zur Verfügung standen.

Das Speisezimmer
Im Speisezimmer fanden die unangenehmsten Ereignisse meiner Kindheit statt. Auch dort gab es einen Perserteppich und elegante Möbel. Ich spreche von der Zeit, als meine Eltern getrennte Schlafzimmer hatten und gegenseitige Besuche selten waren. Und da, wie erwähnt, mein Vater sogar das Wohnzimmer nur sporadisch betrat, war das Speisezimmer der wichtigste Ort und das Mittagessen die beschränkte Zeit, die meine Eltern miteinander verbrachten.

Die Familienmitglieder nahmen Frühstück und Abendessen getrennt ein, zu Mittag aber speisten wir um ungefähr ein Uhr gemeinsam, obwohl es auch halb zwei werden konnte, da mein Vater sich, wie erwähnt, stets verspätete. Meine Mutter, die die Wartezeit mit Klagen und manchmal in Tränen bei ihren Eltern zubrachte, war deshalb gleich zu Beginn immer wütend.

Fräulein saß mit uns am Tisch, und Rosa trug das Essen auf. Eine Zeitlang kam ein armer blasser und dünner jüdischer Junge zu uns zum Essen – etwas, was die Kultusgemeinde arrangiert hatte –, zu seinem Glück wurde er allerdings in die Küche geschickt und gewiss nicht eingeladen, mit uns zu essen. Er war ein weiteres Kind ungefähr in meinem Alter, mit dem ich kein Gespräch führte, geschweige denn spielte, obwohl er regelmäßig in unser Haus kam.

Die Mahlzeit bestand aus einer Suppe, gefolgt von Fleisch (oder Fisch) und vielleicht Kartoffeln oder Reis sowie Gemüse und Obst, selten eine süße Nachspeise. Da meine Mutter von meinem Vater ein festes Haushaltsgeld erhielt, versuchte sie später – über mein Fräulein – etwas von dem Geld für ihre eigenen Bedürfnisse abzuzweigen; wir hatten also auch fleischlose Tage, *mindestens ein- oder zweimal wöchentlich. An diesen Tagen gab es köstliche Speisen wie Mohn- oder Nussnudeln, Marillen- oder Zwetschkenknödel und Milchreis. Natürlich hatte mein Vater nie einen fleischlosen Tag und wäre bestimmt außer sich gewesen, hätte meine Mutter ihm das zugemutet. Aus Angst, ebenso korpulent zu werden wie ihre Eltern, war meine Mutter stets auf Diät und aß wenig, und ich tat es ihr gleich, was mir den Ruf einbrachte, eine heikle Esserin zu sein.*

Kaum hatte er sich zu Tisch gesetzt, verschwand mein Vater hinter der Zeitung »Die Stunde«, die er in meiner Erinnerung die ganze Essenszeit hindurch las, obwohl ich mich frage, ob er die Zeitung während des Essens nicht doch beiseite legte. Während des Obstes, also gegen Ende des Mahls, brachte meine Mutter irgendein schwieriges Thema auf, das meistens mit Geld zu tun hatte, worauf mein Vater sie anzubrüllen begann und meine Mutter einen ihrer Anfälle bekam, sich zu Boden warf, mit Armen und Beinen um sich schlug und kreischte.

Walters »Ernestine«

Ich muss betonen, dass ich nicht der einzige war, den Estis Wutausbrüche trafen. Die eher seltenen gemeinsamen Mahlzeiten endeten damit, dass Esti, in ihrem heftigen Zorn auf Vater, etwas nach ihm warf. Die Mahlzeit nahm also mit Geschrei und Tränen ihren Abschluss. Aus kulinarischer Sicht war das enttäuschend, weil Rosa Schwarz, unsere Köchin, ihre Arbeit gut verstand und ausgezeichnete Mahlzeiten zubereitete.

Nach der verunglückten Mahlzeit verließ Vater das Haus so schnell wie möglich und kam unter Umständen erst spätabends nach Hause. In der Ecke des Speisezimmers befand sich ein Gasheizgerät, das meine Mutter nach einer solchen Krise anzündete, sich weinend daneben kauerte und meinen Trost erwartete. Anscheinend war der Betrieb des Heizgeräts sehr teuer, und da es eben erst einen riesigen Streit über Geld gegeben hatte, machte ich mir große Sorgen wegen der Kosten der Gasheizung.

Das Zimmer meines Vaters
Ich durfte meinen Vater oft in seinem neu eingerichteten eleganten Zimmer besuchen, besonders an Sonntagen während des Frühstücks. Das war hauptsächlich die Zeit, in der ich Kontakt mit ihm hatte. Während mein Vater sonst wenig Zeit mit mir verbrachte, war er doch stets freundlich zu mir, wurde aber sehr bekümmert und hilflos, wenn ich weinte, was aber selten vorkam. Woran ich mich am besten erinnere: ich schaute gerne zu, wie er ein Ei aß – das war mir verboten, weil ich angeblich auf Eier allergisch war. Auf seinem Frühstückstablett stand ein zierlicher blau-weißer Eierbecher aus Porzellan mit einem weichgekochten Ei. Er köpfte das Ei vorsichtig mit einem Messer, nahm den Inhalt des geköpften Teils mit einem Löffel heraus, salzte den Rest und aß es Löffel für Löffel. Brauche ich hinzuzufügen, dass ich trotz wahrscheinlich katastrophaler Auswirkungen auf meinen Cholesterinspiegel während des Großteils meines Erwachsenenlebens täglich ein weichgekochtes Ei esse?

Das Zimmer meines Vaters war auch der Ort für die monatlichen (oder vielleicht wöchentlichen) Abrechnungen zwischen Fräulein und ihm, denen ich beiwohnen durfte. Abgesehen vom vereinbarten Haushaltsgeld für Lebensmittel, legte sie ihm stets eine lange Liste vor: Geld für Sophies Lateinnachhilfe, neue Tennisschuhe für Walter, Tanzstunden für Sophie, Reparatur eines Fensterrahmens, Geld für einen Schulausflug, Geld für den Eismann, Trinkgeld für den Hausmeister für irgendwelche Zusatzleistungen und so weiter, es war eine lange Liste. Mein Vater klagte und stöhnte und haderte bei einzelnen Punkten, doch das Geld war schon ausgegeben, er befand sich auf verlorenem Posten und musste es schließlich herausrücken.

Das Kind wünschte, der Vater müsste nicht für die Tanzstunden zahlen, die es ohnehin hasste, und es wäre bereit gewesen, auf die Lacklederschuhe zu verzichten, die es zwar sehr liebte, aber eigentlich nicht unbedingt brauchte.

Natürlich erinnere ich mich besonders gut an die Möbel dieses Zimmers, weil sie später in meinem eigenen Zimmer in Paris standen.

4
Auf die Apokalypse warten

Da mein Mann leider von der Berggasse angestellt war, sah ich immer weniger von ihm. Tag für Tag ging er mittags vor dem Mittagessen und auch abends nach der Arbeit dorthin zu Besuch. Und die Wochenenden verbrachte er in den Bergen.

Im Winter 1934 erkrankte Martin schwer an einer Krankheit, die später als Nierensteine diagnostiziert wurde. Er achtete nicht darauf, ging Schi fahren, kehrte eines Tages aus dem Wochenende mit schrecklichen Schmerzen heim und musste sofort operiert werden. Als er aus dem Spital entlassen wurde, herrschte in Wien Bürgerkrieg. Eine österreichische faschistische Gruppe, die sich »Heimwehr« nannte, sich am Faschismus Mussolinis orientierte und von Graf Starhemberg angeführt wurde, hatte die Stadt Wien übernommen. Der sehr beliebte Bürgermeister von Wien, Karl Seitz, wurde abgesetzt, und als die Arbeiter von Wien dagegen protestierten, wurden sie mit Kanonen zusammengeschossen. Als Martins Arzt mich beauftragte, für den erholungsbedürftigen Patienten eine ruhige Umgebung zu schaffen, wurde draußen vor unseren Fenstern geschossen.

Die österreichische Heimwehr war ein Faschismusversuch, durch den man das Land davor zu retten hoffte, in die Fänge des Nationalsozialismus zu geraten. Graf Starhemberg, ein Nachkomme des Majors, der Wien gegen die Türkenbelagerung verteidigt hatte, war aber ein unbeliebter Führer, obwohl er eine Affäre mit Wiens schönster Burgschauspielerin hatte. Vermutlich wurde er durch die Erbin einer von Österreichs Rüstungsbetrieben finanziert. Für mich bewirkte die Heimwehr-Revolte, dass ich meine Rhetorikkurse an einen Heimwehrler abtreten musste. Einige Wochen später erhielt ich einen Anruf von dem neu eingestellten Dozenten, der mich um das Entgegenkommen bat, seinen Kurs zu übernehmen, da er seine Stimme verloren hatte und außerstande war, den Gruppenunterricht fortzusetzen.

Im Sommer 1934 erlitt Österreich erneut einen terroristischen

Schock. Der österreichische Heimwehr-Bundeskanzler Dollfuß wurde von einer Nazibande ermordet, die unbehindert in die Hofburg eindringen konnte, wo sich das Bundeskanzleramt befand. Es sah so aus, als würde die Nationalsozialistische Partei sofort die österreichische Regierung übernehmen. Doch der Putsch fand ein vorzeitiges Ende. Vielleicht war Hitler noch nicht bereit für einen großen Bissen, oder Mussolini wollte das Dritte Reich nicht vor seiner Tür haben. Kurt Schuschnigg, ein Christlichsozialer, wurde der letzte österreichische Bundeskanzler.

Als das passierte, befand ich mich mit den Kindern in Grado und war unschlüssig, was ich tun sollte – sofort nach Wien zurückkehren oder es in Grado aussitzen. Die Kinder, die sich in Grado sehr wohl fühlten, waren für Bleiben, und sie hatten recht, denn bald beruhigte sich die Lage. Österreich erhielt eine weitere Atempause, drei Jahre und sechs Monate. Die folgende Zeit verbrachten wir mit der Gewissheit, dass die Katastrophe näherrückte.

Meine jüngste Schwester Marianne lebte mit ihrem Mann in Berlin. Er war Manager eines großen Warenhauses und wurde in so genannte »Schutzhaft« genommen, also ins Gefängnis geworfen. Meine Schwester konnte ihn mit einem gefälschten Pass befreien, und sie kamen nach Wien, um kurz darauf nach Paris weiterzureisen. Glücklicherweise war er dort in der Lage, sich als erfolgreicher Banker zu etablieren.

Beide Söhne Freuds, die in Berlin lebten und deutsche Mädchen geheiratet hatten, kehrten nach Wien zurück. Ernst, Freuds jüngster Sohn, ging schließlich mit der Familie nach London. Oliver Freud fuhr nach Nizza in Südfrankreich. Alle sagten den baldigen Fall Österreichs voraus. Die österreichischen Juden warteten auf die drohende Apokalypse, bis es zu spät war.

Während der ersten Jahre des Dritten Reichs konnten auswanderungswillige deutsche Juden noch ihren Besitz mitnehmen. Später wurde eine Reichsfluchtsteuer eingeführt, durch die die Juden enteignet wurden und das Land ohne jeglichen finanziellen Rückhalt verlassen mussten.

Die Ereignisse, die Hitler an die Macht brachten, wurzelten im Vertrag von Versailles, der den Ersten Weltkrieg beendet und

Deutschland wirtschaftlich ruiniert hatte. Hohe Reparationszahlungen an Frankreich hatten die Weimarer Republik ausgehöhlt. Der Weimarer Kanzler Brüning hatte in Locarno versucht, diese Schuldenlast zu mildern. Da es ihm nicht gelang, trat er ab, und seine Nachfolger waren von Papen und Schleicher. Sie hatten Hitler die Tür geöffnet. Eine sehr eigenartige Geschichte rankt sich um die Nominierung Hitlers. Die deutsche Regierung hatte die preußischen Junker mit riesigen Geldsummen gefördert, damit sie sich für die profitablere Bewirtschaftung ihrer Ländereien Maschinen kaufen konnten. Eines Tages veröffentlichte eine französische Zeitung eine Geschichte über einen Monsieur X, einem Mitglied der Junkerklasse, der beim Roulette in Monte Carlo mehrere Hunderttausend Francs verloren hatte. Einige dieser Herren gaben das Regierungsgeld, das sie erhalten hatten, nicht für die Modernisierung aus, sondern für Champagner, Weib und Gesang. Als Hitler davon Wind bekam, begab er sich zu Hindenburgs Sohn, der grauen Eminenz seines Vaters, und drohte, diese Nachricht auch in Deutschland verbreiten zu lassen. Das hätte einen riesigen Skandal ausgelöst, die die gesamte Junkerclique kompromittiert hätte. Alle involvierten Männer waren Freunde des jungen Hindenburg oder gehörten derselben Burschenschaft an. Hitler versprach, als Reichskanzler die Veröffentlichung dieser Vorkommnisse in den Zeitungen zu unterbinden. Vermutlich wurde Hindenburg auf diese Weise erpresst, Hitler zum Kanzler zu bestellen. Nach sechs Regierungsjahren hatte Hitler die ganze Welt mit einem Krieg überzogen, der mit der Niederlage Deutschlands und Hitlers Selbstmord endete. Virulenter Antisemitismus und die Vernichtung der Juden waren Hitlers Schlachtruf an das deutsche Volk. Mein Leben und das meiner Tochter waren unzertrennlich mit dem politischen Schicksal Europas verstrickt.

1936 feierte Freud seinen 80. Geburtstag. 15 Jahre lang musste er eine Reihe von Operationen in der Mundhöhle erleiden und eine Mundprothese tragen, die ihm ständig Schmerzen bereitete. Trotzdem schrieb er weiter und empfing Patienten. Wenn irgend jemand als Held bewundert werden kann, dann ist es Freud. An seinem Geburtstag nahm er eine Reihe von Ehrungen entgegen. Mein Beitrag zu seinem Geburtstag war eine riesige Torte mit einem Durchmesser von über einem Meter. Ich bestellte sie bei Demel, dem berühmtesten Konditor Österreichs. Die Tortenglasur stellte eine Weltlandkarte dar. In Australien las ein Ureinwohner »Totem und Tabu«, auf dem Nordpol ein Eisbär »Das Unbehagen in der Kultur« und an der Keopspyramide dachte ein Kameltreiber über »Der Mann Moses und die monotheistische Religion« nach. Dieses Geburtstagsgeschenk war ein riesiger Erfolg.

Meine Tochter Sophie war damals ein entzückendes Mädchen von nicht ganz zwölf Jahren. Sie hatte die orientalischen Augen ihres Vaters, und zu diesem Anlass schrieb Freud ihr ins Stammbuch: »Dem jüngsten, aber wertvollsten Stück in meiner Chinakollektion«.

Es gibt einen Film von diesem Mädchen, das aussieht wie ich, aber Stoppellocken hat. Es gratuliert mit Blumen dem Großvater zu seinem Geburtstag, der lacht und mit den Locken spielt, und auch die Großmutter lacht. Nach vielen Monaten fiel mir plötzlich ein, dass meine Eltern mich an jenem Tag zum Spaß eine Perücke tragen ließen.

Im Sommer 1937 fuhr ich abermals mit meinen Kindern nach Grado, da sie einfach nirgendwo anders hinfahren wollten. Es waren meine letzten Ferien gemeinsam mit meinen beiden Kindern.

Grado, diese Ferieninsel am Adriatischen Meer, der Garten Eden meiner Kindheit. Viele Jahre lang verbrachten wir beide Sommermonate dort, wohnten in einer Wohnung in der Villa Bauer und hatten ein ganztags angestelltes italienisches Dienstmädchen, das sich um die Belange der Familie kümmerte. Wir konnten auf dem wunderschönen Sandstrand frei herumlaufen, ein besonderes Geschenk für ein eingesperrtes und übermäßig beschütztes Stadtkind. Die Adria ist eher ein Salzsee als ein Ozean, meistens spiegelglatt, mild und köstlich warm. Ein kleiner Turm, eine Art Dock, stand gerade in der richtigen Entfernung, um meiner Mutter, die eine gute Schwimmerin war, zu ermöglichen, mit mir auf dem Rücken zu diesem Türmchen zu schwimmen und wieder zurück, so lange, bis ich selber dorthin schwimmen konnte.

(Heute bringe ich meine Sommer damit zu, täglich von Juni bis Ende September den Walden Pond [in Concord, Massachusetts] zu durchschwimmen, hin und zurück – ich bin sicher, dass meine Begeisterung fürs Schwimmen in Grado entstand.)

Ohne die täglichen Konflikte mit meinem Vater, der uns vielleicht ein- oder zweimal im Sommer besuchen kam und in späteren Jahren überhaupt nicht mehr, war meine von Bewunderern umringte Mutter entspannter.

Walters »Ernestine«

Ich liebte die Adriaküste an einem Platz namens Grado. Da gab es einen lang gestreckten Strand mit feinem Sand, und das Wasser war warm und lange seicht. Ich durfte überall hin und spielte mit all den anderen mitteleuropäischen Kindern, die auch auf Ferien auf dieser damals wunderschönen Insel waren. Während wir im heißen Sand und im warmen Meer spielten, wurde Esti von italienischen Fliegern eines nahegelegenen Luftstützpunktes unterhalten. Wenn es mir vorkam, dass das Amüsement nun lange genug gedauert hatte, um Estis Ruf zu schädigen, rannte ich zu ihr und schrie mit aller Kraft »*Mutter, Mutter*«. Der Anblick und Lärm des widerwärtigen kleinen Buben genügte, um die Glut von sogar dem hartnäckigsten Bewunderer zu kühlen. Er entschuldigte sich bald, um geeignetere Objekte für seine Unterhaltung zu finden.

Zu irgendeinem Zeitpunkt muss meine Mutter beschlossen haben, dass die Verbindung von Ferien am Meer und in den Bergen noch gesünder sei, als die ganze Sommerzeit am Meer zu verbringen. So blieben wir nur einen Monat in Grado und den zweiten entweder in Mallnitz, einem hochgelegenen Bergdorf im österreichischen Kärnten, oder in Bozen, in den Südtiroler Dolomiten. Ich habe auf meinen vielfältigen Reisen viele spektakuläre Orte gesehen, aber kein Sonnenuntergang kann es mit den langwährenden dunkelrosa Sonnenuntergängen in den Dolomiten aufnehmen.

Walters »Ernestine«

Hätte Esti auf unsere geistige Gesundheit ebenso gut aufgepasst wie auf unsere physische, wären wir die normalsten und ausgeglichensten Kinder von Wien gewesen. In jedem Jahr gingen wir im Sommer einen Monat an die Adria und später einen weiteren Monat in die Tiroler Berge.

In den letzten Jahren seines Lebens kehrte mein Bruder zu diesen Kindheitsparadiesen zurück und war bitter enttäuscht. Grado war durch eine Brücke mit dem Festland verbunden, und als mein Bruder und ich den Ort, »jeder für sich«, besuchten, stauten sich die Autos, und die anmutigen Villen waren Monsterhotels gewichen, die den Strand für sich beanspruchten. Er besuchte auch Mallnitz und fand es todlangweilig, zumindest in bezug auf den Tourismus, obwohl die Ansichtskarte, die er mir schickte, eine Idylle verspricht.

Wir fuhren nach Venedig, und ich besichtigte mit den Kindern die berühmten Kirchen und Galerien. Walter fand diese Museumstouren ziemlich langweilig und kam nicht mit. Er war ein gutaussehender Halbwüchsiger, hatte hervorragende Manieren und beträchtlichen Charme, den er zu seinen Gunsten einzusetzen wusste. Doch als Teenager gab er mir so manche Nuss zu knacken.

Eigentlich gab es, solange ich mich erinnern kann, immer Konflikte zwischen Mutter und meinem Bruder. Ich weiß nicht mehr, worum es dabei eigentlich ging, nur dass er als unfolgsam galt und als »ein Problem«. Er versagte auch in der Schule und musste vom RG1, dem öffentlichen Realgymnasium in Wien mit dem besten Ruf, an eine Privatschule überwechseln, was damals einen Abstieg bedeutete. Während auch ich keine Koryphäe in der Schule war und in Latein und Mathematik Nachhilfe nehmen musste, war ich in den Augen meiner Mutter ein Musterkind.

Walters »Ernestine«

Mein Lieblingsspielzeug war *Matador*. Matador ähnelte einem Stabilbaukasten, aber alle Teile waren aus Holz statt aus Metall. Das gab den Modellen, die man mit Matador bauen konnte, einen viel ausdrucksvolleren, dreidimensionalen Effekt. Mein Freund Georg Pollak, mit dem ich an unseren Konstruktionen arbeitete und der jetzt George Parker heißt, lebt noch in New York. Eines Tages, als wir gerade eine tolle große Lokomotive fertig gebaut hatten, kam Esti herein, wie immer wutentbrannt. Sie nahm meine Lokomotive und zerschmetterte sie auf dem Fußboden. Diese mutwillige Zerstörung in einem hysterischen Anfall, für den ich nichts konnte, regte mich sehr auf, wie man sich vorstellen kann, und blieb mir lebenslang in Erinnerung.

Eines der wenigen Themen, über das ich mit Esti sprechen konnte, ohne ein Ende in Tränen befürchten zu müssen, war Geographie, besonders Zugreisen. Wir kannten uns beide mit Fahrplänen gut aus und konnten uns den besten und schnellsten Weg von A nach B überlegen.

Aber da gibt es ein Ereignis, das ich weder vergessen noch verzeihen kann. Bald nach dem »Anschluss« nahm sie mich in ein Kino mit. Ich erinnere mich nicht, ob meine Schwester auch mitgekommen war. Als wir das Kino im Halbdunkeln verließen, machte sie im Vorübergehen eine beleidigende antisemitische Bemerkung zu einer offensichtlich jüdischen Frau, als ob es nicht genügend Nicht-Juden gegeben hätte, die so etwas taten. Mein ganzes Leben habe ich mich nie wieder so geschämt, eine Person wie sie zur Mutter zu haben, und fast nie habe ich gegen jemanden so eine Abneigung gefasst wie gegen Esti in jener Zeit. Sicherlich kann man für ihr Verhalten psychologische Gründe und alle möglichen Entschuldigungen finden, aber für mich war und ist es noch immer eine abgrundtiefe Gemeinheit.

Da Mutter sehr beschäftigt war, verbrachten wir während des Jahres wenig Zeit mit ihr, von den unangenehmen Essensstunden abgesehen. Die Ferien aber waren eine glückliche Zeit. Wenn

Ernestines (Estis) Eltern Ida, geb. Schramek, und Leopold Drucker, Sophie Freuds Großeltern

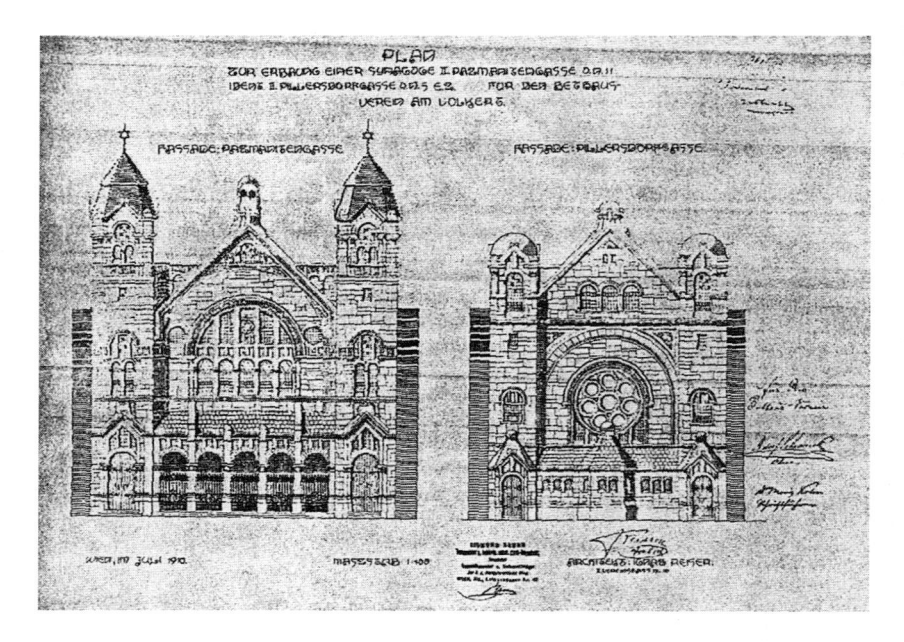

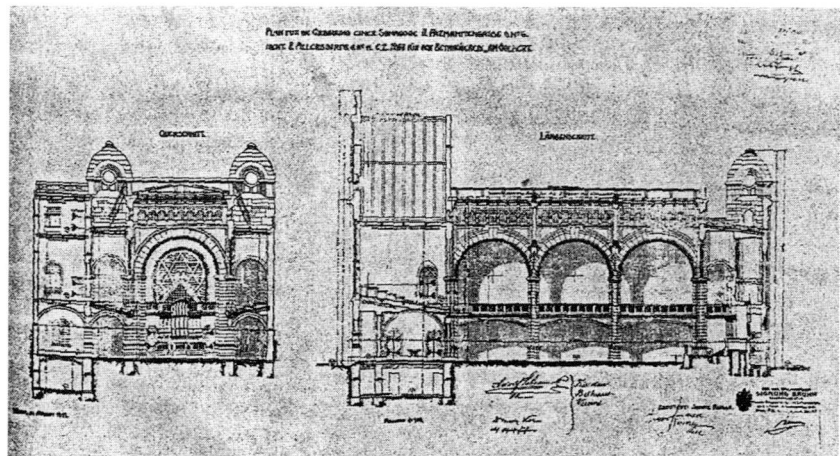

Entwürfe von Ignaz Reiser zum Pazmanitentempel, einer Synagoge in Wien, den Estis Großvater Adolph Schramek finanzierte

*Estis Eltern Ida und
Leopold Drucker bei
einer ihrer Bergtouren*

*Ernestine Drucker,
Sophie Freuds Mutter,
als Kleinkind*

Estis zukünftiger Mann Martin Freud, der älteste Sohn von Sigmund Freud, in seinen Jugendjahren

PROF. DR. FREUD
WIEN, IX. BERGGASSE 19.
16. 8. 14

Lieber Martin

Ich habe Deine Mitteilung, daß du als Kriegsfreiwilliger angenommen worden bist, erhalten. Du kannst Dir denken, daß ich es als eine Heimsuchung des Schicksals empfinde, welche klarsichtigeren Aufschlag, aber ich will Dir das heute nicht nachsagen, daß Du sobald und anständig gehandelt hast. Wenn das Schicksal Dir nicht zu ungnädig ist, wirst du wahrscheinlich später mit Befriedigung auf Deinen Entschluß zurückschauen. Laß mich jetzt bald wissen, was Du von mir brauchst, und welches Deine nächsten Schicksale sein werden. Schreib übrigens, sobald Du kannst. Zum Glück gibt es ja wieder eine Postverbindung, nach England allerdings nicht. Amerika bleibt abgeschnitten.

Ich wünsche Dir alles, was Du in Deiner jetzigen Situation brauchen kannst & grüße dich herzlich.

Dein Vater

Brief von Sigmund Freud an seinen Sohn Martin nach seiner freiwilligen Meldung zum Kriegsdienst

Sophie Freuds Mutter Ernestine in ihren Jugendjahren

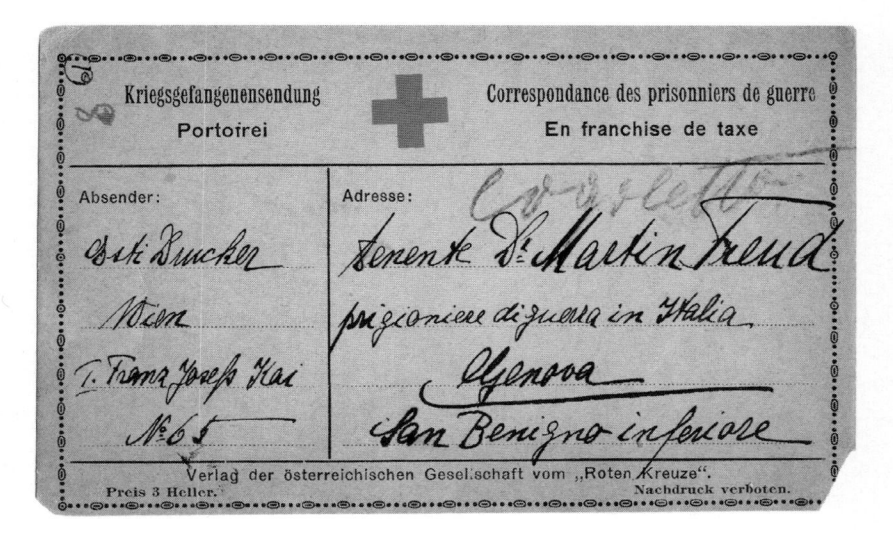

Feldpostkarte von Esti an Martin Freud als Kriegsgefangener in Italien

Brief von Esti an Martin, in dem sie seinen Heiratsantrag annimmt

Esti Drucker als Braut

Haus Franz-Josefs-Kai 65, in dem die Eltern von Esti und die junge Familie Freud wohnten

Herrenzimmer mit Dauerbrandofen und Menoras auf dem Kamin

Sophie als Kind mit dem Fräulein vor dem Deutschmeisterdenkmal

Das Fräulein Amalie Schober bei der jungen Familie Freud

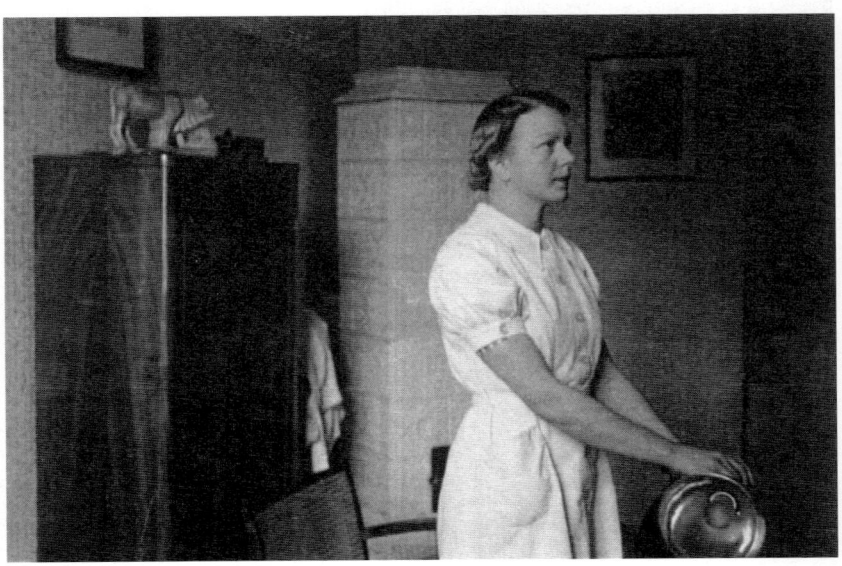

Die Köchin Rosa Schwarz

Mutter Esti und Sophie in den Ferien

Mutter und Walter in den Ferien in Grado Mitte der 20er Jahre

Mutter in Grado in den späten 30er Jahren

PROF. DR. FREUD **39 ELSWORTHY ROAD, LONDON, N.W.3**

16.8.1938

Meine liebe Esti

Ich bestätige den Empfang deiner letzten Arbeiten, den ich gewiß auch lesen werde sobald etwas, was mich jetzt beschäftigt, erledigt ist. Ich vergesse nicht dir zu sagen, daß es mir ein Leidwesen — Peinlichkeit u. dergl. ist — Belästigung gegenseitig dadurch bereitet habe. Ich werde mir für sich beruhigen, niemand pensionieren, darf also nicht zu beanstanden sein was neu einen — Wenn ich dazu erklären darf — Demnach daß zu jedem Wesen vorzeitigen Urteils über Manchem ungebrachte Leidenschaftlichkeit soziale Schönen was denn fast gleichgültig zu werden.

Brief von Sigmund Freud an Esti vom 16. 8. 1938

Martin, Ende 1938 in einem Wald an der Cote d'Azur

Mutter in den späten 30er Jahren in Wien

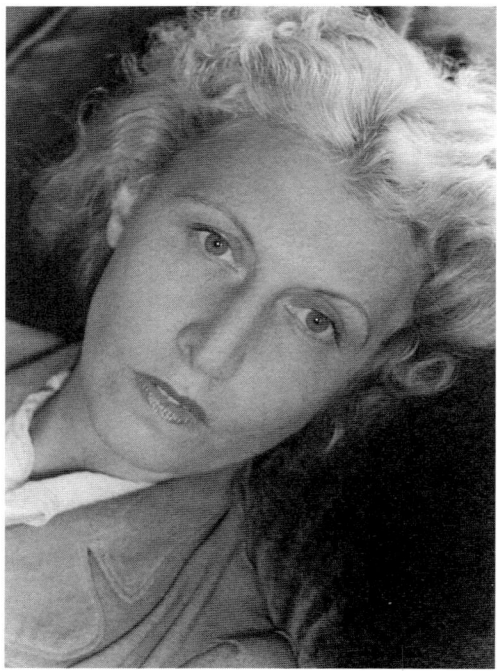

Tante Janne, die Schwester der Mutter und Sophies geliebte »zweite Mutter«

mein Bruder mit Freunden in einem Sommercamp war, nahm mich Mutter auf aufregende Reisen mit, von denen Venedig die schönste war. Kein Ort auf der ganzen Welt reichte jemals wieder an den traumhaften Eindruck heran, den diese Stadt und die großartigen Gemälde in mir hinterließen (einschließlich späterer Reisen nach Venedig).

Es gab allerdings auch glückliche Stunden mit Mutter in Wien. Manchmal durfte ich sie von der Klinik abholen, wo sie im weißen Arztkittel in ihrem Element war. Nachdem sie mich stolz ihren Kollegen vorgestellt hatte, ging sie mit mir in eine der eleganten Konditoreien Wiens. Das waren im Kalender rot angestrichene Tage. Wenn ich aber gewusst hätte, wie teuer diese Lokale waren, hätten mir diese Besuche vielleicht auch damals weniger Vergnügen bereitet.

Bevor sie für ihre Abendveranstaltungen das Haus verließ, verabschiedete sich Mutter von mir – in einem eleganten Abendkleid, über das sie einen Pelzmantel geworfen hatte, parfümiert, mit Lippenstift, Puder und Lidschatten. Ich erinnere mich, dass ich sie betrachtete und mir vornahm, nicht eine solche Art Frau zu werden. Eine ähnliche Entscheidung traf ich, als ich Mutter dabei zusah, wie sie ohne Ende ihre Kosmetika auftrug, ihr Gesicht mit verschiedenen dicken weißen Cremes einschmierte, die stundenlang einwirken mussten, ganz zu schweigen von den Samstagvormittagen, die sie damit zubrachte, sich weiße Haare auszuzupfen, und von den Besuchen der Friseuse mindestens zweimal wöchentlich mit all deren Erfindungsreichtum an Dienstleistungen. Mutter dachte wahrscheinlich, auf diese Weise von den Leuten geliebt oder, wenn das ihr als unerreichbares Ziel erschien, zumindest geachtet, gut behandelt und wegen ihrer Schönheit bewundert zu werden, und sie tat alles in ihrer Macht Stehende, um sie sich zu erhalten. Lange vor ihrer Einreise in die Vereinigten Staaten hatte sie den amerikanischen Jugendkult verinnerlicht und führte einen nie endenden Krieg gegen das hereinbrechende Alter. Als sie alt zu werden begann, suchte sie in Bulgarien nach dem Jungbrunnen; sie ließ sich mindestens zweimal liften, was ihre Erscheinung im Alter entstellte, und unterzog sich diversen Hormontherapien.

Seltsamerweise habe ich mich an meine jugendlichen Entschlüsse gehalten. Ich mied sogar in meiner Jugend Kosmetika, auch Lippenstift, scheute äußerlichen Glanz und habe mir nie das Haar gefärbt, was mein Leben erleichtert und mir Energie für andere Vorhaben gelassen hat.

Während der Wintermonate des Jahres 1937/38 verdichteten sich die Gerüchte in Wien, dass Österreich bald nationalsozialistisch werden würde. Ich besuchte Anna Freud und sagte mit großer Dringlichkeit: »Papa muss auswandern.« Immer noch höre ich ihre Antwort: »Ein Professor Freud wandert nicht aus.« Sie konnte sich einfach nicht vorstellen, dass es Hitlers Absicht war, die jüdische geistige Elite erst zu demütigen und dann zu vernichten. Anna Freud war unfähig, die Lage realistisch einzuschätzen, und musste dafür teuer bezahlen. Freud war todkrank und benötigte Dr. Pichlers ständige Betreuung.

In meiner Familie war es fast unmöglich, zu einer Entscheidung zu gelangen. Meine Schwester Marianne, die sich mit ihrer Familie in Paris niedergelassen hatte, kam nach Wien, um meine Eltern anzuflehen, ihren Besitz aufzulösen und wegzugehen. Vater lehnte ab. Er besaß Immobilien, die nicht mehr zu einem vernünftigen Preis veräußert werden konnten. »Ich werde von meinem Schwiegersohn keine finanzielle Unterstützung annehmen«, sagte er. Er starb ein Jahr später noch zu Hause an Krebs und an gebrochenem Herzen. Bei seinem Tod war ich bereits in Paris und konnte nicht ohne Lebensgefahr nach Wien zurückkehren. Seine letzten Worte waren: »Die Esti kommt nicht.« Ich war seine Lieblingstochter.

Ein paar Jahre später wären Mutter und ich fast in Nizza geblieben, ein sicheres Todesurteil, weil Mutter den Gedanken nicht ertragen konnte, von ihren Schwägern in den USA abhängig zu werden.

Im Jänner 1938 wurde Dr. Kurt Schuschnigg, der österreichische Bundeskanzler, von Hitler erpresst, eine Anzahl von nationalsozialistischen Ministern in sein Kabinett aufzunehmen. Kurz darauf schlug Schuschnigg vor, in Österreich eine Volksabstimmung darüber abzuhalten, ob das Land unabhängig bleiben oder sich dem Dritten Reich anschließen solle. Hitler sah in diesem Versuch eine Ausflucht und einen persönlichen Affront. Schuschnigg hielt im Radio eine Abschiedsrede, in der er sagte, er wolle kein deutsches Blut vergießen, und übergab sein Land ohne den geringsten Widerstand. Am 13. März 1938 marschierten deutsche Truppen über die Ringstraße, und Österreich hörte auf zu existieren. In der Nacht trampelten Fackelzüge durch die Stadt. Die ganze Nacht hindurch hallte das Gebrüll »Ein Volk, ein Reich, ein Führer« durch die Straßen Wiens.

5
Helden ihres eigenen Lebens

In diesen Jahren verschlechterte sich meine Beziehung zu meinem Mann stetig. Er war mir gegenüber nicht nur vollkommen indifferent, sondern manchmal auch offen feindselig. Meine Anwesenheit machte ihn sichtbar nervös. Ich spürte an seinem Verhalten, dass er in eine ernsthafte Affäre verwickelt war. Noch kurze Zeit zuvor hatte er mit mir über seine Angelegenheiten im Verlag und über alle seine anderen Unternehmungen gesprochen, ich hatte ihn beraten, und er hatte gelernt, meiner Meinung zu vertrauen.

Es ist gut möglich, dass Mutter die Hilfe übertreibt, die sie ihrem Mann zukommen ließ, wie etwa, als es darum ging, Herrn Eitingtons Zustimmung zu erlangen, oder bei dem Kontakt zur Bank. Andererseits war Vater in London, auf sich allein gestellt, nicht in der Lage, sich beruflich zu etablieren, so dass sie ihm in Wien sehr wohl geholfen haben mag.

Jetzt sprach er kaum noch mit mir, und wenn, dann nur, um mich zu kritisieren. In der Nacht des »Anschlusses« jedoch kehrten wir friedlich von der Berggasse heim. Um uns herum war zu viel Aufruhr, als dass wir hätten streiten können.

Tatsächlich ereignete sich in jenen seltsamen Tagen etwas Verwunderliches: Mutter und Vater verließen eines Morgens gemeinsam das Haus. Sie schauten finster drein, und als ich sie vom Schlafzimmerfenster aus beobachtete, fragte ich mich, ob sie sich auf dem Weg zur berüchtigten Gestapo befanden. Warum sonst sollten sie das Haus gemeinsam verlassen?

Ich wusste, dass Papa aus den Tantiemen für seine Bücher und aus den Honoraren seiner Patienten etwas Geld im Ausland hatte. Das war in Österreich erlaubt, im Deutschen Reich aber ungesetzlich. Ich fragte Martin, ob er alle Papiere im Zusammenhang mit diesen ausländischen Konten vernichtet hatte. Über diese Warnung machte er sich lustig. Zwei Tage später stürmten 13 österreichische Nazis den Eingang zu Freuds Praxis und Wohnung und stahlen alles Geld, das sie finden konnten, so dass es nicht einmal genug gab, um für den nächsten Tag Essen zu kaufen. Ich weiß nicht, ob sie vor oder nach diesem »Besuch« zum Verlag gingen, ich weiß nur, dass sie dort Martins Schreibtisch durchstöberten und eine Liste von Freuds ausländischen Konten fanden. Martin gelang es, einen der Gangster mit einer beträchtlichen Summe zu bestechen und die inkriminierenden Dokumente zu verbrennen. Das Büro hatte keine Vorhänge, und die Leute von der anderen Straßenseite beobachteten die Vorgänge mit dem Opernglas. Martins Bestechungsversuch wurde aufgedeckt. Während all dies im Verlag vor sich ging, drang eine Gruppe Nazis in meine Wohnung ein und durchsuchte sie. Sie nahmen Martins Gewehr mit, das er noch vom Krieg her besaß, und unsere Pässe. Die Männer benahmen sich nicht allzuschlecht, und ich vermute, dass einige mich aus meinem Unterricht in Ottakring kannten, und vielleicht hatte der eine oder andere eine Freundin, die in einem Theaterstück unter meiner Regie aufgetreten war.

Ich hatte keine Ahnung, was im Verlag los war, als Martin anrief und mir auftrug, ihm seine Tabletten zu schicken (seit der Nierensteinoperation nahm er Medikamente). Dann wusste ich Bescheid. Ich sagte den Männern, ich würde sie begleiten, falls sie in den Verlag zurückkehren wollten, um meinem Mann seine Medizin zu bringen. Als ich dort ankam, wurde ich über die laufende Untersuchung und darüber in Kenntnis gesetzt, dass sie meinen Mann in Gewahrsam nehmen wollten. Ich erinnere mich nicht, was ich sagte und wie ich es sagte, es gelang mir aber, die Männer zu überreden, meinen Mann freizulassen.

Der folgende Bericht stammt aus dem Buch meines Vaters »Mein Vater Sigmund Freud«.
Am nächsten Tag, am Sonntag, dem 13. März, hatten sich die österreichischen Nazis ... schon in den Besitz der Stadt Wien gebracht. ... Natürlich sorgte ich mich an diesem Sonntagmorgen um meine Eltern, aber ich beschloss, doch zuerst in mein Büro zu gehen. ... Ich wusste, dass ich Dokumente von großer Wichtigkeit vernichten musste. Ich hatte im Verlauf meiner normalen Aufgaben als Rechtsanwalt Geld meiner Klienten in angesehener und sicherer Währung im Ausland angelegt. Dies war unter den großzügigen österreichischen Gesetzen vollkommen legal gewesen. Aber ich wusste, dass es in den Augen der dollarhungrigen Nazis ein Verbrechen bedeutete und dass die Bestrafung dafür zumindest in der Beschlagnahmung dieses Kapitals bestünde. Es war eindeutig meine Aufgabe, meine Klienten, zu denen auch Vater zählte, zu schützen, indem ich alle Hinweise beseitigte, die zu einer Entdeckung führen konnten. ... Einige Tage später ... warnte der von den Nazis kontrollierte Radiosender die Wiener Bevölkerung vor unautorisierten Banden bewaffneter Räuber ... Doch ich konnte nichts davon wissen, als eine solche Bande in mein Büro kam, bevor ich Zeit gehabt hatte, irgendwelche Papiere zu vernichten ...

Zwar war ich mir nicht darüber im Klaren, dass meine unwillkommenen Besucher kaum mehr als Banditen sein konnten, deren Aktivitäten den neuen Autoritäten missfallen mussten, doch ließ mich das Fehlen eines Anführers den Verdacht schöpfen, dass es sich bei dem Überfall, den ich zu erdulden hatte, um eine unautorisierte Unternehmung infolge der durch die Nazi-Besetzung verursachten Verwirrung handelte. Alle ihre Entscheidungen wurden – wie in einer Abenteuergeschichte für Kinder – durch Mehrheitsbeschluss gefasst. Sie waren ungefähr ein Dutzend ... Der Aggressivste war ein kleiner, verhärmt aussehender Mann, der im Gegensatz zu den anderen, die Gewehre trugen, mit einem Revolver bewaffnet war. In bestimmten Abständen, immer wenn ich keine Lust zur Zusammenarbeit zeigte, äußerte sich sein blutdürstiger Geist. Er zog dann seine Pistole, drückte das Magazin geräuschvoll heraus und wieder hinein und rief: »Warum erschießen wir ihn nicht und sind so fertig mit ihm? Wir sollten ihn auf der Stelle erschießen.«

Eine weitere Merkwürdigkeit dieses Raubüberfalls war, dass auf der anderen Seite der engen Straße, dem Büro gegenüber, ein überzeugter Nazi lebte. Er saß nun am offenen Fenster und genoss von diesem Logenplatz aus einen vorzüglichen Blick auf die Vorgänge. Ich hatte dies damals nicht bemerkt ...

Obwohl ich lästigerweise in meinem Bürostuhl gefangen gehalten wurde und zwei meiner Wächter ihre Gewehre den größten Teil des Sonntags über in meinen Bauch gedrückt hielten, verging die Zeit rasch. ... Der Safe war aufgesprengt und der Kasseninhalt, eine beträchtliche Geldsumme in Münzen und Noten verschiedener Länder, in Häufchen auf dem Tisch gestapelt worden. Ich hatte jedoch die Papiere, die ich zur Vernichtung aus dem Safe herausgenommen hatte, auf ein Regal gelegt. Dort waren sie von den Räubern noch nicht bemerkt worden. ...

Nach einigen Stunden, als der anfängliche Eifer und Überschwang der Räuber etwas nachließ, bat ich um eine Tasse Tee. Es wurde darüber abgestimmt. Es kam zu keiner Entscheidung, bis der dicke Junge vorschlug, dass ich eine Tasse Tee haben könne, wenn ich Tasse und Untertasse hinterher selbst abspülte. Dies erhielt den Beifall aller, und ich stellte den Veränderungsantrag, dass der Hausmeister den Abwasch besorgen sollte. Es folgte eine weitere Diskussion. Sie waren dann einverstanden, weil der Hausmeister (der ohne Zögern sofort ein Nazi geworden war) ja noch in meinen Diensten stand; und so bekam ich meine Tasse Tee. ...

Im Verlaufe des frühen Nachmittags dünnten sich die Reihen

der Plünderer aus, bis ich schließlich mit nur einer Wache zurückblieb, einem schäbig aussehenden Mann von mittleren Jahren, dessen Erscheinung auf einen arbeitslosen Oberkellner schließen ließ. Er hätte sich mit einer Serviette über dem Arm wohler gefühlt als mit einem Gewehr, das er auf meinen Bauch richtete. Da ich glücklicherweise nicht wusste, dass die Räuber zur Wohnung meines Vaters gegangen waren, war ich über diese Wendung der Dinge erleichtert.

Nun, da wir allein waren, nahm mein Wächter sein Gewehr von meinem Bauch, und ich durfte aufstehen und meine Beine strecken. Das verschaffte mir große Erleichterung.

All das, darf ich vermuten, wurde sehr genau von dem Naziherrn aus dem Fenster gegenüber beobachtet.

Mein Wächter brach in ein Wehklagen aus über die Schwierigkeiten und Entbehrungen, die er in den letzten Jahren zu erleiden gehabt hatte. Es wurde mir klar, dass ein großzügiges Geschenk nicht unwillkommen wäre. Ich reagierte sofort und gab ihm alles Geld, das sich in meinen Taschen befand, einschließlich einiger Goldmünzen und eines Bündels von Geldscheinen. Er war so dankbar, dass ich spürte, ich könnte das Wagnis eingehen, um Erlaubnis zu bitten, zur Toilette gehen zu dürfen. Ich bekam die Erlaubnis, und er begleitete mich dorthin. Diese kurze Reise führte mich durch einen Gang an den Dokumenten vorbei, die ich hatte vernichten wollen. Es gelang mir, eine ganze Reihe dieser Reisen zu unternehmen, bis alle Papiere zerrissen waren und ihren Weg durch das weitverzweigte Wiener Kanalisationssystem genommen hatten. Ein besserer Verschwörer als ich hätte während dieser Arbeit die Vorhänge zugezogen ... So kam es dazu, dass der Nazi *[von der anderen Straßenseite]* alles mit ansah. Man kann sich seine Gefühle vorstellen, als er mitbekam, dass während meiner und des Aufpassers Abwesenheit vom Büro, als wir auf dem Weg zur Toilette waren, einige Bandenmitglieder zu kurzen Diebeszügen zurückkehrten und sich mit einem Teil der Banknoten und Münzen eindeckten, die auf dem Tisch lagen. Der wütende Nazi alarmierte unverzüglich das Nazihauptquartier, ... bis endlich, atemlos, kein geringerer als der Bezirksleiter des nahegelegenen SA-Hauptquartiers erschien. [S. 225–229]

Die beiden Berichte meiner Eltern über diese lebensbedrohlichen Ereignisse unterscheiden sich nicht grundsätzlich voneinander, außer dass meine Mutter im Bericht meines Vaters überhaupt nicht vorkommt, während sie sich daran erinnert, ihn gerettet zu haben. Selbst mein Bruder, der seinem Vater gegenüber eher nachsichtig gestimmt war, glaubt, dass mein Vater mit den wichtigen Dokumenten seines Vaters und seiner Klienten katastrophal achtlos und nachlässig umgegangen war. Mein Vater, der damals fast erschossen worden wäre, zieht es vor, die Szene ins Lächerliche zu ziehen, wobei sein Bericht vor allem seine Kaltblütigkeit und Schlauheit betont, mit der es ihm gelang, die Dokumente in die Toilette zu befördern.

Es war vermutlich mein Vater, wenn es nicht Freud selbst war, der das Gerücht über eine abschließende mutige Widerstandsgeste gegen die Nazis verbreitete. Er schreibt:

Es ereignete sich, als eine Truppe von SS-Männern eintraf, um von Vater eine Bescheinigung darüber zu erhalten, dass er von den Behörden gut behandelt worden sei. Ohne Zögern schrieb Vater: »Ich kann die Gestapo jedermann auf das Beste empfehlen.« Er benutzte den Stil einer Geschäftsanzeige. Diese Ironie entging den Nazis, obgleich sie sich nicht ganz sicher waren, während die Bescheinigung von Hand zu Hand ging. Schließlich zuckten sie jedoch mit den Schultern und zogen ab; offensichtlich hatten sie entschieden, dass es das Beste sei, was sich der alte Mann hatte ausdenken können. [S. 236]

Das Dokument wurde später von Historikern gefunden, und es enthielt keinen solchen Satz. Vielleicht hatte mein Vater diese Anekdote erfunden, ich kann mir aber auch ein Szenario vorstellen, bei dem Freud seiner Familie erzählte, was er fast geschrieben hätte. Es wäre in der Tat unvorstellbar für Freud gewesen, das Leben von 17 Leuten wegen eines listigen Witzes zu gefährden.

Die Ereignisse überstürzten sich. Auf direkte Anordnung von Präsident Roosevelt intervenierte der amerikanische Botschafter

Mr. Messerschmidt bei den Nazibehörden, denen nicht daran gelegen war, sich mit den Vereinigten Staaten zu überwerfen. Martin schlief nicht mehr zu Hause, sondern in seiner Absteige; das Wochenende verbrachte er mit seiner Freundin in Baden. Anna musste zur Gestapo zum Verhör, wurde aber mit fliegenden Fahnen freigelassen. Dr. Ernest Jones aus England und Marie Bonaparte aus Frankreich reisten an, um sich als Schutzengel für die Familie Freud einzusetzen, und bald wurde das Emigrationsverfahren eingeleitet.

Es ist inzwischen allgemein bekannt, dass Freud sich erst nach dem Tag zur Ausreise entschloss, an dem seine Tochter von der Gestapo verhört wurde. Was Mutter mit der Bemerkung von der Gestapo meint, »mit fliegenden Fahnen« freigelassen zu werden, ist mir allerdings unverständlich.

Während ich an diesem Buch arbeitete, unterhielt ich mich mit meinem Bruder darüber, wieso sich niemand um die jüngeren Familienmitglieder kümmerte, da er als 17jähriger junger Mann doch besonders betroffen war – egal, ob Großvater selber emigrieren wollte oder nicht. Dass sich weder mein Großvater noch meine Eltern um meinen Bruder gekümmert hatten, ist ein Gedanke, der mich noch immer aufregt. Er sagte, es sei ihm nie in den Sinn gekommen, dass irgend jemand an ihn oder an seine sichere Zukunft hätte denken können. Als sich Großvater aber zur Emigration entschloss und wichtige und wohlhabende Leute aktiv wurden, erhielt unsere Familie vier der 17 Ausreisevisa, die er zugeteilt bekam. Ich verdanke es also meinem Großvater, dass ich unter den wenigen Glücklichen war, die Wien vor Einsetzen der tödlichen Verfolgung der Juden verlassen konnten. Als mein Bruder von meiner Kritik an Großvaters Theorien hörte, sagte er zu mir: »Ohne Großvater hätten die Nazis Lampenschirme aus deiner Haut gemacht.«

Später in seinem Buch lobt Vater den widerständischen Mut seiner Mutter während der Hausdurchsuchungen; der Mut seiner Frau in diesen Situationen bleibt unerwähnt.

Ich habe die Durchsuchung unserer Wohnung miterlebt, die meine Mutter eher leichthin notiert, obwohl sie danach sehr aufgeregt war, wahr ist aber auch, dass sie die perfekte Gastgeberin in Szene setzte. Mein Bruder und ich waren zu Hause und spielten Schach, als die Gruppe bewaffneter Männer in Stiefeln an unserer Tür erschien. Zwar schossen sie nicht auf uns und drohten auch nicht damit, sie zerbrachen nichts, stellten aber die Wohnung auf den Kopf. Woran Walter und ich uns am deutlichsten erinnern, ist, dass sie unsere für den Notfall in jenen unsicheren Zeiten in weißen Säcken aufbewahrten Vorräte an Mehl, Zucker, Tee und dergleichen aufschlitzten und in der Wohnung verstreuten. Jedes greifbare Geld verschwand, ebenso wie die Sammlung kleiner Goldmünzen, die mein Vater für uns Kinder angelegt hatte. Erstaunlich, dass Mutter die zweite schreckenerregende Hausdurchsuchung wenige Tage danach nicht erwähnt.

Mutter erwähnt auch, ach so beiläufig, Martins Absteige, obwohl sie nichts von der Existenz einer solchen Wohnung gewusst hatte, in der er vermutlich seine Geliebten empfing. Während er sich jedoch in Baden versteckt hielt, waren, so erklärte mir mein Fräulein viele Jahre später, in jener Wohnung lebenswichtige Papiere zurückgeblieben, die geholt werden mussten. Mein Fräulein unternahm allein mehrere gefährliche Ausflüge in die Wohnung, wurde aber einmal von meiner Mutter begleitet. »Und als deine Mutter die Wohnung betrat«, sagte mein Fräulein, »bebte sie vor Wut, packte eine Schreibtischlampe und schleuderte sie gegen die Wand.«

In meinem persönlichen Leben war alles, was ich einst besessen hatte, dahin – meine Arbeit, meine Ehe, mein Heim. Was mir blieb, waren mein Leben und meine Gesundheit und, wie es sich später herausstellen sollte, auch ein gehöriges Maß an Kraft. Martin betonte die Sprachabhängigkeit meiner Arbeit als Logopädin; da ich kaum Englisch konnte, würde ich in England nicht arbeiten können und so zu einer Belastung für die unter starkem finanziellen Druck stehende Familie werden. Französisch sprach ich leidlich gut. Im Vergleich zu England war das Leben in Frankreich wesentlich billiger. Ich hatte eine Schwester in Paris, die in guten Verhältnissen lebte. Außerdem konnte ich mir nach den jüngsten

Ereignissen nicht mehr vorstellen, weiter mit Martin zusammenzubleiben, so als ob nichts geschehen wäre. Ich schlug also vor, dass ich, zumindest vorübergehend, in Paris leben würde. Walter sollte mit Martin gehen, ich mit Sophie. Wir einigten uns auf eine monatliche Summe, die mir und meiner Tochter ein bescheidenes Leben ermöglichen sollte, verbunden mit der Hoffnung, nach und nach meinen eigenen Unterhalt zu verdienen. Vielleicht würden wir wieder als Familie zusammenleben, sollten sich die Verhältnisse bessern und Martin in England Arbeit finden. Marie Bonaparte, eine von Freuds Schülern, hatte die Verbindungen, um uns die für eine permission de séjour in Paris nötigen Papiere zu verschaffen.

Wir Kinder wurden, was die Entscheidung anbelangt, nicht gefragt, und während ich insgeheim vielleicht lieber mit dem Rest der Familie nach London gegangen wäre, hätte ich es angesichts meiner Rolle als Beschützerin meiner Mutter niemals zugegeben. Jedenfalls war die Teilung der Familie entlang dieser Trennlinie schon einige Jahre zuvor vollzogen worden. Eines Tages hatte mein Vater offensichtlich entschieden, seinen Sohn dem Einfluss dieser grässlichen Frau, die er unglücklicherweise geheiratet hatte, zu entziehen. Er begann plötzlich Walter zum Bergsteigen und Schifahren mitzunehmen, und baute so eine Beziehung zu ihm auf. Ich wurde nie mitgenommen.

Ich sah sehr wenig von meinem Vater. Als ich klein war, wurde ich manchmal herausgeputzt, um mit ihm spazierenzugehen. Gingen wir ganze fünf Mal miteinander spazieren oder war es öfter? Als ich zwölf war, lud er mich einmal ins Theater ein, ein aufregendes Erlebnis. In der Nacht weckte mich meine Mutter wütend auf – mit wem hat Vater in der Pause gesprochen, was ist sonst noch passiert, sind wir gleich danach nach Hause gegangen und so weiter. Ich war ihr Kind, sie hatte nichts anderes, und sie war nicht bereit, mich mit Vater zu teilen, so schien es wenigstens. Oder wurde ich plötzlich ihre Konkurrentin, die, wie so viele andere, ihn ihr stahl? Er lud mich danach nie wieder ins Theater, ins Kino oder sonstwohin ein.

Das Leben in Wien wurde immer grauenhafter. An den Kaffeehäusern tauchten Tafeln auf: JUDEN UND HUNDE NICHT ZUGELASSEN. Nazihorden streiften durch die Straßen auf der Suche nach jüdischen Frauen, die sie in öffentliche Toiletten trieben, wo sie die Anlage mit irgendeiner Säure reinigen mussten, die ihnen die Hände verätzte. Jüdische Ärzte wurden mit der Beschuldigung festgenommen, Abtreibungen durchgeführt zu haben, die in Österreich streng verboten waren. Man hörte von Leuten, die aus dem Fenster sprangen, als die Gestapo ankam, um sie festzunehmen. Manche nahmen Gift. Innerhalb weniger Tage wurde die jüdische Community Wiens, die so viel zum wissenschaftlichen und kulturellen Leben der Stadt beigetragen hatte, vernichtet. Ein Brief vom Bildungsministerium setzte mich in Kenntnis, dass mein Lehrvertrag mit der Universität aufgelöst worden sei.

Als ich die Fröschels-Klinik besuchte, um mich zu verabschieden, warf mich Dr. Arnold, ein führender Nazi an der Neumann-Klinik, eigenhändig hinaus. Dr. Arnold ist heute ein hochgeachteter Hals-, Nasen- und Ohrenspezialist in Jackson, Mississippi.

Fräulein und die Köchin blieben uns treu. Der Freund der Köchin war ein hoher Funktionär in der Nationalsozialistischen Partei und ließ mich wissen, dass er mir helfen würde, sollte ich in irgendeiner Angelegenheit Hilfe benötigen. Jetzt waren es meine Eltern, die mir die größte Sorge bereiteten. Vater war 78, Mutter zehn Jahre jünger. Was würde aus ihnen werden, wenn sie allein zurückblieben? Ich war hilflos. Mitte Mai erhielten wir unsere Reisedokumente. Carol & Jelinek waren angewiesen, unsere Möbel nach Paris und London zu befördern. Mit einem Schrankkoffer voll Kleidung waren meine Kinder und ich reisefertig. Die Trennung von meinen Eltern war am schwersten. Mein Vater weinte: »Ich werde Esti nie mehr wiedersehen!« Ein halbes Jahr später war er tot.

Fräulein begleitete uns zum Bahnhof. Wir nahmen den Nachtzug über Deutschland nach Paris. Martin kam am nächsten Tag im Schlafwagen nach. Schlafwagenplätze für uns alle wären zu teuer gewesen. Die Reise verlief ohne Vorkommnisse. Als wir ohne Zwischenfälle in Kehl ankamen, war ich erleichtert, obwohl ich in eine ungewisse Zukunft reiste.

In Paris hatte meine Schwester in einer grässlichen Pension Zimmer für uns gemietet, mit einer Hexe als Besitzerin und einer Brücke direkt vor unserem Fenster, über welche die Metro fuhr und mich nachts alle fünf Minuten aus dem Schlaf riss. Selbst wenn es nur vorübergehend war, schien es, als habe sie sich bei der Suche nach einer geeigneten Unterkunft für uns nicht übermäßig angestrengt. Ich konnte nichts unternehmen, denn ich war vollkommen von ihr abhängig.

Aus Martin Freud: »Mein Vater Sigmund Freud«:
... ich erhielt *[durch den Nazifreund der Köchin]* eine rechtzeitige Warnung über meine geplante Verhaftung. Unter diesen Umständen wurde beschlossen, dass jede Verzögerung meiner Abreise die Lage verschlimmern könnte. Ich beschloss, nach Paris aufzubrechen, um dort mit meiner Frau und den beiden Kindern, die schon einige Tage früher dorthin abgereist waren, zusammenzutreffen. *[S. 234]*

Martin, der am nächsten Tag ankam, war entsetzt und wollte sofort umziehen, obwohl er nur zwei Tage in Paris bleiben wollte. Ich überredete ihn zu bleiben, weil ich meine Schwester nicht kränken wollte.

Am folgenden Tag bereitete ich das Frühstück auf der einfachen Kochgelegenheit, die wir in diesen Zimmern hatten. Martin war daran gewöhnt, zum Frühstück Eierspeise mit Schinken zu bekommen. Ich stand früh auf, um die notwendigen Ingredienzien zu besorgen. In Paris kauft man guten Schinken in einer *charcuterie*, die einmal wöchentlich geschlossen hat, was ich nicht wusste. Just an diesem Tag suchte ich nach Schinken, und nachdem ich alle Lebensmittelgeschäfte in der rue de Passy abgeklappert hatte, war ich froh, endlich welchen zu finden. Nachdem ich das Essen zubereitet und es Martin vorgesetzt hatte, bekrittelte er den zu fetten Schinken und höhnte, dass ich nicht einmal in der Lage sei, ordentlichen Schinken einzukaufen. Es war die letzte Mahlzeit, die ich meinem Mann servieren musste.

Tags darauf reisten Martin und Walter vom Gâre St. Lazare nach London ab. Erst zwölf Jahre später sollte ich mein Kind wiedersehen. Martin sah ich 1950 nur aus der Entfernung, aber wir schrieben uns eine Weile.

Meine Eltern waren über Nacht aus ihren bürgerlichen Leben herausgerissen. Sie verloren ihre Heimat, Freunde und Verwandte, ihre Arbeit, ihren Besitz, ihre Sprache. Vielleicht hätten sie ihre Freiheit mehr gewürdigt, wenn sie die Zukunft erahnt hätten. Aber niemand konnte damals von den Transporten in Viehwaggons ohne Wasser, Essen und Toilette und den Gaskammern wissen und dass die Mutter meiner Mutter, die vier Tanten meines Vaters und ihre Freunde und Kollegen grausam ermordet werden würden. Für Vater und Mutter war die Gegenwart schwierig und die Zukunft dunkel. Meine Eltern fanden keinen Weg, sich gegenseitig zu trösten oder Mut zuzusprechen. Sie quälten sich gegenseitig weiter bis zur letzten Mahlzeit.

AUS DEN VERHANDLUNGSUNTERLAGEN DES NÜRNBERGER PROZESSES

»Ich bitte Sie, Herr Zeuge, zu erzählen, wie Kurt Franz die Frau getötet hat, die sich als Schwester Sigmund Freuds ausgab? Erinnern Sie sich dessen?«
Und Rajzmans Antwort lautete:
»Das war so: Der Zug kam aus Wien an. Ich stand damals auf dem Bahnsteig, als die Leute aus den Waggons geführt wurden. Eine ältere Frau trat auf Kurt Franz zu, zog einen Ausweis hervor und sagte, daß sie die Schwester von Sigmund Freud sei. Sie bat, man solle sie zu einer leichten Büroarbeit verwenden. Franz sah sich den Ausweis gründlich an und sagte, es sei wahrscheinlich ein Irrtum, führte sie zum Fahrplan und sagte, daß in zwei Stunden ein Zug nach Wien zurückgehe. Sie könne alle ihre Wertgegenstände und Dokumente hierlassen, ins Badehaus gehen, und nach dem Bad würden ihre Dokumente und ihr Fahrschein für sie nach Wien zur Verfügung stehen. Natürlich ist die Frau ins Badehaus gegangen, von wo sie niemals mehr zurückkehrte.«

FRANKREICH

SIEBENTER TEIL · DIE JAHRE IN PARIS UND EXODUS

1
Paris. Eine neue Heimat?

In Paris erwiesen sich zwei Umstände als außerordentlich hilfreich. Erstens war ich die Schwiegertochter von Sigmund Freud, dessen Verfolgung in Wien weltweit für Schlagzeilen gesorgt hatte. Und zweitens war ich mit einer Frau befreundet, die an unserer Klinik studiert und gute Beziehungen hatte und bis heute meine Freundin ist – Isabelle Martha Vié. Isabelle stellte mich Professor Lemaître vor, dem Chef der HNO-Klinik am Hôpital Lariboisière, der mir die Errichtung einer Klinik für Sprach- und Stimmrehabilitation in seiner Abteilung ermöglichte. Der Auftrag war ehrenamtlich, aber Lemaître erzählte »l'Intransigeant« von mir, und die Zeitung veröffentlichte auf der Titelseite einen langen Artikel über meine Aktivitäten, komplett mit Foto. Isabelle führte mich auch bei den besten HNO-Spezialisten und Kinderärzten von Paris ein. Fleißig besuchte ich jeden dieser Ärzte, obwohl es mich viel Zeit und Energie kostete.

Als Flüchtling in Paris,
FREUDS Schwiegertochter lässt TAUBSTUMME sprechen

Als freie Schülerin von Professor Lemaître, dem Chirurgen des Schweigens, arbeitet sie mit Erfolg, Engagement – und Freude – an der Rehabilitation Sprachbehinderter
    VON Merry BROMBERGER

Bei einem zufälligen Besuch im Hôpital Lariboisière, geleitet von Professor Lemaître, dem Chirurgen des Schweigens,

der Tauben, der Stummen, der die Fehler der Natur korrigiert, Stimmbänder herausschneidet, Kehlköpfe anhebt, Gaumen umformt ...
  Seit einem Jahr bringt eine junge lächelnde Frau, die hier nur freie Schülerin von Professor Lemaître ist, den Sprachlosen Sprechen bei, lehrt durch einen Schlaganfall Gelähmte den Gebrauch ihrer Lippen, entlockt Geräusche aus der Speiseröhre von Leuten, die keinen Kehlkopf haben. Sie ist die Schwiegertochter des Meisters der Psychoanalyse, der im Londoner Exil mit seinen 83 Jahren gerade die Druckfahnen seiner ins Französische übersetzten Bücher korrigiert.

Am 17. Juni 1938 kamen Papa und Mama Freud auf ihrem Weg nach London durch Paris und übernachteten im Hôtel particulier (Herrenhaus) von Marie Bonaparte. Sie wirkten beide zerbrechlich und verloren. Wir verabschiedeten uns von ihnen am Gâre St. Lazare, und Sophie sagte tränenüberströmt: »Ich werde Großvater nie wiedersehen.«

Ausnahmsweise bin ich es und nicht meine Mutter, die gekränkt ist. Prinzessin Bonaparte filmte während des Abends, an dem die Familie Freud bei ihr zu Gast war. Ich glaube, dass der Film im Londoner Freud-Museum verfügbar ist. Anwesend war eine ganze Gruppe von Verwandten und Freunden, doch weder ich noch meine Mutter waren dabei. Vermutlich konnte sie mich nicht ohne meine Mutter einladen, die nicht willkommen war, und so fehlten wir beide. Dennoch war ich traurig und empfand es als Zurückweisung, dass ich jenen letzten Abend nicht mit Großvater verbringen durfte.

Bald zogen wir aus der grässlichen Pension aus und verbrachten den Sommer in einem großen Haus mit wunderschönem Park in Chatou, einer Stadt in der banlieu von Paris. Die Frau des Besitzers unterrichtete Sophie in Französisch, und ich pendelte jeden Tag in die Krankenhausklinik.
  Eines Tages überraschte mich ein Anruf von Dr. Eitington, der nach Paris gekommen war, um seine Schwester zu besuchen, und

mich zum Abendessen einlud. Ich weiß immer noch nicht, wie er meine Adresse herausgefunden hat. Es wurde ein äußerst angenehmer Abend und munterte mich auf. Er bat mich um ein weiteres Rendezvous zwei oder drei Tage danach, an dem ich seine Schwester kennenlernen sollte, es vergingen jedoch Wochen, ohne dass ich etwas von ihm hörte. Schließlich rief mich seine Schwester an, um mir zu sagen, dass ihr Bruder einen Herzanfall erlitten hatte, nachdem er mich nach Hause gebracht hatte. Sie fragte mich, ob ich ihn sehen wolle, und das tat ich bald darauf. Genesen, verließ Eitington Paris, um nach Jerusalem zurückzukehren, wo er lebte, nur um einen weiteren schweren Herzinfarkt zu erleiden, von dem er sich nicht mehr erholte. Ich fühlte mich wie eine femme fatale, die ihre Bewunderer zerstört. Mit seinem Tod verlor ich einen wertvollen Freund.

Marianne schlug vor, Sophie an eine private Tanzschule zu schicken, um ihr Leben etwas heiterer zu gestalten. Sie kannte ein deutsches Flüchtlingsehepaar, das solche Kurse veranstaltete, und Sophie meldete sich an. Einer der Schüler wurde 1945 Sophies Ehemann. Dieselben Leute betrieben ein Sommercamp in der Haute-Savoie, und ich schickte Sophie zu ihnen in die Ferien.

In diesem Sommercamp war ich sehr glücklich, für eine Weile befreit von meiner klagenden Mutter und unter jungen Leuten, die wie ich Flüchtlinge waren. Das junge Ehepaar, Harald und Edith Hauser, die das Lager leiteten, waren glühende Kommunisten, aus Deutschland emigriert, und sie wurden in meiner Frankreich-Zeit meine engsten erwachsenen Freunde, denen ich mich tief verbunden fühlte. Für sie war ich eine potentielle Rekrutin, eine Soldatin der Zukunft, was allerdings nie richtig geklappt hat.

Vater kündigte seinen Besuch im Camp an, und ich beging den Fehler, Mutter davon zu erzählen. Unangemeldet erschien sie zur selben Zeit auf der Bildfläche. Ich war wütend, dass meine Mutter meine Zeit und meinen Ort für gigantische Szenen auserkor, wodurch sie Wochen meiner wertvollen Ferien ruinierte. Im folgenden Jahr war ich wieder im selben Camp, und diesmal hatte ich meine Mutter nicht über den bevorstehenden Besuch meines Vaters informiert. Als sie später davon erfuhr, war sie sehr wütend. Sie beschuldigte mich eines schlimmen Verrats und warf mir vor, mich mit den Freuds gegen sie verbündet zu haben. Unsere Zeit in Paris war voll mit solchen Beschuldigungen. Ich war die wohlerzogenste Halbwüchsige, die man sich vorstellen kann, und doch wehrte ich mich heftig gegen Mutters unablässige Klagen über Vater und darüber, wie einsam und vernachlässigt Walter sicher war. Möglicherweise äußerte ich grausame Worte wie »Vielleicht wäre ich glücklicher in England«, worauf sie zu kreischen anfing: »Dein Vater zahlt dich, damit du mich quälen und verfolgen kannst.« Eines Tages, ich glaube, es war während unseres denkwürdigen Streits wegen des Vorwurfs, ich hätte ihr Vaters Besuch im Sommercamp verheimlicht, drückte ich meinen Unmut darüber aus, mir ständig ihren Zorn auf ihren Mann anhören zu müssen; das sei ihre Angelegenheit und nicht meine, und ich wolle nichts mehr davon hören. »Du bist ein unbarmherziges Mädchen«, antwortete sie, »du hast das berühmte steinerne Herz deines Großvaters geerbt.« Der Vorwurf, mitleidlos und kaltherzig zu sein, wurde so oft wiederholt, dass es Teil meiner Identität wurde. Rückblickend erscheint mir das sowohl als ein Fluch als auch ein Segen, der mich mein ganzes Leben begleitet hat. War es wirklich meine Mutter, die mir ein kaltes Herz andichtete, oder hatte sie bloß einen Charakterzug von mir erkannt? Ich erinnere mich jetzt, wie fasziniert ich von Andersens Schneekönigin war, die das Herz des kleinen Jungen in Eis verwandelte, und auf andere Weise vom faustischen Märchen »Das kalte Herz« von Wilhelm Hauff.

Marianne hatte mich nach Lavandou eingeladen, einem südfranzösischen Badeort, wo sie ein Häuschen gemietet hatte. Am dritten Tag klingelte das Telefon, und ihr Mann forderte sie auf, sofort zurückzukommen. Sie hat mir nicht gesagt, was geschehen war. Ich beschloss, nach Grenoble zu fahren, um an der Universität in einer Sommerklasse Französisch zu belegen.

Ich vermute, und wahrscheinlich auch Mutter, dass Tante Janne Mutters Besuch nicht ertragen konnte und ihren Mann beauftragt hatte, sie zurückzurufen.

Am 14. Juli, dem Tag der Bastille, tanzten die Pariser in den Straßen. Während Hitler schon über die Grenze schaute, nahm der Präsident auf den Champs-Élysées eine große Parade ab, bei der das gesamte militärische Gerät vorgeführt wurde, einschließlich der Kampfflugzeuge oben am Himmel. Premierminister *(Président du Conseil)* war Monsieur Blum, und in der Metro las man bisweilen Aufkleber mit dem Text »*Mieux Hitler que le juif Blum*« (Besser Hitler als der Jude Blum). Jeder mit nur einigermaßen Grips konnte diese Botschaft als eine Vorwegnahme kommender Ereignisse interpretieren, insbesondere nachdem Hitler die Tschechoslowakei erpresst hatte, einen Teil des Landes ans Reich abzutreten. Es ist die Geschichte von Chamberlain mit seinem Schirm, der Hitler in Godesberg trifft und ihm Frieden für die nächsten 100 Jahre verspricht.

Um diese Zeit schrieb ich Anna Freud einen Brief, in dem ich sie bat, Sophie und mir zu helfen, in die Vereinigten Staaten auszuwandern. Mit ihren Verbindungen hätte sie das leicht tun können. Die Antwort kam von Martin, der mir vorwarf, von Anna seltsame Dinge zu verlangen.

Meine Aufgaben für den Herbst waren, Sophie in ein Lycée einzuschreiben und vor dem Eintreffen unserer Möbel aus Wien einen ordentlichen Platz zum Wohnen zu finden. Sophie wurde in das Lycée Jean de La Fontaine aufgenommen, verlor aber ein Jahr wegen ihres schlechten Französisch.

2
Tante Janne

Während meine Mutter den Namen Freud und die Unterstützung durch eine Freundin als hilfreiche Faktoren für die Etablierung in Paris erwähnt, war es für mich zweifellos die Anwesenheit von Tante Janne. Sie nahm mich mit offenen Armen auf, wie eine Tochter, die sie nie hatte. Sie wurde zu einer Oase in der Wü-

ste, zu einem sicheren Hafen auf stürmischer See und ersetzte mir viele Verluste in meinem damaligen Leben. Ich fand zu einer Zeit eine zweite Mutter, als ich es am meisten brauchte, eine Mutter, die ich insgeheim meiner eigenen vorzog. Natürlich spürte meine Mutter meine Perfidie – schließlich liebte jeder Tante Janne mehr als sie, warum nicht auch ihre eigene Tochter –, aber sie mischte sich trotz ihrer Eifersucht nicht in unsere Beziehung ein – wie sie es damals in Wien bei meiner Großmutter und meinem Vater getan hatte. Ich bin vollkommen überzeugt, dass Mutter für mich immer das Beste wollte. In diesem Fall erkannte sie, wie Tante Janne mir in meiner großen Not damals behilflich war, und gestattete mir diese Beziehung. Ihre Schwester war ja wenigstens kein Mitglied der feindseligen Freud-Sippe. Jedenfalls hielten sich die Konflikte zwischen den Schwestern in – wenn auch unsicheren – Grenzen.

Meine Schwester machte es sich zunutze, dass ich ein armer und gejagter Flüchtling war, um Walter mir gegenüber einen vollkommenen Idioten zu nennen. Das hätte sie nicht tun sollen. Ein paar Jahre später wurde ihr Sohn schizophren und ist bis zum heutigen Tag ernsthaft gestört. Ich habe allen Grund, auf meinen Sohn und seine Familie stolz zu sein.

Die Schadenfreude über das große Unglück ihrer Schwester mag manche von uns so sehr abstoßen, dass wir geneigt sind, ihr jedes weitere Mitgefühl zu entziehen. Das war zumindest einige Jahre nach der Lektüre ihrer Autobiographie meine eigene Reaktion.
In der damaligen widerwärtigen Zeit wurde verzweifelten Eltern schwer gestörter Kinder die Schuld an deren Krankheit angelastet. So sagte mir Tante Janne angesichts der Krankheit ihres Sohnes hilflos: »Wir haben uns immer so bemüht, nicht vor Herbert zu streiten, während deine Eltern dir mit ihren Kämpfen das Leben verleidet haben.« *Sie unterstellte also eine Ungerechtigkeit des Schicksals, das die falsche Schwester bestraft hatte.*
Ein Brief meines Vaters an Mutter aus der Frühzeit ihrer Ehe, in dem er scherzhaft über einen Besuch bei seiner Schwägerin und

deren Mann berichtet, soll helfen, sich Tante Janne als junge Frau vorzustellen.

Wien, 26. Juni 1923

Liebster bester Murrer!

Ich möchte Dir zuerst kurz schildern, wie ich Samstag und Sonntag verbracht habe. Samstag war noch sehr schlechtes trübes Wetter, ich war zu Mittag bei Deiner Schwester eingeladen, das Mittagessen verlief nicht ganz ohne Komplikationen. Erst haben Heinrich und ich bis ½2 Uhr auf die Frau des Hauses gewartet, da sie sich augenscheinlich bei Besorgungen verspätet hatte, daher eine gewisse Gewitterschwüle. Kaum hatten wir uns doch zu Tisch gesetzt, läutete es. Es kommt ein Diener von der Depositenbank und bringt die samstägige Devisenpost zur Unterschrift. Daraufhin legt der Hausherr den Suppenlöffel nieder, zieht sich ins Herrenzimmer zurück und unterschreibt ca. 20 Minuten. Die Hausfrau bleibt stumm beim Tisch sitzen und verweigert die Nahrungsaufnahme. Der Gast taucht hier und da verschämt den Löffel in die bereits kalt gewordene Suppe. Der Hausherr kommt zurück mit einer Postmappe unter dem Arm, sichtlich gehoben durch die geleistete schwere geistige Arbeit. Die Hausfrau wahrscheinlich einem gewissen Revanchegefühl Folge leistend, springt nun ihrerseits auf, es ist ihr eingefallen, dass sie eine telefonische Verabredung unbedingt sofort in Ordnung bringen muss. Man hört aus dem Schlafzimmer zwanzigmal hintereinander das Telefon läuten und hört Bruchstücke der immer nervöser sich gestaltenden Verhandlungen zwischen Telefonfräulein und Hausfrau. Hausherr und Gast sitzen einander gegenüber und mustern sich stumm. Es vergehen weitere 15 Minuten. Die 3 handelnden Personen sind wieder um den Tisch herum vereint. Die Suppe ist abgetragen.

Der Braten wird gebracht, hinter dem Braten erscheint in strahlender Freundlichkeit der Schwiegervater und begrüßt die Anwesenden. Er sucht dringend eine Nummer vom Prager Tageblatt, in der über den vielbesprochenen Selbstmord eines Mitglieds der Wiener Gesellschaft, angeblich unter neuen sensationellen Gesichtspunkten, berichtet wird. Der Hausherr legt Messer und Gabel hin, springt auf und eilt in das Schlafzimmer, wo er den großen Pack Zeitungen nach dieser Nummer zu durchsuchen beginnt. Die Hausfrau legt ebenfalls ihr Besteck hin und blickt zum Himmel, ein Bild stiller, aber nicht gottergebener Verzweiflung. Die Braten Sauce beginnt langsam zu gerinnen und an den noch vollen Tellern festzupicken. Der Gast wird in seinem Versuch, den ausgekühlten Rostbraten seiner Bestimmung zuzuführen, durch den Schwiegervater gestört, der ihn in eine interessante Debatte über die

Börsenlage voll von Rückblicken in die Vergangenheit und Ausblicken in die Zukunft verwickelt. Es läutet. Der Gast wird abberufen, weil sein Schneider mit einem Anzug zur Probe erschienen ist. Wie der Gast zurückkommt, um den neuen Anzug zur Besichtigung vorzuführen, findet er das Ehepaar, ohne Schwiegervater, im Stadium des Sichwiedergefundenhabens, und verschwindet als vollkommen überflüssig ohne weiteren Wechsel besonderer Formalitäten.
Auf diese Art war es Samstag 4 Uhr geworden.

Tante Janne und Onkel Heinrich übersiedelten bald nach Berlin, wo Tante Janne in die linksintellektuelle Szene der Weimarer Republik eintauchte. Wir hören von ihr das nächste Mal in einem weiteren Brief. Dieses Mal ist es ein Brief von Großmutter Freud an ihren Sohn Ernst, der ebenfalls in Berlin verheiratet war und sich als Architekt etabliert hatte. Großmutter Freud ist glücklich, dass die wohlhabende Familie Zittau ihren Sohn mit dringend benötigten Architekturaufträgen versorgt.

Großmutter Freuds Brief an Ernst und Lux

Wien, 3. 4. 1925

Meine geliebten Kinder, ... Hier reist einfach alles und jeder zu Ostern weg und man muss sich direct entschuldigen, daß man da bleibt. Papa, der früher so leidenschaftlich gerne gereist ist, kann es leider nicht mehr und das tut mir unendlich Leid, aber schliesslich müssen wir zufrieden sein, dass er sich in seinen vier Wänden so behaglich fühlt, und das ist Gott sei Dank der Fall!! Für die drei Sommermonate haben wir die Villa Schüler am Semmering wieder gemietet. ... Natürlich wünsche ich auch von Herzen dass Ernst genügend und einträglich zu tun hätte, aber wer kann das heute von sich sagen. Martin, der wirklich auch nichts will, als arbeiten und erwerben, ist so gut wie lahmgelegt, hat nur durch Protection eine bezahlte Stelle die ihn nicht freut und unser armer Oli schuftet wie ein Arbeiter, ohne sich das Geringste gönnen zu können ...

Übringens hatte ich unlängst ein liebes Briefchen von Marianne Zittau, worin sie mir dankt, dass ich sie Dir empfohlen und wie steinunglücklich und verlassen sie dort wäre wenn sie Euch nicht hätte!! Siehst Du mein Lieber wie sich Guttaten lohnen. ...

Bleib gesund und froh im Kreise Deiner geliebten Schaar, behalte den Kopf oben, auch wenn es mal ein bischen anders geht, als Du es Dir wünschtest!...

Lebt beide wohl für heute meine Geliebten und seid inning gegrüsst und geküsst von Mama.

Mir wurde nicht gesagt, an genau welchem Datum meine Großmutter nach Berlin reisen würde, um die Liebesgeschichte zwischen ihrem verheirateten Sohn und der Schwester ihrer Schwiegertochter zu beenden, aber Tante Janne bestätigt die Geschichte. Das war der wahre Grund, erklärte meine Mutter später, warum die Familie Freud sie so geringschätzte. »Ich habe für das schlechte Benehmen deiner Tante bitter bezahlt«, *sagte sie mir, als ich mich danach erkundigte, was genau stattgefunden hatte.* »Die Familie hat mir nie verziehen.«
Ich selber kann mich an eine andere Episode erinnern. Ich habe den seltsamen Eindruck, dass ich selbst es war, die die Tür öffnete und Tante Janne anlässlich eines ihrer Besuche bei ihren Eltern auf Vaters Schoß sitzen sah. Auf jeden Fall gab es einen riesigen Streit zwischen den Schwestern, und einige Monate später erhielt Mutter als Friedensangebot ein Paar Seidenstrümpfe als Geschenk. Erst rückblickend wurde mir als erwachsener Person die Verbindung zwischen diesen Ereignissen klar. »Nein, dein Vater war mir egal«, *behauptete Tante Janne, als ich sie Jahre später an die Episode erinnerte,* »aber deinen Onkel Ernst habe ich wirklich geliebt.«
Sowohl meine Mutter als auch Tante Janne waren sehr schöne Frauen, doch meine Mutter war kalt, war früh verbittert und zunehmend davon überzeugt, nicht liebenswert zu sein, während ihre jüngere Schwester reizend und charismatisch war und ihr die Herzen anscheinend mühelos auf Schritt und Tritt zuflogen. Es waren nicht nur die Herzen von Liebhabern, häufig angesehene und weltweit berühmte Männer aus Wissenschaft, Politik oder Kunst, es fühlte sich einfach jeder, der ihr begegnete, zu ihr hingezogen.

3
Geliebtes Herzenspuckerl

Als mein Bruder zu meinem Projekt seine Erinnerungen über Mutter beisteuerte, ließ er unerwähnt, dass sich in seinem Besitz Hunderte von Briefen befanden, die ihm seine Mutter im Laufe der Jahre geschrieben hatte. Er hatte alle Briefe, die er je erhalten hatte, aufbewahrt und mag sie vielleicht sogar vergessen haben, da er sie in »Ernestine« nicht erwähnt. Auch meine Mutter hat über diese umfangreiche Korrespondenz mit ihrem anscheinend heißgeliebten Sohn nie gesprochen, es war fast ein Geheimnis nicht nur vor den Freuds, sondern auch vor mir.

Vater und Sohn hatten gegen Ende Mai Paris in Richtung London verlassen, und innerhalb von Wochen begann Mutter für eine Wiedervereinigung zu agitieren. Sie verzehre sich Tag und Nacht, erklärte sie, nach der Anwesenheit ihres 18jährigen Sohns an ihrer Seite. Der Stil ihrer Briefe ist gefühlsmäßig fast identisch mit den Briefen, die sie ihrem Verlobten in die italienische Kriegsgefangenschaft schrieb, voller Liebes- und Sehnsuchtsschwüre wie damals.

Vor Zuneigung überquellende Briefe sind in beiden Fällen gewiss einfacher als tatsächliches Beisammensein.

10. Juni 1938

Liebes gemeines Puckerl,
Ich finde es unerhört gemein von Dir, daß Du noch nicht ein einziges Mal geschrieben hast, noch dazu, wo mir so bang nach Dir ist. Ich weiß von Deiner Schule außer daß Du Tanzlehrer geworden bist, gar nichts; Spielst Du dort Tennis oder reitest Du? Was macht Deine Gesundheit und die englische Sprache?
Mir geht es leidlich. Ich arbeite 3mal in der Woche in einem großen Spital natürlich »umsonst« und laufe die ganze Zeit sonst herum um Leute zu besuchen, bei Ärzten mich vorzustellen, in andere Spitäler um auch bezahlte Fälle zu bekommen, aber das geht natürlich schrecklich schwer. Ich werde sicher noch Jahre brauchen um hier zu verdienen, hoffentlich halte ich nur durch –

17. Juni 1938
Liebes großes Muckerl,
Ich danke Dir herzlichst für Deinen lieben langen Brief, mit dem ich mich schrecklich gefreut habe. Mir ist sehr, sehr bang nach Dir, niemand mit dem ich keppeln kann. Es ist mir sehr einsam und ich komme mir sehr verlassen und ausgesetzt vor, das einzige was mich tröstet und sehr stolz macht, ist, daß Ich es war, die im Stande war, das Vermögen vom Freudgroßvater zu retten und ich bitte Dich in Deinem Interesse, Dir das gut zu merken!!
Ich bin immer schrecklich müde, da ich alle möglichen Schritte unternehme, etwas zu verdienen, bis jetzt leider umsonst. Ich habe dem Vater geschrieben, daß ich schrecklich gern nach England auf einige Tage kommen möchte, damit ich wieder ein bisserl mit Dir zusammen sein kann, aber der Vater hat zurückgeschrieben, das kostet zu viel Geld, obwohl es weekend Karten gibt, die bei 300 Francs tour retour kosten. Wenn ich wieder etwas verdient habe, mit dem Geld kann ich ja machen was ich will, geben wir uns ein weekend rendezvous, Du könntest mir ja dann bis an die Küste entgegenfahren, daß ich nicht so weit reisen müßte. Erkundige Dich welcher Ort am günstigsten wäre, der Vater braucht gar nichts davon zu wissen. –
Ich küsse und umarme Dich aufs herzlichste,
Deine Dich liebende Mutter Esti

Mutter versucht einen Sommerbesuch von Walter zu organisieren.

7. Juli 1938
Liebes Puckerl,
Gesundheitlich geht es mir bedeutend besser ... ich kann auch schon wieder besser schlafen und weine nicht mehr den ganzen Tag ... Du darfst auf das Spital nicht schimpfen, das ist sehr wichtig für mich, ich muß oder kann mir nur so eine Stellung schaffen. Da der Vater binnen kurz oder lang, eher kurz, mir entweder gar kein Geld oder so wenig wie möglich geben wird damit er mehr für seine Hure hat, muß ich dazu schauen, damit ich die Sophie ordentlich erziehen kann.

17. Juli 1938
Geliebtes Herzenspuckerl,
Schnapserl ist seit Donnerstag in der Haute Savoie, *[ich bin auf Ferien in einem Sommerlager]* ich bin jetzt mutter, mutterseelen allein, dazu

ist noch Sonntag. Mir war wieder einige Tage ziemlich elend, weißt es gibt nicht schrecklicheres als ganz allein krank in so einem schlechten Hotelzimmer ohne Bedienung und Hilfe zu liegen, ich wünsch das einmal der Annerl *[Anna Freud]*, damit sie sieht wie das ist, wenn es eine Gerechtigkeit gibt, erwischt sie es noch ganz gehörig. ... wenn ich zwei Jahre durchhalte mit dem Herz u. a. werde ich noch ganz schön zu tun haben. Dann können mir die ganzen F.s Du weißt schon was.

Meine Eltern sind sehr außer sich, sie wollen auch auswandern. Ich weiß nicht was vorgeht, bin sehr aufgeregt.

... stell Dich nur nach außen gut mit den Freuds, unter uns, bis auf den Großvater, sind es die gemeinsten Schweine, die man sich denken kann inclusive Vater, aber vielleicht ist der nur blöd...

erzähle ja niemand, schon gar nicht Vater von meinen Sachen, sonst verpatzen sie mir vielleicht noch aus Bosheit alles, das sind nur meine Beziehungen, hat mit den Freuds nicht das geringste zu tun. Halt Daumen und vor allem den Mund. Vater nichts erzählen, ihn geht mein Leben nichts mehr an, nachdem wie er sich zu mir benimmt.

Bitte schau, dass wir zusammen sein können und sei innigst umarmt und geküsst v. Deiner Mutter Esi.

Mutters Hass auf die Familie Freud wird immer rätselhafter. 1946 schreibt sie an Walter: »Die Großmutter Freud hätte ich gerne wiedergesehen, ich glaube immer, sie hat mich gerne gehabt, aber wahrscheinlich irre ich mich«. Wenn Großvater und Großmutter und vielleicht sogar Vater aus ihrem Hass ausgenommen sind, dann bleiben nur Tante Anna und vielleicht Tante Mathilde übrig, die einzigen Freud-Kinder, die auch in Wien gelebt haben.

29. Juli 1938

Geliebtes Herzenspuckerl,

Unsere Möbel sind gekommen und jetzt sitze ich in den Ministerien herum um meine carte d'identité. Es geht bei mir alles viel schwerer wie bei anderen Leuten ... vielleicht arbeitet die Prinzessin dagegen und man wird mich noch einsperren, hier in den Gefängnissen sind Ratten, die die Leute totbeißen.

Manchmal wünsche ich mir, die Nazis hätten mich totgeprügelt, das wäre wenigstens zu Hause gewesen und ich hätte schon alles überstanden gehabt, so dauert es viel länger. Ich denk fort nach, welches Verbrechen ich begangen habe, daß man mich so mutterseelenallein rausgesetzt hat.

Hoffentlich geht es Dir wenigstens gut. Ich möchte Dich so gern sehen. Tausend Pussis, Mutter Esti

In Wirklichkeit half Prinzessin Bonaparte, für Mutters Mutter Asyl in Frankreich zu erhalten. In Nizza, nach dem Waffenstillstand, hat die Prinzessin uns entweder Geld von Vater oder vielleicht ihr eigenes Geld monatlich überwiesen.

27. Nov. 1938. [Brief von Martin]. Die Prinzessin hat an das Ministerium wegen Deiner Mutter geschrieben, hoffentlich wird das erfolgreich.

1. Aug. 1938

Geliebtes, gutes Herzensmuckerl,
Ich bin sehr froh darüber, daß Du endlich auf Erholung kommst. ... Bitte gib acht beim Schwimmen, der atlantische Ocean ist nicht die Adria ... Eben lese ich in der Zeitung daß sich der Großvater einen herrlichen Palast in London gekauft hat. Mir macht die Prinzessin, obwohl ich in der billigsten Pension von Paris wohne, Vorwürfe ich brauch zu viel Geld, so daß ich mich wirklich nicht mehr trau', mich satt zu essen, und sie kaufen sich einen Palast. Übrigens ist das beruflich hier sehr schlecht für mich. Kein Mensch wird mir irgend etwas zu verdienen geben, wenn der Schwiegervater einen Palast in London besitzt.

Ich bin ausgesprochen dagegen, daß Du nächstes Jahr sofort in ein Filmatelier gehst, wenn Du nicht Deinen Ingenieur machst, kannst Du nie etwas besseres wie ein Kameramann werden, wenn Du Ing. machst, kannst Du Direktor einer Filmgesellschaft usw werden.

Sei nicht so dumm, damit die Verwandten sich das Geld für Dein Studium ersparen können, brauchst Du Dich nicht proletarisieren lassen, Du hast <u>Anspruch</u> auf eine ordentliche Ausbildung. Übrigens kann man gerade Filmsachen viel besser in Frankreich erlernen. –

Bitte schreib mir viel und oft, das ist das einzige was mich noch halbwegs aufrecht hält ...

Erhol Dich gut und sei herzlichst umarmt und geküsst v. Deiner Dich sehr liebenden Mutter Esti

5. Aug. 1938

Liebes Puckerl,
Vater scheint nebbich ganz meschugge zu sein, er will als Bankbeamter nach Palästina gehen, das bedeutet für ihn sicheren Tod bei seinem Gesundheitszustand. Die Freuds haben <u>doch</u> ein sehr schönes Haus gekauft, ich weiß es ganz bestimmt, aber vor uns wird es geheim gehalten. ... Bitte Frau Thomas sie soll durch ihre einflußreichen Verwandten mir eine Empfehlung an das britische Konsulat in Paris geben, daß ich für 1 Monat nach England fahren kann. ... Den Großvater habe ich auch gebeten, <u>bitte</u> tu es <u>Du</u> auch, er soll es mir zum Geburtstag schenken, ich fürchte nur der Vater wird es hintertreiben; im Winter werde ich keine Zeit haben und ich will Dich wiedersehen mir ist so so so bang und ich bin entsetzlich einsam und habe es sehr sehr schwer.
Tausend tausend Pussi, Mutter Esti

Großvater hatte wohl genausowenig Lust wie sein Sohn, meine Mutter in London zu begrüßen, wie wir aus seinem seufzenden Brief entnehmen können:

PROF. Dr. FREUD   39 ELSWORTHY ROAD
                              LONDON. N.W.3

7. 8. 1938

Meine liebe Esti
Dein Brief an mich hat sich offenbar mit den letzten Brief Martins an Dich gekreuzt, sonst hättest Du andere Pläne gemacht. Du weißt jetzt daß er nach dem 18. D/M von der Prinzessin (jetzt gerade unser Gast) nach den Süden eingeladen ist – daß er über Paris fahren, auf dem Hinwie auf dem Rückweg mit Dir sein wird so daß es keinen Sinn hat, wenn Du nach London kommst wenn er nicht dort ist. Sollte seine Reise auf Schwierigkeiten stoßen und aufgegeben werden so wird es allerdings notwendig sein, so werden wir auf Deine Absicht zurückkommen müssen. Das erledigt den ersten Teil Deines Briefes. Was den zweiten Teil betrifft so anerkenne ich gerne Dein historisches Recht auf eine Geburtstagsdonation das nur in jenen dunklen Tagen vernachlässigt wurde und lege Dir einen kleinen Cheque bei den Du hoffentlich ohne Mühe zu Geld machen kannst. Mach Dir die Zeit bis Du Deine Arbeit beginnst recht angenehm. Mit herzlichen Gruß Papa

8. Aug. 1938

Geliebtes Herzenskind,
Bitte sei so lieb und bitte den Vater, daß er mir hilft, das engl. Visum zu bekommen, ich möchte so gern einen Teil Deiner Ferien mit Dir verbringen, da ich ab 6. Sept. wieder im Spital arbeite, kann vielleicht ein Jahr wieder vergehen, bis ich Dich sehen kann. Wir haben doch bis jetzt alle Sommer miteinander verbracht und Du hast es schön und gemütlich gehabt. Ich habe mir noch seit unserer Auswanderung keine gute Stunde gegönnt und ich hab' nicht mehr viel Kraft und möchte mir gern bei Dir Kraft holen; wenn ihr mir nicht helft, verschaffe ich mir einen falschen Paß, mir ist schon alles egal, höchstens passiert etwas.
Bitte bitte schreib dem Vater, mir ist so entsetzlich bang nach Dir
Küsse Mutter
P. S. Die Prinzessin hat den Vater nach St. Tropez eingeladen. Mich natürlich nicht. Wenn die Freuds sich ein Palais kaufen können, muß so viel Geld für mich da sein, daß ich zu Dir fahren kann. Ohne mich hätten sie doch keinen Heller mehr!

LE LYS DE MER
SAINT-TROPEZ, VAR   26. Aug. 1938
Lbst. Mr!
Ich bin hier reizend empfangen worden und es ist vollkommen ungeniert, alle gehen den ganzen Tag barfuß und auch sonst fast ungekleidet. Nur mit Wohnen klappt es nicht ganz, ich schlafe auf einer Couche im Speisezimmer und bin tagsüber ziemlich heimatlos. Das Wetter wechselnd, viel Wolken und stürmisch. Ich glaube nicht, daß ich länger als bis zum 29. hier bleiben werde, so schön es ist, ist es doch das Gegenteil von Erholung. Fortwährend kommen Besuche und daß ich dazu komme, eine Zeile zu schreiben, ist das größte Kunststück.
  Ich werde wieder drahten wenn ich durch Paris komme. Ein Brief dauert 4 Tage, so schreibe ich kaum mehr.
Herzlichst Mr.

Vater hat tatsächlich in Paris Station gemacht und fuhr von dort nach Morzine, um mich auf seiner Rückreise zu besuchen.

Paris XVI., 6, Rue Eugene Manuel, 18. Sept. 1938
Geliebtes Puckerl,
Seit Donnerstag abend bin ich wieder in Paris ...

Du fehlst mir an allen Ecken und Enden und von allen Gemeinheiten und Niederträchtigkeiten die man mir in den letzten 4 Monaten angetan hat, empfinde ich am stärksten, daß man mir meinen Sohn wegnimmt. Hoffentlich kommt nur kein Krieg, das wäre nämlich für die Emigranten schrecklich; die hier in Frankreich sind kommen ins Konzentrationslager. ...

Liebes, gutes Puckerl, ich hab bereits ein englisches Reisevisum und könnte es mir so einteilen daß ich nächstes weekend gegen 25. zu Dir komme, wenn es Dir recht wäre, ich habe aber nicht die Absicht jemand von der Familie zu sehen, weil ich mich fürchte was sie mir wieder tun werden, ich bin dem allem seelisch und körperlich nicht mehr gewachsen, also schreib's nicht dem Vater.

In Erwartung einer baldigen Nachricht von Dir Mutter Esti
Bitte schreib den Großeltern nach Wien!

Avon House
Shepperton on Thames
14. Okt. 1938

Liebe Mutter!
Da ich wochenlang nichts von Dir gehört habe, muß ich Dir wiedermal schreiben. Der Vater ist wieder ganz gesund und ich fahre morgen, wie jedes week-end, zu ihm nach London. Großvater ist wieder auch ganz gesund, nur Tante Minna ist, was ich zuletzt gehört hab' wieder sehr schlecht beinander.

Mir geht es, wie meistens, ganz ausgezeichnet. Du würdest mich nicht wiedererkennen, so viel lerne ich. Den ganzen Vormittag (von 9–12^{30} ohne Pause) und den ganzen Abend. Ich glaube aber nicht, daß ich im Juni bei meiner Prüfung durchkommen werde, sie ist furchtbar schwer. Ist es nicht wunderbar, daß die Sophie so schön durchgekommen ist? Selbst ich hätte es nicht geglaubt.

Ich lerne jetzt Caesar, ich kann schon den ganzen 1. und fast den 2. Akt halb auswendig, die englische Art des multiplizieren und zu beweisen, daß zu. B. die Winkelsumme im Dreieck 100^0 ist. Diese »Beweise« fallen mir sehr schwer. In Wien haben wir weder im RGI noch im LEH etwas ähnliches gemacht, sondern immer alles stillschweigend geglaubt. Das ist also eine ganz neue Sache für mich.

Wie geht es Dir jetzt? Sophie schreibt nur Du bist auch schon wieder ganz gesund. Das ist g'scheit, ich hab aber immer gewußt, daß das nur eine vorübergehende Depression war. Dem Großvater Drucker geht es leider nicht besonders, kann der Onkel Zittau nicht etwas machen? ...

14. Okt. 1938
Liebstes gutes Herzenskind,
Ich bin sehr traurig, daß ich dich ewig und ewig nicht sehen darf. Ich werde mich noch mit der Schnapsin zusammenpacken und zu Euch kommen, wie ich wieder Geld verdiene, was bald der Fall sein wird. Jetzt hab' ich Dich 6 Monate nicht mehr gesehen; diese Gemeinheit übersteigt schon verschiedenes.

Das Schnapserl hat die ganze Prüfung in der Staatsschule sehr gut bestanden und geht wieder ab heute ins Lycée. Ich habe mein 2tes Spital dazu bekommen, das ist sehr ehrend. ... Du siehst, ich bin vollauf beschäftigt. Wenn ich Dich bei mir hätte, wär es gar nicht so arg, aber so bin ich sehr allein. ...

Liebes Puckerl, ich weiß nicht mit welchem Recht man Dich mir weggenommen hat, aber vielleicht verdiene ich mir doch einmal wieder Geld, daß ich mir nicht alles gefallen lassen brauch' und Dich wieder bei mir haben kann.

Tausend Küsse, es umarmt Dich Deine Mutter Esti

Aus den vielen geplanten Besuchen wurde schließlich doch nichts. Vater gab unmissverständlich zu verstehen, dass solch ein Besuch die Beendigung seiner Unterhaltsleistungen bedeuten würde.

6. Juni 1939 – Du schreibst meinem Vater, daß Du begonnen hast, recht gut zu verdienen und nach England kommen willst. Ich werde so einen Besuch als Zeichen betrachten, daß Du materiell selbstständig bist und meine Hilfe nicht mehr brauchst – dann kannst Du wirklich tun, was immer du willst.

4
Die wunderbare Aufnahme in das Lycée Jean de La Fontaine

Die Aufnahme in das Lycée war eine riesige Überraschung und Erleichterung. Ich hatte mich mit viel Hilfe darauf vorbereitet, aber mein Französisch war noch so rudimentär, dass ich nicht damit gerechnet hatte, die Aufnahmeprüfung zu bestehen.

SOPHIES TAGEBUCH

10. Okt. 1938
Heute war der erste Prüfungstag. In der Früh bin ich schon um halb 7 aufgestanden. Es war dunkel und hat geregnet. In der Schule sind wir alle in einen großen Saal geführt worden und von dort in die Klassen. Die erste Stunde war französisch. Ein Diktat mit wahnsinnig vielen Fehlern, und Erklärungen, von denen ich kein Wort verstanden habe. Ich habe sicher 0 oder 1. Dann haben wir Geo. Gesch. gehabt. In Gesch. Wörter zu erklären und die Dynastie von Antonius und in Geo. Japan und Südafrika. Ich glaube das habe ich ganz gut gemacht. Sagen wir 10 um 11 h war es aus. Nachmittag war von 2–4 Schule. Ich bin eine Stunde zu früh gekommen. Deutsch ist natürlich sehr gut ausgefallen. Trotzdem sind natürlich überhaupt keine Hoffnungen.

11. Okt. 1938
So, jetzt habe ich die Prüfung vorüber. Heute war Latein, Zoologie (ich habe das unheimliche Glück gehabt, keine Botanik zu bekommen). Alles ist mittelmäßig ausgefallen, Zoologie sogar sehr gut, weil ich gerade den Krebs bekommen habe. [Meine Lehrerin in Chatou hatte geahnt, daß nach dem Krebs gefragt würde und wir haben uns gründlich darauf vorbereitet.]
Donnerstag haben wir die Resultate. Aber ich bin gar nicht neugierig. Ich werde mich ohnehin auf der Liste mit durchge-

kommenen Schülern nicht finden ... Während der Pausen zwischen den einzelnen Prüfungen war ich schrecklich einsam. ... Ich bin dort an der Wand gestanden und habe gewartet, bis die Pause aus ist.

Aber dann geschieht das völlig Überraschende: ich werde angenommen – könnte es sein, dass die Autoritäten Mitleid mit mir hatten? – Machte vielleicht der Name Freud einen Eindruck auf sie?

14. Okt. 1938
Ich kann es nicht glauben, aber es ist so, ich bin durchgekommen. So ein Glück. Mutter war sehr froh, aber jetzt ist alles wieder beim alten. Heute war ich das erste Mal im Lycée. Ich weiß nicht, ich fühle mich nicht zu den Anderen dazugehörig und werde es auch nie sein. Die meisten sind jünger als ich. Sie sind sehr schlimm und machen ungeheuren Lärm. Ich gehöre nicht zu ihnen und werde es auch nie sein. Denn ich bin Österreicherin und sie sind Französinnen. Diesen Unterschied kann man nicht überbrücken. Wenigstens nicht vorläufig.

17. Okt. 1938
Um 7 h kommt die Bedienerin. Sie weckt mich auf und macht rasch mein Frühstück. Ich mache mich rasch fertig, versäume gerade einen Autobus und muß eine viertel Stunde auf den nächsten warten. Auf diese Weise komme ich meist zu spät. Aber bis jetzt habe ich noch keine besonderen Unannehmlichkeiten deswegen gehabt. Dann habe ich bis 11 h Schule. Um 11 h gehe ich mit den anderen Pensionairinnen ins Institut Maintenon. Das ist eine große Privatschule ganz in der Nähe für Schülerinnen, die zu Mittag nicht nach Hause gehen. Dort arbeiten wir bis 12 h. Um 12 h nehmen wir unseren Schlangenfraß ein. Um 1 h sind wir dann fertig. Dann gehen wir auf Umwegen, die einen Spaziergang darstellen sollen, zum Lycée. zurück, das um 1/2 2 anfängt. Um halb 4 oder halb 5 hört das Lycée auf. Dann gehen wir wieder in einer Gruppe zum Maintenon, wo wir unter Leitung bis halb 7 arbeiten. Nun, nicht

herrlich lustig. Aber gottseidank gibt es in der Welt noch Sonntage, Samstag Nachmittage und Donnerstage. Da haben wir nämlich frei. Und Gestern hab ich was Neues gemacht. Ich war bei den jüdischen Pfadfindern. Das hat mir so gut gefallen, daß ich mir vorgenommen habe, eine richtige gute Pfadfinderin zu werden.

Verspätet zur Schule zu kommen war unvereinbar mit meinem neuen Ehrgeiz, eine angesehene Schülerin zu werden. Ich hatte für das Ferienlager ein Fahrrad bekommen und in jenem ersten glücklichen Sommer in der Haute Savoie Radfahren gelernt. Ich war als beschütztes Kind aufgewachsen, und der bloße Gedanke, Rad zu fahren, war vorher nicht in meinem Weltbild gewesen. Rad fahren zu lernen war für mich ein ebenso großer Schritt wie für meine Kinder Autofahren. Mutter hatte mir allerdings verboten, das Fahrrad in der Stadt zu benützen, als ich Ende des Sommers nach Paris zurückkehrte. Für sie war es zu gefährlich, und nichts konnte sie umstimmen. Das Fahrrad wurde in einem Schuppen im Hof der Avenue Marceau abgestellt.

Das Lycée Jean de La Fontaine war in Passy, in der Nähe des Bois de Boulogne, etwa 14 Kilometer von unserer Wohnung entfernt. Meine Mutter zahlte mir die wöchentliche Busfahrt und ein sehr geringes Taschengeld. Ich beschloss, meiner Mutter nicht zu gehorchen und mit dem Fahrrad zur Schule und wieder zurück zu radeln. Es gab vor der Schule keine Vorrichtung zum Abstellen des Fahrrads, und die Vorstellung, jemand könnte meinen wertvollsten Besitz stehlen, war mir unerträglich. Ich verhandelte also mit einer nahegelegenen Garage, wo ich schließlich für die Kosten der täglichen Busfahrt mein Fahrrad unterstellen durfte. Mutter, die mit ihrem eigenen Überleben beschäftigt war, kümmerte sich nicht allzusehr darum, was ich tagsüber trieb. Sie sah in mir das überaus folgsame Mädchen, das keiner Beaufsichtigung bedurfte. Meine Radfahrten zur Schule wurden zu täglichen triumphalen Beweisen meines Geschicks und meiner Unabhängigkeit, und ich brauchte mich nie mehr zu verspäten.

Gerade in dieser Zeit wurde eine Steuer für Fahrräder eingeführt, deren Bezahlung durch eine Vignette sichtbar gemacht werden musste. Ich kann nicht sagen, wie viel es in amerikanischen Dollar war, aber wahrscheinlich kostete es ungefähr 25 Dollar, eine Summe, die komplett außerhalb meiner Reichweite lag. Ich lebte in einer fremden Stadt, kannte niemanden und konnte mir keine einzige Möglichkeit vorstellen, etwas Geld zu verdienen. Angenommen ich hätte einen Dollar Taschengeld in der Woche bekommen, so hätte es 25 Wochen gedauert, ohne einen Groschen auszugeben, bis ich mir die Fahrradvignette hätte leisten können.

Ich nahm mir die 25 Dollar aus dem Portemonnaie meiner Mutter, kaufte mir die Fahrradvignette, und alles war in Ordnung. Einige Tage später fragte mich Mutter, ob ich aus ihrem Portemonnaie Geld genommen hätte. Es fehlten ihr 25 Dollar (vielleicht 200 Francs?), und sie konnte sich nicht vorstellen, wie das Geld verschwunden sein könnte. Ich gab zu, die Summe gestohlen zu haben, ließ den Kopf hängen und wartete auf das Urteil. Würde sie mich als Diebin brandmarken, mir mit einer Sonderschule drohen, mich mit Vorwürfen überhäufen, wie ich ihr als alleinerziehender Mutter in einem fremden Land das Leben schwermachte, mich wieder fragen, ob Vater mich bezahlte, um ihr Schwierigkeiten zu bereiten?

Doch meine Mutter sagte nur ruhig und sachlich: »Du musst es mich wissen lassen, wenn du Geld brauchst, anstatt es zu stehlen.«

Sie fragte mich nicht einmal, wofür ich das Geld so dringend benötigte. Ich erinnere mich nicht, dass sie den Vorfall je wieder erwähnt hat. Diebstahl gehörte offensichtlich nicht zu den Todsünden, vielleicht wusste sie aus ihrer eigenen Erfahrung mit Vaters Angelegenheiten, dass Leute in Ausnahmesituationen stehlen müssen.

5
Zwölf Jahre würden vergehen, bevor ich mein Kind wiedersah

Wohl aus Angst, dass Mutter nach England kommen könnte, hatte Vater dem enormen Druck nachgegeben und einem Wiedersehen mit ihrem Sohn zugestimmt. Er schickte ihn für ein paar Tage nach Paris. Mutter hatte nie davon gesprochen, dass entweder sie Walter besuchen oder dass er zu Besuch kommen würde. Sein Besuch war deswegen eine Riesenüberraschung für mich.

SOPHIES TAGEBUCH

27. Okt. 1938

Heute Abend komme ich von der Schule nach Hause und – der Walter ist da. Ich war so glücklich, so glücklich, daß ich es gar nicht beschreiben kann. Er ist so groß und schön und erwachsen. Er hat mir ein wunderschönes weißes Tascherl mitgebracht. Aber das ist mir Nebensache. Ich habe bis jetzt mit ihm gesprochen und ihm alles gezeigt, was ich habe. Ich spüre genau, er ist es, den ich am liebsten von der ganzen Welt habe. Dann Tante Janne und Mutter (zeitweise) und Großvater und meine Freundin Mitzi, nein, vorher noch Vater. Mutter sagt, er schaut so schlecht aus. Morgen habe ich noch Schule, aber übermorgen nicht mehr. Ich werde mein rendez-vous am Dienstag absagen, obwohl es unangenehm ist. Aber ich möchte mit ihm zusammen sein.

28. Okt. 1938

Heute hat er mich von der Schule abgeholt, ich wollte ihn den Anderen zeigen, habe aber eine Stunde früher ausgehabt. So habe ich eine Stunde auf ihn gewartet, und wie er gekommen ist, war er müde und wir sind nur rasch mit dem Autobus nach Hause gefahren. Heute Nachmittag sind wir den ganzen Tag zu Hause gesessen. Er will nicht ausgehen. Heute Abend gehen wir ins Kino …

Das Kino war nicht besonders schön. Ich habe Walter alles erklärt, aber er hat es trotzdem nicht verstanden. [französisches Kino] Er ist so anders geworden. Gar nicht mehr der lustige, alte, höfliche Walter. Es gefällt ihm nicht bei uns. Er will fort, weg, zurück nach England. Er kann nicht französisch, verträgt die Art der Mutter nicht und alles mögliche. Hat er mich noch gerne??? Wenigstens nur halb so gerne als ich ihn. Er ist die ganze Zeit so müde. Wenn doch Tante Janne da wäre!!!!! Heute Abend habe ich so schrecklich geweint. Er will wegfahren, noch Dienstag Früh. Aber Mutter will ihn erst Mittwoch weglassen. Ich finde auch. Mein Inneres ist ganz zerrissen. Die Briefe waren anders, Meine und Seine. Ich tue alles, was ich für ihn machen kann.

29. Okt. 1938

Mein Inneres ist ganz aufgerüttelt. Heute war ich nur über Vormittag bei den Pfadfinders. Nachmittag wollte ich mit Walter sein. Wir haben Karten gespielt. Er wäre ganz vergnügt gewesen, aber Mutter hatte plötzlich Anfälle gegen die »Freuds« im allgemeinen und dann Vater im besonderen gehabt. Ich weiß doch immer schon, was sie sagen wird.

Die Zurückhaltung, mit der ich Mutters scheußliche Bemerkungen gegen die Großeltern und gegen meinen Vater erwähne, zeigt, wie sehr ich mich gegen Mutters Ausfälle, diesmal ausgelöst durch Walters unfreundliches Verhalten, gewappnet hatte.

Als ich bei der Arbeit an diesem Buch diese Tagebuchstellen einarbeitete, schickte ich sie meinem Bruder, der schon todkrank war. Er war so tief gerührt, dass er sich aufraffte, mir zu schreiben. Es war der letzte Brief, den ich von ihm bekommen habe.

16. Jan. 2004 [Brief auf englisch]

Liebes Sopherl,

Ich versuche zu schreiben, aber der rechte Arm ist der schlechte, also entschuldige das Resultat. Ich war sehr berührt und bewegt von dem Ausschnitt aus Deinem Tagebuch, wusste ich doch nicht, dass Deine Gefühle für mich so sehr positiv waren. Den Oktober-Besuch habe ich vergessen, Dich, die Mutter, Paris, den Film und das Kartenspiel. Mutters

Benehmen muss diesen Teil meines Lebens verdrängt haben. Es ist eine Schande, daß Du nicht zu Besuch nach London kommen konntest. Es muss schrecklich für Dich gewesen sein, plötzlich und gewaltsam von Deiner Familie getrennt zu werden, vor allem von dem Teil, den Du am liebsten hattest. Ich mochte Dich, aber nicht so sehr, wie Du mich mochtest.
Ich war sehr verwirrt zu dieser Zeit, wusste nicht, ob ich kam oder ging. Sicherlich war ich froh, weg von der Mutter zu sein. Ich erinnere mich mit großem Vergnügen, dass Du eine verlässliche und immer gegenwärtige Geldverleiherin warst, mein Taschengeld verschwand immer früher als Deines. ... Die Familie auseinanderzubrechen, im Angesicht der Nazis, war ein total verachtungsvoller Schritt. Leider waren weder Du noch ich alt genug, um die Dinge in unsere eigenen – und viel besseren – Hände zu nehmen. Ich muss gestehen, dass ich in dieser Zeit wenig an Dich dachte. Ich wurde interniert [in England], während des Kriegs nach Australien geschickt, und im allgemeinen herumgeschubst wie ein loses Blatt ohne jede Bewegung, die von mir selber ausging. Es gab immer genügend zu essen und anzuziehen, und Todesgefahr war ich die meiste Zeit nicht ausgesetzt. Ich dachte wohl, unbewusst, dass Dein Leben meinem ziemlich ähnlich war, unangenehm, aber nicht schlimmer.
Ich bin von Deiner Liebe sehr berührt. Wären wir zusammengeblieben, wir wären nicht nur herzliche Geschwister gewesen, sondern auch gute, sehr gute Freunde, oder sogar Liebhaber. Eine Schande, dass wir all das versäumt haben. Wir haben viel versäumt, und als Ersatz bekamen wir Dreck.

Herzlichst und alles Gute, Dein Walter.

Die Antwort meines Bruders zu meinen jugendlichen Liebeserklärungen berührt mich tief. Es war der persönlichste und gefühlvollste Brief, den er mir je geschrieben hat. Seine Bereitschaft, mir mit seinen Erinnerungen beim Schreiben dieses Buches über das Leben unserer Mutter zu helfen, war ein unerwartetes Geschenk, das er mir am Ende seines Lebens machte. Meine Freunde meinen, ich soll die fast inzestuöse Bemerkung herausnehmen, weil sie einen falschen Eindruck vermitteln würde. Tatsächlich starb mein Bruder drei Wochen später und stand schon unter Morphium. Wenn wir also seine inzestuösen Phantasien nicht ernst nehmen, können wir seine Phantasien über die liebevolle Beziehung, die wir sonst gehabt hätten, auch nicht ernst nehmen. Da wir beide zufällig die Ereignisse unserer Jugend überlebt hatten, hätten wir uns einer lebenslangen Freundschaft erfreuen können. Statt dessen empfand ich meinen Bruder als wenig unterstützend, kleinlich und voll harter Kritik an mir und meiner Familie. Ich muss voller Trauer erklären, dass mein Bruder nicht mein Freund war.

Im nächsten vorhandenen Brief erwähnt Mutter den Besuch nicht. Statt dessen gehen die Klagen über ihre Trennung weiter. Außerdem ist ihr Vater gestorben.

5. Dez. 1938

Geliebtes Herzenskind,
Ich habe Dir die traurige Mitteilung zu machen, daß der Großvater Freitag den 2. December um 6.30 abends sanft verschieden ist. Du kannst Dir denken, wie traurig ich bin, daß ich ihn nicht mehr sehen konnte, und daß keiner von uns bei der Mutter sein kann. Ich bitte Dich herzlichst, sofort der Großmutter einen ausführlichen lieben Brief zu schreiben. Trotzdem das Sopherl sehr sehr lieb ist, hätte ich Dich auch sehr gern jetzt bei mir; Du weißt gar nicht, wie entsetzlich einsam und verlassen ich mich fühle. Der Onkel Heinrich ist sehr lieb mit der Tante Janne, nur ich habe gar niemanden. Onkel Rudi ist jetzt auch da und sagt, er hätte sich nicht gewundert, nach all dem, was man mir angetan hat, wenn ich mich umgebracht hätte.

Liebes Puckerl, ich bemüh mich jetzt um die Einreise nach Australien, Neu Seeland oder Amerika. Hier kommen nämlich in einigen Monaten Gesetze, daß sämtliche Emigranten ausgewiesen werden so ähnlich wie in Italien; da ich nicht nach England darf, weiß ich nicht, was mit mir geschehen wird, vielleicht mache ich dann auch ein Ende wie es hier so viele Emigranten bereits tun.

Ich bin sehr froh, daß Du reitest, Du hast nämlich schon eine ganz schlechte Haltung gehabt. ...

Unsere Sachen liegen noch immer am Zollamt. ... Leider sind alle meine Wintersachen auch dort; und da es hier sehr kalt wird und ich nur meine dünnen Sachen habe, friere ich jämmerlich, ich habe auch schon gräßliches Rheumatismus and Ischiasschmerzen.

Liebes Herzenskind, bitte schreib' mir bald wieder ausführlich, ich fühle mich dann wenigstens auf 1 Stunde so, als wenn ich Dich wieder bei mir hätte und sei herzlichst umarmt und geküsst von Deiner Dich liebenden Mutter Esti

15. Jan. 1939

Liebes Herzenskind,
Ich danke Dir für Deinen lieben Brief auf den ich allerdings recht lange warten mußte! Hast Du die Fruchtgeléezuckerln bekommen? Ich möchte Dich bald wieder sehen und habe die Absicht diesmal nach England zu kommen. Meiner Mutter glaube ich endlich eine Einreise nach Frankreich verschafft zu haben, die Prinzessin kümmert sich nämlich einen Schmarrn darum. Ich bin sehr stolz darüber. ... Über Vater hört man leider keine sehr schönen Sachen, aber ich bin schon daran gewöhnt ...

Es war natürlich Tante Janne, der es gelang, die Mutter aus Wien herauszubekommen.

Trotz dieser schwierigen Korrespondenz darf man nicht vergessen, dass Mutter gleichzeitig ihr berufliches Leben aufbaute, Schritt für Schritt in ihrer unbeugsamen Art.

6
Gepäck aus Wien

Ich fand ein *appartement meublé* in der Rue de Passy, unweit von Mariannes Adresse. Ich erinnere mich nicht, wann ich in Paris Geld zu verdienen begann, ich weiß nur, dass es so war. Immer noch träume ich ab und zu davon, was wohl geschehen wäre, wenn ich in Paris geblieben wäre, denn ich war dabei, mich dort zu etablieren.

Schließlich wurden wir vom Eintreffen unserer Habseligkeiten benachrichtigt, und ich fuhr aufs Zollamt, um sie mir anzusehen. Alle Teppiche und die Hälfte der Möbel fehlten. Caro & Jelinek sagten, sie wüssten nicht davon und man könne nichts machen. Jetzt musste ich eine Wohnung suchen. Wie in New York sind Adressen in Paris sehr wichtig. Ich fand, was man in New York ein Fünfzimmerapartment nennen würde, in einem eleganten Bezirk, in der Avenue Marceau. Die Wohnung lag im hinteren Teil des Gebäudes, und man musste durch einen Hof gehen, um sie zu erreichen, doch die Adresse war gut und die Miete erschwinglich. Es gab ein großes Wohnzimmer, und ich konnte Gäste empfangen, obwohl die Wohnung ohne Teppiche und spärlich möbliert nicht allzu repräsentativ aussah.

Ich musste einen Mietvertrag mit der Société Fancière et Financière abschließen, was mit dem Hausbesitzer auszuhandeln nicht einfach war, denn in Frankreich erlaubte das Gesetz einer verheirateten Frau zumindest 1938 nicht, solche Dokumente zu unterzeichnen. Glücklicherweise stand in der Wohnung ein wunderschönes großes Bett im chinesischen Stil, denn aus Wien waren keine Betten angekommen. Sophie hatte ihr eigenes kleines Zimmer und musste auf dem Sofa schlafen.

So erinnere ich mich allerdings nicht an die Angelegenheit mit den Möbeln und den anderen Sachen, die sehr wohl ankamen, manche über Tante Jannes Pariser Adresse an meinen Vater adressiert. Zuerst entschied meine Mutter, die eleganten Möbel aus dem Zimmer meines Vaters zu behalten und sie mir zu geben. Ich schlief also in der Avenue Marceau keineswegs auf dem Sofa, sondern wohnte nach Eintreffen der Einrichtung inmitten sehr schöner, wenn auch gestohlener Möbelstücke.

Dann gab es die peinliche Sache mit Vaters Fotoalbum, die in einem Brief an Walter erwähnt wird.

19. Okt. 1938 ... Ich war 3 mal am Zollamt wegen Vaters Sachen, das ist schrecklich weit weg von Paris. Endlich ist es mir gelungen, den einen Korb mit den Wintermänteln zu expedieren. Es ist Deiner auch dabei, hoffentlich paßt er Dir noch. Den andern Korb mit Bildern und Sachen haben sie noch nicht freigegeben aber alles mußte ich auspacken und die Bilder vom Vater mit mehr oder minder bekleideten Damen sind in dem Möbelmagazin nur so herumgeflogen und ich hab' mich vor den Zollbeamten schrecklich geschämt, Du kannst Dir vorstellen was die für Witze gemacht haben, ich bin ganz krank davon und zittere am ganzen Körper.

Ich wundere mich, dass meine Mutter das Album überhaupt fand, denn es war kein gewöhnliches Fotoalbum, sondern sah von außen aus wie eines von Großvaters Büchern, Teil einer in grünes Leinen gebundenen Sammlung mit einem Aufkleber auf dem Buchrücken: »Freud – Vier Krankengeschichten«. Doch nach nur wenigen Seiten verwandelte es sich in das Album meines Vaters mit Fotografien von vielen hübschen Damen an Ferienorten, in Badeanzügen am Strand oder aber förmliche Studioaufnahmen.

Sophies Tagebuch

25. Okt. 1938

Ich kann dem Geschmack meines Vaters nicht Ehre machen. Unter 10 Dämchen gefallen mir 2 halbwegs, keine ist mit Mutter auch nur halbwegs vergleichbar. Und auf allen grinst Vater ganz entsetzlich und schaut jung und schön aus. Ich kann mir vorstellen, daß diese Photos Mutter das Herz gebrochen haben, sie schreien den Ehebruch. Mich lassen sie ziemlich kalt, obwohl sie mir auch Herzklopfen machen und ein trauriges Gefühl einflößen. Wenn ich jehmals an der Untreue meines Vaters gezweifelt habe, hier ist der gegenteilige Beweis. Ich weiß, er ist ja ein freier Mensch und ich bin nicht dazu da ihn zu richten und es war wohl auch Mutters Schuld, aber doch, aber doch.

MOUNT ROYAL
(HOTEL & RESTAURANT)
Marble Arch, London, W.1

27. Nov. 1938

Lbst. Mr.
Ich möchte doch näheres erfahren, was von unseren Sachen gerettet worden ist. Ist Dein Silber da? Was ist mit meinen alten Möbeln? Sind die zwei Kupferstiche gekommen? Ich weiß, woher tut nichts zur Sache, dass ein Teil meiner Photographien und Andenken hier ist, diese Sachen möchte ich haben, und zwar ohne Zensur und sofort. Es ist genug mit dem, was die Nazi uns angetan haben, wir müssen uns nicht noch gegenseitig Sachen antun!

Herzlichst Vater.

Aber Mutter behielt das Fotoalbum und seine Möbel.

Sophies Tagebuch

Okt. 1938

Und dann zeigte Mutter mir diesen Brief aus Wien, an Vater über Tante Jannes Adresse mit Eilpost geschickt, anscheinend 10 Tage nachdem sie ihn zum Zug begleitete als er Wien verließ. Nach allen ihren Ängsten um Vater war es wohl ein gräßlicher Schock für Mutter, so einen Brief zu lesen. Wo sie ihn so geliebt hat und ihm so geholfen hat, in der Nazi Gefahr.

Der Brief kam zu einer Zeit an, als Mutter kurz nach unserer Ankunft in Paris einen Nervenzusammenbruch fabrizierte, und da war dieser Brief nur noch eine weitere niederschmetternde Verletzung. Sie erklärte mir, dass die Frau eine österreichische Gräfin sei, mit der Vater inmitten der Aufregung der Nazibesatzung eine Affäre hatte und mit der er sich eine Zeitlang in Baden versteckt hielt. Man kann nicht sagen, welche dieser Fotos zu diesem Brief gehören.

[englisch auf blauem Papier]
Adressiert an Mr. Martin Freud c/o Zittau
Paris 16, 28 Avenue Lamballe (per Eilboten, abgeschickt am 22. Mai 1938)

Hörst Du jetzt, dass ich Dich rufe? – Aber hörst Du auch, <u>wie viel</u> und <u>wie oft</u> ich Dich rufe? Und wirst du nicht müde davon? Du schreibst, dass du <u>fast</u> Dein Gleichgewicht verloren hast, aber ich habe es <u>ganz</u> verloren, in dem Augenblick, als der Zug aus der Halle abfuhr und aus meinem Blickfeld verschwand. –

Hier jetzt, alleine, tue ich nichts, ich habe nicht die Kraft, etwas zu tun, nicht mehr den Mut und – vielleicht auch nicht den Willen – zu versuchen mir selbst zu helfen. Jeder einzelne Tag kriecht mir entgegen wie ein bösartiges Tier, bringt mir Demütigungen und Leiden jenseits jeder Beschreibung, und all das zusammengenommen ist schon zu viel geworden, um noch wehtun zu können. Als Du mich verlassen hast, war ich erfüllt von Vorahnungen, einer schrecklichen Angst – jetzt, wo ich weiß, dass es für mich keine Hilfe gibt, – alles, was ich erlebe und sehe, ist wie ein schrecklicher Traum – und irgendwie visionär. –

Aber ich habe noch meinen Glauben, und erinnerst Du Dich, wie man gesagt hat: »Wenn es Gott gefällt, muss es mir recht sein.« – Aber Du bist weit weg von mir und hast mich alleine gelassen – und ich bin hier und suche dich überall –. Und ich rufe Dich –
Ich wage nicht daran zu denken, welches Glück es gewesen wäre, wenn sich alle unsere Pläne – alle unsere Träume verwirklicht hätten – und ich wage nicht daran zu denken, dass es Geld ist, das ein Menschenschicksal brechen kann – – –
Schreib, schreib, schreib! Schreib von Deiner Gesundheit, – von Deinen Plänen, – und von Dir. – Schreib viel und oft, – Deine Briefe sind die einzige Freude, die ich habe –

Ich kopierte den Brief in voller Länge in mein Tagebuch, hatte böse Dinge über ihn zu sagen und schloss schließlich:

Sophies Tagebuch

Okt. 1938
Der Brief läßt einen baff und öffnet viele Rätsel. Eines weiß ich, ich habe meinen Vater nie besser gekannt als irgend einen Fremden. Der Hauptteil seines Lebens war völlig fremd für mich. Nichts von seinen Hoffnungen und Plänen habe ich erfahren. Doch hier der Brief, er ist es wert hier verewigt zu werden, ich muß gestehen ein Modell von Liebesbrief, sie scheint ihn wirklich gern gehabt zu haben. Lustig ist nur, daß der Vater zu guterletzt sich selbst doch lieber als jede Frau gehabt hat und die berühmten Pläne wohl nie verwirklicht worden wären, weil eine Scheidung von Mutter in Wien z. B. ihn viel zu sehr in seinen Gewohnheiten gestört hätte.
Diese Frau war ja bestimmt sehr unglücklich aber sie tut mir nicht leid, ich habe ein hartes Herz. Bevor man sich was mit jemandem anfängt, muß man daran denken ob er frei ist und wenn nicht – à vos risques, Madame.

Der Brief mit Eilpost hat seinen Adressaten nie erreicht.

Die Leute haben darüber spekuliert, ob mein Vater jemals eine sexuelle Liaison mit Dr. Edith Jackson hatte, eine der Patientin-

nen seines Vaters. Meine Mutter, die, so erinnere ich mich, wiederholt »diese reiche hässliche amerikanische Hexe« erwähnte, hatte dies Dr. Paul Roazen gegenüber in einem Interview behauptet, und er hat es weitergeleitet. Mein Fräulein hielt es angesichts der Beschreibung meiner Mutter für unwahrscheinlich. Dr. Jacksons Biograph kam mich einmal besuchen, um die Angelegenheit mit mir zu besprechen, und brachte Vaters Briefe mit, die er ihr nach seiner Abreise aus Wien geschrieben hatte. Im Album fand sich ein Foto der beiden, nebeneinander sitzend auf einem Berg, aber ihre Briefe waren Briefe wie zwischen Freunden, keine Liebesbriefe. Wir kamen gemeinsam zu dem Schluss, dass sie ihn wahrscheinlich geliebt hat, ihre zugegebenermaßen enge Beziehung aber eine aufrichtige Freundschaft war, keine sexuelle Liebe.

7
Aber wir schrieben uns eine Weile

Meine Mutter hätte schreiben müssen »Wir quälten uns weitere zwei Jahre«, bis zur deutschen Okkupation von Paris. Nach Mutters Tod fand ich Vaters Briefe in Mutters Sachen. Manchmal kann man aus seiner Reaktion ahnen, worüber sie ihm geschrieben haben mochte, und ich nehme an, ihre Briefe entsprachen im Tonfall den seinen, wenn auch mit der ihr eigenen Verzweiflung. Vaters Briefe zwischen »Lbst Mr« – für Mur – und »Herzlichst Vater« handelten meistens von seinen frustrierenden, erfolglosen Versuchen, Geld zu verdienen, und von der allgemeinen Verarmung, in die ihn ihre exzessiven Unterhaltsforderungen stürzten.

MOUNT ROYAL
(HOTEL & RESTAURANT)
Marble Arch, London, W.I

27. Nov. 1938

Dies ist nicht der ausführliche Brief, den Du erwartest, sondern vorläufig eine kürzere Nachricht. Ich habe mich diese Woche entsetzlich abgehetzt und bin stark erkältet, gewöhnlicher Schnupfen und Husten, keine Influenza. Walterl ist gesund und war diese Woche reiten.

Ich rechne schon damit, Dir Ende des Jahres einen größeren Betrag zu senden, ich war aber der Meinung, dass damit Miete für eine Zeit vorausbezahlt sein wird, nicht dass 150 Pfund für Anschaffungen aufgehen. Betten und Bettzeug kann doch unmöglich so viel kosten! Ich kann den Papa nicht um Geld bitten, er muss fortwährend Papiere verkaufen, weil er und Anna nicht genug verdienen.

Mit meinen Unternehmungen bin ich so weit, dass auf 2 Seiten schon von Ziffern gesprochen wird, leider sind diese Ziffern erbärmlich. Zum Anfang käme ich nicht über 6 Pfund, wenn ich nichts investier, ist es nicht über 4 Pfund die Woche hinaus. Ich würde also kaum die Hälfte von dem verdienen, was Du für Dich verbrauchen willst. Ich hoffe, dass ich mit dem Buch etwas verdienen werde, aber es ist noch nicht fertig und es ist vollkommen unsicher, ob und wann wirklich ein greifbares Einkommen aus der Schreiberei heraussieht. Wenn es glückt, könnte auch viel Geld herauskommen und dann kannst Du sicher sein, dass Du nicht zu kurz kommst – aber rechnen kann man noch nicht damit. ...

Du hast wegen Deiner beruflichen Aussichten nichts mehr berichtet.

Herzlichst Vater.

Mutter scheint sich entschieden zu haben, ihre arme Mutter in Wien um Bettzeug zu bitten.

Wien, 2. Jan. 1939

Liebste Esti!

Ich danke Dir für Deinen lieben Brief. Ich sandte Dir das gewünschte Bettzeug, da ich zwei Einwohnerinnen habe, konnte ich nicht mehr entbehren. Leider konnte ich dieses hier nicht mehr putzen lassen, da man es mir erst (ich versuche dies seit Wochen) nach den Feiertagen annehmen wollte. Es sind so viele Geschäfte geschlossen und die Anderen sind mit Aufträgen überlastet. Es waren anderseits Gerüchte, daß es verboten werden wird, ins Ausland etwas zu schicken, so dass ich dies, ob wahr oder nicht, rasch abgeschickt habe, damit Du nicht in Verlegenheit bist. Wenn Du es für nötig findest so mußt Du es dann bei Gelegenheit selbst machen lassen.

Ich habe dies an M. [Marianne] abgeschickt, da Du ja nicht immer zu Hause bist. Falsch? Ich habe, wie du aus meinem Brief an M. ersehen wirst, sehr viel Arbeit hinter mir, worüber ich sehr froh bin. Denn momentan liege ich an meiner Bronchitis wieder zu Bett. ...Ich bin so ganz verlassen und allein; da ich schrecklich und zum ersten Mal in meinem Leben vor so schwierige Aufgaben gestellt. Mein liebstes Kind, daß Vaterle knapp vor seinem Tode an Dich mit Sehnsucht gedacht hat – Du bist ja immer sein liebstes Kind gewesen. Jetzt sind schon 4 Wochen seit seinem letzten Wege traurig dahingegangen. Ich bin trostlos wie am ersten Tage.

Ich bin begierig zu wissen ob Dir die R. [Rosa, die Köchin] die Tasse und die Schüssel die Du immer für Deine Gäste von mir hattest, gelassen hat.

Deine alte Bekannte das Frl. Lia [das Fräulein] wird einen Soldaten heiraten und hat eine sehr schöne Wohnung bekommen und möchte gerne einen großen Teppich von mir kaufen. – Sei in Liebe umarmt Deine getreue M. Ida.

MOUNT ROYAL
(HOTEL & RESTAURANT)
Marble Arch, London, W.1

Telephone No:
MAYFAIR 8040
Telegrams:
MOUNROY, WESDO, LONDON
8. Dez. 1938

Liebe Esti!
Ich kann Dir zum Tode Deines Vaters nur verspätet kondolieren. Du hast mir nichts mitgeteilt und ich erfuhr es auf Umwegen. Ich habe zwar Dein Geschenk [Birthday], aber keinen Glückwunsch von Dir erhalten, angeblich kam ein Telegramm von Dir nach Maresfield Gardens, das entweder für Anna oder für mich bestimmt war, ich bekam es nie zu sehen, es ist verlegt worden. ... Bitte bestätige meinen Brief mit Check. Ich komme mit meinen Plänen leider gar nicht weiter. Ich treffe auf Schritt und Tritt Bekannte, es geht direct über.

Herzlichst Vater

Wir müssen aus Vaters Antworten entnehmen, dass Mutter ihn in ihren Briefen mit Vorwürfen und Anschuldigungen überhäufte.

5. Juli 1938 Möchtest Du mir nicht einmal etwas angenehmeres schreiben, ich fürchte mich bereits, Deine Briefe zu öffnen.
1. Nov. 1938 Walter war bei der Abreise in keinem deplorablen Zustand, definitely not!
6. Nov. 1938 Lbst. Mr, heute war Walter wieder hier, er sieht recht gut aus und ist gewachsen, ich sehe gar keinen Grund zu Besorgnissen.
... ... Du schreibst mir 6 Seiten lang nichts als unangenehmes, ich will es nicht mit gleichem vergelten.

Als ich die alten Briefe von Vater mit den entmutigenden Antworten las, war ich erstaunt, dass Mutter manchmal daran gedacht hat, sich in England niederzulassen. Allerdings war sie dabei, sich in Paris recht gut zu etablieren, und konnte sich ja nicht einmal angesichts des fernen Lärms der deutschen Kanonen entschließen, ihre Arbeit in Paris aufzugeben, also waren solche Pläne vielleicht nur Drohungen, mit denen sie Vater quälte.

MOUNT ROYAL   Telephone No:
(HOTEL & RESTAURANT)   MAYFAIR 8040
Marble Arch, London, W.I   Telegrams:
                           MOUNROY, WESDO, LONDON

8. Dez. 1938
Liebe Esti!
... Jemand von unserer Familie hat mit der Presidentin der Londoner Logopäden gesprochen (wegen der Hitschmann) und gehört, daß kein einziger ausländischer Logopäde zugelassen werden wird, weil es angeblich den hiesigen schon schlecht geht.

Herzlichst Vater

MARTINS PREPARATIONS (1939) LIMITED
Directors: C. BARNETT; S. R. BRIGHT; J. B. BOULDERSTONE; H. BROWN; M. DAVIS; K. WELDON
Chairman of Directors:
J. MARTIN FREUD, LLD. (Ex-Austrian) 3 HANOVER COURT, MILTON STREET, E. C. 2.

6. Juni 1939
Lbst Mr, Du mußt das Geld schon längst haben. Es wird mir immer

schwerer, den Betrag aufzubringen, das Geschäft trägt noch nichts und meine Kompagnons wollen im Gegenteil, daß mehr Geld investiert wird – und ich habe nichts mehr übrig ... Ich glaube nicht, daß ich so weiter durchhalten kann. Ich arbeite zu schwer und rege mich zu sehr auf und kann nicht einmal Sonntag rudern gehen, weil ich alles was ich verdiene Dir schicke ... Du hast auch die Sommerpläne für das Kind gemacht, ohne mich zu fragen.
Walter macht seine Prüfung und nachher schicke ich ihn auf Erholung. Ich muß auch etwas tun – vielleicht verkaufe ich mein Geschäft und sehe mich um etwas um was weniger anstrengend ist. Ich kann vorläufig nur ohne Nutzen verkaufen.
Ich hoffe bald von Dir zu hören! Herzlichst, Mr.

Es folgt der letzte Brief nach Paris, vom 18. April 1940. Am 9. April überfielen die Deutschen Dänemark und Norwegen. Ein paar Wochen später begann mit ihrem Einmarsch über die Maginot-Linie die Besetzung Frankreichs.

1. HOLLY TERRACE, MOUNTVIEW 7736
WEST HILL, HIGHGATE, N.6

18. April 1940

Lbst. Mr.
Ich habe sehr lange gewartet, bis ich Dir schrieb, weil ich hoffte, doch irgend einen kleinen Erfolg melden zu können, der die Lage weniger düster erscheinen läßt. Leider geht aber alles schief. Das erste Buch: schon ganz verschwunden, mein seinerzeitiges Honorar muß ich zurückzahlen, weil die Amerikanischen Rechte nicht placiert und verfallen sind. Das zweite Buch kann ich nicht anbringen. Die Verleger zittern und die Schriftsteller hungern. 2 nette Kurzgeschichten hab' ich halb und halb placiert (Punch und Lilliput), sie sind aber nicht gedruckt worden und wenn ich urgiere kommen die Manuskripte zurück. Imago zahlt mir nichts mehr. Alles Geschäftliche scheitert. Geld hab' ich noch nicht verloren, aber unendliche Quantitäten an Energie und Mühe.
Ich selbst lebe sehr elend. Arbeite von 9^h–$\frac{1}{2}6$ als Schreiber in einem Accounting Office für 2 Pfund in der Woche. Bei künstlichem Licht den ganzen Tag. Einmal in der Woche gehe ich für 2 Schillings ins Kino. Natürlich gar kein Sport und gar keine Anschaffungen, sehe nicht mehr sehr elegant aus. Und trotzdem brauchen wir bei 1000 Pfund im Jahr.

Du 364 £
Walter, weil er studiert, mindestens 260 £
und der Rest dürfte auf meinen Verbrauch gehen. Die Erbschaft wird nur allerhöchstens 2000 £ für meinen Teil sein, ist also in 2 Jahren verbraucht. Von meinem eigenen Geld ist nicht mehr viel da.
Kannst Du den Verbrauch nicht einschränken? Wie ich mehr als ein paar £ in der Woche verdiene kannst Du natürlich wieder auf den alten Verbrauch zurückgehen. Was sollen die Kinder machen, wenn nichts mehr da ist? Ich werde mich als Diener oder Arbeiter oder kleiner Buchhalter durchhungern, aber ich werde, wenn das Vermögen verbraucht ist, nichts mehr schicken können und wenn bessere Zeiten kommen kann ich mich nicht selbständig machen.
Denk nach, was Du tun kannst. Herzlich
Vater

Ich will nicht den Eindruck erwecken, dass meine Eltern sich absichtlich quälten. Sie kamen aus einer Schicht, an deren Annehmlichkeiten sie beide gewöhnt waren, und hatten nun das Gleichgewicht, die relative Sicherheit verloren. Verzweifelt versuchten sie, diese Privilegien zurückzugewinnen. So belasteten sie sich gegenseitig mit ihrer Angst und Entmutigung, beide in ihrer eigenen Art.

8
Sigmund Freud als Eheberater

Ich weiß nicht, warum meine Mutter immer wieder nach Wegen suchte, ihren Mann wiederzusehen. War sie sich überhaupt nicht bewusst, wie wenig Vater sie mochte, ja mit der wachsenden Alimentationslast nachgerade verabscheute? »Deine Mutter«, sagte er zu mir und schüttelte sich vor Ekel, auch wenn in manchen seiner Wendungen wie »Lbst« oder »mit Zuneigung« eine gewisse Ambivalenz zu erkennen ist. Wir können nur annehmen, dass sie die Illusion einer Versöhnung hegte, denn sie entschloss sich, ihren gewaltigen Schwiegervater zu bitten, sich in ihre Ehe einzuschalten.

Die Korrespondenz hatte damit begonnen, dass Großvater Mutter, wie berichtet, bat, nicht nach London zu kommen, da Martin bereits nach Frankreich abgereist war. Mutter hatte daraufhin den schlechten Geschmack, dem alten und sterbenden Mann einige von ihr verfasste Aufsätze zu schicken, und erhielt seine höfliche Empfangsbestätigung.

PROF. Dr. FREUD 39 ELSWORTHY ROAD
LONDON. N.W.3
16. 8. 1938

Meine liebe Esti,
Ich bestätige den Empfang Deiner letzten Arbeiten, die ich gewiß auch lesen werde, sobald etwas was mich jetzt beschäftigt, erledigt ist.

Ich ergreife diese Gelegenheit um Dir zu sagen, daß ich nie an Deiner Tüchtigkeit und Leistungsfähigkeit gezweifelt habe. Ich freue mich daß sie sich unter diesen neuen schwierigen Verhältnissen bewähren.

Ich habe nur immer – wenn ich davon reden darf – bedauert daß Du Dir durch voreilige Urteile über Menschen und übel angebrachte Leidenschaftlichkeit so viele Chances verdorben hast, glücklicher zu werden.

Über das Thema nach dem Du fragst wirst Du so weit ich orientiert bin in der psychoanalytischen Literatur nichts finden.

Mit herzlichem Gruß

Papa

Im folgenden Brief erklärt er, dass er weder in der Lage noch bereit wäre, sich in ihre Ehe einzumischen. Berücksichtigt man persönliche Involviertheit, so scheint es dennoch, dass Freud kaum ein Pionier auf dem Gebiet der Paartherapie war.

PROF. SIGM. FREUD 20 MARESFIELD GARDEN.
LONDON. N.W.3
TEL: HAMPSTEAD 2002
8. 2. 1939

Meine liebe Esti
Es tut mir so leid daß ich Deinen Wunsch nicht erfüllen kann. Mangel an Einvernehmen zwischen Ehegatten ist nichts was durch die Inter-

vention eines Fremden verändert werden kann und selbst der eigene Vater ist in diesem Fall ein Fremder. Das müssen die Beiden unter sich ausmachen.
Ich sehe nur das eine klar. Der Grund den Du für Euere Entfremdung angibst daß Martin Dich nicht mehr hübsch findet kann nicht der richtige sein. Ich möchte sagen er klingt unsinnig. Martin ist keine Schönheit mehr, Du hast Dich besser erhalten als die meisten Frauen Deines Alters und um Euere Lebenszeit spielen andere Dinge eine größere Rolle in den gegenseitigen Beziehungen als hübsch sein. Ich enthalte mich jeder Parteinahme aber mir scheint es liegt daran, daß Du ihm das Zusammenleben schwer machst. Rechne also nicht auf mich in dieser Angelegenheit. Ich sehe mit Befriedigung wie energisch Martin sich anstellt um die schwierige Lage im Exil für sich, Dich und die Kinder zu verbessern. Sei ihm dabei nach Kräften behilflich und warte ab. Ich glaube Du kannst nichts besseres tun. Ich zweifle nicht Du wirst auch auf Deinem Weg in Paris Erfolg haben.
Herzlich Papa.

Mutter hatte eine selbstquälerische ambivalente Beziehung zu ihrem Schwiegervater. Einerseits verehrte sie ihn und seine Ideen aufrichtig. Doch die Ablehnung durch die Familie bestärkte Mutter in ihrer tiefen inneren Überzeugung, eine Person zu sein, die man nicht lieben kann. Trotz Mutters fast paranoidem Hass hat sie die negativen Gefühle der Familie ihr gegenüber durchaus nicht falsch interpretiert, im Gegenteil: Nicht nur war der Widerwille ihres Mannes gegen sie stärker, als sie wahrnehmen wollte, auch Großvaters Meinung von ihr war niederschmetternd.

[Brief von Sigmund Freud an seinen Sohn Ernst, 14. Mai 1938. Aus: Freuds Tagebuch, 1992, glücklicherweise zwölf Jahre nach dem Tod meiner Mutter]:

Martin wird mit den seinigen wahrscheinlich vor uns weggehen, Frau u. Tochter in Paris lassen, mit dem Buben nach London kommen. Er hofft und wir alle mit ihm daß dies praktisch das Ende seiner unglücklichen Ehe sein wird. Sie ist nicht nur bösartig meschugge, sondern auch im ärztlichen Sinn verrückt.

Großvater bezieht sich positiv auf Martins Bemühungen um Etablierung und klingt dabei durchaus glaubwürdig. Es ist mir nicht gelungen, herauszufinden, warum mein Vater nicht aufgefordert wurde, ja warum man es ihm nicht erlaubte, an der Herausgabe der Freud-Schriften weiter mitzuwirken. Vielleicht wurde er wegen seines nachlässigen Umgangs mit den Dokumenten abgestraft, aber das ist reine Spekulation, und die Angelegenheit bleibt ein Rätsel. Mein Bruder wusste es auch nicht, meinte aber, mein Vater sei von seinen Geschwistern nicht gut behandelt worden. Meine Tante Anna Freud konnte sich nicht erinnern oder wollte mir den Grund nicht nennen, und andere Leute, die Bescheid gewusst hätten, sind tot. Tante Mathilde meinte, »die Familie« sei vielleicht über seine »Weibergeschichten« verärgert gewesen. Doch ist das wahrscheinlich angesichts der Einstellung seines Vaters? Großvater Freud war offensichtlich über die Affären seines Sohnes auf dem laufenden und schien nichts dagegen zu haben. Wie sonst kann man die folgende Bemerkung interpretieren, die er am 12. Mai 1938 seinem Sohn Ernst schrieb, an dem Tag, als Martin Wien über Paris nach London verließ?

12. Mai 1938

… Aber was fängt er dann in England an? Er kann ohne Frau(en) nicht leben u. die Art Freiheit die er sich hier gestattet hat, findet er dort nicht wieder.

Mit dem Tod des Großvaters änderten sich die Zuständigkeiten. Jedenfalls war es Tante Anna, seine designierte Nachfolgerin, die gemeinsam mit ihrem Lieblingsbruder Ernst die Herausgabe der Bücher und Korrespondenzen ihres Vaters übernahm.

9

Der Sommer vor der Finsternis

Mutters Zorn hatte sich bis Ende des Jahres gelegt, und sie sonnte sich in der offensichtlichen Anerkennung ihrer beruflichen Arbeit. Plötzlich beschreibt sie ihr tägliches Leben ihrem Sohn gegenüber als recht positiv, obwohl sie die guten Nachrichten bald nach ihren Geburtstagsgrüßen an ihn wieder zurücknimmt, es gab aber trotzdem einige gute Augenblicke.

26. Febr. 1939

Liebes Herzenskind,
Ich danke Dir herzlichst für Deinen lieben langen Brief und werde fest Daumen halten, daß Du bei Deiner Prüfung durchkommst. Ich glaube das gescheiteste wird für Dich sein, daß Du Chemie studierst und zum Vater ins Geschäft gehst, damit Du einmal den Betrieb übernimmst, schließlich wird der Vater in ein paar Monaten 50 Jahre.

Das Sopherl ist eine wunderbare Schülerin und überhaupt besonders lieb und brav. *[Mutters viele Unwahrheiten gehen mir noch immer unter die Haut. Um diese Zeit hatte ich endlich genügend Französisch gelernt, um mit Ach und Krach mitzukommen.]* Ich sehe nur leider nicht sehr viel von ihr, da sie immer erst am Abend nach Hause kommt.

Ich werde Dir auch ganz genau schreiben, wie ich hier lebe und wie es bei uns ausschaut. Ich habe in einer sehr eleganten Gegend, aber in einem Hinterhaus eine recht nette Wohnung, ein besonders hübsches Arbeitszimmer, zum imponieren für die Patienten, ich habe bereits, wenn jemand mich konsultieren war – weißt Du von den Ärzten der Klinik um meine Ansicht befragt – 100 Francs für einen Besuch verlangt und die Leute haben es gezahlt – nur leider kommen solche Glücksfälle noch sehr selten vor – Das Einrichten mit allem drum u. dran war gräßlich teuer, Vater hat mit Recht sehr geschimpft, aber ich glaube es wird sich bald bezahlt machen – alle Sachen waren entsetzlich zerhaut and abgeschlagen, einiges mußte man wegwerfen und so viel gestohlen, Du weißt doch, wie stolz ich auf meine Deckerlsammlung war, beinahe alles weg, … … 3mal in der Woche bin ich in der Lariboisière *[ein großes französisches Spital]*, da habe ich eine ganz große Ambulanz und bin ziemlich beliebt und bekannt. Manchesmal gehe ich an den anderen Tagen in andere Spitäler, nur so, wegen Verbindungen mit

Ärzten anknüpfen so z. B. bin ich beim Prof. Debré oder bei Laignet-Lavastine, zwei sehr berühmte Pariser Professoren. Hie und da, wenn ich sehr müde bin, bleib ich auch einmal einen Vormittag zu hause oder mach mir Wege. Ich lasse mir nämlich Empfehlungen zu Ärzten geben, die ich dann aufsuche und ersuch sie gegebenenfalls, an mich zu denken, ich war so sicher schon bei 50 Ärzten, Du kannst mir glauben, daß das sehr unangenehme, ermüdende und anstrengende Wege sind. Am Nachmittag hab ich schon ein paar Patienten, und es sind auch schon öfter Anfragen, leider wird nicht alles.

Ich habe einen sehr schönen erfolgreichen Vortrag über Großvater gehalten – *das Privatleben Sigmund Freuds* auf französisch. Ich habe den Vortrag dem Großvater geschickt – und einen anderen Vortrag halte ich nächste Woche über mein Fach in dem Institut für Kinderforschung (eine sehr berühmte Anstalt in Paris). Aus dem Lektorat auf der Sorbonne ist leider nichts geworden, auf ein Haar ist die Sache gescheitert. Ich bin aber trotzdem recht zuversichtlich für meine Zukunft, alle Leute, die mich und meine Arbeitsweise kennen, halten viel davon – außer es kommt ein Krieg – nur gesundheitlich muß ich durchhalten, ich bin nämlich so mager geworden und denk Dir noch etwas, ich muß mir die Haare färben, so weiß bin ich, gar nicht schön.

Vielleicht kann ich mich doch entschließen und komm einmal auf ein weekend zu Dir, gehst Du dann mit mir ins Kino? Ich war schon monatelang nicht. Denk Dir, die Großmutter ist jetzt da, sie wohnt bei Tante Janne, schreib ihr einmal. Gib ein bisserl auf den Vater acht, daß er sich nicht zu sehr plagt. Ich glaub Du weißt jetzt alles ziemlich genau. Viele, viele Pussis von Deiner Mutter Esti

Hast Du zu Neujahr die Fruchtgelée bekommen?

Mutter hatte mich großzügigerweise wieder in das von meinen heißgeliebten kommunistischen Freunden geleitete Sommerlager geschickt. Jener Sommer vor der Finsternis war in der Tat ein Lichtblick in den düsteren Jahren, eine erste erwiderte Liebe, ein erster Kuss, ein bisschen Ausprobieren von Sexualität. Außerdem war es Mutter gelungen, einen Besuch von Walter zu arrangieren, der ein paar – anscheinend nicht ganz konfliktfreie – Tage mit ihr verbrachte und danach zu mir ins Sommercamp in die Haute Savoie kam. Anders als in Paris war er freundlich und fröhlich, und ich hatte nun meinen ersten Boyfriend und meinen geliebten Bruder an einem Ort, was konnte ich mir mehr vom

Leben wünschen. Auch Vater stattete mir in jenem Sommer einen kurzen Besuch ab, jenen schicksalhaften Besuch, den ich Mutter verschwieg, was sie sehr zornig machte. Aber mit meinen beiden Männern an meiner Seite, meinen kommunistischen Freunden und anderen Leuten, mit denen ich mich in jenem Sommer angefreundet hatte, erlebte ich (voller Schuldgefühle) den Besuch meines Vaters eher als Belästigung denn als Freude. Mutter besuchte einige Sommerkurse in Französisch und bemühte sich nicht sonderlich darum, zu uns zu stoßen. Walter und ich hatten wenig Zeit und Lust, Mutter Briefe zu schreiben, was sie recht verärgert zu haben schien, aber vielleicht meinte sie ihre Vorwürfe auch nicht wirklich ernst.

22. Aug. 1939

Geliebte Schnäuzchen,
Ihr seid all beide ganz ekelhafte Fratzen, wenn sich auch Walter darüber beleidigt. Ich wäre ganz gern auf ein weekend zu Euch gekommen, habe aber kein Geld mehr. Ich bleibe bis zum 1. zirka hier, außer es kommt Krieg – und fahre dann nach Paris. ... Wie lang bleibt Walterl noch in Morzine? Ich wäre gern noch ein bisserl mit ihm zusammen gewesen, aber nicht so, daß er immer sagt *ich muß gehen, ich hab keine Zeit*; das hat mich sehr geärgert. Was hört ihr vom Vater? Er hat mir schon schrecklich lang nicht geschrieben.

Habt ihr es weiter lustig? Flirtet ihr viel? Wenn ihr mir nicht ausführlich schreibt, reiß ich Euch beim nächsten Wiedersehen beide Ohren aus.

Denkt Euch nur, ich habe eben erfahren, daß sich meine Kolleginnen von Fröschels, viel weniger berühmt als ich, ein Universitätsinstitut in London machen konnten. Ich zerspringe darüber. Denn es ist ein großer Jammer, ich hätte das sicher auch bekommen und dann hätten wir alle zusammenbleiben können und ich wäre nicht so entsetzlich unglücklich wie ich es immer bin.

Ich küsse Euch aufs innigste und bleibe Euere treue Mutter Esti.

Vater bekommt noch einen Dankesbrief, weil er ihr Geld geschickt hat. Aber Kriegswolken ziehen sich über Frankreich zusammen.

Donnerstag, 31. Aug. 1939

Lbst. M.

Ich danke Dir herzlichst für Deinen Brief und für das Geld (ich hab es noch nicht avisiert bekommen). Ich war wie die Franzosen sagen schon complètement fauché, da ich im Sommer die geringen Ersparnisse, die ich mir in Folge meines Verdienens machen konnte, aufgebraucht habe und natürlich nichts verdienen konnte. Ich habe mir heute auf Veranlassung der Spitaldirektorin eine Gasmaske gekauft, 180 Francs, schrecklich, wofür man das Geld herauswerfen muß. Ich weiß absolut nicht, wie ich die Situation beurteilen soll, ich bleibe außer Zwangsevakuierung in Paris – ich fürchte mich nicht, außerdem ist mir eh alles wurst, wie's sein wird, wird's sein, meine Familie (Boykos und Zittaus) hat eine Scheißangst und ist schon lange auf und davon. Um Sopherl und Walterl, besonders um Sopherl, mach ich mir natürlich entsetzliche Sorgen. Daß Dein Vater krank ist, ist sehr traurig. Soll ich eventuell unser Silber in einen Safe geben??

Die meisten Bekannten sind auch weg, es ist ziemlich fad allein in der Wohnung, sogar die Bedienerin kommt nicht mehr,

Herzlichst, Esti

Kurz vor dem Krieg erhielt ich einen Telefonanruf von zwei englischen Frauen, die mir mitteilten, sie kämen mit Botschaften von Martin. Ich gab meine erste Teegesellschaft in meinem neuen Heim. Ich lud meine Mutter ein, die nach meines Vaters Tod mit Mariannes Hilfe nach Paris gebracht worden war. Das erste, was mir die beiden englischen Frauen unterbreiteten, war, dass Martin seine Wiener Geliebte nach London gebracht habe und dort mit ihr lebe. Ich konnte nicht anders, ich musste weinen.

Ich erinnere mich an diese zwei scheußlichen, ach so korrekten englischen Matronen, die uns nur besuchten, um bösartigen Tratsch, ob wahr oder falsch, zu verbreiten. Mutter hatte bereits ihres Gatten Absteigquartier besucht, sie hatte die Gelegenheit gehabt, sein Fotoalbum in den Händen zu halten, sie hatte einen Liebesbrief an ihn abgefangen, aber oh, was für ein Schock, was für eine Überraschung schien es für sie gewesen zu sein, von der Untreue ihres Gatten zu hören. Was für eine Gelegenheit, vor diesen zwei Hexen einen kleinen Nervenzusammenbruch zu simulieren, und welche Genugtuung für die beiden.

10
(Groß)Eltern Drucker, nochmals

Die Ankunft ihrer Mutter in Paris wird in Mutters eigener Geschichte nur nebenbei erwähnt. Doch es hatte eine Menge Korrespondenz zwischen den drei Schwestern und ihren Eltern gegeben. Ich war erstaunt, durch folgende Postkarte zu erfahren, dass die beiden Schwestern meiner Mutter ihre Eltern anscheinend in Wien besucht hatten. Ich hätte nicht gedacht, dass man im Herbst 1938 als Jude gefahrlos nach Wien und wieder zurück reisen konnte.

Adressiert an: Madame Esti Freud. 6 rue Eugene Manuel, Paris XVI.
Postkarte, dicht geschrieben

27. Okt. 1938

Liebste Esti, Du kannst Dir vorstellen, welche Freude uns die Kinder mit ihren Besuchen machten. L *[Lily]* hat uns gestern schon verlassen. Mein Befinden ist ein wechselndes; ich werde jetzt mit Injektionen behandelt die die Schmerzen sehr stillen; ich bin den grössten des Tages ausser Bett, doch schwach. Hast Du schon Deine Möbel? Mit tausend Küssen an Euch Alle, Euer L. *[Leopold]*

Liebe Esti! Wie Dir der liebe Vater schrieb haben wir uns mit dem überraschenden Besuch von Marianne sehr gefreut ebenso mit Lily. Leider hat sich Vaters Befinden nicht gebessert und er leidet trotz Beruhigungsmittel heftige Schmerzen. Wir hatten vorgestern wieder eine Konsultation mit Dr. Laud der auch nicht sehr zufrieden war. Vater bekommt jetzt Injektionen.

Wir haben uns gefreut dass es Euch gut geht. M. *[Marianne]* erzählt wie tüchtig und fleissig Du bist. Die Schwester von Rudi hat gestern ein Mädchen entbunden. Lily ist gestern wieder nach Hause gefahren. Schreibt bald dem l. Vater, er freut sich sehr mit Deinen Nachrichten. Sei in Liebe umarmt von Euerer getreuen Mutter Grossmutter Ida.

Danach erfahren wir, dass man in ihrer Wohnung eine Person einquartiert habe und sich Großvaters Zustand verschlimmere.

Adressiert an: Madame Ernestine Freud 6 rue Eugene Manuel,
PARIS XVI. Postkarte
Undatiert, aber gestempelt: 1. Dez. 1938

Liebe Kinder!
Wir danken Dir l. E *[liebe Esti]* vielmals für das liebliche Bild und Schreiben und sind sehr froh dass es Euch allen gut geht. Wenn wir Euch nur Dergleichen berichten könnten, doch Vaterles Befinden ist leider nicht gut, er ist recht schwach. Sonst seid Ihr unterrichtet, Regine K war heute beim l. Vater, sie geht mit ihren Kindern nach Südamerika, Bolivien. Sie ist im 77. Lebensjahre – Wir haben das Avisierte nicht bekommen. Doch was unsere Einquartierung betrifft, so ist diese eine sehr kranke Frau, die ihre Stuhle nicht halten kann – alles Andere ist schweigen – Es gibt überhaupt immer eine Abwechslung in unserem Altersheime.
Seid in Liebe umarmt von Euerer Mutter Ida.

Mutter muss sich beklagt haben, sogar in Zeiten von extremer Krise, dass die Briefe ihrer Mutter immer an ihre jüngere Schwester geschickt werden.

Adresse: 6 rue Eugene Manuel, Paris XVI.   27. Dez. 1938

Meine teure Esti!
Meine Briefe, die ich an die Adresse M.*[Marianne]* schicke, gelten natürlich genauso für Dich.
Da M. einen öfteren Bericht von mir wünscht, so bitte ich Dich natürlich auch den heutigen an M. zu vermitteln. Wie es mir geht? Das lässt sich nicht beschreiben. Da mir Vaterle durch den Tod entrissen, ist jede Lebenskraft in mir erloschen und ich frage mich wie ich das alles ertragen soll.
Für Eure Bemühungen und Eure Liebe danke ich Euch. Vielleicht schreibt auch Ihr öfter ein paar Zeilen. Dies ist ja das Einzige was mich noch mit dieser Welt bindet und verbindet. Wie ich heute erfahren habe besuchen Euch L. und R. *[Lily and Rudi]* Dieses Bewusstsein Euch liebe Kinder friedlich beisammen zu wissen ist auch ein Segen und macht mich für Momente glücklich. Einer der letzten Worte von Vaterle soll gewesen sein: Die Esti kommt nicht, die Esti kommt nicht. Ich weiss wirklich nicht wie ich das alles ertragen soll. Es ist schrecklich. Du liebe Esti hast ja die Krankheit nur in den Anfangsstadium gesehen – Vaterle hat den Frieden gefunden.
Walterl hat mir einen lieben Kondolenz Brief geschrieben. Auch

Deine Schwiegereltern und Mathilde H. und Martin. Alles regt mich so furchtbar auf. – Seid alle in Liebe umarmt von Eurer M. Ida.

Nicht nur Großmutter Drucker kommt in der Geschichte meiner Mutter wenig vor, auch Tante Jannes bewundernswerte Rettungsbemühungen, zu denen sie als einzige in der Familie imstande war, werden bloß beiläufig erwähnt. Es war ihr gelungen, ihren Mann mit falschem Ausweis den Klauen der Deutschen zu entreißen, und dann schaffte sie es auch noch, ihre Mutter zu retten, zumindest vorübergehend. Bald nach Großvater Druckers Tod schickte Tante Janne eine Französin nach Wien. Sie hatte einen falschen Pass für meine Großmutter auf den Namen Dickère und zwei Rückflugtickets bei sich. Großmutter verließ die Wohnung »wie immer«, ließ die Fenster offen, als ginge sie einkaufen. In Paris suchte sie erfolgreich um Asyl in Frankreich an. Als der Krieg ernst wurde, ließ sich Großmutter Drucker erst in Nizza nieder und zog dann unglücklicherweise nach Biarritz weiter, das in der späteren französischen Zone Occupée lag. Diese erste Rettungsgeschichte habe ich erst während der Recherchen zu diesem Buch – von meinem Bruder – erfahren.

11
Une Drôle de Guerre

Im August 1939 unterzeichnete Hitler einen Nichtangriffspakt mit Stalin. Die französische und die englische Regierung hatten sich Polen gegenüber verpflichtet, dem Land im Fall eines Angriffs zu Hilfe zu kommen. Als ich von Grenoble nach Paris eilte, fuhren alle Züge mit blauen Lichtern. Mein Sohn, der seine Schwester im Ferienlager besucht hatte, musste nach England zurückgeschickt werden. Er war ein junger Bursch, und ich misstraute den Franzosen, womit ich – angesichts dessen, was ich später erlebte –, recht behielt.

In Wirklichkeit war es nicht Mutter, sondern unser Freund Harald Hauser, dessen politischer Weitblick Walter nach England im allerletzten Augenblick zurückbrachte, bevor die Grenzen für »feindliche Ausländer« geschlossen wurden.

Im September marschierte Hitler in Polen ein, und Frankreich und England hielten ihr Versprechen. In der Lichterstadt Paris gingen die Lichter aus. Man hängte dicke Vorhänge vor die Fenster und machte sie mit Streifen braunen Packpapiers fest. Wir mussten äußerst vorsichtig sein, denn das Gerücht ging um, deutsche Flüchtlinge würden den deutschen Flugzeugen Lichtsignale senden.

Mutter muss den Kriegsausbruch wie ein Todesurteil erlebt haben. Angesichts der Ereignisse war das keineswegs eine überzogene Reaktion.

3. Sept. 1939, Sonntag Mittag
Lieber Murrer, liebes Walterl.
Ich schreibe Dir im Augenblick der Kriegserklärung. Ich bedauere aufs innigste, nicht bei Euch sein zu können, denn vielleicht könntet ihr mich doch brauchen. Ich bin ganz allein, es sind beinah keine Leute in Paris. Ich fürchte mich nicht, wie Ihr wohl wißt, ich habe aber nicht mehr die Absicht irgend etwas zu tun, um mein Leben zu erhalten. Seit dem 21. Mai 1938 gab es keinen Tag, an dem ich nicht geweint habe, beinahe keine Stunde, an der ich nicht gedacht habe, ob ich mich umbringen soll, habe aber nicht den Mut dazu aufgebracht. Das einzige, was ich mir noch vom Leben wünsche, wäre, Dich noch einmal zu sehen, liebster Murrer.
Liebster Walterl ich küsse Dich innigst, sorge für Deine Schwester.
Lbst. M. dich grüßt noch einmal vielleicht zum letzten Mal.
Esti

Fast ein Jahr lang passierte wenig. Die Franzosen sprachen von einem drôle de guerre, und Polen wurde schnell überrannt. Sie mussten mit Kavallerie gegen Panzer kämpfen. Hitler festigte seine Stellung. Er wollte keinen Zweifrontenkrieg und wartete ab.

Hitler brauchte weitere neun Monate Vorbereitungszeit. Die Franzosen verließen sich auf ihre Maginot-Linie, eine riesige unterirdische Festung an der Ostgrenze Frankreichs. Wo die deutschen Truppen 1914 einmarschiert waren, im Norden, hatten sie nichts errichtet. Warum die Befestigungen nicht bis zur nördlichen Grenze ausgebaut wurden, entzieht sich meiner Vorstellungskraft.

Jeder erwartete ein unmittelbar bevorstehendes Bombardement von Paris aus der Luft. Der Mann meiner Schwester hatte in Lisieux, an der Küste der Normandie, ein kleines Haus gemietet und lud Sophie und mich ein, mit ihnen zu kommen. Schon nach wenigen Tagen wurde die Situation für mich unerträglich, und ich entschied mich zur Rückkehr nach Paris. Sophie blieb dort. Am 23. September meldete das französische Radio den Tod Sigmund Freuds.

Schließlich fuhr ich mit Tante Janne und Herbert, ihrem Sohn, nach Biarritz, was, obgleich schon Krieg war, eine idyllische Zeit für mich wurde.

Tante Janne, die sich um die soziale Kompetenz ihres Sohnes sorgte, freute sich, dass Herbert und ich so gute Freunde waren. Es tut mir heute noch leid, dass ich Tante Janne unnötige Sorgen bereitete, weil ich so wenig aß, ich erinnere mich aber, wie ich bestrebt war, die zusätzlichen Kosten für mein Essen, die ich Tantes Familie verursachte, möglichst niedrig zu halten. In Biarritz erwies mir meine Tante einen unermesslichen Dienst. Ich war 15 und hatte, um mondän zu wirken, zu rauchen begonnen. In aufrichtiger Verzweiflung unternahm sie alles in ihrer Macht Stehende, um mich vom Rauchen abzuhalten, und führte mir sich selbst als Negativbeispiel für eine süchtige Kettenraucherin vor. Sie strengte sich mit soviel Nachdruck und mit soviel Liebe an, dass ich tatsächlich damit aufhörte und nie wieder anfing. Es war ein großes, lebenslanges Geschenk, das Tante Janne mir hinterließ. Zweifelsohne wünschten mir sowohl meine erste als auch meine zweite Mutter ein besseres Leben als dasjenige, das sie selbst führten.

Ende 1939 spürte Tante Janne einen Knoten in der Brust, der sich später als gutartig erwies, und wir kehrten nach Paris zurück. In den kommenden Monaten besuchte ich sie häufig, und unsere Beziehung entwickelte sich zu einer gleichberechtigten Freundschaft. Ich kam an späten Samstagvormittagen vorbei und fand sie inmitten großer Unordnung beim Frühstück im Bett vor. Während ich die leeren Whiskeyflaschen wegwarf, die sich auf dunklen Wegen stets unter ihrem Bett ansammelten, und Dutzende überquellende Aschenbecher leerte, gestand sie mir ihre Leidenschaft für den Brustchirurgen und beglückte mich mit anderen aufregenden Geschichten über Liebe und Intrige.

Während ich mein Leben in Biarritz genoss, geriet Mutter, allein in Paris, immer mehr außer sich und bombardierte die englische Familie mit Postkarten und Briefen in fehlerhaftem Englisch.

[Karte auf englisch] 9. Nov. 1939

Mein liebes Kind,
Ich bin ganz verzweifelt, weil ich weder von Dir noch Vater gehört habe. Ich bin hier ganz, ganz allein, weiß nicht, wie lange ich es noch aushalten kann, schreib mir wenigstens, oder Vater soll schreiben. Ich kann nicht verstehen, warum Du so grausam bist. Ist es so viel Mühe, eine Postkarte zu schreiben? Es ist die einzige Freude, die mir im Leben geblieben ist.
Mit 1000 Küssen, Deine Mutter Esti.

[Karte auf englisch] 10. Nov. 1939

Lieber Walter,
Ich wäre so glücklich, eine Nachricht von Dir zu haben. Bitte schreib mir eine Postkarte. Ich bin schrecklich einsam in Paris, alle meine Freunde sind nicht mehr hier. Ich bin so begierig, etwas von Dir zu hören. Ich habe so oft an Dich und Vater geschrieben, aber nie bekomme ich eine Antwort. Sophie ist mit meiner Schwester in Biarritz. Glaubst Du, dass wir uns jemals wiedersehen? Bitte schreib wenigstens, so oft Du kannst!!!

Endlich kam ein Brief von Walter.

[Brief in schlechtem Englisch] 21. Sept. 1939
Mein lieber Sohn,
Ich danke Dir so sehr für Deinen netten langen Brief und die Perspektive Deiner Schule. Ich war 15 Tage überhaupt ohne Nachricht von niemand und war schrecklich unruhig. ... Ich habe als Gesellschaft eine Katze, die ich auf der Straße gefunden habe, eine sehr wertvolle Siamkatze. Es gibt so viele alleingelassene Tiere in Paris, weil ihre Besitzer auf das Land gegangen sind. Meine Lage hier ähnelt sehr unserer Lage im März 1938, aber man gewöhnt sich. Das zweite Mal in 1 ½ Jahren, dass meine ganze Existenz zusammengebrochen ist und dass ich wieder beginnen muss. Aber jetzt gibt es keine Möglichkeit zu beginnen. Ich gebe Papierstreifen auf alle Fenster. Habt ihr dasselbe getan? Und im Keller habe ich eine alte schlechte Matratze, so dass ich schlafen kann, wenn es Luftangriffe gibt.

Ich gehe noch in mein Spital, aber es gibt sehr wenig zu tun für mich, aber so lang es offen ist, gehe ich weiter hin, weil ich nicht will, dass sie sagen ich bin davongelaufen. Mein Professor arbeitet anderswo auf dem Land.

Ich hoffe immer, dass ich bald die Gelegenheit haben werde, nach Hause zurückzugehen, um Herrn H ... niederschieße und Herrn R ..., die Männer, die Vater töten wollten ...

5. Nov. 1939
Liebes Puckerle,
Ich danke Dir für Deinen lieben Brief, mit dem ich mich sehr gefreut habe. Ich habe Dir nicht früher geantwortet, weil ich Grippe gehabt habe. Das war sehr unangenehm, weil ich dort ganz allein in der Wohnung war; ich hab gar niemanden gehabt, der sich um mich kümmerte und wäre beinah verhungert. Aber jetzt geht es mir beinah wieder gut. Leider ist es mir nicht möglich irgend etwas zu verdienen und deshalb bemüh ich mich jetzt, nach dem Krieg mit dem Schnapserl nach Amerika auszuwandern, wenn Du Lust hast kannst Du mitkommen. Vom Vater hab ich auch schon über ein Monat keine Nachricht. Hoffentlich ist er gesund. Das Buch vom Vater ist sehr hübsch und hat mir sehr gut gefallen. Beschäftigt er sich mit irgend etwas Vernünftigem? Das Schnapserl geht in Biarrits in die Schule und scheint ganz vergnügt zu sein.

Schreib mir bald wieder, viele Pussis von Deiner Mutter Esti

8. Dez. 1939

Geliebtes Herzenskind,
Ich hab mich sehr mit Deinem Brief gefreut, warum schreibst Du denn so selten. Die Schnapsin ist noch immer in Biarritz und mir ist vor dem allein sein schon ziemlich mies! Mit dem Verdienen schaut es noch immer sehr schlecht aus, obwohl jetzt wenigstens einige Anfragen sind. Hier sind die Verhältnisse ja ganz anders als in England. Ich bin zum Beispiel die einzige »enemy alien« in Frankreich, der man erlaubt hat, weiter im Spital zu arbeiten. ... Du kannst auf meine Ausnahmsstellung sehr stolz sein, obwohl sie nichts trägt, die Leute sind auch trotzdem weiter lieb und nett mit mir. Sonst wäre das Leben recht angenehm, man bekommt noch immer alles im Überfluß, ich arbeite wissenschaftlich und meine Artikel werden alle von Fachzeitungen angenommen. Ich kenne auch schon sehr viel Leute, aber die meisten reichen Leute sind nicht in Paris. Jeden Moment stehen in den französischen Zeitungen Sensationsartikel über die Erbschaft vom Großvater. Dafür daß ich den F's alles gerettet habe, hätte der Vater mir wirklich zum 20. Hochzeitstag gratulieren können und sich wenigstens für die schöne kostbare Kravattennadel bedanken ...
    Sophie und ich werden hoffentlich bald auswandern können, ich bemühe mich eine Stelle in U. S. A. zu bekommen noch bevor wir »herausgekahnt« werden. Am besten wäre, Du kämest auch mit da wären wir doch wieder beisammen, denn sonst beurteile ich die Aussichten, daß wir uns jemals wiedersehen nicht sehr günstig. Ich glaube daß ich vor Weihnachten die Schnapsin hier haben werde und werde sie auch behalten, ich werde von dem ganz allein sein vollständig trübsinnig. Wie es sein wird, wird's sein, mir ist zu bang nach euch beiden. Tausend Pussi's Deine Mutter Esti
    Bitte erkundige Dich beim Vater was die Enkel vom Großvater geerbt haben!!

12
Ich musste etwas tun, um Hitlers Krallen zu entkommen

Im Mai 1940 arbeitete ich immer noch im Hôpital Lariboisière, in der Nähe des Pariser Nordbahnhofs. Es kursierten Gerüchte über panikartige Fluchtbewegungen im Norden Frankreichs. Die deutschen Panzer hatten die Meuse überquert und die Ardennen an der belgisch-französischen Grenze durchbrochen, dort wo es keine Maginot-Linie gab und man die Tür weit offengelassen hatte. Eine Schlacht mit den Engländern in der Nähe von Dunkirk hatte stattgefunden, und die englischen Truppen wurden in den Ärmelkanal geworfen. Mutter fuhr nach Nizza, und die Zittaus packten ihre Koffer, um südwärts zu ziehen. Paris entleerte sich zusehends. Nachts hörte man Panzer durch die Straßen rattern. Am Tag fuhren Pferde- und Ochsenwagen beladen mit Haushaltsgegenständen durch die Stadt. Ein unbeschreiblich trostloser Anblick. Die Nachrichten wurden immer schlechter. Seit der Niederlage von Dunkirk war die Autobahn nach Paris für die deutschen Truppen offen. Dieses Mal gab es kein *miracle de la Marne* wie 1914.

Tante Janne und Tante Lily, »unsere Pariser Großfamilie«, hatten Paris schon im Frühjahr verlassen, vielleicht gedrängt von ihren umsichtigeren Ehemännern, während Mutter und ich in einer zunehmend düsteren Stadt zurückblieben. Angesichts der Tatsache, dass die Deutschen am 9. April in Dänemark und Norwegen eingefallen waren, Luxemburg, Holland und Belgien überrannt hatten und am 13. Mai der Maginot-Linie in die Flanke gefallen waren, nehmen sich Walters zwei Briefe an seine Mutter von April und Mai 1940 bizarr aus.

Quorn Hall, Loughborough College
Loughborough
29. April 1940 [Brief auf deutsch]

Liebe Mutter!
Die Krawatte mit den Hunden ist wirklich gerade das, was ich mir an einer Wunschtraummodekrawatte vorgestellt habe. Das soll natürlich nicht heißen, dass ich den Schal und die grüne Kravatte, die ich jetzt anhabe, stiefkinderlich behandle, sondern daß Du in allen 3 Sachen meinen Geschmack bis auf i Tüpferle erraten hast. Leider kann ich meine tausend Pussis nur schicken und nicht geben, was ich so viel lieber tun möchte.

… Meine Ferien waren sehr hübsch und ich hätte noch einen Monat ohne mit der Wimper zu zucken vertragen können.

Ich bin sehr froh, daß es Dir trotz der schlechten Zeiten gut geht und dass Du Patienten hast. Mir geht's gut, ich bin sogar fleißig, wenn ich grad nichts anderes zu tun habe. Wer hat Dir erzählt, daß ich mir letztes Weihnachten ein Loch im Kopf geschlagen habe? Hast Du Spione hier. Übrigens war es nichts böses, es hat nur ziemlich geblutet am Anfang.

Sonst ist alles in Ordnung, auch dem Vater geht's gut, obwohl er noch grantiger ist als jemals bevor. Aber ich sehe ihn nur sehr selten alle 3 Monate, so macht es mir nicht zu viel aus.
Tausend Pussis Dein Walter.

Quorn Hall, Loughborough College
Loughborough, Leics.
17. Mai 1940 [Brief auf deutsch]

Liebste Mutter!
Schon zum dritten Mal kann ich Dir kein Geburtstagspussi geben, sondern nur in sehr unvollständiger Weise gratulieren. Ich wünsche Dir das aller, allerbeste (Nebbich, was man jetzt schon gutes wünschen kann) und hoffe, daß wir nächstes Jahr um die Zeit wieder beisammen sind. Ich weiß, daß Du in diesen zwei Jahren in Paris mehr geleistet und erreicht hast als die meisten Männer, die ihr ganzes Leben dort verbracht haben, und dazu gratuliere ich Dir ganz besonders herzlich. Ich hoffe, Du hast einen schönen Geburtstag auch mit nur 50 % Deiner Sprößlinge; sag wieviel Kerzen waren auf dem Kuchen, Lebenskerze exclusive?

Mir geht es soweit recht gut, hoffentlich hör ich bald wieder etwas von Dir.
Tausend dicke Geburtstagspussis schickt Dir Dein Sohn Walter

[Brief in schlechtem Englisch] 24. Mai 1940
Lieber Walter,
ich danke Dir vielmals für Deine Geburtstagswünsche, die ich heute erhalten habe. Ich hoffe, dass Deine guten Wünsche zu irgendetwas nützlich sind, ich brauche es <u>extrem</u>. Du kannst dir vielleicht die Tage schrecklicher Angst nicht vorstellen, vor der wir stehen, ich habe wieder vier Kilo verloren und bin so dünn wie eine Nadel. Marianne und ihre Familie sind gestern von Paris nach Palästina abgereist. Lily ist in La Boule en Bretagne. Ich habe um eine Bewilligung zum Verlassen von Paris angesucht, welche ich bis jetzt <u>nicht bekommen konnte</u>, und ich habe mir für alle Fälle ein Fahrrad gekauft, aber es ist ziemlich wahrscheinlich, dass die österreichischen Frauen hier irgendwohin geschickt werden. Bitte sag Vater, ob er oder die Familie nicht Sophie und mir helfen können, <u>in die Vereinigten Staaten zu gehen,</u> <u>ich werde dort sicher</u> Arbeit finden.
Ich werde Dir die Adresse der Prinzessin geben, für den Fall, dass ich Euch nicht benachrichtigen kann.
Princesse George de Grèce
Les Ormeau, Benadet, Finistère
Vater soll, wenn er London verlässt, der Barclay-Bank seine Adresse sagen, damit ich ihn finden kann.
Walter, viele viele Küsse, hoffe immer, dass sich die Dinge noch zum Guten wenden. Deine Mutter Esti.

In der Schule hatten sie Gasmasken an uns verteilt und uns angewiesen, bei einem plötzlichen Angriff unter die Schreibtische zu kriechen. Ich streunte durch die Straßen von Paris mit dem Gefühl einer undefinierbaren Bedrohung, während man von der Ferne bereits die deutschen Kanonen hören konnte. Es wurde von einem Jeanne-d'Arc-Wunder geredet. Ich war nicht dazu erzogen worden, an Wunder zu glauben, aber eine verführerische Illusion war es schon. Das andere Gerede handelte von der cinquième co-*lonne, der fünften Kolonne, wie man die Spione nannte, die für die französische Niederlage verantwortlich waren, und überall hielten die Leute Ausschau nach solchen sinistren Feinden. Ich hielt meinen Mund mit seinem verräterischen, gefährlichen Akzent fest verschlossen.*
»*Lass uns Paris verlassen*«, *sagte meine Mutter endlich, als der Lärm der Kanonen immer lauter und lauter wurde. Wir gingen*

zum Gâre de Lyon, der von einer riesigen Menschenmenge mit derselben Absicht belagert war. In den Straßen um den Bahnhof drängten sich Familien mit kleinen Kindern, die neben ihren Habseligkeiten sitzend auf den nächsten Zug warteten. Wir konnten nicht einmal in die Nähe des Bahnhofs gelangen und gaben sehr rasch auf. Zu Hause angelangt, beschloss meine Mutter, wir sollten die Stadt mit dem Fahrrad verlassen. Mutter hatte sich einige Wochen zuvor ein Fahrrad gekauft und sogar radfahren geübt. Anscheinend war das schon die ganze Zeit ihr Fluchtplan gewesen. Während Mutter mir jede einzelne ihrer persönlichen Verletzungen haarklein anvertraute, handelte sie in dieser Situation allein. Weder ließ sie mich an ihren Gedanken, Zweifeln und Ängsten teilhaben, noch holte sie meinen Rat ein. Zwar richtete sie eine verzweifelte Bitte an ihren Mann – ohne die verbotene deutsche Sprache zu verwenden –, traf aber in dieser Lage, bei der es um Leben oder Tod ging, ihre eigenen Entscheidungen.

Der folgende Brief bleibt unübersetzt, weil er auch so verstanden wird.
To: Monsieur Martin Freud. London N W 6. 1 Holly Terrace, Highgate, Westhill

7. Juni 1940

Dearest Mur,
What now will arrive to me would be really nebbach. I do not no what to do, if I leave Paris I fear that I will never be able to work again in an hospital and in the Province where nobody knows me, austrians are interned. At any rate please, please write to me, I have such a heavy heart and I am so terrible afraid of all the things which will still come to me and the child. She doesn't want to let me alone. For the worst, we have 2 bycicles. Please be so kind write to her. Marianne is already in Palestine
Jerusalem 209 road Ibn Erra.
Kisses perhaps the last

Esti

Ich verließ mich auf das Urteil meiner Mutter, dem ich bei weit geringeren Gelegenheiten üblicherweise misstraute, und nahm an, dass sie die richtigen Entscheidungen treffen würde.

Sophies Tagebuch

[Nizza] 4. Sept. 1940
Nach und nach verliert man alle lieben Leute. Die liebe Tante Janne, so oft denke ich an sie. Wir haben uns erst im letzten Moment entschlossen Paris zu verlassen. Es war dumm aber ich bin doch ganz froh darüber. Denn wann hätte ich so unglaublich viele interessante Dinge auf einmal kennen gelernt.

Ich spürte, dass ich etwas unternehmen musste, um Hitlers Klauen zu entkommen und mein und das Leben meines Kindes zu retten. Ich investierte 1000 Francs in ein Fahrrad und lernte auf dem Quai d'Orsay Rad fahren. Sophie hatte eines für ihren Schulweg. Die Züge südwärts waren überfüllt, und wir hatten nicht genug Geld, um uns ein Auto zu kaufen. Außerdem brauchte man zum Autofahren Benzin, dessen Verfügbarkeit ungewiss war. Radfahren hatte den Nachteil, dass man nicht viel Gepäck mitnehmen konnte. Ich packte eine Reisetasche und brachte sie zu einer Spedition mit der Anweisung, dass wir schreiben und die Zustelladresse mitteilen würden. Dann nahm ich mein Silberbesteck und deponierte es in der Pariser Zweigniederlassung der Morgan Bank. Zwei Tage vor Eintreffen der deutschen Truppen in Paris verließen wir am 8. Juni 1940 auf unseren Rädern die Stadt.

Mutter überließ mir das Packen meines kleinen Rucksacks. Ich nahm den Gasmaskenbehälter, den sie in der Schule an uns verteilt hatten, warf die Gasmaske hinaus und füllte ihn mit einer eleganten, wunderschönen Organzabluse, die ich ein paar Wochen zuvor geschenkt bekommen hatte. Ich muss noch ein paar weitere Lieblingsstücke eingepackt haben, und los ging's am nächsten Morgen südwärts Richtung Chartres. Fahrräder waren in der Tat das beste Fortbewegungsmittel, da die Straßen zu riesigen, endlosen Parkplätzen geworden waren, randvoll mit Familien und auf den Fahrzeugen hochaufgetürmten Koffern und Besitztümern jeglicher Art. Die Autos schienen sich kaum zu bewegen. Von Zeit zu Zeit gab es Fliegeralarm, und wir warfen uns in den Straßengraben, eine tatsächliche Bombardierung habe ich aber nicht erlebt.

Die Autostraße war vollgestopft mit unbeweglichen Fahrzeugen. Mit unseren Fahrrädern konnten wir uns durchschlängeln. Es regnete in Strömen, und wir waren bis auf die Haut durchnässt. In der Nacht erreichten wir Fontainebleau *[tatsächlich war es Rambouillet]*. Ich fragte einen Mann, der vor seiner Tür stand, ob wir bei ihm übernachten könnten. Er erlaubte uns in seiner Waschküche zu schlafen, wo er eine Matratze hatte. Wir nahmen sein Angebot an, weil wir dem Regen entkommen mussten.

Die nächste Nacht verbrachten wir in Orléans, ich glaube in einem Gebäude, dessen Bewohner geflüchtet waren und die Tür weit offengelassen hatten. Dort ließ Sophie ihre Armbanduhr liegen, die ihr die Großmutter geschenkt hatte. Die folgende Nacht verbrachten wir in Chartres und erlebten die Bombardierung der Stadt. Eine Nacht blieben wir in Amboise und überquerten die Loire kurz vor Verminung der Brücke. Ich versuchte stets die Hauptstraßen zu meiden und wählte Landstraßen. Da es dort keinen Verkehr gab, vermutete ich, dass die deutschen Flieger sie nicht mit Maschinengewehren beschießen würden. Sophie, die viel schneller fahren konnte als ich, war mir immer voraus. Ich hatte Angst, sie zu verlieren. Einmal wollte sie unbedingt die große Hauptstraße Richtung Limoges nehmen, um sich die berühmten Porzellanfabriken anzusehen. Gegen eine solche Dummheit musste ich mein Veto einlegen. Ich erinnere mich, wie wir eine Nacht im Schlafsaal einer Klosterschule verbrachten. In Toulouse blieben wir in einem Gebäude, das mir wie ein Bordell vorkam. Auf unserer Reise trafen wir viele französische Soldaten, Rekruten auf Lastern, Offiziere in Citroëns und Renaults, immer in Gesellschaft von Mädchen, die vor der Deutschen Wehrmacht flüchteten. Dann kamen wir in die Cognac-Provinz, wo alle Dorfnamen mit »ac« enden.

SOPHIES TAGEBUCH

[Nizza} 4. Sept. 1940

Schade, daß ich nicht schon früher begonnen habe. Ich hätte wirklich genug zum Schreiben gehabt. Natürlich konnte ich während unserer Flucht durch Frankreich kein Tagebuch führen. Dann wenn man am Abend irgendwo todmüde ankommt und mit Mühe irgend ein mieses Zimmer bekommen hat, ist man nicht in der Laune noch Tagebuch zu schreiben.

Das Schrecklichste war das Warten am Bahnhof, aber wie wir einmal losgefahren waren, gings wieder. Die erste Nacht war in Rambouillet, nur gegen 45 km von Paris. Da mußten wir in einer Waschküche schlafen, weil der Friedensrichter keine Fremde ins Haus hereinlassen wollte. Dabei waren wir ganz naß. Das war ein feiner Herr.

Rambouillet und Chartres waren sicherlich die ekelhaftesten Erlebnisse der ganzen Reise. In Chartres wollte man nur Franzosen ins Abri hereinlassen. Wir haben natürlich nicht gesagt, daß wir Fremde sind, aber es war doch reichlich unangenehm.

Ich bin verblüfft über den moderaten Ton, den mein jüngeres Ich wählte, um über diesen nie vergessenen, wahrlich beunruhigenden Augenblick dieser Reise zu berichten. Wir waren gerade in Chartres angekommen, als die Sirene einen Luftangriff ankündigte. Als Luftschutzkeller dienten der Stadt die Katakomben der berühmten alten Kathedrale, und die Leute stellten sich rasch an, um in die Kirche zu gelangen. Plötzlich rief eine Stimme »Seulement pour les français«, und ich erstarrte vor Angst, irgendetwas sagen zu müssen, und war in Panik, dass man uns schließlich entdecken und vielleicht lynchen würde. Natürlich ging es wieder um die fünfte Kolonne, die Verräter in unserer Mitte.

Auch die anderen Momente der Todesangst, an die ich mich mehr als 65 Jahre später erinnere, werden kaum erwähnt.

Wir radelten in der Tat durch kleine Dörfer, die verlassen schienen – alle Fenster mit Brettern verschlagen, keine Menschenseele auf der Straße. Offenbar erwartete die Bevölkerung jeden Augenblick mit Grauen die Ankunft der deutschen Panzer und hoffte, sie würden nicht anhalten und das Dorf plündern. Auch ich dachte, dass sie uns – Panzer, bewaffnete Truppen oder Militärkonvois – früher oder später einholen würden, drehte mich immer wieder um, um zu sehen, ob Sie schon da waren, und vermeinte ein fernes Grollen zu hören. Aber ich glaube nicht, dass ich starr vor Entsetzen war. Meine Aufgabe war es, so rasch

wie möglich immer weiter in die Pedale zu treten, um diesen Panzern zu entkommen, obwohl ich mich gleichzeitig dem Tempo meiner viel langsameren Mutter anpassen musste.
Wir waren ohne Ziel und Plan. Aus der Distanz von 65 Jahren erscheint das ganze Unternehmen vollkommen hanebüchen. Meine Mutter hatte eine Reihe willkürlicher und dummer Entscheidungen getroffen, die uns überleben ließen. Andere Leute hatten ebenso unwissende Entscheidungen getroffen, die sie in den Tod führten. Ich bin meiner Mutter zu Dank verpflichtet, weil sie mich heil und lebendig aus Europa herausgebracht hat, aber manchmal denke ich, eher dem Schicksal als Mutters zweifelhafter Urteilskraft verpflichtet sein zu sollen. So verlor ich in relativ jungen Jahren den Glauben an die Fähigkeit, unser Leben durch vernünftige Entscheidungen steuern zu können.

Von Mutter in Nizza an Walter in Australien.

24. Dez. 1940, Nice, Hotel Windsor
Geliebtes Herzenspuckerl
Endlich, nach 7 Monaten habe ich herausfinden können, wo Du bist, weiter kann man schon kaum mehr gut sein, aber ich war doch ganz froh darüber.
Vor allem, auch darüber daß Du nicht mit uns bist. Ich möchte so gern wissen, wie es Dir geht, ob du irgend etwas lernen kannst, ob Du Dich sehr allein fühlst und noch viele andere Sachen. Die Schnapsin und ich sind am 12. Juni, 2 Tage vor dem Einmarsch der Deutschen in Paris, auf Fahrrädern auf und davon, weil es uns doch nicht mehr ganz gemütlich war, Paris war buchstäblich ausgestorben, das war ganz unheimlich, man hat kaum mehr ein Geschäft gefunden wo man etwas zum essen kaufen konnte. Man sah auf der Champs Elysée nur Flüchtlinge auf Leiterwagen, Fahrräder mit Karren, mit Vieh Handwagen, Autos mit Matratzen auf den Dächern, eine unendliche Völkerwanderung. Also am 12. ganz zeitlich in der Früh, hab' ich die Schnapsin aus dem Bett gestampert und wir sind auf und davon, unser Haus war auch schon leer, nicht einmal mehr die Hausmeisterin. Das Fahrrad hab ich mir zum Geburtstag geschenkt, ich hab mir nämlich alles sehr ähnlich vorgestellt, 2 Tag vorher waren wir auf der Bahn, da waren unheimlich viele Menschen, unvorstellbar, km-weit schon gelagert, so daß man gar nicht zur Station ran konnte, der Bahnhof war das schrecklichste was ich je

gesehen habe. Nun wir sind zuerst die Heerstraße aus Paris – ich noch sehr wackelig auf meinen Rad – als Gepäck einmal Wäsche zum wechseln und unsere gestrickte Decke und jeder ein dünnes Kleid auch eingepackt. Wir haben getrachtet so bald als möglich aus dem Gedränge heraus auf Nebenstraßen zu kommen, was uns auch beinah immer gelungen ist; so haben wir zirka 600 km gemacht, wir sind öfter gebombt und Mg. mitrailliert worden aber wir haben uns nicht viel draus gemacht, einmal waren wir beinah mitten in der Schlacht. Du kannst Dir denken, daß wir da rasch mit unseren Fahrrädern gefahren sind, die Franzosen waren mit dem Gewehr gegen uns in Anschlag und knapp hinter uns waren die Deutschen. Immer sind wir über die Brücken, gerade wenn man die Minen gelegt hat um sie zu sprengen, aber wir haben stets zu essen gehabt und auch zum schlafen Betten oder vielmehr 1 Bett gefunden. Die Leute waren auch bis auf einmal sehr freundlich. So sind wir nach Südfrankreich gekommen, wir hätten auch damals über die Grenze können, aber wir dachten, was machen wir dann in Portugal ohne Geld, ohne Gepäck, das war uns doch zu riskant, mit allen Sachen in Paris, Sopherl war vor allem sehr dagegen. Nun, so sind wir den ganzen Sommer in einem ganz kleinen Dorf bei Weinbauern geblieben, da ist es uns sehr gut gegangen, sehr billig und herrlich zu essen. Inzwischen haben wir die Großmutter gefunden, die war in Biarritz, ist aber leider auch noch immer dort, da sie sich nicht rechtzeitig entschließen konnte wegzufahren, und jetzt kann sie nicht mehr fort, da es besetzt und gesperrt ist.

Zu Schulbeginn sind wir nach Nizza, weil der Onkel Oli hier ist, damit wir nicht so mutterseelenallein sind, Sopherl geht in die Schule, wir wohnen in einem kleinen Hotelzimmer und da ich hier nicht arbeiten noch verdienen kann, will ich hier an der Universität ein Diplom in französisch machen. Tante Lilly die inzwischen mit ihrem Mann in New York 255 Haven Avenue ist, bemüht sich uns auch hinüber zu bekommen, ob es gelingen wird ist wieder etwas anderes, es gibt so viel Schwierigkeiten hier.

Wir haben auch einen Brief von Tante Anna bekommen, sie sind noch immer zu haus. Von Vater schreiben sie nur wenig. Liebes Puckerl, ich bin neugierig, wann wir uns wieder einmal sehen werden und was noch alles mit uns geschehn wird. Hoffentlich bist Du nun auch gesund, das ist jetzt das wichtigste und nicht zu traurig.

Tante Janne ist in Palästina, Jerusalem, 20 Ibn Ezzaraad, versuch ihr zu schreiben. Schreib mir über Harry in New York.

Es umarmt Dich innigst Deine Mutter Esti

13
Balzac in Castillionès

Eines Abends erreichten wir müde, ungepflegt und schmutzig eine kleine Stadt namens Castillionès und baten in einem Bauernhaus am Stadtrand um ein Nachtquartier. Wir wurden gut aufgenommen, und das Essen schmeckte vorzüglich. Niemals in meinem Leben habe ich köstlicher gegessen und edleren Wein getrunken. Der Bauer hatte sein eigenes Weingut und behielt die besten Fässer für den Eigenverbrauch. Sophie und ich beschlossen, uns eine Weile dort auszuruhen.

SOPHIES TAGEBUCH

4. Nov. 1940 [Nizza]
Endlich sind wir in Castillionès stehen geblieben und wir haben Glück gehabt, weil es dort zone libre wurde. Dann kam das Armistice und alle diese schrecklichen Sachen. Aber die Franzosen mußten doch Waffenstillstand machen. Ganz Frankreich war ja besetzt und es war so eine schreckliche Unordnung wegen der Völkerwanderung auf den Straßen. Warum nur. Verrat? Feigheit? Untüchtigkeit? Man kann nicht wissen.

Ich teilte der Bank, die uns Martins Geld überwies, unsere neue Adresse mit. Martin hatte vereinbart, dass Marie Bonaparte uns unsere monatlichen Zuwendungen zahlen würde. Ich versuchte auch, mit meiner Mutter Kontakt aufzunehmen. Zu meiner großen Betrübnis erfuhr ich, dass sie Nizza verlassen und just im Augenblick von Mussolinis Kriegserklärung an Frankreich nach Biarritz gezogen war. Mussolini wollte die Siegesbeute nicht verlieren und tat diesen Schritt ein paar Tage vor dem deutschen Einmarsch in Paris. Mit diesen beiden Entscheidungen unterschrieben meine arme Mutter und der nicht so arme Mussolini ihr Todesurteil: Mutter mit ihrem Umzug an die Baskenküste, die von den Deutschen besetzt werden sollte, und was Mussolini anbelangt, so ist sein Schicksal Geschichte.

Wir verbrachten den ganzen Sommer in *Les Tuileries* in Castillionès, dessen Besitzer handgemachte Ziegel produzierte. Nach der *vendange*, der Weinlese, wollte Sophie wieder zur Schule, und so verließen wir Nizza, diesmal nicht auf dem Fahrrad, sondern mit einem regelrechten Zug. Die Dinge waren irgendwie wieder normal geworden.

Um uns herum tobte der Krieg, ein schrecklicher Waffenstillstand war eben vereinbart worden, und doch schien es wie ein friedlicher Sommer. Soldaten hielten auf ihrem Heimweg bei unserer kleinen Ziegelfabrik an, um sich ein paar Gläser des anscheinend ausgezeichneten Weins unseres Gastgebers zu genehmigen, und wir erfuhren so manches über die diversen katastrophalen Ereignisse. Sonst aber hätte es auch ein ganz gewöhnlicher Sommer in einem kleinen französischen Dorf sein können. Ich erlernte mit Interesse und Begeisterung die Kunst des Ziegelmachens, und obwohl wir für Unterkunft und Verpflegung zahlten, war ich stets begierig, dem Sohn der Familie Escat, der überwiegend für die Ziegelanfertigung verantwortlich war, bei der Arbeit zu helfen. Mutter fand etwas Stoff, um mir ein Dirndlkleid zu nähen, und bewies dabei unerwartetes Talent. Doch das wahre Glück jenes Sommers war die Entdeckung eines Buchlagers im Büro des ebenso freundlichen Bürgermeisters, des Mannes, der uns später durch eine sauf-conduit [Reiseerlaubnis] *ermöglichte, mit dem Zug nach Nizza zu reisen. Die Bücher waren für die Allgemeinheit bestimmt, eine winzige öffentliche Bibliothek, die allerdings vermutlich selten genutzt wurde. So verbrachte ich einen ziemlich großartigen Sommer mit Balzac und Flaubert. Es beunruhigte mich zutiefst, dass die Tochter in* Père Goriot *keinen Mann findet und eine alte Jungfer wird. Der schlimmste der Schicksalsschläge, so dachte ich damals, wie man einer ein paar Monate später festgehaltenen Bemerkung in meinem Tagebuch entnehmen kann.*

Sophies Tagebuch

5. Nov. 1940

Ob ich wohl einen netten Mann kriege? In Frankreich bestimmt nicht. In Amerika auch nicht. Man lernt niemanden kennen. Es ist eine Schweinerei. Ich werde noch als alte Junggesellin vor Hunger sterben.

Ich hatte bis zu jenem Zeitpunkt schon ausreichend Gelegenheit gehabt, die katastrophale Ehe meiner Mutter wie die, wenn auch auf andere Weise, ebenso trostlose Ehe meiner Tante Janne mit anzusehen, doch solche düsteren Betrachtungen konnten die Hoffnung auf eine Heirat mit Schneewittchens Prinz nicht trüben.

Ich bedaure sehr, dass ich nicht früher nach Castillionès zurückgekehrt bin, um diesen freundlichen Bauern für ihre Gastfreundschaft zu danken. Als ich schließlich zusammen mit meinem erwachsenen Sohn die Reise unternahm, war die gesamte Familie Escat bereits verstorben, einschließlich des Sohnes, der nur zehn Jahre älter war als ich, und das Dorf war mir ein fremder Ort geworden.

Der Waffenstillstand zwischen Deutschland und Frankreich wurde in Compiègne unterzeichnet. Pétain und Laval übernahmen die französische Regierung. Frankreich wurde in zwei Teile aufgeteilt, in die besetzte und in die unbesetzte Zone. Eine der Bedingungen des Waffenstillstands von Compiègne war die Verpflichtung Frankreichs, alle nach Frankreich geflüchteten deutschen Staatsbürger zurückzuschicken. Das war in der Tat erschreckend, ich nahm aber an, die französische Polizei würde zuerst in der besetzten Zone damit beginnen, die deutschen und österreichischen Flüchtlinge an die Gestapo auszuliefern. Der Schriftverkehr zwischen der besetzten und der unbesetzten Zone beschränkte sich auf Postkarten, auf denen man Mitteilungen über seinen Gesundheitszustand machen durfte.

Es war ein Fehler gewesen, den Sommer in Castillionès zu verbringen. Wir hätten nach Spanien gehen sollen. Dort hatte die

Franco-Regierung in einem untypischen Anfall von Großzügigkeit vorübergehend die Grenzen geöffnet. Davon wusste ich nichts. Ich hätte mir auch Sorgen gemacht, wie wir uns in Spanien das Leben verdienen könnten. Ich wusste nicht, dass das von den USA finanzierte Joint Distribution Committee Mittel bereitstellte, um den von Frankreich nach Spanien Geflüchteten den Lebensunterhalt zu ermöglichen. Meine beiden Schwestern hatten mit ihren Männern und Kindern diesen Fluchtweg gewählt. Allerdings dachten sie nicht daran, sich um meine Mutter zu kümmern, die damals bereits in Biarritz war. Marianne ging nach Palästina (heute Israel), aber das war auch kein sicherer Aufenthaltsort, so dass sie auf einem ägyptischen Schiff nach Kuba weiterreisten, wo sie bis zum Erhalt ihres USA-Visums blieben. Meiner zweiten Schwester Lily ging es besser. Die Familie schiffte sich ohne Visum nach den Vereinigten Staaten ein und erhielt glücklicherweise eine Landeerlaubnis. Ein vor ihnen ausgelaufenes Schiff hatte weniger Glück. Es musste nach Deutschland zurückkehren, wo alle Flüchtlingspassagiere in Konzentrationslagern ermordet wurden. Meine Schwestern bemühten sich beide intensiv um die Beschaffung von Einwanderervisa in die USA für mich und meine Tochter.

14
Kriegszeit in Nizza

Bald nach unserer Ankunft informierte Mutter Tante Lily über unseren Aufenthalt in Nizza, und eine Kopie dieses alles andere als fröhlichen Briefes geriet später in meine Hände. Und wieder schreibt sie in (etwas fehlerhaftem, aber passablem) Englisch, da Deutsch eine verbotene Sprache geworden war. Vor ein paar Jahren besuchte ich eine Freundin aus Wien, die heute in Paris lebt. Während eines Spaziergangs sprach sie deutsch mit mir, ich jedoch konnte mich nicht überwinden, auf offener Straße einer französischen Stadt deutsch zu sprechen. Das gleich nach Kriegsbeginn verhängte Verbot, in Paris deutsch zu sprechen, steckte mir so tief in den Knochen, dass ich es auch 60 Jahre später nicht brechen konnte.

Nizza, 12. Okt. 1940, Hotel Windsor
[Brief in schlechtem Englisch]
Liebe Lily,
eben habe ich Deinen Brief erhalten. Ich bin sehr froh, dass wenigstens Du in Sicherheit bist. Von Mutter habe ich keine *nouvelles*, da ich nicht in die »*zone occupée*« schreiben kann. Ich bin nach Nizza gegangen, weil Sophie zur Schule muss, und glücklicherweise wurde sie angenommen.

Wir sind hier in derselben Lage wie in Wien im März 1938. Es ist unmöglich für einen Fremden, Geld zu verdienen. Sie machen Rassengesetze, im Hotel, in dem ich wohne, benahmen sie sich so wie mit dem Erzbischöflichen Palais nach dem Anschluss.

Die Ernährungslage ist wie 1918 in Wien. Ich gebe meinem und Sophies Leben keine zwei Zentimeter.

Ich habe auch Schwierigkeiten mit dem »*séjour à Nice*« und weiß nicht, wohin, da ich mich nicht nach Paris zurücktraue. Die Prinzessin hat mir in einem Brief geschrieben, dass sie Geld verloren hat und mir nur noch 3000 Francs monatlich geben kann.

Im August habe ich ein Telegramm von Anna erhalten, dass Martin und Walter interniert sind und ob ich Geld brauche.

Bitte versuch, ihr meinen Brief zu schicken.

Sie haben einen Cousin in New York, <u>Edward Bernays</u>, er hat eine große Zeitungsagentur, vielleicht weiß er bitte etwas über die Freuds. Versuch ihn zu treffen, denn ich mache mir große Sorgen.

Da ich Paris auf dem Fahrrad verlassen musste, haben wir gar kein Gepäck. Ich stricke den ganzen Tag Pullover, damit wir etwas zum Anziehen haben.

Wenn die Freuds können, sollen sie mir bitte <u>über das amerikanische Konsulat in Nizza etwas Geld schicken</u>. Ich brauche es jetzt nicht, aber wenn sie meinen Brief haben, wird es sicher nötig sein.

Versuch mir in den USA eine Stellung als Logopädin zu finden, in einer Schule, in einem Spital oder an einer Universität. Mir geht es so elend.

Mit vielen Küssen Deine Schwester Esti.

In der Zwischenzeit bereitete ich mich darauf vor, unseren Lebensunterhalt im unbesetzten Nizza zu verdienen. Ich musste auf die *Préfecture de police* gehen, um mir einen *permis de séjour*, eine Aufenthaltserlaubnis, zu holen. Als ich darum ansuchte, legte ich einen gefalteten 1000-Francs-Schein zwischen meine Dokumente. Das half. Sophie schrieb sich im Lycée de Nice ein und setzte ihre Schulausbildung fort. Ich durfte am *Nice dispensaire pour enfants nerveux et retardés [Heilanstalt für nervöse und zurückgebliebene Kinder]* sprachbehinderte Kinder behandeln und besuchte auch Vorlesungen an der Universität in französischer Sprache, Literatur und Zivilisation. Ich sprach bei Ärzten vor, die ich bat, mir Privatpatienten zu vermitteln, hatte aber diesbezüglich wenig Erfolg. Doch zufällig lernte ich eine Sozialarbeiterin kennen, die mich aus Paris kannte, und sie schickte mir freundlicherweise Patienten. Ein Kind mit Wolfsrachen, das ich behandelte, hatte einen Metzger zum Vater, der uns mit Fleisch versorgte. Lebensmittel waren immer schwerer erhältlich.

Sophie und ich machten mit unseren Rädern Ausflüge in die herrliche Landschaft der Côte d'Azur. Das Klima war mild. Kein Wunder, dass reiche und berühmte Leute sich dort niederließen.

Sophies Tagebuch

22. Febr. 1941
Vor 2 Wochen war ich mit Rad in Monte Carlo oder in Monaco, was dasselbe ist. Die Landschaft war unwahrscheinlich blendend schön. Ich habe noch nie so etwas Herrliches gesehen. Dieser blaue blaue Himmel über dem unendlichen Meer.

Ich führte in jenen beiden Jahren genau Tagebuch, und während meine Aufzeichnungen zwar nicht die Geschichte meiner Mutter wiedergeben, werfen sie doch einiges Licht auf unser Zusammensein in jener Zeit.

Wir bewohnten zwei Zimmer in einem kleinen Hotel, das in erster Linie Flüchtlinge beherbergte. Mutters Zimmer hatte eine Herdplatte, auf der sie unsere Mahlzeiten zubereitete. Ich begann mein Tagebuch ein paar Monate nach unserer Ankunft in Nizza.

Sophies Tagebuch

4. Nov. 1940

Da doch die Deutschen in Paris sind, bin ich seit 2 Monaten in Nizza. Es ist hier nicht übel, besonders die Schule ist sehr nett. Aber in Paris war es doch viel schöner. Besonders hatte ich in Paris doch schon einige wenige Freundinnen und hier bin ich so schrecklich allein. ...

Viele Leute sind in diesen kritischen Tagen nach Portugal geflüchtet. Besonders natürlich Ausländer, aber auch bekannte Franzosen, die was gegen Deutschland gemacht hatten oder gar das Verbrechen, Juden zu sein. Wir konnten uns nicht entschließen, alles liegen und stehen zu lassen. Sonst wären wir vielleicht wie die Boykos in Amerika oder beim Vater in England. Es tut mir manchmal schrecklich leid, daß wir nicht weg von diesem Scheißfrankreich sind, das nichts anderes machen kann, als Judengesetze und fremde Juden in scheußliche Lager sperren. Aber dann hätte ich nicht weiter in die Schule gehen können und ich muß doch schon endlich mein Bachot *[Baccalaureat]* machen. Ob ich jemals dazu kommen werde, ist sehr fraglich.

Vater und Walter haben sie in England in ein Lager gesperrt. Das ist die letzte Nachricht, die wir von ihnen haben. Es war mir so schrecklich zu hören, daß sie im Lager waren. Was ist jetzt mit ihnen. Wann werde ich sie nur wiedersehen? Und Tante Janne? Die liebe Tante Janne, so oft denke ich an sie. Ich bin von dem unbehaglichen Gefühl ergriffen, daß wir plötzlich ganz allein in Frankreich zurück bleiben werden. Für 2 Frauen ist es doch ziemlich unheimlich, ganz allein zu sein. Hat Vater seine Pflicht getan? Ich weiß es nicht. Er konnte wohl den Zusammenbruch Frankreichs nicht voraussehen.

Sie geben uns hier nur von Monat zu Monat Aufenthalt. Wer weiß, ob wir nicht im November ausgewiesen werden. Das wäre doch schrecklich, weil ich hier in die Schule gehe und sonst nehmen sie keine Fremden in Lycées.

Man hört so viele entsetzliche Sachen von dem Lager in Gürs. Die Leute sollen halb verhungern, erfrieren, krank werden. Es

ist so gräßlich, daran zu denken und man ist so hilflos, vis à vis so viel Elend.
Wir hören immer englisches Radio. Das ist sehr fein, denn es gibt so viel Hoffnung. Wenn die Engländer gewinnen, wird vielleicht alles wieder gut. Aber wenn nun die Deutschen gewinnen. Lieber gar nicht daran denken. Ich bin nicht mehr Kommunistin in meinen Gedanken, so wie früher. Ich habe auf die Russen wegen ihres Nichtangriffspakts so eine Wut! Denn die Russen hätten den Krieg vermeiden können. Aber wegen ihrer vertrottelten Weltrevolution haben sie Tausende von Menschen opfern müssen und von Weltrevolution natürlich keine Spur. Mit einem guten wirtschaftlichen System geht es vielleicht auch ohne Kommunismus. Übrigens ich weiß nicht. Aber momentan sollen die Engländer gewinnen. Andere politische Ansichten sind sehr in den Hintergrund getreten. Und wenn sie gesiegt haben, sollen sie die vereinigten Staaten von Europa gründen. Werde ich wieder nach Wien zurückkehren. Wenn alles so wie früher sein könnte, mit Vergnügen. Aber die Leute sind weggefahren, und wenn man sich in Palästina oder in Amerika eine 2. Heimat gegründet hat, so kommt man wohl nicht so leicht zurück.
Eben ist ein Telegramm von Ernst Freud gekommen. Er schreibt, daß Boyko und Harry *[Vaters Cousin, der einzige Sohn von Onkel Alexander, Großvater Freuds jüngerer Bruder]* uns helfen werden. Aber nichts von Walter und Vater. Sicher sind sie noch eingesperrt. Ach ich hätte so gerne das Bac. gemacht.

6. Nov. 1940
... Mutter redet ununterbrochen von auswandern und daß man sie in ein Lager sperren wird, u. s. w. Ich weiß nicht, ob sie es wirklich glaubt oder nur ihr ewiges Theater spielt. Auf jeden Fall irritiert mich das. Sie weiß doch, daß ich hier bleiben will, um Matura zu machen.
Hurrah, Roosevelt ist gewählt! Ich habe es gerade beim Essen in der Schule erfahren und war gleich ganz froh. Ich glaube Roosevelt wird nicht zugeben, daß Europa von Deutschland aufgefressen wird. Sein Gegner Wilky ist sicher im Herzen ein

Nazi. Während doch Roosevelt wirklich durch und durch ein anständiger Mensch ist ...

Meine Beziehung zu Mutter, weit weg von der Familie Freud, ohne Konkurrenz zu Tante Janne und unbelastet von anderen möglichen Drohungen, wurde so harmonisch und eng wie nie vor- oder nachher in unseren Leben. Aber sogar in diesen besten Zeiten hatten wir von Zeit zu Zeit schlimme Streitereien.

SOPHIES TAGEBUCH

10. Nov. 1940

Zur Abwechslung mit der Mutter bös. Ich mach es jetzt genauso wie der Walter. Wenn sie ihr Hyänengesicht macht, stehe ich auf und gehe heraus. Wie verstehe ich jetzt den Walter. Neulich, als ich ihr Vorwürfe machte, für ein Abendessen 69 Francs auszugeben, hat sie mir einen unsagbaren Skandal gemacht. Geendet hat es damit, daß sie Weintrauben auf mich geworfen hat, als ich die Tür zu meinem Zimmer zumachte, und meine neue Bluse und die Wände des Hotels und die Tür waren voller quatschiger Trauben und alle Leute haben sich schrecklich aufgeregt. Ist das eine Art, so unbeherrscht zu sein!

An diesen Streit erinnere ich mich ganz genau. In ihrer Angst vor dem Verhungern klagte Mutter immerzu, dass wir nicht genügend Geld zum Überleben hätten, was mich natürlich auch sehr ängstigte. Ich hielt es für einen unnützen Luxus, in ein Restaurant zu gehen, und warf ihr während der ganzen Mahlzeit vor, Geld zu verschwenden, bis sie ihre Wut nicht mehr beherrschen konnte.

SOPHIES TAGEBUCH

16. Nov. 1940

Sie haben mir Walter weggenommen und nach Australien geschickt. Ach, wenn es ihm nur gut gehen könnte. Der liebe Walter. Werde ich ihn jemals wiedersehen. Der liebe Walter. Ich

muß immer an die vielen guten Stunden denken, die wir zusammen verbrachten und vergeblich bemühe ich mich, mich an seine Ekelhaftigkeiten zu erinnern. Nichts hält mich in Europa noch zurück! Auf nach Amerika. Tant pis *[kann man nichts machen]* wenn ich wieder eine neue Sprache habe. Werde ich halt nicht das bac machen. Es ist eh zweifelhaft, ob ich durchkommen werde ...
Vater ist angeblich wieder frei. Es ist schon Zeit. Was er nur macht? Und Tante Janne wird vielleicht auch nach Amerika kommen. Das alles schreibt die Tante Lily. Ich freu mich schon, wenn die drei Schwestern wieder vereinigt sind, so wie in Paris. Das ist schon so ihr Schicksal, obwohl sie sich nicht einmal besonders schmecken können ... Es ist anständig von Tante Lily, daß sie sich so um uns bemüht. Hätt ich gar nicht von ihr gedacht. Wenn Tante Janne in New York ist, dann habe ich gar keine Angst mehr. Sie kann einem viel ersetzen. So wie sie mir Wien ersetzt hat und mich erzogen hat. Aber der Walter gibt kein Lebenszeichen von sich, man könnte meinen, er sei gestorben. Warum schickt er nicht einmal ein Telegramm ...
In der Schule sind sie Alle gegen die Deutschen und die Italiener und die Meisten für die Griechen und die Engländer. Mutter redet davon, zum General de Gaule zu gehen, als Pflegerin. Das ist ja nur Geschwätz, es wäre aber doch herrlich. So wie ich es mir immer im Traum vorstelle.

24. Dez. 1940

Weihnachtsabend – Heute ist ein Brief von Harry aus Amerika gekommen. Also, Walter ist in Australien, in Melbourne. Sein weiteres Schicksal ist unbekannt. Vater ist Pioneer geworden. *[Eine Art Hilfssoldat, was Ausländern erlaubt war]* Sonst weiß man ebenfalls nichts von ihm. Hoffentlich geht es ihm nur gut. Armer Vater, muß Soldat sein und hat sich im letzten Krieg doch wirklich erkämpft, Offizier zu sein. Hoffentlich geht es ihm nur gut. Warum hat sein Buch nur keinen Erfolg gehabt? *[Das Buch hieß »Parole d'Honneur« und war über einen Soldaten im Ersten Weltkrieg.]* Es war doch sicher ein gutes Buch. Armer Vater. Er hat sich so viel von dem Buch versprochen, welche Enttäuschung. Gott, wenn ich denke, wie wenig nett ich

vorigen Sommer mit ihm war. Ich mache mir Vorwürfe. Warum bin ich nur nicht mit ihm nach Chamonix gefahren? Ich bin doch ein ekelhafter Trottel. Aber vielleicht ist er froh, Soldat zu sein. Ich wünsche es ja so sehr. ...
Harry schreibt, sie machen alles, was sie können, um uns nach Amerika zu bringen. Das ist ja recht anständig von ihnen. Wird es ihnen gelingen? Will ich nach Amerika fahren? Und dann, wie die Mutter ganz richtig sagt, werden wir in Amerika um das dreifache genauso leben wie hier. ...
Die Italiener werden von allen Seiten geschlagen. Hoffentlich kommen ihnen nur nicht die Deutschen zu Hilfe. Drei Tage von den Ferien sind schon um. Ferien vergehen immer gräßlich rasch. ... *[Bücher, Bücher, Bücher.]*.

17. Jan. 1941

... Ich habe Mutter jetzt viel lieber als früher. Manchmal ärgere ich mich noch schrecklich über sie, aber jetzt fühle ich mehr, daß sie meine »Mutter« ist und zwar eine sehr gute Mutter. Ich bemerke, daß ich ihr in diesem Jahr viel näher gekommen bin und daß ich sie jetzt sehr gerne habe. Lieber als Tante Janne, dessen Erinnerung sich langsam in meinem Gedächtnis auslöscht.
Neulich überhörte ich ein Gespräch und ein Mädel sagte, daß Frau Freud so eine häßliche Grimasse beim Lachen macht. Das hat mir einen Stich gegeben.
Zahlt es sich aus, für Frankreich zu kämpfen und zu sterben? Ich weiß nicht recht. Ich glaube es ist umsonst vergossenes Blut, für ein Land zu sterben, wo Leute sagen: Blum ist ja ein Jude, er hat nicht das Recht gehabt, über Frankreich zu herrschen, da er kein Franzose ist. *[Léon Blum, ein Jude, war in den letzten Vorkriegsjahren Präsident von Frankreich.]* Oder: Die Israeliten sollte man eh in ein camp de concentration sperren. Zahlt sich's wirklich aus, für Frankreich sein Blut zu vergießen? Nein für einen Juden, nie für ein Land, denn er hat kein Vaterland. Nur für eine Idee, das ist schwerer und größer, oder leichter? Sterben ist immer schwer, so oder so.

25. Jan. 1941
Leider habe ich jetzt schrecklich wenig Zeit zum lesen. Ich arbeite den ganzen Tag und die halbe Nacht. Aber was das Ärgste ist, ich bin gar nicht eine besonders gute Schülerin. Wieso kommt es nur. Ich hielt mich doch immer für ganz gescheit. Aber siehe da, il n'en est rien *[das stimmt nicht]*. Die kleinen Nizza Provinzgänse, die ich doch eigentlich verachte, die noch nicht so viel vom Leben gesehen haben und darüber nachgedacht, haben immer bessere Noten als ich. Das bringt mich zur Verzweiflung und gibt mir den Cafar.

8. Febr. 1941
... Heute haben wir Proben zum salut du drapeau *[Fahnengruß]* gemacht. Es ist ekelhaft, was die Mädchen damit treiben, lauter Chauvinistinnen. Eine hat sogar dekretiert, daß man einen Hut haben muß, und dann ist eine auf Handschuhe gekommen. Sie habe stundenlang geschimpft, daß einige naturalisées Françaises im Chor mitsingen.
Die Engländer tragen ununterbrochen in Afrika große Siege ein. Die Mädeln haben eine höllische Freude darüber, denn die Italiener werden hier mehr als sogar die Deutschen gehaßt.

18. Febr. 1941
Eben habe ich den Brief aus Amerika von Tante Lily gelesen. Sie wollen uns nach Amerika buksieren und sprechen schon so, als ob wir dort wären. Bei diesen Gedanken bekomme ich einen epouvantable cafard. Mein ganzes Inneres zieht sich zusammen. Ich könnte mich jetzt umbringen, so verzweifelt bin ich. Gut englisch können, das ist die Hauptsache. Ich kann aber doch nicht englisch. Wieder von vorne anfangen. Ich werde auch nicht so rasch Englisch erlernen. Ich bin ganz verzweifelt. So verstoßen zu werden, von einem Land in andere, ohne Unterlaß. Die Bea *[meine zwei Jahre ältere Kusine, Tante Lilys Tochter]* verdient Geld mit Eislaufen und Sprachstunden. Aber wenn ich nicht Englisch kann, kann ich keine Stunden geben. Und dann sind doch so Viele, Viele da, die auch Alle deutsch und französisch können. Ich möchte in Paris weiterleben, oder nach Wien zurückfahren, aber doch nicht nach New York. Dann

macht Tante Lily so eine düstere Beschreibung vom dortigen Leben. Sie haben eine zwei-Zimmer Wohnung und wir könnten eventuell mit ihnen wohnen. Aber ich komm dann auch in ein College. Das heißt, wenn wir genug Geld haben. Wir haben ja gar nicht viel. Ich möchte weinen, kann aber nicht. Wie kann ich ernstlich arbeiten, wenn ich ohnehin immer den Gedanken habe, es ist für nichts! Wenn ich ohnehin mein bachot nicht machen kann, sondern ein neues Leben beginnen muß, in einem Land in dem ich nicht englisch kann.

6. März 1941

Ich muß immer an meine lateinische Schularbeit denken, die ich wahrscheinlich verhaut habe, obwohl bei gott wichtigere Sachen vorgehen. Bulgarien u. s. w. eigentlich sieht das jetzt recht mies aus. Ich höre jeden Tag immer neue Witze. (Griechen haben rote Hemden, damit man das Blut nicht sieht. Mussolini schafft braune Hosen an.) – Allemands sont cochons, elevés on Allemagne, engraissés en France, salés dans la Manche, mis en boite in Angleterre – nur leider noch nicht wahr.)

14. März 1941

In der Schule habe ich jetzt lauter brillante Noten. Ich war 5beste in Latein, was mir wirklich große Freude gemacht hat, habe mehrere Male die beste Mathematikarbeit gehabt, war Erste in Deutsch, was aber nicht zählt. Dafür habe ich heute meine composition de Chemie verhaut. Ich habe am problème kein Wort verstanden. Alles das macht mich nicht glücklich.
Gegen Mutter habe ich wieder verschiedene Vorwürfe. Im Grund ist sie doch gar nicht genereuse. *[freigebig]* Wie ich sie gebeten habe, einen armen Kerl aus Gürs als »filleul« *[Patensohn]* zu nehmen (die sterben dort vor Hunger), hat sie JA gesagt und 2 Tage nachher fand sie, die haben genug.
Dabei hätte ich gerne lange Briefe geschrieben, sogar Socken gestrickt und Freßpakete zusammengestellt.
Vater ist angeblich eine Art Küchenjunge. Wenn es wahr ist, würde es mich für ihn gräßlich kränken. In seinem Alter! Ich glaube er hat im letzten Krieg gezeigt, daß er was besseres kann. Der arme Vater, der sein Blut für Österreich geben wollte. Das

hat er davon gehabt. Angeblich ist es nicht mehr sicher, ob Walter noch in Sidney oder in Melbourne ist. J'aime autant qu'il soit là bas. *[Mir ist es ebenso recht, dass er dort drüben ist.]* So muß man wenigstens keine Angst für ihn haben. Ich will nicht, daß er bei der englischen Armee ist, zu gefährlich, obwohl es für seine Zukunft ja sehr gut wäre.

20. März 1941

Mutter jammert viel mehr von früh bis spät von sparen und dann geht sie in eine Teestube für 20 Francs, um »Verkehr zu haben«, angeblich um Schüler zu gewinnen. (Aber sonst ist sie auch eher sparsam geworden, kauft sich nie was, obwohl sie verschiedenes brauchen würde.) Ich eß eigentlich so viel wie immer, werde aber irgendwie nie satt und habe immer Hunger. Am 3. April hat Walter Geburtstag. Den 20.! Und ich kann ihm nicht einmal gratulieren! Wenn es ihn nur nicht kränkt, so ist es mir egal. Mutter wird stundenlang sagen (mit Tränen in den Augen) heute hat das Puckerl seinen 20. Geburtstag und er ist ganz allein. Und ich werde gleichgültig die Achsel zucken. Sie hat ihn ja sehr gern und ich weiß nicht, warum sie sich nicht vertragen, wenn sie zusammen sind. Das heißt, ich weiß schon, Mutter hat die gute Eigenschaft, immer nur von sich zu sprechen, berufliche Erfolge usw. Und das verträgt er wahrscheinlich nicht. Meine Liebe zu Walter ist die uneigennützigste und deswegen die beste von allen meinen Lieben. Ich wünsche nur, er soll glücklich sein, recht glücklich und unter dieser Bedingung verzichte ich sogar, ihn wiederzusehen. Tante Janne soll auch glücklich sein, aber vor allem damit, wenn ich sie wiedersehe, sie glücklich ist, weil sie sonst nicht die Tante Janne wäre.

Von Harry in New York City an Mutter in Nizza
[deutscher Brief]
322 West 72 nd Street   New York City
                                                    15. März 1941
Mrs. Esti Freud
Hotel Windsor, Nice, France

Liebe Esti!
Ich danke Dir sehr für Deinen Brief von Anfang Februar.

Wie Du wahrscheinlich weißt, haben wir uns alle sehr bemüht und schliesslich haben wir für Dich und Sophie ein Affidavit vom Oberrabiner von New York, Stephen S. Wise bekommen. Das wirst Du inzwischen schon haben. Ich hoffe, dass es Dir dann möglich sein wird, das amerikanische Visum zu bekommen und herüberzukommen. Hier ist vor einigen Tagen in der Times gestanden, dass die französische Regierung jetzt die exit permits leichter gibt und daher hoffe ich, dass Du diesbezüglich keine Schwierigkeiten mehr haben wirst. Eine weitere Schwierigkeit wird noch sein, einen Schiffsplatz zu bekommen, aber auch das wird sich hoffentlich lösen lassen.

Was Deine Geldknappheit anlangt, so hat Dir Lily Anfang dieses Jahres wie sie mir sagte $ 50 überwiesen und ich hoffe, dass Du inzwischen den Gegenwert in Francs erhalten hast. Gleichzeitig habe ich den Inhalt Deines Briefes an mich wieder an die Familie weitergegeben und Ernst versucht sich mit Martin ins Einvernehmen zu setzen, um einen Weg zu finden, wie man Deinen Wünschen entsprechen kann ...

Bei mir hat sich sonst nicht viel geändert. Ich bemühe mich ununterbrochen um die Schwierigkeiten bei den einzelnen Familienmitgliedern zu überbrücken. Zu grossen Sorgenkindern gehören natürlich die vier alten Tanten, deren Lage ganz aussichtslos ist.

Ich hoffe, dass durch die Überweisung von Lily Deine ärgsten Schwierigkeiten vorbei seind und dass ich inzwischen von Ernst hören werde, was ich machen soll.

Mit herzlichen Grüssen an Dich und Sophie

Dein Harry

Sophies Tagebuch

23. März 1941

... Eine gräßliche Geschichte habe ich gehört, so wie eine Geschichte von Maupassant. Ein Maler war in Paris, und jemand hat ihn gebeten, einen Pelzmantel zu versetzen. Er hat ihn einem Freund zum Versetzen gegeben. Bis jetzt sind alle Spieler blutarm. Der Freund geht ins Casino, verspielt sein Geld, versetzt den Pelzmantel, verspielt das Geld vom Pelzmantel. Der arme Maler ist natürlich außer sich. Wie soll er das Geld für den Pelzmantel zurückgeben!? Sein Freund war ein Bursche aus gutem Haus! Es ist schrecklich zu denken, daß diese vielen Lager und Arbeitslosigkeiten das niveau moral eines Menschen so herabgedrückt hat. Von einem gut erzogenen Burschen zum Dieb werden! Denn es ist stehlen, was er gemacht hat und nichts anderes. Es ist so schrecklich zu denken, was aus der Elite der Wiener Juden geworden ist. Die Franzosen haben das am Gewissen. Nein, ich werde nie in Frankreich bleiben oder einen Franzosen heiraten. Vor allem hat natürlich Hitler schuld. Das ist so eine gräßlich traurig deprimierende Geschichte. Den armen Maler wird auch diese ganze Geschichte ins Unglück stürzen. Sein guter Ruf wird verloren gehen. Mutter hat mir neulich gestanden, daß sie ihm, bevor er nach Paris gefahren ist, 500 Francs geborgt hat. Das ist zwar über unsere Verhältnisse, aber er hatte gar kein Geld mehr und man kann jemanden doch nicht verhungern lassen. Tant pis pour les 500 Francs. Das war von der Mutter richtig. Aber diesmal wird sie ihn nicht mehr aus der Klappe helfen können. Mit unseren 300 Francs monatlich *[von der Prinzessin Bonaparte]* und das Geld, das wir noch in Reserve haben, und das jeden Tag weniger wird, sehe ich uns wirklich bald auch verkommen. Ich hoffe nur, daß irgend jemand vor dem Äußeren Geld schicken wird. Wie dumm, daß die Mutter alle ihre Goldmünzen verkauft hat. Ich war immer dagegen.

11. April 1941

Osterferien, Karfreitag. ... Vor dem Einschlafen bestürmen mich die verschiedenen Probleme: Ich muß englisch lernen, ich muß nach Amerika fahren und werde nicht englisch können und ganz perdu sein. Ich werde vielleicht Tante Janne bald wiedersehen. Die gräßliche Politik fällt mir en passant ein. Aber es ist Amerika, qui m'obséde, qui m'obséde *[das mich besessen macht]* Man ist jetzt soooooo schrecklich heimatlos, es ist unglaublich. In Frankreich möchte ich nicht bleiben, die Franzosen sind zu gemein, was sie uns alles angetan haben. Mit uns meine ich die Emigranten im allgemeinen. Neulich habe ich wieder so eine schreckliche Geschichte gehört. Eine Familie wollte nach Amerika ausreisen (wer will das jetzt nicht). Sie haben schon das visum gehabt. Der Vater geht aufs Konsulat, er kriegt das Visum nicht, weil der ambassador merkt, daß er verrückt geworden ist. Es war in Gürs, dem

Fremdenlager, wo er verrückt geworden ist. Das spricht Bücher!
Beim Mittagessen habe ich einer Kameradin den Vorwurf gemacht, deutsche Filme anzusehen. Große Entrüstung, dann könnte man ja nicht mehr Beethoven spielen usw. Und dann: was machen schon die paar Filme, wenn man alle diese réfugiés juifs boches betrachtet. – que nous devons supporter. Sie lassen keine Gelegenheit aus, auf die Juden zu schimpfen. Eva hat mich ja ein bißchen unterstützt. Aber sie berührt das nicht. Sie fühlt sich ja nicht als étrangère [Fremde] und wer weiß, ob als juive? [Jüdin] Sie ist ein ganz nettes Mädchen, aber schrecklich von sich eingenommen.
Gestern hat Mutter behauptet, Vater ist sicher in einer moralischen Depression. Das zu denken, ist mir schrecklich, nur nicht das. Hoffentlich ist Walter nur in Australien geblieben. Jetzt hat er Geburtstag gehabt, 20 Jahre, wie gerne, wie schrecklich gerne möchte ich, daß er sich nicht alleine gefühlt hat. Vielleicht hat er nette Freunde, die ihm einen lustigen Geburtstag bereitet haben. Voriges Jahr hatte ich in Castillionès so einen cafar, als ich Geburtstag hatte. Ich dachte nämlich an meinen 15. im Sommerlager, der so schrecklich fröhlich gewesen war und konnte dieses große changement [Veränderung] nicht vertragen. Ich hoffe, ich werde heuer vernünftiger sein.

14. April 1941

Heute sind so schlechte politische Nachrichten, daß einem ganz schlecht wird. In Egypten, es geht um Suez. Ich habe dann immer einen Stein auf der Brust, einen riesigen Stein, der mich beklemmt. Es wäre so schrecklich entsetzlich, wenn die Engländer verlieren, daß ich es mir gar nicht vorstellen kann. Nein, ich will und kann mir das jüdische Schicksal dann gar nicht ausmalen. Warum sie nur alle vor den Deutschen davonlaufen? Ich verstehe das gar nicht. Und warum haben die englischen Schiffe nicht verhindert, daß deutsche Truppen in Lybien landen.

19. April 1941

Die Serben haben sich übergeben. Ich finde, es war ein verrück-

ter Selbstmord von ihnen, gekämpft zu haben. Sie waren nicht stark genug, sie hätten sich ducken müssen. Natürlich war das ganz gut für die Engländer. Aber es ist so schrecklich viel vergebliches Blut geflossen. Ich denke nur an das serbische Blut, denn deutsches Blut tut mir nicht mehr leid. Mein Herz hat sich gehärtet und wenn ich höre, daß die deutsche Armee in Egypten an Durst zu Grunde gehen wird, denke ich: hofftentlich. Vielleicht wird England siegen, ich weiß es nicht. Sicher aber ist, daß es noch sehr lange dauern wird und daß wir erst wohl in den Vereinigten Staaten sein werden. Wohl oder übel.
Mit Mutter bin ich abwechselnd bös und gut. Sie hat ununterbrochen Besuch und das macht mich ganz nervös. Ich ärgere mich so schrecklich, daß sie damals alle Goldstücke verkauft hat. Ich habe gesagt, sie soll nicht. Jetzt wären sie natürlich viel mehr wert. Sie macht ununterbrochen solche Blödheiten.

1. Juni 1941

Pfingstsonntag. Ich verschiebe dich immer, liebes Tagebuch, auf einen Moment, in dem ich etwas mehr Zeit habe. Aber er kommt nie, dieser bienheureuse *[glückliche]* Augenblick. Ich bin accablée de travail *[mit Arbeit überhäuft]*, aber die Schule dauert bis Ende Juli. Dann habe ich wieder Geburtstag, allein. 17 Jahre. Wenn ich mehr Zeit hätte, würde dieses Heft mit Klageliedern voll sein. Ist's Überarbeitung, die komischen Umstände, ich glaube vor allem das Freundlose, das mich so oft niedergeschlagen macht. ... Ich denke, wir werden in 1, 2 Monaten nach Amerika abdampfen, es ist mir egal, ich überlasse mich meinem Schicksal. In der Schule habe ich jetzt auch eine Freundin gefunden, eine Vernünftige, unter allen diesen idiotischen überspannten Mädeln. Alle sind sie für den Maréchal und chauvinistinnen. ... bis jetzt hätte es mir eigentlich nichts gemacht, nicht auf die Welt gekommen zu sein.
Ich habe versucht, Mutter zum Geburtstag Freude zu machen, damit sie sich nicht so verlassen fühlt. Ich habe ihr eine kleine Schachtel geschenkt, wo man Zucker hereingeben kann, und schöne weiße Pfingstrosen mit anderen vermischt und ein ganz lustiges Gedicht gemacht.

Da ich nicht mehr dichten kann
will ich's gar nicht erst versuchen
sondern meinen Kopf verfluchen
der nur trock'ne Worte findet
für die, die mich hat erkindet

Du kriegst nur diese kleine Schachtel
denn uns're Zeiten sind sehr Mist
in den Lüften statt der Wachtel
fliegen die Parachutists

Doch damit du dich nicht kränkst
mich nicht Rabentochter nennst
voller Eile heute Morgen
Ging ich Blumen dir besorgen.
Dieses Gras ein bißchen schäbich
schenk' ich Dir, ach näbich, näbich

Au lieu d'úne gourmandise
Backhendl, quelque bêtise
pantoufle ou nouveau châpeau
te fais je un lugubre cadeau
qui te rapelle les mauvaises confitures
et nos temps si durs si durs
où tout est fait au sucre de raisin
et où ón manque de pain

Mais une machine je vais construire
qui va beaucoup te rejouïr
Einen Wecker will entdecken
um die Völker aufzuwecken
die die Deutschen solln erschrecken
durch die Hitler wird verrecken

Schenkte gern Dir einen Sender
damit du nicht nur hörst Engländer
sondern auch die Afrikaner

Buschneger, Mohamedaner
und die vielen anderen Erden
die wir wohl besuchen werden
car la terre est trop petite

Dans l'Europe on nous veut pas
geh'n wir nach Amerika
Amerika ist schon ganz voll
radeln wir auf île St. Paul.
Für Juden Aufenthaltverbot,
am Nordpole frier'n wir halbtot
Afgahnistanens wilde Tieger
erinnern trop an deutsche Krieger
Im Kongo fehlt uns Prager Schinken
am Nil uns Krokodile trinken
Die Pengouine zart und schlank
uns dulden ganz drei Jahre lang
Dann müde bald von unsern vices
schicken zurück sie uns nach Nice.

Doch Weltbetrachtungen so schaurig
sind für Geburtstage zu traurig
Auch vergaß ich, wie sichs gehört
bist Du nicht schon sehr empört?
nach althergebrachter Weise
Dir ganz leise, leise, leise
ein dickes Pussi zu geben
und zu wünschen langes Leben
Radfahrn können ganz ohne Hand
Beine schlank und abgebrannt.

Ne pense pas à un Molière
Goethe ou à un Schiller
en lisant mes pauvres vers
tout de travers.

Die Verse sind ganz herzig, aber ich glaube, sie scheinen mir besser, als sie wirklich sind. Sie haben mir ziemlich viel Mühe gemacht.

Über den Kriegsverlauf kursierten viele Gerüchte. Die französischen Zeitungen waren zensuriert und berichteten nur über deutsche Siege, was deprimierend war. In meinem kleinen Radio hörte ich mir Churchills berühmte »Blut-Schweiß-und-Tränen«-Rede an. Die Schweizer Wochenzeitung »Die Weltwoche« lieferte genauere Informationen. Das Gerücht wurde verbreitet, die Deutschen hätten eine Invasion Englands versucht, den Ärmelkanal in Flammen gesetzt, und verbrannte Leichen von Soldaten seien an Land gespült worden. Im Sommer 1941 hörten wir im Radio von Hitlers Überfall auf Russland. Ich sagte richtigerweise voraus, dass Hitler wie Napoleon an diesem Bissen ersticken würde. Leider half die schließliche deutsche Niederlage jenen nicht, die in der Zwischenzeit in den Konzentrationslagern eines grauenhaften Todes gestorben waren.

Briefe aus den Vereinigten Staaten versicherten uns, dass man uns nicht vergessen hatte. Tante Lily bemühte sich weiter rührend um die Beschaffung unserer amerikanischen Visa. Harry hatte die Aufgabe übernommen, eine Familienschaltstelle zu sein, und versorgte uns von Zeit zu Zeit mit Nachrichten. Man machte sich große Sorgen um Großmutter Drucker und »die alten Tanten«.

Am 29. Mai telegr. wir Dir: FALLS EUER VISA ERTEILT UND MUTTER BEI EUCH BITTET AMERICCONSUL MUTTER MITNEHMEN ZU DUERFEN STOP HIER AEHNLICHE FAELLE BEKANNT/DRAHTET ERFOLG DAMIT AUCH MUTTERS FAHRKARTENGELD SOFORT ERLEGEN KOENNEN BOYKO. – Wenn auch der Fall der Mutter nicht hier behandelt wurde, könnte es doch sein, dass der dortige Consul aus menschlicher Rücksicht der alten Dame als Mutter resp. Grossmutter das Visum zubilligt sobald er Euch dasselbe erteilt hat. Derartige Fälle sind uns einige bereits bekannt. Vielleicht habt ihr

Glück damit – den amerik. Consul darum zu bitten, kostet ja nichts. Sollte das aber nicht klappen u. Mutter dort bleiben, wo sie bisher war, so müsstest Du, ehe Du wegfährst, eine Anordnung treffen, damit Post an sie dann weiter geleitet wird.
Herzliche Grüsse und Wünsche von uns allen Euer Rudi u. Lily.

SOPHIES TAGEBUCH

25. Juni 1941
… Ich gehe auf Strände, wo man nichts zahlt und bade genau so schön. Wirklich herrlich. Manchmal schwimme ich endlos weit hinaus. Ich habe das Gefühl, ich könnte den Ärmelkanal durchschwimmen.
Das mit Rußland ist doch eine unglaubliche Sache. Im ersten Augenblick war ich totfroh und habe das Gefühl gehabt, jetzt ist alles gut und die Engländer, mit den Russen vereint, werden siegen. Aber jetzt sieht es schon mieser aus. Ich bin trotzdem froh, daß sich die Engländer mit den Russen verstehen, so als ob sich zwei Freunde von mir versöhnt hätten. …
Neulich sah ich Andromaque. Die Schülerinnen meiner Klasse, die die besten Noten gehabt haben, bekamen Freiplätze (sonst 25 Francs der Platz). Ich hatte die besten Noten der ganzen Klasse und war sehr stolz. Es war wie selbstverdientes Geld. Die Vorstellung war sehr gut, richtig tragisch und sehr gut gespielt worden. A-propos Geld verdienen: Meine Deutschlehrerin hatte mir eine Privatstunde versprochen, Konversations Stunden für einen jungen Mann. Ich war natürlich im 7. Himmel, habe mit meinem Schüler geflirtet, bin jede Woche mit G. *[meine Freundin]* ins Kino gegangen, habe mir antiquarische Bücher gekauft, das Buch für die l'histoire de l'art, *[Kunstgeschichte],* habe mein Rad putzen lassen, habe Mutter ein carnet für ihre carte d'alimentation gekauft, habe mit H. pingpong gespielt, das alles in Gedanken. Und jetzt spricht sie nicht mehr von dem Schüler. Gemein, obwohl sie wahrscheinlich nichts dafür kann. Es ist jetzt schon richtig heiß. Ich gehe jeden Tag baden. Am Abend sitz ich dann sehr gerne auf dem Balkon. Morgen ist eine Prüfung für ein brevet sportif.

29. Juni 1941

Ich habe es auch bestanden. Anstrengend aber leicht. Die Russen machen Rückschritte, sie werden sicher verlieren. Es ist zu gräßlich. Thomas Mann sagte heute, daß dies den Krieg ins endlose ziehen wird, und ich, die hoffte, daß das das letzte Stadium sei. Mutter sagt, dies sei das Ende des Kommunismus. Sie hat eigentlich recht gescheite Ideen, ich hab das in letzterer Zeit bemerkt. Und oft sagt sie gescheite Sachen voraus.
Neulich nahm ich meine erste private Englischstunde. Ich weiß nicht, ob sie eine sehr gute Lehrerin ist, Engländerin 100 % und schrecklich zurückhaltend und steif und die Sachen, die ich nicht verstehe, kann sie nicht übersetzen. Hoffentlich gewöhnt sie sich an mich, sonst ist es gar nicht gemütlich. Aber ich habe die Absicht, viel zu arbeiten. In der Schule spielen sie jetzt die »femmes savantes« von Molière. Ich würde schrecklich gern mitspielen, aber mit meinem Accent kann ich natürlich nicht.

13. Juli 1941

... »Good earth« ist herrlich. Ich lese langsamer, weil es doch englisch ist, und ich immer Vokabeln heraussuche, aber es ist verhältnismäßig leicht. Neulich ist meine französische Aufgabe über Brittanicus vorgelesen worden. Es hat mich ziemlich gefreut.
Gestern war das Meer so wild wie noch nie. Es war sehr schön. Ich kann jetzt auch schon mit hohen Wellen schwimmen.
Die Deutschen avancieren schon wieder in Rußland. Es ist gräßlich. Gestern haben wir ein bißchen Hoffnung geschnappt, weil sie ein paar Tage stehengeblieben sind, aber sie haben sich nur ausgeruht. Die Deutschen werden noch ganz Rußland erobern und dann sind wir endgültig verloren. Mit Amerika stimmt es auch nicht mehr ganz. Das Visum ist jetzt ungültig geworden. Und dann wird noch Frankreich England den Krieg erklären und wir sitzen da.

23. Juli 1941

Heute vormittag war ich sehr froh, weil nächsten Dienstag Preisverteilung ist. Erstens ist das ein Zeichen, daß die Schule aus ist, und zweitens bekommt man da Bücher, was auch nicht zu verachten ist. Ich habe den prix de geographie, und tableau d'honneur und im Prinzip allemand, aber da bin ich ja hors concours und dann habe ich doch schon wieder die felicitations du conseil de discipline gehabt und ich finde, dafür verdiene ich auch etwas und ganz im Herzen hoffe ich auf den Prix d'excellence, obwohl ich ihn ja nicht verdient habe.

Ich habe über all die Jahre das Carnet de Correspondence, LYCÉE DE JEUNES FILLES DE NICE, aufbewahrt, in dem meine Schulleistungen im Schuljahr 1940–1941 festgehalten sind. Dies ist meine erste Gelegenheit, sie in schamlosem Stolz der Öffentlichkeit vorzulegen. Seit ich an diesem Buch zu arbeiten begann, habe ich stets gehofft, sie, wie ich es jetzt tue, irgendwo einbauen zu können – wer weiß, vielleicht schreibe ich das ganze Buch nur zu diesem Zweck. Ich habe eine akademische Laufbahn mit vielen Auszeichnungen hinter mir, doch mit meinen alten Augen betrachte ich diese Schulleistungen in einer relativ neuen Sprache als größten Triumph meines Lebens. Ich erhielt den ersten Preis in Geographie, den zweiten in Mathematik, einen Preis in Deutsch, wobei ich gerechterweise hier »außer Konkurrenz« antrat, und einen »zusätzlichen zweiten Preis« in Geschichte. Für beide Semester erhielt ich die Glückwünsche des Conseil de Discipline ebenso wie den Tableau d'Honneur.
Und ich habe 5 Bücher bekommen, so viele erwartete ich gar nicht, aber es sind keine schönen Bücher, kein einziges ist eingebunden.
Ich habe herrliche Lehrer-Kommentare:
Französisch: Intelligente und fleißige Schülerin, anhaltende Bemühungen, beachtliche Fortschritte in französischen Aufsätzen.
Latein: Gute Arbeit, mit gutem Erfolg, besonders in Übersetzungen ins Französische.
Geschichte: Ausgezeichnete Begabung, gute Arbeit.
Geographie: Ausgezeichnete Resultate, intelligente und regelmäßige Arbeit.

Mathematik: Arbeitet mit Interesse und Begeisterung. Sehr gute Resultate.
Physik und Chemie: Schülerin, die versteht und arbeitet. Zufriedenstellende Resultate.
Deutsch: Hervorragende Resultate. Eine sehr talentierte Schülerin.

In die erste [oberste] Klasse angenommen.

Es ist klar, dass diese französischen Lehrer, was ihre politischen Meinungen auch gewesen sein mögen, ihre ausländische jüdische Schülerin mit gütiger Gerechtigkeit behandelt haben.

Sophies Tagebuch

8. Sept. 1941

Die Schule hat also seit einer Woche begonnen und mit derart blöden Reformen, daß man nur verzweifelt den Kopf schütteln kann. Die Vormittage sind für das Gehirn reserviert, Nachmittag für turnen, zeichnen, Handarbeiten und singen. (Die letzten 2 sind unobligat, ich nehme nur Handarbeiten) Montag von 2–6! Education nationale, das heißt Ausflüge in die Stadt bei schönem Wetter, bei schlechtem Wetter wird für unsere Seele gesorgt werden. Dafür haben wir Mlle Thomasie, die Philosophielehrerin. Dann noch 2mal turnen, einmal zeichnen, das einzige lustige an der Geschichte, einmal Handarbeit. In Turnen wird vor allem Hebertism gemacht, eine ganz unmögliche Methode, bei der man immer herumrennen muß, auf 2 oder auf 4, oder jemanden tragen und im Schritt marschieren. Ein Mädchen konstatiert, daß ich so schlecht im Schritt gehe und als ich antwortete: das mache ich extra, weil mir das nicht gefällt und ich kein Soldat bin, fand sie, ich habe zu folgen, ob mir das nun gefällt oder nicht. Vor und nach der Stunde müssen wir Prêtes *[Bereit]* schreien, ich schreie natürlich nie mit. Aber das schönste ist doch die Stunde: action morale. Da werden wir die 3 neuen Motive, Famille, Travail, Patrie besprechen. Früher, sagte unsere Lehrerin, hat man Liberté, Egalité, Fraternité besprochen, das war schön, aber die Neuen sind auch schön. Und

für die erste Stunde hat sie uns eine Rede von Carcoppino, der Unterrichtsminister, vorgelesen, um die sublime Schönheit darin zu zeigen. Aber für Kommentare hatte sie dann keine Zeit mehr. Er erklärte in dieser Rede, daß die Lycées nicht mehr gratis sein werden und warum. Ein ohrengewaschenes Gewäsch. Pour délivrer les lycées de ses masses indésirables. *[um die Lycées von ihren unerwünschten Massen zu befreien]* Aber wenn er wüßte, daß nur ein einziges armes Kind darunter leiden müßte, würde er alle Ungerechtigkeiten der Gratisheit bestehen lassen. Und jetzt gibt es bourses *[scholarships]*, aber um die zu bekommen, muß man glaube ich, Oberlegionär sein oder 20 Geschwister haben, die alle 20 am Hungertuch nagen. Kurz, schrecklich gerecht. Und alle Mädel haben todernst interessiert zugehört.
Morgen kommt der Admiral Darlan nach Nizza und die Schulen müssen um 9 h bis zum Platz Masséna defilieren. Aber ich werde plötzlich unwohl werden und lieber schwimmen gehen. Was zu viel ist, ist denn doch zu viel. Mir graust überhaupt sehr vor dieser patriotrie und in unserer Klasse ist nicht einmal jemand, mit dem man sich ausschimpfen kann. Heute wollte ich mit einem Mädel sprechen und da sagte sie gleich cadenas devant la bouche, etc. *[sperr den Mund zu]* Es ist ein feiges Gesindel. ... ...
Die Latein-Französischlehrerin scheint ganz nett zu sein, außer daß sie höchstwahrscheinlich eine Petainistin ist. Aber sie ist lebhaft und interessant. ... In Deutsch habe ich wieder die Krebbs, was mich ehrlich freut. Sie war so anständig, mir wieder Bücher, noch dazu herrliche Gedichte von Heine, zu borgen, nachdem ich ihr doch einen Fleck aufs letzte machte ...
Alle Leute fragen mich, wann ich schon endlich nach Amerika abdampfen werde, weil sie mein Rad kaufen wollen. Aber erstens werde ich versuchen, es mitzunehmen und zweitens sicher nicht jemandem verkaufen, der sich wie ein Aasgeier jetzt schon auf mich stürzt und drittens sicher nicht unserm Hotelportier, den ich nicht leiden kann oder meiner ehemaligen Schülerin, die mich nach 2 Stunden hat sitzen lassen.

15. Sept. 1941
... Ich habe jetzt eine Deutschstunde. Es ist sehr angenehm wegen Geld, aber 20 Francs in der Woche ist nicht sehr viel. Sie hat eine Nachtragsprüfung in Deutsch zu machen. Ich habe das unangenehme Gefühl, ich bringe ihr nicht viel bei. In einer Stunde kann man so wenig verrichten.

Tante Lily aus New York City an Mutter in Nizza

New York, 10. Sept. 1941

Liebes Estilein,
Vielen Dank für Deinen Brief von 17. Aug. – Du brauchst Dir vorläufig keine Sorgen wegens des Geldes zu machen aber nachdem Martin in einem streng Devisen bewirtschafteten Land lebt ist er nicht in der Lage jetzt etwas zurück zu zahlen. Nun müssen wir bis zum Friedenschluss warten der hoffentlich bald kommen wird. Dass er sonst kein Lebenszeichen von sich gibt ist ja sehr bedauerlich aber sieht ihm sehr ähnlich. Ich höhre manchmal von Harry dass es der ganzen Familie F. gut geht. Walter ist wieder zurück zu seinem Vater gefahren. Er hat Bea bei seiner Durchfahrt einen sehr vergnügten Brief geschrieben. Er weiß noch nicht was er machen wird, hat aber versprochen Bea zu schreiben.

Was Dein Visum anbelangt sind wir auch sehr verzweifelt dass die Sachen nicht vorwerts kommt und wird es wenn die Grossmutter das Cubavisum, dass wir jetzt im Begriffe sind jetzt zu versorgen, beschläunigt werden, Rudi trägt sich sogar mit der Absicht nach Washington zu fahren um zu schauen wo der Hacken liegt. Es dauert hier alles furchtbar lange und durch das neue Gesetz alles sehr erschwert. Mutter wird demnächst eine Verständigung von dem Cubaconsulat erhalten, und wird das Visum ausgestellt bekommen. Allerdings ist in Cuba sehr heisses Klima bin neugierig ob sie fahren wird wollen.

Marianne und Familie erwarten wir bald in Cuba, die Fahrt von Palästina dauert natürlich sehr lange da es eine sehr weite Strecke ist die sie zurücklegen müssen. Ich hoffe daß sie gesund ankommen werden. Und freuen wir uns wenigstens einen Teil der Familie bei uns zu haben. Ihr werdet hoffenlich bald die nächsten sein. Wir sind hier sehr gut gelaunt und hoffen dass das Leben bald wieder normal sein wird. Die hauptsache ist dass Du Dich gesund erhältst, mich wundert dass Du nichts von Paketen schreibst, hast Du denn keine bekommen? Wir haben Sophies Gedicht nicht bekommen, Es scheint doch sehr viel verloren zu gehen.

– Das Geld dass an die Grossmutter geschickt wurde kam zurück, da sie nicht auffindbar war. Schreib uns doch ob sie was braucht, dann

könnten wir ihr an die neue Adresse die Du Telegrafish schickest etwas überweisen. Solange es noch möglich ist.
– Die feuchte Wärme hier ist für mich schwer erträglich und gehe ich tagelang nicht aus dem Hause. Bea fährt jetzt bald wieder in ihr College und war die Zeit mit ihr sehr schön. – Ich hoffe Dir bald günstigeres mitteilen zu können und schliesse meinen heutigen Brief mit vielen herzlichen Küssen an Dich und die liebe Ida
Deine Dich liebende Schwester Lily

Nachschrift in Tinte: Hast Du eine Ahnung was mit unseren Sachen geschehen ist? Die wir in der Wohnung gelassen haben? (In Tinte auf der Seite: Großmutter soll wertloses verbrennen. Fotos u. Wertvolleres, aufheben.

SOPHIES TAGEBUCH

19. Nov. 1941

Walter, mein Walter ist zurückgekommen aus dem Lager. Heute bekommen wir von Harry einen Brief, in dem er erzählt, daß Walter schon lange freigelassen war, aber kein Schiff hatte und jetzt endlich eines gekriegt hat mit 15 andern und Harry einen Brief von Panama und von Norfolk in Virginia geschrieben hatte. Er durfte nicht einmal ans Land gehen, weil er kein Visum hatte und er bat Harry, Vater zu telegraphieren, daß er zurück käme. Wenn ich an Walter denke, wird mir rasend bange im Herzen. Ich möchte so rasend gerne, daß er glücklich wird und keine Sorgen hat. Und ich möchte ihn so schrecklich gerne wiedersehen, um zu schaun, was er geworden ist und um ihn wieder gerne zu haben. Ich habe solche schreckliche Angst, daß ihm das Lager moralisch geschadet hat. Aber vielleicht war es auch das Gegenteil.

Die Amerikareise wird sich vielleicht doch arrangieren. Ich bin jetzt ganz amorph und lasse mit mir geschehen was kommt, aber seit ich Walter wieder in England weiß, wird es mir noch schwerer, wegzufahren. Und als ich Mutter sagte, daß Rußland mit England nachher Krieg führen wird, gab sie überhaupt keine Antwort, so blöd fand sie das.

… Als ich heute Mutter sagte, ich heirate nur einen Linken und er dürfe nicht reich sein, sagte sie gleich: »natürlich, dumm schon, aber links ...« Sie ist ja doch eine Reaktionäre und ich lasse mir in meiner Gattenwahl bestimmt nichts drein reden.

28. Nov. 1941
... Ich habe heute gehört, daß man in den Schulen keine jüdischen Ausländer mehr annimmt. Der Schreck, den mir das gegeben hat, hat mir wieder mal gezeigt, wieviel mir dran liegt, ins Lycée zu gehen. Die Hausers in ihrem Idealismus meinen, wenn Andere wie ich nicht in die Schule gehen dürfen, sollte ich auch nicht so bevorzugt sein, aber so großherzig bin ich doch nicht.
Machmal frage ich mich unbehaglich, wovon wir in Amerika leben werden. Mutter frägt sich auch, aber ich will nicht mit ihr darüber sprechen. Außerdem wird uns ja doch Vater etwas überweisen lassen. Hoffentlich, ach hoffentlich kriege ich nur ein Stipendium.

31. Nov. 1941
Materialismus in Amerika: Davor habe ich keine Angst. Ich habe jetzt einen horreur vor mondän und oberflächlich und Tanzflirtpuppen bekommen. Ich habe vor, fest zu arbeiten, mit ganzer Kraft, die anderen zu überflügeln und es zu etwas zu bringen. Hoffentlich bekomme ich nur ein Stipendium in einer Universität! Und dann möchte ich sehr gerne einen guten Freund haben, gescheit, Kommunist, Jude, lieb, lustig, Wiener, mit dem fahre ich dann zurück nach Wien im richtigen Moment ...

16. Dez. 1941
... Ich schaue gar nichts für die Schule an und habe schon ein ganz schwarzes Gewissen. Aber als Ausrede vor mir selbst habe ich meine baldige Auswanderung nach Amerika und daß ich ohnehin nicht bis zum bac kommen werde. Das mit der Ausreise ist übrigens gar nicht so geschwind. Mutter war in Marseille und hat dort erfahren, daß die Schiffbillets noch gar nicht gezahlt sind, sondern nur eines und auch das nicht ganz und daß wir vor November, Dezember wohl nicht fortkommen. Also, es können immer noch eine Million Sachen dazwischen kommen, z. B. eine kleine Kriegserklärung Amerikas.

Während der 2 Tage, die Mutter weg war, habe ich 4 Kilo Trauben gegessen, sonst nichts, so ungefähr. Es war recht gemütlich. Palatschinken habe ich mir auch gemacht, sie sind ganz gut gelungen, nur zu hart geworden. Ich war ganz stolz, wie ich sie mit einem Reindlruck ganz chinesisch umgedreht habe. In Rußland geht es sehr gut. Leningrad hält sich noch immer. Ich lese jetzt immer die Weltwoche, ganz interessant. Das Lycée ist nicht mehr gratis, das ist eine Gemeinheit.

15

Irrsinn

Mutters panische Angst vor Armut, ihre Angst, von ihren »Schwägern« abhängig zu werden, ihre Überzeugung, dass sie uns die nötige finanzielle Unterstützung und sogar das Geld für die Schiffspassage missgönnten, hätte fast dazu geführt, dass wir in Frankreich geblieben und in den Tod deportiert worden wären. Meine eigene Obsession, ein französisches Baccalauréat zu bekommen, verstärkte das Klima von Irrsinn.

Die anscheinend freundliche Korrespondenz verrät nichts vom unterschwelligen Problem.

Tante Lily aus New York City an Mutter in Nizza

269 West 72 Street
New York City

9. Nov. 1941

Liebe Esti,
Die Freude war unsagbar gross, als wir Dein Telegamm erhielten: »Passage alright. Many thanks Hicem fixed departure about 15 December.«
   Ebenso auch bei Marianne die wir telegrafisch von Deinem Kommen verständigten. Wir nehmen an daß Du gegen den 15. Dezember bereits in Lissabon abfährst und müssen über Deine weiteren Fahrtermine ge-

nau am Laufenden von Dir gehalten werden, da wir alles tun wollen, um Dir einen Empfang mit starker publicity hier vorzubereiten, was für Deine weitere Karriere von Wichtigkeit ist. Nun haben Marianne und wir noch die grosse Sorge, wie wir mit Mutter nach Deiner Abreise in Kontakt bleiben. Bitte richte diesbezüglich alles vorsorglich ein ...
Wir freuen uns schon sehr auf Dein Herkommen und grüssen Dich herzlichst, ebenso Sopherl,
Deine Lily, Rudi

Ich erhielt die Nachricht von meiner Schwester Lily, dass ihre Familie sicher angekommen war, die Einwanderungspapiere erhalten hatte und an der Beschaffung von Visa für Sophie und mich arbeitete. Eines der Probleme war die Bezahlung der Schiffspassage an das Joint Distribution Committee. Mein Schwager befürchtete wohl, ich würde diese Summe nicht zurückzahlen können, was lächerlich war.

Unsere amerikanischen Visa erreichten uns kurz vor Pearl Harbor und dem Eintritt der USA in den Krieg. Spanien hatte seine Grenzen geschlossen, und keine Schiffe liefen mehr von spanischen Häfen mit Ziel USA aus. Sie mussten über Marokko umgeleitet werden. Uns wurde vom Joint mitgeteilt, es würde ein Schiff von Marseille nach Casablanca geben, wo wir an Bord eines anderen Schiffes müssten, das die Vereinigten Staaten anlief. Es war Winter. Wir waren fast achtzehn Monate in Nizza gewesen. Ich hatte meine Möbel einer Speditionsfirma übergeben. Das Porzellan und die Weißwäsche, die ich besaß, wurden mir zugestellt. Das großartige Silberbesteck, das ich von meiner Großmutter zur Hochzeit bekommen hatte und vor dem Krieg in der Morgan Bank deponiert hatte, war bei dieser Ladung dabei. Wundersamerweise besitze ich es immer noch. Ich erhielt von den französischen Behörden die Erlaubnis es zu verschiffen, da es importiert worden war.

Von Zeit zu Zeit reiste ich nach Marseille, um den amerikanischen Konsul und die Büros des Joint Distribution Committee aufzusuchen und mich nach meinem Visumsantrag zu erkundigen. Diese Reisen waren äußerst unangenehm, da die Züge überfüllt waren und man kämpfen musste, um überhaupt hineinzukommen.

Mittwoch, den 10. Dez. 1941

Geliebtes Herzensschnäuzchen,
Heute früh sind die Photos, das Telegramm und der Geldbrief [den Du mir geschickt hast] angekommen. Ich danke Dir viele, viele Male. Alles ist so schrecklich wie möglich, ich glaube ich werde mit einem Herzfehler nach Nizza kommen. Gestern bin ich um 6 h früh aufgestanden und bin aufs Konsulat gegangen. Dort hat man mir gesagt meine Visen wären da, ich soll zahlen, 2 Photos von Dir und mir geben und mir sie Donnerstag abholen. Zwei Stunden später höre ich die Visen sind eingestellt, ich könnte mir die Haare ausreißen, daß ich nicht früher gefahren bin, die anderen Leute haben sie alle bekommen, ich war wie mit der Hacke auf den Kopf geschlagen. Heute früh war ich wieder dort, da haben sie gesagt es ist nur provisorisch und in einigen Tagen werden sie wieder ausgeben. Dann war ich bei der HICEM, die sagten ich soll einige Tage warten, sie haben nach Lissabon telegraphiert, man wird wahrscheinlich wieder ausstellen. Nachmittag, d. h. jetzt war ich mein saufconduit verlängern lassen, den bekomme ich erst Montag, rechne also nicht früher mit mir. Ich glaube nicht daß wir noch wegkommen und nach den neuen jüdischen Maßnahmen bin ich entsetzlich verzweifelt, glaubst Du, daß man uns auch einsperren wird? Wie ist die Stimmung in Nizza. Hier gräßlich!! Ich habe mir Strümpfe gekauft, meine sind ganz zerrissen. Ich schicke Dir beiliegend Deine Fleischkarte.
Mit Vater's Telegramm habe ich mich sehr gefreut.
Liebes, liebes Herzensschnäuzchen, diese Emigration übersteigt meine Kräfte, ich bin ganz kaputt. Hier ist es auch so unangenehm kalt.
Viele viele tausend Pussis, Deine Mutter Esti
Grüße mir innigst Lotte Kronheim, ich brauchte sie so dringend zum trösten.

Sophies Tagebuch

30. Dez. 1941

Dieser letzte Monat war recht aufregend, und ich glaube, wenn die Ferien nicht schon endlich gekommen wären, ich wäre verrückt geworden. C'est une façon de parler, denn so leicht wird der Mensch bekanntlich nicht verrückt.
Mutter fuhr nach Marseille, um Geld, portugiesisches Visum usw. zu holen. Während Mutter in Marseille war, führte ich ein tolles Leben. Ich ernährte mich von Maroni zu Mittag, Brot am Abend. Setzte mich um 12 h auf eine Bank in die Sonne, bis die

Schule wieder begann oder meistens bis 3 h. Auf der Bank schlief ich meistens, mit einem Buch in der Hand. Einmal hatte ich Helli auf Kartoffel eingeladen, aber das wurde mir dann auch zu fad. Dann legte ich mich auch in einen Strecksessel auf den Strand, um für die Geschichtsschularbeit zu lernen. Das war besonders schön, ich meine die Sonne, nicht die Geschichtsschularbeit.

Am morgen von Mutters Abreise war die schon lange erwartete Kriegserklärung von Japan an Amerika. Sie reiste trotzdem ab, ganz umsonst, denn die Portugiesen verschlossen die Grenze und statt 2 Tage blieb sie eine Woche in Marseille und ließ sich die Namen von den vielen Hilfskomitées geben, wo eine schreckliche Atmosphäre herrschte (Leute bekommen Weinkrämpfe) und so die Nerven kaputt machen. Dann rief sie mich an. Ich war nicht zu Hause. Ich erwartete den ganzen Nachmittag in maßloser Aufgeregtheit ihren Anruf, die unmöglichsten Hypothesen ausdenkend und dann kündigte sie mir an, daß Deutschland an Amerika den Krieg erklärt hat ...
Die Nyassa, die ja erst am 15. XII. wegfahren sollte, war dann auf den 25. XII. verschoben und dann auf den 5. Jan. und dann auf den 15. Jan. Das waren aber nur unangenehme Kleinigkeiten. In der Schule habe ich erzählt, daß ich nach oder noch vor Weihnachten wegfahre und ich nahm überhaupt von meinen nizzarischen Leben ohne zu viel Schmerz Abschied. Zum Schluß hatte ich mich so an die Idee der Abreise gewöhnt, daß ich über die Reise und über die Veränderung froh war.

Neues Tagebuch

Sylvester 1941

Heute ist Sylvester und ich bin zu Hause, wie voriges Jahr und vor 2 Jahren. Aber ich gehe lieber da weiter, wo ich im andern Tagebuch stehengeblieben bin.
Also Mutter rief mich von Marseille an, um mir die Kriegserklärung Deutschlands an Amerika mitzuteilen, oder vielmehr um sich an meiner Stimme zu trösten. – Mutter kam dann nach einer Woche zurück mit einer vagen Nachricht, ein Schiff über

Casablanca und von dort würde man dann abgeholt, aber das war nur so Gerede und wir hatten auch gar keine Lust, nach Casablanca zu fahren, um dort in einem Lager zu verfaulen. Wir trösteten uns, gewannen der Sache die guten Seiten ab und richteten uns auf Dableiben ein. Ich freute mich damals vor allem auf die Weihnachtsferien, die jetzt, hélas, hélas, gleich zu Ende sein werden. Doch auf einmal wie der Blitz am blauen Himmel kam ein Telegramm an: Portugal teilt wieder Visen aus. Daran hatte nämlich unsere Reise gescheitert. Nicht weil die Amerikaner uns nicht mehr reinlassen wollten, wie ich erst gedacht hatte, sondern weil Portugiesen und Spanier ihre Grenzen sperrten. Außerdem ist die Nyassa noch immer nicht weggefahren.
1. Jan. 1942
Wir beginnen also in rasender Eile unser Gepäck zu machen, Porzellan zu verkaufen, ich schlafe überhaupt nicht mehr, ordne Sachen, klebe Photos ein, nehme rührenden Abschied von Helli und bin entsetzlich aufgeregt. Dann, auf einmal kommt uns die Nachricht zu: Die Spanier öffnen ihre Grenzen nicht. Also das heißt, alles wieder auspacken, sich auf ewig dableiben einstellen, wieder auf die vernachlässigte Schule achtgeben, kurz, der Geist wird wieder ganz umgedreht. Aber diesmal war es ja entscheidend. Oder doch nicht? Denn heute bekommen wir ein Telegramm von der HICEM, daß wir am 15. Jänner von Casablanca abgeholt werden und Samstag oder Montag mit Kind und Kegel zur Marseille HICEM gehen sollen. Heute ist Donnerstag. Ich bin derart aufgeregt, daß ich kaum schreiben kann. Aber ich habe nicht mit Mutter darüber gesprochen. Sie will nämlich gar nicht fortfahren. Und ich habe gestern verstanden, wie ich den Brief von Hausers gelesen haben, warum ich froh bin, dazubleiben. Je veux être là. *[ich will DA sein]* Là, wo der Sieg nun doch bald sein wird und ich will mittun. Mutter will aus ganz anderen Gründen nicht wegfahren, doch das kommt schließlich aufs selbe raus.
Wir haben Vater ein Telegramm geschickt: Sollen wir noch immer wegfahren? und wollten seine Antwort als Bibelspruch annehmen. Aber er hat uns einfach nicht geantwortet, was mich

tief gekränkt hat. Nein, der letzte Satz ist nicht wahr, ich habe ihn mechanisch, ohne zu denken, aufgeschrieben. Er ist mir ziemlich gleichgültig, ich habe mir vollkommen abgewöhnt, mit Vater zu rechnen, aber es ist von ihm ziemlich dreckig. Wir überlegen hin und her und her und hin, ob wir nach Amerika fahren sollen oder nicht und können zu keinen zufriedenstellenden Ergebnis kommen. Dafür spricht die Reise, das abenteuerlich Neue. Mutter sagt. ich werde mich dort besser verheiraten und sie vielleicht auch, was natürlich Quatsch ist. Das heißt, ich habe im stillen Kämmerchen auch daran gedacht, aber es ist mir wirklich wurscht geworden, ob ich mich verheiraten werde und vor allem möchte ich keine sogenannte »gute partie« machen. In dieser Hinsicht, wie natürlich in wahnsinnigen vielen andern, ist Amerika fast eine Gefahr für mich. Dabei hat also Mutter ihre Absicht bekannt gegeben, oder vielmehr ihren heimlichen Wunsch, sich noch einmal zu verheiraten. Nicht, sagt sie, daß sie Lust hätte, aber sie will, wenn sie alt ist und nicht mehr arbeiten kann, ihren Kindern nicht zur Last fallen. Deswegen hofft sie auch so auf die Erbschaft, die sie noch in Wien hat, die 2 Häuser. Ich habe ihr gleich gesagt, daß, wenn ich einmal Geld verdienen werde, sie mir nie eine Last sein wird und das habe ich auch ehrlich gemeint, obwohl ich in dem Augenblick das Geldverdienen noch nicht sehe. Ich habe überhaupt schreckliche Angst vor dem Leben, der Zukunft. Alles scheint mir so schwer und ich habe so gar kein Vertrauen in mich und meine Kräfte. Aber wie ich mit Helli darüber gesprochen habe, hat sie das Richtige gefunden. Ich erwarte zu viel vom Leben. Ich glaube auch, ohne daß mir diese Erkenntnis hilft. Ich möchte erst mal berühmt werden, es ist mir ein fast unmöglicher Gedanke, daß ich untergehen könnte in der Menschenmenge. Dann weiß ich gar nicht, womit ich berühmt werden könnte, da ich doch keine besonderen Anlagen habe. Dann möchte ich sehr viel reisen und habe kein Geld, möchte auch nicht auf meine Erbschaft bauen, weil Erbschaften doch abgemacht werden sollen und will keinen reichen Mann haben. Aber dafür habe ich schon ein besonderes truc, das mir Frl. Kronheim gegeben hat. Ich werde irgend etwas gelernt haben, was, ist ja egal, und da kann ich dann von Stadt zu Stadt fahren, überall irgendwie klein arbeiten, wenn es auch nur in einer Fabrik wäre (wie mich ja überhaupt Fabrikarbeit anlockt, um einmal die ganze Geschichte selber zu sehen und zu spüren) und wenn ich dann genug davon habe, wieder in ein anderes Land ziehen. Aber nicht allein, sondern mit einem lieben feinen Lebenskameraden. ...

Also wir beschlossen, nicht zu fahren. Die Fürs erscheinen zu klein gegen riesengroße Wider, wenigstens in Mutters Mund. Für: Wie ich schon sagte, Neu, Abenteuerlich, kein Bachot, vielleicht leichteres Leben. Die hiesige etwas unsichere Lage. Wider: Finanzen – derselbe Pfundbetrag, der uns hier ausreicht, wird in Amerika viel zu wenig sein. Familie, wir werden gräßlich von Boykos abhängen eben wegen Finanzen. Krieg, drüben verlieren sie ihn einstweilen, hier wird er inzwischen gewonnen. Beruf, Mutter fürchtet, daß es sehr schwer sein wird. Sie freut sich auf ein linkes Europa, ich auch, wenn ich's mir auch anders vorstelle. Kurz, wir bleiben. WIR BLEIBEN. Großer Entschluß, den wir nie bereuen mögen! Mir tut es leid, daß ich also Amerika nicht sehen werde, aber ich hoffe doch auf später. ... Mutter hat die Entscheidung getroffen, ich bin ihrer Ansicht. Die ihre ist nicht ohne ein bißchen Bedauern, bei mir ist das Bedauern noch ein bißchen größer, aber das ist auch alles. Also jetzt heißt's fleißig arbeiten, für das Bac.

1. Jan. 1942, später

Also, wir bleiben hier. Ja, das glaubte ich vor einer Stunde. Inzwischen ist ein Telegramm Vaters gekommen. Ich tat dem armen Mann Unrecht: *Still advise travel Amerika. Greetings.* Er hat sich für Kisses oder Love nicht entschließen können, Gott behüte, es wäre geschehen. Bei greetings sehe ich immer sein grinsendes Gesicht vor mir, wenn er kiss the hand gesagt hat. Kiss weil das weniger herzlich klingt, erklärte er mir. Mutter sagt: Donc, er wird uns Geld schicken, donc, fahren wir weg.

Brief von Vater aus England an Mutter in Amerika, ein Jahr später

[Brief auf englisch] 7. Febr. 1943
Liebe Esti,
Du hast meinem Bruder Ernst wegen Unterhalt geschrieben, und ich sehe aus Deinem Brief, daß Du keine Ahnung hast, wie die Situation wirklich ist. Also muß ich erklären
1.) Es gibt keine legale Möglichkeit, Geld zu schicken
2.) Sogar, wenn es so eine Möglichkeit gäbe, könnte ich sie nicht benützen, da ich kein Geld habe, um es zu schicken; ich habe bis jetzt nichts geerbt und werde es auch nicht, solange Mama lebt. Ich habe Ersparnisse (was nie sehr viel war), aber ich habe von diesem kleinen Kapital nun seit fast 4 Jahren Geld ausgegeben, und sehr wenig ist noch übrig. Was noch da ist, gehört der Sophie und der Prinzessin. Ich denke nicht, daß ich eine große Proportion von diesem Geld für mich selbst ausgegeben habe, das meiste war für Walters Studium und Deinen und Sophies Unterhalt. Ich schreibe Dir keine Schuld zu, Du warst nicht fähig, Dir Deinen Unterhalt zu verdienen, und das war das einzige, was zu tun war.

Ich selber habe immer versucht, von meinem Gehalt zu leben. Mein Einkommen beträgt nun £ 3.18 die Woche inklusive einiger Mahlzeiten und Kleidung, und ich meine, ich komme ganz gut aus. Natürlich ist hier ein richtiger Krieg, und ich könnte nicht viel ausgeben, auch wenn ich wollte.

Aber der Preisunterschied und die Umsatzsteuer machen es vollkommen unmöglich für jemanden in England mit einem Arbeiterlohn, einen Abhängigen in den U. S. A. zu unterstützen.

3.) Falls ich mein Erbe bekomme, wäre ich nicht bereit, es in einem oder 2 Jahren auszugeben, indem ich Geld nach Amerika schicke. Ich würde versuchen, das Geld nicht anzurühren, bevor der Krieg zu Ende ist, und dann versuchen, eine neue Existenz für die Familie aufzubauen.

Sonst wäre keine Hoffnung, daß die zeitweilige Armut nicht eine andauernde Armut wird.

Natürlich konnte ich als Advokat, Bankier oder Redakteur keine Arbeit finden, und so mußte ich annehmen, was immer ich finden konnte. Es war meistens eine sehr harte und sehr dreckige Arbeit, schwere Sachen tragen, putzen, aufkehren, und sich mit Leuten einer anderen Schicht mischen. Ich arbeitete sogar in einer Leichenhalle. Im Moment mag ich meine Arbeit – in einem Operationsraum – weil sie wirklich interessant ist, aber ich weiß nicht, wie lange sie dauern wird, und die nächste Arbeit könnte wieder ärger sein. Sogar wenn ich mal besser bezahlte Arbeit finden könnte und Dir £ 1 die Woche schicken könnte – es wird nie mehr sein, da die Steuern hier sehr hoch sind – als Hilfe für Dich und Sophie, 4 Dollar wären ja lächerlich. Es gibt nur eine Lösung, finde Arbeit und erhalte Dich selber, bis die Dinge wieder normal sind. Ich weiß wirklich nicht, was ich sonst tun könnte. Es klingt nicht ermutigend, aber das sind die Tatsachen. Hoffen wir, daß das ganze Elend bald zu Ende sein wird. Ich bin gewiß, Sophie ist die richtige Person, sich durchzukämpfen, und Du mußt dasselbe tun und Dich nicht auf Personen verlassen, die Dir im Moment nicht helfen können. Verzeih mir, wenn dieser Brief unfreundlich klingt.

Cordially

SOPHIES TAGEBUCH

2. Jan. 1942

Doch ich habe heute den ganzen Abend bis zu Tränen fürs dableiben gekämpft, habe Mutter ausgemalt, wie ich ihr, untergegangen und sie gerettet, als Wassergespenst erscheinen werde. Kurz, meine ganze Kunst. Und sie will ja auch nicht recht. Aber anderseits ist es so unangenehm, der HICEM abzutelephonieren, das sehe ich gut ein und auch Boykos, die sich so um uns bemüht haben. Trotzdem bleiben wir lieber da. Manchmal ist es wie ein Licht in mir und ich sehe sonnenklar: DU MUSST DABLEIBEN, oder DU DARFST NICHT WEGFAHREN. Mutter denkt nur an sich und ihren Beruf. Auf meine bescheidene Zukunft hat sie keinen Gedanken verschwendet. Aber der große Haken ist ja, wenn nicht jetzt, dann nie mehr und deswegen werden wir ja doch zu guterletzt abdampfen über Casablanca, Kuba. Es ist so ein Unsinn, wir werden dort feindliche Ausländer sein, kein Mensch wird mich in einer Schule annehmen, wenigstens umsonst, man wird verdächtigt werden und vielleicht gerade nur wegen des guten Namen nicht eingesperrt. Pfui Teufel! Ich bleibe.

4. Jan. 1942

MORGEN FAHREN WIR. Erst nach Marseille mit dem Abendzug. Dann Donnerstag nach Oran, wo wir den Zug nach Casablanca nehmen und am 15–17 von Casa nach Amerika über Kuba. Ich freue mich schon ungeheuer auf die Reise. Meine

ganze Abenteuerlust kann sich endlich ausleben. Gutes Schiff, schlechtes Schiff, mir alles eins. Epidemie wäre unangenehm, auch Untergehen, aber ich habe keine Angst vor dem Tod, ganz ehrlich. Ich habe schon meinen Koffer gepackt, was gehörig anstrengend war wegen Platzmangel.
Gestern bin ich um halb 5 morgens schlafen gegangen und um 8 aufgestanden. Ich bin schon ganz wirr und müde. Über die Bücher der letzten Monate schreib ich erst am Schiff. Ich möchte recht gerne so ein bißchen aus Herzenslust flirten. ... Ich habe mir einen Photoapparat von Onkel Oli gekauft und bin gräßlich froh damit ...
Morgen vormittag gehe ich mich in der Schule verabschieden. Ich freue mich schon, denn da kann ich mich furchtbar wichtig machen. Peinlich wäre natürlich, wenn wir zurückkämen, wo wir doch jetzt stundenlang und auf definitiv eingepackt haben. Und es ist mir immer unangenehm, nach Adieusagung zurückzukommen.
Auf meinem gepackten Koffer sitze ich und weine. Die Reise geht weiter, Frankreich ich muß Dich verlassen. Man entreißt mich. Es ist Nacht. Abschiedsbriefe muß ich auch noch schreiben. Das ist das Bitterste. Abschied nehmen.

11. Jan. 1942, 2 Tage auf dem Schiff
Am letzten Tag ging ich mich in Nizza noch überall verabschieden und alle waren schrecklich nett zu mir. In der Schule sagte ich Mlle Crisostonia, der Mathschen, und Madame Krebbs, der Deutschen, Adieu. Der Deutschen sagte ich dann merci beaucoup für alles und jedes rein aus Höflichkeit, aber sie meinte es Ernst und sagte aber nein, sie hätte ja nur ihre Pflicht getan (habe nie das Gegenteil behauptet), und sie hätte mich bloß eben besonders affectioné (davon hatte ich nie etwas bemerkt), weil sie meine schwierige Situation so gut begriffe etc. etc. Dann verabreichte sie mir noch den berühmten französischen Backenkuß. Dann sagte ich – *[Namen von 4 Freundinnen]* und noch ein paar Adieu. Nicht der ganzen Klasse, ich war zu spät zur Pause gekommen und es war leider nicht so viel Rummel wie ich gehofft hatte. Aber genug, als daß die ganze

Geschichte zu Ohren einer surveillante gekommen ist, die mich, wie ich ging und stand, Schulgeld zahlen lassen wollte. Da protestierte ich aber aufs Heftigste. Dann war ich noch bei der Rosenbaum, meiner Englisch Lehrerin, die ganz besonders nett war. Die hat mich etwas überschätzt, weiß ich wieso, vielleicht weil ich ihr nette Aufsätze geschrieben hatte und da sagte sie: sie wäre froh gewesen, mich kennengelernt zu haben, gab mir die ganze Zeit zu verstehen, wie intelligent ich sei und wünschte mir viel Glück und daß ich meinen Weg finden sollte, denn es wäre schade um mich und das kam ihr aus dem Herzen.

16
Mademoiselle Kronheim

»AFIN QUE QUELQUE-UNES DE NOUS PUISSENT SURVIVRE ET RACONTER PLUS TARD A UN MONDE. ...«

Damit ein paar von uns überleben und später mal der Welt erzählen können

Mutter erwähnt Frl. Kronheim nicht in ihrer Autobiographie. Und doch war es einer der wenigen Fälle, dass wir gemeinsam eine wichtige Freundin hatten. Und, erstaunlicherweise, Mutter zankte sich weder mit dieser Freundin, noch lebte ich in meiner alten Kindheitsangst, dass sie es tun und somit meine Beziehung zu diesem Menschen verderben würde. Mutters Beziehung zu Lotte Kronheim war sogar die wärmste und echteste Freundschaft, die ich je bei ihr beobachtet habe.

Frl. Kronheim lebte im selben Hotel Windsor wie wir. Jede von uns bewohnte ein Zimmer, und oft besuchten wir uns gegenseitig. Mit meinem üblichen Eifer, das Interesse von Mutterfiguren auf mich zu lenken, sogar in einer Zeit, als Mutter und ich uns näherstanden als je zuvor im Leben, suchte ich ihre Freund-

schaft, und sie erwiderte sie in ihrer gemessenen, gütigen und halb-distanzierten Art. Wir hielten uns an das formale französische Sie, und ich nannte sie nie bei ihrem Vornamen. Sie war damals 40 Jahre alt, nur etwas jünger als meine Mutter und war in Danzig Akademikerin gewesen. Trotz unserer vielen Gespräche kann ich mich nicht erinnern, auf welchem Gebiet sie gearbeitet hat und auf welchen Umwegen sie nach Nizza und in das Hotel Windsor gekommen war.

Sophies Tagebuch

5. Aug. 1941

Morgen habe ich Geburtstag. Ich freue mich schon. ... Frau Kronheim, die überhaupt schrecklich nett und gescheit ist, sie hat mir auch Lotte in Weimar geborgt und am Abend kommt sie manchmal Politik plauschen, dann bleibe ich immer in Mutters Zimmer. Sie hat mir »Les tentations de Lafontaine« von Giraudoux geschenkt. Das war schrecklich nett von ihr.

19. Sept. 1941

... Frl. Kronheim kommt jetzt jeden Abend *[in Mutters Zimmer]* und da bleibe ich auch lange drüben und wir tratschen und sie erzählt Geschichten und wir diskutieren politisch. Sie versteht viel mehr als meine Mutter und ich lerne ein bißchen durch sie, nicht viel. Aber sie zieht mich sehr an, weil sie gescheit ist.

28. Nov. 1941

»La guerre de Troie n'aura pas lieu« von Giraudoux ist nicht schlecht, aber es ist mir nicht tief genug, was immer auch Frl. Kronheim sagen mag. Sie lobte das Buch bis zum Himmel und erlaubte sich Bemerkungen gegen meinen geliebten Dostojewski. Sie ist zwar sehr nett und gescheit, aber ich habe doch nicht den selben Geschmack wie sie. Außerdem ist sie sehr kalt und gegen alle Ideen verächtlich und im Grunde, oder nicht einmal nur im Grunde, eine überzeugte Kapitalistin. Sie ist mir aber trotzdem sehr sympathisch und wenn sie abends zur Mutter kommt, bleibe ich gerne da, um ihr zuzuhören.

Sylvester 1941

Wir sprachen neulich mit Frl. Kronheim über das zukünftige Europa und ich sagte oder drückte so beiläufig aus, daß ich nach Wien zurückfahren will, wenn dort dann eine kommunistische Regierung ist. Und warum auch nicht? Das sehe ich gar nicht ein. Und da sagte sie recht höhnisch, daß man dort auf mich gewartet hat. Ja freilich, aber nirgends in der ganzen Welt wartet man auf mich, und in Amerika noch weniger.
Über die Amerikareise fragten wir Frl. Kronheim um Rat und da sagte sie u. a. daß, wenn man überzeugter Kommunist wäre, die Sache recht einfach ging, DAbleiben, denn Rußland gewinnt und wir werden Europa ändern und dann Paradies auf Erden machen. Darauf sagte Mutter, sie sei ja keine Kommunistin, sie glaubte an keine Doktrine, sie habe zu viel Menschenkennen und will keine Doktrine und überhaupt. Das hat mir sehr ins Herz geschnitten, ich habe dazu geschwiegen.

All die vielen Jahre ist es mir gelungen, die vier Briefe, die ich von Frl. Kronheim bekommen habe, nicht zu verlieren. Aber auch ohne Briefe hätte ich Frl. Kronheim nie vergessen. Ihr Verschwinden hat mich mein ganzes Leben gequält. In diesem Buch habe ich nun im letzten Moment die Gelegenheit, ihre Bitte zu erfüllen, anderen von diesen Jahren zu erzählen und ihren Tod zu betrauern.

Einmal machte ich von Nizza aus eine zweiwöchige Reise zu Freunden aufs Land, die mich mit Milch und Käse und sogar Eiern (!) verwöhnten. Ich schrieb Frl. Kronheim, und sie antwortete mir:

[Brief auf französisch]   27. Aug. 1941
Liebes Fräulein,
vielen Dank für Ihren lieben Brief, und da Ihre Mutter Sie schon nächste Woche wieder erwartet, muß ich mich beeilen, Ihnen rechtzeitig zu antworten. Glauben Sie nur nicht, daß eine solche Verzögerung bei mir üblich ist – obwohl sich meine Faulheit in diesen Tagen lähmend bemerkbar macht – aber ich muß mich etwas anstrengen, und wer mag das schon? Auf jeden Fall nicht ich. Ihrer Mutter geht es gut, unter die-

sen Umständen, und obwohl Sie ihr natürlich sehr fehlen, das versteht sich von selbst. Ich tue mein Bestes, sie zu trösten, z. B. habe ich sie zur Weltwoche *[eine internationale Zeitung aus der Schweiz]* bekehrt, und so wie alle Anhänger einer neuen Religion praktiziert sie sie mit Eifer und Begeisterung. Außerdem diskutieren wir von Zeit zu Zeit die Ereignisse in eifriger Konkurrenz mit den allseitigen französischen Gemeinheiten. Schade, daß weder Churchill noch Roosevelt die Absicht haben, unseren Ratschlägen zu folgen.

Ich selber, in meiner demütigen und bescheidenen Art, mache weiter nichts, und ehrlich gesagt, das ist mir sehr angenehm. Da ich mein ganzes Leben mit einem Eifer gearbeitet habe, den ich vielleicht wichtigeren Sachen hätte widmen sollen, bin ich jetzt lieber ein interessierter, aber urteilsloser Zuschauer im Theater statt selber ein Schauspieler. Das heißt, ich arbeite nur in Gedanken, und wenn Sie boshaft wären, – was Sie absolut und auf keinen Fall sind – könnten Sie an den Fuchs und die sauren Weintrauben denken. Kurz, man wartet (auf Visa und anderes), man beobachtet, man hört zu, man liest und macht sich lustig über alles. Um mich zu stärken, lese ich die Briefe, Anekdoten etc. von Friedrich dem Großen (die man mit den Briefen der besten französischen Philosophen vergleichen kann) und auch etwas in meinem Fach, eine amerikanische Studie über die großen Demokratien, von einem Chefredakteur der New York Times.

Hoffentlich werden Sie vernünftig sein und sogar noch weniger unternehmen als ich. Ferien sind was Gutes, und gerne würde ich welche haben. Doch ewige Ferien sind schwierig zu organisieren, aber fast glaube ich, daß es mir gelungen ist. Aber fragen Sie mich nicht, um welchen Preis. Manchmal wird es unerträglich. Über Politik wollen wir lieber gar nicht sprechen, vor allem nicht schriftlich. In Nizza hat sich nichts geändert, das Wetter ist eher schlecht, was uns Freude macht, wenn wir an das Wetter in Rußland denken.

Also, auf bald, hoffe ich, mit besten Gedanken, etc. etc. Ihre Lotte Kronheim.

Abschied von Nizza. Wir fahren nach Amerika.

Sophies Tagebuch

11. Jan. 1942

Mit Kronheim ging der Abschied rasch. Sie kam erst im letzten Moment aus ihrem Zimmer, sagte adieu und verschwand gleich wieder. Wahrscheinlich hat sie rührselige Szenen nicht gerne, oder war ihr selber ein bisserl wehmütig ums Herz.

Sicherlich unterschätzte ich, wie traurig es für Lotte Kronheim gewesen sein muss, ihre Beziehung zu uns abbrechen zu müssen. Unsere Weiterreise nach Amerika geriet ins Stocken, und wir warteten in Casablanca auf neue Visa. Ich schrieb ihr regelmäßig aus Casablanca, und hier sind ihre drei Antworten.

Erster Brief (Brief auf französisch]   Nice, 8. April 1942
Liebes Fräulein,
Ich war von Ihren 3 Briefen begeistert und auch von der Tatsache, dass mein Schweigen Sie nicht beleidigt hat. Es scheint, dass Sie ein angenehmes Leben dort haben, trotz der Schläge, die uns auch hier nicht erspart bleiben. Schreiben Sie mir weiter und rechnen Sie nicht mit einer Antwort, was weder Gleichgültigkeit bedeutet noch Faulheit, sondern nur Unmut, in diesen Tagen über persönliche Dinge zu schreiben. Ich zeige Ihre Briefe immer Ruth R., die Sie sehr liebt. Geben Sie Ihrer Mutter die beigelegte Karte Ihrer Großmutter, vielleicht gibt es bei Euch etwas Essbares, das man ihr schicken kann; hier gibt es nur Grünes. – Sie haben tausendmal recht, wieder zu arbeiten, es ist der beste Zeitvertreib, finde ich, besser als sich zu betrinken, aber beides ist ungefähr auf demselben Niveau. Ihr Foto hat mir sehr gut gefallen, aber eines von Herrn Roger würde mir auch Freude machen, denn ich bin neugierig, Ihren Geschmack kennen zu lernen. Hier fängt man mehr oder weniger an, zwangsweise Aufenthalte für Personen zu bestimmen, die nach 1936 nach Frankreich gekommen sind. Man schickt sie in kleine Dörfer, die manchmal sehr ordentlich sind und genügend Lebensmittel haben und es ein andermal unmöglich finden, irgend jemanden, egal wie viele, unterzubringen und zu ernähren; also schickt man sie nach Nizza zurück. Kurz, eine unwillige Änderung und ein totales Chaos.
   Aber das kann und wird uns allen passieren, und das ist natürlich nicht so schlimm, vor allem für Leute, die im Hotel wohnen. In unserem Hotel sind große Veränderungen ...
   Sie fragen mich, was ich mache; ich lese, viele englische Bücher, Kenneth Roberts, *Northwest Passage,* sehr schön, einen Bromfield; *The Farm,* das ich nicht kannte und das sehr interessant ist (soziale Entwicklung der Vereinigten Staaten vor dem Krieg 1914) und nochmals den *Zauberberg.*

Sprechen wir nicht mehr über die Vereinigten Staaten. Aber doch hoffe ich, dass Sie dorthin kommen werden. Man liest nur in den Briefen, die von dort kommen, über Empfänge, Seidenkleider, Wochenendpartys. Also, hören Sie nicht auf, mir zu schreiben, Sie machen mir damit ein großes Vergnügen. Meine besten Gedanken an Ihre Mutter. In Freundschaft, Ihre Lotte Kronheim.

Zweiter Brief [Brief auf französisch] Nice, 1. Juni 1942
Liebe Sophie,
Ihr Brief und das schöne Foto freuen mich ungemein; der junge Mann gefällt mir sehr, gar nicht schlecht. Um so besser, wenn er nicht viele politische Ideen hat, Sie selber haben ja genügend, und nichts in der Welt ist so langweilig, als dieselbe Meinung wie der Partner zu haben. *Man hängt sich schon genügend selber zum Hals heraus,* [auf deutsch] finden Sie nicht, *und der sogenannte Gleichklang der Seelen führt zu einem Riesengähnen. Voraussetzung ist natürlich, dass Verständigungsmöglichkeiten au fond vorhanden sind, aber wo sind die mühelos vorhanden?* [auf deutsch] Grüßen Sie Ihre Mutter herzlich von mir und sagen sie ihr a.) dass die kleine Rosenbaum nun sehr gut spricht, aber die ganze Familie weint nach ihr (Ihrer Mutter), damit sie auch ihre anderen Aussprachefehler korrigieren kann, und b.) dass das Geschäft Ihres Schwagers (Ihr Onkel) arisiert worden ist und ein administrativer Agent hat die Summe von 1500 Franken per Monat bestimmt, was für 3 Personen kein Witz ist.

Was uns anbelangt, gibt es nichts Neues; mein Bruder war für 10 Tage auf Urlaub hier. Es geht ihm gut, er sieht besser aus als wir alle. Er ist gar nicht unzufrieden mit seiner Arbeit und lässt sich als Landarbeiter anmelden, in dem Dorf, in dem er sich befindet. Wenn unsere finanziellen Fragen keine mehr oder weniger günstigen Lösungen finden, werden wir uns wahrscheinlich auch auf dem Land niederlassen. Aber keine Eile.

Was die Vereinigten Staaten anbelangt, sprechen wir nicht mehr darüber. Ich glaube, wir könnten uns eher auf ein Wiedersehen in Paris einstellen als auf eins in New York. Mein Freund von da drüben hat mir geschrieben, dass ein offizielles Verhör sehr bald über unser Schicksal entscheiden wird und dass er nach Washington fahren wird, um unser Anliegen zu vermitteln, für den Fall, dass die Sache dort scheitert. Also, wir werden sehen. Aber ich glaube, all das hat nur ein pures historisches Interesse.

Ich lese viel, vor allem englische und amerikanische Bücher, von Bromfield, Cronin etc., und ich sehe viele Leute. Die ernstesten Leute (und

nicht die Emigranten, die ihre Wünsche immer mit der Realität verwechseln) sehen ein Ende des Kriegs (natürlich ein glückliches Ende) nicht vor 15 Monaten.
   Ich bin froh, dass Ihre Großmutter nicht mehr im Lager ist. Ich habe ihr zwei Pakete geschickt, mit kleinen Kuchen, das erste ist nicht angekommen (weiß Gott, wer sie gegessen hat, aber man hat sie ohne Zweifel gegessen), das zweite ist auf dem Weg. ...
   Die Ernährung ist leichter geworden dank der Kirschen und Erdbeeren, die es überall in Mengen gibt. Das einzige, was uns wirklich fehlt, sind Brot und Kartoffeln. Aber auch geistiges Brot und Kartoffeln fehlen uns, denn die Weltwoche hat jedes Interesse verloren und die anderen Zeitungen sind nicht besser. Deswegen habe ich ein Abonnement der Neuen Zür-Zeitung genommen. Wir werden sehen. Aber dafür kann man alle deutschen Zeitungen kaufen. ...
   Nun, Sie werden mir diesen plastischen Brief verzeihen. Über wirkliche, wichtige und ernste Sachen wird in diesem Moment nicht geschrieben. Und verzeihen Sie meine Handschrift, aber ich schreibe in einem Kaffeehaus.
   Ich hoffe, wir werden uns eines Tages wiedersehen, und hören Sie nicht auf, mir zu schreiben, es macht mir immer große Freude.
   Sehr herzlich an Ihre Mutter und an Sie, Ihre Lotte Kronheim.

Letzter Brief [Brief auf französisch]   9. Sept 1942
Liebes Fräulein,
Ihr Brief vom 4. verdient sicherlich eine andere Antwort. Wenn ich Ihnen nur ein paar Worte schreibe, werden Sie den Grund verstehen. Ich hoffe, dass es Ihnen sehr bald gelingt, wegzufahren, damit ein paar von uns überleben und später mal der Welt erzählen können, hoffen wir, einer normaleren Welt, welchen Fortschritt, welchen Gipfel aller Fortschritte man 1942 erreicht hat.
   Von den neuen Maßnahmen ist unglücklicherweise das meiste wahr. Es scheint, dass man hier zwischen 7000 und 8000 Personen verhaftet und sie Gott weiß wohin geschickt hat, wahrscheinlich nach Deutschland, oder in eines der besetzten Länder oder in das besetzte Frankreich. Ich spreche gar nicht über die Umstände etc.
   Mein Bruder hatte dasselbe Schicksal, er wurde von seinem Arbeitsposten zurückgerufen, und vor 16 Tagen mußte er mit 1200 anderen Männern wegreisen, »Richtung Osten«. Seit diesem Tag bin ich ohne Nachrichten von ihm, und Sie können sich unsere Angst und unsere Trauer vorstellen.
   Viele von denen, die man sucht, verstecken sich bei Freunden. Es

scheint, dass man sich momentan auf Menschen unter 60 Jahren, die nach 1936 nach Frankreich gekommen sind, konzentriert. Aber da viele sich verstecken, nimmt man dann auch andere, und jedesmal, wenn jemand an die Tür klopft oder man hört unbekannte Schritte, denkt man: jetzt sind sie da. Kurz, das Leben ist schön, und jeder Tag könnte eine radikale Änderung der Wohnverhältnisse bringen. Meine Mutter und Tante werden momentan geschont, wegen ihres Alters, aber die anderen, auch Franzosen ...

Ich verstecke mich nicht, es ist unter meinem Niveau. Außerdem ist es nutzlos. Schon gibt es große Löcher unter unseren gemeinsamen Bekannten.

Also wenn Sie da drüben ankommen, erklären Sie Frl. Ko. die Situation (ihre neue Adresse ist übrigens 28 West 63 Street) und dass sie alles mögliche und unmögliche unternehmen soll, um die Schritte zu beschleunigen. Sie hat mir geschrieben, dass unser Verhör im Juli oder August stattgefunden hat. Denn ein amerikanisches Visum – sogar wenn man es nicht gebrauchen kann, weil ein Exit Visum fehlt, – ist der einzige wirksame Schutz, der im Moment existiert. Sagen Sie, ich bitte Sie, auch all das unserem Advokaten Kurt Rosenberg c/o Weil, Gotshal and Manges, 60 East 42 Street, New York, dass er sich beeilen soll. Er ist es, der sich um unsere Visa kümmert und der nach Washington fuhr, um unseren Fall im Verhör zu vertreten. Ich habe selber diesen 2 Personen geschrieben, aber wer weiß. ob meine Briefe ankommen? Ich habe Ihnen von meinem Bruder erzählt, aber für ihn ist alles zu spät!

Unsere gemeinsame Freundin Ruth und ihre ganze Familie (auch die Mutter) sind in großer Gefahr. Ich weiß nicht, wo sie sind, und ich hoffe, dass niemand es weiß.

Sie können sich den Zustand unserer Seelen vorstellen und die gefährlichen und nicht ausführbaren Projekte, die man sich ausdenkt, um sich zu retten, zu spät, meine ich.

Ich selber, ich bin eher ein Fatalist (obwohl ich auch Angst habe), und mein Bruder hat es ganz genau in seinem Abschiedsbrief geschrieben (ich wünsche Ihnen, Fräulein, von ganzem Herzen, niemals solche Art Abschiedsbriefe zu bekommen, wie wir sie täglich erhalten): Es gibt keinen Grund, warum unser Leben weniger gefährlich sein soll als das von allen anderen.

Alle Gute für Sie und Ihre Mutter! Ihre LK

Aus: *Die Deportierungen deutscher und österreichischer Juden aus Frankreich. Barbara Vormeier.*

Vom 8. September 1943 an begann die Gestapo, die Juden von der Region Préfectorale de Nice zu dem Lager de Drancy zu schicken, ein Transit-Lager in der Nähe von Paris. Charlotte Kronheim, geboren den 4. April 1902 in Danzig, die im Hotel Windsor lebte, war auf der Liste von Menschen, die zu diesem Zeitpunkt dorthin transportiert wurden.

Aus: *Memorial to the Jews Deported from France. 1942–1944.* Serge Klarsfeld.

Am 20. Januar 1944 wurde der Convoy 66 vom Lager de Drancy nach Auschwitz transportiert. Charlotte Kronheim ist auf der Liste. »Als sie in Auschwitz ankamen, lebten 236 Männer noch, und man gab ihnen die Nummern 172611 bis 172846.

55 Frauen bekamen die Nummer 74783 bis 74797 und 74835 bis 74874. Der Rest des Transports wurde sofort vergast. 1945 gab es 72 Überlebende, dreißig waren Frauen.«

Hätte Lotte Kronheim überlebt, würden wir gleich von ihr gehört haben.

17
Von Marseille nach Casablanca

Wir verbrachten eine Nacht in einem grässlichen Hotel in Marseille und wurden schließlich vom Joint informiert, wo wir uns einschiffen sollten. Der Zollbeamte wählte mich für eine Leibesvisitation aus. Zu diesem Zweck begaben wir uns in eine Kabine, wo eine Zollbeamtin mich durchsuchte. Es war streng verboten, Valuten aus Frankreich zu exportieren. Ich hatte einen Fünfdollarschein in den Saum meines Hemdes genäht. Die Banknote knisterte und wurde von der Frau gefunden. Mein Herz stand still. Alles, was ich sagen konnte, war »Behalten Sie es«. Wir durften unsere Reise fortsetzen. Während der Nacht kam einer jener schrecklichen Stürme auf, für die das Mittelmeer berüchtigt ist. Ich bin eine gute Matrosin und schlüpfte aus der Kabine, um nach draußen zu gehen. Zu meiner Überraschung stand ein Matrose mit gezücktem Gewehr am Ausgang der Treppe. Er sagte mir, er habe Schießbefehl, sollte unter den Passagieren Panik ausbrechen.

Sophies Tagebuch

11. Jan. 1942 (Fortsetzung)
Jetzt bin ich schon 2 Tage auf dem Schiff. Und mein fameux journal du bord? *[berühmtes Schiff-Tagebuch]* Haha, bis jetzt war mir immer übel und wenn mir jetzt zufällig 5 Minuten normal zu Mute ist, ist das ein wahres Wunder, das nicht lange dauern wird, weil mir vom Schreiben wieder übel werden wird. Das Meer ist gerade sehr ruhig, deswegen kann ich am Deck sitzen, sonst liege ich immer mich ächzend windend in der Kabine. Seekrankheit ist eine schreckliche Krankheit, man will sterben, ins Meer springen, alles nur nicht so schrecklich leiden. Ich habe das ganze Mittagessen gestern abend ausgespieben, zum Nachtmahl aß ich eine Birne und spieb sie auch aus, heute früh ging ich frühstücken oben im Speisesaal. Bevor ich begonnen hatte, mußte ich zurück in die Kabine rennen, um wieder zu speiben, aber da war nichts mehr da, nur noch Spucke. Bei diesem Regime muß ich mir wenigstens keine Sorgen machen, zu dick nach Amerika zu kommen.
Gestern und heute Vormittag bin ich die ganze Zeit mit geschlossenen Augen in der Kabine gelegen. Das war nicht sehr amüsant. Aber am Deck ist es auch nicht amüsant. Ich hatte gehofft, daß mich irgend ein Bursch, ein netter, anspricht, aber ich bleibe immer alleine. Ich bin sehr enttäuscht. Ich wollte doch flirten und nun ist mir die ganze Zeit schlecht und wenn mir nicht schlecht ist, so sieht mich auch niemand an. Mutter kennt schon alle netten Männer vom ganzen Schiff, ich weiß nicht wie sie das macht.

12. Jan. 1942
Ich schreibe jetzt am Deck in einem Liegestuhl. Mir ist nicht mehr schlecht, es wackelt auch weniger und ich bin wieder ein

bißchen erholt. Ein ziemlich mieser Kerl hat mir heute den Hof gemacht. Aber gehen wir wieder nach Marseille. Wir machten eine mittelangenehme Reise, halt so wie gewöhnlich und in Marseille fanden wir erst kein Zimmer, weil das Telegramm nicht angekommen war, was übrigens eine Schlamperei ist, weil ich sicher bin, es aufgegeben zu haben. Erst telephonierten wir zu sämtlichen Hotels von Marseille, dann lief Mutter auf die Suche, es regnete, und um 2 h nachts – um 12 h waren wir angekommen – konnten wir uns in ein hübsches Zimmer niederlegen, nachdem wir schon damit gerechnet hatten, auf einer Bank die Nacht zu verbringen. –
Am nächsten Tag in der Früh hat die Herumjägerei begonnen, die dann keinen Augenblick mehr aufgehört hat. Aber gräßlich war eigentlich nur der erste Tag, sonst war es ganz lustig. In der Früh hat mich ein Jud abgeholt, der vorgegeben hatte, Gepäcksträger zu sein, aber selber einen genommen hat, mich zur Bahn begleitete – was ich gar nicht nötig hatte –, sich unangenehm bemerkbar gemacht, und mir dafür 30 Francs abnahm. Kurz, ein Gauner. Aber am Weg hatte er die ganze Zeit von Rache, von 2000 Jahren altem Volk, vom lieben Gott mit seiner Gerechtigkeit, von Auserwähltheit u. s. w. gesprochen. Kurz, ein jüdischer Nationalist, außerdem Gauner und ideal, Antisemitismus zu verbreiten.
Am Nachmittag war es dann ganz entsetzlich, fast so arg wie in Paris am Bahnhof. Wir mußten von der Polizei unsere Pässe abholen. Dort warteten wir zwei Stunden sitzend, 2 Stunden stehend, im ärgsten Gedränge (dort schrieb ich auch Briefe) mit all den anderen, fast ausschließlich miesen, verzweifelten Juden. Es war eine schreckliche Stimmung und ich habe mir das Herz wieder einmal abgekränkt, weil wir im Grunde so eine miese Rasse sind, das heißt die meisten von uns. Was kann man da nur machen!!?? (…)

13. Jan 1942
Auf der Messagerie Maritime erfuhren wir, daß das Schiff erst am 11. wegführe. Wir hatten Angst, nicht mehr die Serpapinto zu erreichen, waren aber sonst ganz froh, in Ruhe Einkäufe machen zu können. Wir wollten uns dafür schön gemütlich den

lendemain *[nächsten Tag]* lassen aber heureusement *[glücklicherweise]* kaufte ich mir rasch einen herrlichen Regenschirm um 300 Francs, den schönsten, letzten, teuersten von Marseille und ein Paar Lederhandschuhe und ein Paar Wollhandschuhe und Mutter ein herrliches Fichu *[Seidentuch]* und ich wollte mir am nächsten Tag auch eins kaufen, hätte ich mich nur mehr beeilt! Am nächsten Tag kamen wir dann zur Messagerie, weil das Gerücht umherlief, daß man bessere Plätze bekäme. Das war wahr, aber nur auf dem PROVIDENCE-Schiff, auf dem wir jetzt sind und das noch am selben Nachmittag um 2 h wegfahren sollte. Und nun begann eine Hetzjagd! Unbeschreiblich. Denn Alle rieten uns, die Providence zu nehmen, da die Eridan wahrscheinlich mit noch mehr Verspätung wegfahren würde, und so nahmen wir sie halt, zahlten bis auf 2. Klasse auf. Ich raste zum Hotel, machte die Koffer, begleitete den Träger zur Bahn. Und bei all dieser Eile verlor ich einen Kofferschlüssel, so daß man den Koffer aufsprengen mußte, was ich wirklich sehr hirnverbrannt gemacht habe, denn nun ist das Schloß vollkommen hin und ein neues wird massenhaft Geld kosten.

Am Hafen für den Zoll mußte man sich Stunden und Stunden in einem Menschenmeer anstellen und außerdem war die Luft vergiftet, so daß ich mir die halbe Lunge aus dem Leib keuchte. Aber nach 2 ½ Stunden zeigte mir ein Träger ein truc wo man für 50 Francs vorgelassen wurde. Doch jetzt kommt erst das Aufregendste. Eine Zollbeamtin schaute sehr flüchtig einen Koffer durch – ich atmete schon auf –, als sie von Leibdurchsuchung sprach. Mutter wurde ganz rot und ich wußte ça y est, cela ira mal. *[jetzt ist es passiert, das wird schlecht gehen]* Wir kriechen in eine Kabine hinein, sie nimmt erst den Pelzmantel – nichts. Dann die Jacke – Mutter wird immer röter – etwas knistert – Mutter reißt die Jacke auf – Gold? Nein, das hatten wir gar nicht, nur Blei. Sie sucht weiter, etwas knistert ... Dollars, zwei Fünferscheine! Ursprünglich wollte sie anzeigen, aber nach vielen Überredungen nimmt sie einen Schein, innerlich strahlend, leicht verdiente 500 Francs und sie hatte eigentlich nur ein bißchen Angst vor Scherereien. Aber Mutter hat ganz recht, man hätte uns vielleicht sonst noch von unten bis oben untersucht, vielleicht gar ins Gefängnis gesteckt und weiß Gott was für Unannehmlichkeiten. So ging das rasch und schmerzlos und man kam mit einem blauen Auge und 500 Francs weniger davon. Mich hat sie auch noch abgetastet. Aber das Alles ist nur passiert, weil Mutter nur eine knappe Viertelstunde zum Verstecken hatte und den Großteil überhaupt im port-monnaie trug, so wie ich meine Pfünde.

15. Jan. 1942

Gestern sind wir von Oran weggefahren, vor 3 Tagen waren wir in Algier. Ich hatte mich schon so auf Afrika gefreut und auf die neuen ganz anderen Städte. Sie trösteten mich für Spanien. Und dann blieben wir stehen, und alle Amerika-Auswanderer, 85 sind an Bord, durften nicht ans Land. Das war bitter. Die andern Leute sind alle vergnügt hinuntergestiegen – 1½ Tage waren wir in Oran und 3 Stunden in Algier. Ich bin auf dem Deck gestanden und habe ihnen traurig und böse nachgeschaut. Ordre de la Préfecture. Es ist wirklich eine himmelschreiende Schweinerei, unberechtigt, gemein, sadistisch, tierquälerisch. Ich war so wütend, hätt ich doch so gerne Algier angeschaut, denn so bald werden wir ja doch nicht wieder hinkommen. Und da muß man dastehen während 3 oder 4 Stunden und am Schiff herumirren und geeignete Photostellen suchen und inzwischen könnte man in Algier herumsteigen. Ich habe ein paar Photos genommen, aber sie sind sicher alle verdorben. Algier hat von weitem sehr schön ausgeschaut, lauter weiße viereckige Häuser und Palmen und überhaupt. Bleibt nur noch Casablanca übrig und ich wollte mir eine Aktentasche und ein Paar Hausschuhe in Casa kaufen, aber daraus wird wahrscheinlich auch nichts. Da wir ja ohnehin wie Gefangene behandelt werden, läßt man uns wahrscheinlich in Casa gar nicht aussteigen, sondern führt uns unter Polizeibegleitung zum anderen Schiff – von der Providence zur Serpapinto. Oder wenn nicht, in Casa werden wir wohl gar nicht Zeit haben, viel zu besichtigen. Denn heute ist schon der 15. Tag, an dem die Serpa ursprünglich hätte aus Portugal abfahren sollen und wir sind noch nicht einmal bei Gibraltar, kommen erst gegen morgen abends hin. Hoffentlich fährt der Portugiese noch vor den 24. – Ablaufstag unseres Visas –, sonst gibt das 1000 Unannehmlichkeiten. Vorläufig fahren wir paisiblement *[friedlich]* die Küste Afrikas entlang, von der man sehr nah die kahlen Berge sieht, die mir in ihrem Geheimnis und Schwärze sehr gut gefallen. Wir fahren sehr paisiblement, denn seit Oran sind wir in Konvoi, das heißt mehrere kleine Schiffe fahren neben uns, weil wir alle zusammen durch Gibraltar fahren werden. Und ein Kriegsschiff begleitet uns auch, pro forma. Und da die kleinen Schiffe nicht rasch fahren können, fahren wir auch langsam. Wenigstens wackelt es nicht und da das Meer ruhig ist, und wir nahe der Küste fahren, bin ich kerngesund. Außerdem habe ich mich vielleicht schon gewöhnt und ich schöpfe wieder Hoffnungen, vielleicht doch als Schiff-Stewardess zurück nach Europa zu gelangen.

16. Jan. 1942

Vorgestern haben französische Kriegsflugzeuge über uns Übungen gemacht. Sie sind ganz nieder geflogen, nur gerade um nicht das Schiff zu berühren und haben schrecklichen Lärm gemacht. Das war recht aufregend, wir sind gleich dazu aufs höchste Deck gerannt. Am nächsten Tag schnupperflog uns ein englischer avion, das nach dem Kapitän wohlwollend eingestellt war.

»Der Rabbi von Bacherach« von Heine ist leider nur ein Fragment, aber sehr eindrucksvoll und sogar unheimlich ... Heine ist im Herzen ja doch immer ein Jude geblieben, er war nicht gläubig, aber die Tradition und Geschichte zog ihn an. Es sah in seinem Herzen wohl so ähnlich wie in meinem aus.

18
Die Verspätung der Serpapinto

Ohne weitere Zwischenfälle erreichten wir den Hafen und wurden in ein Flüchtlingslager außerhalb von Casablanca gebracht. Wir durften die Stadt nicht betreten. Ich habe vollkommen vergessen, wie wir ernährt wurden. Es gab einen großen Saal mit Matratzen auf dem Fußboden, auf denen wir schlafen sollten. Doch an Schlafen war nicht zu denken, da Kleinkinder die ganze Nacht weinten, Leute sich stritten und die Gelsen sangen und stachen. In dieser Lage war es hilfreich, Freud zu heißen. Der Vertreter des Joint von Casablanca war Wiener Jude und ein ehemaliger Nachbar der Schrameks, der Familie meines Großvaters in der Novaragasse. Er fand mir ein Privatzimmer, wo wir uns waschen konnten.

SOPHIES TAGEBUCH

24. Jan. 1942
Heute expiriert unser Visum.
Endlich kamen wir an, 8 km von Casablanca. Vor einem freundlichen Garten, worin ein großer Glaspavillon stand, blieben wir stehen. Es war so eine Art Treibhaus. Dort lagen Strohsäcke, einer neben den andern, ohne Zwischenraum und das war unsere Wohnung, Schlaf-, Speisezimmer und Salon. Mir machte das alles ungeheueren Spaß. Mein ganzes Leben wollte ich schon das Strohsäcke-schlafen ausprobieren. Zum Waschen waren 3 oder 4 Waschtische, mitten im Garten, wo alle Leute hinschauen konnten. Das Klo war unausdenkbar. Das war schon unangenehm. Zum Essen hatte man uns auch nichts vorbereitet und wie hungrige Ratten stürzten wir in das benachbarte Gasthaus und auf den Markt. Im Gasthaus bekamen wir 2 Tage mit großer Gnade zu essen, aber dann schmiß uns der Wirt hinaus, und wir aßen »zu Hause«, was auch ging. Man bekam von der HICEM einen bol ausgeteilt und dann kamen

Araber mit Wagen, die das Essen austeilten und man stand Schlange. Es war immer so dickes Zeugs wie Bohnen und Erbsenpurées. Am Anfang schmeckte es mir, aber jetzt bring ich so was kaum mehr runter.
Die erste Nacht war eine Katastrophe. Wir hatten es mit unseren Decken wenigstens warm, aber die Meisten hatten nur ihre Mäntel, denn die HICEM teilte erst am 2. Tag Decken aus. Achtzig Menschen in einem Saal, das ist zu viel. Ans Ausziehen war nicht zu denken. Mit Müh und Not streifte ich Rock und Bluse ab. Das Licht blieb die ganze Nacht brennen für den Fall, daß jemand raus muß, was oft passierte. Wir waren noch alle aufgewirbelt und das Geflüster hörte endgültig erst um 2 h auf. Dann muß man noch die Leute zählen, die wie wild schnarchten und husteten und das kleine Baby, das die ganze Nacht schrie und die harten Strohsäcke, auf denen man sich nicht umdrehen konnte, ohne Mutter aufzuwecken, weil sie so eng waren. Kurz, ich hatte die ganze Nacht keine Auge zugemacht. Am Kompliziertesten war das Waschen in der Früh. Auf Klosettsuche gingen wir auch. Zum Schluß gingen wir in eine fremde Arabervilla hinein und baten um die Klobenützung. Die Leute waren sehr freundlich.
Aber in der Früh, einmal fertig angezogen, war es sehr lustig. Ich flirtete mit einem Holländer, geboren in Krakau, und einem sehr netten Ungarn am Abend vor dem Schlafengehen. Auch mit einem Wiener und der Abend war überhaupt sehr lustig, wie drei Männer bewundernd um mich herumstanden. Gefallen hat mir eigentlich nur der Ungar. Er war ein organisiertes Parteimitglied und Zionist und erzählte hochinteressant Sachen aus Palästina und überhaupt. Ich unterhielt mich sehr gern mit ihm und glaube ich habe mich in ihn verliebt. Aber er betrachtete mich als kleines Mädchen, er war ja viel älter als ich, und fand mich sehr tapfer. Sonst wollte noch ein polnischer Bub mit mir flirten … Wir haben uns auch das andere Lager beim Meer angeschaut. Die Leute hatten da Kabinen, um sich umzuziehen, einen sehr großen Saal und eine schöne sonnige Veranda und den Strand vor der Nase. Aber ich hätte nicht getauscht, weil ich doch schon unsere Leute kannte. Ich glaube

wir waren mit besonders netten Leuten, fast nie erhob sich ein Streit (außer hier und da um Stohsäcke) und alle waren höflich und freundlich zu einander. Das Schiff sollte am 23. Jänner ankommen. Das war ein Glück, denn unser Visum lief am 24. ab. Doch das beunruhigte mich nicht, denn ich dachte, daß man das immer hinterum durch die HICEM richten lassen könne. Ein paar Franzosen waren auch mit uns. Die führten sich besonders auf, weil sie sich wohl besser dünkten. Wie wir vom Schiff abstiegen, waren ein paar Franzosen am Ufer. Und da begann ein Schwein zu schreien: »place aux juifs; les juifs les premiers *[Platz für die Juden, die Juden als erste]* und solche Gehässigkeiten und da rief Madame Weyl: »et les juifs français, qu'est ce que vous en faites« *[und was sagt ihr zu den französischen Juden]* was eine reichlich blöde Antwort war. »Je m'en fou de juifs français, revolution nationale«. *[mir sind die französischen Juden ganz wurscht, nationale Revolution]* Kurz, wir verließen mit einer angenehmen impression den französischen Boden.

Die zweite Nacht in unserem Mauseloch war schon viel angenehmer, fast ideal. Die meisten Leute hatten sich nämlich auf eine fieberhafte Suche nach Zimmern begeben, und manche mit Erfolg. Sie wurden natürlich wahnsinnig ausgenützt, 100 Francs pro Tag für ein vollkommen kahles Zimmer mit Waschtisch. Die Strohsäcke mußten sie sich mitnehmen. Zweihundert Francs für ein Zimmer mit Bett. In Marseille hatten wir 38 Francs für ein zweibettiges Zimmer gezahlt. Es ist eine Schweinerei, wie das Elend anderer immer ausgenützt wird. Auch auf unserer Flucht war das so, wie sie dann für eine Omlette 20 Francs verlangten.

Wir hatten dann endlich Ausgang. Ich hatte schon schreckliche Ängste gehabt, daß wir keinen mehr bekommen würden. Ich fuhr am Dach vom Autobus nach Casa. Wir spazierten im Araberviertel herum. So ein Elend kann man sich gar nicht vorstellen. Die Leute sind nur mit Lumpen behangen, liegen irgendwie und irgendwo auf der Straße herum, die notion von Sauberkeit scheint ihnen völlig unbekannt zu sein. Vielleicht fühlen sie sich in ihrem Elend wohl. Ganz verschiedene Völker laufen herum, die Frauen sind meist mit einem weißen Leintuch bekleidet und bis zu den Augen bedeckt. Die nicht bedeckten sind meist Jüdinnen. Die Juden erkennt man an den schwarzen Kappen, die sie aufhaben, aber auch so erkennt man sie an ihren intelligenten und viel feiner geschnittenen Gesichtern. Es gibt massenhaft Juden, sie sind genauso schmutzig wie die anderen, aber haben oft ein schwarzes Kleid an. Viele sind blind.

25. Jan. 1942

Und jetzt komme ich zu meiner Unglücksgeschichte. Neulich Vormittag kam plötzlich die Nachricht, die Serpapinto kommt erst am 25. an. Mutter regte sich gleich schrecklich auf, ich gar nicht, ich glaubte nicht, daß man uns einfach hier lassen würde. Dann kam Spaniel, der oberste Chef der ganzen französischen HICEM, ein russischer Jud, groß, dick, breit, mit einem Schnurrbart und widerlich wie nur was. Mutter begann gräßlich zu heulen, er schrie sie an wie wild, er würde es schon richten und man dürfe nicht davon sprechen und da er so schrie, faßten wir wieder Vertrauen. Der Spaniel ist überhaupt ein scheußlicher Schreier, arrogant wie man nicht ärger sein kann, nur gerade, daß er einen nicht anspuckt. Er kommt sich halt vor, der große Herr. Er glaubt vielleicht er ist der liebe Gott, aber so fein wie er sind wir wohl noch lange.

Alle hassen ihn, weil er allen schon irgend etwas angetan hat und kümmern tut er sich um Niemanden, wie es sich ja gezeigt hat. Der kriegt auch mal eine Kugel im Bauch, wie der HICEM-Mann in Marseille, und er wird sie redlich verdienen. Wie wir von Casa am Abend zurückkommen, sagt der Commissaire, wir kommen runter in die Maternelle, ein anderes Gebäude. Das war entschiedene Strafverschärfung, jetzt wo wir oben alle Leute kannten. Aber Mutter glaubte, das hätte mysteriöse Gründe und sagte gut. Sie glaubte, man wollte uns vor Anderen embarkieren.

Die Maternelle war bei uns oben als Gefängnis verrufen und ich begann zu weinen, nicht so sehr wegen Gefängnis muß ich ehrlich bekennen, sondern wegen des Ungarns. Aber da half nichts, wir schliefen schlecht, aber am Abend flirtete ich noch fest mit dem Ungarn. Mutter glaubte, er mache ihr den Hof, aber ich glaube ich war es, und ich weiß es fast bestimmt. Das Herunterkommen war wirklich unnötig, man tat es uns zuliebe. Ettinger sagte, unten sei es so viel besser, um uns wenigstens das Leben zu erleichtern. Dabei wären wir doch beide viel lieber oben geblieben. Aber es ist nicht so ein Unglück, weil ich hier unten auch Freunde gefunden habe, wenn auch nicht so interessante, weil viel jünger. Ich sehe schon voraus, ich werde einen viel älteren Mann heiraten, die Älteren interessieren mich immer viel mehr.

Kurz, es kam der Autobus, der Alle die abholte, die lieber in die Maternelle wollten, wie alte Frauen und Mütter mit ganz kleinen Kindern. Der erste Eindruck der Maternelle war ein schrecklicher. Wir kamen gegen 11 h früh an, da saßen noch die ganzen Eltern mit ihren kranken Kindern unten. Denn das ist hier ein Spital für kleine kranke jüdische Kinder. Das ist ein unvorstellbares Elend, nur Fetzen und die größte Krankheit der Kinder ist meist der Hunger.

Da unten mußten wir ein paar Stunden sitzen und inzwischen sagte man uns, daß uns nicht zu helfen wäre. Ich verbrachte den ganzen Tag mit Weinen. Um 1 h konnten wir dann raufgehen und man setzte uns ein bißchen kaltes ungenießbares Essen vor. Vor der Türe stehen 2 Gendarme, ein Araber und ein Franzose, die lassen einen ohne Erlaubnis nicht raus, ein richtiges Gefängnis. Eine Atmosphere war das den ersten Tag, mit all den fremden Leuten, das dunkle Haus, das schwere Herz. Kurz, ich mußte den ganzen Tag weinen, abgesehen davon, daß ich die ganze Zeit an den Ungarn denken mußte. Am Vortag waren wir bei der *[amerikanischen]* Konsulin gewesen, eine russische eiskalte Jüdin, der wir so wurscht wie eine Fliege sind. Die setzte uns kalt und bestimmt auseinander, daß wir am 24. eingeschifft hätten werden müssen, wenn das Schiff bis dahin angekommen wäre (wir wußten, daß es am 24. erst wegfuhr). Nun müßten wir nach Washington zum State Department telegraphieren und erst nach Nizza zurückfahren, um das Visum verlängern zu lassen. Das ist ein neues Gesetz seit dem Krieg, daß man allen feindlichen ressortissants *[Staats-*

bürgern] das Visum nicht verlängern dürfe. Und Amerika sei ein demokratisches Land, das auch für den Namen Freud keine Ausnahme machte. (Das war ja ungemein tröstlich) Und daß wir auch in Nizza die neue Erlaubnis abwarten könnten und dann wieder zurückkommen. Einmal in Nizza unternehme ich nicht mehr alle diese Alps! Wegen 24 Stunden! Und Cook hat seine Kunden in verriegelten Zügen durch ganz Spanien gebracht. Wir sind schon besondere Pechvögel! Aber ich glaube die Gleichgültigkeit der HICEM und des Konsulates ist an vielem schuld. Die HICEM, die die ganze Serpapinto gemietet hat, könnte uns mit ein bißchen guten Willen doch bestimmt durchschwindeln. Auf den Spaniel habe ich eine gute Wut. Und jetzt sitzen wir da in Casablanca und warten auf die Erlaubnis von Washington und inzwischen fahren alle Schiffe weg. Alle sagen, daß wir wahrscheinlich inzwischen in ein Camp kommen, weil wir doch nicht die Aufenthaltserlaubnis für Marokko haben. Eine traurige Situation. Bis zum letzten Augenblick hoffe ich auf ein Wunder. Die Serpapinto ist am 24. von Lissabon abgefahren und kommt am 25. abends in Casablanca an. Vierundzwanzig Stunden laufen unsere Visa zu früh ab, 24 Stunden oder nicht einmal kommt das Schiff zu spät an. Es ist ein Elend.

Die Zeit begann knapp zu werden. Wenn das Schiff aus Portugal nicht innerhalb von vier Tagen eintraf, würden unsere Visa ihre Gültigkeit verlieren und wir wären in Marokko gestrandet. Das Schiff kam nicht rechtzeitig an, und der Kapitän wagte nicht, uns mit unseren abgelaufenen Visa an Bord zu nehmen. Mit dem Wissen, das ich heute von den Vereinigten Staaten habe, hätten wir das Risiko eingehen sollen, denn die Einwanderungsleute hätten uns bei der Ankunft hineingelassen, auch mit abgelaufenen Visa. Wir mußten uns bis zur Erneuerung unserer Visa auf einen langen Aufenthalt in Casablanca einstellen. Der Mann vom Joint half uns. Wenigstens waren wir einen Schritt weiter von Hitler entfernt; wenn auch nicht allzuweit weg von Rommels Truppen in Afrika.

Sophies Tagebuch

25. Jan. 1942

Also heute abend kommt das Schiff an. Hier in der Maternelle bin ich nicht so unglücklich wie ich im ersten Moment glaubte. Gleich am ersten Abend, wie ich so unglücklich dasaß und Briefe in alle Welt versandte, sprach mich ein Wiener Bub an, gleich wollte er per DU sein, was schon sehr verdächtigt war, am nächsten Tag stellte er mir die anderen »Jugendlichen« vor, alle gleich per DU und wir spielten zusammen Poker, und am Abend Schreibspiele. Harry heißt er, und er hat das ganz tüchtig organisiert, daß wir uns so schnell kennen lernten. Sonst geht man doch immer aneinander vorbei, auch wenn man auf den anderen Lust hätte. Harry ist ein großer Kommunist, aber kein Stalinist. Er war immer in Jugendvereinen tätig und ist überhaupt sehr aktiv, will jeden Menschen gleich zu seiner Meinung bringen.

Als er erfuhr, daß ich mich für Politik interessiere und ihm sagte daß er wohl ein K *[Kommunist]* sei, wurde er rot, war aber sehr froh. Seitdem diskutieren wir stundenlang und obwohl ich doch viel weniger ausgebildet bin, stand ich nicht zurück. Über freie Liebe konnten wir uns nicht einigen. Das ist außerdem ein etwas heikliges Gesprächsthema. Er ist für, aber ich ganz dagegen, denn die Ehe ist vor allem ein Schutz für die Frau, den die Frau schön blöd wäre zu bekämpfen. Was würden wir machen, wenn die Männer nicht durch ein paar gesetzliche Bände gehalten wären. Nach 2 Jahren wird jede Frau mit einem Kind am Arm picken gelassen und wenn der Staat auch fürs Kind sorgt und sie selbst arbeiten kann, so ist es doch nicht das richtige, denn das Herz bleibt leer. Aber bevor ein Mann eine verheiratete Frau endgültig sitzen läßt, überlegt er sich lieber zweimal und von einer Geliebten kommt er sehr oft auf die eigene Frau zurück.

Ein anderer Bub, Hans, gefällt mir viel besser als Harry. Denn Harry ist ein bißchen der Typ von Wiener Pülcher, kann nach 3 Jahren Frankreich nicht französisch »weil es ihn nicht interessiert hat«, ist faul und ungebildet. Hans ist zwar politisch nicht so anständig, aber dafür bessere Haltung, hat Bücher gelesen (über die ich mit ihm sprechen wollte, er aber sich nicht an die Titel erinnern konnte, was ich ziemlich nebbich finde) ist irgendwie besser erzogen und gebildeter. Der war mit der St. Louis, ein Schiff, das von Kuba zurückgeschickt wurde und deren Passagiere dann unter England, Frankreich, Belgien und Holland verteilt wurden. Sie konnten zwar fürs Land optieren, wurden aber zu guter letzt doch wie Vieh eingeteilt. Die Hetz, die auf der Serpapinto gewesen wäre, jetzt wo ich das halbe Schiff kenne und 5 Verehrer von 17–40 darauf gehabt hätte, macht mir das Zurückbleiben noch viel schwieriger. Aber es ist unabänderlich. Vielleicht erwischen wir mit viel Glück noch die Nyassa. Aber die macht eine schreckliche Reise über Kuba, St. Domingo und Mexico. Und was hat man schon davon, die ganze Welt zu umfahren, wenn man nirgends aussteigen darf.

28. Jan. 1942

Die Serpapinto ist nun am 26. weggefahren – ohne uns. Aber jetzt, wo sie weg ist, habe ich mich beruhigt und es ist mir ziemlich gleichgültig geworden, was mit uns geschieht. Zum Beispiel hatte ich mich gekränkt, nicht auf der Serpapinto zu fahren, weil ich dort schon so viele Kameraden hatte, wie Ungarn, er heißt Eisynowitz und Klaus und Hans und Harry usw. Aber jetzt sind sie mir alle recht gleichgültig geworden, außer der Ungar. Die Nyassa kommt am 30. und fährt ohne uns weg, tant pis. *[schade]* Wir haben inzwischen in die ganze Welt, das heißt nach London und New York vollkommen verzweifelte Telegramme weggeschickt. Vater hat uns schon telegraphisch Hilfe versprochen, Tante Lily hat geantwortet, daß die intervention in Washington schwierig ist, sie uns aber immediately *[sofort]* ein Kuba-Visum besorgen kann. Da bin ich gar nicht glücklich darüber. Erstens kostet das schrecklich viel Geld und wer wird das zahlen? Der Vater ist doch gar nicht so reich. Da spart und spart man und muß sein Geld für so eine Dummheit rauswerfen. Und dann: was haben wir in Kuba verloren? Ich hab das Gefühl, wenn man mal dort ist, kommt man nie mehr weg. Vielleicht kommt doch noch die Verlängerung. Ich glaube aber nicht und Mutter wird sich auf jeden Fall rasch ein Kubavisum verschaffen.

Das Austeilen der Karten für die Serpapinto war gräßlich komisch. Das Schiff war nämlich ganz überfüllt und es waren kaum mehr Plätze da und alle bekamen 4. Klasse außer 2 oder 3 Leute, die ein Vermögen zahlten. Und da waren die meisten Leute schrecklich böse, erzählten von ihren wehen Hacksen, Herzen, usw. Einer bekam einen Wutanfall, kurz, es war eine Hetz. Ein paar Leuten stellte man die Wahl zwischen einer 4. auf der Serpapinto und einer 1. auf der Nyassa. Sie wählten natürlich alle die Serpapinto, denn ganz sicher weggefahren ist man erst, wenn das Schiff zu wackeln beginnt. Und sie hatten recht, denn jetzt müssen alle HICEM Leute auch auf der Nyassa 4. Klasse fahren. Bin nur froh, daß man für uns nicht schon eingezahlt hatte. Inzwischen müssen wir immer noch in der Maternelle bleiben, bekommen aber fast jeden Tag Ausgang.

Ich hatte mir eine leichte Bindehautentzündung geholt und Mutter ist gräßlich erschrocken, weil sie gleich an Trachome gedacht hat, die Krankheit, von der alle Araber blind sind. Aber ich habe mich nicht weiter erschreckt, weiß selber nicht wieso. Es war mir egal, nur blind wollte ich nicht werden. Und am nächsten Tag am Abend hatte ich auch Fieber und während der ganzen Nacht und Hexenschuß hatte ich auch und Schnupfen und Halsweh. Es ist aber möglich, daß alles vom Impfen kommt, denn es geht bei mir ganz stark auf. Eine arge Krankheit muß Pocke sein, wenn so ein bisserl einen gleich ganz krank macht. Aber jetzt sind meine Augen schon ganz gut und angeblich hat jeder, der nach Afrika kommt, eine Bindehautentzündung. Ich bin in der Früh aufgewacht und konnte das Aug kaum öffnen, weil es so verpickt war. Vor allem wäre es zum Auswandern unangenehm gewesen, weil man mich mit kranken Augen doch nirgends reinläßt.

Man hört und sieht hier die ganze Zeit so ein Elend, daß ich mich schrecklich geniere, so eine Geschichte aus unserem Pech zu machen. Das Schrecklichste hört man von den Legionnairen *[Männer, vor allem Emigranten, die sich in der Fremdenlegion engagierten]*, die im Krieg gegen Deutschland kämpfen wollten, und die man die Transsaharian Eisenbahn bauen geschickt hat. Bei 70 C Hitze haben sie arbeiten müssen. Mutter kennt hier einen Herrn Oswald Singer, einen Schüler aus der Leopoldstadt-Volkshochschule. Am Rosh Hashanah wollte er nicht arbeiten und da mußte er zur Strafe 8 Tage in einem Grab bei Wasser und Brot zubringen und Araber haben ihn geschlagen. Der hat, glaube ich, einen kleinen Klaps bekommen von der Hitze und den Leiden, die er durchgemacht hat, und sehr anständig fand ich, wie er gesagt hat, daß das Schlimmste die Kameraden sind, die drin sitzen und für die man nichts machen kann. Und er ist überhaupt nur durch ganz besondere Protektion herausgekommen. Und dann sind hier noch alle Leute, die gescheitert sind, Visum abgelaufen, zurückgeschickt, keines bekommen. Besonders von Martinique sind sehr viele zurückgeschickt worden.

19
Wartezeit in Casablanca

Der Joint-Vertreter empfahl uns ein halbwegs anständiges Privatzimmer und ließ auch verbreiten, dass sich Freuds Enkelin als Flüchtling in Casablanca befand. Ich hatte begonnen, die Situation einzuschätzen. Da waren wir, zwei junge Frauen ohne männlichen Schutz in einem islamischen Land, einem Land, in dem Frauen Schleier trugen, von Kopf bis Fuß mit einer Art Kaftan bedeckt waren und sich niemals ohne Begleitung ihrer Ehemänner oder männlicher Verwandter auf der Straße zeigten. In den großen Städten waren diese Sitten durch den französischen Einfluss einigermaßen gemildert. Marokko war ein französisches Protektorat, das von Marschall Lyauty erobert und dem französischen Gesetz unterstellt worden war, wenngleich die französische Niederlage in Europa diese Verbindung erheblich gelockert hatte. Ich begriff, dass wir uns auf keinen Fall auf dem Hauptplatz in ein Café setzen durften. Dieses Problem wurde durch den Joint-Vertreter gelöst. Er stellte uns einer prominenten jüdisch-spanischen Familie vor, die uns für die Zeit unseres Aufenthalts sozusagen adoptierte. Das Ehepaar hatte zwei Töchter ungefähr in Sophies Alter, und die Mädchen wurden enge Freundinnen. Wir waren jederzeit eingeladen, bei ihnen Mittag zu essen. Die Familie Coriat machte eine unerträgliche Situation für uns nicht nur erträglich, sondern sogar angenehm. Ich fühle mich dieser Familie immer noch verpflichtet und bedaure, dass ich mich für ihre Freundlichkeit nie erkenntlich zeigen konnte.

Einstein sagte, Gott würfelt nicht (mit der Welt), aber ihr Delegierter, das Schicksal, würfelt gewiss mit den Menschen. Manchmal gewährt es Wünsche, was nicht unbedingt erwartetes Glück heißt, und bei anderer Gelegenheit erschüttert es unsere Pläne, was völlig unerwartete Ergebnisse nach sich ziehen kann. Ausgelöst durch das Desasters wegen des versäumten Schiffs in Casablanca erlebte ich eines meiner glücklichsten Jahre, gewiss meiner Jugend, das mich vielleicht auf die dunklen Jahre im versprochenen Land vorbereitete. Für Mutter war es wohl nicht viel anders, was sie sogar zugibt. Für mich gab die Adoption durch die Familie Coriat den Ausschlag, denn ich wurde quasi ihr Pflegekind. Seltsam, dass Mutter dieses Detail nicht erwähnt. Ja, die Coriats hatten zwei Töchter, Donna und ihre jüngere Schwester Flor, zwei Jahre älter als ich. Donna hatte, bereits schwanger, eben geheiratet, und ich wurde eingeladen, das leere Bett zu nutzen, das sie im gemeinsamen Mädchenschlafzimmer zurückgelassen hatte. Mutter bewohnte ein bescheidenes Apartment in der Nähe. Wir trafen uns zwar häufig, doch es wurde ein Jahr, in dem Mutter und ich ziemlich getrennt voneinander lebten, was mich mehr entlastete, als ich geahnt hätte. Mutter hatte mir trotz ihrer schmerzhaften Eifersucht, die sie damals empfand, erlaubt, Tante Janne zu lieben, als wir nach Paris zogen, und sie erlaubte mir, bei der Familie Coriat zu wohnen. Mutter konnte sehr großzügig sein.

Mitten im Krieg, in der nunmehr mystischen Stadt Casablanca, mit dem Höllenfeuer auf der anderen Seite des schmalen Mittel-

meers, verbrachte ich zehn großartige Monate einer normalen Jugend, mit Partys, Strandpicknicks am Lagerfeuer in den Dünen, Ausflügen auf die Farm unserer Freunde, wo ich reiten lernte, und den üblichen Jungen/Mädchen-Spielen. Dieses Glück hatte ich ganz Flor zu verdanken, die mich in ihren großen Kreis von Freunden und Freundinnen einführte, junge Männer und Frauen jeder Nationalität, die irgendwie in Casablanca gestrandet waren oder dort schon seit einiger Zeit lebten.

In Marokko wurden jüdische Männer, die dorthin emigriert waren, zwar in Arbeitslager in der Wüste geschickt, aber die marokkanischen Juden wurden nicht nach Deutschland ausgeliefert.

Flor war und ist immer noch – weil wir trotz der Entfernung von Boston nach Paris stets in Verbindung geblieben sind und einander lieben – die großzügigste und warmherzigste Frau auf diesem Erdenrund. Nach ihrer Pensionierung als Managerin einer Kleiderboutique im Alter von Anfang 60 begann sie zu malen, und ihre Bilder schmücken mein Wohnzimmer. In Casablanca war sie zwar immer freundlich und ausgeglichen, trauerte aber wegen der Abreise eines jungen Mannes, den sie geliebt hatte. Die Musik der Schallplatte »Lover Come Back to Me«, die sie mehrmals am Tag spielte, klingt mir immer noch in den Ohren. Bald nach meiner Abreise kam der Geliebte zurück, und sie werden in Kürze ihren 60. Hochzeitstag feiern.

Flors Freunde nahmen mich alle spontan und ohne Fragen zu stellen in ihrer Mitte auf, und manche von ihnen wurden eine Zeitlang enge Freunde. Der Haushalt der Coriats hatte seine Türen für Flüchtlinge geöffnet, die durch Casablanca drifteten, und beim Abendessen waren nie weniger als ein Dutzend Personen um den Tisch versammelt. Versucht habe ich es, aber es ist mir nicht gelungen, das köstliche Cous-Cous nachzukochen, das die arabischen Köchinnen der Familie zubereiteten.

Während jüdische Kinder das Lycée nicht besuchen durften, konnten sie sich zur Baccalauréat-Prüfung anmelden. Die marokkanischen jüdischen Eltern hatten eine Privatschule für ihre Kinder organisiert, die ich besuchte, um mich aufs Bac vorzubereiten, da ich aber nicht erwartete, lange in Casablanca zu bleiben, konnte ich das Engagement, das ich im französischen Lycée aufgebracht hatte, nicht wiederholen, und meine Anwesenheit in der Klasse wies Lücken auf. Statt dessen erteilten eine junge Engländerin und ich uns gegenseitig Sprachunterricht. Wie man erwarten kann, verliebte ich mich ziemlich bald, und mein Tagebuch enthält viele interessante Seiten, auf denen ich meine Leidenschaft für Roger vom Anfang bis zum Ende Revue passieren lasse. Roger war 33 Jahre alt, zweiter Maître méchanicien auf einem Kriegsschiff in Casablanca. Er war die einzige nichtjüdische Person in unserem Freundeskreis, unglaublich elegant in seinen Uniformen, blau im Winter, schneeweiß im Frühling und Sommer, und selbstverständlich ein völlig ungeeigneter Mann. Teilweise dank der aufmerksamen Gruppe von Erwachsenen, die mich umgab, wie der lieben Madame Coriat, die sich zwang, so lange wach zu bleiben, wie Rogers Abendbesuche dauerten, im Bündnis mit meiner Mutter, die einen Tobsuchtsanfall wegen eines Strandbesuchs allein mit Roger bekam, und teilweise dank meiner eigenen Anhänglichkeit an meine Jungfräulichkeit, die meiner Leidenschaft widerstand, und Rogers eigenem Ehrgefühl blieb ich keusch. Es waren damals andere Zeiten.

Sophies Tagebuch

17. Juli 1942, Casablanca!!!!
Womit soll ich nur anfangen? Vor allem nicht mit der Vergangenheit, sonst kann ich von dem, was mich beschäftigt, erst in 3 Monaten schreiben und bis dahin ist es mir ganz wurscht geworden oder ich habe die Einzelheiten vergessen. Warum habe ich nur so lange nicht geschrieben? Am Anfang bis März ungefähr hätte ich doch wirklich Zeit gehabt. Aber damals bin ich auf einmal ganz inert geworden. Ich habe weder geschrieben noch gelesen noch gezeichnet, sondern am Anfang gar nichts gemacht und dann den ganzen Tag Maschine schreiben gelernt. Dann habe ich für die Matura gelernt und konnte nicht mehr, selbst wenn ich Lust gehabt hätte, was ich bezweifele. Was beschäftigt mich denn heute so? Ich bin verliebt, schon lange, seit März ungefähr und richtig seit April, Mai. Jetzt geht

es eigentlich schon gegen das Ende, nicht weil die Liebe nachgelassen hat, aber er fährt bald weg. Nie hätte ich am Anfang geglaubt, daß er es wäre, der erst wegfahren würde. Wer hätte denken können, daß wir einfach nicht und nicht fortkommen würden. Hatte ich nicht am Anfang geglaubt, daß es sich um 14 Tage, 1 Monat handeln würde. Und jetzt sind wir seit 7 Monaten da. Aber es tut mir nicht leid, im Gegenteil, denn ich habe meine Matura bestanden, genauso als ob wir in Nizza geblieben wären, und das war für mich die Hauptsache. Die Prüfung war in Rabat und Flor ist mit mir nach Rabat gefahren. Mir war damals totenschlecht, wohl aus Aufregung, und Flor hat mich so reizend bemuttert, das werde ich ihr nie vergessen.

Und ich habe es auch tatsächlich nie vergessen.

Beim Nachhauseweg sprach Roger davon, daß ich berühmt werden würde und ein Buch über meine jetzigen Erlebnisse schreiben würde und er wollte ein ganzes Kapitel haben. Darauf legte er großen Wert. Immer, wenn wir davon sprechen, daß wir uns später einmal wieder sehen werden, spricht er von mir als große Dame oder berühmt, die vielleicht auf ihn herabsehen wird. …

Also Rogers Prophezeiung ist eingetreten, und wenn ich ihm nun auch nicht ein ganzes Kapitel widme, so verdient er es, dass ich hier wenigstens meine Beschreibung von ihm, die ich in meinem Tagebuch wiedergebe, aufnehme.

Roger ist so schön wie Walter und sieht ein bißchen Vater ähnlich. Er ist ganz groß 1 m 82 und hat herrliche schwarze Haare, die sich von selbst leicht wellen. Er hat einen wunderschönen schmalen Mund, eine griechische Nase und nach unten gebogene Augen, so wie ich. Er ist ein Mittelding zwischen Gary Cooper und Robert Taylor und Mutter ist jedesmal, wenn sie ihn sieht, ganz starr über seine Schönheit und meint, er sollte unbedingt zum Film gehen. Er hat einen fehlerlosen Körper und zieht mich wie durch einen unwiderstehlichen Magnet an.

Die Bevölkerung Casablancas setzt sich aus verschiedenen Schichten zusammen. Rabat war die Regierungsstadt, mit breiten Boulevards à la Paris; dort standen die großen Regierungsgebäude, von wo aus die koloniale Bürokratie das Land regierte. König Hassan war bloß eine Repräsentationsfigur von Frankreichs Gnaden. Wir hatten nie Gelegenheit, mit der wohlhabenden arabischen Bevölkerung oder der arabischen Mittelschicht zusammenzukommen. Man sah nur arme Leute, die in den Straßen des arabischen Viertels, der Medina, ihren diversen Geschäften nachgingen. Das Viertel, wo die armen einheimischen Juden lebten, war die Mellah. Dort spielten die in Fetzen gekleideten Kinder in der offenen Kanalisation und hatten schwelende Wunden am Körper. Wenn sie Fremde sahen, wussten sie nichts anderes, als zu betteln. Mir wurde gesagt, dass sich diese Juden nach der Zerstörung des ersten Tempels durch Kaiser Titus dort niedergelassen hatten. Keine der jüdischen Frauen trug einen Schleier. Es gab auch spanische Juden, die im 15. Jahrhundert eingewandert waren, nachdem Isabella die Katholische sie aus Spanien vertrieben hatte. Die Juden, mit denen ich zusammenkam, waren sehr wohlhabend und lebten in eleganten Villen am Stadtrand. Manche von ihnen besaßen große Ländereien auf dem Land. Viele waren Kaufleute und Banker. Die spanischen Juden verachteten die marokkanischen Juden und sahen in ihnen irgendwie Untermenschen. Die Dienstboten in den Häusern der spanischen Juden waren ausschließlich marokkanische Juden, die stahlen wie die meisten Dienstboten auf der ganzen Welt. Wollte ein spanischer Jude ein marokkanisch-jüdisches Mädchen heiraten, galt das als Mesalliance und als Schande für die ganze Familie.

Für ihre Berufsausbildung gingen die wohlhabenden jungen Männer nach Paris und kehrten zurück, um in ihrem eigenen Land zu arbeiten. Eine Gruppe in Paris ausgebildeter Ärzte hatte eine Ambulanz für die notleidende jüdische Bevölkerung organisiert. Obwohl sie als Krankenhaus gedacht war, wurden dort nur ambulante Fälle behandelt, in erster Linie Trachom und Kinderdiarrhöe. Meistens brachten die Frauen ihre kranken Kleinkinder erst dann in die Ambulanz, wenn es zu spät war und die Kinder vollkommen dehydriert und sichtbar moribund waren.

Zuerst gingen sie zum Hexenmeister, und erst wenn sie die Aussichtslosigkeit dieses Schrittes erkannt hatten, kamen sie in die Ambulanz. Die Frauen fielen vor dem Arzt auf die Knie und flehten: »Donnez lui une piquûre, donnez lui une piquûre« *[Geben Sie ihm eine Spritze]*, glaubend, dass jede Art von Injektion das Leben des sterbenden Kindes retten würde. Die Ärzte waren wütend, aber in ihrem Kampf gegen Aberglauben und Ignoranz hilflos. Wehe dem neuen Staat Israel, wenn er es mit einer solchen Bevölkerung zu tun hat.

Schon bald während meines Zwangsaufenthalts in Casablanca erfuhr ich von dieser Ambulanz. Ich suchte sofort den Direktor auf und bot meine Dienste an. Da ich zwei Jahre mit Professor Lemaître in Paris gearbeitet hatte, wurde ich selbstverständlich akzeptiert. Innerhalb kurzer Zeit organisierte ich eine Schule für taube Kinder. So etwas gab es im ganzen Land nicht. Jeden Morgen fuhr ich mit dem Rad zur Ambulanz und unterrichtete zwölf vollkommen vernachlässigte taube und schwerhörige Kinder in Sprechen, Lesen und Schreiben. Meine Aktivität sprach sich bald in den wohlhabenderen jüdischen Kreisen von Casa herum, und zunehmend wurde ich um die Behandlung von Fällen gebeten, die Geld einzubringen versprachen. So radelte ich am Nachmittag zu den Häusern meiner Privatpatienten. Die für die Flüchtlinge verantwortliche Polizei beobachtete meine Tätigkeit mit offensichtlichem Wohlwollen, und ich wusste, dass wir vor unangenehmen Überraschungen gefeit waren.

Sophie besuchte wieder die Schule, wenn auch nicht ein staatlich geführtes Lycée. Dort wurden jüdische Kinder nicht aufgenommen. Doch jüdische Eltern hatten ein privates Äquivalent zum Lycée organisiert, und sie konnte ihr Baccalauréat an der staatlichen Schule ablegen. Neben einer Reihe von kulturellen Missionen unterhielt der französische Staat auch eine große Bibliothek in Casablanca. Unter den Freunden der Coriats gab es einen Herrn Toledano, der mich eines Tages dem Direktor der französischen Bibliothek vorstellte.

Ich war von einem der Ärzte an der Ambulanz um die Übersetzung einiger technischer Abschnitte aus einem Manuskript über die Arbeitsweise eines Elektroschockgeräts gebeten worden, das ihm eben aus Zürich zugegangen war. Monsieur Duprée, der wegen des milden Klimas nach Marokko gezogen war, weil seine Frau an Tuberkulose litt – sie war zu jener Zeit bereits an der Krankheit gestorben –, half mir nicht nur bei der Übersetzung, sondern mochte mich auch. Jetzt hatten wir also einen nichtjüdischen Beschützer mit guten Verbindungen. Er war ein hochgebildeter Mann, einer der wenigen echten Gentlemen, die mir in meinem Leben untergekommen sind, und er erwartete von mir nichts als meine Gesellschaft. Die Familie Coriat, dass ich arbeiten und Geld verdienen konnte, und Monsieur Duprée sind die drei Faktoren, die aus Casablanca eine der angenehmeren Erinnerungen an unsere Flucht vor Hitler machen.

Eines Tages eröffneten mir Mutter und Monsieur Duprée, sie hätten beschlossen, mich für den Fall einer deutschen Invasion vorsichtshalber mit ihm zu verheiraten. Ich muss voller Scham zugeben, dass ich in meiner absoluten Idiotie zu weinen begann. Monsieur Duprée erklärte mir darauf so feinfühlend wie möglich, dass es sich nur um eine Scheinehe handeln würde.

Ich war sehr erfreut gewesen, dass Mutter einen männlichen Begleiter gefunden hatte und deshalb weniger einsam und zufriedener war. Sie sagte mir, Monsieur Duprée habe um ihre Hand angesucht. »Warum nicht?« fragte ich. Ärgerlich warf sie mir vor, sie loswerden zu wollen. Vielleicht hatte sie gar nicht so unrecht, obwohl es für mich schwerer gewesen wäre, allein nach Amerika zu gehen. (In Casablanca zu bleiben wäre mir damals gar nicht in den Sinn gekommen.) Auf jeden Fall hatte Mutter weder die Absicht, eine neue Ehe einzugehen – einmal war schlimm genug gewesen –, noch in Casablanca zu bleiben.

Eines der seltsamen Erlebnisse unseres Aufenthalts in Casa war eine Heuschreckeninvasion. Es war genau, wie es in der Bibel beschrieben wird. Heuschrecken überall. Sie ließen sich im Haar nieder, sie knirschten unter den Füßen, das Gras im Park war braun von Schwärmen junger Heuschrecken, und die Zweige der Bäume schwarz, kein einziges Blatt war übriggeblieben. Man sagte uns, die Engländer hätten wegen des Krieges kein Rohöl übrig, um es in den Tschadsee zu gießen, wo die Heuschrecken brüten, so dass sie sich so stark vermehren konnten.

Während unserer Zeit in Afrika gab es Krieg zwischen Rommel und dem englischen General Wavell. Mehrmals ging es hin und her. Waren die Engländer auf der Siegerseite, behandelten die französischen Kolonialbehörden die Flüchtlinge nachsichtig. War Rommel auf dem Vormarsch, war ich gewiss froh, einen Beschützer zu haben.

SOPHIES TAGEBUCH

15. Aug. 1942

Heine sagt, »die Juden, diese Parias der modernen Gesellschaft, sollen gemeinsame Sache mit allen Enterbten machen, denn sie sind gegenwärtig nicht so sehr Opfer eines religiösen Vorurteils oder eines Rassenhasses, als vielmehr einer sozialen Ungerechtigkeit. Ihre Gegner sind die heutigen Machthaber, dieselben, die Deutschland bevormunden wollen und überall die Freiheit des Wortes und des Gedankens zu unterdrücken suchen. Und in Wahrheit haben sie keine anderen Gegner. Die Antipathie gegen die Juden hat bei den oberen Klassen keine religiöse Wurzel mehr, und bei den unteren Klassen transformiert sie sich täglich mehr und mehr in den sozialen Groll gegen die überwuchernde Macht des Kapitals, gegen die Ausbeutung der Armen durch die Reichen ... Die Juden dürfen endlich zur Einsicht gelangen, dass sie erst dann wahrhaft emanzipiert werden können, wenn auch die Emanzipation der Christen vollständig erkämpft und sicher gestellt worden ist. Ihre Sache ist identisch mit der des deutschen Volkes, und sie dürfen nicht als Juden begehren, was ihnen als Deutsche längst gebührte.«

Wie herrlich aktuell das ist. Das erste Mal, daß ich in klaren Worten so genau denselben Standpunkt wie den, den ich vertrete, ausgesprochen sehe. Ich habe jetzt ein Buch über Heine gelesen: Henri Heine, penseur von Henri Lichtenberger und das hat die vagen Ideen, die ich über Heine hatte, gefestigt und geordnet. Er spricht von seinem Privatleben, aber nur nebenbei, von seinen Ideen über Religionen (er hat ganz dieselben wie

ich, nur glaubt er leider an Gott), über Politik (entschieden links, aber seine Stellung läßt oft an netteté *[Klarheit]* zu wünschen übrig. Zum Beispiel hat er oft Monarchen den Hof gemacht oder von ihnen Pension empfangen und er hatte das Volk auch gar nicht gerne, sondern hatte eher Angst vor seiner Machtergreifung, weil er die Kunst mehr als den sozialen Fortschritt schätzte. Er erkannte genau die Wichtigkeit des Kommunismus und sah die Revolution als ein unangenehmes aber unvermeidliches Ereignis an. Während einiger Zeit verkehrte er sogar mit Marx. Er hatte sich aus materiellen Gründen taufen lassen ...
Seit der Taufe hatte er dann eine besondere Wut auf alle Christen und interessierte sich umso mehr für die Juden. Er hatte seine Rassenbrüder nicht gern, verspottete sie oft bitter und war für eine vollkommene emancipation. Aber er hatte Mitleid mit ihnen und ergriff ihre Partei, weil sie die Unterdrückten waren und er als richtiger Jude zu den Schwächeren hielt. Aber Herr Lichtenberger kann sagen, was er will, es war auch ein Rasseninstinkt, ein eingeborener Stolz, der ihn zu den Juden zog, es ist doch dasselbe mit mir. Man kann noch so modern und unreligiös sein, man fühlt sich immer als Jude und ist stolz darauf. Man muß ja nur den Rabbi von Bacherach lesen, um zu sehen, daß Heine kein Judenfeind war. Wie er dann so schrecklich krank wurde, kehrte er sich zu Gott und fing ganz bewußt zu glauben an. ...
Schrecklich allein war Heine sein ganzes Leben. Er gehörte nie zu einer Partei, sondern verspottete sie alle, er hatte nie einen guten Freund, nie eine Kameradin in einer Frau. Warum habe ich ihn nur nicht gekannt, ich wäre so gerne seine Kameradin durch dick und dünn gewesen! ...
Dann hatte ich von Lenin Le Stade supreme de l'Imperialism gelesen, vor allem Statistiken, an Hand derer er die unmögliche Wirtschaft der kapitalistischen Länder beweist. Dann habe ich La vie de Lenin von seiner Frau Kroupinskaïa gelesen. ... Lenin war nie verheiratet gewesen und doch hat er das ganze Leben mit derselben Frau gelebt. Folglich gibt es doch l'amour libre, aber alle Männer sind auch nicht so besonders wie Lenin

und außerdem hat bei ihm das Liebesleben gewiß keine besondere Rolle gespielt. –

24. Aug. 1942

Heute bin ich müde, müde, meine Beine wiegen 10 kg. Roger ist weggefahren, ich habe ihn auf die Bahn begleitet. ...

Es dauerte etwa sechs Monate, bis unsere amerikanischen Visa erneuert waren. Jetzt benötigten wir ein portugiesisches Visum, weil Portugal der einzige Ort in Europa war, von wo aus noch Schiffe den Atlantik überquerten. Ich kann mich nicht erinnern, wie oft ich das portugiesische Konsulat um dieses Visum aufgesucht habe. Ich hatte Angst, dasselbe könne nochmals passieren – unsere Visa könnten ablaufen, und wir würden endgültig in diesem gottverlassenen Land festsitzen. Aber eines Tages war ich endlich erfolgreich. Ein Mann wartete mit mir im Vorzimmer. Wir begannen ein Gespräch, und ich erzählte ihm unsere Geschichte. Er schien irgendwelche Beziehungen zum Konsul zu haben, und so erhielten wir unsere portugiesischen Visa. Ich reagierte rasch, reservierte Schlafwagenplätze für den Nachtzug nach Tanger, von wo aus wir nach Lissabon fliegen sollten. Wir packten unsere Siebensachen und los ging's. Es war wohl eine ganz schöne Menschenmenge, die uns am Bahnhof Lebewohl sagte. Monsieur Duprée weinte, als der Zug abfuhr. Ich gab dem Schlafwagenschaffner ein erhebliches Trinkgeld und unsere Papiere, sagte ihm, ich hätte eben erst eine schwere Krankheit hinter mir und würde dringend Schlaf benötigen, ob er es nicht arrangieren könne, dass uns Passkontrolle und Zoll in der Nacht nicht weckten. Obwohl Tanger eine internationale Stadt war, reisten wir vom französisch kontrollierten ins spanisch kontrollierte Territorium. Ich wurde der verschiedenen Kontrollen allmählich überdrüssig.

20
Von Casablanca nach Lissabon

SOPHIES TAGEBUCH

28. Okt. 1942
Also am Abend nach allerseitigem Abschied zur Bahn. Mir brach das Herz für Duprée, weil er so unglücklich schien. Wir hatten Schlafwagen 2. Klasse nach Tangier. Bis zur Grenze hatte ich schreckliche Angstträume, wahrscheinlich hatte ich unbewußt erwartet, doch wieder zurückgeschickt zu werden. Ich träumte von chantiers de jeuness *[Jugendlager]*, in die man mich einsperren wollte, um mir dort Vaterlandsliebe und solche Sachen beizubringen. Aber alles ging gut. Ich schlafe schrecklich gerne in Zügen, das ist doch was andres als diese vertrottelten Schiffe. In Zügen kann man an 100 Sachen denken und seine Phantasie wird viel freier, die Horizonte erweitern sich, man fährt in ein neues Leben. Am nächsten Tag Ankunft in Tangier. Ich sah nur ein paar Sekunden den Strand durch das Zugfenster und kam dann nicht mehr dorthin, weil unser Hotel oben auf einem Hügel liegt und es ein endloser anstrengender Weg ist, hinaufzuklettern. In Tangier wird man schrecklich ausgenützt. Die Araber auf der Bahn haben sich wie hungrige Geier auf uns gestürzt. Das Hotel war sehr teuer, wenigstens für unsere Verhältnisse, vielleicht nicht einmal so arg für Tangier, denn das Leben ist dort kaputtmachend. Aber es gab richtige Moskitonetze, was ich in jedem Klima, Land und Umstände sehr schätze. Wir sind dann gleich zum Präsidenten der jüdischen Gemeinde gegangen, ein Herr Laredo, der sehr liebenswürdig mit uns war, besonders wenn man bedenkt, daß er uns das Geld fürs Flugzeug überweisen mußte. Er hatte die Vertretung von Nestle und schenkte uns jeder eine riesige Tafel Schockolade. Ich wollte meine aufheben, um sie Frl. Kronheim zu schicken, aber Mutter aß sie mir auf. Dann war es mir ohnehin egal, da man doch nichts mehr schicken durfte.

Am nächsten Morgen am Flugplatz war es so aufregend, weil das ganze Gepäck gewogen wurde und man über 30 kg pro kilo 100 Francs zahlen mußte, und jedes Kilo über 60 kg kostet 200 Francs. Ich hatte so eine Angst, daß wir zusammen mehr als 60 kg haben würden. Und ich versuchte möglichst viel in meine Manteltasche zu stopfen. Bei der Aktentasche war ich nicht sicher, ob man sie wiegen würde, auf jeden Fall gab ich ein paar schwere Bücher und Flaschen hinein und da man sie nicht gewogen hatte, habe ich nur bedauert, sie nicht noch mehr vollgestopft zu haben. Eine Stunde Autobus vom Hotel zum Flugplatz. Der Minister, der mit uns reiste, nahm natürlich ein Privatauto, er hatte Monokel, Zigarre im Mundwinkel und sah genau so blöd aus wie sich der kleine Moritz einen Diplomaten vorstellt.

Der Flug von Tangier nach Lisbon war, in meiner Erinnerung, ganz besonders schön. Wir waren die einzigen Passagiere.
Nein, das Flugzeug war ganz besetzt.
Am Flughafen von Lissabon hatten die Passkontrollbeamten etwas an unseren Visa auszusetzen und wollten uns sofort zurückschicken. Ich flehte sie an, den Joint anzurufen, der ihnen versicherte, dass wir unsere Tickets in die Vereinigten Staaten von Amerika schon hatten und uns nur kurze Zeit in Portugal aufhalten würden. Wir durften bleiben, mussten uns aber in einem kleinen Dorf mit einem alten Schloss außerhalb der Stadt eine Unterkunft suchen.

SOPHIES TAGEBUCH

22. Okt. 1942

Cintra ist ein entzückender kleiner Ort, ganz im Wald vergraben und von rosenbewachsenen Dornröschenschlössern umgeben, so wie in Tirol. Die Umgebung von Lissabon wimmelt im allgemeinen mit Königsschlössern, in denen die Aristokraten gewohnt hatten. Oben auf den Bergen sind Ruinen, auf die wir sogar gekraxelt sind. Denn wir waren strafweise in paar Tage in Cintra. Wie wir nämlich mit dem Flugzeug in Lissabon angekommen sind, beroch die Fluggrenzpolizei unsere Papiere und wie sie auf denen Ausländer, Juden u. s. w. las, bekam sie gleich eine Scheißangst vor Verantwortung und blöd war sie auch und so verbot sie uns erstmal, in die Stadt zu fahren. Die HICEM hatte der Polizei nicht telephoniert, um sie zu versichern, daß wir bestimmt unsere Schiffsplätze schon gezahlt hätten, was doch selbstverständlich war, denn sonst hätten wir doch nicht das Amerikanische Visum bekommen, aber die Portugiesen haben eben so eine Heidenangst, daß man dort bleibt. Kurz, wir fuhren ein paar Minuten mit dem Autobus der anderen Fluggäste und wurden dann bei der ersten Polizeistation abgeladen, die andren Fluggäste waren natürlich sehr erstaunt und im nachhinein ein bißchen entsetzt, mit Schwerverbrechern so wie wir zusammengefahren zu sein. Besonders der Minister mit seinem Monokel, Ochsengesicht und Zigarette im Mundwinkel war sicher sehr entrüstet, daß man nicht besser auf ihn aufpaßte.

Dann haben wir uns also auf der Polizeistation installiert, es war 1 h, in einem kleinen Häuschen, bewohnt von 2 Polizisten, von dem einer eine schwangere junge Frau hatte, eine riesig nette schöne Spanierin. Die Mutter rief jede 10 Min. die HICEM an, die meist besetzt war und wir saßen da auf unseren paar Koffern und lutschten sauere Zuckerln, um uns den Hunger zu vertreiben. Als triumphaler Empfang in Portugal war es ziemlich nebbich. Dann kochte uns die Spanierin eine Omlette und gab uns Wurscht und Butter und Brot und Birnen zu fressen und wir versuchten alle 3 Conversation zu machen, was eher anstrengend als ein Vergnügen war, wenn man bedenkt, daß sie nur Spanisch und wir gar nicht Spanisch sprachen. Als gegen Abend die Antwort der HICEM noch nicht angekommen war und weit und breit kein Wirtshaus (was zeigt, daß Portugal gar nicht auf Fremdenverkehr eingerichtet ist, denn in Frankreich sind schon in viel kleineren Nestern 3 oder 4 auberges [*Gasthäuser*]), beschlossen die Polizeibeamte uns für die Nacht nach Cintra zu schicken. Dort steckten sie er uns ins erste beste Hotel (das nebenbei auch das teuerste war, der arme JOINT), die nur mehr in einem Nebenhaus ein winziges Dachstübchen mit einem steinharten engen Bett hatten. Es gab unendlich viel zu essen, aber ich nahm nur eine Mahlzeit täglich, um nicht zu dick zu werden und obwohl die Gegend sehr reizvoll war, war es doch recht öde. Am nächsten Tag, Samstag, mußten wir wieder zur Polizeistation, aus purer Seckiererei, um die Herren zu überzeugen, daß wir inzwischen nicht entflohen waren, wo wir doch unser ganzes Gepäck dort hatten, aber Samstag abends rief man uns dann an, daß wir frei seien zu tun, was wir wollten. Zur großer Erleichterung Mutters, die, optimistisch wie immer schon ganz sicher war, wieder zurück nach Spanien und von denen den Deutschen ausgeliefert zu werden und die ich nur mit großen Mühe verhindern konnte, Telegramme in die ganze Welt zu schicken. Wir blieben dann doch noch bis Dienstag, denn Montag war Jom Kippur und der JOINT war gesperrt und wir mußten uns doch von ihm Geld abholen, um die Rechnung zu bezahlen. Und deswegen waren wir also in Cintra. So hatte ich Gelegenheit, fast die Pickwick Papers, ein Geschenk meiner englischen Freundin, fertig zu lesen.

21
Lissabon

SOPHIES TAGEBUCH

Okt. 1942

Wie wir das erste Mal in Lissabon angekommen sind, war ich ganz begeistert, es schien mir die schönste Stadt der Welt. Bei der Ankunft wird man ganz eigenartig an Paris erinnert. Aber leider war es nur Illusion. Trotzdem ist dieser Teil der Stadt der schönste, aber so was schönes wie Paris gibt es ja nicht. Die eleganteste Straße Lissabons ist die Rua Garette mit wirklich sehr schönen Geschäften. Sie haben mir sogar gefallen, wenn man die Tatsache abzieht, daß ich seit 2 Jahren keine schönen Geschäfte mehr gesehen hatte. Besonders schöne Freßgeschäfte, in denen man alles bekommen konnte. Das hat mich am Anfang so aufgeregt, alle diese Geschäfte ohne Tickets und in der Früh so viel Zucker, wie man will und stundenlang Schlagobers und überhaupt eben alles. Wie wir dann Geld vom Vater bekommen haben (in der ersten Zeit waren wir doch so stier, daß wir mit Essen sparen mußten), hat mir Mutter einen schönen schottischen Plissérock gekauft und eine Männerjacke mit Zippverschluß vorn, wie ich sie mir schon so lange gewünscht hatte und dunkelblaue Schuhe mit meterhohen Absätzen, die mir so schrecklich weh tun, wenn ich sie ein bißchen anhabe, daß mir ganz sterbensmüde davon wird, aber sie sind blendend schön.

Unsere Geldmittel gingen zur Neige. Mein erster Besuch galt dem Joint. Sie waren freundlich und boten uns kostenlose Unterbringung und Verpflegung in einer Pension an. Ich hatte eine vernünftige Idee: Warum gebt ihr uns nicht das Geld, das diese Pension kosten würde und wir suchen uns ein Privatzimmer und verpflegen uns selbst? Der Joint empfahl uns eine anständige Unterkunft und überreichte uns einfach die Schlüssel. Das Zimmer ging auf einen riesigen Hof und nachts kamen alle Katzen aus der Nachbarschaft, um uns zu begutachten. Tagsüber gingen wir mit dem Geld, das wir hatten, Sightseeing. Wir kauften uns Essen in Lebensmittelgeschäften und verzehrten es in einem nahegelegenen großen Park. Gelegentlich tranken wir in einer der Leitarias entlang des zentralen Boulevards von Lissabon Milch und aßen köstliche Kuchen. Das waren die einzigen Orte, die Frauen zum Nachmittagstee ohne Begleitung besuchen konnten. Als wir in Lissabon waren, war die Stadt eine der wenigen verbliebenen neutralen Orte und ein Eldorado für Spione. Es wimmelte nur so von deutscher Propaganda: Deutsche Tageszeitungen und Illustrierte waren an jedem Zeitungsstand erhältlich und posaunten die deutschen Siege hinaus. Keine einzige amerikanische oder britische Zeitung war zu finden.

Sophies Tagebuch

Okt. 1942

Ein Monat haben wir also in Lissabon verbracht. Es war ganz schön, wenn auch ein bißchen einsam. Aber wenn wir noch ein Monat geblieben wären, hätte sich das gründlich geändert, weil ich im allerletzten Moment massenhaft Eroberungen gemacht hatte.

Wir hatten ein ziemlich großes, nicht sehr helles, aber ganz schön eingerichtetes Zimmer. Es ging auf einen Balkon, der auf die Hintertreppe ging und nachts kamen alle Katzen der Nachbarschaft in unser Zimmer schlafen. Meist waren ein oder zwei auf meinem Bett, eine graue, die nicht sehr rein aussah und eine weiß-schwarze uralte, schon schrecklich steif und faul. Die alte schlief meist auf Mutters Bett, die graue bei mir (sie kratzte sich die ganze Nacht und ließ mich nicht schlafen) und dann noch eine scheue herzige schwarze auf dem Teppich oder im Fauteuil, auf dem es dann die ganze Nacht wackelte. Aber sie waren doch sehr süß und machten uns herrlich gemütlich. ... In den ersten zwei Wochen aßen wir in der Pension, von der wir eine dependence waren, aber Mutter schmeckte es nicht (mir ist das wurscht, denn ich bin nicht mehr verwöhnt und meistens schmeckt mir alles) und dann aßen wir nur mehr wie es uns gefiel. Das war sehr schön, denn wir hatten gar kein Geld und ich faßte die Gelegenheit am Schopf, um nur mit Kaffee und 2 Buttersemmeln zu frühstücken und am Abend nur mehr Obst und eine Kleinigkeit zu essen. In Lissabon angekommen, hatten wir kein Geld, denn die paar Francs, noch aus Casa mitgenommen, gaben umgewechselt gar nichts aus und wir hatten sie schon in Tangier ausgegeben. Es unterstützte uns die JOINT, für jeden Tag unseres Aufenthalts 50 escudos für Beide, was sehr anständig war. Zwanzig escudos kostete das Zimmer und dann hatten wir noch meine zehn Pfund, die ich seit meinem 15. Geburtstag brav aufgehoben hatte und vom Zoll übersehen waren, noch das letzte Geburtstagsgeschenk von Großvater. Das gab ich Mutter, sie hat es mir auch wieder zurück gegeben, gleich wie wir dann nach 3 Wochen Geld bekamen und das war unser Taschengeld.

Sophie hatte sich eine Augenentzündung zugezogen und wir mussten einen Augenarzt aufsuchen. Ich hatte den Eindruck, dass die ärztliche Versorgung in Lissabon sehr effizient geregelt war. Ärzte verschiedener Fachrichtungen hatten ihre Ordinationszimmer nebeneinander, was sehr praktisch war. Benötigte ein Patient eine Untersuchung von einem anderen Spezialisten, ging er einfach durch das Wartezimmer zu ihm hinein.

SOPHIES TAGEBUCH

Okt. 1942
Unsere Hauptausgabe war entschieden Doktore und Medikamente. Denn Mutter, die die panische Angst hatte, ich hätte Trachome, behauptete die ganze Zeit, ich hätte rote Augen und schleppte mich zum Doktor, der uns ununterbrochen teuere Arzeneien verschrieb. Auch habe ich mich damals geärgert, ununterbrochen Kremen und Tropfen ins Auge zu bekommen. Dann behauptete der Doktor sogar, ich sei blutarm (wie lächerlich) und gab mir eine Art Lebertrantropfen zu schlucken, es war wirklich zu blöd. Aber der portugiesische Arzt war hochanständig. Mutter erklärte ihm wegen Einreise nach Amerika und so. Wir waren in einer Poliklinik zu ihm gekommen, wo man ziemlich wenig zahlte und er bestellte mich auf seine Hauptklinik, um mich unter dem Mikrosokop zu untersuchen. Bevor wir wegfuhren, bestellte er mich wieder auf die Klinik, um mich von seinem Primarius untersuchen zu lassen. Der roch so herrlich nach Großvater, daß ich ganz gerührt war. Das war wohl der Tabak und er fand auch, daß ich kein Trachom hatte, was mich auch sehr geärgert hätte. Aber ich war ganz baff, was sie sich für Mühe gaben mit einer gewöhnlichen Ausländerin, die in einer ganz billigen Konsultation zu ihm gekommen war. Auf der Klinik war es ganz interessant. Es war ein großer Wartesaal und man ließ immer die Patienten per zehner-Gruppe herein. Die standen dann Schlange vor dem Doktor und einer nach dem anderen setzte sich in den Sessel und der Doktor schmierte oder tröpfelte jedem irgendetwas ins Auge. Es ist wie eine Massenkrankenabfütterung und nicht sehr gut gemacht,

denn man kann sich eine Heilung mit dieser Behandlung à la chaîne nicht vorstellen, obwohl es vielleicht ebenso gut ist.
Wir verbrachten unseren Aufenthalt in Lissabon, indem wir sehr gewissenhaft alle Sehenswürdigkeiten ansahen, begonnen mit denen, die 2 Sterne im Führer hatten. Es war sehr schön, ich habe jetzt Kunstwerke viel lieber als früher. Obwohl ich sie in Venedig auch schon sehr gerne hatte, wenn man sie mir nur erklärte. Mutter versteht leider auch nicht besonders viel von Malerei und Kunst und so mußte ich mich halt ohne Erklärungen begnügen. Gern möchte ich einen Mann, der was von Kunst versteht und sie mir lebendig macht, aber es muß nicht unbedingt sein. Mein »Künftiger« oder sagen wir mein Märchenprinz soll jung und sportlich sein, enthusiastisch, gescheit und herzlich. Er soll in seinem Geschmack einfach sein und wir wollen uns wahnsinnig schrecklich lieb haben. Arm muß er auch sein, aber tüchtig. Es soll ihm wurscht sein, in einem Dachstübl wohnen zu müssen. Wir wollen zur Hochzeitsreise mit dem Rad und einem Zelt auf dem Puckel durchs Land fahren. Es soll ihm wurscht sein, Zwischendeck fahren zu müssen, wenn wir uns gerade was anschauen wollten und kein Geld haben. Aber auf diesen letzten Punkt lege ich schon weniger Gewicht, seit ich auf dem Schiff bin. Zu meinem Privatvergnügen Schiff zu fahren, das werde ich mir noch gründlich überlegen. Schiff fahren ist nichts schönes, das stelle ich ein für allemal fest.
Das schönste Gebäude in Lissabon war das Kloster Jeronimus, von dem ich auch ein schönes Photo genommen habe. Wie ich mich gerade hin und her gedreht hatte, um das Kloster auch schön in den Apparat zu kriegen, kommen Mutter und der Klosterwärter ganz aufgeregt mir entgegengestürzt, man darf ohne eine Spezialerlaubnis, ich weiß nicht von welchem Ministerium, nicht photographieren. Da knipste ich rasch, machte bedauernd den Apparat zu und sagte: quel dommage
Okt. 1942
In der Umgebung von Lissabon, in Queluz, ist noch ein entzückendes Schloß à la »petit Trianon« mit einem herrlichen Park, ein kleines Versailles. Dort habe ich auch feine Photos genommen, meine ersten richtigen künstlerischen Photos. Eine

Brücke unter Bäumen und ich bin so froh, daß mein Filter richtig zu etwas nützt. Ich habe pickschöne Photos vom Schloß und vom Garten und von einem Turm genommen. Photographieren ist überhaupt etwas Herrliches. Wenn ich kann, kaufe ich mir in New York mit den Pfünden, die mir übrig bleiben (Ich habe nämlich von Lissabon Frl. Kronheim kleine Freßpakete geschickt, leider durfte man nur Fischkonserven und getrocknete Früchte schicken), ein kleines Photolaboratoire. Erstmal nur, um Negative in Positive zu verwandeln und dann, falls ich mir Geld verdienen sollte, ein vollkommenes. Und dann möchte ich mir meinen kleinen Apparat gegen einen schönen umtauschen. Weiters werde ich für eine Schreibmaschine und ein Motorrad sparen. Wenigstens kann man nicht sagen, daß ich in meinen Wünschen allzu bescheiden bin!

Ein kleines Fotolabor im Badezimmer hatte ich schon im ersten Jahr in Amerika, aber der Wunsch nach einem Motorrad verblasste, er war nicht so wichtig. Doch als ich mit 43 Jahren an einer Universität nur 12 KILOMETER von meinem Haus entfernt mein Doktorstudium begann, kaufte ich mir einen Motorroller, der 30 Jahre lang mein praktischstes Verkehrsmittel, mein Lieblingsspielzeug und mein Erkennungszeichen wurde.

22
Auf der Carvalho Arujo nach Amerika

Endlich kam der Tag unserer Einschiffung. Wir erhielten eine nicht allzu komfortable Kabine, die wir mit zwei anderen Frauen teilten. Eine Frau wurde vom Schiff geholt, weil sie eine Affäre mit einem deutschen Offizier gehabt hatte. Die Passagiere bildeten eine bunte Truppe. Es gab einen französischen Priester, der aus einem deutschen Gefangenenlager geflüchtet war. Es gab vielleicht 20 ehemalige polnische Soldaten (diese menschliche

Fracht gefährdete unser Schiff, das neutral zu sein hatte). Es gab Amerikaner, die heimkehren wollten, der Rest waren jüdische Einwanderer, die wie wir auf ein rettendes Ufer hofften und ansonsten in eine ungewisse Zukunft reisten. Nachts war das Schiff hell erleuchtet. Während die Carvalho Arujo auf die Vereinigten Staaten zusegelte, war – aber das wussten wir nicht – eine große amerikanische Flotte in umgekehrter Richtung unterwegs nach Marokko.

Sophies Tagebuch

22. Okt. 1942

Wer hätt es gedacht, wir fahren nach Amerika!! Gerade jetzt sitze ich irgendwo oben auf einem Schiff. Es scheint unmöglich, fantastisch, und ich konnte mir diesen Augenblick auch nie vorstellen. Die Schiffsfahrt ist ja mittelschön, bis jetzt wenigstens. Dienstag um 10 h nachts (wahrscheinlich wollten sie das Nachtmahl sparen), sind wir eingeschifft worden. Wir haben 3. Klasse, 2. Kategorie, aber Kabine und Essen sind hochanständig. Wir sind 4 in einer Kabine, auf der einen Seite Mutter und im 2. Stock ich, auf der anderen Seite 2 sehr nette Damen, beide verheiratet. Mittwoch Nachmittag sind wir weggefahren, heute, Freitag mittag, sind wir also 2 Tage unterwegs. Umso schneller, umso besser, denn seit vorgestern abends ist mir totenübel (ich bin dabei auch richtig abgemagert) und von 5 h Nachmittag an war meine Hauptbeschäftigung speiben, bis 3 h nachts. Erst alles was ich zu mittag gegessen hatte, und dann, was ich am Vorabend zum Nachtmahl gegessen hatte und zum Frühstück und endlich, da gar nichts mehr übrig blieb, meine Galle. Sie war sehr bitter und das Ganze ziemlich arg. Seekrankheit gehört sicher zu den ärgsten Krankheiten, die es auf der Welt gibt. Man möchte sterben, alles lieber als seekrank sein. Und gestern war ich so hin, daß ich den ganzen Tag nicht aufstehen konnte, sondern mich nur immer in der Kabine von der linken Seite auf die rechte gewälzt. Aber heute bin ich wieder aufgestanden und habe gefrühstückt und gemittagt und wenn es mir weiter verhältnismäßig so gut geht, werde ich wohl auch noch jausen und nachtmahlen. Denn es gibt hier 4 Mahlzeiten, und alle 4 märchenhaft. Unsere 3. Klasse Kabinen sind größer als die 2. Klasse und verpflegt wird man auch bedeutend besser. Also, zum Frühstück gibt es Pflaumenkompott so viel man will oder so viel ein normaler Mensch nur will, denn ich kann von so was kiloweise verzehren. Und Wurscht und herrliches Weißbrot und Butter und Kaffee und Keks und da man durch einen Tag seekrank sein ohnehin 1 oder 2 Kilo abnehmen dürfte, brauche ich auch nicht so schrecklich auf meine Linie Acht geben, besonders da ich in Lissabon ohnehin noch fast 2 kg abgenommen habe. Das war dort sogar sehr schwierig, weil es so herrliche Krapfen und Schlagoberskakaus gab. Ich ertappte mich dabei, ununterbrochen von Essen zu reden. Eroberungen habe ich auf dem Schiff noch keine gemacht. Das heißt, es wollten schon einige Männer mit mir anbandeln, aber die haben mir nicht gefallen. Es ist auch schwer, Männer hier zu finden, die einem gefallen, denn einer ist mieser als der andere.

26. Okt. 1942

Wenn nur dieser schreckliche Sturm nicht wäre. Schon seit Donnerstag. Den ersten Tag habe ich gar nichts angerührt, bin nur in der Früh nach einer qualvollen Toilette rasch auf das Deck gewitscht und bis 11^h abends dort geblieben, ohne mich zu rühren, außer 2mal aufs Klo gehen, was eine ganze Katastrophe war. Aber dann habe ich mich schon etwas gewöhnt und gestern war ich auch essen, wenn auch nicht mit rechtem Appetit. Aber so einen Sturm habe ich in meinem Leben noch nicht gesehen, das Schiff ist hin und her gewackelt, wirklich wie eine Nußschale, das Meer sah grau und gemein aus und von Zeit zu Zeit war ein Platzregen. Das ist nun schon seit 3 Tagen so. Das arge ist ja mit der Kabine, in der wir bei Sturm immer die Lucken schließen müssen und dann ist es dort so heiß, daß man glaubt, man muß sterben. Ich schlafe immer splitternackt und ganz ohne Decke und in der Früh wache ich mit 2 cm. Schwitz auf dem ganzen Körper auf. Die Luft ist zu ersticken und es wird einem gleich totenübel, wenn man sich in ihr aufhält. Sehr viele Leute schlafen auch am Deck, weil sie

Brief des Großvaters Sigmund Freud an Sophie

Sophies Vater Martin auf einem Berg 1938

Großvater Freud in England kurz vor seinem Tod

PROF. SIGM. FREUD   20 MARESFIELD GARDENS,
LONDON. N.W.3.
TEL: HAMPSTEAD 2002.

82. 1933

Meine liebe Esti
Es thut mir so leid, daß ich
Deinen Wunsch nicht er-
füllen kann. Mangel
an Liebenswürdigkeit
dagegen ist nicht der nach-
sten Information eine
Fremden verändert oder.
von harte mag so selbst
das eigene. Falls die Form
für Stefan Wunden
der, daß mir einer sich
aufzuwerfen. Das einzige,
es sich nur, das einen Platz
den Freund von dir für
euch, Entfremdung an-
giebt. Daß Martin dich
nicht mehr liebt, kann
kann ich deutsch sagen.
Ja ich möchte einschreiten.
Es klingt seiner schon —
Martin ist seiner schon
seit mehr, da hat dich
besser erhalten als

Brief von Sigmund Freud an seine Schwiegertochter Esti mit falscher Jahresangabe. Der Brief wurde 1939 geschrieben.

Sophie mit Kamel in Casablanca

Kinder und Frauen in Casablanca, von Sophie fotografiert

Ansichten von Lissabon, von Sophie fotografiert

Mutter auf dem Schiff von Marseille nach Casablanca

Der schöne Roger. Sophies Schwarm

Sophie auf dem Schiff von Marseille nach Casablanca

Roger und Sophie am Strand von Casablanca

Die polnischen Freunde auf der Fahrt nach Amerika

Sophie besucht ihre
Mutter in New York City

Der Vater Martin vor
seinem Tabak- und
Zeitungsgeschäft in
London

Der schöne Roger. Sophies Schwarm

Sophie auf dem Schiff von Marseille nach Casablanca

Roger und Sophie am Strand von Casablanca

Die polnischen Freunde auf der Fahrt nach Amerika

"SPEECH TRAINING"

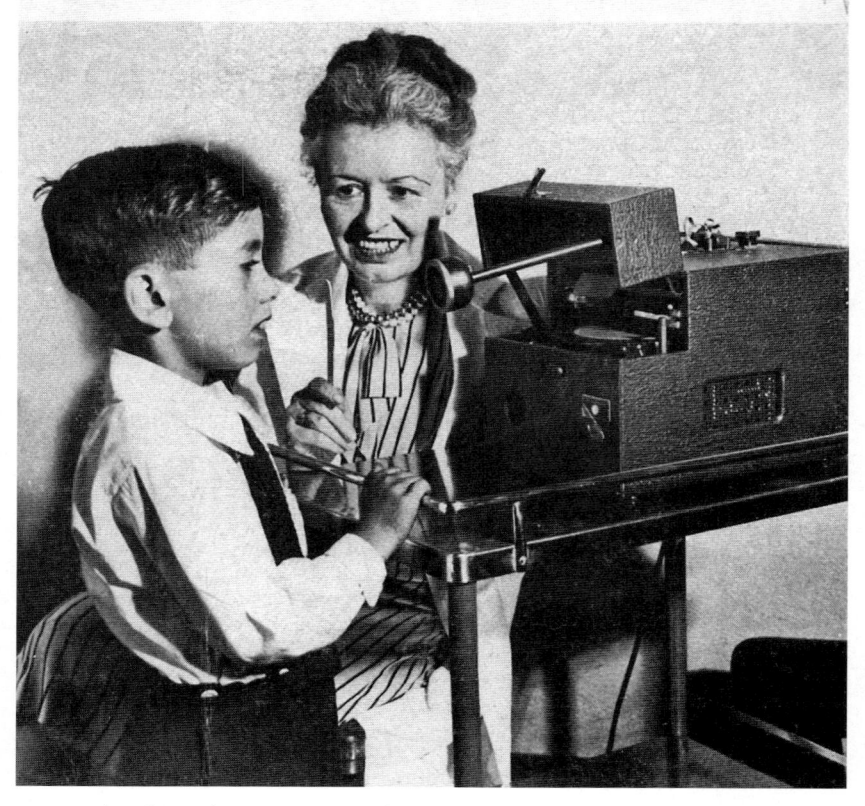

Mutter bei der Arbeit im New York Hospital

Walter als englischer Major mit seiner Großmutter Martha Freud in England während des Krieges

Mutter (2. v. links) auf ihrer Reise für den United Jewish Appeal

Mr. and Mrs. Jean Martin Freud

announce the marriage of their daughter

Sophie Miriam

to

Mr. Paul Loewenstein, M. E.

August, Nineteen hundred and forty-five

London - New York

Sophies Heiratsanzeige, die ihre Mutter auch im Namen ihres Mannes ungefragt aufgab

Mutter in New York City

Späteres Foto von Mutter in Amerika

Sophie besucht ihre Mutter in New York City

Der Vater Martin vor seinem Tabak- und Zeitungsgeschäft in London

Sophie besucht ihr Fräulein im Altenheim in Lassnitzhöhe bei Graz

Die Geschwister Sophie und Walter bei ihrem letzten Wiedersehen in Velden am Wörthersee

Der Grabstein der Familie Drucker auf dem jüdischen Friedhof in Wien

Grabinschrift für Esti Freud Drucker, die Sophie anbringen ließ, mit falschem Datum. Ernestine starb 1980

es nicht aushalten. Einmal bin ich aufs Klo gegangen und da wurde mir so schlecht, daß ich mich fast auf den Fußboden im Klosett gelegt hätte. Aber in diesem Moment wurde das Badezimmer frei und ich schmiß mich nebenan in die Badewanne.

27. Okt. 1942
Die letzten Wochen in Lissabon habe ich wieder meine Zeit mit lesen verbracht. Lissabon ist nämlich voller schöner Pärke, das ist sogar eine seiner größten Schönheiten. Alle sind sehr gepflegt, manche werden dadurch sogar ungemütlich, so wie der eine Park, der vielleicht fast so groß wie der bois de boulogne ist, aber kein gemütliches Plätzerl zum niedersetzen hat, sondern nur eingezäuntes Gras und fein säuberlich gerechnete Wege. Ein anderer Park ist voll der eigentümlichsten tropischen Pflanzen und man kommt sich fast unter all diesen Palmen wie in einem gepflegten Urwald vor. Mein Park war ja noch zur Hälfte nicht fertig und deshalb war er der einzig gemütliche. Die Hälfte terrains vagues, die andere Hälfte Wald, in der Mitte ein Schwanenteich und daneben eine Weinlaube mit einer kleinen Bibliothek. Diese Bibliotheken, ein kleiner Kasten mit etwa 50 Büchern, stehen in sehr vielen Pärken mit überall denselben Büchern. Sie gehören zur Bibliothek Municipale und jeder kann hinkommen, einen Zettel mit Namen, Adresse und Beruf ausfüllen und dann kann man ganz umsonst in Ruhe das ausgesuchte Buch lesen, unter der einzigen Bedingung, in der Umgegend zu bleiben. Der Haken daran ist, daß es Sonntags, wenn die meisten Leute Zeit haben, geschlossen ist.
Von den Büchern habe ich sehr profitiert, denn die Hälfte davon waren französisch. Ich hatte mir nämlich in Lissabon eine alphabetische Liste gemacht mit allen Dichtern, deren Bücher ich gelesen habe. Und jeder Dichter bekommt eine Note 1 bis 5, dann gab es einige wenige gold-umringelte einser, und ein paar blau-umringelte. Die goldumringelten waren Heine, Freud, Buddenbrooks von Thomas Mann, Thibaults von Roger Martin du Gars, Traven, Dostojeweski und Malraux. *[Seitenlang über Bücher.]*
Von dem Wärter dieser Bücher, mit dem ich manchmal ein paar

Worte ausgetauscht hatte und einmal eine kleine französische Aussprachestunde gab (!!), habe ich einen entzückenden Abschiedsgruß bekommen. Dann waren noch so Studenten in diesem Park, ich hatte sie immer von weitem gesehen, ihnen aber keine Gelegenheit zu Annäherungsversuchen gegeben. Aber am letzten Tag haben sie sich alle um mich herumgesetzt und so lange deutsche, französische und englische Wörter um sich herumgeschmissen, bis ich zu lachen anfing und das Gespräch einleitete. Einer der Jungen war schrecklich nett und es tut mir leid, ihn nicht näher kennengelernt zu haben. Die Jungen gingen in Industrie- und Handelsschulen und mit dem einen 20jährigen und bildhübschen hatte ich eine ganz ernste interessante Diskussion. Er war so eine Art Anarchist mit Freiheitsidealen, aber gar nicht praktisch. Ich wollte ihm zeigen, daß es mit so einem passiven Ideal zu nichts kommen würde. (Die Form des gouvernments war ihm z. B. egal.) Aber ich hatte zu großen Vorteil, denn obwohl er ganz brav französisch sprach, konnte er sich doch nicht ausquetschen wie er wollte. Dann habe ich ihnen adieu gesagt, und sie haben mir alle gute Reise gewünscht und daß ich wieder nach Portugal zurückkehren soll, und es hat mir fast leid getan, wegzufahren, ihnen wahrscheinlich auch. Sie hatten sich wahrscheinlich gedacht: erst haben wir so lange gebraucht, sie zu zähmen und jetzt fährt sie gleich weg. Das war eigentlich mein einziger richtiger Kontakt mit Portugiesen. Aber ich bin froh, wenigstens bei der Abreise aus Portugal keinen Weltschmerz gehabt zu haben müssen – ich habe jetzt schon genug Leuten adieu sagen müssen, habe reichlich genug davon.
In Lissabon habe ich noch einen Brief von Vater bekommen. Es war seit Juni 1941 die erste schriftliche Nachricht und ich hatte keine blasse Ahnung, was aus ihm geworden ist. Auch habe ich mich nach diesem ersten, sehnsüchtig ungeduldig erwarteten Brief ungeheuer aufgeregt. Es ist ein netter Brief, man kann nichts sagen, aber weder liebevoll, noch wenigstens herzlich. Es ist dieselbe Art von Brief, die mir der Vater vor 4 Jahren geschrieben hat, einem kleinen Kind. Und er bleibt auch immer auf der Oberfläche und geht nie aus dem Feuilletonstil heraus.

Ich spürte es gleich das erste Mal, wie ich den Brief durchlas und auch eine vollkommene Interessenslosigkeit für mich, meine Zukunft und Vergangenheit. Kurz: es war ein leerer, unaufrichtiger Brief.

[Brief auf englisch]
                                                      1 Holly Terrace
                                     Highgate West Hill, London N6
                                                            4. Okt. 1942

Liebes Sophilein

Ich war wirklich sehr froh zu hören, daß Du und Mutter entkommen seid, und Dein netter langer Brief, der die Reise und alle Eure Abenteuer beschreibt, hat mir gut gefallen. Natürlich bekam ich die Photos und zeigte sie allen, sehr stolz, daß meine Tochter mit einem Kamel photographiert war.

Ich habe Mutter und Dir 20 Pfund geschickt, aber Du musst verstehen, daß es recht kompliziert ist, Geld aus dem Land zu schicken, ich brauche jedesmal eine Lizenz, und die Beträge sind beschränkt. Man darf finanzielle Transaktionen gar nicht erwähnen. Ich bin mit der Prinzessin in beruflicher Verbindung, durch die Arbeit im Britischen Museum für sie ... Jetzt erzähle ich Dir, wie es allen geht. Meine Mutter sieht in der letzten Zeit viel älter aus, aber ist bis jetzt gesund. Anna ist mit ihren Heimen für arme Kinder sehr beschäftigt und auch Dorothy Burlingham, die bei ihr wohnt und uns bei unseren Bemühungen in den U. S. A. sehr hilfreich war. Mathilde und Ernst arbeiten geschäftlich. Ich bin bis jetzt das einzige Familienmitglied, das noch nicht etabliert ist. Nach einem guten Anfang – einer Novelle, die von einem guten Haus publiziert wurde – und Versuchen als kleiner Unternehmer hatte ich nur die niedrigsten Arbeiten, war Soldat in der Armee – *als Küchenhilfe und beim Abwasch* – war Mechaniker an Docks in einem großen Hafen, Arbeiter in einer großen Konservenfabrik, dann noch im Abwehrdienst und *Bahrenträger* in einem Universitätsspital. Meine letzte Arbeit ist, oder besser war, Luftschutzwärter, da ich diese Arbeit in den nächsten Tagen, schon am Ende der Woche, beenden werde. Da gab es, wie Du ja sicherlich weißt, über ein Jahr *nichts für uns Wärter* zu tun, nur Leute auffordern, ihre Verdunkelungen zuzuziehen, und da zu sitzen und auf Angriffe zu warten, die – glücklicherweise – nicht kamen.

Sicherlich finde ich sehr bald etwas anderes, und ich weiß, es wird, was immer auch, einfach und bescheiden sein, aber mit dem Krieg zu tun haben.

Ich verdiene, was ich zum Leben brauche, außer Miete, die ich aus meinen Ersparnissen zahle, die aber natürlich nicht für immer reichen werden. Mein Leben ist fast proletarisch, ich koche für mich und mache mein Bett, und wenn ich keine Lust habe, bleibt alles unordentlich. Gestern kochte ich: Leber mit Bacon, Kartoffel und Kohl und 1 Kukurruz. Ich aß es aus der Pfanne, und es war ausgezeichnet. Zu denken, daß ich vor ein paar Jahren von Suppenhuhn und gekochtem Kalbfleisch lebte! Wir hatten einen schlechten, kühlen Sommer, und ich ging nur 2mal schwimmen, einmal für 3einhalb Minuten und das andere Mal für 2. Allerdings habe ich ein Fahrrad und radle ziemlich viel in meiner Freizeit.

Walter habe ich seit 7 Wochen nicht gesehen. Er kam auf Urlaub mit Gewehr und Bajonett, zog sich sofort kurze Hosen und Sandalen an. Er sieht gut aus, ist aber sehr dünn und sehr gut aufgelegt. Sein Mädchen, dieselbe seit vier Jahren, beansprucht ihn als ihr Privatbesitz und ist nicht bereit, ihn mir in der Zeit seines Fronturlaubs länger als ein paar Stunden zu borgen.

Das ist nun ein langer Brief geworden, und ich hoffe, es gibt Dir eine Ahnung von unserem Leben hier. Ich hoffe, Du schreibst mir nun regelmäßig. Sag der Mutter, daß ich Lily schreiben werde, um Großmutter Geld zu schicken, aber sie sollte ihr eigentlich selber schreiben.

Ich ende mit Küssen,

Dein Vater

Heute verstehe ich nicht mehr, warum mich dieser Brief damals so enttäuscht hat, obwohl ich noch immer meine, es fehlt etwas.

Sophies Tagebuch

28. Okt. 1942 (auf dem Schiff) Heute ist schon Samstag und Morgen abend oder Übermorgen früh kommen wir schon an. Gott sei Dank, endlich wieder feste Erde unter den Füßen, habe von dem ewigen Gewackel mehr als genug. Es ist ja sonst auf dem Schiff nicht unangenehm. Die ersten Tage habe ich mich mit Einsamkeit umhüllt und mich auf allen Decks, die ich finden konnte, schlafen gelegt. Dabei habe ich die See Offiziere kennengelernt, die sich alle durch gute Genährtheit kennzeichnen. (Wenn ich daneben an Roger denke!) Einer hat mir gleich den Hof gemacht, ich habe ein paar Mal ping-pong mit ihm gespielt und bin einmal am Abend mit ihm am Deck auf und abspaziert. Die Konversation war reich-

lich fad und anstrengend, denn er konnte sich nur mit Mühe und Not in französisch ausquetschen. Er zeigte mir die Maschinenräume, ich bin sicher die einzige Passagierin, die sie gesehen hat und dann führte er mich ganz hinauf auf ein winziges umspanntes Deck und bot mir an, dort einen Stuhl hinzustellen und ich könnte mich da sonnenbaden und schreiben, etc. Aber das war sozusagen der Preis und mir wurde auch unbehaglich zumute mit ihm da oben alleine, und als er mich fragte, ob ich kommen würde, sagte ich nein, und er wollte mich an sich ziehen, um mich zu küssen. Ich riß mich aber los und ging herunter. Was fällt diesem Kerl eigentlich ein!? Dann sagte er zu seinen Kameraden, es gefiele mir, aber ich wollte nicht wiederkommen, er wisse nicht wieso. Und dann zeigte er mir oben die Kapitänsräume und machte noch einen schüchternen Versuch, aber ich ging weg und Roß und Reiter sah man niemals wieder. Denn seitdem mache ich einen weiten, weiten Bogen um ihn. Er war mir nämlich physisch widerlich. Dann blieb ich die ganze Zeit mit den anderen und war den ganzen Tag mit Bettelheims zusammen. Aber das war auch nicht lustig, ich kam mir schon ganz komisch vor, immer mit den Erwachsenen zu sein. Und dann entdeckte ich ein feines Deck, auf dem Hinterspitzl vom Schiff und ließ mich von nun an dort nieder. Ein paar Tage hüllte ich mich dort in Einsamkeit, bis ich die Polen kennengelernt hatte, deren Stammdeck das war. Ich freue mich, sie kennengelernt zu haben, ich glaube es ist das erste Mal, daß ich mit arischen Polen spreche. Bisher wußte ich von ihnen nur, daß sie gräßliche Antisemiten seien. Aber die, die ich kenne, sind gar keine Antisemiten, sondern lauter nette junge Burschen. Sechs oder 7 sind es im ganzen und alle fahren nach Kanada, wo sie schon in irgend einer Fabrik eine Stelle haben, denn es sind alles spezialisierte Arbeiter, Flugzeugsingenieure oder Maschinenbauer, der eine sogar, ein ganz lustiger, ein Berufssoldat. Er ist aus Lemberg. Im letzten Krieg hatte er noch für die Österreicher gekämpft und er sieht genauso aus wie ein Landsknecht aus dem 30jährigen Krieg. Er ist aus der motorisierten Abteilung, hinkt und ist den ganzen Tag gräßlich vergnügt, singt und turnt herum. Er kann zwar sehr schlecht deutsch, erzählt aber doch sehr expressiv, man muß ihn und seine Hände nur anschauen. Er hat eine 20jährige Tochter, die von den Russen erschossen wurde, weil sie in einer anti-russisch-deutschen Konspiration war. (Die Russen haben 3000 Polen erschossen, wie grausam – ich bin ganz verwirrt und entsetzt, dachte, die Russen sind doch unsere Freunde – und ein 20jähriges Mädchen zu erschießen, dazu gehört schon was) Und sein 24jähriger Sohn ist in der R. A. F. in England. Er will mit seinen Kameraden nicht in Kanada bleiben, sondern über Alaska, Sibirien nach Persien, wo das 1. polnische Korps steht. Sie wollen lieber kämpfen und nicht arbeiten. Am Abend habe ich mich gestern zu ihnen gesetzt und sie haben slavische Volkslieder gesungen. Ich habe mich richtig gekränkt, sie nicht verstanden zu haben, die Melodien waren so flott und lustig, verschiedenartig, daß ich mich blendend unterhalten habe, sogar ohne was zu verstehen.

Er hat den französisch-deutschen Krieg in der Polnischen Legion mitgemacht und hat eine Fuchswut auf die Franzosen, die immer so gemacht haben (und dabei hebt er die Hände). Sie haben alle Gewehre und alles weggeschmissen und nur an ihre Weinflasche gedacht. Und der Andere erzählt, wie er nach Marseille gekommen ist und alle die Soldaten mit offener Jacke und heraushängendem Bauch gesehen hat, ist ihm gleich mies geworden. Der andere ist ein prächtiger Kerl, groß, schlank, breit, goldblonde Locken und ein stolzes bildschönes Gesicht und ein süßes bezauberndes Lächeln mit herrlichen Zähnen. Ich hatte mich ganz in ihn verschaut, aber er war schrecklich zurückhaltend. Aber eines abends, wie er, der Soldat, und ich alleine waren, hat er zu sprechen begonnen, mir erst annonciert, daß er verheiratet ist und schon eine 13jährige Tochter und einen 9jährigen Sohn in Polen hat. Er sieht wie 23 aus, ist aber schon 35. Er ist ein großer polnischer Patriot, macht sich um seine Familie Sorgen und scheint ein seriöser feiner Kerl zu sein. Zum Beispiel sagte er, er tanze sehr gerne, aber momentan nicht, denn er wird doch nicht tanzen, wenn er an all das Elend in Polen denkt und daß sie nichts zu essen haben. Er war in Frankreich Chauffeur vom polnischen Generalissimo in Paris. Er ist

aus Posen und spricht ein sehr schönes deutsch, nicht fließend, aber ganz rein. Der dritte Pole ist ein Athlet, schrecklich groß, breit und gutmütig, hilflos kindlich wie solche Riesen oft sind. Der Soldat und noch einer war ein Jahr in einem Stalag und da konnte er mir ein bißchen erzählen. Zu essen bekamen sie 200 g Brot und Wasserkaffee zum Frühstück, Kartoffelsuppe zu Mittag und Kartoffelsuppe zum Abend und hungrig waren sie so, daß sie ihre Stiefel aufessen hätten können. Er war auch im Lager in Bayern, gemischt mit Polen und Franzosen. Und jedes Mal, wenn Polen und Franzosen zusammengekommen sind, gab es einen Riesenkrach, denn die Polen schmissen den Franzosen vor, pourquoi faire comme cela, und dabei hebt er die Hände. Und arbeiten mußten sie, Autostraßen. In der französischen Baracke war angeblich ein verdammter Dreck und lauter Läuse, aber die polnische war rein. Und die österreichischen Aufpasser waren sehr nett und haben z. B. gesagt: komm, du bist ein Pole, du hast den letzten Krieg mit uns gekämpft und haben ihm heimlich Schnaps und Zigaretten zukommen lassen. Ekelhaft waren die Preußen. Und dann waren auch russische Gefangene dort, aber mit ihnen konnte man nicht sprechen, sie waren mit Stacheldraht umgeben und sind geschlagen worden und dann weigerten sie sich zu arbeiten und da schoß man ein paar tot. Diese Russen sind doch verdammt tapfer und wer nicht daraus auf ihre Zufriedenheit mit dem Regime schließt, gibt Tatsachen nicht zu.
Sehr galant sind die Polen, gestern abend haben sie mir alle gemeinsam erklärt, ich habe schöne Augen.

23
Ankunft in Amerika

Am 3. November, dem Tag der amerikanischen Landung in Anfa, dem Hafen von Casablanca, landeten Sophie und ich in Baltimore. Wir durften nicht an Land gehen. FBI-Beamte kamen an Bord, und jeder Passagier, der kein amerikanischer Staatsbürger war, wurde verhört, ich zwei Tage lang. Sie wollten sichergehen, dass ich wirklich die Person war, die ich zu sein schien. Als wir schließlich an Land durften, mussten wir noch einmal durch den Zoll, eine mühsame Angelegenheit. Der Zollbeamte nahm Sophies Kamera, wozu er nicht berechtigt war. Österreicherinnen galten nicht als feindliche Ausländerinnen, aber bei wem hätte ich mich beschweren können? Die Leute vom HIAS *[Hebrew Immigrant Aid Society – Hebräische Einwandererhilfsorganisation]*, die am Hafen darauf warteten, die jüdischen Einwanderer in Empfang zu nehmen, ließen uns warten, bis sie eine Gruppe von Leuten mit dem Ziel New York zusammengestellt hatten. Ich konnte sie nicht davon überzeugen, uns einfach den nächsten Zug nehmen zu lassen, obwohl ich ihnen klarzumachen versuchte, dass wir es allein von Paris nach Nizza nach Marseille nach Casablanca nach Tanger und nach Lissabon geschafft hatten, also durchaus in der Lage waren, den Zug von Baltimore nach New York City zu nehmen.

SOPHIES TAGEBUCH

4. Nov. 1942
Jetzt sind wir in Baltimore angekommen. Ich schreibe das so wie etwas ganz gewöhnliches, aber diese letzten Tage waren schon sehr aufregend – von dem Augenblick an, an dem wir Land erblickt haben, bis zur Ankunft und bis zum Aussteigen, das aber leider noch in der Zukunft bleibt. Jede Möve, jedes Flugzeug und jedes Schiff war erst ein Ereignis. Dann gewöhnte man sich daran, weil es so viele waren. Boote haben an unsere angelegt, Offiziere und Matrosen sind eingestiegen, Pa-

pierkontrolle. Bei der ersten waren wir bereits. Man ist über die einnehmende Freundlichkeit der Beamten verblüfft und fast verlegen, denn in Frankreich waren wir an anderes gewöhnt. Aber hier wird man ungefähr wieder wie ein Mensch behandelt. Die Matrosen sind lauter junge Buben zwischen 20 und 22, alle gerade gewachsen und herzige Kerle. Auf jeden Fall sehr galant. Ihre Art, die Konversation einzuleiten, ist einem zuzurufen: You are a pretty girl und das geht dann so weiter. Ich sprach mit ein paar, alle waren sie sehr nett, sprachen mir Mut zu und malten die Zukunft in den leuchtendsten Farben. Für mein englisch komplimentieren sie mich. Alle, wahrscheinlich, um etwas nettes zu sagen. Es rutscht nicht so schwer raus wie ich gefürchtet hatte und ich verstehe auch ganz gut, außer wenn einer zu sehr in seinen Bart spricht. Auf jeden Fall habe ich Mordserfolg bei den amerikanischen Matrosen, von denen jeder aus einem anderen Land vom Vater her stammt. Das ist schrecklich komisch.

Montag früh sind wir in Baltimore angekommen. Das war gestern, ein schrecklicher Tag. Das Gepäck kam in der Früh vom Deck herunter in den Hafen. Und dann wartete man den ganzen Tag am Schiff, oben am 2. Deck, ohne herunterkommen zu dürfen bis man zur Kofferkontrolle gerufen wurde. Und dann um halb 7 warteten wir 3 Stunden in der Hafenanlage, bis wir einem Zollinspektor zugeteilt wurden. Es war wirklich eine Höllenstrafe und erinnerte mich lebhaft an unsere Abreise aus Marseille, nur noch unangenehmer, außer daß man jetzt eben in Amerika ist. Ich denke, wenn sie 4 oder 8 Inspektoren mehr angestellt hätten, wäre ihnen nichts passiert, aber wir hätten vielleicht nicht 3 Stunden warten müssen. Dafür war unser Inspektor sehr nett. Man hat ganz genau jeden Koffer untersucht, ein paar Briefe zurückbehalten, die wir heute bekommen werden. Unangenehm war nur, die Koffer wieder zuzukriegen. Und meine unentwickelten Filme (Photos aus Lissabon und vom Schiff, da liegt mir viel daran, weil ich die Polen gerne in Erinnerung haben möchte.) haben sie behalten, wir mußten für die Entwicklung zahlen und die werden mir dann nachgeschickt. Hoffentlich entwickeln sie sie ordentlich und sie gehen nicht verloren.

Die Konfiszierung meines geliebten Fotoapparats, von dem ich natürlich auch nie wieder hörte, warf einen dunklen Schatten auf den Empfang in den USA und auf die Hoffnung, etwa wie ein Mensch behandelt zu werden.

5. Nov. 1942

Jetzt warten wir schon wieder einen ganzen Tag, es ist zum Auswachsen, auf die Wände klettern und wahrscheinlich geht das jetzt noch 2 Tage so weiter. Ich tröste mich damit, daß alles ein Ende hat, sogar ein Tag von 50 Stunden. Alle sitzen wir seit Früh am ersten Deck und es ist kalt und wir warten, warten, warten. Man ruft einen nach dem anderen auf, um ihn einem Kreuzverhör von manchmal bis zu 5 Stunden zu unterwerfen. Das geht natürlich nicht sehr rasch, ja ja, das berühmte amerikanische Tempo. Wenn ich nicht meine polnischen Freunde hätte, wäre ich jetzt überhaupt ganz verloren. Denn Bücher habe ich mir nicht draußen gelassen, zum Schreiben kann ich mich auch nur mit Energie aufschwingen, man hat zu gar nichts mehr Mut und Lust. Aber dafür unterhalten wir uns. Wir stehen den ganz Tag am Deck zusammen und er macht Konversation. Er ist der Soldat, der mir der liebste ist, ein pickfeiner, kluger wilder Kerl. Sieht haargenauso so aus wie ein russischer Partisankämpfer. Was der schon alles erlebt hat!! Einmal im Weltkrieg hat er Stacheldrähte durchgeschnitten und ein Kamerad neben ihm ist auf eine Bombe getreten und er ist in die Luft geflogen und hat sich schon gedacht, jetzt fliegt er gerade in den Himmel hinein, aber dann ist er wieder auf den Stacheldraht zurückgeflogen. Und überall hat er Narben. Herzkrank ist der Arme und ein humpeliges Bein hat er auch, wodurch er wie Mephisto aussieht. Eine Wut hat er auf die Franzosen, das ist unbeschreiblich. Er sagt, sie hätten keine honneur (wenn das ein Franzose hörte!) und keine Kultur und müssen von der Erde verschwinden. Und dann erzählte er mir, wenn es zu den Bayonettkämpfen kam, dann zogen sich die Deutschen zurück, aber für die Polen war das ein Fressen. Allerdings finde ich es menschlicher, wenn man das nicht gerne hat. Aber er sagt, Polen kämpfen ohne Herz und lieben mit ganzem

Herzen. Sein Kamerad, der blondgelockte große stolze, gefällt mir auch schrecklich gut. Er ist immer zurückhaltend und spricht auch nicht viel, aber gestern hat auch er mir erklärt, daß ich schöne Augen habe und wenn er nicht verheiratet wäre, hätte er sich bestimmt in mich verliebt. Es stehen auch sonst immer massenhaft Polen um mich herum und machen mir den Hof, aber die anderen sind mir entweder wurscht oder unangenehm, besonders einer, der mich immer verfolgt. Aber mein Soldat, das ist eine richtige Liebe. Ob es ein Zufall ist, daß ich mich immer mit älteren Leuten befreunde?

5. Nov. 1942

Heute kam mein Verhör, es dauerte stundenlang, und immerzu wollten sie wissen, was mit mir und den Polen zugeht. Wie lange kenne ich sie schon, was machen wir zusammen, ist einer davon oder mehrere meine Liebhaber, immer dieselbe Art Fragen. Ich hatte nichts zu verbergen, sagte immer die Wahrheit, aber sie waren unzufrieden und ich wußte nicht, was sie von mir wollten. Es war richtig unangenehm. Mutter erklärte mir nachher, daß die Behörde mich wohl für eine Hure gehalten hatte und lachte.

Amerika

ACHTER TEIL · U.S.A.

1

Das neue Land

Meine Schwestern erwarteten uns an der Pennsylvania Station, und es war ein trauriges Wiedersehen, traurig, weil unsere Mutter nicht bei uns war.

Nach Kriegsende informierte mich meine Mutter eines Tages, dass ihre Mutter von Biarritz nach Theresienstadt deportiert und dort gestorben war. Wir haben nie wieder über diese Tragödie gesprochen. Und ich habe es auch niemals gegenüber Tante Janne und Tante Lily nur die kleinste Bemerkung gemacht. Ich hatte so sehr gehofft, dass Großmutter Drucker dort eines natürlichen Todes starb. Es war eine erschreckende Entdeckung, als ich im Zuge meiner Recherchen erfuhr, dass sie von Biarritz über das französische Transitlager Drancy nahe bei Paris am 11. November 1942 mit dem Transport Nummer 45 nach Auschwitz deportiert wurde, neun Tage nachdem unser Schiff die Sicherheit des Hafens von Baltimore erreicht hatte. Es war eine frühe Deportation gewesen.

Da Mutter am Anfang ihrer Biographie schreibt, ihre Mutter sei »in einem von Deutschlands Konzentrationslagern« gestorben, vermute ich, dass sie nicht wirklich wusste, ob es tatsächlich Theresienstadt war oder ein anderes Lager. Im März 1946 schreibt sie Walter:

Von meiner Mutter haben sie herausgefunden, dass sie in Theresienstadt gestorben ist, an Entkräftigung an einer Dysentry – sie soll sehr viel geweint haben, ich bin nur froh, dass sie nicht nach Polen geschickt wurde und vergast worden ist.

Doch ihr Name (mit Geburtsdatum) erscheint auf der von Serge

Klarsfeld zusammengestellten französischen Deportationsliste, beim Internationalen Suchdienst des Roten Kreuzes in Arolsen, Deutschland, ebenso wie in den Listen der Auschwitz-Birkenau-Archive in Auschwitz. Ich konnte nicht in Erfahrung bringen, ob sie während des Transports gestorben war oder bei ihrer Ankunft vergast wurde.

Sie fanden für uns ein Zimmer im Masters Hotel an der 103. Straße, immer noch eine anständige Wohngegend, aber zu abseits von allem. Da wir kein Geld mehr hatten, musste ich das Problem mit ihnen besprechen. Sie waren im Besitz von Vaters gesamtem Erbe und dem Großteil von Mutters Schmuck, den sie aus Wien mitnehmen konnten. Solange ich über Geld verfügte, hatte ich keine Rechnungslegunge von ihnen verlangt. Marianne versprach uns, vorläufig 25 Dollar in der Woche auszuzahlen, was nicht ausreichend war, weil die Miete fast so viel kostete. Mir war nicht danach, um das Geld zu kämpfen. Sie hätten mir meinen Teil des Erbes geben und nicht so tun sollen, als gewährten sie mir ein Almosen. Meine Schwäger hatten schreckliche Angst, ich würde nicht in der Lage sein, mich selbst zu erhalten. Als ich meine Schwäger um einen Vorschuss auf Sophies Geld für ihre College-Ausbildung bat, dachten sie, ich wolle sie betrügen.

Glücklicherweise schafften es Freuds Neffe, Edward Bernays, der Sohn seiner Schwester Anna, und Elli, der Bruder seiner Frau, Sophie in Radcliffe unterzubringen, dem besten Mädchen-College der Vereinigten Staaten, und er bezahlte auch ihre Studiengebühren.

Innerhalb eines Jahres sollten meine und die Wege meiner Mutter drastisch auseinandergehen, und jede führte ihr eigenes Leben. Doch im ersten Halbjahr im neuen Land waren wir eng miteinander verbunden, enger, als ich mich erinnert hatte. Sie hatte viele der Briefe, die ich ihr damals schrieb, aufbewahrt, ebenso wie ich viele ihrer Briefe aufgehoben habe, meistens Postkarten zweimal wöchentlich. Ich kann mich also, um jene ersten Monate unseres amerikanischen Lebens heraufzubeschwören, an diese Briefe halten, die mein früheres Tagebuch ersetzen, an dem ich nicht mehr weiterschrieb.

Durch diese meine Briefe hat meine Erinnerung einen Knick erfahren. Während es – zumindest für mich – schwierig ist, im Rückblick die härtesten Zeiten herauszufiltern, rangierten die ersten Monate in Radcliffe doch als schwärzeste Zeit immer hoch oben, noch über dem Umzug von Wien nach Paris. Wenn ich mir aber meine Briefe anschaue, dann muss ich meine Annahme hinterfragen. Während ich offensichtlich mit der neuen Sprache, dem schwierigen Lehrstoff und dem kargen Geld zu kämpfen habe, finde ich offensichtlich aber auch Freunde, berichte über eine Reihe von erfreulichen Aktivitäten und scheine bereit zu sein, meinen Weg allein fortzusetzen. Innerhalb weniger Monate erkenne ich im vollen Umfang das enorme Privileg, das mir widerfahren ist. Ich schreibe Mutter am 5. April 1943:

Je länger ich hier bin, desto bewusster wird mir, welches Glück ich habe, hier sein zu dürfen, einfach mir nichts dir nichts das beste College Amerikas zu besuchen.

Doch die ersten paar Monate in Amerika, mit Mutter, die verständlicherweise verzweifelt war und sich in einem ständigen Zustand der Angst vor dem Verhungern in New York City befand, waren hart. »Gefällt dir Amerika?« *fragten mich alle, denen ich begegnete, vielleicht 20 Mal in der Woche, und während ich natürlich bejahte, missfiel mir alles an diesem neuen Land, an diesem rettenden Hafen vor dem Gemetzel auf der anderen Seite des Atlantik. Meine Jobsuche erwies sich mit meinem gebrochenen Englisch als nicht besonders erfolgreich, und ich verbrachte den Rest dieses Schulsemesters an einer Sekretärinnenschule, wo ich Kurzschrift und schnelles Maschineschreiben zur Melodie von* »Praise the Lord and pass the ammunition« *lernte. Mutter und ich suchten viele* »wichtige Leute« *auf, zweifelsfrei in der Hoffnung auf eine berufliche Verankerung.*

Ich traf auch einen jungen Mann wieder, den ich in Frankreich kennengelernt hatte. Er war deutscher Emigrant und nach seiner Flucht aus dem französischen Internierungslager Le Mille ein halbes Jahr vor uns in New York City eingetroffen. Er und seine Familie hatten sich in ihrem Sommerhaus in der Haute Savoie versteckt, bis die amerikanischen Visa eintrafen. Paul Loewenstein hatte sich ohne mein Wissen in Frankreich in mich verliebt und seiner Familie angekündigt, er hoffe mich zu heiraten, sollten wir uns je wiedersehen. Innerhalb einer Woche nach unserer neuerlichen Begegnung hielt er um meine Hand an, ich aber war damals noch nicht zu einer Entscheidung bereit.

2
Weder die Familie noch Vater haben die geringste Absicht, uns Geld zu schicken

Trotz einiger früher ausgesprochener Warnungen erwartete Mutter nicht von mir, mir einen Job zu suchen, und es war für uns beide selbstverständlich, dass ich meine Ausbildung fortsetzen sollte. Ich bewarb mich am Hunter College, wurde aber abgelehnt, weil Mutter noch keinen rechtskräftigen Wohnsitz in der Stadt hatte. Dann geschah erneut ein Wunder, wie damals, als ich in Paris im Lycée aufgenommen wurde – es war sicher in meinem Karma, dass ich eine Ausbildung erhalten sollte: Mein Onkel Edward Bernays, der sich unter den »wichtigen Leuten« befand, die wir aufsuchten, ließ mich am Radcliffe College einschreiben und zahlte die Studiengebühr für das erste Semester. Ein anonymer Spender finanzierte danach drei Jahre lang mein Studium, und ich fand erst viele Jahre später heraus, dass es Onkel Edward war.

Ich kannte Radcliffe College nicht, und auch nicht Harvard University, jene beiden Schulen, die während meiner Studienzeit fusioniert wurden, aber ich war überglücklich, meine Ausbildung fortsetzen zu können, egal wo. Radcliffe hatte wegen der Kriegslage eben auf ein trimestriges Curriculum umgestellt, das den Studentinnen – und auch mir – ermöglichte, ihr Collegestudium in drei Jahren zu absolvieren. Und erstmalig wurden Studentinnen zu Beginn jedes Trimesters aufgenommen, was natürlich für mich ein großes Glück war, wenn auch mit größeren Schwierigkeiten verbunden. So begann ich Ende Jänner 1943 in Radcliffe zu studieren, etwa drei Monate nach meiner Ankunft in diesem Land. Die Schule brachte mich im International Student House *unter, wo Studentinnen in der Mitte des Schuljahrs aufgenommen wurden. Es wäre eine sehr passende Unterbringung gewesen und war es auch, wären die Mitglieder der verantwortlichen Familie Mead nicht chinesische Missionare gewesen und leidenschaftliche Anhänger Tschiang Kai-scheks, was ich mit meiner antireligiösen und Mao-freundlichen Einstellung nicht vereinbaren konnte. Aber ich hielt mich politisch zurück.*

Eine weitere Schwierigkeit war, dass ich stillschweigend angenommen hatte, früher oder später Psychoanalytikerin zu werden, und deshalb einen Abschluss in Medizin benötigte. Ich belegte also Kurse in Physik und Biologie, für die ich weder ausreichend vorbereitet war noch das nötige Talent besaß.

Tante Doris (Fleischmann) Bernays hatte mir zehn Dollar Taschengeld gegeben, und los zog ich nach Cambridge, Massachusetts. Die folgende unvollständig exzerpierte Korrespondenz kann den Großteil der folgenden Ereignisse veranschaulichen.

Der Schriftverkehr erfolgte in deutscher Sprache, mit gelegentlichen Einsprengseln in schlechtem Französisch.

1. Febr. 1943 [Brief auf deutsch]

Liebe Mutter,
Entschuldige das Papier, ich bin gerade in der Schule und habe nichts besseres bei der Hand. Leben ist grau und häßlich. Ich wünsche, ich wäre gleich im November in ein College gegangen. Ich bin in der Mitte des Jahres ganz verloren. Besonders Chemie macht mich ganz unglücklich. Sciences werden hier viel besser unterrichtet als in Frankreich und alle anderen wissen viel mehr und ich kenn mich gar nicht aus wovon der Prof. spricht. In Chemie hat er sich mein Laboratoriumheft aus Frankreich angeschaut und darauf gesagt, er glaube nicht, daß ich mitkommen würde, weil das ja ganz elementär ist. Und das Schlimme ist eben, daß alles schon im September begonnen hat. In den anderen Fächern weiß ich noch nicht, ich verstehe die Lehrer mit Schwierigkeit. Auf jeden Fall ist Chemie eigentlich mein Hauptfach. Übrigens ist schon so viel Arbeit da, daß ich schon bis zum Kopf darin zappele. In Psychologie haben wir heute von Großvater gesprochen. Aber ich glaube der Prof. ist ein Esel. Bei der englisch anticipatory Prüfung bin ich durchgefallen.
Sonntag Abend war ein Zusammenkommen von international stu-

dents in unserem Haus. Da traf ich ein Mädel, das von Dr. Felix Deutsch psychoanalysiert wird!! Sie sagt, er hat ihr sehr geholfen. Er wohnt in Cambridge, aber ich rufe ihn nicht an, ich habe keine Lust, mein gesellschaftliches Leben wieder so aktiv wie in N. Y. C. zu machen.

Nachdem Vater mir geschrieben hatte, dass Felix Deutsch sein intimer Freund war, rief ich ihn dann doch an, mit Grüßen von Vater, und erwähnte, eine seiner Analysepatientinnen getroffen zu haben. Letzteres interessierte ihn, aber sonst nichts. Es war ein kurzes peinliches Telefongespräch, das er so bald wie möglich abbrach. Fünf Jahre später, schon verheiratet und als Studentin für ein Magisterdiplom in Sozialarbeit recht gut etabliert, traf ich ihn zum ersten Mal. Ich erinnerte ihn an unser früheres Gespräch. »Du hast so ängstlich und verloren geklungen«, erklärte er, »da wollte ich nichts mit dir zu tun haben.«

3. Febr. fortgesetzt
Wenn Du mir $ 2.00 schicken könntest, wäre ich Dir sehr dankbar. Ich kann nichts dafür aber Bücher, Stiefel und Hefte haben mein ganzes Geld aufgefressen. Es tut mir sehr leid, aber ich kann nichts dafür, ich habe mir sonst wirklich nichts gekauft und die Stiefel trage ich Tag und Nacht, sie waren mir wirklich nötig. A ja, ich hatte Dir ja noch gar nicht von ihnen erzählt! Ich bin in 20 Geschäfte vergeblich gerannt und im 21. erwischte ich noch das letzte Paar, das letzte von Boston. Sie könnten ein bißchen größer sein, ich kann sie nicht mit ganz dicken Wollsokken tragen, aber sie sind furchtbar hübsch und sehr gut, $ 3.45 (nicht so schlimm für Stiefel), schwarz und zierlich. Die Bücher habe ich antiquarisch gekauft, außer eine neue Edition. Aber die kann ich am Ende des Jahres verkaufen. Das Gepäckgeld bin ich noch Mrs. Mead schuldig, sonst habe ich 20 cents. Es tut mir leid, daß ich so viel ausgegeben habe, aber das war nur der Anfang. Sonst werde ich sicherlich nicht mehr als einen Dollar pro Woche brauchen.

Bücher	2.75
	2.75
	3.00
Hefte	2.00
Stiefel	3.45
Post	0.25
Orangen	.20
Papier	.75

           Laundrysoap   .20
           Subway   .30
                                     15.60
           Gepäck   1.45
                                     17.05

Gestern war ich so entsetzt über meine Geldverhältnisse, daß ich zum students employment gegangen bin und da gaben sie mir einen ganz verrückten job. Ich bin mit Ba *(die Tochter von Meads)* zu einem Kerl (ein Psychologe namens AA Roback) gegangen, der uns Questionnaires gegeben hat und wir sind von Haus zu Haus in vorgeschriebene Straßen gegangen und haben diese Fragen gestellt. Es war für irgend ein psychological research und der Kerl hat mir Briefe, die er von Großvater gekriegt hat, gezeigt, ich weiß nicht warum er so stolz darauf war, sie sagten alle, daß er ein Trottel ist. Pro interview 15 cents. Aber Mrs. Mead will nicht, daß wir es weitermachen, wegen Abend alleine zu Leute gehen und ich bin eher froh daß sie es verbietet, weil es ziemlich unangenehm ist und ich kann momentan nur Jobs nehmen, wo ich dabei arbeiten kann, weil ich mich doch erst eingewöhnen muss. Die Mädchen sind alle sehr nett, zu Hause und in der Schule. Ich habe mein Gepäck bekommen und mir mein Zimmer besonders süß eingerichtet, wenn ich Zeit habe, zeichne ich es Dir auf.

Eben bekam ich einen sehr lieben Brief von Walter. Er wird die Jean doch nicht heiraten, sie kann keine Mohnstrudel backen und wäscht nicht gerne Geschirr. Und von Paul, ich bin so glücklich, daß er da ist, es wäre mir sonst noch viel mieser zu Mute. Er kommt mich vielleicht am Washington Birthday besuchen. ...

Bei der Ärztin war ich zur Untersuchung, das muß man wegen gym. Sie ist eine deutsche Emigrantin (Dr. Nauen) und war sehr nett und ich bin natürlich ganz gesund, aber sie hat mich nur oberflächlich beguckt. Ich habe ihr auch erzählt, daß ich seit einem Monat jeden Tag beim Zähneputzen wie ein abgestochenes Schwein blute und sie fand heraus, daß mein Zahnfleisch ein wenig entzündet ist und ich Vitamin C brauchte. Darauf habe ich mir ein Dutzend Orangen gekauft, denn hier gibt es nur ein Stück Obst zum Frühstück. Aber das Essen ist reichlich gut und ich tue mein möglichstes, um das viele Geld abzuessen und werde immer dicker. Aber man kann hier nicht einfach in die Küche gehen und sich z. B. ein Glas Milch einschenken. ----

                                                                  Später
Heute hatte ich das erste Mal schwimmen. Ich lerne crawling und die Lehrerin sagte ich werde es ganz rasch erlernen. Es ist ziemlich anstren-

gend und man kriegt nasse Haare. Aber es sind Haartrockenapparate da. Nun sehe ich natürlich wie eine Hexe aus.
Bei meinem Job-Mann war ich. Er gab mir $ 1.25, mehr als versprochen und eigentlich war er sehr nett. Er ist nämlich ein Jude und hat ungeheueren Respekt vor mir. Und Samstag von halb 3 bis halb 5 gehe ich zu ihm, um Schreibmaschinenarbeiten zu machen, 50 cents die Stunde kriegt man dafür. Ich soll ihm die Briefe die ihm Großvater geschickt hat, abtippen. Er hatte nämlich bemerkt, ich kann sie lesen und er hat sie nie ganz lesen können. So habe ich meine Schulden gezahlt (Gepäck, Frau Mead) und Samstag habe ich dann massenhaft übriges Geld. So brauchst Du mir keines zu schicken. Höchstens nächste Woche, einen Dollar. Aber nicht mehr. Am Abend mache ich mir in meinem Zimmer den elektrischen Heizer an. Das ist fein warm, tant pis für die Elektrizitätrechnung der Familie. Habe ich Dir erzählt, daß sie Missionare in China waren? ... Sonntag bin ich mit ihnen in die Congregational Church gegangen. Während der ganzen Predigt hat der Pfarrer nur um Geld geschnorrt. Heute haben sie einen Tanz unten, aber ich habe zu viel zu tun und es würde mich eh nicht freuen. Mein Brief ist alles eher ein literarisches Kunstwerk, aber ich hoffe es ist Dir wurscht. Ich wollte Dir nur möglichst rasch das Wichtigste erzählen. Viele Pussis, Deine Sophie

Die Geschichte mit dem entzündeten Zahnfleisch nahm eine dramatische Wendung. Die Blutungen hörten nicht auf, und Dr. Nauen bestand darauf, dass ich einen Zahnarzt besuche. Als ich hörte, dass es $ 25 kosten würde, erklärte ich Dr. Nauen ich könnte mir das einfach nicht leisten. Darauf meinte sie, dass ein Aufenthalt in Radcliffe vielleicht zu teuer für mich sei. In panischer Angst weggeschickt zu werden, schrieb ich Vater (umsonst) und schickte Mutter einen SOS Brief. Tante Janne schickte mir sofort das nötige Geld. Ich frage mich jetzt, ob Mutter in ihrem wütenden Stolz nie Tante Janne über meine fast verzweifelte finanzielle Situation gesprochen hat. Und ich auch nicht.

9. Febr. 1943 [Brief auf deutsch]
Liebes, gutes Mäu,
Deine Briefe sind ziemlich verzweifelt, aber tröst, tröst, in drei Monaten wirst Du schon wieder ganz drinnen sein, verlier nur den Mut bis dahin nicht. Ich bin nur froh, dass ich Dir $ 5.00 geschickt habe, weil ich so etwas geschwant habe, dass Du kein Geld mehr haben wirst.

Bei mir geht auch momentan alles schief. Die Lipshütz *[Privatpatienten]* haben mir für Febr. abgeschrieben. *Die School for Deaf Lexington av. [Schule für Taube]* haben mich eingeladen mich vorzustellen, um mir zu sagen, sie brauchen mich nicht. Mein Stimmfall hat mir schon 2mal abgesagt, weil sie keine Zeit hat, hat sich heute für 2^h angesagt, jetzt ist's schon später, und noch nicht da, außerdem hat sie versprochen, sie wird heute zahlen. Gestern Freitag hatte ich Gäste und ein grässlich feines Essen gekocht, schade, dass Du nicht da warst: Paradeissuppe mit Reis, Schwammerln mit Ei, gesulzter Fisch mit Kartoffelsalat, Käse, Kompott und Kaffee. Bei dieser Gelegenheit habe ich den Silex kaputt gehaut. Eine Stunde nachher noch Geschirr waschen.

Die Patientin ist doch noch gekommen, aber gezahlt hat sie nicht, nur schlecht geworden ist ihr. Dann hat mir die Janne ihren Teppich gebracht. In einem Zimmer habe ich Papiervorhänge. Der Hausmeister ist nicht so nett wie er ausschaut, man kann nichts von ihm haben. Was schreibt Dir der Walterl? Schreibt er etwas vom Vater? Die Wohnung ist mir noch nicht gemütlich.

Viele Pussi Mutter Esti

16. Febr. 1943 [Postkarte auf französisch]
Liebe Mäu … … Heute schicke ich Dir noch $ 2.00, kauf Dir ein Unterziehleiberl, weil es sehr kalt ist. Mir geht es ganz gut, ich verdiene etwas Geld, aber nicht genug … Ich bin in Behandlung bei einem Zahnarzt. Das wird wieder ein schön teures Geld kosten. Schreib mir bald. Ich war von Deinen Valentine sehr gerührt.
Pussi, Pussi, Pussi, Mutter

19. Febr. 1943 [Postkarte auf französisch]
Liebe Sophie,
Danke für Deinen Brief. Kauf Dir warme Sachen mit dem Geld, das ich Dir geschickt habe. Diesen Abend habe ich eine Konferenz. Meine Schülerin hat mir zwei Decken geborgt, wenn Du willst, kann ich Dir eine schicken. Ich bin ziemlich entmutigt wegen der politischen Nachrichten. Mein Radio geht noch nicht. Abends fühle ich mich manchmal sehr alleine. Heute kaufte ich mir ein Paar Gummihandschuhe, weil meine Hände ganz ruiniert sind von all dem Dreckputzen, Du kannst Dir nicht vorstellen, wieviel Ruß überall ist. Alles geht sehr langsam. Ich bin Stunden und Stunden zu Hause, ohne dass das Telefon ein einziges Mal läutet. Bist Du schon etwas eingearbeitet? Pussi von Deiner Mutter

6. März 1943 [Brief auf deutsch]
Liebste Mutter,
Dank Dir für Deine liebe Karte. ... Heute habe ich $ 4 verdient. Dafür habe ich 3 Stunden getippt, während der Woche 1 oder 2 Stunden zu Hause getippt (da stehe ich um 6 h auf und mach es von 6–7) und heute abend habe ich einen job, 3 Stunden beim Tisch servieren und Geschirr waschen. So war der Samstag zwar futsch, aber 4 $ sind nicht zu verachten. Ich wollte mir auf ein Paar Schuhe sparen, aber heute bekam ich eine Rechnung für health fee = 5 $ ... Wie ich gerade den Tisch abräumte fragte mich ein Mann nach Großvater etc. etc. Ich kann es langsam nicht mehr aushalten und stelle mich nur mehr mit Widerstreben vor, aus lauter Angst, daß man mich fragt, ob ich verwandt bin ... Nach 10Mal wurde mir davon langweilig, nach den 20. Mal begann ich, alle die es taten zu hassen und nach dem 30. Mal wurde ich wahnsinnig.

In der Küche war es sehr lustig, die Köchin erzählte mir die ganze Zeit wie man sie in diesem Haus verhungern lasse und das Kindermädchen wird morgen kündigen. Ich kaufe mir jeden 2. Tag eine große Milchflasche, für mein Mittagsessen. Ich habe versucht ohne Mittagessen auszukommen, aber dann bin ich um 3^h zum sterben erschöpft und muß irgendwo ein Bett finden, um mich niederzulegen.

Nach NY komme ich gegen 27. März. Ostern ist erst Ende April und wir haben keine Ferien. ... Aber das Semester ist schon Ende Mai aus. Dann ist ein Monat Ferien und dann beginnt das Sommersemester. Das ist jetzt eine ganz neue Einführung, weges des Kriegs, 3 Semester pro Jahr, statt 2, aber man muß nicht zu allen gehen. So wird es einem ermöglicht, in 2 Jahren und 8 Monaten College fertig zu kriegen. Ziemlich anstrengend nur ein Monat Ferien im ganzen Jahr, besonders wenn man sich so gräßlich plagt.

Eben hat mich ein Junge angrufen und zum skilaufen eingeladen. Den habe ich einmal, 2 Minuten lang gesehen und seitdem ruft er mich jede Woche 2mal an. War das nicht eine rasche Eroberung? Und von noch 2 anderen bin ich um ein date gebeten worden, wiederholt. Aber ich bin noch nie ausgegangen. Ich habe keine Zeit und außerdem liegt mir nichts daran. Mit amerikanischen Buben gehe ich auf keinen Fall aus, nur Emigranten – warum sollte ich mit ganz fremden Leuten ausgehen? Es ist nur wegen des Selbstgefühls, da ich sonst keine Erfolge zu verzeichnen habe, ich meine gute Noten, das wäre mir wichtiger.

Meine Englischlehrerin hat mir gesagt, daß meine Sachen sehr gut sind. Auch die Sprache ist nicht schlimm. Aber bis jetzt waren es leichte Aufsätze. Eine Autobiographie. Da habe ich (glaube ich) eine gute Stelle über die Flucht aus Paris und »my home-town« geschrieben. Da schrieb

ich über die Wiener Arbeiter mit den Volkshochschulen und Gemeindebauten, über die Türkenbelagerung, die Habsburger, das Burgtheater und den Wienerwald. Ich bekam richtig Heimweh. Aber nach Wien fahre ich ja bestimmt nicht mehr zurück, Paul würde nie in Wien leben wollen, er möchte lieber hier bleiben.
Nach meinen Physics-Exam vorgestern hatte ich Selbstmordgedanken.

8. März 1943 [Postkarte auf französisch]
Liebes Sopherl,
Ich bekam gerade einen Brief von Ernst Freud, in dem er mir schreibt, dass weder die Familie noch Vater die geringste Absicht haben, uns Geld zu schicken. Wir können ja arbeiten. Das einzige, was Du tun kannst, ist Walter über unsere finanziellen Umstände zu schreiben und dass Du auch das Recht hast, in die Schule zu gehen, um zu studieren. Aber ich selber werde niemandem mehr schreiben.
Viele Küsse, Deine Mutter Esti

19. März 1943 [Brief auf deutsch]
Liebste Mutter,
Du hast mir heute früh zwar sehr leid getan, aber ich fühle mich trotzdem nicht besonders schuldbewußt, denn ich konnte doch nicht wissen, daß Du mich wie einen verlorenen Sohn empfangen wolltest. Das Gefühl, daß es so eine Aufruhr hervorbringt, wenn ich »nach Hause« komme, ist mir entschieden unbehaglich. Außerdem war der Anruf schade ums Geld, für $ 1.25 muß ich 2 ½ Stunden Geschirr waschen. Du mußt einsehen daß ich extra geschrieben habe, daß ich nur 50 % sicher komme.
Montag habe ich Physikexamen, nächsten Samstag Bio. Diesen Montag hatte ich Psych. Und Dienstag Biolab. Du siehst, ich bin eher beschäftigt. Deswegen bin ich zu guter letzt doch nicht gekommen. Ich hätte zu viele Bücher mitnehmen müssen. ...
Schicke mir kein Geld mehr, ich wurstele mich schon durch, ich gebe auch nichts aus, außer für Marken.

Da Mutter so niedergeschlagen war, weil ich sie nicht besucht habe, obwohl ich es nur zu 50 Prozent versprochen hatte, und sie mir insgesamt so einsam, vorkam wandte ich mich an Tante Janne mit der Bitte um Rat. Untenstehend ihre Antwort, einschließlich einer Empfehlung, einen Psychoanalytiker aufzusu-

chen, ein Ratschlag, den in den folgenden Jahren diverse Erwachsene wiederholen sollten, ohne dass ich ihn jemals befolgte.

Mein sehr liebes Zäpfelchen
Bitte nimm endlich und endgültig zur Kenntnis, dass Du nicht verantwortlich bist, dass Deine Mutter allein ist, noch für ihre unglückliche Art, alle Leute von sich zu stoßen und zu verletzen, die ihr nahe stehen. Um Dich von diesen Problemen zu befreien, will ich eben so gerne, dass Du möglichst bald Dich analysieren lässt, weil das die einzige Möglichkeit für Dich ist, auf menschliche und vernünftige Weise zur Ruhe damit zu kommen und eine Lösung zu finden. Es ist doch gar nicht anders möglich, als dass die Konflikte Esti – Martin Dir *zum schaffen* gegeben haben – Wahrscheinlich hat Esti eine depressive Zeit, da sie im Moment nicht sagen kann, dass sie verhungert, weil sie ja ganz gut verdient hat, so wendet sie sich über Depression *völlig zu Dir*. Indessen ist die Sache wahrscheinlich längst vorbei und nimm es nicht so tragisch! Es hat kaum etwas mit Dir zu tun! Das weiß ich indessen wirklich genau aus der Analyse! Bitte lass Dich nicht unterkriegen. Schreib ihr <u>sehr</u> freundliche Briefe, aber fahr nicht zu ihr, wenn Du es Dir anders eingeteilt hast. Deine, Deine Janne.

25. März 1943 [Postkarte auf französisch]
Liebes Mau,
Durch die Intervention von Dr. Sachs haben wir $ 100 von der psychoanalytischen Gesellschaft bekommen. Ich schicke Dir $ 13 von diesem Geld. Kauf Dir, wenn Du willst, Schuhe und einen Rock, und wenn was übrig ist, einen Unterrock. Den Rest benütze ich für die Miete und den Zahnarzt und ein paar kleine *Anschaffungen* und einen Teekessel und einen Teetopf. Ich werde Dr. Sachs einen langen Dankbrief schicken.

27. März 1943 [Brief auf deutsch]
Liebste Mutter,
Bin gerade bei einem Babyjob, die babies schlafen schon sanft. Heute habe ich mein Bioexam gehabt. Das habe ich katastrophal und vollkommen verhaut. Da kann man nichts machen, ich hatte geahnt, daß es so ausfallen würde. Du Mutter, ich habe beschlossen, nicht Arzt zu werden, ich hasse Biologie und Chemie und dieses Zeugs. Warum soll ich bloß Sachen lernen, die ich hasse, es gibt so schöne Gegenstände. Mir ist ganz schnuppe, was die ganze Familie sagen wird, ich sattle zu Sprachen um und im Sommer nehme ich dann russisch, spanisch, mathematics, vielleicht englisch und Psychologie ...

Du, danke schön für die $ 13. Ich habe gar nicht gewußt, was in Dich gefahren ist und ob Du zufällig das große Los gezogen hättest. Die $ 13 hebe ich mir auf. Mit den 2 andern $ 2 Checks, die ich nicht gebraucht habe, ist gerade genug, um die Pension für Mrs. Mead zu vervollständigen. So hat auch Onkel Rudi mein ganzes Schuljahr nur $ 35 gekostet. Ich habe mir diese Woche $ 4.50 verdient. Imponiert Dir das? Wenn ich nicht meine dumme Milch hätte zahlen müssen wären nun schon $ 8 beisammen. Aber immer, wenn ich mir Geld erspare, schneit dann so eine dumme Rechnung ins Haus. Ich hatte diese Woche nämlich einen Geschirrwaschjob, 2 Kinderaufpassen und einen Typing job. Und alle haben mir kaum Zeit genommen, denn während die Kinder schlafen kann ich arbeiten, und das tippen war heute von 12.00–2.30, eine Zeit, in der ich sonst herumsitze. Von diesem Kerl bin ich jetzt richtig die Sekretärin, schreibe Rechnungen und die komischsten Briefe, das ist ganz lustig. Das Geschirrwaschen war auch ganz nett. Ich war schon das zweite Mal bei derselben Dame, die hat bei Radcliffe extra nach mir verlangt, ich glaube sie erzählt bei Tisch so gerne, daß das Freudenkel bei ihr aufwartet und dann kommen alle mögliche Leute in die Küche und wollen mich kennen lernen, oder behaupten, sie kennen Tante Anna etc. Aber die Köchin hat mich dort ins Herz geschlossen und läßt mich gar nicht Geschirr waschen, höchstens abtrocknen und meine Hauptbeschäftigung war neulich Eiscream essen und Kuchen und Kaffee trinken. Dafür bekam ich $ 1.50.

Sag, großes Problem: Soll ich ein Paar Sommer oder Winterschuhe kaufen? ... Hier ist es schon patschwarm, das ist herrlich. Neulich bin ich in der Schule mitten auf der Wiese gelegen und habe mich sonnengebadet. Alle Knospen sind schon ganz dick. Oder soll ich mir ein cotton Kleid kaufen. ... Montag fange ich rudern an, turnen fürs springterm. Ist das nicht herrlich, auf dem Charles river.

In 2 Wochen komme ich nach New York.

5. April 1943 [Brief auf deutsch]

Liebste Mu,
Danke für Deine sehr liebe Karte. Ich werde das Abendkleid, das ich geschenkt bekommen habe, zum putzen geben, aber es kostet $ 1.25. Das ist sehr arg. Ich habe mir $ 8.00 erspart, aber die Reise *[nach New York]* wird jetzt alles auffressen. Leider fährt mein Psychologist für April nach New York, da werde ich arbeitslos. Denk Dir, neulich habe ich einen Brief getippt über die Publication von Tante Annas Bücher in Amerika. Ist das nicht zu komisch! Wenn sie das wüßte. ...

Den Bernays bin ich sehr dankbar, mich hier rein gebracht zu haben.

Je länger ich hier bin, umso mehr kommt es mir zum Bewußtsein, was ich für ein Glück habe, hier sein zu können und mir nichts, Dir nichts, ins beste College Amerikas zu gehen.

... Vor allem schicke mir kein Geld mehr, ich habe nun mehr als genug und werde die letzten 5 $s die Du mir geschickt hast gar nicht aufbrauchen. Oder vielleicht kaufe ich mir Schuhe. Auf jeden Fall brauche ich kein Geld mehr, verdiene mit babysitting jobs ganz gut.

Was ich Dir sagen wollte. Sei bitte nicht rachsüchtig und vergiß möglichst rasch unangenehme Sachen. Kriege kommen nur daher, weil alle Leute so rachsüchtig sind. Nachträgerisch sein macht nie etwas besser. ...

10. April [Karte an Mutter auf französisch, nach meinem Besuch]
... Weißt Du, ich war ungemein froh, Dich wiederzusehen. Ich umarme Dich ganz fest.

21. April 1943 [Postkarte auf französisch]
Liebes Mau
Stell Dir vor, ich bekam einen Brief von Duprée. Alles geht gut, und es tut ihm leid, dass wir weggefahren sind. Ich hoffe, Du hast die $ 3.00 erhalten. Ich habe schon lange nichts von Dir gehört. Ich glaube, in ein paar Tagen kann ich Dir eine größere Summe schicken. Man schuldet mir fast $ 30.00. Vielleicht kann ich diesen Monat meine Miete selber zahlen, und ich habe noch Rudis check, den er mir im März gab, und damit habe ich genug für Juni und Juli, und danach werden wir sehen.

Die Ferientage sind sehr *dull*-xxxxx-Ich kann mich an *langweilig* in Französisch nicht erinnern.

25. April 1943 [Karte auf französisch]
Liebes Mau
Schreib Doris Bernays, vielleicht werden sie Dir wieder das Geld für die Schule offerieren. Das beste wäre, wenn die Dame vom Sekretariat in der Schule, der die Bernays das erste Mal das Geld gezahlt haben, ihnen wieder schreibt. Ich glaube, wenn nötig, kann ich die $ 100 finden. ...
Auf jeden Fall werde ich Dir alles Geld schicken, das ich über habe, das kannst Du mir glauben. Im Moment bin ich arm, aber man ist mir $ 20 schuldig.

Pussi, Mutter

Samstag, 25. April 1943 [Brief auf deutsch]
Liebes Herzensmäu,
Denk' Dir ich sitze am Eastriver unten ganz in der Nähe von unserem Haus auf einer Bank in der Sonne und schau mir die Schifferln an, es ist beinahe gemütlich.
Ich hoffe, Du hast das Packerl mit dem Tee und den weißen Stoff bekommen. ...
Die Tante Lily soll sich nichts, oder vielmehr Dir nichts antun, den Cheque den sie mir Mitte März gegeben haben, habe ich noch NICHT ANGERÜHRT und wenn wir halbwegs Glück haben, kann ich mich über den Sommer durchwursscheln. Wenn die $ 20, die noch ausstehen, eingehen, schicke ich Dir wieder Geld. Ich muss jetzt auch viel einstekken, Du kannst es mir glauben, ich merke mir alles sehr genau, aber vorläufig beiß ich die Zähne zusammen ...
Pussis Mutter.

N. Y. 14. Mai 1943 [Postkarte auf französisch]
Liebes Mau,
Schon 3 Tage ohne Neuigkeiten von Dir. Hoffentlich bist Du nicht krank. Mein Katarrh ist viel besser ... Ich arbeite enorm viel, aber die Resultate sind noch sehr dünn. Mein Zahnarzt verlangt noch $ 30.00 von mir. Dies sind harte Zeiten. Es ist wirklich eine Schande, dass ich Dir kein Geld schicke. Aber ich habe noch nicht die Miete für diesen Monat ...
Küsse Mutter Esti

18. Mai 1943 [Brief auf deutsch]
Liebes Herzensmäuli,
Bitte mach' Dir nicht so viel draus wegen Dick, es gibt massenhaft nette junge Männer auf der Welt, denen Du wunderbar gefallen wirst und sie Dir auch, man hat ununterbrochen solche Erfahrungen und zum Schluss wird einem fad immer, mit gebrochenem Herzen herumzugehen, es freut einem à la longue nicht besonders ...
Pussi, pussi, pussi Mutter

Es war sehr schwer gewesen, Mrs. Mead Zimmer und Verpflegung zu zahlen, und klar, dass wir das nicht fortsetzen konnten. Ich bewarb mich also um eine Au-pair-Stelle, drei Stunden Arbeit täglich im Haushalt und/oder mit den Kindern für Unterkunft und Verpflegung. Miss Almy, die Studentenjobvermittle-

rin, die angesichts dessen, dass ich ihre beste Kundin war, fast zu einer Freundin wurde, zeigte mehr guten Willen als Verstand. In der Annahme, ich würde mich bei einer Familie, in der die Mutter deutsch sprach, eher »zu Hause« fühlen, brachte sie mich in einem Haushalt mit einer nichtjüdischen echten Deutschen unter, die sich um ihre deutsche Familie, die vermutlich gerade dabei war, meine Familie umzubringen, und um ihren armen Bruder in der Wehrmacht Sorgen machte. Sie erklärte sofort, dass sie bei den Mahlzeiten mit ihrem Mann nicht gestört zu werden wünschte, was mich in die Küche verbannte. Ich beschloss, das Angebot anzunehmen, und war auch bereit, in den dreiwöchigen Ferien zwischen dem Frühjahrs- und dem Sommertrimester ganztägig dort als Dienstmädchen zu arbeiten. Das würde eine gute Schulung für den Halbtagsjob während des Sommertrimesters sein.

Samstag, 22. Mai 1943 [Brief auf deutsch]

Geliebter Mutterpitz,
Heute früh habe ich zu arbeiten begonnen. Habe gelernt das Baby zu baden, zu füttern, das Babyessen vorzubereiten, es trocken zu legen. Er ist ein sehr herziges braves Baby, das nur weint, wenn es unbehaglich ist. Für hier arbeiten gibt mir die Frau Cottonkleideln und Smocks zum Aufräumen und Geschirr waschen. So schone ich meine Kleider, denn mit einem Baby ist's eh so eine Schweinerei. ... Sonst ist mir natürlich sehr mies, vor allem fühle ich mich sehr alleine und außerdem macht Geschirr waschen und Zimmer aufräumen melancholisch. Ich wiederhole mir die ganze Zeit, daß ich kein Trottel bin und nebenbei ins College gehe, sonst bekomme ich gräßliche Minderwertigkeitskomplexe. Schade, daß ich Montag nicht zum Schulball gehen kann.
  Dick ist mir inzwischen gelungen, aus meinem Kopf auszustreichen. Eine Zeitlang habe ich jede Nacht von ihm geträumt, was mir noch nie passiert ist mit einem Jungen. Aber ich hab Dir ja gesagt, ich kann nur Leute gerne haben, die mich nicht gerne haben, oder schlecht behandeln, das weiß ich schon ganz sicher.
  Die Leute hier haben einen reinrassigen wundervollen Wolfshund, so groß wie ein Schaf. Ich habe immer Angst, er wird aus Irrtum das Baby verschlucken. ...
  Pussi, Pussi, Pussi, Sophie

Zum Geburtstag von Mutter am 21. Mai hatte ich ihr wieder ein Gedicht gedichtet, in dem ich ihr danke, mich in Sicherheit nach Amerika gebracht zu haben, aber es ist leider verlorengegangen.

           21. Mai 1943 [Postkarte auf französisch]
Liebe Mäu,
Heute morgen bekam ich Deine Geburtstagsgratulation mit dem schönen Gedicht. Ich weinte viel, wie immer. Gestern hatte ich einen großartigen Erfolg. Man hatte mir einen alten Mann geschickt, Vater eines New York Arztes, mit einer totalen Aphasie, er konnte nur flüstern. Nach 6 Minuten mit meiner Behandlung hatte er seine normale Stimme wieder. Mit dieser Behandlung werde ich $ 30.00 verdienen, was ich verlangen werde (nach einer Besprechung mit dem Doktor, der mir den Fall geschickt hat), und einen ausgezeichneten Ruf. ... Wenn meine Praxis weiter gutgeht, werde ich Dich besuchen!!
 Pussi, Pussi, Pussi Mutter Esti

           26. Mai 1943 [Brief auf deutsch]
Liebste Mu,
Danke für Deine Karte. Schade, daß Du keinen schönen Geburtstag gehabt hast, aber schau, daß Du Dich mit Deinen Schwestern verträgst. Schließlich sind sie die Einzigen, die uns geholfen haben, herzukommen. Und die boshaften Sachen bildest Du Dir nur ein, sie meinen es gar nicht boshaft.

 Ich habe einen sehr lieben Brief von Vater bekommen, den ersten wirklich ordentlichen. Der Brief hat 8 Tage gebraucht. Er hat einen government job gefunden, bei dem er seine Kenntnisse als banker and lawyer verwenden kann, im ganzen Land herumreist und ganz gut bezahlt wird! Er ist ungeheuer froh und stolz und sagt, er wird langsam dick, weil er nur mehr mit einer Aktentasche mit imposanten Briefen herumstolziert. Walter geht es gut. Ich freue mich sehr, daß Vater endlich was gefunden hat. Das ist auch für Walters Zukunft wichtig.

 Sonst ist nichts angenehmes zu berichten. Es ist nicht leicht, sich $ 20.00 in der Woche zu verdienen, das kannst Du mir glauben.

 Ich plage mich schrecklich und die Frau gibt mir zu viel Arbeit. Bis jetzt habe ich nie unter 12 Stunden gearbeitet und gestern hatte sie Gäste und da arbeitete ich von 7 h bis 11 h nachts. Wenn Du jemals die Wahl hast zwischen Dienstmädel sein (ich meine als Beruf und Lebensbeschäftigung) oder umbringen, dann wähle lieber letzteres. Aber 1 Monat werde ich schon durchhalten – Ehrensache. Ich hasse die Frau, die im Herzen eine Nazi ist, weil ihr Bruder bei der deutschen Armee

ist. Aber gestern wurde ich so wild auf sie daß sie heute viel weniger Arbeit gab.
Zum lesen habe ich gar keine Zeit. Meistens bin ich am Abend zu müde um mir die Kleider auszuziehn. Das Werfel Buch über die Armenier *[Die 40 Tage von Musa Dagh]* ist schrecklich und erinnert mich zu sehr an die jüdischen Verfolgungen und regt mich auf.
Heute habe ich *cookies* gebacken. Es ist ganz leicht und sie sind sehr gut geworden. Kochen werde ich hier sicher nicht lernen, eher lehren, sie frägt mich die ganze Zeit um Rat. Kannst du mir bitte schreiben wie Du die *turnips* so gut zubereitet hast und wie Du Gulasch machst und Vanilliekipfel.
Das Baby ist erst 7 Monate, da kann es noch gar nicht auf dem Topf sitzen. Aber waschen muß ich nicht. Die letzte Woche komme ich unbedingt nach N.Y. So kann ich mich auf etwas freuen. Bin sehr alleine. Das Ganze ist vielleicht ganz gesund für mich. Meine Füße tun mir verdammt weh. Mein Zimmer ist sehr nett, habe es mir hübsch eingerichtet. Morgen Nachmittag habe ich frei, einmal in der Woche. Pussis, Sophie
Die Frau ist schwanger (4 Monate?) Sie ist eine Deutsche Arierin aus München, die durch die Heirat herübergekommen ist. Ihr Mann ist Amerikaner und arbeitet fürs government im labor department. Sie hat ihre ganze Familie in Deutschland. ...

4. Juni 1943 [Brief auf französisch]
Geliebtes Mu,
Vielen Dank für das Paket. Das Kochbuch war wirklich nicht nötig. Du kannst Dir vorstellen, dass es mir vollkommen wurscht ist, ob diese Leute gut oder schlecht essen. Sollen sie verrecken, wenn sie wollen. Eine Bedienerin mag ihre Herrschaften nie, das wäre nicht anders mit einer anderen. (Glaub nicht, dass unsere Bedienerinnen Dich gern gehabt haben). Daß ich diese Ferien nicht nach New York gekommen bin, war nicht deshalb, weil mir die Lust dazu gefehlt hat, das kannst Du mir glauben, sondern 1.) ich hätte ungefähr 3 Tage verloren ($ 9.00) 2.) ich hätte keine Arbeit für 3 Wochen gefunden, die mir mehr als $ 20 pro Woche eingebracht hätte. Also hättest Du für das Essen zahlen müssen, und Du hast selber gesagt, daß Du mehr als doppelt soviel ausgibst, wenn wir zusammen sind, als wenn Du allein bist. Und ich seh nicht ein, warum ich mich nicht mal selber durchwurschteln soll, nicht immer Du für mich. Ich muß doch mal aus meinem Glaskasten herauskommen, und warum nicht jetzt. Ich wollte nicht, daß Du kommst, weil ich nicht einsehe, warum Du einen Tag in einer fremden Küche verbringen sollst. Es ist schon unangenehm genug, wenn ich allein bin. Es wäre

mir peinlich gewesen, wenn Du mich arbeiten gesehen hättest, Du mehr als irgend jemand anderer. Nun, das ist alles über dieses Thema. Hoffentlich bekommst Du den Posten in dem Sommerlager. Das würde Dich aus der Stadt in der ärgsten Hitze rausbringen. Ich halte Dir beide Daumen. Du kannst im Sommer nicht viele Patienten erwarten. Du weißt doch, daß halbwegs wohlhabende Leute wegfahren. Also reg Dich nicht auf, wenn die Dinge weniger gutgehen. Es wird Dir guttun, etwas dicker zu werden, Du wirst pausbäckig besser aussehen ...

Ich habe was gekauft, nein, keine Schuhe, weder eine Bluse noch ein Kleid, auch keine Kamera. Also was??-?-?!!! ein Herren-Fahrrad!!!!! Für $ 5.00. Ich fand das so günstig (es war bei einem Studenten in einer der Harvard-Häuser zurückgelassen, und der Hausmeister wollte $ 5.00). Das Rad, obwohl nicht perfekt, war leicht $ 5.00 wert, und ich habe mich in 2 Minuten entschlossen. Ich habe heimlich immer um mein Rad getrauert und bin sehr froh, ein anderes zu haben. Es fehlen ein paar kleine Sachen, das ganze wird mich gegen $ 3 mehr kosten, aber sogar $ 8.00 ist nicht viel für ein Rad. Vor allem, weil ich gute 10 Minuten von der Schule wohne, und ein Rad wird mir das Leben viel leichter machen.

Ich habe Donnerstagnachmittag und -abend frei und Sonntag- oder Samstagabend ab halb acht oder acht, also nicht sehr zeitig. Und wenn ich meinen freien Tag habe, läßt sie mir das ganze Geschirr für den nächsten Tag, weil sie zu faul ist, den kleinen Finger selber zu rühren.

Letzten Sonntag war ich auf einer kleinen Party in M. I. T. Der Junge, der mich eingeladen hatte, gefällt mir nicht besonders. Natürlich gefall ich ihm. (Immer gefällt man den falschen!) Er ist humorlos und scheint schrecklich nervös. Und vor allem, und das ist das ärgste, er stottert die m's und n's. Meinst Du, ich sollte mit ihm manchmal ausgehen, bis ich einen besseren gefunden habe, oder sollte ich ihn gleich fallenlassen? –

Ich wollte Dir noch viel erzählen, aber jetzt bin ich müde und habe es vergessen. Aufs nächste Mal.
Pussi, Pussi, Pussi, Sophie.

3
Radcliffe. Sommer 1943

11. Juli 1943 [Brief auf deutsch]
Liebster Pitz,
Danke für Deinen leider sehr depressiven Brief. Erst schick ich Dir mal rasch mein Zeugnis:

Englisch C+
Biologie C-
Physics C
Psychologie B-

Das schlechteste, was man haben darf, um durchzukommen, sind 3 C- und ein D. Also durchgefallen bin ich nicht, auch nicht einmal fast. ... Um einen scholarship zu bekommen, muß ich mindestens lauter B's haben. Du siehst, davon bin ich noch weit entfernt. Verstehst Du es jetzt?
Du hast gar nichts über mein Rad geschrieben. Fandst Du es leichtsinnig? Ich war gestern damit in Boston (4 Meilen), es rennt sehr schön, obwohl es ziemlich schwer ist. Mit Reparatur, Licht, Glocke, port-baggage, licence etc. hat es mich $ 9.00 gekostet. Aber man hat mir schon $ 15 oder noch mehr dafür offeriert. Aber ich verkaufe es nicht. ...
Sei nicht so verzweifelt wegen Deiner Schüler. Vergiß nicht, daß Sommer eine tote Saison ist. Im Herbst fängt es dann wieder ganz groß an. Sag nicht immer so gehässige Sachen auf meine Familie. Die Oli Freuds haben wahrscheinlich den Kopf voller Sorgen, du weißt doch, wie das ist, wenn man ankommt. Die Familie hat damit gar nichts zu tun. ...

2. Juli 1943 (Während der Mathematikstunde) [Brief auf deutsch]
Sehr geliebter Pitz,
Bin sehr böse, daß Du mir noch nicht geschrieben hast, wie es Dir geht. Nächstens lasse ich mich auch operieren und schreibe Dir dann wochenlang nicht wie es mir geht. ...
Dynamic Psychology ist ein sehr interessanter Kurs, in dem man sehr viel über Freud lernt, aber unser Lehrer ist leider zum Einschlafen fad. Er liest seine lectures, oder vielmehr leiert sie tonlos herunter. Als ich meinen Namen nannte, begann die ganze Klasse (Radcliffe & Harvard) zu brüllen und der Lehrer sagte Could you spell that please! Das

Unangenehme ist, daß man eine Autobiographie schreiben muß für Freitag! Über sein ganzes Leben, background, inneres Leben, sex-life, typische Fragen auf den Bögen, die man beantworten soll: Wann haben sie masturbieren begonnen? Haben sie je sexuelle Beziehungen zwischen Ihren Eltern beobachtet? Fühlen sie Herzlichkeit, Anbetung, Ekel, Verlust von Selbstachtung in sexueller Beziehung? Das Ganze ist sehr scheußlich und ich werde ein sehr zurückhaltendes Bild meines Innenlebens geben, darauf kannst Du Gift nehmen, besonders wo er meinen Namen doch kennt. ... Zwei Jungen (ganz nett) haben mich nach Hause begleitet und gefragt, ob sie mich nächsten Sonntag wieder treffen werden und ein dritter, der mir ziemlich gut gefallen hat, ein neuer Physics teacher in Harvard, hat gefragt, ob er mich mal anrufen darf, um mit mir auszugehen.

Dann war eine interessante discussion von einem kleinen Kreis mit einem Inder, der schrecklich gescheit war. Kurz es war so nett wie schon lange nicht.

In Math haben wir einen blond gelockten Jüngling, aber der Kurs sieht wenig verheißungsvoll aus. Heute wäre ich um ein Haar eingeschlafen. ... Fine Arts wird, glaube ich, ganz klasse. Es ist ein art appreciation Kurs und wenn ich das nächste Mal nach New York komme, führe ich Dich dann ins Museum und erkläre Dir alle Bilder. –

In Englisch haben wir einen Dichter, wir mußten sogar eine Anthologie kaufen, in der man sagt, daß er ein Genie ist. Erst dachte ich, er verbringt seinen Kurs damit zynische Bemerkungen zu machen. Er hat sich aber als ganz nett und interessant entpuppt. Er soll angeblich sehr in Psychologie interessiert sein, stottert leicht und seufzt jede fünf Minuten grabes-schwer auf. Ich erklärte ihm gleich die erste Stunde, daß mir an poetry gar nichts liegt und nachher erfuhr ich, daß er ein Dichter sei.

Pussi, Pussi, Pussi, Sophie

Jahre später, als ich eine Biographie über Delmore Schwartz las verstand ich, dass ich tatsächlich einen sehr ungewöhnlichen Englischlehrer hatte.

28. Juli – Am klassesten von Allen finde ich meinen Englischlehrer. Den möchte ich schrecklich gern erobern, er ist so gescheit. Aber mit Lehrern habe ich nie Glück.

In jenem Sommer 1943, meinem zweiten Trimester in Radcliffe, musste ich den Einführungskurs A in englischer Literatur belegen. Ich hatte seit meiner frühen Jugend mit Büchern gelebt, von Schiller und Goethe angefangen, hatte mich in jenem Sommer in Castillionès in die französischen Klassiker vertieft, hatte fast die gesamte Bibliothek von Nizza verschlungen und mich in die Figuren von Dostojewski und Tolstoj verliebt, aber mit The Education of Henry Adams, *der Hauptlektüre des Kurses, kam ich nicht zurecht. Der Education stand ich vollkommen verständnislos gegenüber, war schon vom schieren Volumen des Buches überwältigt, konnte den größten Teil des hochgestochenen Vokabulars nicht verstehen, kannte das amerikanische politische System nicht und war unfähig und auch nicht willens, die Feinheiten der intellektuellen Entwicklung eines alteingesessenen Bostoner Snobs zu Hause und im Ausland zu begreifen. Später sollte ich für denselben Kurs – naturgemäß in schlechtem Englisch – ein gewundenes Papier über einen Dichter meiner Wahl, also Heinrich Heine, schreiben, für das Professor Schwartz Interesse und große Nachsicht aufbrachte.*

Wäre Professor Schwartz nicht so einfühlsam gewesen, mich durchkommen zu lassen, weil er meine Unfähigkeit begriff, diese zentrale Aufgabe zu erfüllen – ganz zu schweigen von meiner unzureichenden Kenntnis der englischen Sprache –, wäre ich vielleicht vom College gewiesen worden, ein entmutigender Anfang für eine frischgebackene Amerikanerin, und mein ganzes Leben hätte sich vielleicht anders entwickelt.

Ich war vollkommen überrascht, als ich viele Jahre später entdeckte, dass mein einnehmender Professor meinen Namen in seiner Korrespondenz gleich zweimal erwähnt hat. War ich also doch nicht so unsichtbar gewesen, wie ich mich damals fühlte? Studienanfängerinnen in Radcliffe in englischer Literatur zu unterrichten war gewiss nicht Delmore Schwartz' Traumjob gewesen, doch die Aussicht auf wenigstens eine interessante Studentin scheint ihn ein wenig aufgemuntert zu haben. »Die Marine ist hier, und ich muss zwei Kurse in Radcliffe übernehmen, um meinen Aufschub zu rechtfertigen, den mir die Universität zugestanden hat. Das bedeutet für die nächsten 16 Wochen Un-

terricht täglich außer Sonntag und Montag, angefangen von Mitte nächster Woche. Der einzige Lichtblick ist, dass Morrison mir gesagt hat, die Enkelin von Sigmund Freud würde eine meiner Studentinnen sein. Wahrscheinlich ist sie neurotisch.«
In einem zweiten Brief revidiert er seine Annahme über mich: »Mit der Aussicht, die Enkelin des Wieners unter meinen Studentinnen zu haben, stürzte ich mich mit Elan in meinen neuen Radcliffe-Kurs. Wahrscheinlich ist sie neurotisch, sagte ich mir, aber sie entpuppte sich im Gegenteil als wahres Schätzchen voller Selbstbewusstsein, und als die Klasse ›Der Widerspenstigen Zähmung‹ las und ich Sophie fragte, was sie davon halte, antwortete sie: ›Ein klarer Fall von Paranoia‹«. (S. 187)
Angesichts dessen, dass ich mich vollkommen verloren und überfordert fühlte, kann man Professor Schwartz nicht bescheinigen, meinen Gemütszustand richtig erkannt zu haben. Man muss ihn aber für seine Großzügigkeit loben. Das Leben des Delmore Schwartz verlief später traurig, und er starb früh. Ich hätte gern Gelegenheit gehabt, ihm für seine verständnisvolle Freundlichkeit und wichtige Rolle in meinem Leben zu danken.

24. Juli 1943 [Brief auf deutsch]

Der Physiker wird sich bestimmt in mich verlieben, aber obwohl er rasend tüchtig und gescheit etc. etc. ist, und natürlich ein Emigrant, sogar aus Wien, läßt er mich kalt. Er ist so ähnlich wie Paul, nur noch absoluter scientist. Ich habe schon so ein Pech, falle immer gerade auf scientists, die alles so furchtbar ernst nehmen.

28. Juli 1943 [Brief auf deutsch]

Geliebtes Pitziges.
Du bist schrecklich rührend, aber leichtsinnig. Der schönste Schirm des 20. Jahrhunderts ist angekommen und ich habe mich wahnsinnig gefreut. Es regnet jetzt ohnehin die ganze Zeit. Ich war so aufgeregt wie da so ein langes Rohr angekommen ist. Eigentlich früh für ein Geburtstagsgeschenk. Hoffentlich laß ich ihn nur nirgends stehen! Dann kann ich es doch nicht mehr auf Dich schieben.
Danke für liebe Karte. Ich freue mich sehr, daß Du wieder ein bißl Geld verdienst. Bei den Wyatts bin ich sehr glücklich.
Ich bin totmüde und mit Arbeit überhäuft. Gestern habe ich die letzte

lecture von Prof. Kohn gehört. Er spricht sehr gut, aber ich bin mit sehr vielem, was er sagt, nicht einverstanden.

Du mußt keine Angst haben, daß ich mich verliebe, mein Herz ist so kalt wie ein Eiszapfen.

Pussi, Pussi, Pussi, Dein Sophilein.

Gegen Ende der drei Wochen als Dienstmädchen bei den Northeys kam es zu unangenehmen Konflikten, und ich war fest entschlossen, nicht nicht länger dort zu bleiben. Frau Almy fand eine andere Wiener Familie für mich, die meine Mutter kannte, und obgleich mir klar war, dass die Frau des Hauses in Wien eine von Mutters Feindinnen gewesen war, machte mir das nichts aus.

Sophie musste für ihre Unterkunft und Verpflegung arbeiten. Diesbezüglich passierte etwas Seltsames.

Um ihr zu ermöglichen, sich ihre Unterkunft und Verpflegung zu verdienen, vermittelte die Verwaltung von Radcliffe Sophie als Dienstmädchen zur Familie von Gertrud Lasch, die in Wien meine ernsthafte Konkurrentin gewesen war. [Sie war ebenfalls an der Klinik Fröschels' ausgebildet worden und betrieb eine private Praxis.] Warum Frau Lasch in die Vereinigten Staaten kam, ist mir bis heute ein Rätsel. Sie war Katholikin und mit einem katholischen Arzt verheiratet. Sie verließ ihn wegen eines viel jüngeren Mannes, eines jüdischen Psychologen namens Fritz Weiss, ging mit ihm nach England, heiratete ihn und folgte ihm in die Vereinigten Staaten. Sie hatte eine Tochter mit ihm. In diesen Haushalt also wurde Sophie vermittelt. Würde sie es schaffen, ohne Englischkenntnisse in einer vollkommen fremden Umgebung? Frau Lasch verlangte zu viel von ihr, obwohl sie ihr keinen Groschen zahlte. Sophie schaffte es. Nach zwei Trimestern erhielt sie ein Stipendium, das nicht nur die Studiengebühr abdeckte, sondern auch Unterkunft und Verpflegung, und so musste sie nicht mehr in einem Haus als Dienstmädchen arbeiten, wo man ihr das Leben besonders schwer machte.

Einer der jungen Männer, der mit ihr in Paris die Tanzschule besucht hatte, war vor uns in New York eingetroffen und diente jetzt in der Marine. Er fand Sophie aufgrund eines Artikels im

»New Yorker«, für den sie als Enkelin von Sigmund Freud interviewt worden war. Ihre Zukunftsaussichten gestalteten sich allmählich rosiger.

Das ist jetzt fast das letzte Mal, dass meine Mutter in ihrer Autobiographie meinen Namen erwähnt. Sie sah eine passende Ehe voraus, meine Ausbildung ging ihrem Ende zu, und so hatte sie das zufriedene Gefühl, ihre mütterlichen Pflichten mir gegenüber erfüllt zu haben. Es beunruhigt mich aber, dass Mutters Erinnerung ihr bei dieser letzten Erwähnung meines Lebens einen paranoiden Streich spielt. Mutter scheint die Zeit, die ich bei der deutschen Familie verbrachte, mit meiner ganz angenehmen Zeit bei den Wyatts, wie die Familie Weiss jetzt hieß, zu verwechseln.

12. Juli 1943 ... Bei den Wyatts habe ich es sehr angenehm. Sie sind sehr nett und wirklich Okay. Besonders sie scheint ein sehr ordentlicher Mensch zu sein. Natürlich ist das Arbeiten ziemlich zeitraubend, aber ich werde schon schaffen. Ich bin eben wie eine Haustochter.
28. Juli 1943... Bei den Wyatts bin ich sehr glücklich.

Sowohl Herr wie Frau Wyatt behandelten mich wie eine erwachsene Tochter, was bedeutete, dass sie meine Arbeitsstunden nicht haarklein überprüften, mich aber bei meinem Studium und meinen Interessen unterstützten und mich voll und ganz an ihrem gesellschaftlichen Leben teilhaben ließen, darunter einige Leute aus der akademischen und psychoanalytischen Community von Cambridge. Ich hatte eine große Zuneigung zu ihrer Babytochter, um die sich hauptsächlich Frau Wyatt kümmerte, und sie verziehen mir, dass ich regelmäßig ihren Reis anbrennen ließ und auch sonst keine besonders gute Köchin war. Ich blieb ein Jahr bei den Wyatts, war aber dadurch vom normalen Studentenleben abgeschnitten, weshalb ich im letzten Studienjahr in ein kooperatives Studentenheim zog, wo die Studenten selbst kochten und putzten und deshalb weniger zahlen mussten; außerdem arbeitete ich Teilzeit in der Widener-Bibliothek. Ich blieb noch viele Jahre lang mit den Wyatts befreundet.

Ja, und Paul Loewenstein habe ich geheiratet, weil ich voraussehen konnte, dass er mich besser behandeln würde, als mein Vater meine Mutter behandelt hatte, und es abzusehen war, dass er meinen Kindern ein liebevoller Vater sein würde. Meine Erwartungen haben sich erfüllt; wir haben drei Kinder, zwei von ihnen kommen in diesem Buch zu Wort, und führten 40 Jahre lang eine hinreichend gute Ehe. Als er aber diesen unausgesprochenen Vertrag brach, endete die Ehe, oder vielleicht war es auch umgekehrt.

4
Am Anfang war es sehr schwer

Auch ich hatte glückliche Zeiten. Ich wurde bald zu Vorträgen über die überstandenen Abenteuer unserer Flucht aus Europa gebeten. Meine Haupttätigkeit in den ersten Monaten bestand allerdings darin, auf der Suche nach einer Arbeit in meinem Bereich, der Logopädie, von Pontius bis Pilatus zu laufen. Ich wurde vielen Leuten vorgestellt und sprach bei Psychoanalytikern vor, die ich in Wien und Paris kennengelernt hatte. Ich sprach vor und sprach vor – wenn nur mein Englisch besser gewesen wäre! Einer meiner Wege führte mich zu Catherine Hirsch, einer deutschen Frau, die in England von Frau Lasch zur Logopädin ausgebildet worden war. Sie lebte schon einige Zeit in New York, sprach fließend Englisch, da sie vor ihrer Auswanderung in die USA in England gelebt hatte, und verfügte als Verwandte des berühmten und wohlhabenden Baron de Hirsch über ausgezeichnete Verbindungen. Frau de Hirsch war Logopädin, als ich sie aufsuchte. Als solche arbeitete sie ehrenamtlich am Manhattan Hospital für Augen-, Hals-, Nasen- und Ohrenkrankheiten (EENT) und fragte mich, ob ich ihren Job übernehmen wolle. Sie stellte mich Dr. Daniel Cunning vor, dem Vorstand der Halsabteilung des Spitals, und ich durfte dort arbeiten.

In Briefen an ihren Sohn, zu dem meine Mutter wieder Kontakt hatte und der jetzt in der englischen Armee diente, beschreibt sie ihr Leben.

10. Febr. 1943, 444 East 58 Street New York City [Brief auf deutsch]
Liebstes Herzensmuckerl,
Ich habe mich sehr mit Deinem lieben Brief gefreut, obwohl es mir sehr merkwürdig und fremd vorkam, dass Du englisch schreibst. Trotz der vielen Länder und Sprachen, die ich mit Sopherl durchreist bin, spreche ich mit ihr noch immer deutsch.
Ich glaube ich habe mich äußerlich nicht sehr stark verändert, ein paar Runzeln dazu bekommen, aber nicht sehr arg und viele weiße Haare. Ich bin manchesmal noch immer sehr lustig und obwohl es uns momentan sehr schlecht geht, ich lebe tagelang oft nur von Brot und Milchkaffee, weil ich ganz einfach kein Geld habe, so glaube ich trotzdem, dass es mir in einem Jahr zirka ganz gut gehen wird, leider habe ich nicht das Geld, um englische Stunden zu nehmen, was mir natürlich sehr helfen würde, da mein englisch ja doch noch recht miserabel ist. Ich habe mir jetzt eine kleine Wohnung genommen und sie mit einem alten Sofa und 2 alten Sesseln und einem Tischerl möbliert, weil das Hotelwohnen zu teuer ist. Hoffentlich kriechen aus dem Sofa nicht zu viele Wanzen heraus. Von Vater hören weder Sophie noch ich etwas. Der findet es anscheinend nicht der Mühe wert mehr, uns zu schreiben, da er wahrscheinlich annimmt, dass wir ohnedies bald verhungert sind. Glaube mir es, es ist gar kein Vergnügen, von Unterstützungen der Verwandten leben zu müssen und Du kannst Dir vorstellen, wie ich herumlaufe, um diesem Zustand bald ein Ende zu machen, für mich allein wird es ja nicht so schwer sein, aber Sopherl auch noch erhalten zu können, dürfte noch eine schöne Zeit dauern.
Bis jetzt arbeite ich in 2 Spitälern und an 1er Schule. Die günstigsten Aussichten sind die für die Stimmsachen, die macht man hier nicht.
Im Grunde genommen kommt es mir noch immer sehr merkwürdig vor, dass ich in Amerika bin. New York ist schrecklich groß, aber stellenweise ganz hübsch, die Wolkenkratzer gefallen mir sehr gut, und Downtown im Börsenviertel (Wallstreet) – glaubt man, in einem great Canyon zu sein. Ich wohne jetzt in der Nähe meiner Spitäler, weil mich das stundenlange Subway und Autobus fahren ganz kaputt gemacht hat.
Im englischen Consulat hier hat man mir gesagt, dass Vater bestimmt die Bewilligung bekommt, uns Geld zu schicken, wenn er darum ansucht und dass Du sogar eine Zulage beim Militär bekommen würdest,

die Dein Zahlmeister direkt an mich schicken würde, ohne dass Dir ein Abzug gemacht würde. Ich denke, Du könntest das versuchen. Weder Sophie noch ich haben irgend etwas anzuziehen (keine warmen Sachen), unser Gepäck, das ich vorausschicken musste, wir sind von Tangier nach Lissabon geflogen, ist auf den Bermuden liegen geblieben. Ich nehme an, dass das Schnapserl Dir ohnehin genau unsere Reiseerlebnisse erzählt haben wird.

Sopherl ist *a big success,* alle Leute haben sie sehr gern und tun ihr immer alles zu liebe, was sie können. Sie hat auch schrecklich viele Verehrer. Die Schule – es ist das feinste Mädchen College in U. S. A. – hat ihr Edward Bernays gerichtet. Es ist sehr schwer, dort aufgenommen zu werden.

Liebes Puckerl, ich hoffe, dass ich Dich auch einmal wieder sehen werde, alle sagen, dass Du sehr fesch bist – Kunststück, mein Sohn. Du könntest ja nach dem Krieg hier Deine Schule fertig machen, ich glaube, man wird es da doch etwas leichter haben weiter zu kommen; wieso kann es der Vater in der langen Zeit zu nichts anständigem bringen? Ich habe gehört, der Mathilde, dem Ernst geht es sehr gut und die Anna ist gräßlich berühmt. Übrigens rühren die Analytiker nicht den Finger für uns, obwohl es schrecklich viele gibt und der Name Freud alle 5 Minuten von irgend jemand erwähnt wird. Hat der Vater unser Geburtstagstelegramm bekommen?

Ich hoffe das nächste Mal kann ich Dir schon positivere Sachen über mich erzählen. Viele viele Pussi Deine Mutter.

Sogar das Auftreiben eines leeren Raums, in dem ich meine Patienten empfangen konnte, erwies sich als ein fast unüberwindbares Problem. Zuerst arbeitete ich im Bronchioskopieraum, dann in einem großen Versammlungssaal, und schließlich wurde mir die Zahnarztordination auf Dauer zur Verfügung gestellt, da der Zahnarzt nur vormittags arbeitete und meine Klinik nachmittags war. Besonders erfolgreich war mein Speiseröhrensprachtraining, und ich war vermutlich die erste in New York City, die ein solches Training anbot. Außer Dr. Greens *National Hospital for Speech Disorders [Krankenhaus für Sprachstörungen]* gab es keine solche Einrichtung in New York. Die »New York Times« brachte einen Artikel über die Klinik, was mir mehrere Anrufe von Spinnern einbrachte.

Mutter regte sich über diese Anrufe sehr auf. Sie rief mich an, um mir zu sagen, wie verstört sie sei. Es war schmerzhaft für mich, mir das anzuhören.

Ungefähr 17 Jahre lang arbeitete ich dort zweimal wöchentlich ohne Bezahlung. Mein einziger Lohn waren einige Überstellungen von Privatpatienten.

Nach meinem Weggang von dort richtete das Krankenhaus eine Sprach- und Gehörklinik mit gut bezahltem Personal ein. Glücklicherweise ergaben sich bald andere Möglichkeiten. Einer der Psychoanalytiker, die ich aufsuchte, verwies mich an Dr. Ernest Kulka, einen Wiener Gynäkologen, der mich zu einem HNO-Spezialisten am Cornell Medical College des New York Hospital schickte. Für die HNO-Abteilung war Dr. Arthur Palmer zuständig, der mich als ehrenamtliche Mitarbeiterin einstellte. Zwei Nachmittage galten dem Aufbau einer Sprachklinik am New York Hospital. Dank Oberschwester Evelyn Clark begegnete man mir dort weniger feindselig als am EENT-Hospital in Manhattan. Ich begann im Juni 1943 mit der Arbeit und blieb bis 1971. Aber auch dort verlief mein Weg alles andere als eben.

Jetzt hatte ich zwar eine Menge Arbeit, aber immer noch nicht genügend Geld zum Leben. Wochenlang ernährte ich mich von Brot und Kaffee, was mir nicht leichtfiel.

5
Vorträge für den *United Jewish Appeal*

Da kam mir eine Idee zu Hilfe. Ich ging ins Büro des *United Jewish Appeal* (U. J. A.), der Einrichtung, die für die Finanzierung von HIAS und Joint in Europa Geld sammelte. Mit meinem Namen Freud wurde ich vom Direktor, Mr. Blitz, empfangen, dem ich erzählte, wie sehr Joint und HIAS uns geholfen hatten. Ich fragte ihn, ob ich für den United Jewish Appeal etwas tun könne, um mich für diese Hilfe erkenntlich zu zeigen. Mr. Blitz fragte mich, ob ich nicht Vorträge bei verschiedenen jüdischen Gruppen halten könne, die sich zusammengetan hatten, um Geld für den U. J. A. zu sammeln. Er schlug mir vor, einfach meine Geschichte zu erzählen. Da mein Englisch rudimentär war, diktierte ich auf Deutsch, was ich zu sagen hatte, und ein von meinem Cousin empfohlener Mann schrieb es für mich auf englisch auf. Dann lernte ich den Vortrag Wort für Wort auswendig. Für jeden Auftritt erhielt ich ein Honorar von zehn Dollar.

Es war kein einfacher Job. Wegen des Krieges hatten die meisten Züge Verspätung, und ich musste oft nach einer im Zug verbrachten Nacht direkt zu einem Meeting gehen, ohne mich frisch machen zu können. An meinem Einsatzort angekommen, warteten schon zwei Damen vom Komitee. Oft musste ich am Vormittag ein Radiointerview geben (glücklicherweise war in den 40ern das Fernsehen noch nicht erfunden), dann bei einem Lunch-Meeting sprechen, und danach folgten eine Cocktailparty und ein Vortrag zum Dinner. Bezahlt wurde ich nur für einen Vortrag. Es waren, glaube ich, 25 Dollar und eine gewisse Summe für meine täglichen Kosten. Mit Ausnahme von Kalifornien, Washington State, Oregon, Idaho, Wyoming, Utah und New Mexico wurde ich in jeden einzelnen Bundesstaat geschickt, sogar nach Kanada. Drei Jahre lang reiste ich durchs Land. Es war anstrengend, aber doch ziemlich problemlos. Nichts wirklich Unangenehmes widerfuhr mir, wenigstens will es mir 30 Jahre später so scheinen. Als ich einmal in Kansas City im Tempel sprach, wurde am Tag des Meetings gerade das Dach repariert. Ich glaube nicht, dass die Leute wegen des Lärms irgendetwas von dem mitbekamen, was ich zu sagen hatte.

Einmal fing ich nach einem Meeting zu weinen an. Es war ein Lunch Meeting in Pittsburgh gewesen, im Herrenhaus eines reichen Glasplattenherstellers. Das Haus stand auf einem Hügel und bot einen großartigen Ausblick auf den Fluss und die umliegenden Hügel. Die Schwiegermutter eines der Mitglieder der Plattenglasfamilie saß dort in ihrer ganzen Leibesfülle, mit einem enormen Busen, und sprach zu mir in herablassendem Ton. Ich fühlte mich so elend, so verlassen und vom Schicksal geschlagen, dass ich nach Ende des Meetings der U. J. A.-Vertreterin mein Herz ausschüttete.

Mutter rief mich nach diesem bedauerlichen Vorfall an. Es war schmerzhaft für mich, mir das anzuhören.

Ich wurde immer als Logopädin vorgestellt, und einmal fragte mich eine Frau, ob ich diesen Beruf auch in Europa ausgeübt hatte. Ich war bestürzt über diese Frage, die ja unterstellte, dass ich eine Betrügerin sei, und konnte nicht anders, als ihr zu antworten: »Nein, der Heilige Geist kam über mich, als ich in den Vereinigten Staaten ankam!« Meine U. J. A.-Termine mussten sorgfältig geplant werden, damit sie nicht mit meiner Arbeit an der Klinik zusammenfielen. Wenn ich heute 30 Jahre zurückblicke, ist es mir ein Rätsel, wie ich das alles unter einen Hut bringen konnte.

Mein verdientes Geld gab ich fast völlig für meine Zähne aus. Der Zahnarzt, den man mir empfohlen hatte, war ein Gauner. Er überredete mich zu überflüssigen Behandlungen, verlangte exorbitante Honorare und ruinierte meine Zähne restlos.

Obwohl Mutters Rückblick auf diese Reisen einen negativen Beigeschmack hat, bildeten sie nicht nur eine wichtige Einkommensquelle, sondern boten ihr auch die Gelegenheit, das Land kennenzulernen. Trotz des oben beschriebenen Vorfalls erhielt sie als Vortragende und Interviewpartnerin von Journalisten eine Menge positive Aufmerksamkeit und Anerkennung. Ihre Briefe an Walter lassen vermuten, dass sie diese Arbeit genoss, wie ermüdend sie auch gewesen sein mochte. Und ihre Energie ist in der Tat unglaublich.

23. Juli 1944

… Geld verdiene ich mit Privat Patienten und – Du wirst lachen – mit Vorträgen. Ich bin im Frühling, im Mai, im ganzen Land herumgefahren und habe für den United Jewish Appeal das ist der berühme Joint, gesprochen. Ich habe mir eine schöne Rede »gedichtet«. Manche Tage war es sehr anstrengend, so z. B. wie ich 2 Nächte gereist bin und am nächsten Tag 2 Zeitungsinterviews, 1 Radiobroadcast, und 3 Vorträge hatte, den letzten um 11 h Nachts. Aber es wird ganz gut gezahlt so dass ich mir genug erspart habe, um über den Sommer zu kommen, wann man gar nichts verdienen kann.

2. Mai 1945

… Ich fahre jetzt wieder ein bisserl herum Vorträge halten, bei dieser Gelegenheit lerne ich Land und Leute kennen. Ich spare, damit ich nach dem Krieg noch einmal Europa besuchen kann, um dem Land meiner Väter definitive adieu zu sagen …

THE JERSEY JOURNAL

Frau Freud erzählt über ihre Flucht in unser Land

Indem sie einem Beamten der Einwanderungsbehörde von Spanisch Marokko sagte, er sehe aus wie Douglas Fairbanks, und später am Stadtrand von Lissabon für eine Hotelrechnung ihre Tochter als Pfand zurückließ, gelang es Frau Esti Freud, der Schwiegertochter des verstorbenen weltberühmten Erfinders der Psychoanalyse Sigmund Freud, ihren Weg von Österreich über Frankreich und Nordafrika in unser Land zu finden.

Frau Freud lebt heute in New York, und ihre 19jährige Tochter studiert am Radcliffe College. Montag abends war sie in Chester, um in der Sektion für Jugend und Frauen des *United Jewish Appeal for Refugees, Overseas Needs and Palestine* einen Vortrag zu halten.

Frau Freud, eine schmale energische Person, hat sich als Professorin an der Universität Wien einen eigenständigen Namen gemacht. Nur wenn sie direkt darauf angesprochen wird, erwähnt sie den berühmten Psychoanalytiker und erzählt dann, wie Papa (mit der Betonung auf der letzten Silbe) mit der Familie nach Frankreich flüchtete. Dort blieb er nur einen Tag und reiste dann weiter nach England, wo er nach Fertigstellung seines letzten Buches über Moses starb. Sie selbst blieb in Paris, »weil ich dort einen guten Job hatte, und wenn man ein Flüchtling ist, dem die Nazis alles genommen haben, dann ist jede Art von Sicherheit, die man bekommen kann, von großer Bedeutung«.

Erst kurze Zeit in unserem Land, entschuldigt sie sich für ihr schlechtes Englisch, doch ihre langsame und sorgfältige Aussprache, der europäische Geschmack ihres Akzents ... beschwört Bilder von Wien herauf, von Walzer in den Straßen und von der Donau.

THE DAILY OKLAHOMA

Von Osborne Beeney

... Zweifellos war sie vor etwa 30 Jahren der Schwarm der jungen Wiener Kavaliere, und etwas an ihr lässt vermuten, dass sie Papa Freud selbst ein paar beifällige Pfiffe entlockte, als sein Sohn Ernestine seiner Familie vorstellte.

Wollte sie es darauf anlegen, das Grau zu verdecken, das jetzt in ihre einst pechschwarzen Haare kriecht, könnte Ernestine oder Mrs. Esti D. Freud, als die sie besser bekannt ist, den Connaisseurs immer noch Pfiffe entlocken.

Das kleine Bündel an österreichisch-deutsch-französisch-amerikanischer Energie machte auf dem Weg nach Hot Springs, Ark., wo sie vor dem United Jewish Appeal sprechen wird, in Oklahoma City halt ...

Und was war mit Sigmund Freud? Wie war er wirklich? Sigmund Freud konnte eine Person anschauen und sagen, ob sie gut oder schlecht war, sagte sie, was für Freunde der Familie nicht immer von Vorteil war.

»Der einzige Grund, warum ich bedaure, in die Freud-Familie eingeheiratet zu haben, ist, dass Papa so ein intellektuelles Wunder war. Die Leute interessieren sich mehr für ihn als für mich«, sagte sie.

6
New York City – eine neue Heimat

Unterdessen versorgte mich meine Klinik am Hals-, Nasen-, Augen- und Ohren-Hospital von Manhattan mit Verbindungen, die ich nutzen konnte, um einigen meiner Wiener Freunde zu helfen. Dr. Vermes, ein niedergelassener HNO-Arzt der Wiener Neumann-Klinik, wo ich mein Praktikum absolviert hatte, war in New York eingetroffen und suchte Kontakte zu Krankenhäusern. Ich organisierte eine Party in meiner schäbigen Wohnung am Sutton Place und lud einen der einflussreicheren Ärzte des EENT ein, der mich kannte und mochte. Dr. Vermes bekam eine Stelle an diesem hochangesehenen spezialisierten Krankenhaus. Obwohl seither 30 Jahre vergangen sind, bin ich immer noch stolz auf diesen Erfolg.

Ich bin auch stolz auf etwas, bei dem ich das gegenteilige Resultat erzielte. Ich erfuhr, dass Dr. Arnold, der Nazi der Neumann-Klinik, der Fröschels abgelöst und mich aus der Ambulanz geworfen hatte, nach New York gegangen war und eine Stelle am Bellevue-Krankenhaus bekommen hatte. In Österreich gab es nach dem Zusammenbruch des Tausendjährigen Reichs eine Koalitionsregierung aus Christlich-Sozialen und Sozialdemokraten, und alle prominenten Nazis wurden entlassen. Viele gingen in die Vereinigten Staaten, wo sie Arbeit finden konnten. Fröschels verlangte von mir, über Dr. Arnold Stillschweigen zu bewahren. Ich aber hielt den Mund nicht und zwang so auch Dr. Fröschels zum Reden. Wir meldeten den Behörden Dr. Arnolds frühere Aktivitäten. Ich wurde von allen Seiten befragt, um herauszufinden, ob ich die Wahrheit sagte. Um es kurz zu machen – schließlich konnte Dr. Arnold nicht am Bellevue-Krankenhaus bleiben und auch nicht in New York City. Derzeit ist er Professor an der Universität von Jackson in Mississippi. Ich bin sicher, dass ich mir durch diese Aktion eine Menge Feinde gemacht habe. *Tant pis.* [Pech.]

1946, nach Kriegsende, gab es im New York Hospital viele

Veränderungen. Ich erfuhr, dass Dr. Herbert Conway Chef der plastischen Chirurgie geworden war. Ich ließ ihm durch die pädiatrische Sozialarbeiterin an meiner Klinik die Nachricht zukommen, dass ich Interesse hätte, an der Sprachrehabilitation von Kindern mit angeborenem Wolfsrachen zu arbeiten, die einem chirurgischen Eingriff unterzogen worden waren. Zu meiner Überraschung kehrte die Sozialarbeiterin mit der Antwort zurück, Dr. Conway wünsche mich zu sprechen. Er sagte mir, er habe eine Förderung erhalten, und wenn ich einmal wöchentlich für ihn arbeiten wolle, könne er mir ein wöchentliches Gehalt von 25 Dollar zahlen.

Es war das erste Mal, dass mir jemand einen regelmäßigen bezahlten Job anbot. Bevor ich annehmen konnte, musste ich Dr. Palmers Bewilligung einholen. Sie wurde mir gewährt. Jetzt musste ich an zwei Nachmittagen und an einem Vormittag im New York Hospital arbeiten. Dr. Conway mag zwar ein guter plastischer Chirurg gewesen sein, er war jedoch, gelinde ausgedrückt, ein eigenartiger Chef. In der Anfangszeit meiner Beschäftigung grüßte ich ihn mit »Guten Morgen, Dr. Conway«. Er antwortete »*How are you?*«, und ich antwortete »Danke«, worauf Conway in ärgerlichem Ton wiederholte: »Guten Morgen, *how are you*, haben Sie mich nicht gehört?« Allmählich wurde mir klar, dass nach amerikanischer Etikette der korrekte Gruß lautet: »Guten Morgen, *how are you?*« In Europa einen Professor »*comment allez-vous?*« oder »Wie geht es Ihnen?« zu fragen wäre dort viel zu intim gewesen.

Ich kannte mich bei der Sprachrehabilitation von Leuten mit Wolfsrachen gut aus. An der Wiener Klinik hatte Dr. Fröschels zusammen mit einem Zahnarzt, Dr. Schallitt, eine Menge Forschung in diesem Bereich betrieben. Am Lariboisière-Krankenhaus und in Nizza war ich mit einigen komplizierten Fällen betraut gewesen. Um mit Patienten mit Wolfsrachen wirklich gute Fortschritte zu erzielen, ließ ich sie auch an Tagen, an denen ich an der HNO-Klinik arbeitete, zu mir kommen. Auch das war ein Etikette-Fehler, von dem ich nichts wusste.

1948 wurde ich endlich amerikanische Staatsbürgerin. Um diese Zeit organisierte man gerade die Veterans Administration (VA) um, und große Gesundheitszentren wurden für amerikanische Veteranen eingerichtet, die vor ihrer Entlassung aus der Armee standen. Personal wurde gebraucht. Dr. Conway schlug mir vor, Downtown bei jemandem vorzusprechen, der Personal für die VA einstellte. Dieser Mann sagte mir, die VA-Kliniken von New York City hätten bereits genügend Logopäden, ich könnte mich aber, wenn ich wollte, an die VA-Ambulanz in Newark, New Jersey, wenden, wo man jemand suchte. Das tat ich und wurde vom Chefpsychologen Dr. Sam Kutash eingestellt. Ich suchte keine Ganztagsstelle und schlug eine zweitägige Arbeitswoche von 20 Stunden vor, einschließlich Abendstunden für die Veteranen, die tagsüber arbeiteten. Ich dachte an Schwerhörige, Stotterer und bildungsmäßig benachteiligte Menschen.

Nachdem ich eine Unmenge von Formularen ausgefüllt hatte, begann ich im September 1948 mit der Arbeit. Die ziemlich bescheidene Bezahlung entsprach dem für Personen mit Magisterabschluss gültigen Satz. Ich war Teil der Abteilung für Psychologie, und der Chefpsychologe war mein Vorgesetzter. Es gab noch zwei Psychologinnen, die versuchten, mir das Leben schwer zu machen, was ich aber nicht zuließ. Es war mir einfach egal. Die Abteilung hatte ihr eigenes Gebäude, einen ehemaligen Männerklub, der während der Depression seine Mitglieder verloren hatte. Eines Tages wurde entschieden, mein Sprechzimmer ins Untergeschoss zu verlegen. Ich fand nie heraus, aus welchen Gründen diese Entscheidung getroffen wurde. Es machte mir Angst, alleine im Keller schwer gestörte, eben aus bewaffneten Einheiten entlassene Veteranen zu betreuen. Manche von ihnen waren ziemlich destruktiv. Sie könnten mir wenigstens ein Telefon zur Verfügung stellen, damit ich im Ernstfall um Hilfe rufen konnte, dachte ich mir. Was musste man tun, wenn man ein Telefon haben wollte? Man ging ins technische Büro auf der anderen Straßenseite des Hauptgebäudes auf dem Washington Place. Das tat ich und setzte all meinen Charme ein.

Etwa eine halbe Stunde später ließ mich Dr. Kutash in sein Büro rufen. »Sie haben ein Telefon beantragt?« fragte er in einem unheilverkündenden Ton, so als hätte er eben herausgefunden, dass ich Geld aus Brieftaschen stahl. »Ja«, antwortete ich, »ich fürchte mich dort unten im Basement allein mit all diesen gestörten Veteranen.« – »Wissen Sie nicht, dass Sie, um irgend etwas zu bekommen, den Dienstweg einschlagen müssen?« fragte er. »Wenn Sie das noch ein einziges Mal tun, dann sind Sie Ihren Job los.« Ich erklärte ihm, dass man dort, wo ich herkomme, nicht wegen einer Lappalie Abteilungschefs bemüht, sondern jene Stelle aufsucht, die für solche Dinge zuständig ist. Ich war sehr bestürzt über diese offene Feindseligkeit und habe Kutash dieses Verhalten mir gegenüber nie verziehen.

Mutter rief mich deswegen in einem Zustand vollkommener Verzweiflung an. Es war schmerzhaft für mich, mir das anzuhören.

7
Mein Doktorat dauerte sieben Jahre

Es wurde mir klar, dass ich ohne ein Ph. D. im VA kaum Karriere machen konnte. Also beschloss ich zu studieren. Ich musste ein College finden, an dem ich alle erforderlichen Vorlesungen abends besuchen konnte. Damals war die einzige Schule mit Abendkursen die New School for Social Research, eine Universität, die geschaffen worden war, um europäischen Forschern, die vor Hitler fliehen mussten, Anstellungen zu verschaffen. Ich erfuhr, dass ich 60 Scheine machen und eine Dissertation schreiben musste. Dafür benötigte ich sieben Jahre. Als ich endlich meinen akademischen Grad erhielt, war ich 59 Jahre alt. Ich scherzte: »Manche Ph.-D.-Anwärter laden ihre Großmütter zur Graduierungsfeier ein. Ich habe meine Enkelkinder eingeladen.« Während dieser sieben Jahre musste ich neben meinem Broterwerb jede freie Minute für die Uni studieren, Semesterarbeiten schreiben, Seminare vorbereiten. In der ersten Zeit machte ich mir Sorgen, ob ich das Studium bezahlen würde können. Das Schreiben der Dissertation dauerte ein volles Jahr.

In ihren (fast immer deutschen) Briefen an ihren Sohn können wir über die Jahre die beschwerlichen Einzelheiten dieses ehrfurchtgebietenden, wahrlich heroischen Unterfangens verfolgen, wobei weder sie noch wir jemals daran zweifelten, dass sie es schaffen würde. Anders als bei den Leuten an ihrem Arbeitsplatz beschwerte sie sich seltsamerweise nie über Schikanen oder ungerechte Behandlung durch einen ihrer Lehrer, nicht einmal dann, als ihr Doktorvater von ihr ausgiebige Veränderungen verlangte.

Außerdem studiere ich jetzt für ein Ph. D. Wenn ich Glück habe und es aushalte, kann ich es in ungefähr zwei Jahren machen. Man hat mir ziemlich viel von meinen europäischen Studien eingerechnet. Beim Government *[the Veteran's Administration]*, wenn ich ein Ph. D. habe, bekomme ich viel mehr Gehalt, und niemand darf mit mir herumkommandieren. (6. Nov. 1949)

Ich habe Dir nicht früher antworten können, weil ich so furchtbar viel gearbeitet habe, viele Nächte bis zwei Uhr, ich war schon in einem kompletten Zustand der Erschöpfung. Meine drei Spitäler, die Praxis und mein Studium für eine Frau meines Alters. Ich habe diesen Term drei Kurse genommen, alle am Abend, so dass ich manche Tage, jeden Montag zum Beispiel, um 6.30 aufgestanden bin, weil ich um 9 Uhr in Newark in der *Mental Hygiene Clinic der Veterans Administration* sein muss, und bin um 11.30 nachts nach hause gekommen; ich bin dann immer vollkommen erschöpft. Ich habe drei *papers* geschrieben, durchschnittlich über 5000 Worte jedes, und mich für eine schriftliche Prüfung vorbereiten müssen. Ich weiß noch nicht wie es ausgegangen ist (31. Mai 1950).

Ich habe sehr viel zu tun, ganz gute Praxis, die Schule und meine drei Kliniken ... Ich wundere mich immer nur, dass ich es aushalten kann. (1. Jan. 1951)

Bin in meiner Statistics Prüfung durchgefallen. Habe mich sehr gekänkt. Hatte sehr teuere aber dafür schlechte Nachhilfestunden, jetzt habe ich viel bessere. (18. Febr. 1951)

Meinen ersten Kurs Statistics habe ich überstanden, den zweiten muss ich repetieren. Es ist ohnehin ein Wunder, dass ich so weit bin, da ich doch so etwas im ganzen Leben nicht gelernt habe. Correlations and Factor-analysis, aber ich glaube, ich werde es dermachen können. Ich nehme keinen Urlaub und werde den ganzen Sommer stucken, weil ich meine *Qualifying examination* machen will. Diese Prüfung ist in dieser Schule berüchtigt schwer, sie fragen so talmudische Fragen… Diese Schule ist nämlich von Berliner jüdischen Professoren gegründet worden … Wenn ich die Zeit benützen würde um mir Freunde und Verbindungen zu machen, wäre vielleicht richtiger gewesen, aber man weiß nie, was man tun soll oder vielmehr was besser ist. (3. Juni 1951)

Mir ist schon sehr mies vor der Schule, da ich bei der Hauptprüfung durchgefallen bin, muss ich noch weitere drei Semester gehen, sehr anstrengend, nach einem 10 Stunden Arbeitstag noch in die Schule gehen. (25. Jan. 1952)

Ein kleines Paper von mir ist wieder herausgekommen. Ich habe leider wenig Zeit zu publizieren, weil ich doch noch in die Schule gehen muss und Schul *papers* schreibe. Jetzt schreibe ich eines über den Primal Crime, den Vatermord, wie Freud ihn behandelt in seinen verschiedenen Werken, angefangen mit Totem und Taboo usw. bis zum Moses. War viel Arbeit aber es hat mir grosse Freude gemacht. Meine ganze freie Zeit geht darauf. Ich habe noch zwei terms dann bin ich fertig. Ich werde im Juli in die Schule gehen. Sehr arg. (1. Juni 1952)

Der Juli war so schrecklich in New York dass ich dachte ich sterbe; bestimmt hat es Monate aus meinem Leben genommen, wenn nicht Jahre. … Ich ging zweimal in der Woche in die Schule, und einmal fiel ich die Treppen hinunter in dieser verdammten Schule, und verletzte meine zwei Beine ganz hübsch, aber glücklicherweise war nichts gebrochen, aber ich war blau und sehr geschwollen (10. August 1952)

Die Schule ist auch sehr teuer, $ 200 ungefähr ein Term ohne Bücher. Habe jetzt meine Thesis mit meinem Berater besprochen. Wenn ich mit allem fertig sein werde, werde ich rasch sterben. (14. Dez. 1952)

Ich werde diesen Sommer nicht nach Europa fahren. Ich will meine Thesis fertig schreiben. Mir wächst das in die Schule gehen schon zum Hals heraus. Ich komme erst *[zu Besuch]* wenn ich den Doctor Hut auf meine blauen Haare setzen kann. (28. Febr. 1953)

Alles was ich bisher für meine Thesis geschrieben habe, hat der Lehrer abgelehnt, und ich muss alles noch einmal machen. Ich werde nie fertig werden. Ich werde zu meiner Graduation nicht nur meine Enkel sondern auch meine Urenkel einladen können. (29. März 1953)

Manchmal fühle ich mich bei der Arbeit an diesem Buch, das ich nun seit Jahren schreibe, wie Mutter in der Zeit ihres Studiums. Kann ich die Demenz alter Jahre so lange zurückhalten, bis ich das Buch beendet habe?

Ich habe ungefähr zwei Drittel meiner Thesis fertig. Es strengt mich sehr an und ich habe das Gefühl, ich werde noch auf meinem Totenbett an meiner Thesis arbeiten müssen. (6. Dez.1953)
Ich habe zu Beginn der Woche meine korrigierte Thesis meinem Adviser gegeben und hoffe, sie wird jetzt in Ordnung sein. Das erste Kapitel, das ich umschrieb und das letzte hatte er schon eine Woche früher okayed. Wenn meine Thesis angenommen ist, muss ich dann noch die Orals machen, um mein Doktorat zu bekommen. Es ist ganz wichtig dass ich das mache, mit einem amerikanischen Doctorat kann ich mich hier immer erhalten, und ich möchte sehr ungern im Armen-Haus sterben. (14. Nov. 1954)
Meine Thesis has been accepted by the Committee sie ist jetzt beim *typen*. Das wird mich nebbich $ 200 kosten. Glücklicherweise sind $ 155 aus Wien gekommen. Mein Anteil aus dem Verkauf des Hauses in der Novaragasse. Ich wollte mir schon Geld von Sophie ausborgen. Ende Jänner habe ich meine Orals. (25. Dez. 1954)

ESTI D. FREUD, PH. D.
SPEECH AND VOICE THERAPIST
444 East 58th Street
New York 22, N.Y.
Plaza 80675

Von heute an gibt es wieder einen Dr. Freud, da ich heute Nachmittag meinen Dr. Titel awarded bekommen habe und meine letzte Prüfung bestand. Die letzte Prüfung was eher lustig. Erwarte euere Nachrichten jeden Tag. Pussi Mutter Dr. Freud. Esti Ph. D. (9. März 1955)

8

Keines meiner Kinder lud mich zur Hochzeit ein

In jenen sieben Jahren geschah eine Menge, das nichts mit meinem Studium zu tun hatte. Meine beiden Kinder heirateten, und keines lud mich zur Hochzeit ein. 1949 und 1950 wurden meine ersten Enkelkinder geboren, mein Sohn bekam einen Sohn, meine Tochter eine Tochter.

Dieser eine nüchterne, kritische Satz über die Hochzeiten ihrer Kinder mag unterstellen, dass unsere Mutter sich wenig für uns interessierte, das wäre aber eine falsche Vermutung. Das Thema Ehe, meine und die meines Bruders, sind, wie ihre Briefe an Walter belegen, für Mutter von enormer Bedeutung. Angesichts ihrer sonst kritischen Haltung Menschen gegenüber ist es interessant, wie überaus zufrieden sie mit unserer Partnerwahl war, und in keinem ihrer Briefe findet sich ein einziger kritischer Satz. Mein Mann war wahrscheinlich nicht sonderlich begeistert von seiner Schwiegermutter, behandelte sie aber stets respekt- und rücksichtsvoll. Ich glaube jedoch, dass das nicht der Hauptgrund für ihre Zufriedenheit mit ihm war. Sie sah in ihm vielmehr – und hatte damit recht – einen Sicherheit bietenden, gewissenhaften Mann – einen verlässlichen »Brotkorb«, wie mein Bruder es in seinem Bericht ausdrückt. Vor seiner Verlobung, die zur Heirat führte, war Walter vorübergehend mit einem englischen Mädchen verlobt, worüber meine Mutter in einem Brief an ihn ihre Enttäuschung ausdrückt.

Zu Deiner Verlobung kann ich gar nichts sagen, schade dass Du nicht gewartet hast, mit Deinem Namen, *looks und charme* hättest Du eine ganz reiche Amerikanerin heiraten und dann Medizin studieren können. Die Amerikanerinnen sind sehr hübsch und nett. Amerika ist überhaupt ein herrliches Land, so groß und reich, man kann sich das in Europa gar nicht vorstellen. (16. Nov. 1944)

Im selben Brief erwähnt Mutter meine eigene Quasi-Verlobung und übertreibt dabei natürlich den angeblichen Ruhm von Pauls Vater, der tatsächlich in Deutschland und in New York City ein kompetenter, gut verdienender Vorstand einer Ingenieurabteilung gewesen war.

Von dem Schnapperl weißt Du, dass Sie so gut wie verlobt ist. Paul ist besonders fesch, ein netter Bub, sehr begabt und aus sehr gutem Haus, der Vater ist ein ganz berühmter Ingenieur und Erfinder. Hoffentlich kommt nichts dazwischen, aber bitte schreib ihr ja nicht, dass ich so einverstanden bin, sonst liebt sie ihn gleich weniger. (16. Nov. 1944)

Ich heiratete im August 1945, fast unmittelbar nach dem Waffenstillstand. Mein Mann diente damals in der Marine und war in Washington D. C. stationiert, wo er am Marineforschungslaboratorium arbeitete. Wir heirateten alleine bei einem Friedensrichter, als Paul einen achtstündigen Urlaub hatte. So ersparte ich meiner Mutter die Pflicht – und beraubte sie der Chance –, einen Rummel zu veranstalten. Weil sie wusste, dass ich es abgelehnt hätte, verschickte sie, ohne sich mit mir zu beraten, eine förmliche Hochzeitsanzeige in ihrem und Vaters Namen, was zu der in nachfolgendem Brief ausgedrückten Konsternierung führte.

Brief von Martin
2. Dez. 1945 ... Es hat ziemlich lange gedauert, bevor ich mich von dem Shock erholt habe; verursacht nicht durch die Tatsache der Heirat, sondern durch die Ankündigung, in *August nineteen hundred and forty-five London–New York by Mr. and Mrs. Jean Martin Freud*, eine Ankündigung, die mich völlig überraschte. ...

... Die wichtigste Nachricht für mich ist noch immer Zapferls Heirat und ich bin sehr glücklich darüber. Ich glaube sie hat einen sehr sehr netten Mann und hoffe dass sie mit ihm glücklich sein wird. Du weißt wie sehr Sophie mir immer nahe stand und wie stolz ich auf sie war und mein Ehrgeiz für sie ist nun erfüllt. (28. Sept. 1945) [Brief auf englisch]

Die folgenden Briefe von Walter sind an mich adressiert, nicht an Mutter, aber ich meine, sie gehören zur Geschichte des Überlebens meiner Familie.

Lt. A. W. Freud
1 Holly Terrace
Highgate, London N. W. *(Vaters Addresse)*
[Brief auf englisch]
3. Aug. 1945

Mein bestes Zaffers,
Hier sind ein paar Geschichten aus der Heimat. Gut ausstaffiert mit Geld und jedem anderen vorstellbaren Gegenstand (ja, DAS auch) ließ unser amerikanischer Pilot uns 20 Meilen von dem geplanten Ort fallen, und ich landete nicht auf der beabsichtigten Bergwiese, sondern in einer kleinen und malerischen Stadt im Murtal. Sicherlich erinnerst Du

Dich, dass ich ein guter Läufer bin, und dieses Talent war sehr nützlich. Der Großteil des Gepäcks landete auf dem Marktplatz, aber ich habe nicht am nächsten Morgen im Fundbüro nachgefragt. Ich war allein, d. h. wir waren mehrere gewesen, aber in der Heimat fanden wir uns nicht. Alle Bauern gaben mir zu essen und verrieten mich nicht der Polizei, mein Hauptquartier war eine bequeme Almhütte. Das Wetter war sehr schlecht, es schneite heftig, und ich hatte Schwierigkeiten, nach draußen zu kommen. Am 1. Mai dachte ich, die Zeit wäre gekommen, mich zu zeigen. Erst mal holte ich mir ein Auto (Steyr 50) vom Bürgermeister von S., dann übernahm ich den größten Flugplatz in Österreich. (Herr Kommandant, ich bin Oberleutnant Freud von der 8. Britischen Armee, und ich bin gekommen, um Ihr Flugfeld *zu übernehmen.*) Er war erstaunt. Dann ging ich zum Deutschen Hauptquartier (in Linz), um die Übergabe zu arrangieren, dann traf ich auf österreichische Truppen, die gerade gegen die Deutschen meuterten, und hatte viele andere Abenteuer. *Schließlich vereinigte* ich mich mit den Amerikanern in Steyr, und über Passau, Regensburg, Nürnberg, und von dort mit Privatflugzeug nach Paris und über Luft nach London. Da gibt es viele interessante Details zu dieser Geschichte, so wie die von dem Vizegauleiter von Steiermark, der behauptete, Großvater zu kennen, um sich bei mir beliebt zu machen; und der weinende SS-Offizier, etc. etc., aber ich hebe sie auf, um sie Dir persönlich zu erzählen.

Jetzt etwas sehr Geheimes, erzähle es niemandem. Der Vater weiß es auch nicht. Ich treffe Chris noch immer heimlich. Ihre Eltern dürfen davon nichts wissen. Momentan werde ich sie nicht heiraten, aber sie ist sehr nett als Freundin.

Der ganzen Familie geht es gut, Großmutter hatte am 26. Geburtstag. Der Vater redet über nichts als Essen, Essen, Essen, den ganzen Tag, und er denkt meistens, dass er Magenkrebs hat, wenn er sich überessen hat. Er hat seinen Bart, der ihm sehr gut gestanden hat, abrasiert. Viele gute Zukunftswünsche und das Allerbeste wünscht Dir Dein Lieblingsbruder. Du hast jetzt meine Erlaubnis, bis zehn nach zehn auszubleiben und mit einem von mir genehmigten Freund ins Kino zu gehen.

Dank Dir für Deinen sehr lieben Brief. Der andere ist noch nicht weitergeleitet. Ich bin noch immer auf Urlaub, schon seit drei Monaten. Aber ich darf London nicht verlassen, weil ich jeden Tag zurückgerufen werden könnte, und verfügbar sein muss. Es wird etwas langweilig, so lange nichts zu tun zu haben, vorige Woche nahm ich mit Onkel Ernst einen Job an, zerbombte Häuser zu begutachten. Ich habe noch immer keine Ahnung, wann und wofür sie mich zurückrufen werden ... Meine Nachkriegspläne sind noch ungewiss. Ich hoffe, nach meiner Entlassung

von der Armee (noch ein Jahr) zum College zurückgehen zu können. Ich spiele sogar mit dem Gedanken an eine Karriere in der Armee. Wie würde Dir das gefallen? Hast Du etwas über die Großmutter Drucker gehört? Das ist alles für heute, ich hoffe, Du hast einen netten Geburtstag und angenehme Ferien. Ich lass Dich wissen, sobald ich neue Arbeit habe.
Allerherzlichst, mit einem Geburtstagspussi, Dein Walter.

Hazlerigg Hall, Ashby Road
Loughborough, Leics.
5. Jan. 1947 [Brief auf deutsch]

Allerbestes, *long-neglected* Zafferl,
Nein, man kann nicht gerade behaupten, dass ich unter Schreibwut gelitten hätte, ich habe aber mindestens 10 Briefe an Dich angefangen und dann aus irgend einem Grund nicht fertiggeschrieben.

Du bist natürlich »höchst interessiert«, was Dein Bruder *up to* ist und ich bin gerade in der richtigen Stimmung, Dir eine detailierte Autobiographie von meinen Abenteuern zu geben.

Momentan bin ich wieder in Loughborough College und studiere »Chemical Engineering«. Wenn alles gut geht, werd' ich im July 1949 ausstudiert haben. Chemischer Ingenieur ist eine sehr interessante Beschäftigung und die Mutter hat immer gesagt, ich bin ein guter Koch. Ich hab' Glück gehabt und bin grade zu Schulbeginn aus der Armee entlassen worden. Momentan haben wir Weihnachtsferien, ich bin aber ein paar Tage früher zurückgekommen, um nachzuholen (der typische Vorzugsschüler). Die Arbeit ist sehr schwer, ich habe alles in den 7 Jahren vergessen und bin in eine zu hohe Klasse eingetreten.

Jetzt muss ich einmal zu gratulieren beginnen: Also zu allen Geburtstagen und zu den »summa cum laude« das allerbeste Zafferl. *[ein gewöhnliches cum laude wurde wohl von der Mutter in ein summa cum laude verwandelt?]* Ich hab immer an Dich gedacht und einen Brief angefangen. Ich hab' auch noch ein Geschenk für Dich und sobald ich jemanden find, der nach Amerika fährt, geb' ichs mit.

Da es gerade ein paar Tage nach Deinem 15. Geburtstag waren, als wir uns das letzte mal sahen, kann ich mich Dich nicht sehr lebhaft als verheiratete Frau vorstellen, wann werde ich ein Onkel? Auch glaubt natürlich ein jeder Bruder, dass seine Schwester viel zu gut für jeden Mann ist.

Um auf meine Biographie zurückzukommen: Nachdem ich Österreich befreit hatte, (ich geb' zu, es waren noch ein paar Amerikanische, Russische und Britische Truppen dabei) – hat man mir einen langen Urlaub gegeben, um mich aufzufüttern. (Die Rosa hab' ich nicht finden können, daher wars knapp). Während dieser Zeit hat sich die Sache mit Christine endgültig aufgelöst, ihre Eltern sind antisemitische Trödler und auch sie hat sich schlecht benommen (keine lady). Ich bin dann nach Deutschland »Bad Oeynhausen« gekommen, zuerst in der »*war crimes executive*« (als *Captain*). ... Ich war bei dem team, welches Gustav Krupp von Bohlen & Haltech« untersucht hat, Du weißt ja, dass man ihn am Ende nicht angeklagt hat. (Er ist übrigens gar kein wirklicher Nazi gewesen, & hat die Juden in der Firma bis zuletzt beschützt). Wie der Krupp »off« war, bin ich zu den »*Judge Advocat general's war crimes team*« gekommen und wir haben etwas kleinere Kriegsverbrecher angeklagt. (In der Britischen Zone wie z. B. Belsen, der Mann der die Blausäure für Auschwitz hergestellt hat, Ravensbrück etc.) Ich war sehr erfolgreich u. habe sehr viele Todesurteile bekommen (Das Urteil hat davon abgehangen, wie gut man den Fall gegen den Verbrecher vorbereitet hat, man muss die richtigen Zeugen und das Beweismaterial finden.) In Febr. 46 bin ich Major geworden & hab' mein eigenes team gehabt. Ich bin sehr viel in Europa herumgekommen, der schönste Ausflug war nach Prag. Ich hab' mir Theresienstadt angeschaut, war in Karls- und Marienbad, bin aber nicht nach Wien gekommen. Schade. Der jüdische Friedhof in Prag ist eines der interessantesten Sachen in Europa. Ältestes Grab von 606 (Golem etc.) Auf einem meiner Besuche nach Dänemark hab ich ein sehr nettes Mädel kennen gelernt. (Von der wirst Du noch mehr hören, sie heißt Annette).

In Deutschland hab ich mich ausgezeichnet unterhalten u. ein wirklich »schlechtes« Leben geführt. Jeden Abend ausgegangen. Fast jede Nacht mit einer anderen nach Hause gekommen. (Englische Mädeln, nicht Deutsche) etc. Ich habe ein eigenes Haus gehabt, 3 Diener, ein sehr gutes Auto u. mir ist es wie einem höhergestellten Gott in Frankreich (vor dem Krieg) gegangen. In Deutschland, zugehen tut's da, ich sag Dir, allerhand. Das Judenhetzen ist ihnen schlecht bekommen.

Im Juli habe ich dann meinen Unfall gehabt, der mich Gott sei Dank wieder etwas *down to earth* gebracht hat. (Ich bin wieder ganz o. k. nur ein bisschen, sehr wenig, schwerhörig.) [*Es war ein Autounfall, und mein Bruder war danach lebenslang ernstlich schwerhörig*] ... Im *Hospital* hat man sehr gut auf mich aufgepasst u. ich bin dann ohne Urlaub direct zur Schule.

In der Zwischenzeit hab' ich aber eine lebhafte Korrespondenz mit Annette gehabt u. sie hat sich entschlossen, hier zu folgen (klingt romantisch, nicht) u. hat eine Stelle in der dänischen Gesandschaft in London bekommen. Sie ist *a real lady*, kommt von einer sehr feinen dänischen Familie, (verwandt mit der des dänischen Königs) u. hat sehr nette Eltern, die in einem großen Landhaus 1 Stunde von Copenhagen leben. Und – *you don't say* – in den nächsten Wochen werden wir uns unofficiell verloben. Verlobung ist in Dänemark eine große Sache (nicht so wie in England, wo ein Freund mir gesagt hat: »*damn, I have to break up the engagement with Jane, she wants to marry me.*« Annette ist ein ganz besonders nettes u. feines Mädel, ich glaub die ganze Familie hat sie sehr gern. Sehr gescheit, sehr tüchtig, mit anderen Wort Eine Ausgezeichnete Partie.

Unserer Familie geht es ausgezeichnet. Anna hat sich unlängst ein Landhaus gekauft.

In den nächsten Tagen werd' ich ein *Britischer Citizen*, das heißt, dass ich wieder reisen kann. Ich möcht Dich furchtbar gerne besuchen, wenn ich *work my way to America* könnte, würde ich im Sommer kommen. Aber ich bin nicht sicher wie die Reisemöglichkeiten sind.

Wie geht's dem Paul u. der Mutter? Ausführlich über letzere bitte. Alte Freunde: ...

Jetzt hätt' ich fast vergessen, mich für Deine wunderbaren Pakete zu bedanken. Leider Zafferl, sind viele nicht angekommen, ich hab' nur eins mit Zeitungen u. eins mit Honig bekommen.

Jetzt ist es schon sehr spät geworden, daher sag ich besser gute Nacht. Ich hoffe – u. werd' mein Möglichstes tun, – dass unsere Korrespondenz ein bisschen lebhafter wird. Soll ich den Paul schreiben?

Allerherzlichst Dein Bruder, noch immer der alte Walter.

Ich hatte Walter auf seinen Brief hin geschrieben und ihm viele Fragen gestellt, die er jetzt im Telegrammstil beantwortet.

<u>Jüdin:</u> Nein sie ist natürlich keine, wie aber die Tante Anna ganz richtig sagt, wir wollen keine Hitlerischen Rassenprinzipien aufleben lassen.

<u>Schule:</u> Ich bin jetzt schon ganz auf dem Laufenden; ich bin nur zu den Weihnachtsferien früh zurückgekommen, um etwas in Laboratory zu arbeiten (Ich war etwas patschig). Die Jungens sind ganz besonders nett, es sind mehrere ex-service men hier, auch welche, die mit mir 39 hier waren.

<u>Zeug:</u> Ist sehr interessant u. ich hoffe auch in der Atomenergie zu arbeiten. *(From the chemical engineer's point of view)*

Die Atomenergie in England ist fast ausschließlich von Österreichern u. Deutschen betrieben; ich habe dort für einen *Summerjob* angesucht.

<u>Leben</u>: Ich lebe in einem sehr netten Einzelzimmer mit fließendem Wasser, Zentralheizung u. Schreibtisch. Jede 2 Wochen fahr ich nach

London. Es sind zwar nur 100 miles, aber bei den jetzigen Eisenbahnverhältnissen kann das 4 Stunden dauern. (Normal 2 ½)

Regierungshilfe: *Ex-service men* bekommen einen *grant;* nicht viel, aber es geht. In meinem Fall hab ich, nachdem alles gezahlt ist, 40 Pfund im Jahr Taschengeld. Wenn ich nicht in einem so guten Hostel leben würde, könnte ich natürlich mir mehr ersparen.

Accent: Natürlich zur großen Begeisterung der englischen females. Jedes englische Mädchen fällt sofort, wenn sie einen Österreichischen Accent hört; viele Engländer machen es daher absichtlich nach. Man fragt hier aber nicht, woher man kommt, das würde zu persönlich sein.

Kommen: Diesen Sommer, glaub' ich, Zafferl, wird noch nichts daraus werden, ich hab jetzt aber schon einen Paß und könnte immer rüberkommen. *I am not above »working my passage« either.* Das werden wir aber noch genauer besprechen. ...

Das mit den Kindern wär kein Job für mich! Ich würde die Alle am 2. Tag totgeprügelt haben. Schreckliche Idee, emotionelle oder materielle Probleme anderer Leute zu lösen. *(Ich war in meinem ersten Jahr für das Magister Diplom in Sozialarbeit und arbeitete in meinem Praktikum mit Kindern und deren Familien.)*

Wirst Du ein Buch darüber schreiben? Ich hoffe Du führst Tagebuch über Deine interessanteren Fälle, dass Du sie, wie Großvater, anführen kannst. »Patient A. B. 16 Jahre, männlich, aus ärmlicher Familie. Klagt über Schmerzen in der linken 2ten Zehe (Von aussen). Auf Befragen antwortet er dass er des Nachts von nackten Mädchen träume ... etc ...)

Congratulations zur neuen Wohnung. Auch hier ist die Wohnungsnot sehr groß, der Zins ist aber mehr oder weniger gefixed. (Der Vater z. B. zahlt noch immer seine pre-war rate of £ 185 im Jahr für unser sehr schönes flat in Highgate. ...

Mutter: Ein Problem. Von Zeit zu Zeit schickt sie mir Briefe (die ich beantworte) aber sie sind ein »*Undiluted pleasure to read«.* Immer ist irgendetwas Unangenehmes, Häßliches oder Boshaftes in ihnen. Ich hab z. B. Angst, ihr den Familiennamen von Annette zu sagen, da ich fürchte, sie würde ihr unangenehme Briefe schreiben. Bestimmt. Und das ist natürlich nicht ein Verhältnis, in dem man zu einer Mutter stehen soll. Sie hat mir übrigens ein sehr gutes Bild von sich geschickt, wenn sie wirklich so ausschaut, würde ich sie auf der Straße nicht erkennen. (Das sag ihr aber nicht).

Vater: Ich komm mit dem Vater sehr gut aus, er ist nach wie vor sehr hypochondrisch, es geht ihm aber gesundheitlich sehr gut. Seine Haushälterin ist ein besonders nettes englisches Mädchen (um die 30), er hätt es wirklich nicht besser finden können. Sie passt sehr gut auf ihn

auf und ich persönlich hätte nichts dagegen, wenn er sie heiraten würde. Sie ist ein feines Mädchen aus typisch bürgerlicher Familie und hat ihn sehr lieb. Was immer Du darüber denkst, es arbeitet. Vor der Mutter graut er sich sehr, nach Euch sehnt er sich schrecklich. Die Mutter scheint anonyme Briefe an seine Familie u. Freunde von Zeit zu Zeit geschickt zu haben. Er hat keinen sehr guten, aber keinen schlechten job, plant immer etwas Neues, zu dem er sich Gott sei Dank nicht entschließen kann. Momentan will er ein optisches Geschäft aufmachen. Er reist viel, u. ich sehe ihn so alle 2 bis 3 Monate. Großmutter wird immer gescheiter und Tante Anna ist schrecklich *busy*.
Dein Brief ist nun beantwortet.

Zweifellos hatte mein Bruder eine richtige dänische Hochzeit, bei der mein Vater sicherlich anwesend war. Mutter hatte gehofft, zu dieser Hochzeit eingeladen zu werden.

Wirst Du bald heiraten? Oder erst bis der Krieg aus ist? Ich werde mich sehr kränken wenn ich nicht zu Deiner Hochzeit werde kommen können (8. Juni 1945)
… Ich freue mich ganz besonders mit der Mitteilung dass du heiratest. … Ich wäre sehr gerne zu Deiner Hochzeit gekommen habe aber leider nicht genug Geld für so eine teuere Reise. Das ist sehr schmerzlich. (Mai 1947)
Ich wünsche Dir vom ganzen Herzen alles Gute zu Deiner Verheiratung, ich hoffe Du wirst ein guter und liebevoller Ehemann. (29. Juli 1947)

Mutter schickte ein Telegramm: »Wünsche bei Deiner Hochzeit anwesend zu sein. Antrag auf englisches Einreisevisum gestellt. Könnte Familie zusätzliche $ 250 für Rückfahrkarte leihen. Erwarte Telegrammantwort. In Liebe Mutter.«

Das Geld wurde nicht geliehen, und Mutter schickte dem Paar ein Telegramm mit Mazeltow, ein jiddischer Ausdruck für Glück, den meine Mutter selten benutzte. Es war ihre Art, ihre Unzufriedenheit darüber auszudrücken, dass sie eine nichtjüdische Schwiegertochter bekam.
Aber als sie ihrer Schwiegertochter später begegnete, war sie von ihr sehr angetan und schreibt in ihrer Autobiographie:

Mir gefiel meine Schwiegertochter sofort. Was für eine nette, attraktive junge Frau! Ich fragte mich, warum sie meinen Sohn genommen hat! Obwohl ich jetzt rückblickend sehe, dass sie es gar nicht so schlecht getroffen hat.

Die Gedanken meiner Mutter, warum ihre Mutter ihren Vater geheiratet hatte, oder warum Annette bereit gewesen war, ihren geliebten und von ihr sehr bewunderten Sohn zu heiraten, interessieren mich um so mehr, weil ihre Reaktion über die Hochzeit ihrer Tochter, also meine, ganz entgegengesetzt war.

Ich bin sehr stolz, dass die Sophie, die eher sehr mies ist, damals ganz arm war, ohne Ausstattung, mir ist es damals noch sehr schlecht gegangen, so gut geheiratet hat. Ich habe nie über Paul gesagt, er ist ein guter Brotkorb. Er ist ein Gewinn, sogar für die arrogante Freud Familie, *schrieb sie meinem Bruder im Juni 1960.*

Mutter dachte, dass ihre beiden Kinder gute Partien gemacht hatten. Man muss sie dazu beglückwünschen, wie gut sie es verstand, ihre vielleicht wahren Gefühle zu verstecken. Meinen Bruder hat sie mit bewundernden Kommentaren überhäuft, und mir hat sie nie das Gefühl gegeben, hässlich gewesen zu sein. Ich danke dir, Mutter.

9
Im New York Hospital

In der Klinik des New York Hospital fragte mich Dr. Conway überraschend, ob ich für ihn zweimal wöchentlich arbeiten würde. Unsere ursprüngliche Vereinbarung war einmal wöchentlich. Erst kurze Zeit zuvor hatte ich meine Arbeit an der VA-Klinik begonnen, und es waren einfach keine weiteren Vor- oder Nachmittage für zusätzliche Arbeit übrig. Das teilte ich Dr. Conway sehr höflich mit, wobei ich ihn darauf hinwies, dass ich seine Patienten ohnehin zweimal wöchentlich sah, da ich sie auch an meinen Tagen an der HNO-Klinik zu mir bestellte. »Oho«, rief Conway aus, »da bessern Sie Dr. Palmers Statistik auf!« So lernte ich, dass die Statistik wichtiger war als der Lernerfolg meiner Patienten mit Wolfsrachen. Wieder hatte ich unwissentlich irgendeine Benimmregel gebrochen. Einer der niedergelassenen Ärzte sagte mir, Dr. Conway habe einen weiteren Logopäden eingestellt, weshalb ich auf meine baldige Kündigung vorbereitet sein sollte. Ich ging zu Dr. Palmer an der HNO-Abteilung des New York Hospital, der mich sozusagen als erster eingestellt hatte. Das war wieder ein Fehler.

Mutter war über diese Entwicklungen sehr bestürzt, was zu vielen schmerzhaften Telefongesprächen führte.

Innerhalb kürzester Zeit wurde die Sprachklinik zu einer Sprach- und Gehörklinik. Allmählich entwickelten sich die Hörtests zur Haupttätigkeit dieser Berufsgruppe. Ärzte konnten für die Operation, die viel Geschick erfordert, beträchtliche Honorare verlangen. Die »Gehörtechnikerin« wurde zur Direktorin der Sprach- und Gehörklinik und arbeitete Vollzeit. Vom Anfang an war P. S. mir gegenüber feindselig eingestellt und änderte ihre Meinung nicht, bis ich im Juni 1971 in Pension ging. Um mich in meinen letzten sechs Arbeitsmonaten richtig unglücklich zu machen, überwies sie keinen einzigen Patienten an meine Klinik, und ich musste untätig herumsitzen.

Mutter sprach mit mir am Telefon darüber und war sehr verzweifelt. Es war schmerzhaft für mich, mir das anzuhören.

Allmählich hatte ich mir eine Privatpraxis aufgebaut, die manchmal sehr gut ging, häufig aber nicht. Die meisten meiner Fälle wurden mir von Ärzten zugewiesen. Die Kontakte, die ich in Wien geknüpft hatte, erwiesen sich als wertvoll.

10
Fälle von Erinnerungstäuschung

Walters »Ernestine«

Noch eine andere Art, ihr Mißfallen zu zeigen, war ihre totale Interesselosigkeit an meiner Familie, obwohl ich nicht weiß, ob sich dieser Mangel an Neugier auch bei der Familie meiner Schwester zeigte. Mein Sohn, ihr ältester Enkelsohn, wurde im Juni 1950 geboren. Bald nachher erzählte sie mir, dass sie von New York, wo sie lebte, nach Wien fliegen würde, um sich ein neues Kleid zu kaufen (als ob es nicht genügend Kleidergeschäfte um die Ecke an der East 85 Straße gegeben hätte). Ich schlug vor, dass dieser Ausflug eine gute Gelegenheit für eine Zwischenstation in England wäre. Ein kaltes »Nein« war ihre Antwort.

Hier irrt mein Bruder. Seine Erinnerung spielt ihm einen Streich. In Wirklichkeit war es ganz anders. In ihrer Autobiographie erwähnt Mutter ihren Besuch bei Walter, um seinen Sohn, sein erstgeborenes Kind, zu bewundern.

1950 reiste ich zum ersten Mal per Schiff auf den Kontinent, um mein neugeborenes Enkelkind David zu bewundern, meine dänische Schwiegertochter kennenzulernen und meinen Sohn zu treffen, den ich seit dem Sommer 1939, kurz nach Ausbruch des Krieges, nicht mehr gesehen hatte. Unbewusst hatte ich gehofft, dass mein Mann den Versuch unternehmen würde, eine Begegnung mit mir herbeizuführen. 1950 begann der Koreakrieg, und die Leute rieten mir von einer Europareise ab, weil ich unter Umständen nicht mehr zurückkehren würde können. Ich fuhr trotzdem und blieb in England. Als ich mit dem Schiffszug auf dem Bahnhof ankam, den ich für den Victoria Station hielt, und auf den Bahnsteig trat, sah ich Walter sofort, doch er ging an mir vorüber, ohne mich zu erkennen. Ich musste ihm nachlaufen.

Walter behauptet, Mutter habe ihn bei ihrer ersten Begegnung auf dem Victoria Station angesehen und gesagt: »Deine Zähne sind nicht besser.«
  War es eher Mutters Erinnerung als die von Walter, die ihr bezüglich dieses Besuchs einen Streich spielte? Wohl kaum. In Briefen bezieht sie sich auf den Besuch und auf zwei weitere.

30. Mai 1950 [Brief auf deutsch]
Mein Schiff (Parthia) geht am 21. Juli von New York weg ... Du kannst Dir gar nicht vorstellen wie ich mich freue Dich zu sehen. Ich weiß noch nicht, wie lange ich bleiben werde, da ich nach Wien fahren will, wir haben etwas Geld dort und außerdem will ich das Grab vom Grossvater *[Drucker]* besuchen, und ein paar Freundinnen am Kontinent, ich glaube nicht, dass ich es mir so bald leisten werde können wieder nach Europa zu reisen, da ich für diese Reise Schulden machen musste.
  Habe ich Dir geschrieben, dass ich beim *Congress für Speech therapy* in Amsterdam spreche? Es besteht eine Möglichkeit, dass ich als Delegate des *USA Governments, Veterans Administration* hingeschickt werde, ist noch sehr unsicher, wäre aber sehr fein, wenn ja, schon wegen Geld. Der Congress ist am 21. August bis 26., am 2ten geht mein Schiff zurück (September natürlich).
  Ich bin ein ziemlich unruhiger Geist geworden, will auch nach Paris fahren, Freundinnen besuchen, werde vielleicht sogar ein oder zwei Patienten zu sehen haben. Überhaupt komme ich mir sehr großartig vor, mit einem Enkel, der David heißt.

18. Juli 1950 [Brief auf deutsch]
Ich bin schon sehr aufgeregt. Morgen ist es übermorgen, dass ich wegfahre und ich habe noch so viel zu tun ... Viele Leute haben mir schon sehr mies gemacht und sind der Ansicht, dass man bei solchen Zeiten nicht das Land verlassen soll. Das letzte Mal, wie wir uns gesehen haben, ist auch ein Weltkrieg ausgebrochen, kannst Du Dich erinnern?

9. Aug. 1950 [Karte auf deutsch]
Lieber Walter, liebe Annette,
Ich möchte Euch für Euere außerordentlich liebe herzliche Gastfreundschaft danken. Ich habe mich mit Euch allen sehr gefreut und kann Euch beiden immer nur gratulieren zu dem besonders süßen Baby. ...

2. Sept. 1950 Cunard Line – Cunard White Star »*Parthia*«
[Brief auf deutsch]
Liebe Kinder,
Ich bin schon am Boot. Habe eine sehr schöne Kabine … Das schönste an der Reise war, mit Euch zusammen sein und das großartige Enkerl zu bewundern. Ich glaube, wenn Annette und ich länger beisammen wären, würde sie mir sehr bald eine sehr liebe Tochter werden und sie könnte sich wahrscheinlich auch an mich gewöhnen. Sie soll nur David <u>sehr verwöhnen</u>. Der Großvater sagt immer wieder, dass das sicherste Kapital für einen Sohn ist, wenn ihn die Mutter liebt. Der Vater soll eher streng sein. Lest es in der Freud'schen Autobiographie nach!!!!

Sonst bin ich sehr froh nach hause zu kommen. Obwohl alles sehr interessant war, lernt man im Vergleich mehr und mehr, was für ein großes wunderbares Land die Vereinigten Staaten sind.

Meine lieben Kinder, am Abschied möchte ich Euch noch sagen, habt Euch lieb und seid glücklich miteinander, alles übrige ist unwichtig. Das Leben ist eine sehr harte Schule und wenn man sich lieb hat, ist alles leichter zu ertragen.

Viele Küsse an Euch drei, Mutter Esti
Kaffee an Annettes Eltern sende ich, sobald ich ankomme.

Ich traf meinen Mann, aber es war eine höchst seltsame Begegnung. Ich kam gerade aus dem British Museum, wo ich mir die Elgin Marbles angesehen hatte, und ging an einer Tabaktrafik vorbei, in deren Schaufenster ausländische Zeitungen auslagen, der »Figaro«, die »Tribune« und die »New York Times«. Ich sinnierte gerade über die ausländischen Zeitungen, da ich mich nicht erinnern konnte, dass man üblicherweise französische und amerikanische Zeitungen in einer Trafik verkauft, als ich Martin sah, der gerade die Straße überquerte. Er blieb stehen, sobald er den Gehsteig erreicht hatte, und schaute mich an. Ich stand wie angewurzelt da und schaute zurück, unfähig, mich zu bewegen oder den Mund aufzumachen. Nach ein paar Minuten absoluter Reglosigkeit drehte sich Martin um und betrat seinen Laden. Und das war es – ich habe ihn nie wiedergesehen. Als Walter seinen Vater fragte, warum er mich nicht angesprochen habe, leugnete Martin, mich gesehen zu haben.

»Ich habe deinen Vater mein ganzes Leben geliebt«, *sagte mir meine Mutter auf dem Sterbebett. Das war in gewisser Weise sicher wahr, und Mutter hatte sich meines Wissens nie ernsthaft für einen anderen Mann interessiert und gewiss nie daran gedacht, eine neue Ehe einzugehen. Sie hat ihm aber auch niemals – was sonst? – die Konflikte verziehen, die sie wegen Geld hatten.*

»Dein Vater wird zerspringen, dass er mir das nicht auch noch wegnehmen kann« (25. Mai 1963), *schreibt sie Walter, als sie $ 3000 aus Wien bekommt, ihren Anteil vom Verkauf ihres Elternhauses.*

Vater kam 1958 die Vereinigten Staaten, um Werbung für sein Buch »Glory Reflected« [Mein Vater Sigmund Freud] *zu machen. Er blieb ungefähr eine Woche bei uns, verlangte viele Tassen Tee und war zufrieden mit unserer Fürsorge. Weder ich noch Walter erwähnten ihm gegenüber Mutter mit einem einzigen Wort, was sie Walter dann gekränkt vorwirft.*

Ich bin sehr beleidigt, dass weder Du noch die Sophie mir mitgeteilt hat, dass der Vater hier ist. Ich habe es von fremden Leuten erfahren, was sehr peinlich war. Warum macht ihr ein Geheimnis daraus? Ich habe den Vater noch nie gebissen und werde es auch jetzt nicht tun. (4. Okt. 1958)

Ich weiß von Vaters Reise gar nichts, außer dass er krank geworden ist, und sehr alt und schwächlich aussieht. Er hat es nicht der Mühe wert gefunden mich zu besuchen (21. Dez 1958).

Natürlich gab es auch andere Geheimnisse. Schon 1947 hatte Walter mir in einem Brief von Vaters Lebensgefährtin berichtet. Daher wollte Vater nun eine Scheidung, aber Mutter hatte nicht die Absicht, in diesen Wunsch einzuwilligen. Es war ihre Rache an dem Mann, den sie ihr ganzes Leben geliebt hatte. Nun, Menschen töten sich manchmal aus Liebe. Vater adoptierte dann seine Gefährtin, so dass sie seinen Namen trug – Margaret Freud – und sein bescheidenes Haus erben konnte.

1950 befand sich England noch in der Nachkriegsflaute. Die Stadt um St. Paul's Cathedral war ein Saustall. Zerbombte Häuser lagen auf der Hauptstraße, und viele Sachen wie Fruchtsäfte und Nylonstrümpfe gab es kaum zu kaufen. Die Geschenke, die ich aus den Vereinigten Staaten mitbrachte, waren mehr als willkommen. Ich wollte mich nicht allzulang meiner Familie aufdrängen, hatte aber auch keine Lust auf eine Reise auf den Kontinent, also verbrachte ich eine Woche in einem englischen Erholungsort. Es war ein trostloser Aufenthalt. Das Stubenmädchen warf mir vor, die Tagesdecke gestohlen zu haben. Während ich meine Sachen packte, kam sie in mein Zimmer und fragte: »Wo ist die Tagesdecke?« »Ich weiß nicht«, antwortete ich, »ich habe mich schon gefragt, warum Sie mein Bett nicht zugedeckt haben.« – »Die Tagesdecke ist nicht da«, sagte sie drohend. »Suchen wir sie«, schlug ich vor, und da war sie auch schon, sie war zwischen das Bettende und die Matratze gerutscht. Der Vorfall war so unangenehm, dass ich ihn nicht vergessen kann! Dank der dummen Berichterstattung über die Vereinigten Staaten in der Boulevardpresse muss mich das Stubenmädchen für einen amerikanischen Gangster gehalten haben, der sich mit schmutzigen, von Motten zerfressenen Tagesdecken aus dem Staub macht.

Walter und Annette scheinen die Besuche meiner Mutter mit größerer Bereitschaft und Großzügigkeit aufgenommen zu haben, als ich erwartet hätte und als ich selbst es tat. Hatten sie sie tatsächlich eingeladen, bei ihnen zu wohnen, wie es anscheinend einem in ihrer Briefe steht?

Ich weiß nicht, wann ich dich besuchen kommen kann, so lange ich in die Schule gehen muss, kann ich mir nichts ersparen. Ich danke Dir auch für Deine liebe Einladung, so lange ich arbeitsfähig bin, kann ich mich hier ganz anständig allein durchwurstln, aber wenn ich alt und gebrechlich sein werde, werde ich von Deiner Einladung Gebrauch machen (25. Jan. 1952).

Mutter besuchte Walter und Annette noch zweimal. In ihren Briefen nach ihren Besuchen äußert sie ihre Freude über die Enkelkinder, dankt Annette und hofft, ihr nicht zu viel Mühe bereitet zu haben. Als mein Bruder sie 1958 nach London einlädt, lehnt sie die Einladung wegen zu hoher Kosten ab. Sie schreibt:

Ich habe auch Angst vor London, so viele Familienmitglieder die ich nicht sehen mag. Es wäre viel netter wenn wir uns irgendwo treffen könnten. Wenn ihr in Spanien ein Haus mietet, zahle ich euch die Hälfte. Aber zuerst muss ich viel Geld verdienen. (7. Sept. 1958)
Auf England habe ich kaum Lust. Dann ist *der comble [die Spitze]* meines Aufenthaltes, dass ich die Mathilde Hollitscher besuchen darf. – brrr – (28. April 1963)

Vielleicht war mein Bruder verletzt, weil meine Mutter mehrere Einladungen nicht angenommen hatte und weil sie später lieber nach Wien als nach London fuhr, und diese Verletzung mag sich in seiner Erinnerung an ihre früheren Besuche gedrängt haben.

Ich verstehe, lieber toter Bruder, dass du Mutter nicht leiden konntest, manchmal fandest du sie abstoßend, und du warst auch beleidigt, dass sie euch nicht oft genug besuchte. Aber wie konntest du nur, egal wie alt oder krank du warst – du hattest schließlich nicht Alzheimer –, ihre tiefe Anteilnahme an dir und deiner Familie, ihre zahllosen Briefe, ihr Interesse an Deinem Leben, vergessen? Du hast mindestens 67 Briefe zwischen 1945 und 1949 von ihr bekommen, 38 Briefe zwischen 1950 und 1954, 56 Briefe von 1955 bis 1959 und 45 Briefe zwischen 1960 und 1964. Sie hat dir also jahrelang ein- oder zweimal im Monat treu geschrieben.

Abgesehen von den 200 Briefen, die es gibt, machte sie zahlreiche Geschenke, und ununterbrochen fragte sie nach, ob du diese Geschenke erhalten hast, weil du nachlässig im Bestätigen warst. Wie kannst du das alles nur vergessen haben!?

Ich habe Deiner Frau per Flugpost ein paar Nylons geschickt, und werde wieder schicken sobald sie mir dieselben bestätigt (25. Sept. 1949) …
    Außerdem geht morgen ein Paket Zuckerln ab, *Party* Zuckerln, bitte schau sehr vorsichtig in die Lebkuchen Dose, ganz auf den Grund, eine Überraschung für Deine Frau, Kleinigkeit nur. (1. Jan. 1951)
    Habe gestern ein Fleischpaket für Dich hergerichtet. Hoffentlich kommt es zu Deinem Geburtstag noch zurecht (18. Febr. 1951).
    Ich schreibe Dir weil ich Dir diesen Morgen mit Flugpost eine Schokolade Dose geschickt habe. Gib auf den Grund der Dose Acht und bitte schreib sofort ob die Keks gut angekommen sind und ob sie Dir ge-

schmeckt haben. Ich dachte, Du kannst die Schokolade für Deine Ferien brauchen und habe sie mit Luftpost geschickt, so dass Du die Keks rechtzeitig bekommst. (21. Juni 1951)
Annette soll mir schreiben, wie das Imprimee Kleid ausgefallen ist. Sobald ich wieder mehr Geld verdiene, schicke ich Euch wieder Sachen. Momentan habe ich Sorgen. (14. Okt. 1951)
Ich habe Dir außer dem Lebensmittelpaket, das heißt Fleischpaket, zwei Sendungen mit Zuckerln und Zigaretten für Deine Frau geschickt. Zigaretten nur einmal, Du hast es mir nicht bestätigt obwohl ich eine Sendung schon im Januar geschickt habe, und dieselbe bereits angekommen sein müsste. (21. März. 1952)
Ich habe Dir Donnerstag 2 Hemden geschickt. Ich hoffe sie kommen gut an und es ist das richtige. Man bekommt nicht alle Größen (10. Mai 1953).
Mit der Morgen Post habe ich bei *Air* Deiner Frau eine sehr hübsche handgestickte Seidenbluse geschickt. Die Annette soll mir gleich schreiben wenn sie die Bluse bekommt und ob sie ihr gefällt (7. Jan. 1957)
Ich habe Dir vorgestern einen sehr schönen Shawl – Halstuch – per Post geschickt. Hoffentlich kommt es an. Ich habe Dir auch einige National Geographics geschickt, die Du nie bestätigt hast (29. Nov. 1957).
Hat David das Buch bekommen, das ich vor einigen Wochen gesendet habe? (5. Juli 1959)
Ich habe Deiner Frau eine hübsche feine weiße Jersey Bluse geschickt. Ich hoffe die Bluse ist angekommen, sie hat es mir nicht bestätigt (7. Sept. 1959).
Hat Annette das Slip und die Taschentücher bekommen? (9. Sept. 1959)

Liebes Herzenskind:
Ich habe schon sehr lange nichts von Dir gehört. Ich hoffe ihr seid alle wohlauf. Ich habe in drei verschieden Briefen Deinen 3 Kindern drei checks a $ 6 geschickt. Ich weiß nicht ob Ihr es bekommen habt. (1. Jan. 1962)
Eingeschlossen $ 10 check als Geburtstagsgeschenk für David. (9. Juni 1962)

20. April. 1963 [Brief auf englisch]
Lieber David,
Dein Vater hat mich gerade informiert, dass Du der beste Schüler Deiner Klasse bist. So eine Leistung verdient bestimmt eine Belohnung. Ich lege einen Scheck von $ 10 ein (etwas mehr als drei Pfund) und hoffe, dass Du das Geld gut benützen wirst. Sag Deinen Eltern, dass ich noch

keine Sommerpläne gemacht habe. Eine Reise nach Europa wird wahrscheinlich über meine Verhältnisse sein. Alles Liebe von Deiner Großmutter Esti Freud
   Ich habe Deiner Frau ein Abendkleid zu Weihnachten geschickt. Ich verdiene sehr ordentlich, brauche aber sehr viel Geld. Weihnachten wird mich ein Vermögen kosten. (17. Nov. 1963)

Annette, die, so schreibt Mutter, einen besonderen Platz in ihrem Herzen einnimmt, erhält die meisten Geschenke, und auch an sie schreibt sie Briefe, obwohl man sich schon fragt, an wen Mutter sich in Wirklichkeit wendet.

22. Mai 1955 [Brief auf englisch]

Liebe Annette:
Ich danke Dir sehr für Deine Geburtstagswünsche und die süßen Fotos von den Kindern. David ist besonders entzückend. Ida schaut aus, als würde sie weinen. Mach Dir nicht zu viele Sorgen wegen ihres Sprechens, spiel Tschu-Tschu-Eisenbahn mit ihr, mit der Betonung auf dem tsch*tsch*tsch, damit sie diesen Ton auf diese Weise lernt, lies ihr jeden Abend einen Kinderreim vor und lass sie ihn jeweils zwei oder drei Mal wiederholen. Sie ist noch sehr klein und wird es gewiss bald lernen. Das Wichtigste ist, dass sie zu sprechen begonnen hat.
   Ich höre von überall, dass Dein Mann und mein Sohn so tüchtig und effizient sei. Ich habe gehört, dass er in seinem Bereich ein neues Verfahren entdeckt hat. Du kannst gewiss stolz auf ihn sein, und ich stelle mir vor, dass sein Erfolg sich bald auch finanziell auswirken und seine Lage verbessern wird. Halten wir ihm die Daumen.
   Es mag Dich interessieren, dass eine meiner Patientinnen Mrs. Vanderbilt ist, aus einer der reichsten Familien in den USA. Hoffen wir, dass sie mir noch lange erhalten bleibt und mich ihren reichen Freunden weiterempfiehlt. Seit ich meinen Ph. D. habe, verlange ich für meine Arbeit in der Praxis höhere Honorare. Abgesehen von Mrs. V. läuft meine Privatpraxis nicht allzugut, und ich muss immer noch Schulden zurückzahlen. Was ich während der Ferien tun werde, weiß ich nicht. Jedenfalls habe ich mir zwei sehr hübsche Hüte gekauft, in denen ich elegant aussehe.
   Sag Deinem Mann, dass ich eben zwei Artikel beendet habe, einer wurde bereits von einer sehr guten medizinischen Fachzeitschrift angenommen, der andere wird einem Verlag zugeschickt, sobald ich das Okay aus Washington bekommen habe, denn ich möchte, dass er als Beitrag der Veteran's Administration veröffentlicht wird. Wenn von dort

vorgelegte Artikel erscheinen, bedeutet das einen Prestigezuwachs für meine Klinik. Das interessiert Dich wahrscheinlich nicht allzusehr, aber vielleicht Walter. Jetzt schreibe ich an einem Artikel über die Ausbildung von Gehörlosen, in dem ich meine Erfindung und die positiven Auswirkungen auf die Sprachaneignung von Menschen beschreiben will, die von Geburt an taub sind.

Sonst weiß ich nicht, was Dich interessieren könnte. Ich habe gehört, dass Dein Schwiegervater *[Martin!]* eine Vortragsreise in die Vereinigten Staaten plant und anlässlich des 100. Geburtstags seines Vaters einen Vortrag halten will. Vielleicht wird es ihm gelingen.

Das ist für heute alles. Noch einmal vielen Dank für die Geburtstagswünsche. Viele Küsse an Euch alle Mutter Esti.

Mich beunruhigt immer noch die falsche Erinnerung meines Bruders.

Obige Ausschnitte sind nur eine kurze Beschreibung für die vielen Geschenke, die Mutter unaufhörlich schickte, ganz unabhängig von den Geschenken für nie vergessene Geburtstage der Eltern und Kinder. Allerdings weiß ich nicht, wie diese Geschenke aufgenommen wurden, da Mutter gleichzeitig in jedem Brief ihre Geldsorgen erwähnt. All die Jahre hindurch, von 1944 bis 1964 und dann wieder von 1977 bis zu ihrem Tod, schrieb Mutter einen oder manchmal zwei Geburtstagsbriefe an ihren Sohn, und die vielen Briefe und Geschenke beweisen doch zweifellos, wie sehr Mutter ihr Sohn und seine Familie am Herzen lagen. Weder mein Bruder noch ich haben diese Liebe, die Mutter für uns empfand, gewürdigt.

Warum schreibt mir die Annette nie? (28. Sept. 1952)

Bitte, bitte schreib mir bald, ich kränke mir nämlich das Herz ab, dass meine Kinder so wenig Notiz von mir nehmen. (6. Dez. 1953)

Von Sophie höre ich sehr wenig. Wenn ich nicht von Zeit zu Zeit anrufe, höre ich gar nichts. Sie schreibt beinahe nie. (26. März 1954)

Ich habe schon sehr lange nicht von Dir oder Annette gehört (7. Sept. 1959)

Ich habe schon lange nicht von Euch gehört. Ihr schreibt sehr selten (27. Dez. 1959).

Man kann nicht sagen dass Du viel und fleissig schreibst (28. April 1963)

Mutter hatte den intensiven und oft wiederholten Wunsch: er soll wissen, wie sie lebt – das beschreibt sie manchmal in quälenden Einzelheiten –, aber ebenso quälend drückt sie ihr detailliertes Interesse an ihm und seiner Familie aus. War er der einzige, der eine Lohnerhöhung bekam, oder war das allgemein? Hat David schon Zähne? Spricht er schon? Und wenn nicht, gleich ein Stück Beunruhigung: Das macht mir ein wenig Sorge. Sowohl Du wie das Sopherl habt sehr zeitig gesprochen. (1. Juni 1952)

1. Jan. 1958
Liebes Herzenskind
… ich bin gespannt »wie ein Saite« *(Ausspruch von Walter aus seiner Jugendzeit, die Mutter immerzu benützt)* zu hören, wie die Übersiedlung war, wie das neue Haus ist und vor allem alles über Deinen neuen Job. Ich habe inzwischen gehört, Du bist bei der Anglo-Iranian Oil Co. angestellt. Nicht in Research. Was ist Deine Stellung?? Bekommst Du mehr Gehalt? Wie hast Du die Stelle bekommen?? Ich möchte so gern all das wissen?? Wie ist das neue Haus?? Habt Ihr das alte verkauft?? Vermietet? Gut verkauft oder mit Schaden?? Wie weit ist Walters job von seinem Office?? Könntest Du mir alle diese Fragen beantworten. …
  Es umarmt Euch alle, sehr innigst Mutter Esti.
  Welche Schule wird David gehen? Sind die Kinder unglücklich über die Übersiedlung? Was ist eigentlich aus Deiner Erfindung geworden?? Du schreibst nie etwas Detailiertes. Anscheinend hältst Du mich für zu blöd, um es zu verstehen. Bitte schreibe bald.

Ein paarmal schrieb Annette, die Mutters Gewohnheit nicht kannte, alarmiert zu reagieren, von irgendeinem kleinen Unfall oder Sorgen, die sie wegen eines Kindes hatten. Ich schüttele mich angesichts Mutters übertriebenen Antworten. »Mutter«, *will ich schreien,* »schreib doch bloß ein paar beruhigende Worte und erkläre ihr, dass dies die normalen Vorkommnisse in der Kindererziehung sind.« *Aber Mutter ist tot, Annette ist tot, und außerdem schreit niemand in der Familie, außer Mutter früher. Wir verletzen uns gegenseitig mit Schweigen und dem Abbruch der Beziehung.*

Mutter an Annette [Briefe auf englisch]
... Ich hab mich sehr aufgeregt über Davids Verbrühung. Das arme Baby, was für ein schrecklicher Schock für ihn! Er ist das süßeste Baby, das ich je in meinem Leben gesehen habe, und ich prophezeie, dass er so klug wird wie Großvater Freud, aber um Gottes willen, sei vorsichtig mit ihm. Lass ihn überhaupt nicht in die Küche hinein. Eure Küche ist zu klein. Sag seinem Großvater, er soll ihm zum Geburtstag einen kleinen Tisch schenken, den man hoch- oder niederschrauben kann, mit einem Sitz in der Mitte, wo er sitzen und spielen und essen kann. Sopherl hat das auch für ihr Baby. (8. Juli 1951)
Ich bin ein bisschen besorgt, dass Ihr die Kinder mit wildfremden Leuten nach Dänemark schicken wollt. Wildfremd meine ich für die Kinder, die Kleine wird sich doch auf der Reise zu Tode fürchten. Lasst das kleine Kindermäderl, das Ihr habt, mitgehen, die Kinder könnten sonst einen mentalen Schock bekommen, der sie für den Rest des Lebens schädigt. (10. Mai 1953)

Als Annette von Sorgen schrieb, die sie mit Ida hatte, antwortet Mutter:

Wenn Ida so voller Ängste ist, rate ich Dir, Anna Freud zu fragen. Das soll nicht vernachlässigt werden (24. Okt. 1959)
Bitte sage Deiner Frau, dass sie Ida zur Tante Anna bringen soll. Sodium Penthatol ist ein teufliches Mittel. Ein gewöhnlicher Practitioner versteht gar nichts von *emotional difficulties,* und schließlich ist Deine Tante die beste child psychologist der Welt (5. Dez. 1959).

Als ich Mutter erzählte, dass eines meiner Kinder Masern hatte, erwähnte sie gleich die Möglichkeit von Meningitis als Folgeerkrankung. Aber ich hatte ohnehin früh verstanden, Mutter nicht mit meinen Sorgen zu belasten, und war wohl einmal unvorsichtig. Ihre Reaktionen in ihren Briefen an Annette sind gänzlich unangebracht, aber ich habe während meiner Arbeit an diesem Buch endlich verstanden, wie sehr meine arme Mutter unter Ängste jeglicher Art gelitten hat.
Mutter wird auch von tiefer Einsamkeit gequält, die in den meisten ihrer Briefe spürbar ist. Obgleich ihr späteres Leben gewiss davon geprägt war, ist dieses Gefühl auch Ausdruck eines

lebenslangen Leidens, das schon in den Brautbriefen zum Ausdruck kommt.

Mir ist immer so bange nach Dir. Mir ist manchmal so bang nach Dir, dass es direkt schwer zum Aushalten ist, und ich bin manchesmal so traurig, dass ich ganz ohne meine Kinder alt werden muss (1. Juni 1952). Nur zu traurig, dass Du nicht hier bist, ich bin zu viel allein. Ich habe keinen Menschen, mit dem ich reden kann, und der sich für meine Sachen interessiert (10. Mai 1953)
Liebes gutes Herzenskind, ich schreibe alles so in Detail weil ich so gerne möchte dass Du Dir ein bischen vorstellen kannst wie ich hier lebe. Ich kann nicht sagen dass ich glücklich bin, ich bin zu allein. Du und das Sopherl fehlen mir zu sehr. Wenn ich Gott behüte krank würde, habe ich niemanden der mir ein Glass Wasser geben würde, und nach einem Monat hätte ich nicht genug Geld um meinen Zins zu zahlen. (März 1948)

Abgesehen von ihrer Suche nach einer irgendwie illusorischen Verbindung, legen Mutters Briefe an ihren Sohn einfach Zeugnis ab von ihren erfolgreichen Versuchen, in einer Welt zu überleben, die sie überwiegend als gefährlich und feindselig erlebte. Die Betonung liegt auf ihrem finanziellen Überleben oder vielmehr auf ihrer Sorge um ihr finanzielles Überleben. Sollte es einige Briefe geben, in denen Geld nicht in dieser oder jener Form vorkommt, dann sind sie mir entgangen. Sogar in ihrem Brief an ihren Enkelsohn David erwähnt sie ihre Geldsorgen. Möglicherweise haben sie die Sorge um Geld in der Schlussphase in Europa und mehr noch der drohende Absturz in extreme Armut in ihrer Anfangszeit in den USA traumatisiert, doch Konflikte um Geld hatten auch ihre Ehe bestimmt und vielleicht zu deren Zusammenbruch beigetragen. Ihre Stimmung hebt sich, wenn ihre Privatpraxis floriert, und verdüstert sich unweigerlich, wenn die Nachfrage nachlässt. Und auch hier gibt es eine seltsame Kontinuität, denn schon in Wien machte sie sich Sorgen (und ich mit ihr) um den Zustand ihrer privaten Logopädiepraxis. Am 24. März 1948 schreibt sie in dem Geburtstagsbrief an Walter:

Es ist ein großes Glück, dass ich Frau Freud heiße, sonst hätte ich es wahrscheinlich noch schwerer, obwohl ich keine psychoanalytischen Beziehungen habe. Es wäre am Anfang gut gewesen, und sogar noch jetzt, für Privatpraxis Empfehlungen und Freunde in diesem Kreis zu haben, habe mich auch sehr bemüht, sie haben mir aber alle die sehr kalte Schulter gezeigt. Die meisten Wiener hier sind Psychoanalytiker. Wenn sie der Großmutter Freud Klosettpapier und Haarnadeln verkauft haben, so nennen sie sich *personal pupils of Doktor Freud*, wenn sie nur dem Stubenmädchen Packerln geliefert haben, dann sind sie *of the school of Freud*. Mich verfolgen sie alle mit ihrem Haß, weil ich doch gleich herausfinde, dass sie gräßlich lügen. Die Psychoanalytiker machen sehr gute Geschäfte, die brauchen gar nichts können, nur ein elegantes Office mit Sekretärin in der Park Avenue haben und schaufeln Geld. Ich habe es hier sehr schwer, keine Sekretärin, kein Klimbim, kein Geld, bei Spachstörungen muss man auch was davon verstehen und kann nicht diese Preise verlangen, die die Psychoanalytiker bekommen. Kurz und gut, ich mach mir gräßliche Sorgen.

Man ist hier der letzte Dreck, wenn man arm ist. Für die reichen New Yorker Juden, brauchte ich eine sehr elegante Wohnung in der Park Avenue, mit einer blonden Sekretärin und elegante Möbeln, da muss man aber wenigstens zeitlang Geld zum Zusetzen haben …

11
Mrs. Sigmund Freud

Während ihres ersten Besuchs in London im Jahre 1950 besuchte Mutter Martha Freud.

Ich wurde eingeladen, meine Schwiegermutter zu besuchen, ein Besuch, der mich ziemlich aufregte. Mama war 90 Jahre alt. Obwohl sie zerbrechlich aussah, war sie intelligent und ebenso klar im Kopf wie das letzte Mal, als ich sie im Juni 1938 sah. Sie starb im Schlaf zwei Jahre später.

Mutters Beziehung zu ihrer Schwiegermutter bleibt mir ein Rätsel. Martha Freud scheint gewiss auf sie aufgepasst zu haben und kümmerte sich um die Auswahl ihrer Haushaltshilfen. Manchmal war das ein Desaster (»die Kinderschwester war ein alter Drachen«) und ein Hinweis darauf, dass sie Mutter für inkompetent hielt: »Kurz nach meiner Rückkehr aus dem Spital teilte mir meine Schwiegermutter mit, dass sie eine Kinderschwester eingestellt habe, da sie mich nicht für kompetent genug hielt, ein Kleinkind großzuziehen.« *Bei anderen Gelegenheiten, als sie zum Beispiel arbeiten musste, erlebte sie Marthas Unterstützung als hilfreich:* »Das unerfahrene Mädchen für alles wurde durch eine Köchin und ein Kinderfräulein ersetzt, beide ausgesucht von meiner Schwiegermutter, die mir häufig Hilfe und Unterstützung anbot.«

Nach ihrer Trennung schreibt sie Walter, Großmutter habe sie vielleicht gemocht. Dann erwähnt sie in einem Brief an Annette ihre Besuche bei der Schwiegermutter:

… Du hast, glaube ich, großes Glück, eine Schwiegermutter zu haben, die 4000 Meilen weit weg auf der anderen Seite vom Atlantik lebt. Stell Dir vor, wie es wäre, wenn ich gleich nebenan wohnte und Du mich zweimal wöchentlich besuchen müsstest, so wie ich es 20 Jahre lang mit meiner Schwiegermutter, Walters Großmutter, getan habe (10. Jänner 1949).

Das ist mit Gewissheit frei erfunden. Mutter begleitete uns nie zu den Treffen mit Großvaters Schwestern am Sonntagvormittag, sondern schickte uns immer in Begleitung von Fräulein. Hätten sie einander gemocht, wäre es dann nicht normal gewesen, wenn Mutter bei diesen wöchentlichen Besuchen mitgekommen wäre, wenigstens manchmal? Ich vermute, dass sich die beiden Frauen selten sahen. Es gab in Wirklichkeit ein beträchtliches Maß an unausgesprochener Feindseligkeit zwischen ihnen. Martha Freuds Geburtstagsgeschenke für meine Mutter wurden nie gut aufgenommen, entweder es waren die falschen Geschenke, oder die Geldsumme war zu gering. Soweit ich mich erinnere, war für meine Mutter nicht ihr Schwiegervater, der unberührbar war und blind verehrt wurde, sondern ihre Schwiegermutter die wirkliche Feindin.

Ich glaube, sie sehnte sich nach ihrer Liebe und Achtung, und der Zorn gegen sie kam wohl aus ihrer Kränkung über das Ausmaß der Zurückweisung. Schließlich entschied sie, Tante Jannes Affäre mit Onkel Ernst für die wahre Ursache von Großmutters Kälte zu halten.

Ich vermute, dass Martha Freud Esti, die sich in ihrem Stil so radikal von ihr selbst unterschied, in der Tat nicht mochte. Es ist außerdem für eine Mutter schwer, eine Schwiegertochter zu akzeptieren, die ihr eigener Sohn so zutiefst ablehnt. Als mein Vater nach einer Nierensteinoperation besonderer Fürsorge bedurfte, kümmerten sich sowohl seine Familie als auch seine Frau liebevoll um ihn. Und Martha bestätigt Estis gute Krankenpflege in einem Brief an ihren Sohn Ernst und fügt hinzu:»… nur dass er sie nicht verträgt.«

Meine eigene Wahrnehmung, eine kühle und distanzierte Großmutter gehabt zu haben, war wahrscheinlich durch meinen Eindruck verursacht, eine Zuneigung zwischen uns könnte als mangelnde Loyalität meiner Mutter gegenüber interpretiert werden. Das war für meinen Bruder anders, der mit großer Zuneigung an Großmutter Freud dachte, eine Liebe, die offensichtlich erwidert wurde.

3. April 1925 … … Heute ist unser kleiner Anton Walter 4 Jahre geworden, hatten einen schönen Geburtstag. Er kommt gewöhnlich am Sonntag Nachmittag zu mir, wo wir dann zusammen spielen. Letzthin hatte er einen neuen Anzug an und zeigte ihn mir mit Stolz, worauf ich ihn fragte: den trägst Du wohl nur am Sonntag? Er darauf mit seinem hohen Stimmchen: Nein, auch am Mittwoch! (Er kennt nämlich noch nicht die Reihenfolge der Tage und suchte sich auf Geratewohl den Mittwoch aus.) Doch schon sehr niedlich, nicht?

Walter erinnert sich mit besonderer Freude an ihre jährlichen Herbstausflüge, um neue Schulkleidung zu besorgen, und er wiederholte dieses Vergnügen mit seinen eigenen neun Enkel-

kindern. Ich kann mich hingegen an keine gemeinsamen Unternehmungen mit meiner Großmutter Freud erinnern. Als ich auf der Bildfläche erschien, hatten sich die Beziehungen wahrscheinlich schon so verschlechtert, dass Mutter unterschwellig jede Annäherung zwischen mir und meiner Großmutter verhinderte. Angesichts dieser Geschichte des unausgesprochenen Konflikts war ich ziemlich alarmiert, als meine Mutter eine Eloge auf meine noch lebende Großmutter schrieb und veröffentlichte.

»Ich habe einen Artikel über die Großmutter geschrieben, habe dafür $ 50 bekommen, ich werde Dir ihn schicken sobald er erschienen ist, das ist in den nächsten Tagen«, *schreibt Mutter an ihren Sohn 1948.*

Frau Sigmund Freud
»Frau Professor! Frau Professor!« – »Ja?« Die zerbrechliche vornehme Dame am Chippendale-Schreibtisch hob überrascht die Augen von einem Brief, als die Tür ihres Wohnzimmers plötzlich aufgerissen wurde, ohne dass jemand geklopft hätte. »Warum sind Sie so aufgeregt, Paula?« – »Dreißig Nazis mit Gewehren stürmen gerade unsere Wohnungstür!« Die Augen der zarten Dame kehrten zu ihrem Brief zurück. »Gewiss Paula, Sie haben doch nicht erwartet, dass die Nazis mit Blumen kommen.«

Die Nazi-Gangster plünderten ihr Heim so gründlich, dass es nicht genügend Geld im Haus gab, um Lebensmittel für den nächsten Tag einzukaufen. Diese Freveltat war weder die erste noch die letzte ihrer Prüfungen; doch inmitten turbulenter Situationen Ruhe zu bewahren, war eine von Frau Sigmund Freuds bemerkenswerten Eigenschaften.

Als ihre Schwiegertochter hatte ich das Vergnügen, zwanzig Jahre lang in ihrer unmittelbaren Nähe zu wohnen; und während dieser Jahre, während Krieg und Revolution, während Krankheit und Tod hatte ich immer wieder Gelegenheit, ihre Selbstkontrolle und Gelassenheit zu beobachten.

Mir wurde gesagt, der junge Sigmund Freud sei nicht so sehr von ihrer schlanken Gestalt und ihren reizenden Gesichtszügen angezogen gewesen als von ihrer inneren Ausgeglichenheit. Sie strahlte Ruhe aus; und er spürte instinktiv, wie wunderbar es sein würde, sie nach einem Tag harter Arbeit an seiner Seite zu haben.

Als sie sich verlobten, hatte sich Freud noch nicht als Psychiater etabliert. Er forschte in Wien am Psychologischen Institut, eine schlecht bezahlte Arbeit in der alten österreichischen Monarchie. Deshalb versuchte Frau Freuds Familie sie davon abzuhalten, einen Mann zu heiraten, dessen Aussichten nicht sehr vielversprechend schienen.

Heute ist sie 86 Jahre alt und lebt in London. In ihrem jüngsten Brief an mich, in dem sie die bevorstehende Heirat meines Sohnes – ihres Enkels – kommentiert, schreibt sie: »Erinnerst Du Dich daran, wie meine Familie meine Zukunft einschätzte? Es ist anders gekommen als vorausgesagt! Wir mussten vier Jahre lang warten, ehe wir heiraten konnten. Es war eine richtige Folter. Heute sind die jungen Leute mutiger; sie heiraten und gehen aufs College, und irgendwie klappt es. Wie schockiert waren alle, als die erste Miete von Dr. Freuds Büro und Wohnung aus der kleinen Summe bezahlt wurde, die ich als Mitgift in die Ehe mitbrachte.«

»Wie war Papa, als er jung war?« fragte ich einmal. Ihr Gesicht strahlte; sie war wieder achtzehn. »Oh, er war der charmanteste und faszinierendste Mann, dem ich je begegnet war. Jeder, der kam, um ihn kennenzulernen, wollte ihm etwas Gutes tun.«

Für mich, das neueste Familienmitglied, war 1919 das Eindrucksvollste am Freud-Haushalt dessen immergleiche, rhythmische Regelmäßigkeit – so zwingend, dass niemand, der dort lebte, sich seinem Bann entziehen konnte. Fünf Minuten vor der Zeit schaute meine Schwiegermutter, Mama, auf die Uhr und sagte: »In fünf Minuten ist Papa mit seinem Patienten durch; hoffentlich ist er nicht müde.« Hatte sie einen Gast, von dem sie wusste, dass Dr. Freud ihn mochte, sagte sie: »Sie müssen bleiben! Der Professor wird sich über Ihre Anwesenheit freuen.« War es aber jemand, der ihm lästig sein könnte, sagte sie: »Sie sollten jetzt lieber gehen. Der Professor wird es leider eilig haben und wird sie nicht sprechen können.«

Pünktlich zur vollen Stunde öffnete sich die Tür von Dr. Freuds Büro, das mit seiner Privatwohnung verbunden war, und Dr. Freud kam heraus. Ich erinnere mich noch so lebhaft daran, wie er alle

Räume abschritt, als wäre es gestern gewesen. Er war ein mittelgroßer, schlanker, leicht gebeugter Mann; seine forschenden blauen Augen und eine wuchtige Stirn beherrschten sein Gesicht. Ein kleiner gut gepflegter Bart war die einzige Konzession, die er an den typischen »Wiener Professor« machte.

Dr. Freud begrüßte die Kinder und ihre Freunde stets mit einem fröhlichen Grunzen, lächelte seiner Frau zu und kehrte, den Rauch seiner unvermeidlichen Zigarre hinter sich lassend, in sein Büro zurück. Nachdem sich die Tür hinter ihm geschlossen hatte, sagte meine Schwiegermutter manchmal mit einem Seufzer: »Schade, dass Papa Kopfschmerzen hat; vielleicht ist sein Büro überheizt. Ich sollte besser nachschauen.« Frau Freud brauchte weder Worte noch Klagen, um zu wissen, wie sich ihr Mann fühlte. Das Schauspiel des stündlichen Zyklus war so etwas wie ein heiliges Ritual. Es schien, als ob Dr. Freud jede Stunde seine Familie besuchte und durch die Wohnung schritt, um neue Kraft und Energie für seine schwierige Aufgabe zu sammeln, ebenso wie der Riese Atrius hinuntersteigen und die Mutter berühren musste, um für seinen weiteren Kampf wieder zu Kräften zu kommen.

Dr. Freud musste ein äußerst genau geplantes Leben führen, um seine ungeheure Arbeitsmenge bewältigen zu können. Von neun bis eins empfing er seine Patienten. Um Punkt ein Uhr servierte man ihm das Mittagessen. Von zwei bis sieben hatte er wieder Sprechstunden. Um sieben speiste er zu Abend, und danach schrieb er bis Mitternacht die Bücher, in denen er sich als Columbus des menschlichen Geistes erwies. Von ihm lernte ich, dass der schöpferische Funke noch kein Genie ausmacht; man braucht auch den Mut und die körperliche Energie, um durchzuhalten.

Bei der Wahl seiner Ehefrau wurde Freud von seinem glücklichen Stern geleitet. Sie verstand es, ihm alle üblichen Ärgernisse des täglichen Lebens aus dem Weg zu räumen. Es war ihm nicht einmal gestattet, seiner Schublade eine Krawatte oder ein Taschentuch zu entnehmen: alles wurde für ihn bereitgelegt. Frau Freud verstand es, allen im Haus – Kindern, Familie, Gästen, Dienstboten – so viel Liebe, Bewunderung und Respekt für den großen

Mann, der ihr Ehemann war, abzuverlangen, dass sie mit Freude ihre Lebensumstände Freuds Arbeit und Wohlergehen unterwarfen. (Die Einstellung meiner Schwiegermutter unterschied sich erheblich von dem, was ich von meinem eigenen Heim gewöhnt war, in dem mein Vater voll andächtiger Verehrung für meine Mutter sein Leben ihren Wünschen anpasste.)

Frau Freuds Aufgabe war nicht leicht. Sie hatte sechs Kinder großzuziehen, drei Jungen und drei Mädchen. Außerdem wurden auch die Neffen und Enkelkinder der Familie ihr zur Erziehung überlassen. »Ich hatte ausreichend Mühe mit diesen Kindern«, gab sie zu. »Sie hatten gleichzeitig Masern und Scharlach, und ich musste darauf achten, dass die mit den Masern sich nicht mit Scharlach ansteckten. Damals waren wir abends zwölf Personen um den Esstisch.«

Was immer jedoch geschah, nichts durfte Dr. Freuds Arbeit und Zeitplan stören. In den fünfzig Jahren, in denen die Freuds in Wien lebten, gab es keinen einzigen Tag, an dem die Suppe nicht auf die Minute genau auf dem Tisch stand. Bei jedem Mahl hatte Frau Freud neben sich einen Krug heißes Wasser und eine besondere Serviette, damit sie, sollte jemand einen Fleck auf das Tischtuch machen, ihn rasch entfernen konnte. Nur ihr Mann durfte nach Herzenslust kleckern.

Obwohl Frau Freud nicht direkt mit ihrem Mann zusammenarbeitete, war sie doch in erheblichem Maß seine Egeria. Leser von »Die Traumdeutung«, das 1900 erschien, werden sich vielleicht erinnern, dass manche von Freuds grundlegenden Entdeckungen auf die Beobachtung seiner eigenen Kinder zurückgingen. Frau Freud unterstützte ihn darin, das Kinderzimmer in ein psychologisches Labor zu verwandeln. Die Kinder durften jedoch nicht wissen, dass sie Versuchskaninchen waren. »Die Familie muss vor allem normal sein«, sagte sie.

Jahrelang wollte die Welt Freuds Entdeckungen nicht wahrhaben. So teilte er mit vielen anderen Wissenschaftlern ein ungerechtes Schicksal. Er stand allein inmitten eines Meers von Feindseligkeit. Frau Freuds unerschütterliche Bewunderung und ihr nie versiegender Glaube an ihren Mann ließen ihn die Isolation leichter ertragen.

Sollte Gott Kinder haben, die er bevorzugt, dann ist Frau Freud darunter. Trotzdem wurde ihr der grausame Schlag eines gnadenlosen Schicksals nicht erspart. Ihre heißgeliebte jung verheiratete Tochter Sophie starb plötzlich im Februar 1920 an der spanischen Grippe. Vier Jahre später unterzog sich Dr. Freud seiner ersten Gaumenoperation, von der er sich nie wieder vollkommen erholte; es folgte Zeit seines Lebens eine Reihe schmerzhafter Operationen.

Ungefähr zu jener Zeit wurde Dr. Freud jedoch weltberühmt. Patienten, Schüler und Berühmtheiten aus aller Welt kamen, um bei ihm vorzusprechen. Diese Gäste brachten seiner Frau eine Menge neuer Verantwortungen, da sie sie nach den Regeln der Wiener Gastfreundschaft bewirten musste. Außerdem musste sie vielen von ihnen, die nicht deutsch sprachen, helfen, sich in Wien zurechtzufinden. Sie stand ihnen bei der Wohnungssuche und beim Kauf von Opernkarten bei. Sie begleitete die Damen zur Schneiderin und zur Kosmetikerin ...

Zu Weihnachten und an anderen Festtagen überschwemmten Dr. Freuds Bewunderer als Zeichen dankbarer Wertschätzung das Haus mit Blumen, meistens Orchideen, von denen bekannt war, dass sie Freuds Lieblingsblumen waren. Die Wohnung sah aus wie ein exotischer tropischer Garten. »Wenn sie ihre Blumen nur in Raten schicken würden«, bemerkte Frau Freud wehmütig, »dann könnten wir das ganze Jahr hindurch unsere Freude daran haben.«

Leute mit einer lebhaften Phantasie, die etwas dagegen hatten, »gewöhnliche« Blumen zu bringen, überlegten sich persönlichere Geschenke. Prinzessin Bonaparte zum Beispiel überraschte die Freuds mit zwei wertvollen Chow-Chow-Hündchen. Mein Schwiegervater spielte gern mit den Tieren und hatte große Freude an ihnen; sie bei guter Gesundheit zu halten, wurde Frau Freuds beständige Sorge. Trotzdem war sie der Meinung, dass Papa sie allzusehr verwöhnte.

Jeden Tag begab sie sich zum exklusivsten Delikatessengeschäft, um für Dr. Freud frischen Schinken zu besorgen. Wenn er aber während des Essens die Chow-Chows mit Wiens bestem Schinken fütterte, anstatt ihn selbst zu essen, bemerkte sie mit

Berechtigung, der Schinken vom Geschäft nebenan wäre gut genug für die Hunde gewesen, abgesehen davon, dass deren Lieblingsdessert der Rand des antiken Perserteppichs im Speisezimmer war. Als also ein exzentrischer Patient eine exotische Viper aus Südamerika mitbrachte, lehnte sie das Geschenk mit der Ausrede »Ich weiß nichts über die Essgewohnheiten von Vipern« kategorisch ab.

Freuds letzter Geburtstag in Wien war von der drohenden Naziverfolgung und der bevorstehenden Emigration überschattet. Bücher wurden verpackt, Möbel verschoben; das wunderschöne mit so viel Mühe, Liebe und Kunstsinn aufgebaute Heim befand sich in einem Zustand völliger Unordnung. Alle waren deprimiert. Mein Geburtstagsgeschenk sollte sie etwas aufheitern. Ich brachte eine riesige Torte, auf deren Glasur kunstvoll eine Karte der »westlichen Welt« gemalt war. Diese Welt war von Lesern von Freuds Büchern bevölkert. Ein winziger Eskimo aus Zucker saß auf dem Nordpol und las »Totem und Tabu«. Auf dem Südpol studierte ein Pinguin »Die Traumdeutung«. In Südamerika mühte sich ein Indio mit dem »Unbehagen in der Kultur« ab, während Uncle Sam sich in einen Band der »Psychopathologie des Alltags« vertiefte. Als Frau Freud nach langem Zögern die Torte anschnitt, räsonierte sie: »Das ist ein schönes Geschenk, Esti; wenigstens ist es etwas, das ich nicht einpacken muss.«

Im Juni 1938 reisten sie nach England ab, wo Freud verschiedene internationale Ehrungen empfing. Frau Freud begleitete ihren Mann nie zu den Empfängen, auf denen ihm diese Ehrungen überreicht wurden; sie schickte statt dessen immer ihre Tochter. Als man sie einmal drängte mitzukommen, sagte sie: »Ich meide jede Art von Öffentlichkeit. Ich glaube an das Sprichwort, dass die beste Ehefrau eine ist, über die man am wenigsten sagt.«

Sie war gewiss die »beste Ehefrau«. In einem ihrer jüngsten Briefe an ihre Enkelin schreibt sie: »Ich wünsche Dir ebensoviel Glück in Deiner Ehe, wie ich gehabt habe. Denn während der 53 Jahre, in denen ich mit Deinem Großvater verheiratet war, gab es zwischen uns nie einen unfreundlichen Blick oder ein harsches Wort.« Der Brief ist wahrhaftig ein Dokument eines erfolgreichen Lebens. Ein Leben lang von ihrem Ehemann geliebt und geachtet zu werden ist in der Tat eine Leistung, auf die jede Frau stolz sein kann. Wenn der Ehemann zufällig Sigmund Freud ist, dann macht diese Leistung Frau Freud per se zu einer »großen Frau«.

Um ehrlich zu sein: Ich finde Mutters scheinheiliges und verlogenes Märchen abstoßend. Da gibt es natürlich die üblichen historischen Erfindungen. Wir erinnern uns an Mutters eigenen genaueren autobiographischen Bericht über die Torte, die sie Großvater 1936 zu seinem 80. Geburtstag schenkte. Die Idee einer Geburtstagsparty im Mai 1938 ist absurd, doch natürlich bedarf eine so großartige Torte, egal, wann sie dargeboten wurde, der öffentlichen Aufmerksamkeit. Aber wenigstens begegnen wir erneut der Geschichte mit dem Hund, der mit Schinken aus dem Delikatessengeschäft gefüttert wurde – zwei voneinander unabhängige Zeugen kommen der historischen Wahrheit wohl näher.

Mutter schickte Martha ihren Artikel. Freute sich meine Großmutter über so viel Verehrung? Keineswegs, doch da sie in der Tat eine liebenswürdige Dame war, war sie weniger wütend, als man es hätte erwarten können, und fügte sogar am Ende des Briefes einige versöhnliche Worte über Walter und Annette an.

20. MARESFIELD GARDENS.
HAMPSTEAD 2002 LONDON, N.W.3
[Brief auf deutsch] 2. April 1948

Meine liebe Esti, Deine Zusendung war für mich eine unliebsame, ja peinliche Überraschung, was Dich kaum verwundern wird, da Dir mein horror vor jeder Art von publicity wohl bekannt ist. Meine bescheidene Person in die Öffentlichkeit gerückt zu sehen, widerstrebt mir all zu sehr. Da es ohne mein Wissen und ohne meine Zustimmung geschehen ist, muss ich wohl gute Miene dazu machen, was mir schwer wird. Dass Du in so überschwenglicher Weise mein Lob singst, sollte mich günstiger stimmen, doch verdiene ich es keinesfalls, kann nur mit Hans Sachs (Meistersinger) sagen: »Ihr gibt mir Armen zu viel Ehr«. Ich bin mir genau bewusst, nichts über den Durchschnitt geleistet zu haben, nur glückliche Lebensumstände, wie die Verbindung mit einer überragenden Persönlichkeit, haben mich empor gehoben. Deshalb bedrückt und beschämt mich Deine Darstellung. Ich hoffe, Dich durch meine Abwehr nicht zu sehr gekränkt zu haben, liebe Esti, kann übrigens Deiner schriftstellerischen Begabung meine Bewunderung nicht versagen. Nur zum Schluss lass mich noch bedauern, dass Deine Leser keinen besseren äusseren Eindruck von mir empfangen, als das schreckliche Bild in ihnen vermittelt!

Deine Kinder sehe ich zu meiner Freude manchmal bei mir, Deine Schwiegertochter ist nicht nur reizend, sondern auch klug und tüchtig, Du hättest sicher Deine Freude an ihr.

Leb wohl für heut es grüsst Dich

Deine alte Schwiegermutter

12
Großmutter Freuds Briefe an Sophie und Paul

Ein paar Jahre vor diesem Briefwechsel hatte eine Korrespondenz zwischen Großmutter und mir begonnen. Plötzlich zeigte sich diese Frau, die ich als förmlich und reserviert empfunden hatte, warm und zärtlich. Ich war auch traurig, in der Vergangenheit eine Beziehung zu ihr verpasst zu haben. (Unser Briefwechsel erfolgte auf deutsch.)

London 10. Okt. 45
20, Maresfield Gardens, N.W.3

Mein geliebtes Sopherl, Dein lieber, glückstrahlender Brief, den ich gestern empfing, war eine wirkliche Herzensfreude für mich. Nun weiss ich doch alles, was die trockene gedruckte Vermählungsanzeige mir schuldig geblieben *[sie meint die unglückliche Heiratsanzeige, die meine Mutter herumgeschickt hatte]* auf die ich Dir trotzdem ein paar Wünsche schickte (unter der Adresse Deiner l. Mutter). Aber nun, wo ich aus jeder Zeile Deines Briefes sehe, dass Du ein so volles, reiches Glück gefunden, nun bin ich erst recht von Herzen froh und habe den lebhaften Wunsch, noch einmal in meinem Leben euch beide von Angesicht zu se-

hen! Das Bild Deines Liebsten ist mir bis jetzt vorenthalten worden, ich werde es aber reclamieren, sobald Vater oder Bruder wieder hier sind. Dass Ihr Euch nun auf längere Zeit wieder trennen müsst, tut mir sehr leid für Euch Beide, es ist aber sicher das Klügste, dass Du das College beendest, und dann zu träumen anfangst. *[Ich heiratete meinen Mann, der in Washington D. C. im Naval Research Laboratory stationiert war, im Sommer vor meinem letzten Semester in Radcliffe und kehrte im Herbst nach Cambridge zurück, um mein Studium zu beenden.]* Um wie viel besser habt Ihr Jungen es heute und um wie viel vernünftiger ist die ganze Einstellung zu den wichtigen Lebensfragen geworden! Wenn ich an die endlosen Jahre meiner Brautzeit denke! Du musst nämlich wissen, mein liebes Kind, damals hatte kein Mann den Mut, sich zu einer Heirat zu entschliessen, ehe ihm nicht ein sicheres, auskömmliches Einkommen die Möglichkeit bot, neben seiner Frau noch ein Dienstmädchen erhalten zu können, und ausserdem die obligate Vierzimmerwohnung! Und nun auf dies alles zu warten, verlor man seine schönsten Jugendjahre. Ein Miterwerben der Frau kam gar nicht in Frage, denn sie war ja für nichts anderes vorbereitet, als zum Führen eines Haushaltes. Das war »the world of yesterday«! (Hast Du überigens dieses wunderschöne Buch von Zweig gelesen?)
[Ende des existierenden Briefs]

London, 15. März 1946
Mein liebes Sopherl,
herzlich habe ich mich mit Deinem l. Brief vom 9. Febr. gefreut. Am meisten über die gute Nachricht von dem glorreichen Abschluss Deines Studiums. *[Ich hatte mein Studium in Radcliffe College mit cum laude absolviert, was nur deshalb hervorzuheben war, weil ich (wie wir gehört haben) das Studium mit ganz schlechten Englischkenntnissen begann.]* Die »Auszeichnung« ist zwar Tradition in der Familie aber trotzdem muss man auch noch Glück haben. Schön, dass Du diese Aufregung hinter Dir hast und nun für eine Weile auf Deinen Lorbeeren ausruhen kannst. Auch dass die Perlenkette Dich veranlasst hat zur Anschaffung eines schwarzen Seidenkleides hat mich sehr amüsiert. *[Die Prinzessin Bonaparte hatte mir nach Amerika Tante Minnas Perlenkette – damals ein kostbares Stück Schmuck – mitgebracht, und mein Gatte fuhr nach New York, um sie abzuholen.]* Denke Dir dass in alten Zeiten jedes junge Mädchen als obligat zur Aussteuer regelmässig nicht nur ein schwarzes Seidenkleid, sondern als ebenso obligat ein Capothütchen mit Bindebändern bekam, etwas, das heute sogar die Großmütter als zu »alt« ablehnen würden. Aber zu dem Seidenkleid kann ich Dir

nur gratulieren, immer ist man elegant darin, ohne aufzufallen und wenn man so jugendfrisch ist wie Du, mein Kind, dann kann man sich etwas so Ernstes schon erlauben. Dass die Kette Dir Spaß macht, freut mich ungeheuer, trag sie nur so oft als möglich und lasse sie jedes Jahr frisch auffassen, ja nicht warten bis der Faden bricht! Zweifel über die Echtheit kannst du mit ruhigem Gewissen abstreiten!

Sehr betrübt hat es mich, dass Ihr wieder wandern musstet. Die allgemeine Wohnungsnot auf der ganzen Welt ist direkt abenteuerlich; heute ein Dach über den Kopf zu haben ist wie ein Gnadengeschenk des Schicksals. Und so wünsche ich Euch, dass dereinst Dein lieber Paul Euch ein nettes, kleines Häuschen bauen wird, unbedingt mit einem Gastzimmer, um auch hie und da Andere glücklich machen zu können! Übrigens auch als Zukunftszimmer zu verwenden, denn ich rechne stark auf Urenkelchen!!

Von Annerl's *[Anna Freud]* Krankheit schrieb ich Dir, wie ich glaube, auf meiner Karte. Sie ist nun Gott sei Dank so weit, dass sie ein paar Tage an die See gehen soll. Leider haben wir noch immer winterliche Kälte und sehnen uns unendlich nach dem Frühling.

Für heute mein liebes Sopherl, sag ich Dir adieu und hoffe recht bald wieder von Dir zu hören. Sei Du und Dein lieber Mann aufs wärmste gegrüsst von Eurer alten Grannie.

London, 9. Nov. 49

Mein lieber Paul, ich kenne Dich zwar nur aus Bildern, will es aber trotzdem nicht unterlassen, Dir zur Geburt Euerer kleinen Tochter alles erdenkliche Gute zu wünschen! Möge das geliebte Kind zu Eurem Stolz, Eurem Glück und Eurer Freude heranwachsen! Erst gestern erhilt ich Sopherl's liebes Schreiben mit eingelegtem Bild und erfreute mich an der Vorfreude auf das Kommende. Und nun ist es glücklich da!! In allernächster Zeit wird Euch meine Nichte Judith Heller, Schwester von Edward Bernays ein paar Kleinigkeiten zu Vervollständigung der Garderobe Eurer Tochter bringen oder schicken, sie war dem Sommer über hier und ist jetzt wieder zurück.

Lebt Beide wohl, meine lieben Kinder, es grüsst Euch allerherzlichst
die alte Großmutter

13

Das Unglück in Vallø

23. Mai 1964 [Brief auf deutsch]
Liebes Herzenskind:
Ich danke Dir vielmals für alle Deine Geburtstagsgeschenke. Die Bücher sind alle sehr schön, aber Du bist ja T. M. *[total meschugge]* mir eine ganze Bibliothek zu senden. Bitte tue das nie wieder; ich ärgere mich sonst. Du bist der einzige, der mir rechtzeitig gratuliert hat, rechtzeitig etwas geschenkt hat. Sonst habe ich nichts bekommen....
    Jetzt kommt aber die große Neuigkeit. Ich habe mich entschlossen, nach Kopenhagen zum Audiology Kongress zu fahren.
    Der Kongress fängt Dienstag den 25sten August an, und dauert bis 1. Sept. Ich werde Anfang August in Europa ankommen. Per Schiff, damit ich mich erholen kann. Möchte eventuell die heißen Bäder in Gastein nehmen. Für meine arge Arthritis in der Sciatica Gegend. Habe zwar noch nicht das Geld beisammen, doch Aussichten sind vorhanden, dass ich es zusammen bringen werde.
    Ich plage mich momentan sehr.
    Ich hoffe Euch alle viel und lange zu sehen. Ich habe vergessen, wann Ihr in Kopenhagen seid. Was soll ich Annettes Eltern – Mutter mitbringen? Ich werde wahrscheinlich viele Gefälligkeiten von Ihr haben wollen.
    Ich finde das ist alles sehr aufregend.
    Einschließend wieder der check. Verwende ihn als Geburtstagsgeschenk für David....

14. Juni 1964 [Brief auf deutsch]
... Hier sind meine Pläne: Ich fahre mit der *New Amsterdam* am 24. Juli hier fort ... Will 2 Nächte in Rotterdam bleiben, will jemanden geschäftlich besuchen. Dann nach Brüssel fahren. Zwei Tage in Brüssel. Und dann nach Spa fahren, um die Bäder zu nehmen ... Das beste wäre Ihr, Du und Annette kämet auch nach Spa und wir sind dort zusammen. Du musst ja nebbich schon so bald zurück sein.
    Ich habe gestern für den Resident der Klinik von New York Hospital, der weggeht, ein Party-Buffet Nachtmahl für 20 Leute gegeben. Bin heute so müde, dass ich am liebsten sterben möchte....... Alles was ich denken kann ist ausruhen, ausruhen, ausruhen. Am Schiff werde ich mich gut ausruhen.

Ich habe noch nicht Hotel reservations für Spa genommen. Würde gerne privat wohnen und Euch für die Woche einladen. Das möchte ich jedenfalls tun.
  Viele, viele Pussis von
      der sehr müden Mutter Esti
  Office geht leider schon wieder viel schwächer, und von der guten Zeit haben mir einige Leute nicht gezahlt. Pussi Annette und den Kindern.

20. Juni 1964 [Brief auf englisch]
Lieber John und liebe Vibeke:
Ich danke Euch sehr für Euren freundlichen Brief und die Einladung. Ich freue mich sehr darauf, Euch wiederzusehen und Annettes Familie kennenzulernen. ...

27. Juni 1964 [Brief auf deutsch]
Lieber Walter.
Ich habe Dir vor einigen Tagen über meine Reisepläne berichtet, aber keine Antwort von Dir bekommen.
  Ich kenn Brüssel nicht und möchte mir es anschauen, auch Gent, Antwerpen und Brügge. Könnten wir das nicht zusammen tun, ich meine Annette, Du und ich. Ich würde Euch einladen. ... Lege Check von $ 15 bei gib' $ 10 Ida zum Geburtstag den Rest für David. Bitte Antworte, sonst werde ich verloren gehen. ...

Das war der letzte Brief vor dem schmerzlichen Streit anlässlich des Besuches von Mutter in Dänemark, der zwölf Jahre Schweigen brachte. Nach ihrer zögernden Versöhnung in New York City im Oktober 1975 begann die Korrespondenz im April 1976 wieder, nicht sehr anders als vorher.

Walters »Ernestine«

Ihre Fähigkeit, mich zu demütigen und zu verunglimpfen, hörte nach meiner Jugend nicht auf. Es schien, als ob ihr Hass erfülltes Verhalten ihr Vergnügen bereitete und dass sie es absichtlich tat, wie in dem typischen Beispiel, das ich erzählen werde. Ich muss den sozialen Hintergrund meiner Schwiegereltern erklären. Mein Schwiegervater war der Administrator und »Besorger« eines königlichen Dänischen Schlosses, namens Vallø; sein Vater war der oberste Richter von Dänemark. Meine Schwiegereltern, die in einem großen Haus auf dem Gelände des Schlosses wohnten, wollten natürlich ihre Tochter und Enkelkinder sehen, und meine Familie verbrachte die meisten Sommerferien in Vallø. Anfang der 60er Jahre kam Esti, sie muss dort eingeladen gewesen sein. Statt einer zurückhaltenden Kleidung, wie es sich für einen Besuch auf einem Schloss und bei den Schwiegereltern des Sohnes gehört, trug sie ein österreichisches Dirndl mit weißen Söckchen. Das hätte an einer 17 jährigen Kellnerin reizend ausgesehen, aber weniger an einer 65 jährigen korpulenten amerikanischen Frau mit leuchtend blauen Haaren und geliftetem Gesicht. Tatsächlich sah sie wie eine Mischung aus Hexe und Clown aus. Wenn sie sich in diesem Kostüm in Salem dreihundert Jahre früher gezeigt hätte, hätte sie keine fünf Minuten überlebt.*[Mein Bruder spricht hier von der Hexenverfolgung in Salem.]* Die weißen Söckchen waren gut bekannt als inoffizielle Uniform der verbotenen österreichischen Nazi-Partei. Glücklicherweise wußten meine Schwiegereltern nichts von solchem teutonischen Aufputz.

Mein Bruder erklärte mir, er habe damals die Korrespondenz mit Mutter abgebrochen, weil sie sich in unverzeihlicher Weise benommen hatte. Sie hatte, so schien es, im Haus seiner Schwiegereltern nicht schlafen können. Am nächsten Morgen, so behauptete mein Bruder, habe sie den Schwiegereltern ihres Sohnes vorgeworfen, ihr mit Absicht eine mit Maiskolben gefüllte Matratze zugewiesen zu haben. Meinem Bruder zufolge war die Beschuldigung um so schwerwiegender, als Dänen ausgeprägt gastfreundlich sind und sich seine Schwiegereltern deshalb über Mutters Vorwürfe besonders kränkten. Einer der Gründe, warum das Ereignis Walter so betroffen machte, war gewiss, dass er stets äußerst stolz darauf gewesen war, als heimatloser Jude in diese dänische Aristokratenfamilie aufgenommen worden zu sein. Mutter hätte ihm nichts Schlimmeres antun können, als ihn auf diese Art zu demütigen. Aber hatte sich Mutter wirklich ihren

Schwiegereltern gegenüber derart unerzogen benommen? Sie selbst hat den Vorfall nie erwähnt. Walter hatte im Alter die so wichtige Maiskolbenmatratze vergessen, während er sich immer noch an ihre anscheinend unpassende Kleidung erinnerte. Wir haben aus jener Zeit nur Walters Erklärung. Es hätte aber auch sein können, dass er die Angelegenheit übertrieb und als Vorwand benützte, um die Beziehung zu seiner anstrengenden Mutter abzubrechen. Eine weitere schmerzhafte Episode, an die sich seine ältere Tochter Ida aus jenem Sommer erinnert, bezieht sich auf Mutters Einladung, mit ihr eine Reise nach Schweden zu unternehmen, gegen die Annette ihr Veto einlegte. Sie erinnert sich aber sehr wohl an eine eher freudlose Reise mit Mutter nach Kopenhagen. Auch ich war gegen Reisen, die meine Mutter meinen Kindern anbot.

Ein paar Wochen nach diesen Bemerkungen teilte mir meine äußerst freundliche jüngere englische Nichte Caroline (per E-Mail natürlich) mit, dass sie sich an die verhängnisvolle Nacht erinnere. Hurra, eine objektive Zeugin!

Carolines E-Mail
Um auf meine Erinnerungen an Großmutters Besuch in Dänemark zurückzukommen: Ich war sehr jung, vielleicht neun oder zehn, ich kann mich an das genaue Jahr des Besuchs nicht erinnern. Aber ich erinnere mich an die Stimmung. Vater war es extrem peinlich. Sie trug bei ihrer Ankunft Socken und Sandalen (der Himmel weiß, warum ich mich daran erinnere) und sah in ihren karierten Bermudashorts sehr typisch amerikanisch aus. *(Also kein Dirndl!)* Ich konnte spüren, dass ihre Erscheinung missbilligt wurde. Ganz paranoid behauptete sie, meine anderen Großeltern, Bedemor und Bedefar, hätten ihr eine Strohmatratze gegeben und dass sie deswegen nicht schlafen konnte.

Eines Nachts weckte sie mich und bat mich, ihr zu helfen, die Matratze in ein anderes, leeres Schlafzimmer zu schleppen, damit sie die Matratzen austauschen könne. Wir verbrachten die Nacht damit, Matratzen auf dem Obergeschoss des Hauses herumzutragen, in aller Stille, denn Esti wollte niemanden wecken. Bedemor sollten wir nichts sagen. Doch sie merkte es am nächsten Tag und war sehr beleidigt.

Eine weitere Erinnerung bezieht sich auf eine Reise mit Esti nach Kopenhagen. Sie versprach, mir etwas zu kaufen. Ich verliebte mich total in irgendeine russische Puppe (die, die immer kleinere Puppen im Bauch haben), doch Esti sagte, ich sei zu alt dafür, und ich war sehr enttäuscht!!! Caroline.

Mutter beklagte sich also bei ihren Gastgebern nicht über das Bett und erfuhr vielleicht niemals, dass ihre nächtlichen Aktivitäten bekannt waren. Also glaube ich, dass sie keine Ahnung davon hatte, was sie vielleicht falsch gemacht hatte und warum ihr Sohn sie so streng bestrafte. Da sie, wenigstens in ihrer Phantasie, mit ihrem Sohn eine intensive Beziehung hatte, muss sie seine Zurückweisung tief gekränkt haben. Sie hatte nie das Verlangen, mich in diesen Schmerz, den sie empfunden haben muss, einzuweihen. Selber reagierte sie bei Beleidigungen überempfindlich, sie war aber blind gegenüber der Wirkung ihrer eigenen Worte und ihres eigenen Verhaltens. Nicht selten kam es dadurch zu tragischen Zusammenstößen mit ihrer Familie und ihren Kollegen.

Konnte die englische Familie die vielen guten Wünsche für Glück und Zufriedenheit schätzen, wenn in den nächsten Briefzeilen von Sorgen, Einsamkeit oder Krankheit die Rede war?

Es ist so arg dass ich niemanden von Euch hier habe. I am quite depressed. Viele Pussi an alle von Deiner Dich sehr liebenden Mutter Esti die Euch einen schönen Urlaub wünscht. (5. Juli 1959)

Auch bin ich sicher, dass sie nicht wusste, wie sehr mich die verzweifelten Telefonanrufe aufregten. Sie dachte wohl, dass ihr Leiden ihre Kinder unberührt ließ.

Walters »Ernestine«

Im Gegensatz zu meinen Eltern und mütterlichen Großeltern heiratete ich ein sehr solides dänisches Mädchen, ohne eine Spur von Hysterie und ohne eine Familiengeschichte von erzwungener Emigration. Natürlich war meine Mutter dagegen, aber glücklicherweise war sie 3000 Meilen weit weg. Mit dieser Heirat durchbrach ich den Makel der Schrameks. Es gibt ein Sprich-

wort: Jede Wolke hat ihren Silberstreifen. Die Wolke meiner Emigration hatte nicht nur silberne, sondern goldene Streifen.
A. W. Freud, Oxted, Nov. 2002.

Dieser letzte Absatz beendet die falsche Erinnerung. In diesem Buch voller Ungewissheiten sind wir nun auf drei unanfechtbare Wahrheiten gestoßen. Erstens schlug meine Mutter meinen Bruder, weil sie für ihn nicht die beste aller Mütter war, zweitens fütterte Großvater seinen Hund mit Schinken aus dem Delikatessengeschäft, und drittens gewann mein Bruder den Jackpot in der Ehelotterie.

Nicht eine einzige Stimme erhebt sich gegen diese letzte Gewissheit. Als Tochter meiner Mutter frage ich mich, ob Annette das auch so sah. Mit seiner Überempfindlichkeit gegen Herabsetzungen – ein Familienmerkmal – und den schwierigen Kämpfen und Enttäuschungen in seinem Arbeitsleben konnte Walter kein einfacher Ehemann gewesen sein. Er erklärte mir, dass er sein Abendessen innerhalb von Minuten nach seiner Ankunft zu Hause vorgesetzt haben wollte, und so geschah es. Er sah sich als Familienoberhaupt und traf alle wichtigen Entscheidungen. Bloß einmal, ein einziges Mal, sagte Annette zu mir: »Ich weiß nicht, was in mich gefahren war, mein geliebtes Dänemark zu verlassen, aber es war Krieg, und dein Bruder war so schneidig.« Es war das Intimste, was ich je von ihr gehört habe. Doch als Annette in ihren späteren Jahren an diversen ernsten Gesundheitsproblemen litt, erlebte sie meinen Bruder als zuverlässige Stütze.

Anders als ich hatte Annette keine persönlichen Ambitionen; abgesehen von der Schaffung und Kultivierung eines erstaunlichen Rosengartens, ein Juwel in der ganzen Region. Ach, diese glücklichen Ehemänner, die Ehefrauen ohne Ehrgeiz finden! Sie widmete sich ihrer Familie, besänftigte, wenn nötig, die wütenden Reaktionen meines Bruders auf angebliches Fehlverhalten, beschützte, wenn nötig, ihre Kinder vor seinen irrationaleren Stimmungen und schuf ein rundherum schönes, friedliches und gastfreundliches Heim für ihre dankbaren Kinder und allfälligen Gäste. Mutters Danke-für-Deine-Gastfreundschaft-Briefe waren nicht geheuchelt, denn Annette war in jeder Hinsicht eine perfekte Gastgeberin. Sie starb drei Jahre vor Walter. Hier ist der letzte Satz der Trauerrede, die ihr Sohn David für seinen Vater schrieb: »*Vor allem aber war Anton Freuds Glück seine Ehefrau, eine ausgeglichene und schöne Frau, von deren Tod im Februar 2000 er sich geistig nie erholte.*« *(11. Februar 2004)*

14
Die sauberen Schwäger

In den fünfziger Jahren starb meine Schwester (diejenige, die mir geholfen hatte, in die Vereinigten Staaten zu gelangen) eines qualvollen Todes an multipler Sklerose. Da ich arbeiten musste und für mein Ph. D. studierte, konnte ich sie nicht so oft besuchen, wie ich gewollt hätte. Wenige Monate nach ihrem Tod heiratete ihr Mann erneut.

Ich erinnere mich an Tante Lilys schon zerbrechliche Gesundheit, als wir nach Amerika kamen. Wahrscheinlich hatte sie bereits damals frühe MS-Syndrome, wovon ich nichts wusste, ja ich kann nicht einmal sagen, wann die Krankheit diagnostiziert wurde. Bereits im März 1954 schrieb meine Mutter an Walter:

Es wird Dich interessieren, dass Tante Lilly [sic] im Sterben lag, sie war schon im Koma, die Ärzte sagten voraus, dass sie die Nacht nicht überleben würde, und man hat Bea nach Madrid telegrafiert, damit sie am Begräbnis teilnehmen kann. Dann aber hat sie sich ganz gut erholt und wird heute aus dem Spital nach Hause gebracht. Sie hat glücklicherweise einen so guten Mann, der alles nur Erdenkliche für sie tut. Die besten Ärzte, drei Krankenschwestern, ein ganztags eingestelltes Dienstmädchen. Auch er verdient sehr gut, was natürlich in einem solchen Fall das Wichtigste ist.
  Leider kann ich das von mir nicht sagen. Ich habe meine beiden Jobs, in denen ich schrecklich schwer arbeite, die aber gerade genug einbringen, um die laufenden Kosten abzudecken. Schon beim Einkauf von Le-

bensmitteln muss ich Acht geben. Seit dem 15. Jänner ist in meiner Praxis absolute Ebbe. Das bereitet mir große Sorgen. Hier reden alle von der Wirtschaftsflaute. Viele Arbeiter werden entlassen. Die Geschäfte sind leer. Wenn das so weitergeht, werden – Gott sei Dank – wieder die Demokraten an die Regierung kommen.

Obwohl ich die Schiffspassage schon reserviert habe, bin ich noch nicht sicher, ob ich mir die Reise werde leisten können. Es gibt allerdings Anlass zur Hoffnung, dass aus Wien Geld kommen wird. Ich drück die Daumen. Ich mache mir große Sorgen, dass die Amerikaner mit ihren Experimenten die Welt in die Luft sprengen werden. Auch dann kann ich nicht kommen.

Jeder hat Angst vor mir, weil ich »die arme Verwandte« bin. Gott sei Dank brauche ich von niemandem etwas. Aber sie sorgen sich, dass der Fall doch vielleicht eintreten könnte. Also sind sie alle kühl und unfreundlich zu mir, *einschließlich* Deiner Schwester. (26. März 1954)

Bea war zwei Jahre älter als ich und mir sowohl in Paris als auch später in New York eine wichtige Stütze. Wir waren Freundinnen, aber unsere Lebenswege führten uns in verschiedene Richtungen. Erst vor ein paar Jahren nahmen wir den Kontakt wieder auf. Leider erwies sich unsere erneute Freundschaft von kurzer Dauer. Auch Bea starb, während ich an diesem Buch schrieb. Anders als Tante Janne war Tante Lily eine strenge Frau, zu der ich keine enge Beziehung hatte, ich erinnere mich aber auch an sie als wohlmeinende Person.

Wir sind Tante Lily mehrmals in diesem Buch begegnet. Sie war in Paris, wohin ihre Familie aus Prag geflohen war, als wir uns in Paris aufhielten, und später gingen wir miteinander nach Biarritz. Aus allen ihren Briefen aus New York nach Nizza und Casablanca spricht ihr unermüdliches Bemühen um unsere Rettung und die Beschaffung unserer amerikanischen Visa. Mutter und ich sind uns einig, dass wir ihr wahrscheinlich unser Leben verdanken. Mutters wiederholte hasserfüllte Bemerkungen gegen ihre »Schwäger«, die auch eine indirekte Anklage gegen ihre Schwestern sein könnten, ihre felsenfeste Überzeugung, man wolle ihr Geld vorenthalten und behandle sie schlecht, aus Sorge, sie könne Geld benötigen, sind angesichts dieser Geschichte peinlich. Wir kennen Mutters Zorn gegen sie bereits, denn sie schreibt davon in ihrem autobiographischen Bericht über ihre Anfangszeit in Amerika. Hasserfüllte Bemerkungen gegen »ihre Familie« würzen auch ihre Briefe an Walter:

Ich glaube die ärgste Zeit in Amerika haben das Zafferl und ich glücklich überstanden. Glaube mir, es war am Anfang kein Witz und meine Familie, besonders die zwei sauberen Schwäger, haben gezittert, ich werde etwas von ihnen brauchen und haben sich die Schuhe an mir abgeputzt (Aug. 1946)
    Du fragst nach meinen Schwestern. Tante Lilly [sic] ist sehr krank, habe ihr Medicin gebracht, aber niemand kann ihr vorläufig helfen. ... Ich bin nicht reich genug für meine Familie, als dass sie sich Mühe nehmen würden, mit mir zu verkehren; sie kennen mich nur, wenn sie eine Gefälligkeit von mir haben wollen (1. Jan. 1951).

Tante Lily stirbt, und Mutters Trauer über den Tod ihrer Schwester ist sehr verhalten.

                                                28. Okt. 1954 [Postkarte]
Ich habe Dir mitzuteilen, dass meine Schwester Lilly [sic] am Samstag den 23ten Oct. gestorben ist. Am Montag war das Leichenbegängnis. Sie war schon viel Monate entsetzlich krank. Die Bea wird bald ein Baby bekommen.
    Ich habe Dir vor langer Zeit Tinte und Magazine geschickt. Hast Du die Sachen bekommen? Ich schrieb auch einen Brief, der nie beantwortet wurde. Hoffentlich seid Ihr alle gesund. Ich bin entsetzlich müde, überarbeitet, abgehetzt.
    Pussi an Euch alle, Mutter Esti.

                                                        14. Nov. 1954
Liebes Herzenskind:
Ich danke Dir für Deinen Kondolenzbrief. Die Lilly [sic] ist mir nicht sehr nahe gestanden. Sie war in den letzten Jahren sehr merkwürdig. Ich glaube, die Krankheit ist ihr ins Gehirn gegangen. Sie hat mir allerdings geholfen, dass wir herübergekommen sind und ohne ihre Hilfe wären ich und die Sophie wahrscheinlich umgekommen. Seitdem ich hier bin, besonders am Anfang, wie es mir so schlecht gegangen ist, war weder sie noch ihr Mann oder die Zittaus irgendwie menschlich. Sie gaben mir sehr viele weise Lehren, aber keiner hat mich gefragt, hast Du genug zu essen? Hast Du einen warmen Mantel oder ganze Schuhe? Ich hatte sie nicht.

Die Verdächtigungen und Beschuldigungen setzen sich auch nach Tante Lilys Tod fort.

22. Juni 1958

Liebes Herzenskind:
Ich muss Dich um Rat fragen. Der Zittau und der Boyko wollen mich um mein väterliches Erbe bestehlen. Man tut das gern mit Frauen allein. Sie wollen das Haus verkaufen und mir nur einen lächerlichen Teil davon geben. ... Bitte, was soll ich machen. Es ist schließlich Dein Geld, ich brauche es nicht da ich mich Gott sei Dank recht anständig erhalten kann. Aber Du hast drei Kinder zu erziehen ... Bitte kümmere Dich um die Sachen, Du bist jetzt schließlich schon in dem Alter, wo man etwas vom Geschäft verstehen soll, ich hätte viel lieber, Du erbst etwas oder ich gebe Dir jetzt schon das Geld, als mir alles stehlen zu lassen. Das bare Geld meiner Eltern haben ohnedies meine Schwäger verschwinden lassen. Bitte erkundige Dich was ein Haus in Wien wert ist ...
Meinem Zahnarzt bin ich noch $ 300 schuldig.
Viele, viele Pussis Mutter Esti

Als wir in den USA eintrafen, hatten sowohl die Zittaus als auch die Boykos begonnen, sich in dem neuen Land zu etablieren, und machten sich gewiss Sorgen um ihr eigenes Überleben. Es ist durchaus möglich, dass sie anfänglich Mutters Geldforderungen fürchteten und Mutters Vorwürfe nicht völlig aus der Luft gegriffen sind. Die Vorstellung jedoch, dass sie auch später auf Distanz zu ihr blieben, weil sie mögliche Forderungen ihrerseits fürchteten, ist absurd.

Erfahrungsgemäß sind bei den meisten Familienkrisen, wie Scheidungen, Eheschließungen, erneute Eheschließungen, Krankheit, Alter und Todesfällen, Streitigkeiten um Geld vorprogrammiert. Möglicherweise gingen Onkel Rudi und Onkel Henry bei ihren finanziellen Transaktionen mit Mutter tatsächlich nicht so genau vor. Als Tante Lily so schrecklich krank wurde, fand Tante Janne, die sich aktiv an der Beaufsichtigung ihrer Pflege beteiligte, dass man nicht genügend für sie tue. Sie war äußerst beunruhigt und flehte Tante Lily an, ihre Juwelen zu verkaufen, um eine bessere Pflege zu bekommen, aber Tante Lily weigerte sich. Die Angelegenheit führte zu einem bitteren Zerwürfnis zwischen Tante

Janne und der Boyko-Familie. Viel später, als Rudolf Boyko in sehr hohem Alter starb, musste seine Tochter dessen zweite Frau verklagen, um an ihr Erbteil zu gelangen. Ich versuche zu beweisen, dass Mutters dunkle Anschuldigungen nicht ganz so verrückt gewesen sein mochten, wie sie erscheinen.

15

Lass mich klagen

Ich war eine nachlässige und lieblose Tochter. Mutter hatte sich, so gut sie konnte, um mich gekümmert, hatte mich lebendig aus Europa herausgebracht und dafür gesorgt, dass ich mein Studium fortsetzen konnte. Sie hat meine emotionale Abkehr von ihr nicht verdient. Selbst nach Fertigstellung dieses Buches über Mutter bin ich mir immer noch nicht im klaren, warum ich meinte, mich von ihr distanzieren zu müssen, um Mutters negatives Karma von mir fernzuhalten. Ich fürchtete wohl, es könne meinen kleinen Haushalt, den ich mir aufgebaut hatte und erhalten wollte, zerstören. Also muss ich mich auf die Position zurückziehen, dass ich ihr zumindest keinen Anlass gegeben habe, sich meinetwegen Sorgen zu machen, ein keineswegs unwesentliches Geschenk eines Kindes an seine Eltern. Diese Tochterpflicht habe ich nicht nur rückblickend erfüllt. Kaum je habe ich mich unzufrieden über mein Leben geäußert und angesichts ihrer hundertprozentigen Zustimmung zu meinem Mann hätte ich mich, um ihr den Kummer zu ersparen, wahrscheinlich zu ihren Lebzeiten nicht von ihm scheiden lassen. Ich glaube überdies, dass Mutter dieses Geschenk anerkannt hat. Das war wohl der Grund, warum ich mein ganzes Leben lang vom Tag meiner Geburt an ein braves Mädchen blieb. »Eure Mutter und ich hatten eine lebenslange ungetrübte, harmonische und liebevolle Beziehung«, *sagte sie meinen Kindern, als sie wenige Wochen vor ihrem Tod kamen, um sich von ihr zu verabschieden.* »Ich hoffe, dass ihr eine ähnliche Beziehung zu eurer Mutter haben werdet«, *fügte sie hinzu.*

In Briefen an Walter stehen regelmäßig Berichte über mich, in denen sie erwähnt, dass ich glücklich sei, sie vernachlässige und ihr fehle.

Das Sopherl fehlt mir entsetzlich. (1. März 1947)
Es ist nur traurig, dass ich von meinen Kindern und Enkels so gar nichts habe, das ist nämlich die einzige Freude die man hat wenn man älter wird.(3. Juni 1951)
Mit Sopherl habe ich vor einigen Tagen telephoniert. Es geht ihr Gott sei dank sehr gut. Sie hat auch viel Freude an ihren Kindern und hat ihren Mann sehr gern. Ich glaube er ist sehr tüchtig, fleißig und anständig und wird es hier zu etwas bringen. (27. Mai 1954)

Obwohl auf viele ihrer Bemerkungen, dass es mir gut gehe, Worte der Sehnsucht oder des Bedauerns folgten, bin ich doch überzeugt, dass Mutter sehr erleichtert war, sich keine Sorgen um mich machen zu müssen. »Es ist so ein Glück wenn man seine Tochter gut verheiratet hat« (Okt. 1956). *Mutter war sicherlich stolz, dass sie so tüchtig war, einen guten Mann für mich gefunden zu haben. Mutter war überhaupt sehr gerne auf ihre Kinder stolz.*

Sie ist vor Stolz geplatzt, *als Walter Major wurde (15. Juni 1946). Nach der Geburt von David war sie sehr stolz auf die Annette und auf das Baby (3. Juni 1951).*

Es gab eine Gelegenheit nach der andern, stolz zu sein.

Ich bin sehr stolz, dass Du eine Gehaltserhöhung bekommen hast (1. Jan. 1951).

Ich freue mich, dass es Euch so gut geht, und dass Du so tüchtig bist. Ich bin sehr stolz auf Dich (28. Febr. 1953).

Nun, Mutter hatte viele Gründe, stolz auf ihre Kinder und Enkel zu sein, nur meine ich, weniger Stolz hätte auch gereicht. Mutters Besuche, über die sie Walter regelmäßig informierte, fanden tatsächlich vielleicht zweimal im Jahr statt.

Sophie geht es gut und sie schaut gut aus. Sehr schlank und elegant. Ihre Kinder sind lieb, vor allem das zweite die goldblond ist, sehr hübsch und sehr herzig. Die große ist eher schlimm, ich hoffe sie wird mit der Zeit braver werden. (10. Aug. 1952)

Ich erinnere mich, wie Mutter das zehn Monate alte Baby angeschaut hat und mit Bewunderung sagte: eine Blondine, eine Blondine. Jeder in unserer Familie hatte rabenschwarzes Haar, Vater, Mutter, Bruder und ich. Der blonde Einfluss kam von den Loewensteins. Es wird erzählt, dass mein Vater eine blonde Tochter wollte. Schon als ich noch ein Säugling war, fing meine Mutter an, meine Haare mit Peroxid zu bleichen, und auf Bildern, auf denen ich vielleicht drei Jahre alt bin, bin ich immer noch blond.

Georg über seine Grossmutter

Als ich jung war, hatte ich immer Angst vor dem Besuch von »Großmutter«, wie wir Esti nannten. Wenn sie kam, musste ich ihr mein Zimmer überlassen, und wenn ich hineinging, um mir Kleidungsstücke oder Spielzeuge zu holen, stand ein hohes Glas mit übelriechendem Dörrpflaumensaft auf dem Schreibtisch. Obwohl ich gezwungen wurde, ihr mein Zimmer abzutreten, erwartete man von mir anscheinend nicht, nett zu ihr zu sein. Der Name, mit dem sie gerufen wurde – das ziemlich förmliche »Großmutter« statt des viel wärmeren »Oma« – wie wir die Großmutter väterlicherseits nannten –, ist wahrscheinlich auf meine Mutter zurückzuführen (die ihre Mutter eindeutig verabscheute), um gezielt Distanz herzustellen.
Angesichts ihres auffallenden Mangels an Charme und dem Fehlen äußeren Drucks, sie warmherzig zu behandeln, kann sie sich nicht besonders willkommen gefühlt haben. Das war vielleicht der Grund, warum sie mich bestach, Zeit mit ihr zu verbringen. Sie steckte mir fünf oder zehn Dollar zu, damit ich mich mit ihr unterhielt, und ich kann mich nicht erinnern, wegen der Annahme des Geldes besondere Schuldgefühle gehabt zu haben. Abgesehen von diesen Details erinnere ich mich nur ungenau an ihre Besuche, vielleicht weil sie immer seltener

wurden und schließlich ganz aufhörten, als ich ein Teenager wurde.

Ich muss meinem Sohn in zwei Punkten widersprechen. Ich habe an anderer Stelle erklärt, dass es sich bloß um eine Familientradition handelte, wenn sich Mutter »Großmutter« rufen ließ – so wie auch ich es mit meinen Enkeln tue.
Zweitens schickte Mutter, wie wir schon wissen, Walters Kindern immer Geld, so dass ihre Geldgeschenke an Georg keine Bestechung waren, sondern einfach ihre Art, sich ihren Enkelkindern zu nähern. Meine Tochter, die Blonde, hat mir erzählt, dass Mutter jedem Kind nach einem gemeinsamen Gespräch Geld gab.
Doch mein Sohn hat recht, ich hatte keine Freude an Mutters Besuchen, sie wusste das und teilte es Walter mit:

Die Sophie hält es nie länger als 24 Stunden mit mir aus. – Allerdings besuche ich sie doch ungefähr nur jede sechs bis neun Monate. Ich habe sie und die Kinder das letzte Mal im April gesehen, und sie macht nicht muh, dass ich sie wieder besuchen soll (6. Dez. 1953).

Die Sophie hat mir einige Male sehr deutlich zu verstehen gegeben, dass ich ihr sehr lästig falle, wenn ich sie besuche und so habe ich es ganz aufgegeben. Ich habe nie etwas umsonst verlangt und immer für mindestens $ 20 Sachen mitgebracht, was schließlich für einen 24 Stunden Besuch mehr als genug ist. Aber wahrscheinlich war es doch zu wenig. Sie haben solche Angst, dass ich ihr zu Last fallen könnte. Von den vielen Kränkungen, die ich in meinem Leben mitgemacht habe, ist vielleicht die Haltung der Sopherl die, die mich am schmerzlichsten getroffen hat. (16. Dez. 1954)

Von Zeit zu Zeit besuchte ich Mutter in New York City, wo ich auch meine Schwiegereltern und einige Freunde traf. Aber keine Reise war lang genug. Blieb ich über Nacht, wollte sie mich zwei Tage bei sich haben, legte ich meinen Besuch auf den Vormittag, war sie gekränkt, dass ich nicht den ganzen Tag blieb, und so endete jeder Besuch mit Enttäuschungen und Vorwürfen. Dann bestand sie darauf, mich mit dem Taxi zum Flughafen zu schicken natürlich auf ihre Kosten, obwohl sie mir eben erst von ihren

Geldsorgen Mitteilung gemacht hatte und ich öffentliche Verkehrsmittel vorziehe und, wenn ich es vermeiden kann, nie ein Taxi nehme.

Arbeiten ist eher lustig, und davon werde ich sicher nicht krank. Wenn ich krank werde, so ist es nur, wenn ich mich kränke, dass mich die Sophie so schlecht behandelt. Sie war jetzt auf einige Tage hier, und hat mich auf eine halbe Stunde besucht. Sie und die Kinder schauen nicht besonders aus, der einzige, der gut ausschaut, ist Sophies Mann. (14. Nov. 1953)

Aber die Besuche waren aushaltbar, im Vergleich zu den vielen Jahren, in denen sie regelmäßig anrief. Mutter rief immer dann an, wenn sie meinte, mit ihrer Praxis ginge es bergab, wenn jemand sie schlecht behandelt hatte oder wann immer sie an emotionalen oder physischen Verletzungen litt, vielleicht einmal in der Woche.
Die Anrufe waren so häufig, dass ich schon Angst hatte, ans Telefon zu gehen. Mein Sohn denkt, ich konnte meine Mutter nicht ausstehen, aber es war ihre unglücklichen Verzweiflungen, die ich nicht aushalten konnte.

Mit Sopherl telephoniere ich von Zeit zu Zeit. Hoffentlich wird meine Rippe bald gut, husten und niessen und gewisse Bewegungen tun sehr weh. (6. Aug. 1955)
Ich habe hier sehr viel Ärger und Kränkungen im New York Hospital. Der Chef hat sich eine Nichte herein genommen, und die bekommt alle Privatfälle, so dass ich kaum eine privat Praxis habe und nicht genug verdiene. Alles ist umsonst, die Parties, die Geschenke, die vielen Freunde, die Publikationen, ich kann es auf keinen grünen Zweig bringen. Ich bin sehr deprimiert. Ich bin überhaupt meistens deprimiert. Ich habe jetzt eben mit der Sophie telefoniert. Es geht ihr sehr gut. Das Baby spricht auch schon. (15. April 1957)

Nach Jahren begann mein Gatte gut zu verdienen, ich fing meine akademische Karriere an, und wir fühlten uns finanziell in Sicherheit. Als Mutter das nächste Mal anrief und mich wieder einmal mit ihren Prophezeiungen überschütten wollte, dass sie im Armenhaus sterben würde, unterbrach ich sie. Ich erklärte ihr vergnügt, dass wir in guten Verhältnissen lebten und sie sich keine Sorgen mehr um ihre finanzielle Absicherung im Alter machen müsse. Sie antwortete kurz: Lass mich klagen.

NEUNTER TEIL · IN LETZTER ZEIT

1
Das Fräulein. Gerne denke ich an die guten Tage im Hause Freud zurück

Die Rückfahrt buchte ich auf der Queen Elizabeth, Kabinenklasse, denn erste Klasse war zu teuer. Ich teilte meine Kabine mit zwei anderen Frauen. Bald nachdem ich das Schiff bestiegen und mein Nachtquartier ausfindig gemacht hatte, kamen zwei Frauen mittleren Alters auf mich zu und stellten sich als Töchter der amerikanischen Revolution vor. »Ich bin eine jüdische Einwanderin«, sagte ich ihnen. Das war das Ende unseres Gesprächs auf dieser fünftägigen Reise, eine Reise, die ansonsten ereignislos verlief. In den nächsten Sommerferien sah ich mir die Küste von Maine an.

1954 kehrte ich wieder nach Europa zurück, und dieses Mal besuchte ich Wien, meine Geburtsstadt. Ich war neugierig auf meine eigene Reaktion auf die Heimat, aus der ich verjagt worden war. Es war nichts. Nichts als ein Ort, in dem ich mich gut auskannte.

Die Stadt kam mir traurig vor. Ein Teil war noch von den Russen besetzt, und viele Gebäude waren zerstört. Ich fuhr zum Zentralfriedhof und besuchte die Gräber meines Vaters und meines Großvaters, der ein Ehrengrab hat. Ich versuchte einen Teil des meiner Familie gestohlenen Eigentums wiederzubekommen, hatte aber nicht die Kraft und den Mut, die Sache durchzustehen. Das einzige, was ich von der herrlichen Gemäldesammlung meines Vaters erhielt, war ein kleines Bild, der Kopf eines Bauernmädchens. Wo immer ich hinkam, türmten sich vor mir unüberwindbare Mauern auf. Ich bekam den Eindruck, meines Lebens nicht sicher zu sein, würde ich die Angelegenheit weiter verfolgen. Ich traf mich mit einigen Freunden, die, weil keine Juden, Verfolgung und Tod entgangen waren. Ich traf Erich Bruckner, dessen Ehe mit einer Katholikin ihn vor der Vernichtung gerettet hatte.

Erich Bruckner, der Millionär, den ich hätte heiraten sollen, war bettelarm. Ich ging in die Berggasse 19 und wollte das ehemalige Domizil der Freuds sehen, doch die Leute, die dort irgendein Geschäft betrieben, schlugen mir einfach die Tür vor der Nase zu. Trotz all dieser Enttäuschungen kehrte ich immer wieder nach Wien zurück, wenn auch nicht bei jeder meiner Europareisen.

Ich bin immer wieder erstaunt, woran Mutter sich erinnert oder eher, was sie in ihre Lebensgeschichte einschließt und was sie auslässt. Ihren ersten Besuch bei ihrem Sohn, und »das süßeste Baby, das ich in meinem ganzen Leben gesehen habe «(8. Juli 1951), erwähnt sie kaum.

Ihre Beziehung zum Fräulein, die entweder trotz oder wegen der Herrschafts-Dienstbotin-Beziehung ihre engste Freundin und wahrscheinlich einzige Vertraute gewesen war, erhält ein paar Sätze und ist sowohl in den Erzählungen über die Wiener Jahre als auch über ihre späteren Besuche in Wien nicht der Rede wert.

Doch Fräulein verdient es gewiss, einen wichtigen Platz in der Saga meiner Mutter einzunehmen. Nicht, dass ich die Absicht habe, die Lebensgeschichte meines Fräuleins zu erzählen, die ich nicht kenne. Da ich nur das kleine Stück ihres Lebens kenne, das sich mit dem Leben unserer Familie gekreuzt hat, freute ich mich über den Fund zwei ihrer an Walter gerichteten Briefe in dessen Korrespondenz.

Die gutmütige, sanfte Rosa, unsere Köchin, so erfuhr ich betrübt, starb während des Krieges, wobei ihr Tod möglicherweise im Zusammenhang mit ihrem gewaltsamen Freund steht, der uns vielleicht oder auch nicht durch seine Naziverbindungen nützlich war, und so habe ich sie nie wiedergesehen. Im Gegensatz dazu hielt meine Beziehung zu Amalia Schober-Seitz, meinem Fräulein, über 60 Jahre an.

»Vergiss nicht«, sagte sie, als ich mich von ihr 1992 nach ihrer kleinen 90. Geburtstagsfeier verabschiedete, »ich kam 1931 zur Familie Freud und blieb bei euch bis 1938.« Nicht, dass ich es vergessen hätte, aber sie wollte sicherlich die Daten ein für allemal festnageln, da sie um diese Zeit dazu neigte, so manches zu ver-

gessen. Sie wusste vielleicht nicht, aus welchem fremden Land ich immerzu auf Besuch kam, aber wenn man mal 90 geworden ist, sind solche Details nicht sehr wichtig. Immerhin wusste sie immer genau, wer ich war und, wie eben erwähnt, dass sie sieben Jahre bei der Familie Freud das Fräulein gewesen war.

Die psychologische Literatur weist darauf hin, dass man alten Menschen helfen soll, sich an ihre Kindheit zu erinnern. »Erzähl mir von deiner Kindheit«, ermunterte ich sie. »Oh, du warst so ein liebes braves Kind«, antwortete sie. Aber nachher erinnerte sie sich, dass ihre Mutter Blumen liebte, so wie sie selbst. »Aber bring mir keine Schnittblumen, die halten sich nicht«, und so bekam sie kleine und große Blumentöpfe, die sich, anlässlich meines jährlichen Besuchs in Wien in ihrer Wohnung ansammelten.

Fräulein muss in ihren jungen Jahren eine diskrete und taktvolle Frau gewesen sein, um ihre Rolle als Vermittlerin in unserer schwierigen Familie all die Jahre aufrecht zu halten. »Deine Mutter war schon eine launische, schwierige Frau, aber ich kam vom Land und bei den vielen Kindern auf unserem Bauernhof war ich nicht verwöhnt und an härtere Verhältnisse gewöhnt. Außerdem«, fügte sie hinzu, »war deine Mutter ja oft sehr unglücklich mit ihrem untreuen Mann.«

Nach der Nazi-Besetzung hatte Fräulein belastende Dokumente aus Vaters Absteige in ihre eigene Wohnung geholt und, glaube ich, dort eine Weile versteckt. Sie ging ein beträchtliches Risiko ein, um unserer Familie zu helfen. »Deine Großmutter gab mir eine sehr hübsche Brosche, um mir zu danken«, erwähnte sie einmal, und ich war sehr erleichtert, dass Großmutter Freud das getan hatte. Im Sommer 1986 konnte ich zu meiner Freude, mit Hilfe von Dr. Leupold Loewenthal, damals Direktor des Freud-Museums, arrangieren, dass das Fräulein für ihren treuen Beistand, den sie der Freud-Familie geleistet hat, eine Medaille bekam. Sie hat das zu einer Zeit getan, als solche Loyalität gegenüber jüdischen Dienstgeberfamilien nicht nur unerwünscht, sondern richtig gefährlich war. Ich hatte die Gelegenheit, eine kleine Rede zu halten, in der ich ihr zum ersten Mal öffentlich meine Dankbarkeit aussprechen konnte.

Ich freute mich damals ganz ungemein, denn Fräulein war in jenen Jahren oft kalt und hart. Unzufriedenheit war in ihr oft ärgerliches Gesicht eingegraben. Aber bei dieser Gelegenheit drückte sie mich an ihr Herz und schien sich wenigstens für ein paar Stunden wieder des Lebens zu freuen.

»Sophielein, erinnerst du dich noch an die schöne Feier in der Berggasse«, *fragte sie mich ein paar Jahre später, seufzte aber dann, weil ihr Mann, ihr geliebter Karli, gestorben war, was sie immer noch nicht fassen konnte.* »Karli sagte mir«, *fing sie an,* »wenn die Sophie kommt, musst du …«, *aber dann hatte sie den Rest vergessen.*

Ein paar Jahre nach dem Krieg erfreute sich Fräulein eines guten, wenn auch bescheidenen bürgerlichen Lebensstils. Sie wohnte in einer geschmackvollen angenehmen Wohnung, direkt gegenüber von unserem alten Haus auf der anderen Seite des Donaukanals. »Schau Sophielein, dort ist das Haus, wo wir so lange zusammen gewohnt haben«, *sagte sie zu mir, als wir zusammen auf ihrem Balkon standen, und zeigte auf unser Haus, klar zu erkennen auf der anderen Seite der Augartenbrücke.*

Manchmal, wenn sie zu traurig über den Tod ihres Mannes war, würde sie auf den Balkon treten, um unser altes Haus zu betrachten, und an die glücklichen Jahre mit der Familie Freud denken. »Das waren schöne Tage«, *sagte sie seufzend. Dann überlegte sie und fügte hinzu,* »allerdings war nicht immer alles so leicht. Walter nannte sich in einem Brief an mich *einen schlimmen Buben*, aber er war in Wirklichkeit gar nicht so schlimm, es war eben nur ein schwieriger Haushalt.«

»Schlimm warst du als Kind gar nicht, nur aufgeweckt u. sehr lebhaft, wie eben ein richtiger Junge sein soll.« (Fräuleins Brief an Walter, 22. Febr. 1948)

»Erinnerst du dich, als wir zusammen aufs Land fuhren, damit du dich von deinem Keuchhusten erholen konntest?« *fragte sie dann. Es war ihre Lieblingsfrage, und es muss zu ihren glücklichsten Erinnerungen gehört haben, Gast in einem kleinen Urlaubshotel gewesen zu sein. Dann erwähnte sie auch oft* »den Kinderbesuch« *von meinem Sohn Georg und von Walters Tochter Caroline, die einmal während ihres kurzen Besuchs in Wien bei ihr übernachteten und bei dem Georg auf dem Fußboden schlief.*

Das war eine besonders freudige Erinnerung. Fräulis beliebtestes Gesprächsthema waren aber unsere wöchentlichen Besuche in der Berggasse oder in den wunderschönen Sommervillen meiner Großeltern. »Erinnerst du dich, wie der Großvater dir immer Taschengeld gegeben hat? Mir schenkte er auch immer Geld«.

»*Sie haben die alten Tanten umgebracht, die wir immer in der Berggasse trafen*«, *sagte ich zu Fräulein, aber sie schaute weg und sagte jedesmal, wenn ich ein solches Thema zur Sprache brachte:* »Was weiß ich, was passiert ist, ich war ja nicht dabei.«

Aber jetzt erzähle ich doch lieber alles von Anfang, oder besser gesagt, von der Mitte an. Wie gesagt, Mutter erwähnt Fräulein hier und da. Fräulein und unsere Köchin blieben uns treu ... Fräulein begleitet uns zur Station. Dann hörten wir von Großmutter Drucker, dass Fräulein sich verheiratet hatte und einen ihrer Teppiche kaufen wollte, und in einem Brief an Walter beschuldigte Mutter Fräulein, nach ihrer Abreise Sachen von ihr gestohlen zu haben, eine gemeine, ungerechte Anklage. Aber später schickte Mutter Fräulein ihre alten Kleider, die diese anscheinend gut gebrauchen konnte. Tatsache ist, dass sowohl Mutter als auch ich selber recht bald wieder Kontakt mit Fräulein aufnahmen.

Fräulein an Walter
Von Deiner lieben Mutter habe ich im April 47 die erste Post erhalten, seither hat mir auch Sopherl schon oft geschrieben und Photos gesandt, ihre Briefe sind so voll von Glück u. Zufriedenheit. Mit ihrem Gatten ist sie sehr glücklich. Das es der ganzen großen Familie Freud so gut geht, freut mich aufrichtig. Bitte richte an alle meine besten Empfehlungen aus (22. Febr. 1948)

Mutter an Walter
Ich bekomme öfter Briefe von Fräulein. Wenn die Annette niemanden findet, sie zu pflegen, nach der Niederkunft, lasst Euch das Fräulein auf einen Monat kommen. (1. Juli 1952)

Der Gedanke, dass Fräulein nun verheiratet ist und vielleicht andere Verpflichtungen hat, kam Mutter nicht in den Sinn.
Der Krieg hatte unsere Schicksale getrennt. Für uns kamen die

Wanderjahre und am Ende die verheerenden Nachrichten von den grauenvollen Morden an Millionen Juden. Fräulein musste die Bombenangriffe der Alliierten überleben und nachher die russische Besetzung Wiens. Aber Mutter und ich und Walter und Fräulein hatten den Krieg überlebt und ihr Mann, Herr Karl Seitz, seinen Militärdienst. Wir hatten alle das Privileg eines »normalen« Lebens wiedergewonnen. Obwohl es an vielen Orten der Welt heute so aussieht, als ob ein anormales Leben von Krieg und Verwüstungen eben das normale Alltagsleben geworden ist.

Fräuleins Antwort auf Walters Brief, spontaner als ihre üblichen Grußkarten, geben uns einen kurzen Einblick in ihr Leben während des Kieges und danach.

Wolfsberg, 22. Febr. 1948
[Fräuleins Heimatsort in Kärnten]

Lieber Walter!
Es war wirklich eine große Überraschung für mich als ich Deinen lieben Brief erhielt. Von Sopherl habe ich schon gehört, dass Du Major warst und den ganzen Krieg mitgemacht hast. Du bist in Österreich gar mit dem Fallschirm abgesprungen, da hast Du aber allerhand Mut bewiesen. Zimperlich warst Du auch als Junge nicht. Dein Photo freut mich sehr, Du siehst blendend aus.

Zu Deiner Vermählung wünsche ich Dir alles Gute und Schöne für die Zukunft. Du studierst nun fertig, was willst Du werden? Hast Du vielleicht die Absicht, gelegentlich nach Wien zurück zu kehren. Es war doch wirklich einmal sehr schön in Wien, aber jetzt absolut nicht.

Ich freue mich sehr, dass Du und Deine Angehörigen den Krieg so gut überstanden habt, es war ein Glück dass Ihr zur rechten Zeit von hier fort seid. Ich erinnere mich noch so lebhaft an den Tag Eurer Abreise. Gerne denke ich an die guten Tage im Hause Freud zurück, seither sind die ganzen Jahre trostlos gewesen. 1940 habe ich geheiratet, mein Mann ist dann gleich einberufen worden, und war immer an der Ostfront, kurz vor der Invasion kam er nach Frankreich, am 27. 6. 44 bei Cherbourg in Englische Gefangenschaft, dies war das größte Glück, denn wäre er an der Ostfront verblieben wäre er vielleicht heute noch in Rußland, im Juli 46 kam er gesund aus England nach Haus. Wir hatten in Wien, Obere Donaustr. vis a vis Quai 65 eine schöne Wohnung, leider wurde sie anfangs 45 total zerstört, ich hatte nichts verlagert und somit alles verloren. Jetzt pendle ich dauernd zwischen Wolfsberg und Wien hin und her, wir konnten noch zu keiner neuen Wohnung kommen. Wie das Leben in Wien jetzt ist, wirst Du ohnedies wissen, einfach trostlos. Ich war jetzt wieder 14 Tage dort, länger kann ich es in Wien kaum aushalten, es ist jetzt sehr kalt und viel Schnee und wir haben keinen Brennstoff, ich leide in den letzten Jahren an einem bösen Gelenkrheumatismus. Vielleicht können wir im Frühjahr doch noch zu einer Wohnung kommen, ich würde dann gleich übersiedeln. Mein Mann ist bei einer Versicherungs-Gesellschaft angestellt, er ist mit Jo. Krips, Dirigent der Wiener Philharmoniker verwandt (Krips hat vor einigen Monaten in London dirigiert). ... *[sie hat das von Mutter gehört]*

Von Dir lieber Walter, hat es mich ganz besonders gefreut, dass Du mir auch geschrieben hast. Ich habe in der Kriegszeit oft an Dich gedacht und angenommen dass Du in der Armee bist ... und will ich Dir auch für Deinen weiteren Weg viel Erfolg und Glück wünschen.

Deiner Frau Gemahlin liebe Grüße und wenn Du einmal ein Photo von Euch senden würdest, möchte ich mich sehr darüber freuen.
Herzliche Grüße Seitz

Nach ihren ersten paar Besuchen in England zog Mutter es vor, ihre Ferien in Wien und an anderen Orten Österreichs zu verbringen. Fräulein war eigentlich einer der wenigen Menschen in Wien, mit denen sie noch verbunden war.

Frau Dr. E. Freud kommt jedes Jahr nach Wien. Voriges Jahr war sie Ostern u. im August hier. Ich verstehe mich recht gut mit ihr, ich sage ihr nichts, dass sie verärgern könnte, mein Mann ist zuvorkommend und wir fahren mit ihr aus u. so kommt sie gerne. Dein liebes Schreiben hat mich sehr gefreut ich erinnere mich gerne an das Haus Freud, wenn es auch nicht immer so friedlich war. (Fräuleins Brief an Walter, 1975)

»Wir holen deine Mutter immer am Flugplatz ab. Sie wohnte im Hotel Regina, und nachmittags machten wir Spaziergänge in der Inneren Stadt, und deine Mutter hat ja immer gerne Sachen gekauft«, *erzählte mir Fräulein.*

Als ich 1960 das erste Mal mit meinem Mann nach Wien zurückkehrte, waren Walter und Annette freundlicherweise bereit, ein paar Wochen auf meine drei Kinder aufzupassen; leider benützte mein Bruder die Gelegenheit, meinem Sohn, zweifellos dringend nötig, bessere Manieren beizubringen. Die halbe Freude galt meiner Heimatstadt, und die andere Hälfte gehörte dem Wiedersehen mit Fräuli. Sie war der einzige Mensch, den ich im Nachkriegs-Wien noch kannte. Alle anderen hatten Wien verlassen oder waren umgebracht worden. Da gab es viele Freudentränen, Einladungen zu gutem Essen, Spaziergänge durch die Innere Stadt, und wir begleiteten unsere Ehemänner zum Heurigen. Wir fuhren zusammen nach Baden, wo meine Großeltern Drukker ein Haus besessen hatten und wo das Fräuli und ihr Mann oft ihre Wochenenden verbrachten. Wir besuchten Großvater Druckers Grab, das Mutter bei ihrem ersten Besuch entdeckt hatte. Natürlich gingen wir auch in die Berggasse. Es war damals noch kein Museum, aber immerhin hatte man schon eine Gedenktafel angebracht. Die Schwarzwaldschule konnten wir nur von außen anschauen, denn man durfte das jetzt offizielle Gebäude nicht mehr ohne Grund betreten. Arm in Arm gingen das Fräuli und ich den alten Weg zur Schule, den wir jahrelang zusammen gegangen waren, vom Donaukanal den Schottenring hinauf, bei der Börse vorbei, über die Freyung, durch die Herrengasse, beim alten Hochhaus vorbei, das wir als Schüler beim Bau beobachtet hatten, in die Regierungsgasse 1 hinein. So eine Rückkehr nach Wien hätte man ebensowenig voraussehen können wie die vorangegangene Vertreibung. Ist es nur in unserem Jahrhundert so, dass das Leben ganz unvorhersehbar geworden ist, oder war das schon immer so?

Mutter und ich waren von Herrn Karl sehr eingenommen. Wir freuten uns ungemein, dass das Fräuli einen so gutherzigen und tüchtigen Mann gefunden hatte. Er behandelte uns auch immer mit besonderer Herzlichkeit. Er war ein angesehener Beamter, ein lustiger, warmer Scherzvogel, ein früherer Schwimm-Meister, ein treuer Gatte und überdies ausgestattet mit altem Wiener Charme. »Küss d' Hand, gnä Frau.«

In Erinnerung an die wichtigen Jahre, die sie doch gemeinsam verbracht hatten, waren Fräuleins Gefühle Mutter gegenüber wohl eine Mischung von Hass und Zuneigung. Ich glaube nicht, dass Mutter und Fräulein je über ihre Kriegserlebnisse gesprochen haben. Ich habe es jedenfalls nicht getan, denn die Gespräche mit Fräuli blieben all die Jahre stets an der Oberfläche. Eigentlich wussten wir kaum voneinander, wussten nicht, was die andere tut, denkt und fühlt. Doch manchmal fielen Worte, die auf harte Kriegserlebnisse schließen ließen.

»Fräuli«, erzählte ich ihr, »ich habe den Bruno Kreisky sprechen gehört, das hat mich sehr interessiert.« – »Der hat leicht reden, er ist ja davongelaufen, als es uns hier so dreckig ging.« – »Aber Fräuli, man hätte ihn doch ermordet, wenn er hiergeblieben wäre.« – »Was weiß ich davon, aber in den harten Zeiten damals, da war er nicht dabei. Wie die Russen damals gewütet haben, das wisst ihr ja alle nicht.«

In den nächsten Jahren machte ich noch ein paar Besuche nach Wien, abwechselnd allein und mit Mutter. Und ich verbrachte die zweite Hälfte meines Sabbathjahres 1987/88 in Wien, das 50. Gedenkjahr an den »Anschluss«. Von da an flog ich jeden Sommer nach Wien, um die wichtigen neuen Freundschaften aus jener Zeit aufrecht zu erhalten.

Das Fräulein und Herr Karl setzten ihr ruhiges Leben fort. Er wurde dank ihrer köstlichen Wiener Küche in der immer blitzsauberen Wohnung immer dicker. Sie war eine treue, verlässliche, anspruchslose Frau, die nie eigene Interessen entwickelte oder Freundinnen hatte, höchstens ein paar gemeinsame Bekannte. Ein paar Jahre lang betreute das Ehepaar zwei kleine Mädchen aus Fräuleins Verwandtschaft. Sie wurden von Herrn Karl in inniger Liebe Hexlein und Zwerglein genannt. So konnte Fräulein ein zweites Mal eine Mutterrolle übernehmen. Das scheinen mir die glücklichsten Jahre dieses Ehepaars gewesen zu sein.

Ein paarmal kamen Freud-Forscher vorbei in der Hoffnung, neues über »die Familie« zu hören, aber als diskrete Frau – anders als ich – weigerte sie sich, Tratsch über die Familie zu verbreiten.

Zweimal wohnte ich bei Fräuli. Das erste Mal war Herr Karl gerade im Spital wegen einer Staroperation, ein Ereignis, das sie aufregte und mit großer Sorge erfüllte. Er verließ sich auf sie, ihm Telefonbotschaften von seinen Klienten zu bringen und seine Antworten wieder zurück zu übermitteln, und ich merkte, *wie sehr sie sich anstrengte, um nur ja alles richtig zu machen. Gemeinsam besuchten wir ihn im Spital und lebten gemütlich alleine in der Wohnung. Abends ging ich meist aus, um mir die Burgtheater-Stücke meiner Jugendzeit nochmals anzusehen, die aber viel weniger fesselnd waren, als ich sie in Erinnerung hatte –, und obwohl sie keine Lust verspürte, mich zu begleiten, war sie immer noch wach, wenn ich zurückkam. Dann setzte ich mich an ihr Bett und erzählte ihr von dem Theaterstück. Ich glaube nicht, dass sie mir wirklich zuhörte, aber oft lächelte sie und ergriff meine Hand. Während des Stücks freute ich mich die ganze Zeit auf das »Nach-Hause-kommen«.*

Mein zweiter Besuch in ihrer Wohnung fand ein bedauerliches Ende. Gegen Ende der 70er Jahre hatte sich ein Schatten auf Fräuleins Seele gelegt. »Ich gehe das Fräulein nicht mehr besuchen«, erklärte Mutter in dieser Zeit, »ich kann das ewige Keppeln gegen ihren Mann nicht mehr länger aushalten.« Mutter selber war ja nicht gerade das Vorbild einer liebevollen Ehefrau, ebensowenig wie ich, aber Mutter hatte recht. Auch mir wurde es immer schwerer, das Ehepaar zu besuchen. Herrn Karls nur zu bekannten Episoden über Hexlein und Zwerglein wurden immer dürftiger, und seine üblichen Scherze waren nicht mehr herzerfrischend. Sein Gerede ging wohl Fräulein schrecklich auf die Nerven. »Halt schon endlich dein Maul, red doch nicht immer so blöd daher, hör auf mit dem depperten Unsinn«, waren die Sätze, mit denen mein Fräulein das Bemühen ihres Gatten, seine Gäste zu unterhalten, unterbrach. Er antwortete nie ärgerlich, sondern wandte sich dann immer zu mir und fragte mit einer Kleinbubenstimme: »War sie immer schon so streng? – War sie immer schon so streng?«

Ich wusste gleich am Anfang des zweiten Besuches, dass es ihr zu viel war und sie meine Gegenwart als Hausgast nicht mehr ertragen konnte. Ich wollte gerade in ein Hotel umsiedeln, als mich einer meiner Schwindelanfälle, die ich damals zwei- oder dreimal im Jahre hatte, überkam. So konnte ich mich 24 Stunden lang kaum rühren und erbrach mich ununterbrochen. Während der ganzen Zeit kam Fräulein kaum zu mir ins Zimmer.

Es waren plötzlich traurige und einsame Jahre für dieses Ehe-

paar angebrochen. Obwohl Herr Karl bis zum Ende arbeitete, war der alte Herr nicht mehr in der Lage, Auto zu fahren, und sie vermissten die Abwechslung ihrer früheren kleinen Ausflüge. Die wenigen Ehepaare, mit denen sie etwas Austausch gehabt hatten, schienen im Laufe der Jahre zu verschwinden. Meine eigenen Besuche wurden auch immer seltener. Es schien mir, als ob sich das Fräulein nicht mehr über diese Besuche freute, und außerdem gaben sie immer wieder Anlass zu Zank. Ob es nun besser wäre, dass ich mit der U4 oder der U2 irgendwo hinfahre, ob man mir Tee oder Orangensaft offerieren sollte, ob das Fernsehprogramm gestern lustig oder fad war. All das war Stoff für das Fräulein, die »blöden Meinungen« ihres Gatten anzugreifen. Oft hatte sie Schmerzen und klagte über das mangelnde Einfühlungsvermögen ihres Mannes. Sie saß in ihrem Sessel mit einem bitteren und unzufriedenen Ausdruck und gab antisemitische Meinungen von sich: »Weißt du, warum die Juden den Waldheim so hassen?« – »Oh?« – »Wir haben ihnen Millionen Schillinge Wiedergutmachung ausgezahlt, aber die Juden sind ja so gierig, sie wollen die Österreicher um jeden Groschen erpressen, und Waldheim wehrt sich dagegen.« *Dann beklagte sich Fräulein über Bronfman und seine Greuelpropaganda.* »Aber Fräuli, du musst wissen, das ist die Wahrheit, keine Propaganda.« – »Warum, ich war ja nicht dabei, und man muss nicht alles glauben, was man hört.«

Ich versuchte meine Wut gegen diese ignorante blöde Frau, die die Meinungen der österreichischen Boulevardpresse wiederholte, zu unterdrücken, indem ich auch an das Fräulein dachte, die ein treuer Freund in großer Not gewesen war. So sagte ich nur: »Aber Fräuli, wie kannst du sowas sagen!« *Sie antwortete:* »Ich weiß, sie haben einige alte Menschen umgebracht, aber deine Großmutter Drucker war ohnehin schon sehr krank.« *Als ich dann nach einer Weile wegging, sagte sie besorgt:* »Du bist so dünn angezogen, Sophielein. Gib acht, dass du dich nicht verkühlst.«

Auch die Ausbeutung der Haushälterinnen der Familie Freud kam öfter zur Sprache. Sie glaubte mir nicht, dass meine Tante Anna ihrer Haushälterin Paula genug Geld für eine lebenslange *gute Versorgung hinterlassen hatte. Dann erwähnte sie, wie sie die schreckliche Launenhaftigkeit meiner Mutter ertragen musste, ihre Wutanfälle, ihre egoistischen Ansprüche und wie sie überhaupt in unserem Haushalt ausgenützt wurde. Ich glaube, der Ursprung dieser Wut war die Kränkung, dass Mutter sie nicht mehr besuchte. Auch erwähnte sie mit Verachtung, dass Mutter ihr bloß 1000 Schilling ($ 100) vererbt hatte. Ich erklärte ihr damals, dass Mutter ihr 1000 $ überlassen hatte, die ihr von mir persönlich überreicht worden waren. Zweifellos, ihr Gefühl, von meiner Mutter nachlässig behandelt und ungenügend gewürdigt worden zu sein, übertraf die Realität bestimmter Geldbeträge. Außerdem hatte sie recht, da Mutter sie in ihrem Testament in Wirklichkeit gar nicht beachtet hatte. Ihre Vorwürfe wegen der armen Paula, die mit »ihrer Familie« nach London emigriert war und sie dort weiter bedient hatte, waren auch nicht ganz falsch. Natürlich hatte Anna Freud genügend Geld für ihre Versorgung hinterlassen, aber sie hatte keine anderen Vorkehrungen für ihre alte und nicht mehr ganz zurechnungsfähige Haushälterin getroffen. Paula hatte, im Gegensatz zu Fräulein, eine missgünstige Familie. Man musste sie fast mit Gewalt aus ihrem urinstinkenden Dienstbotenzimmer in Maresfield Gardens losreißen, um sie von London in ein Altersheim in der Nähe von Salzburg zu bringen. Dort wurde sie in einem spitalartigen Zimmer von gleichgültigen Nonnen versorgt, die keine Kommunikation zwischen den alten Leuten erlaubten. Doch die erschreckende Isolation und Verzweiflung, in der Paula ihr hohes Alter verbrachte und die ich bei meinen mehreren Besuchen beobachtete, gehört in das letzte Kapitel eines anderen Buches.*

Die Gespräche über Mutter und Geld waren um so erstaunlicher, weil Fräulein nie Geld oder Geschenke annehmen wollte und nie bereit war, irgendwelche Wünsche zu äußern.

Ich war also unsicher, als ich sie im Sommer 1991 anrief, um zu fragen, ob ich sie besuchen dürfte. Vielleicht wollte sie mich gar nicht sehen? »Oh, Sophielein, wie schön von dir zu hören, natürlich, komm jeder Zeit.« Es war eine neue, warme Stimme, die ich schon lange nicht mehr gehört hatte. Sowie ich die Wohnung betreten hatte, fiel mir das Fräuli mit Tränen in den Augen um den Hals. »Mein geliebtes Sophielein. Wie schön, dich wiederzusehen. Denk dir nur, mein geliebter Karli ist gestorben. Ach, die schönen Blumen, ich hab dich immer am liebsten in der Welt gehabt, und danach Karli, aber jetzt ist Karli gestorben.« *Sie erzählte mir, wie Karl vor drei Monaten plötzlich zusammen gebrochen ist und sein Doktor, der sofort gekommen war, ihr dann sagte:* »Sie müssen nun sehr stark und tapfer sein. Ihr Mann ist gerade an einem Herzschlag gestorben.«

Fräulein, damals 88 Jahre alt, meinte Karl wäre ein paar Jahre jünger gewesen, vielleicht nur 84, aber sie kannte sich mit Daten nicht mehr so gut aus. Warum musste ihr geliebter Karli sterben? Warum, oh, warum musste er sterben, wenn sie ihn doch so liebte? Da gab es sehr viel Trauer und Tränen, aber ihr Gesicht und auch ihr Benehmen hatten die finstere Bitterkeit verloren.

Fräulein wollte weiter alleine leben, obwohl ihre Verwandten in Kärnten sie gerne mehr in ihrer Nähe gesehen hätten. Sie wollte in ihrer Wohnung bleiben, sie konnte ja auch noch selbst einkaufen gehen. »Weißt du, ich bin des Lebens noch nicht überdrüssig«, *erklärte sie mir.*

Aber 1992, im Jahr von Fräuleins 90. Geburtstag, schien sie schon recht zerbrechlich. Ich verstand, dass man sie nicht mehr allein lassen wollte. Sie war still und in sich gekehrt geworden. »Ja, so ist das Leben«, *murmelte sie vor sich hin,* »ich weiß nicht, warum der Karli sterben musste. Aber so ist das Leben.« *Und dann seufzte sie. Ihre Neffen und die Kinder, die sie einst so liebevoll aufgezogen hatte, kamen sie immer wieder abwechselnd für ein paar Tage besuchen. Bald half ihr die Familie, in ein Altersheim in ihrer Gegend zu ziehen, wo sie bis zu ihrem Tod in den späten 90er Jahren blieb. Ich besuchte sie dort einige Male und war mit ihrer lieben- und würdevollen Versorgung äußerst zufrieden.*

Das letzte Mal, als ich sie noch in ihrer eigenen Wohnung besuchte, fand ich sie alleine vor. Es war Nachmittag. Sie kam im Nachthemd aus dem Bett, um mir mühsam die Tür zu öffnen. Die Wohnung roch nach Urin und war in Unordnung. Ich setzte mich neben ihr Bett, wie damals bei meinem ersten Besuch. »Soll ich dir ein paar Gedichte aus deinem Buch vorlesen«, *fragte ich*

sie, als ich ein kleines Büchlein auf ihrem Nachttisch erblickte. –
»Ja, unbedingt.« *– Ich las ihr ein paar lustige Gedichte vor, und wir lachten. Dann versuchten wir, ohne großen Erfolg, ein Kreuzworträtsel zu lösen.* »Ach Sophielein, es ist so gemütlich, dass du da sitzt«, *sagte mein Fräuli und ergriff meine Hand, um sie ganz fest zu drücken.*

2
Nach meinen Ph.D. wurde das Leben leichter

Ich besuchte immer den Internationalen Logopädiekongress, der in Amsterdam, Madrid, Barcelona, Kopenhagen und Paris abgehalten wurde. Dreimal hielt ich einen Vortrag. Der Vorteil des Besuchs einer Konferenz ist, dass man die Ausgaben von der Einkommenssteuer absetzen kann.

Die abenteuerlichsten Urlaubsreisen, die ich je unternahm, waren zwei Aufenthalte in Mexiko und einer in Guatemala. Alle drei Male wurde ich krank. Das überzeugte mich, meine Urlaube auf zivilisiertere Ort zu beschränken. Ich fuhr in die Rocky Mountains und bereiste Teile von Kalifornien. Und schließlich kehrte ich an die Lieblingsplätze meiner Jugend zurück, in die österreichischen Alpen. Ich konnte nicht anders, dort fühlte ich mich einfach am wohlsten.

Der Urlaub in den österreichischen Alpen muss Mutter an ihre glücklichen Bergtouren ihrer Jugend erinnert haben. Ihre beiden Urlaubsbriefe an Walter klingen fast lebensfroh, eine Stimmung, die ich rasch zu Papier bringen möchte:

Ich bin seit Sonntagabend hier und bin sehr zufrieden mit meiner Wahl. Der Platz hier ist außerhalb des Dorfs. Mein Fenster und mein Balkon schauen auf Tannenwälder und zwei Schilifts. Ich habe schon einen Autobus-Ausflug auf den Stallersattel gemacht, ein 2050 Meter hoher

Bergpass an einem kleinen See ... und bald werde ich schauen, ob ich noch die Kraft habe, zu einer der Almen zu wandern. (19. Juli 1977, Brief auf englisch)

Trotz Kälte und viel Regen freue ich mich über meine Ferien. Wenn es nicht gießt, mache ich Ausflüge, und es geht noch recht gut, viel besser als vor meiner Operation. Ich fahre am 10. August nach Wien, wo ich im Hotel Parkring wohne. Am 9. August plane ich von Lienz aus eine Reise auf der Dolomitenstraße zu machen. (27. Juli 1977, Brief auf englisch)

Walter und Annette kamen im Oktober 1975 in die Vereinigten Staaten und blieben einige Zeit bei uns in Boston. Danach besuchten sie New York City, wo Walter einige Freunde aus der Kindheit hatte. Er wollte Mutter eigentlich nicht aufsuchen, doch seine Freunde, von denen die meisten mit Mutter in Verbindung standen, drängten ihn dazu. Er berichtete, dass sie eine sehr ausführliche Debatte über verschiedene Fahrpläne der Bahn hatten. Vermutlich wurden die zwölf Jahre des unterbrochenen Kontakts zwischen ihnen mit keinem Wort erwähnt. Sie nahmen also ihre Verbindung wieder auf, und erneut entwickelte sich eine relativ lebhafte, wenn auch nicht so häufige Korrespondenz, 31 Briefe zwischen April 1976 und ihrem Tod im Oktober 1980. »Liebstes Herzenskind« wurde meistens zu »Lieber Walter« oder »Liebe Kinder«. Ihre englischen Enkelkinder kamen sie besuchen und wurden von Mutter fürstlich behandelt, und Mutter holte Caroline sogar vom Flughafen ab, eine ziemliche Unternehmung für eine alte Dame.

Ich freue mich sehr auf Carolines Besuch. Außer den $ 50 Geburtstagsgeschenk für Dich, werde ich Caroline $ 100 schenken, ebensoviel wie David und Ida bekommen haben, als sie hier waren. (24. April 1976)

Nachdem ich meinen Ph. D. erhalten hatte, verlief mein Leben viel glatter. Die Veterans' Administration beförderte mich sofort. Ich erhielt ein erheblich höheres Gehalt und arbeitete viele Jahre in dem neu erbauten VA-Krankenhaus in East Orange. Und wieder organisierte ich eine Sprach- und Gehörabteilung, da das Krankenhaus über keine solche Einrichtung verfügte. Das Pendeln war nicht einfach. Ich nahm den Zug um 7:22 nach Newark und dann ein Taxi zum Krankenhaus. Im Winter waren Taxis oft schwer zu finden, und ich verspätete mich, was mich betrübte. Ich war so beschäftigt, dass jede Minute zählte. Einige Jahre hielt ich diesen komplizierten Rhythmus durch, bis das Krankenhaus plötzlich von der Bundesregierung Geld für die Einrichtung einer offiziellen Sprach- und Gehörklinik erhielt und zusätzliches Personal einstellen musste. Ich erwartete, dass man mich zur Direktorin der neuen Klinik ernennen würde, und war schwer enttäuscht, als ein Mann Direktor wurde. Als ich mich erkundigte, warum man mich übergangen hatte, sagte man mir, das Management der Klinik erfordere eine Ganztagsstelle. Ich war so wütend, dass ich meine Arbeitszeit in der Ambulanz auf zehn Wochenstunden reduzierte. Nicht mehr zweimal wöchentlich um sechs Uhr aufstehen zu müssen, um punkt acht mit der Arbeit zu beginnen, erleichterte mir das Leben erheblich. Ich begann darüber nachzudenken, meine Karriere zu beenden, anstatt sie voranzutreiben, fragte mich aber, ob mein Einkommen für ein unabhängiges Leben reichen würde, wenn ich keine Anstellung mehr finden oder durch Krankheit behindert sein würde. Eine Privatpraxis war die beste Lösung, und ich begann sie aufzubauen. Dabei erwies sich Dr. Holman vom New York Hospital als echter Freund. Leider verließ er New York City im Jahre 1978. Dr. S. ist einer der wenigen Bezugspersonen, die mir noch geblieben sind. Meine europäischen Arztfreunde sind mittlerweile alle gestorben. Wenn man wie ich über 80 ist, findet man seine Freunde auf dem Friedhof.

3

Freunde auf dem Friedhof

Tante Janne und Vater waren zwei Personen, die sich auf dem Friedhof befanden, doch ihr Sterben wird in Mutters Geschichte nicht erwähnt. Vater starb im April 1968 in Hove in England, in einem kleinen Haus, in das er sich mit Margaret zurückgezogen hatte. 1889 geboren war er also 79 Jahre alt. Unsere Korrespondenz war einige Jahre zuvor irgendwie zu Ende gegangen. Ich wusste nichts von seiner Krankheit und betrauerte seinen Tod nicht, wenigstens damals nicht. Von Tante Anna erfuhr ich, dass Vater schon mehrere Jahre krank gewesen und ohne Margarets hingebungsvolle Pflege in einem Pflegeheim gelandet wäre. Walter und Annette behaupteten, Vater sei dement gewesen, habe sie nicht mehr erkannt und vielleicht an Alzheimer gelitten. Margaret, mit der ich auch während meines London-Jahres Verbindung aufnahm, stellte das heftig in Abrede. Jahre später wollte ich über mein eigenes genetisches Erbe Bescheid wissen und bat seinen Arzt um Information:

Ihr Vater starb an den toxischen Auswirkungen eines Darmverschlusses, Ergebnis eines plötzlichen Zusammenbruchs aufgrund einer Herzarrhythmie. Die Darmblockierung entstand durch neuro-muskuläre Dysfunktion, die intermittierend sein kann und dieselbe Wirkung hat wie eine mechanische Darmobstruktion. Das Flüssigkeits- und Elektrolysegleichgewicht ist gestört, so dass der Patient verwirrt und desorientiert sein kann, es handelt sich aber um keine primäre zerebrale Pathologie. Er zeigte keine Anzeichen der Alzheimerschen Krankheit.

Er war eine reizende gebildete Person mit einem köstlich verschrobenen Humor.

Mit freundlichen Grüßen,
Stuart Weir (16. März 2001)

Walters »Ernestine«

Die letzte Kränkung ereignete sich nach dem Tod meines Vaters, der gesetzlich noch ihr Gatte war, obwohl sie sich seit 30 Jahren nicht gesehen hatten. Vater starb im April 1968. Bald danach bekam ich einen besonders groben und unangenehmen Brief von Frank Parker (Franz Pollak), dem älteren Bruder meines Schulkollegen Georg. In diesem Brief, natürlich von Esti angeregt, beschuldigte Frank mich, ihr das Erbe ihres Gatten, das ihr zustünde, vorenthalten zu haben. Ich sagte Frank, den ich seit Kindheit kannte, er sollte aufhören, ein so widerlicher

Idiot zu sein, er müsse doch das Gemüt seiner Klientin Esti kennen. So lange ich denken kann, nannte man sie in ihren Wiener Jahren T. M. (total meschugge). Glücklicherweise hat Frank seine Korrespondenz nicht fortgesetzt, aber unsere freundschaftliche Beziehung war damit zu Ende. In Wirklichkeit war mein Vater zur Zeit seines Todes praktisch völlig pleite; er hatte alle Briefe seines Vaters und seine goldene Uhr verkauft. Ich war der Empfänger einer negativen Erbschaft; die Rechnung des Solicitor's war höher als der Wert der Erbschaft.

Mein Herz verkrampft sich, wenn ich daran denke, dass mein Vater in Armut gestorben ist. Margaret erbte das kleines Haus, tauschte es gegen eine Wohnung in Brighton, wo sie in einer Apotheke arbeitete und sich auf sehr bescheidenem Niveau über Wasser hielt. Ich besuchte sie mehrmals und hielt den Kontakt mit dieser freundlichen und unprätentiösen Frau meines Alters aufrecht. Als Dank für ihre Hingabe während der langen Krankheit ihres Bruders hatte ihr Tante Anna von Zeit zu Zeit ein kleines Geldgeschenk gemacht, und ich hielt die Tradition aufrecht.

Margaret war auf der Suche nach Arbeit vom Land nach London gekommen und auf die Annonce meines Vaters gestoßen, der eine Hilfe in seinem Tabakwarenladen suchte. Einige Zeit später wurde sie auch seine Haushälterin und Lebenspartnerin und, wie wir gehört haben, schließlich seine Krankenschwester. Eines Tages, erzählte sie mir voller Stolz, wollte er später heimkommen, weil sich eine ehemalige Freundin gerade in London befand. Margaret stellte klar, dass er entweder rechtzeitig heimkommen müsse oder ein leeres Haus vorfinden würde. Vater dachte anscheinend darüber nach und beschloss, dass seine Zeit als »Schürzenjäger« vorbei war und kam pünktlich nach Hause.

Margarets letzte Jahre scheinen tragisch verlaufen zu sein. Hier ist der Brief, den ich von demselben Arzt erhielt, der meinen Vater behandelt hatte und ihr Freund gewesen war, sich aber während ihrer letzten Krankheit auf Reisen befand.

Margaret war durch ihre Knieverletzung und Arthritis fast gänzlich ans Haus gefesselt. Sie war immer eine so aktive selbständige Frau gewe-

sen, dass ihre eingeschränkte Mobilität sie sehr deprimierte, zumal sich ihre Wohnung im 3. Stock befand und man von der Straße 70 Stufen hinaufsteigen musste, um sie zu erreichen. Vor ihrem Tod stürzte sie auf der Treppe und verletzte sich an Kopf und Fuß. Sie starb an den Folgen einer Lungenentzündung. Ich bedaure Ihnen sagen zu müssen, dass ihre letzten Tage, bis sie in ein Krankenhaus kam, von medizinischer Vernachlässigung geprägt waren. Ich reichte eine offizielle Beschwerde ein, habe aber die Sache nicht weiter verfolgt, weil nichts mehr zu gewinnen war.
Yours sincerely Stuart Weir (16. März 2001)

Mein Bruder mochte Margaret nicht, wenigstens nicht in seinen späteren Jahren, und war also nicht vorhanden, als es darum ging, ihr zu helfen.

4
Tante Jannes Tragödie

Tante Janne starb 1972 im frühen Alter von 71 Jahren an einem Emphysem.
 In meinen Tagebüchern spreche ich mehrmals die Hoffnung aus, dass Tante Janne mir beim Übergang in ein neues, fremdes Land wieder helfen würde.
 Nur der Gedanke, Tante Janne dort wiederzufinden, hatte mich ein bisschen mit Amerika versöhnt.
 Die Zittaus waren wie erwähnt einige Monate vor uns rechtzeitig aus Paris geflohen, nach Israel emigriert und von dort nach Kuba, wo sie auf ihr Visum für die Vereinigten Staaten warteten. So war Tante Janne in New York City, als wir ankamen, wartete auf mich und nahm mich in ihrer stets warmherzigen Art mit offenen Armen auf. Tante Janne versuchte sich in verschiedenen Jobs, doch anders als meine Mutter war sie trotz ihrer vielfältigen Begabungen nie in der Lage, eigenes Geld zu verdienen. Herbert graduierte an der Columbia University, *überlebte seinen Wehr-*

dienst und besuchte im Mittleren Westen eine Hochschule für ein Aufbaustudium und erlitt dort einen geistigen Zusammenbruch. Tante Jannes Leben zerfiel zu Asche. Es brach ihr das Herz und die Lebensenergie.

Bevor Herbert erkrankte, sah seine Mutter in ihm, sicherlich zu Recht, einen brillanten, wenn auch emotional verletzbaren jungen Mann. Viel später gestand sie mir einmal, sie habe gehofft, ich würde ihn heiraten und ihn mit meiner robusten Natur im Gleichgewicht halten – so wie sie es ihrer Meinung nach bei ihrem Mann tat. Herbert und ich wurden in New York City in der Tat gute Freunde, und ich war ihm für seine Freundschaft in dem neuen Land dankbar. Leider machte mir Herbert dann sexuelle Avancen, doch für mich war er ein Bruder, kein Liebhaber, und ich stellte das eindeutig klar. Nachdem Herbert krank geworden war, kam Tante Janne immer noch manchmal von New York nach Boston, um meine junge Familie zu besuchen, wurde aber nach ein paar Stunden ruhelos, machte sich Sorgen um Herbert und fuhr noch am selben Tag nach Hause. Sie erwähnte, wenn auch ohne merkbaren Vorwurf, dass einige Ärzte der Meinung waren, meine Zurückweisung habe den Ausbruch seiner Krankheit unter Umständen beschleunigt. Schließlich kam sie nicht mehr zu Besuch, und ich sah sie nur bei meinen seltenen Aufenthalten in New York City. Dann erzählte sie mir von ihrer Verzweiflung und ihren Versuchen, ihm zu helfen.

Mutters Bemerkungen in ihren Briefen an Walter dokumentieren einige Phasen des Desasters, und trotz ihrer gemischten Gefühle für ihre Schwester empfand auch Mutter wachsendes Mitleid mit Tante Jannes Tragödie.

Mariannes Sohn, Herbert ist noch immer sehr krank und die Zittaus müssen unglaublich viel Geld für Doktore ausgeben. Sie nehmen sich die Sache sehr zu Herzen. (17. Mai 1952)

Der Herbert Zittau ist noch immer nervenkrank. Marianne hat sich den teuersten Arzt in New York genommen. Ich glaube $ 50 eine Sitzung. Das geht jetzt drei Jahre. Es hilft nichts. Er will absolut nicht arbeiten und sitzt und brütet und wird immer fetter. Es ist ein großes Unglück. Die Tante Janne ist auch halb verrückt, sie kränkt sich so. (27. Mai 1954)

Meine Schwester Marianne hat sich überfahren lassen. Der Fuß ist ihr gebrochen. Einige Schädelknochen und wahrscheinlich eine Rippe. Sie hat sehr arg ausgesehen. Es geht ihr schon besser. Sie ist schon zu Hause. (15. Mai 1955)

Denk Dir nur, der arme Herbert ist ganz wahnsinnig geworden. Er hat zu toben angefangen und man musste ihn sofort ins Spital bringen. Jetzt ist er katatonisch. Meine Schwester Marianne ist auch halb verrückt vor Kummer und Aufregung. Schreib dem Sopherl nichts, ich habe es ihr auch nicht geschrieben. Schliesslich ist sie schwanger und soll sich nicht aufregen. (1. Juli 1955)

Herbert dürfte es besser gehen. Er ist seit ein paar Wochen zu Hause. Die neuen Medicinen, Thoracin, ein Mittel das die Franzosen erfunden haben, hilft ihm sehr. Die Janne hat $ 30.000 für einen Psychoanalytiker ausgegeben der angeblich Schizophrenie mit gut zureden behandelt und heilt. Zum Schluss ist der arme Herbert tobsüchtig geworden, als *result* der Behandlung. Der Arzt heißt Rosen und hat nur Millionäre, die Rockfeller usw. als Patienten. (25. Febr. 1956)

Tante Janne, der finanzielle Erwägungen vollkommen egal waren, ließ nichts unversucht, um in der ganzen westlichen Welt für ihren Sohn Hilfe zu suchen, von der Psychoanalyse in New York City über eine Insulintherapie in Wien bis zur Schocktherapie in der Schweiz. Schließlich gerieten sie in die Fänge des in Philadelphia ansässigen berüchtigten Dr. John Rosen, von dem behauptet wurde, er habe eine Wundermethode zur Heilung geisteskranker Menschen gefunden. Dr. Rosen, so berichtete mir Tante Janne, engagierte sich zuerst hundertprozentig für Herbert, machte großartige Versprechungen, nahm ihn anscheinend mit in sein Haus, verbrachte viele Stunden mit ihm, und dann, als sich Herberts Zustand nicht besserte, »ließ er ihn fallen wie eine heiße Kartoffel«. Dr. Rosen wurde für seinen ethisch problematischen Umgang mit seinen Patienten verurteilt und verlor im Jahre 1983 seine Zulassung als Arzt.

Schließlich bekam Herbert neue Medikamente, die seinen Zustand besserten.

Zwei Jahre später erkrankte Onkel Heinrich und starb.

Ich muss Dir mitteilen, dass mein Schwager Heinrich Zittau, gestern abend plötzlich gestorben ist. Wie ich Dir früher mitgeteilt habe, hatte er eine Coronary im Mai, es ist ihm jedoch bereits viel besser gegangen. Der Tod ist sehr rasch und plötzlich gekommen. Meine Schwester ist sehr außer sich. Herbert ist sehr arg und sie hat gar keine Stütze an ihm.... Meine Generation ist jetzt an der Reihe zu sterben. (6. Okt. 1962)

Ich bin immer noch froh, dass ich nicht auf meine Mutter gehört habe, die einen Telefonanruf für ausreichend hielt, und nach Onkel Heinrichs Tod einige Tage bei Tante Janne verbrachte, denn sie befand sich in einem bedauernswerten Zustand. Onkel Heinrich war an einer schlimmen Grippe gestorben, sagte Tante Janne, die davon überzeugt war, er wäre nicht gestorben, hätte sie ihn in einem früheren Stadium der Krankheit zum Arzt geschickt. Während Witwen sich häufig solche Gedanken machen, waren ihre Selbstvorwürfe grenzenlos. 30 Jahre Schuldgefühle, diesem emotional verkümmerten Mann keine liebende Ehefrau gewesen zu sein, stürzten über ihr zusammen und ließen sie zwei Tage und zwei Nächte qualvoll schluchzen.

Marianne hat ihre Wohnung aufgelöst und wird Mittwoch nach Wien fliegen und wahrscheinlich dort leben, oder in Spanien. Herbert bleibt in New York, ohne irgendwas zu arbeiten. Ich habe ihn nur beim Leichenbegängnis seines Vaters gesehen, da hat er einen NICHT guten Eindruck auf mich gemacht. Es ist sehr traurig. (6. Jan. 1963)

Onkel Heinrichs Begräbnis war in der Tat eine makabre Angelegenheit. Es hatte einen quälenden Streit mit Herbert gegeben, der keinen Hut tragen wollte – Pflicht bei einem jüdischen Begräbnis –, der Rabbiner gab irgendwelche abgegriffenen Klischees über Onkel Heinrichs gutes Leben von sich, und Tante Janne weinte ohne Unterlass. Bald darauf reiste sie nach Europa ab, während Herbert in New York blieb.

Marianne ist irgendwo in Europa. Sie ist nebbich gefallen und hat sich das Rückgrat verletzt.
    Herbert geht es nicht besonders. Ich wollte ihn einladen, er will mich aber nicht sehen. Er ist nicht arbeitsfähig aber nicht in einer Anstalt. (16. März 1963)

Wenn Du nach Österreich kommst, besuche meine Schwester, sie ist nebbich sehr allein, und verträgt es weniger gut als ich. (25. Mai 1963)
Marianne ist nun aus Wien zurückgekommen. Sie bekommt von United Artists, wo ihr Mann angestellt war, für die nächsten drei Jahre $ 1000 im Monat. Sie hat sich in meiner Nähe eine sehr hübsche Wohung genommen. Sie will mit Porträt photographieren Geld verdienen. Herbert ist unfähig, sich etwas zu verdienen. Sehr »hostile,« Er hat sie, obwohl sie jetzt ungefähr 3 Monate hier ist, noch nicht besucht. Ihr einen ganz verrückten Brief geschrieben. Es ist so ein Unglück. (22. Dez. 1963)

Tante Janne lebte noch zehn Jahre nach ihres Gatten Tod. Sie hatte tatsächlich großes Talent zur Fotografie und machte wunderschöne Bilder von meinen Kindern bei einem ihrer seltenen Besuche. Aber ich fürchte, ihre alten Jahre waren eher freudlos und natürlich ungeheuer von Sorgen über Herberts psychischen Zustand belastet. Mit Leidenschaft spielte sie Bridge, was uns an Freuds berühmte »Dora« erinnert, die in ihren alten Jahren in der Emigration mit Bridgespielen etwas Geld verdiente. Aber wenigstens war sie ohne große Geldsorgen.

Nach lebenslangem Kettenrauchen erstickte Tante Janne; vom Krankenhaus rief sie mich an, um mir Lebewohl zu flüstern. Sie ernannte mich zu einem der Vollstrecker ihres Testaments, das sie schon vor langer Zeit verfasst hatte, um für ihren verletzbaren Sohn vorzusorgen. Das bedeutete, dass sie mir vertraute und unsere lange Beziehung auch für sie wichtig geblieben war. Ich war auch froh, etwas von der unendlichen Freundlichkeit, die mir Tante Janne immer erwiesen hatte, zurückgeben zu können.

Trotz Onkel Heinrichs langem Arbeitsleben mit guten Einkünften gab es für Herbert nur ein bescheidenes Sicherheitsnetz. Wahrscheinlich hatte seine Krankheit viel von den Ersparnissen der Familie verschlungen.

Rückblickend kann ich nicht mehr genau sagen, ob Tante Janne oder meine Mutter ein besseres Leben hatte und welche von beiden die schlechtere Ehe. Onkel Heinrich war tüchtig im Geldverdienen, verfügte aber in extremer Weise über keine anderen erkennbaren sozialen Fähigkeiten, und heute bin ich überzeugt, dass er am Asperger-Syndrom litt. Ungewiss ist, ob das vorherr-

schende Gefühl meiner Tante ihm gegenüber Ekel, Verachtung oder Mitleid war, da sie ihn abwechselnd als Schwachkopf, Idiot oder Verrückten apostrophierte, aber doch bereit war, ihn auf ihre Art ihr Leben lang zu unterstützen. Ob dieser Professor Unrat von den Affären seiner Frau wusste oder nicht, so war er doch zufrieden, an der Peripherie seines Blauen Engels zu leben. Ohne sie wäre er vielleicht sogar untergegangen. Warum hast du einen solchen Mann geheiratet, hatte ich vor langer Zeit Tante Janne einmal verdutzt gefragt, als wir in Biarritz zusammenlebten. »Naja«, antwortete sie, »als junge Frau hat es mir geschmeichelt, von diesem wichtigen etablierten Banker umworben zu werden. Ich war unglücklich mit meiner unzufriedenen Mutter und meinem heimlich spielbesessenen Vater und wollte unbedingt von zu Hause weg. Als ich während unserer katastrophalen Hochzeitsreise Heinrichs emotionale Defizite bemerkte und meinen fatalen Fehler einsah, war es schon zu spät – ich war schwanger.« Sie blieb dann bei ihrem Mann, erklärte sie, um ihrem Sohn ein stabiles Umfeld zu ermöglichen, und opferte so jede Hoffnung auf eheliches Glück. Und, das muss ich hinzufügen, während Onkel Heinrich beim Geldverdienen wirklich ein gutes Händchen besaß, verfügte Tante Janne über das ähnlich ausgeprägte Talent, Geld großzügig und rasch auszugeben. Der Drucker-Haushalt hatte seine Töchter nicht auf ein bescheidenes Leben vorbereitet.

Herbert zog nach La Jolla und fand eine erheblich ältere Partnerin, die bis in ihr hohes Alter hingebungsvoll an seiner Seite blieb. Sie führten ein zufriedenes Leben, samt einer heißgeliebten Katze und einem wunderschönen Garten, wenn man den Fotos trauen darf. Obwohl er nie einer regelmäßigen Arbeit nachging, schrieb er doch abstrakte Gedichte, die in anspruchsvollen Literaturzeitschriften veröffentlicht wurden. Wir sind in Kontakt, haben uns aber seit seinem Umzug nach La Jolla nicht mehr gesehen.

5
Martins Geist

»Es war unheimlich«, *erzählte mir Mutter*, »da stand der junge Martin an meiner Tür, und ich dachte, ich sähe einen Geist.« *Die Ähnlichkeit meines Sohnes mit meinem Vater war tatsächlich erstaunlich. Einmal konnte ich ein Foto meines Vaters, das ihn als jungen Mann zeigte, meinen Töchtern gegenüber als ein Foto von Georg ausgeben.* »Warum trägt Georg so einen komischen Hut«, fragten sie.

Mutter erschrak, als ich ihr fröhlich mitteilte, dass ich mit einem dritten Kind schwanger war. »Erinnerst du dich nicht«, *fragte sie vorwurfsvoll*, »dass ich nur zwei Kinder hatte?« *Mutter war ihrer Zeit voraus. Zwei Kinder genügten für eine Familie. Als sie hörte, dass Walter und Annette ebenfalls ein drittes Kind erwarteten, schrieb sie kritisch:*

Ich gratuliere zum zukünftigen Familienzuwachs. Es sieht aus, als wenn Du und die Annette sich vorgenommen hätten, eigenhändig den Bevölkerungsverlust des zweiten Weltkriegs zu ersetzen. Ist das nicht zu anstrengend für die Annette? Erstens das viele Kinderkriegen, zweitens das Aufziehen von so vielen kleinen Kindern auf einmal? Hast du auch genug Geld? (7. Jan. 1956)

Aber nach seiner Geburt hegte sie von Anfang an eine Vorliebe für meinen Sohn, obwohl Mutter in ihrer eigenen Familie ihre Tochter vorgezogen hat. So schrieb sie nach Besuchen bei uns an Walter:

Letzten Sonntag war ich bei der Sophie, mir das neue Baby anschauen. Es ist sehr herzig und brav, nimmt gut zu und wenn man zu ihm spricht versucht es im selben Ton zu antworten, das ist sehr, sehr früh. (6. Nov. 1955)

Wie Du weißt, war ich bei Sopherl. Alle Kinder sind gesund und im grossen ganzen o. k. Am besten hat mir Georg gefallen. Der hat sich sehr gut entwickelt. Sehr freundliches, liebenswürdiges, gescheites Kind. Auch brav und folgsam. (23. Mai 1964)

Georg über seine Grossmutter, Fortsetzung

Es gab also keine wirkliche Grundlage für eine enge Beziehung zu Esti, als ich nach meinem Collegeabschluss nach Manhattan zog, nur eine kurze U-Bahn-Strecke von ihrer Wohnung in der East 81. Straße entfernt. Wahrscheinlich aus Neugierde (möglicherweise auch aus einem Anflug von Familiensentimentalität, obwohl Familienwerte nie eine wichtige Rolle in meiner Erziehung gespielt haben) beschloss ich, mich mit Esti anzufreunden.

Als ich den Kontakt als junger Erwachsener mit ihr wieder aufnahm, war Esti eine einsame, verbitterte Frau in ihren 70ern, die stets das Schlimmste annahm und folglich meistens aus allen Menschen, mit denen sie in Verbindung trat, das Schlimmste herausholte. Sie war sich aber ihrer Rolle in diesem Circulus vitiosus überhaupt nicht bewusst; für sie war die Welt von ungeschliffenen, feindseligen Leuten bevölkert. Bei einer Begegnung, die typisch war für die Geschichten, die sie mir oft erzählte, um die Grobheit der New Yorker Bevölkerung zu illustrieren, fiel der Sprachtherapeutin Esti die rauhe Stimme einer Frau auf, die in der Bank in der Schlange hinter ihr in ein Gespräch vertieft war. Wohl neugierig, wie die Frau zu dieser kehligen Stimme gekommen war, drehte sich Esti um und fragte: »Warum haben Sie eine so rauhe Stimme? Rauchen Sie?« (Sie selbst hatte nicht nur einen starken deutschen Akzent, sondern auch eine Stimme, die mir ziemlich »rauh« vorkam, obwohl sie nicht rauchte. Ich konnte mir nie vorstellen, wie sie als Sprachtherapeutin arbeiten konnte.) Natürlich antwortete die Frau ihr nicht mit der Bitte, Esti möge ihre kränkelnde Stimme heilen, sondern reagierte verärgert auf das, was in den Augen der Fragerin eine vollkommen natürliche und höfliche Nachfrage war. Esti konnte die Feindseligkeit der Frau nicht begreifen, es passte aber in ihre allgemeine Wahrnehmung, dass New Yorker unfreundlich waren.

Das Leben hatte es nicht gut mit ihr gemeint; sie hatte in die Familie Freud eingeheiratet, wurde aber von dieser so entschieden abgelehnt, wie es nur möglich sein kann. Und sie war nicht einmal, sondern zweimal gezwungen worden, zu emigrieren und in einem neuen Land von vorne zu beginnen. Für eine Sprachtherapeutin muss es besonders anstrengend gewesen sein, zweimal die Sprache zu wechseln. Aber anscheinend wogen ihre Erfahrungen während des Krieges weit weniger schwer als die Ungerechtigkeiten, an die sie sich aus ihrer Kindheit erinnerte und später in den Memoiren für ihre Enkelkinder festhielt. Ob unglückselige Gene verantwortlich waren oder der Mangel an Liebe als Kind, fest steht, dass Esti sich selber die schlimmste Feindin war; sie war, als ich sie besuchte, ein Opfer ihrer eigenen Persönlichkeit. Sie war verzweifelt bedürftig nach Liebe und Freundschaft, konnte aber ihren eigenen charakterlichen Defekten nicht entkommen, die bewirkten, dass sie sich anderen Menschen gegenüber auf eine bestimmte Art verhielt. Obwohl die Familie Freud sie abgelehnt hatte, war sie von Freud und ihrer Verbindung zu ihm besessen. Ihre Wohnung war voll mit Freud-Erinnerungsstücken, und bei jeder sich ergebenden Gelegenheit brachte sie ungefragt ihre Verbindung zu Freud aufs Tapet. Bei der Hochzeit meiner Schwester erinnerte sie die Mutter meines Schwagers so oft daran, was für ein Glück es für ihren Sohn sei, in die Freud-Familie einzuheiraten, dass diese (und sie hatte ihre eigenen Persönlichkeitsprobleme) schließlich explodierte: Die Freud-Connection sei ihr scheißegal, sagte sie. Bei einer meiner vielen Besuche bei Esti brachte ich eine Frau mit, mit der ich gerade ausging. Ihren Namen weiß ich nicht mehr, ich weiß nur, dass mir ihr Körper wichtiger war als ihr Geist, dass sie die schlechte Angewohnheit hatte, den Fernseher, auch wenn wir schliefen, die ganze Nacht laufen zu lassen (und zu protestieren, wenn ich ihn ausschalten wollte), und dass das Abendessen, zu dem sie mich einmal in ihrer Wohnung einlud, aus einem einzigen riesigen Räucherfischkopf bestand. Das kam mir seltsam vor, ich wollte aber nichts sagen, wenn sie selbst nicht darauf zu sprechen kam, und so verzehrten wir gemeinsam kommentarlos den Fischkopf. Die Frau arbeitete als Altenpflegerin und beging den Fehler anzunehmen, meine Großmutter würde den alten Leuten gleichen, um die sie sich sonst kümmerte. Ihr erster Fauxpas war, Esti »Ernestine« zu nennen. Schlimm genug, dass sie den formlosen Vornamen verwendete anstatt »Dr. Freud«, aber Ernestine war Estis verhasster Kindheitsname. Von da an ging es mit dem Besuch schief. Esti bestürmte die arme Frau mit Fragen, die unverkennbar darauf abzielten, die Tiefen ihres niederen sozialen Status auszuloten. Als ich Esti das nächste Mal nach diesem Besuch sah, äußerte sie die Hoffnung, ich würde es nicht ernst meinen mit dieser Frau, die sie mit einem schelmischen Gakkern eine »dumme Gans« nannte.

Meine Besuche bei Esti entwickelten sich rasch zu einer geordneten Routine. Ich kam in ihre Wohnung, wir plauderten bei einem Glas Dubonnet, dann zogen wir weiter in eines der vielen italienischen Restaurants in ihrer Umgebung. Ich wünschte, ich könnte mich besser an unsere Gespräche erinnern und hätte ihr mehr Fragen über ihr Leben gestellt, ich erinnere mich jedoch in erster Linie daran, welches Ende diese Abendessen unweigerlich nahmen. War es auf der Speisekarte zu finden, bestellte Esti fast immer Zabaione zum Dessert (eine Art Pudding aus Eiweiß und irgendeinem Likör). Nachdem es aufgetragen wurde, tauchte sie ihren Löffel hinein, kostete eine winzige Menge, verkündete dann gereizt »Nicht Zabaione! Nicht Zabaione!« *[im Original deutsch]* und ließ den Kellner die Nachspeise in die Küche zurückbringen. Eines Abends war meine Schwester zu Besuch in New York, und ich nahm sie mit zu Esti. Auf den Ablauf des Abendessens hatte ich sie gut vorbereitet, und als sich das Skript wie angekündigt entfaltete, verfielen wir in hilfloses Kichern, während Großmutter uns misstrauisch musterte.

Im Gedächtnis geblieben ist mir auch ein festliches Abendessen, das sie für zwei Verwandte gab, die Esti einmal auf unverzeihliche Art herabgesetzt hatten, wie sie mir anlässlich meiner Einladung erzählte. Weil sie diese Gäste nicht wirklich mochte (ein Ehepaar aus Wien ungefähr im Alter meiner Eltern), unternahm sie besondere Anstrengungen, sie zu beeindrucken, indem sie die Putzfrau in eine schmucke Uniform steckte und sie die Speisen auftragen ließ. Schon nach dem ersten Gang, einer Tomatensuppe mit einem Klumpen saurer Sahne, nahm die

Katastrophe ihren Lauf. Als der Mann des Paares die Suppe lobte, antwortete sie mit einem hörbar überheblichen Tonfall: »Wirklich? Es ist Campbells.«

Die Negativität dieser Geschichten sagt ebensoviel aus über die ererbten Eigenschaften des Verfassers dieser Erinnerungen wie über seine negativen Interaktionen mit Esti. Wir hatten eigentlich eine sehr herzliche Beziehung und unterhielten uns freimütig über Themen, über welche die meisten jungen Männer wahrscheinlich nicht mit ihren Großmüttern reden; es gab irgendeine reale Ebene, auf der wir uns begegnen konnten. Rückblickend habe ich den Eindruck, dass Esti eine große Sehnsucht nach Liebe hatte, aber irrtümlich Respekt suchte, oder vielleicht meinte sie auch, dass Respekt das Maximum war, auf das sie hoffen durfte. Ihre Forderung nach Respekt setzte ein, noch ehe man ihre Wohnung betreten hatte; die Matte vor ihrer Tür trug die Prägung »Dr. Esti Freud, PhD«. In ihrer Beziehung zu mir jedoch verzichtete Esti auf solche Anmaßungen. Ich war wohl die letzte Person, mit der sie auf einer persönlichen Ebene verkehrte, und ich bin froh, mich an sie nicht nur als alte Dame zu erinnern, die Dörrpflaumensaft trank.

George wird nächstes Jahr nach Yale *[eine amerikanische Universität]* gehen.*[für seine Doktoratstudien]* Er freut sich sehr aber ich werde ihn sehr vermissen. Es war so angenehm, jemanden von der engen Familie in N. Y. zu haben. Er ist ein sehr lieber Bub und hat von seinem Großvater geerbt, ein großer Frauenheld zu sein. (30. Mai 1980)

Mein Sohn und ich sind über diese freundlichen Worte erleichtert, weil die Trennung nicht so unfreundlich aufgenommen wurde, wie wir beide dachten. Mutter war im Spital wegen ihrer ersten Operation, so erinnere ich mich, und verlangte viele Gefälligkeiten von ihrem Enkel, er sollte ihr immerzu dieses oder jenes aus ihrer Wohnung bringen. Es wurde ihm zu viel, und er fing an, sich von ihr zurückzuziehen. Aber Mutter scheint es anders erlebt zu haben. Mein Sohn machte sich über den Akzent seiner Großmutter lustig, und manchmal auch über meinen. Er und seine Schwestern haben keinen Akzent. Ich habe amerikanische Kinder.

6
Arbeit bis zum letzten Atemzug

Mutter erwähnte im Alter immer ihren guten Gesundheitszustand, der sie ein Leben lang begleitet hatte, und es stimmt, dass sie keinerlei chronischen Beschwerden hatte und praktisch nie der Arbeit fernblieb. Wenn ich mich aber an unsere Telefongespräche erinnere und wir ihre Briefe durchlesen, finden wir ständig Berichte über Krankheiten, eine schlimme Erkältung nach der anderen, die ihr fast ebensoviel Unbehagen verursachten wie ihre persönlichen und beruflichen Ärgernisse. Möglicherweise steckte sie sich im Krankenhaus bei ihren Patientinnen und Patienten an, denn ich kann mich aus unserer Zeit in Europa kaum an Krankheiten erinnern. In fast jedem Brief klagt sie über extreme Müdigkeit, besonders während ihrer beiden langen Tage an der Veterans Administration in Newark, und es kann auch sein, dass dieser Job und ihr wahrlich erschöpfender Zeitplan zu einer allgemeinen Immunschwäche führte.

Ich habe wieder einen bösen Katarrh gehabt mit Fieber und fühle mich wieder sehr müde. Ich schleppe mich zu allem herum und alles strengt mich entsetzlich an. Besonders die Veterans Adm. mit dem 16 Stunden Arbeitstag. Aufstehen um 6.30 und nach Hause kommen um 9.30 p. m. Ich habe aber nicht den Mut, es aufzugeben. Ich weiß, ich bekomme meinen Check sicher ... Neuestens habe ich überhaupt immer etwas. Ich werde schon alt. (Brief an Walter, 9. Okt. 1955)

Außerdem gibt es eine Reihe von seltsamen Unfällen. Im Februar 1951 stürzte sie und brach sich einige Rippen. 1952 fiel sie auf Kopf und Rücken, als der Bus plötzlich anhielt, und im selben Jahr stürzte sie einige Monate später in ihrer Schule die Treppe hinunter. 1953 kollidierte sie auf der Straße mit einem Mann und fiel auf den Hinterkopf, im August 1955 brach sie sich wieder eine Rippe, ein paar Monate später fiel sie auf dem frischgewaschenen Fußboden in der Lobby ihres Wohnblocks hin, 1961 zog ein Kind unter ihr den Stuhl weg, und sie fiel auf den Boden, verletzte sich erheblich und war sehr erschrocken. Sie selbst konnte sich all diese Unfälle nicht erklären und schloss schließlich eine sehr hohe Unfallversicherung ab. Ich frage mich, ob Mutters inneres Chaos, das sie mit vielfältigen Methoden unter Kontrolle hielt, auf diese Weise immer wieder zum Durchbruch kam.

Ich regte mich über ihre Unfälle immer sehr auf. Ich weiß nicht, wie es für meinen Bruder war, so oft davon zu hören, sogar in einem Geburtstagsbrief.

25. März 1951

Liebes Herzenskind:
Ich schreibe Dir, weil ich Dir recht herzlich zum Geburtstag gratulieren möchte. Ich wünsche Dir das Allerbeste. Einen sehr guten Job mit einem großen Salary; bleibe gesund, das ist wohl das Wichtigste.

Ich habe Dir recently *[vor kurzem]* zwei Fleischpakte geschickt und ich hoffe, daß sie gut ankommen werden. Hier ist alles im Überfluss: nur sehr teuer, besonders wenn das Einkommen auf ein fixed salary angewiesen ist.

Ich hatte leider einen Unfall, bin in meiner Schule, weil ich das Fenster öffnen wollte, mit dem Sessel umgefallen und habe mir einige Rippen gebrochen. Es tut gräßlich weh. Man kann nicht ordentlich atmen, nicht husten und vor allem nicht niessen. Jede Bewegung tut mir sehr weh, besonders wenn man herumrennt und weiter arbeiten muß. Ich bin ganz außer mir. Der Doctor, Bandagen und so weiter hat auch viel Geld gekostet, und ich konnte nicht so viel verdienen. Du mußt daher entschuldigen, daß ich Dir erst später etwas zum Geburtstag schicken werde. ...

Von mir gibt es wenig zu erzählen, außer, daß mich der Bus, ich war drinnen, beim plötzlichen Stehenbleiben umgeschmissen hat, ich bin auf den Rücken und Kopf geflogen, ich habe gedacht, daß ich mir die Wirbelsäule und den Schädel gebrochen habe, aber es war nur eine Beule und Bruises im Kreutz. (21. März 1952)

Neulich hat mich ein Mann auf der Straße umgerannt, ich bin auf den Hinterkopf gefallen und war ganz dazed. Ich habe mich sehr angehaut. Fortwährend passiert mir etwas. Ich habe jetzt eine große Unfall-Versicherung eingegangen. (28. Febr. 1953)

Außerdem habe ich mir eine Rippe verletzt. Hoffentlich ist es nichts Arges. Wenn man älter wird, hat man immer gleich Angst vor allen möglichen Krankheiten, und da ich kein Geld habe, ist krank sein entsetzlich. (6. August 1955)

Das körperliche Unbehagen, das die Krankheiten verursachten, war nur ein Aspekt von Mutters Trübsal. Ihr anderes, möglicherweise schlimmeres Leiden war die stets lauernde Angst, Krankheiten könnten sie von der Arbeit und somit vom Geldverdienen abhalten, ohne das sie nicht überleben könnte. Wenn sie krank war oder auch nur an eine Krankheit dachte, so fühlte sie sich überdies besonders einsam und von aller Welt verlassen.

Es ist halt ein solcher Jammer, dass Dank des Herrn Hitler die Familie so zerstreut über die Erde ist. Wir sind alle sehr allein. Wenn mir etwas fehlt, so habe ich niemanden der mir nur ein Glass Wasser reicht. Es ist auch sehr traurig dass wir uns nie sehen können und dass ich so gar nichts von meinen Enkeln habe. Ich werde nicht jünger, arbeite sehr schwer und kann mir nichts ersparen. (24. April 1954)

Hier ist es wieder unmenschlich heiss, und arbeiten fällt mir sehr schwer. Ich wollte einer von Euch, Du oder Sopherl wären reich und ich könnte mich zurückziehen. Es strengt mich so an, besonders die zwei Tage an denen ich um 6 Uhr aufstehen muss und um halb zehn nach Hause komme. Ich fühle mich nicht besonders wohl und ich habe immer Angst ich werde ernstlich krank werden und nicht arbeiten können. Es ist so arg dass ich niemand von Euch hier habe.

… I am quite depressed. Viele Pussi an alle. Deine Dich sehr liebende Mutter Esti wünscht Euch einen schönen Urlaub (5. Juli 1959)

Danke für Deinen Brief. Vor zwei Wochen bereits 16 Tage wurde ich geimpft und seitdem bin ich krank und kann mich nicht erholen. Ich fühle mich schrecklich, und arbeiten strengt mich entsetzlich an. Ich bin schon ganz verzweifelt …

Krank sein ist gar nicht angenehm, wenn man ganz allein ist und niemand einem ein Glas Wasser gibt. Nicht eine Seele hat mich besucht. Nicht einmal meine Schwester hat es der Mühe wert gefunden, obwohl ich Herbert einen sehr guten Job verschafft habe, sozusagen auf der Presentier-Tasse offeriert. (4. März 1962)

Ich plage mich auch schrecklich und habe Angst, daß ich nicht mehr lange so weiter arbeiten werde können. Was dann mit mir geschehen wird, weiß ich nicht. (19. Mai 1962)

Doch als Mutter an Darmkrebs litt, beklagte sie sich fast weniger als über viel unbedeutendere Krankheiten und erholte sich erstaunlich rasch und gut.

Im Frühjahr 1974 wurde ich plötzlich ernsthaft krank. Es begann, als ich mit einem kleinen Mädchen arbeitete, deren Sprachproblem ich korrigierte. Ich begann zu zittern und konnte nicht aufhören. Nach meiner Sitzung mit dem Kind maß ich mir die Temperatur – ich hatte 41 Grad. Ich rief Dr. W. Barnes an, der mich schon mehrmals behandelt hatte und mit dem ich mich sehr gut verstand. Am Telefon war die Arzthelferin: »Dr. Barnes ist nicht hier.« Ich sagte ihr, ich hätte hohes Fieber und würde dringend einen Arzt benötigen, und dass Dr. Barnes mich schon früher behandelt habe. »Sie wissen sehr gut, dass Dr. Barnes Chirurg ist«, antwortete sie und legte auf. Ich war verzweifelt. Ich rief Dr. Berglass an, den ich aus Wien kannte, und er empfahl Dr. Hauser, der kam, um mich zu untersuchen, einen Darmtumor feststellte und mich ins Mount Sinai Krankenhaus überwies. Dort wurde ich sechs Tage lang endlosen Tests unterzogen, einer grässlicher als der andere, bis ich schließlich wegen eines bösartigen Darmtumors operiert wurde. Ich war überzeugt davon, nicht zu überleben, da mein Vater, als er starb, genauso alt war wie ich. Doch ich erholte mich rasch.

Fünf Wochen nach der Entlassung aus dem Spital flog ich nach Interlaken, um an einem Logopädiekongress teilzunehmen. Ich reiste in Gesellschaft einer Berufskollegin aus Denver. Nach dem Kongress fuhren wir nach Montreux, wo sie ziemlich ruhelos war. Jeden Tag mussten wir einen anderen Ausflug machen, während ich, eben erst von der Operation genesen, ein enormes Bedürfnis nach Ruhe hatte und nichts anderes wollte als in der Sonne zu liegen und die wunderschöne Landschaft zu genießen. Schließlich landeten wir in Genf mit seinen zahllosen Besichtigungsmöglichkeiten. Trotzdem fühlte ich mich nach meiner Rückkehr sehr gut und nahm alle meine früheren Aktivitäten wieder auf.

Mutter machte sogar noch im August 1977 einen Besuch bei der Familie in London, im Anschluss an einen logopädischen Kon-

gress in Kopenhagen. Nach ihrem enthusiastischen Dankesbrief zu urteilen – so verwöhnt bin ich seit 1938 nicht mehr geworden –, *verlief alles glatt.*
Die Geschenke fingen auch wieder an. 1977 legte Mutter ein Sparbuch für Walter an, auf dem sich im April 1979 $ 274.16 befanden.

Ungefähr vor vier Wochen kaufte ich ein licht blaues Abendkleid für Deine Frau, für ihre Seereise. Ich ließ es Luftpost direkt vom Geschäft schicken. Bitte laß mich wissen, ob es ankam, und wieviel Zoll Du zahlen musstest, so dass ich Dir einen Check dafür schicken kann. (18. Febr. 1978)

Es gab auch Hochzeitsgeschenke für ihre englischen Enkel und sogar für deren Ehepartner.

Habe Cilla *[Davids Frau]* ein Paket geschickt, lass mich wissen ob es angekommen ist. (28. März 1980)

Aber zwischen den Überschwenglichkeiten rutscht auch mal eine authentische Bemerkung heraus.

Die Hochzeit von Ida schaut ja sehr großartig aus, »Real society wedding.« Vom Pazmaniten Tempel zur St. John's Church hat es nur 3 Generationen oder zirka 80 Jahre gedauert! (15. Nov. 1978)

Doch sie hatte ihre Krankheit nicht überwunden. Im Gegenteil.

Obwohl ich vom New York Hospital pensioniert war, hatte ich eine Tätigkeit am Lee Strassberg Theater Institute aufgenommen und arbeitete auch weiterhin an der VA-Ambulanz in Newark. Zu meinem Bedauern musste ich im Dezember 1978 wegen erneuter Krankheit meine dortige Tätigkeit aufgeben. Im Sommer 1978 begann ich nach der Rückkehr von einer anstrengenden Wanderung (ich hatte den Sommer im Defreggertal in Osttirol verbracht) zu husten. Dieser Husten hörte nicht auf, sondern wurde schlimmer. Plötzlich hatte ich Schwierigkeiten beim Atmen. Dr. Hauser schickte mich ins Spital, wo man nach einer Bronchioskopie (??) einen metastasierten drüsenartigen Tumor in meiner linken Lunge entdeckte. Ich lehnte eine Operation ab, akzeptierte aber eine Strahlentherapie und erhielt dreizehn wöchentliche Strahlenbehandlungen, insgesamt 4800 Röntgen. Wie Dr. Boland, der Vorstand der Radiologischen Abteilung am Mount Sinai Krankenhaus vorausgesagt hatte, verbesserte sich meine Atmung. Nebeneffekte waren seltsame Träume, Appetitlosigkeit und große Müdigkeit.

Trotzdem konnte ich meine Arbeit in der Privatpraxis wieder aufnehmen und im März war ich auch in der Lage, meine Unterrichtstätigkeit am Theaterinstitute bis Ende Juni fortzusetzen.

Ich habe große Ehrfurcht vor Mutters Entschlossenheit, bis zu ihrem letzten Atemzug zu arbeiten, mit minimaler Verlangsamung durch Krankheit und Alter. Das galt auch für Tante Anna, und nun trete ich in die Fußstapfen dieser Mütter, indem ich auf meine alten Tage ein Buch schreibe.

Ich kann, Gott sei Dank noch gut arbeiten und Geld verdienen. Ich habe letzte Woche einen 2 monatigen, 2 wöchentlichen Kurs in Speech and Voice Technique in Sarah Lawrence College beendet; das ist ein sehr nobles, exclusives, ehemaliges girl College hier, und sie waren sehr mit mir zufrieden. Außerdem bin ich consultant einer großen Krankenversicherungsanstalt in New York (HIP, Health Insurance Plan of Greater New York), da bekomme ich auch immer Fälle zugewiesen; man muss allerdings immer lange aufs Geld warten. Ich finde für eine 80er Dame bin ich noch recht gut beieinander. Habe auch noch meinen Veterans Adm. Job, aber ich weiß nicht wie lange noch. (27. Nov. 1976)

Ich kann Gott sei Dank noch immer Geld verdienen. (21. März 1977)

Ihr Stolz wie ihre Entmutigung, wenn sie entweder genügend oder nicht genügend Geld verdienen konnte, blieben bis an ihr Lebensende bestehen. In ihren alten Jahren hätte sie sicherlich von ihren Pensionen leben können, aber vielleicht ohne die Möglichkeit, so viele Geschenke zu machen.

Ich bin jetzt nicht im Stande, etwas Geld zu verdienen und *very short in funds;* David muss daher auf sein Hochzeitgeschenk warten. (15. Nov. 1978)

Meine Praxis ist sehr schwach und ich weiß nicht, wie ich sie verbessern könnte. (4. Dez. 1979)

Vielleicht war es in einer solchen entmutigten Stimmung, als meine Mutter mit dieser krächzenden Stimme, die sie für solche Aussagen gebrauchte, zu mir sagte: »Man wird in diesem Land wie Dreck behandelt, wenn man alt wird. Meine Asche soll neben meinem Vater in Wien begraben werden.« *Das war ihr Wunsch, bevor sie starb.*
Ich weiß nicht, warum meine Mutter am Ende ihres Lebens Amerika beschimpfte, während aus ihren Briefen früher Bewunderung für Amerika spricht. Es war schließlich das Land, das ihr das Leben gerettet und ihr erlaubt hat, ein würdiges berufliches Leben zu führen. Und warum sollte ihre Asche nach Österreich zurückkehren, in ein Land, das sie grausam vertrieben hatte? Wir Österreicher haben diese unwiderstehliche Sehnsucht nach unserem Heimatland.

1980 besuchte ich Mutter in der Sommerfrische in New Hampshire, und sie kam mir außergewöhnlich zufrieden vor. Voller Stolz berichtete sie von ihren langen Spaziergängen und fragte sich, ob sie nicht einer Fehldiagnose zum Opfer gefallen sei. Im April 1980 vollzog sich eine erstaunliche Wende. In diesem letzten Jahr ihres Lebens, ein halbes Jahr vor ihrem Tod, erklärt Mutter zum ersten Mal, dass sie keine Geldsorgen hat.

Meistens bin ich sehr müde und schläfrig. Es ist sehr unangenehm wenn man krank und ganz allein ist. Gott sei Dank habe ich keine Geld-Sorgen, da ich sehr sparsam gelebt habe. (29. April 1980)

Ich verließ New York City für sechs Wochen, die ich in guten Hotels in New Hampshire und Maine verbrachte. In diesem Sommer nahm ich fünf Pfund zu.
Seit ich wieder in der Stadt bin, habe ich den Eindruck, dass sich meine Atmung langsam verschlechtert. Ich keuche und rassle, und an manchen Tagen tut es sehr weh. An anderen Tagen wieder ist meine Atemstörung minimal, und ich habe die Illusion, mein Zu-

stand würde sich bessern. Ich unterrichte immer noch eine Klasse, aber es bereitet mir mehr Mühe als noch im Frühjahr. Meine Müdigkeit wird durch Arthritisschmerzen in der linken Hüfte verschlimmert.

Wenn die schweren Hustenanfälle in der Nacht ausbleiben, brauche ich vorläufig keine Medikamente. Wenn ich Dinge mache, die mich interessieren, und ich nicht an die Krankheit denke, fühle ich mich viel, viel besser. Leider kann ich meine Gedanken nicht allzulang von meiner Atmung ablenken. Ich kann nur hoffen, dass das Ende nicht zu schrecklich sein wird und dass Dr. Hauser mir helfen wird.

7
Mutters Tod ohne Tochter und ohne Sohn

Damals besuchte ich Mutter einige Male, sowohl zu Hause als auch im Spital, und sie schien nicht so recht an ihren eigenen Tod zu glauben. Vielleicht ist das immer so. »Ich bin noch nicht tot«, *reagierte sie böse auf jeden Versuch, ihren nahenden Tod zu besprechen. Doch sie stellte klar, dass ihre Leiche kremiert werden sollte. Und sie hatte ihren eigenen Nachruf für die* »New York Times« *vorbereitet. Er begann mit folgenden Worten:* »Esti Freud, die Schwiegertochter des berühmten Sigmund Freud …« *Ihr Mädchenname kam überhaupt nicht vor, der Name ihres geliebten Vaters. Hätte ich die* »New York Times« *von ihrem Tod verständigen sollen? Ich habe es nicht getan, und so bekam sie keinen offiziellen Nachruf.*

Einmal nahm sie mich mit zu ihrer Bank und zeigte mir das Silber, das ihre Enkelkinder erben sollten. »Dieses Silberbesteck ist für Andreas Hochzeit«, *sagte sie.* »Andrea ist eine Lesbe geworden und wird vielleicht keine reguläre Hochzeit haben«, *antwortete ich und wählte diesen seltsamen Augenblick im Tresorraum einer Bank, um ihr diese wichtige Mitteilung zu ma-*

chen. *Mutter grimassierte entsetzt, zischte »sag so was nicht« und kehrte zu ihrem Silber zurück. »Vielleicht mag sie lieber einen silbernen Servierteller«, sagte sie mit der Stimme von vorher.*

Ich hoffe, dass ich, wenn meine Zeit schwerer Krankheit kommt, ähnliche bewundernswerte Entscheidungen werde treffen können wie meine Mutter. Dr. Hauser hatte gehofft, sagte er mir, ihre an Krebs erkrankte Lunge zu entfernen, doch Mutter hatte Angst, dass diese Operation aus ihr eine hilflose Invalidin machen würde. Aus ähnlichen Gründen lehnte sie eine Chemotherapie ab und entschied sich nur für Bestrahlungen.

Ich will nicht leben, wenn man speiben muss und ununterbrochen diarrhea hat. [*mögliche Nebenwirkungen der Chemotherapie*] Ein paar Monate mehr oder weniger lang leben macht schon nichts aus. (28. März 1980)

Und drittens hatte sie mit Dr. Hauser anscheinend eine Vereinbarung getroffen, dass er sie in Frieden und ohne außerordentliche Maßnahmen in letzter Minute sterben lassen würde. (»Dr. Hauser wird mir helfen.«)

Sie fällt diese Entscheidungen, obwohl sie noch nicht zum Sterben bereit war. So schrieb sie zum Beispiel mehrere verzweifelte Briefe an ihre Enkelin Ida, die Ärztin geworden war, und bat um Interferon und andere Hoffnung versprechende Medikamente. Wir haben ihre letzten beiden Briefe, die sie Walter aus dem Krankenhaus schrieb.

21. Sept. 1980 [Brief auf englisch]
Liebe Kinder
Ich weiß nicht, ob Ihr wisst, dass ich seit zehn Tagen im Mt. Sinai Spital bin. Ich habe große Schmerzen und kann nicht gehen. Ich fühle mich sehr krank und habe unzählige Tests hinter mir, bis sie, was sie mir sagten, Metastasen im rechten Becken fanden. Bis jetzt habe ich zwei Bestrahlungen bekommen und werde noch drei bekommen. Die Ärzte sagen, das wird den Schmerz mildern. Ich bin nicht sehr optimistisch. Wie schade, dass Eure zwei Töchter Caroline und Ida in einem anderen Land leben. Ich hoffe, Du und Annette hattet angenehme Ferien in Kreta.

Eine Freundin ist so freundlich, diesen Brief für mich zu schreiben, da ich es nicht kann.

Alles Liebe, Mutter Esti *[selbst unterschrieben]*

29. Sept. 1980 *[Brief auf englisch]*

Liebe Kinder,

Viel Glück für Caroline und ihren zukünftigen Gatten. Zur Zeit kann ich kein Hochzeitsgeschenk schicken. Es ist schade, dass ich Carolines Gatten nicht treffen kann und die kleine Anne *[Idas Kind, Walters erstes Enkelkind]*. Schick mir doch ein paar Fotos.

Ich habe weiter starke Schmerzen und liege im Spital. Die Schritte, um zur Toilette zu gehen, sind höllisch. Bis jetzt haben alle Bestrahlungen nichts genützt. Montag geben sie mir eine Injektion, um die Nerven zu blockieren. Dann sind die Ärzte am Ende mit ihrem Latein.

Ich flehe Dich an, Walter, wenn Du nach Frankreich reist, kauf ein oder zwei Pakete Veronal, pack sie in ein zweites Paket und schick es mir als eine Probe »échentillon sans valeur« *[Muster ohne Wert]*. Die Ärzte geben mir nichts, um meine ständigen Schmerzen zu lindern.

Ich liebe Euch beide von ganzem Herzen.

Mutter Esti.

Eingelegt: $ 20 für Ausgaben.

Das ist der letzte vorhandene Brief, obwohl Mutter noch einen Monat lebte.

Mutters Bedürfnis, für alles zu bezahlen, der englischen Familie ständig Geschenke zu schicken, einschließlich der Übernahme des Zolls oder der Kosten für die Änderung des Kleides oder Pelzes, die sie Annette schenkte, Geschenke im Wert von 20 Dollar für einen 24stündigen Aufenthalt in Boston (!) mitzubringen, in einem fort allen, mit denen sie zu tun hatte, wie den Krankenschwestern, mit denen sie im Krankenhaus arbeitete, kleine Parfüm- oder Schokoladengeschenke zuzustecken, ganz zu schweigen von mühsam großen Weihnachtsgeschenken für alle, die ihr einen Dienst erwiesen hatten oder erweisen könnten, begann allmählich aus dem Ruder zu laufen. Die Beifügung von fünf Dollar für »zusätzliche Ausgaben« mit der Bitte, die Anzeige von Idas Hochzeit an weitere fünf Personen zu schicken, oder 30 Dollar, um die Londoner Familie dafür zu entschädigen, dass sie sie telefonisch von der Ankunft ihres ersten Enkelkindes verständi-

gen, sind nur zwei Beispiele für ihre Entschlossenheit, niemandem etwas zu schulden. Doch die Beifügung von 20 Dollar für irgendein Medikament, mit dem sie Selbstmord begehen könnte oder auch nicht, ist fast krankhaft.

Ich weiß nicht, warum Mutter sich an Walter wegen Veronal wandte. Ich glaube nicht, dass sie sich damit töten wollte, denn nach ihrem Tod fand ich Veronal in ihrem Besitz, und Walter hatte ihr gewiss keines geschickt. Sie hatte überdies, wie mir ihr Arzt mitteilte, stärkere schmerzstillende Mittel abgelehnt, weil sie bei klarem Verstand bleiben wollte, auf den sie berechtigterweise stolz war. Aber sie brauchte nicht mehr 100 Prozent ihres Geistes und hätte nicht so viele Schmerzen ertragen müssen. Der Tag, den ich an ihrem Krankhausbett verbrachte, ist heute nur noch schwach in meiner Erinnerung, ich muss mich also an das halten, was ich wenige Tage nach ihrem Tod verfasste.

»Vor einigen Wochen habe ich an ihrem Bett gesessen, während sie meine Hand hielt und den ganzen Tag immer wieder in Schmerzen meinen Kindernamen schrie: »Sopherle, Sopherle!« Sie war der einzige Mensch, der je diese besondere Koseform benützte. Dieser Name ist jetzt aus meinen Leben gegangen.

Ich hielt ihre alte Hand nicht gern. Ich konnte die Worte des Trostes nicht finden, die ich in meinem Herzen für viele andere vielleicht gefunden hätte. Ich saß mit eisigem und gepanzertem Herzen neben ihrem Bett und wartete darauf, dass der Tag verging und ich nach Boston zu meiner Familie, meinen Freunden und meiner Arbeit zurückkehren konnte; wartete, bis ich fliehen konnte, von Panik gejagt, dass ihr Geist von mir Besitz ergreifen und meinen lebenslangen Kampf zunichte machen könnte, von ihr getrennt und anders zu sein als sie. ...

Ihr Herausschreien meines Namens an diesem letzten Tag, an dem ich sie noch bei vollem Bewusstsein sah, war ihre letzte Klage an mich, war ein weiteres, das letzte Mal, dass sie mich anflehte, sie von einem unerträglichen Schmerz zu erlösen, und weckte bei mir die übliche wütende Abwehr, mit der ich mich vor überwältigenden Gefühlen von Mitleid, Schuld und Hilflosigkeit schützte.« (Meine drei Mütter, S. 354–355)

Für den kommenden sehr bedauerlichen Bericht habe ich nur meine eigene Stimme, vielleicht hätte mein Bruder die Geschichte ganz anders erzählt. Ich kehrte nach Boston zurück, rief meinen Bruder an, um ihm mitzuteilen, dass Mutter im Sterben läge und er sofort kommen müsse, wenn er sie noch einmal sehen wolle. Er wäre gerade auf dem Weg, seinen Urlaub in Frankreich anzutreten, antwortete er. Sie sei ihm keine gute Mutter gewesen, und er wolle sie kein letztes Mal sehen. Ich zeigte Verständnis und würde es ihm auch nicht vorwerfen, sagte ich, ich wollte nur festhalten, dass ich ihn rechtzeitig gewarnt hatte. Hätte ich damals von der intensiven Korrespondenz gewusst, die sie so viele Jahre hindurch aufrechterhalten hatten, hätte ich vielleicht versucht, ihn zu überreden, sie trotzdem zu besuchen. Er rief sie im Krankenhaus an und telefonierte kurz darauf wieder mit mir, um mir zu sagen, dass Mutter ihm vorgeworfen habe, lieber in den Urlaub zu reisen, anstatt sich von ihr zu verabschieden, dann habe sie aufgelegt. Mutter befinde sich in einem riesigen Krankenhaus, erklärte ich ihm, und Telefongespräche würden dort häufig unterbrochen. Er war nicht zu überzeugen.

Bald darauf wurde Mutter aus dem Spital nach Hause entlassen, um sich in die Pflege einer Hilfe und ihrer langjährigen treuen Putzfrau zu begeben. Die Hilfe erkrankte, und ich wurde in der Notsituation nach New York gerufen, um einzuspringen. Ich fand Mutter alleine vor, mit einem Sauerstoffgerät, das ihr das Atmen erleichterte. Sie erkannte mich noch, als ich die Wohnung betrat, fiel aber dann ins Koma. Im Koma rief sie nach ihrer Putzfrau »Johanna«. Schließlich kam Johanna, und wir vereinbarten, sie innerhalb weniger Stunden in ein Krankenhaus mit privater Pflege bringen zu lassen. Natürlich hätte ich bleiben und meiner Mutter beim Sterben im Spital helfen sollen, und ich wünsche inständig, ich hätte es getan, ich tat es aber nicht, und dieses Geständnis fällt mir schwer. In meinen 30 Unterrichtsjahren habe ich nie eine Vorlesung abgesagt, und ich brachte es auch dann nicht über mich. Ich bin die Tochter meiner Mutter.

Ich rief meinen Bruder wieder an, um ihm zu sagen, dass Mutter im Koma liege und in ein paar Tagen sterben würde. Er rief mich kurz darauf zurück, um sich darüber zu beschweren, dass

Mutter nicht mit ihm sprechen wolle. Die Putzfrau habe ihr, wie er es verlangt hatte, den Telefonhörer ans Ohr gehalten, aber sie habe sich geweigert, mit ihm zu sprechen. Ich erklärte ihm, dass sie sich im Koma befinde, aber er war von dieser allerletzten Zurückweisung überzeugt und sehr verletzt.

Mutter starb am 29. Oktober 1980 im Alter von 84 Jahren.

Ich schrieb einen Brief an Walter und Annette, an jedes ihrer drei Kinder und an Tante Anna. In meinen Augen bestand nun keine Eile mehr. Walters Sohn, der in London lebte, während mein Bruder in einem Vorort wohnte, erhielt die Nachricht einen Tag vor ihm, was meinen Bruder in Wut versetzte. Er erkundigte sich auch in zornigem Tonfall nach dem Begräbnis – würde er vielleicht wegen des Begräbnisses herüberkommen wollen? Doch Mutter hatte kein Begräbnis.

Nun, sie hatte doch eines: In einer ihrer ganz wenigen Nachlässigkeiten haben die Nazis vergessen, die Grabsteine der jüdischen Gemeinde zu zertrümmern, und so sind gerade diese alten Grabsteine, viele noch aus dem Jahrhundert davor, als eine der wenigen authentischen Erinnerungen an das jüdische Leben und Sterben in Wien vor dem Krieg erhalten geblieben. So fand meine Mutter den Grabstein ihres Vaters Leopold Drucker und seines Bruders Julius, ein großer senkrechter Stein, fast unberührt. Ein paar Jahre später kaufte Tante Janne die Stätte und ließ den Namen ihrer ermordeten Mutter, Ida Drucker, mit vergoldeten Buchstaben auf den Grabstein eingravieren.

Ich wartete bis zum nächsten Sommer, packte die Urne in meinen Koffer und flog nach Wien. Ich hatte meinen Bruder aufgefordert, mich in Wien zu treffen, um Mutters Asche gemeinsam zu vergraben, aber er war leider viel zu böse auf mich und an dem Unternehmen nicht interessiert. Am Zentralfriedhof suchte ich nach der Lage des Grabes, die Mutter mir ausführlich beschrieben hatte. »Du sollst beim Tor Eins hinein- und die Allee gerade hinuntergehen, bis du zu einer winzigen Kapelle kommst, sie ist der wichtigste Orientierungspunkt ist. Die Kapelle hat ein grünes Kupferdach und ein Zeichen wie ein Treff über der Tür. Es gibt nur eine solche Kapelle. Gleich nach der Kapelle dreht man ganz scharf nach rechts, nicht mit einer weniger scharfen Drehung zu verwechseln. Und dann nimmt man den ersten kleinen Weg nach links. Unser Grab ist das dritte auf der rechten Seite.« *Plötzlich sah ich das Grab, überwachsen zwar, aber immerhin vorhanden, mit den richtigen Familiennamen. Ich grub ein tiefes Loch ganz nahe hinter dem Grabstein, senkte die Urne hinein und bedeckte sie mit Erde, Gras und frischen Blumen. Ich tat das alles heimlich, denn sicherlich war es gegen alle Regeln, besonders gegen die Vorschriften der jüdischen Religion, die Leichenverbrennung nicht erlaubt, und sicherlich gegen die Regeln des Friedhofs. Und so kommt es, dass meine Mutter nun doch in Wien beerdigt ist, so, wie sie es wollte, ganz nahe bei ihrem Vater. Später arrangierte ich, dass ihr Name unter den Namen ihrer Mutter mit vergoldeten Buchstaben auch auf dem Grabstein eingraviert wurde. Leider war die Gravur von Fräulein schlecht beaufsichtigt worden und enthält zwei Fehler, die mich bei jedem meiner jährlichen Besuche stören. Diese Besuche erwecken keine besonderen Gefühle in mir. Schließlich ruht Mutters Geist nicht irgendwo unter der Erde, er ruht in meinem Kopf, in meinem Charakter, und vielleicht habe ich ihn nun in dieses Buch gebannt. Nun überlege ich mir, ob auch meine Asche dort vergraben werden soll. Ich glaube, eher nicht.*

Mein anscheinend unentschuldbares Verhalten rund um Mutters Tod – obwohl ich ehrlich gesagt nie verstanden habe, was meinen Bruder damals so sehr erzürnte – führte zu jahrelangem Schweigen zwischen Walter und mir. Es war weder das erste noch das letzte Mal, dass unsere Beziehung durch mehrere Schweigejahre unterbrochen wurde. Doch im Jahre 2001 rief mich Caroline an, um mir mitzuteilen, dass ihr Vater Asbest in den Lungen und nur noch ein paar Monate zu leben habe. Ich fühlte einen heftigen Schmerz im Herzen und rief ihn sofort an. Ich bin sehr glücklich, dass wir unseren freundlichen Kontakt wieder aufnahmen. Er lebte noch drei Jahre und schrieb als Geschenk für mich seine »Ernestine«. Wir konnten uns noch ein letztes Mal in Österreich treffen, wo er in Velden am Wörthersee Urlaub machte, einem Ort, an dem wir mit Mutter gewesen waren und der freudige Erinnerungen in ihm wachrief. Ich war glücklicherweise gerade in Wien und fuhr vier Stunden mit dem Zug, um ihn zu besuchen. Wir verabschiedeten uns in angemessener Herzlichkeit. Unser letztes Gespräch ist an früherer Stelle in diesem Buch festgehalten. Dass mein Bruder durch seinen Krebstod dieses Buch nicht wird lesen können, stimmt mich traurig, aber ich weiß auch, es hätte ihm nicht gefallen. Mein Schreiben hat ihm nie gefallen.

Nachruf
geschrieben von seinem Sohn David Freud

Anton Freud, ein Enkel Sigmund Freuds, flüchtete 1938 aus dem von den Nazis besetzten Wien und erinnerte sich später, dass es aufgrund von Freuds Ruhm keine jüdische Familie gab, die leichter entkommen konnte.

Während des Krieges diente er in der Sonderabteilung des britischen Geheimdienstes für Sabotage und subversive Kriegführung (SOE) und sprang im April 1945 mit dem Fallschirm über Österreich ab, wo er eigenhändig das Kommando über ein von den Deutschen gehaltenes Flugfeld übernahm. Der hochgewachsene, dunkle, gutaussehende und überaus fitte Mann wurde kurzzeitig eine Legende, und die Details jenes nächtlichen Fallschirmabsprungs haben ihn nie verlassen.

Wegen eines plötzlich aufgekommenen Windes landete er weitab von seinen Kameraden und machte sich auf den Weg zum Flugfeld von Zeltweg, zuerst allein, später in einem requirierten Feuerwehrauto zusammen mit dem örtlichen Bürgermeister. »Ich bin Leutnant Freud von der 8. Britischen Armee und ich bin gekommen, dieses Flugfeld zu übernehmen«, verkündete er den gefügigen Deutschen, die prompt zu seinen Ehren ein Bankett veranstalteten, bei dem jeder Offizier einzeln zu ihm kam, um ihm zuzuflüstern, er habe persönlich nie etwas gegen Juden gehabt.

Es war aber für Anton Freud – der niemals Mitglied der 8. Armee war –, schwierig, Funkkontakt zu seinen Vorgesetzten in London herzustellen, um seine Errungenschaft festhalten zu lassen, weshalb er nach einer gefahrvollen Reise über die Alpen in der britischen Botschaft in Paris kühl aufgenommen wurde.

Obwohl er die Armee im Rang eines Majors verließ, wurde seine Eroberung von Zeltweg nie erwähnt, was ihn kränkte.

Anton Walter Freud wurde 1921 als erstes Kind von Sigmund Freuds ältestem Sohn Jean-Martin (Martin) und seiner Frau Ernestine (Drucker) in Wien geboren. Ebenso wie sein Vater seinen Namen von dem angesehenen Arzt Jean-Martin Charcot erhielt, wurde er unter dem großväterlichen Druck nach Anton von Freund genannt, einem kürzlich verstorbenen *[er ist 1920 gestorben]* ungarischen Sponsor der Psychoanalyse. Für seine Frau und seine englischen Freunde wurde Anton zu Tony, er aber zog A. W. vor.

Der tägliche Kontakt mit dem geordneten intellektuellen Haushalt der Berggasse 19 – Martins Familie lebte gleich ums Eck am Franz-Josefs-Kai – war ein Aktivposten, der Martins und Estis stürmische Ehe ausglich.

Die politische Krise von 1938 gab Anton Walters Eltern die Gelegenheit, getrennte Wege zu gehen: Sophie und ihre Mutter emigrierten nach Paris, Martin und Anton Walter nach London. Die Familienloyalitäten blieben auch später auf diese Weise aufgeteilt, und Anton verteidigte stets seinen Vater gegen Vorwürfe, er habe sich aus der Ehe davongeschlichen.

Als Anton 18 war und am Loughborough College studierte, wurde er auf dem Höhepunkt der britischen Panik nach der Eroberung Frankreichs als feindlicher Ausländer im Sommer 1940 interniert. Kurz darauf wurde er auf der berüchtigten SS Dunera nach Australien deportiert. Während dieser neunwöchigen Strafreise behandelten die britischen Offiziere die Internierten als Verbrecher und Feinde, Freud selbst wurde jedoch nicht misshandelt und erinnerte sich in erster Linie daran, Bridge gespielt zu haben. Als man die tatsächlichen Loyalitäten der Internierten erkannte, befand er sich unter den ersten, die nach England zurückgeschickt wurden, erneut dank seines Namens. Er trat dem Pioniercorps bei, der Armeedivision für ausländische Staatsbürger, die auf seiten der Alliierten kämpfte, und nach frustrierenden mit untergeordneten Tätigkeiten zugebrachten 18 Monaten wurde er ausgewählt, sich zum SOE-Offizier ausbilden zu lassen.

Unmittelbar nach dem Krieg diente er in einer Untersuchungseinheit für Kriegsverbrechen und war dafür verantwortlich, die Hersteller und Lieferanten des in den Todeslagern eingesetzten Zyklon-B-Gases vor Gericht zu bringen. Doch er sehnte sich nach einer Ehe und einem normalen Leben. Nach seiner Demobilisierung im September 1946 heiratete er Annette Krarup, eine dänische Aristokratin, die er in Kopenhagen kennengelernt hatte, als er über die Familie des Rüstungskonzerns Krupp Nachforschungen anstellte.
Als britischer Staatsbürger und mit dem Wunsch, sich unabhängig von seinem Namen zu beweisen, begann er eine solide Karriere als Industriechemiker. Er nahm sein Studium in Loughborough wieder auf, schloss es mit dem akademischen Grad eines Chemieingenieurs ab und arbeitete erst für die British Oxygen Corporation und danach für British Nylon Spinners in Pontypool.
1957 wurde er von British Hydrocarbons nach London zurückgeholt, wo sein Job nach einer Reihe von Fusionen rasch von BP Chemicals aufgesogen wurde. Pläne, die er für die Produktion des damals sehr beliebten Nylon entwickelt hatte, wurden verworfen, so dass er im verbleibenden Teil seiner Laufbahn bloß eine frustrierende zweitrangige Rolle spielte, auch wenn er bis zu seiner 1977 erfolgten Pensionierung mit 55 Jahren bei BP verblieb.
Enttäuscht von der offiziellen Aufnahme seiner militärischen Abenteuer im Jahre 1945, rettete er seinen Stolz, indem er für den Hausgebrauch seine Autobiographie verfasste. In seinem letzten Lebensjahrzehnt wurde er von deutschen und österreichischen Journalisten nach Einzelheiten seines Abenteuers befragt.
Zusammen mit seiner Schwester Sophie war er auch ein gesuchter Interviewpartner als letzter Zeitzeuge der Ehe von Sigmund und Martha Freud. Er liebte und bewunderte besonders seine Großmutter, an die er sich als den zivilisierenden Einfluss in einer anspruchsvollen Familie erinnerte, und als in den 1980er Jahren ein Film der BBC spekulierte, Freud habe eine sexuelle Beziehung zu seiner Schwägerin Minna gehabt, wies er diesen

Gedanken öffentlich zurück. Erst kürzlich sagte er einem Journalisten des »Times Literary Supplement«, sollte eine solche Affäre stattgefunden haben, dann nur mit Marthas Einwilligung.

Während er den Namen seines Großvaters durchaus schätzte, so war Anton Freud selbst ein enorm praktischer Mensch, der an seiner Familie hing. Ihr teilweise mittelalterliches Heim in Surre, mit den wuchernden Rosengärten und der von oben bis unten mit Familienfotos gepflasterten Treppe war sein ein und alles.

Vor allem aber war Anton Freuds Glück seine Ehefrau, eine ausgeglichene und schöne Frau, von deren Tod im Februar 2000 er sich geistig nie erholte.

Er hinterlässt einen Sohn und zwei Töchter.

Anton Freud, Chemiker und SOE-Offizier, wurde am 3. April 1921 geboren. Er starb am 8. Februar 2004 im Alter von 82 Jahren.

»The Times Register«, 25. Febr. 2004

Anders als mein Vater war meine Mutter nicht verarmt, als sie starb, und musste die Briefe ihres Schwiegervaters nicht verkaufen, um zu überleben. Ihre beruflichen und finanziellen Erfolge überstiegen seine bei weitem. Ja, sie hinterließ (glaube ich) ihren vier Enkelinnen 24 000 Dollar. Ich hatte sie gebeten, ihr Geld ihren Enkelkindern und nicht den Kindern zu hinterlassen, und diesem Rat folgte sie, schloss aber ihre beiden Enkelsöhne aus, was angesichts der Tatsache, dass Georg der einzige ihrer Enkelkinder war, mit dem sie eine herzliche persönliche Beziehung verband, eigenartig erscheint. Er erhielt einen großen silbernen Servierteller, den er, so fürchte ich, nicht zu schätzen weiß. Sie erklärte ihre Entscheidung damit, dass Frauen ein härteres Leben hätten als Männer. Glücklicherweise löste das Erbe meiner Mutter keine Konflikte aus; die englischen Mädchen teilten das Geld mit ihrem Bruder, und mein Sohn schien von dieser Angelegenheit nicht besonders beunruhigt zu sein.

Mutter war einsam in ihren späteren Jahren und vielleicht sogar ihr ganzes Leben, und so starb sie auch allein, ohne ihre Tochter und ohne ihren Sohn. Aber sie wurde gut betreut. Es war kein fürchterlicher Tod, kein so grausamer wie der Tod ihrer Mutter in einer Gaskammer von Auschwitz. Ich selber hoffe auch, in einem Bett sterben zu dürfen, ein großes Privileg für eine europäische Jüdin des 20. Jahrhunderts. Ich weiß nicht, wer um dieses erhoffte Bett stehen wird. Meine Kinder scheinen mich zu mögen, jedes auf seine einzigartige Weise, aber, wie Andrea schon am Anfang dieses Berichts bemerkt, die Geschichte wiederholt sich auf fatale Weise. Auf jeden Fall verspreche ich, in meiner Verzweiflung niemandes Namen auszurufen. Statt dessen werde ich meinen Kopf zur Wand drehen und an die Erwärmung der Erde denken, wenn Wasser Städte überfluten werden, und an die ausgerotteten Wälder für rasche Profite, an Ölbohrungen in unberührter Natur und an die Seuchen, die unsere Länder heimsuchen werden. Ich werde an die Kriege und Gewalttaten denken, die das Leben auf der Erde immer mehr zerstören, vielleicht auch mit gelegentlichen Atomexplosionen. Ich werde an den Kummer meiner Kinder mit meinen Enkeln denken und an den Kummer meiner Enkel mit deren Kindern in dieser harschen neuen Welt, und ich sterbe mit Erleichterung an den Gedanken, was mir alles erspart bleiben wird.

Aber nicht ich, sondern Mutter soll das letzte Wort in ihrer Biographie haben.

Ich beende den Text, der eine Art Autobiographie geworden ist. Ich glaube nicht, dass mir jetzt noch etwas berichtenswert Interessantes widerfahren wird. Ich habe diese Erinnerungen aufgeschrieben, weil ich wollte, dass meine Nachfahren wissen, woher sie kommen. Und vielleicht kann es ihnen helfen zu verstehen, wie das Leben für sie aussehen wird. Ich habe mich in meinem Leben von keiner Philosophie leiten lassen. Ich habe versucht, nach dem zu leben und insbesondere zu handeln, was Freud das »Realitätsprinzip« nannte. Ich habe versucht, so zu handeln und zu planen, dass meine Entscheidungen innerhalb der gegebenen Möglichkeiten den künftigen Verlauf meines Lebens langfristig positiv beeinflussen. Ich bin sicher, dass ich dabei schwerwiegende Fehler gemacht habe. Ich bin mit einer guten Ausstattung ins Leben getreten. Ich wurde in eine wohlhabende Familie hineingeboren und wuchs in einem kulturell reichen Umfeld auf. Ich war sehr hübsch, angemessen intelligent und hatte einen angeborenen Charme. Ob ich mit dieser Mitgift klug umgegangen bin, mögen meine gegenwärtigen und künftigen Nachfahren entscheiden. Ihnen habe ich diese Arbeit gewidmet.

November 1979 (Mutter)
Frühjahr 2006 (Sophie)

Quellennachweis

Erich Kästner »Ein Hund hält Reden« aus: Kästner für Erwachsene hrsg. von Rudolf Walter Leonhardt, Frankfurt am Main, S. Fischer Verlag, 1966, S.52

Kurt Tucholsky »Der andere Mann« aus: Zwischen Gestern und Morgen, hrsg. von Mary Gerald-Tucholsky, Reinbek bei Hamburg, Rowohlt Verlag, 1952, S.135

Freud, Ernestine, Mrs. Sigmund Freud, zum ersten Mal 1948 publiziert im The Menorah Journal, zum zweiten Mal in The Jewish Spectator, 1980, Vol.45 (1), 29–31. The Jewish Spectator gab mir die Erlaubnis, den Text zu veröffentlichen.

Freud, Martin, Mein Vater Sigmund Freud, Mattes Verlag, 1957

Teile des Kapitels über mein Fräulein »Ich erinner mich gerne an das Haus Freud« erschienen unter dem Titel »Das Fräuli und die Familie Freud«. In:. Die Frauen Wiens, hrsg. von E. Geber, S. Rotter & M. Schneider, Wien, Verlag: der Apfel, 1992,

Letters of Delmore Schwartz, ausgewählt und herausgegeben von Robert Phillips, Ontario Review Press, Princeton, New Jersey, 1984

Erwähnung fanden die Bücher

Jones, Ernest, The Life and Work of Sigmund Freud, New York, Basic Books, 1953

Krüll, Marianne, Freud und Sein Vater, Verlag C.H.Beck, München, 1979

claassen

Nuala O'Faolain
Chicago May
Die Königin der Gangster. Eine Biographie

335 Seiten ::: Gebunden mit Schutzumschlag
ISBN 10: 3-546-00370-5
ISBN 13:978-3-546-00370-4

Nuala O'Faolain erzählt von einem wilden Frauenleben:

Eine unbeugsame Irin im Amerika der Jahrhundertwende: Nuala O'Faolain hat in Chicago May eine Schwester im Geiste gefunden, der sie diese außergewöhnliche Biographie widmet. Einmal mehr schildert die Erfolgsautorin, die sich mit *Ein alter Traum von Liebe* eine begeisterte Leserschaft erobert hat, das Leben einer starken und ungewöhnlichen Frau.

»Mich hat das Buch tief beeindruckt. Ein schöner, dicker Liebesroman.«
Elke Heidenreich über Ein alter Traum von Liebe

claassen

Petra Oelker
»Ich küsse Sie tausendmal«
Das Leben der Eva Lessing

288 Seiten ::: Gebunden mit Schutzumschlag
ISBN 3-546-00378-0

Eva König, geb. Hahn, heiratete 1756 in Hamburg den Seidenfabrikanten Engelbert König, mit dem sie sieben Kinder hatte. Als König 1769 zu einer Reise aufbrach, bat er seinen Freund Lessing, sich seiner Frau und der Kinder anzunehmen, sollte ihm etwas zustoßen. Wenig später starb er in Venedig. Lessing hielt sein Versprechen, und aus der Freundschaft zu Eva wurde schnell Liebe.
Doch bis zur Hochzeit sollten noch Jahre vergehen: Eva zog nach Wien, um sich der dortigen König'schen Fabriken anzunehmen.
Hier lernte sie die Intrigen am Hof Maria Theresias kennen, die Eitelkeiten wichtiger Männer, den Wirbel um das Theater. Ihre Liebe zu Lessing überdauerte die Trennung, im Oktober 1776 heirateten die beiden. Das Glück währte nur kurz: 1778 starb Eva am Kindbettfieber, ein Schicksalsschlag, von dem Lessing sich nie wieder erholte. Eine eindrucksvolle Biographie über eine Frau, die ihrer Zeit voraus war.

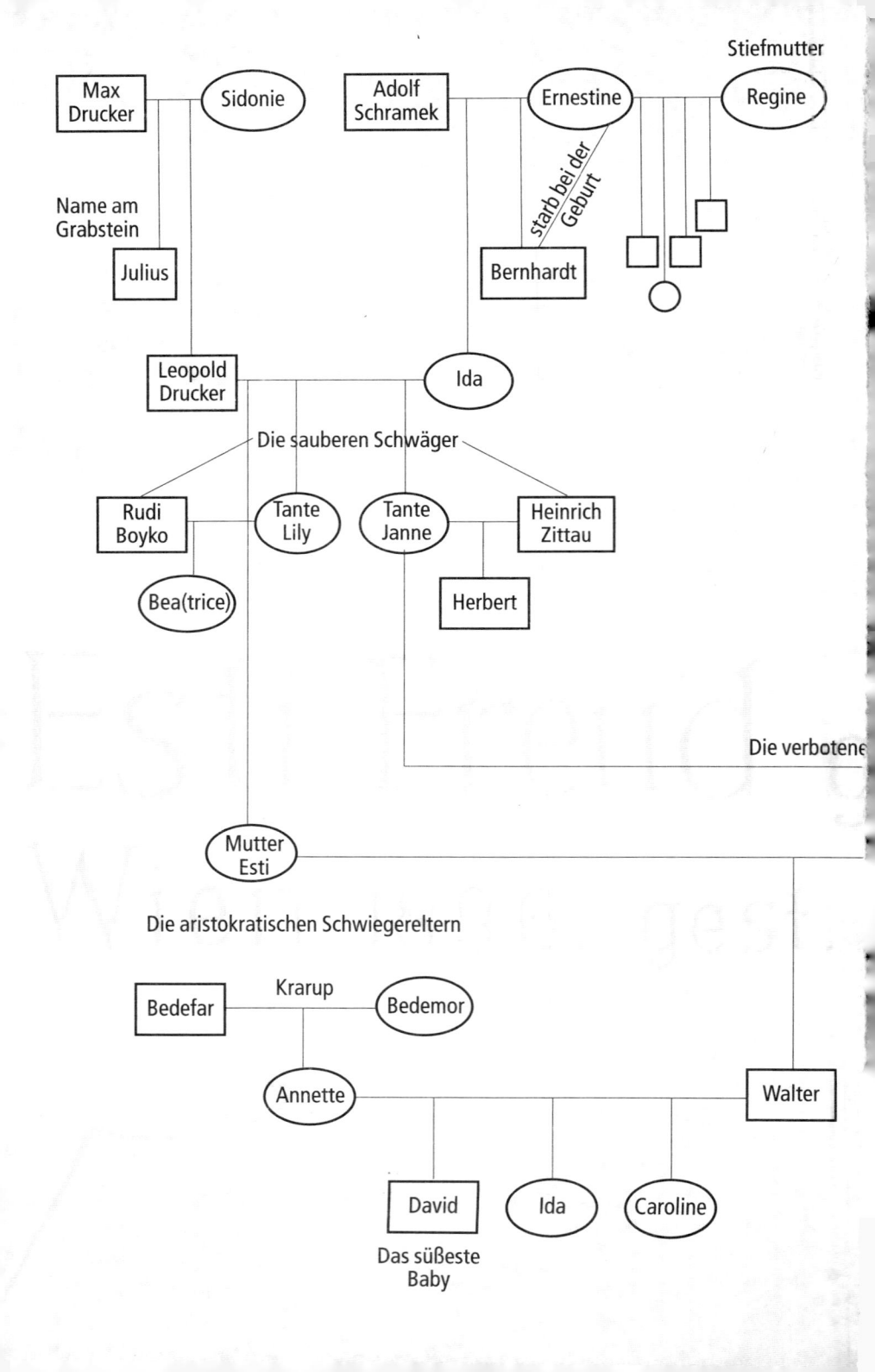

```
                                                                    Stiefmutter
┌─────────┐                      ┌─────────┐
│  Max    │──(Sidonie)           │ Adolf   │──(Ernestine)────(Regine)
│ Drucker │                      │ Schramek│    starb bei der
└─────────┘                      └─────────┘      Geburt
Name am
Grabstein
┌─────────┐                      ┌──────────┐   □  □   □
│ Julius  │                      │Bernhardt │      ○
└─────────┘                      └──────────┘
      │
┌─────────┐
│ Leopold │──────────(Ida)
│ Drucker │
└─────────┘
        ─── Die sauberen Schwäger ───
┌──────┐  (Tante)  (Tante)  ┌─────────┐
│ Rudi │──(Lily)   (Janne)──│ Heinrich│
│ Boyko│                    │ Zittau  │
└──────┘                    └─────────┘
  (Bea(trice))          ┌─────────┐
                        │ Herbert │
                        └─────────┘
```

Die verbotene

(Mutter Esti)

Die aristokratischen Schwiegereltern

```
┌─────────┐  Krarup  (Bedemor)
│ Bedefar │─────────
└─────────┘
        │
     (Annette)─────────────────────┌────────┐
        │                          │ Walter │
        │                          └────────┘
  ┌───────┐  (Ida)  (Caroline)
  │ David │
  └───────┘
  Das süßeste
     Baby
```